RECUEIL COMPLET

DES

TRAVAUX PREPARATOIRES

DU

CODE CIVIL.

IMPRIMERIE D'HIPPOLYTE TILLIARD,
RUE SAINT-HYACINTHE-SAINT-MICHEL, N° 30.

RECUEIL COMPLET

DES

TRAVAUX PRÉPARATOIRES

DU

CODE CIVIL,

COMPRENANT SANS MORCELLEMENT ; 1° LE TEXTE DES DIVERS PROJETS ;
2° CELUI DES OBSERVATIONS DU TRIBUNAL DE CASSATION ET DES TRIBUNAUX
D'APPEL ; 3° TOUTES LES DISCUSSIONS PUISÉES LITTÉRALEMENT TANT DANS LES
PROCÈS-VERBAUX DU CONSEIL-D'ÉTAT QUE DANS CEUX DU TRIBUNAT, ET
4° LES EXPOSÉS DE MOTIFS, RAPPORTS, OPINIONS ET DISCOURS TELS QU'ILS
ONT ÉTÉ PRONONCÉS AU CORPS LÉGISLATIF ET AU TRIBUNAT ;

PAR P. A. FENET,

AVOCAT A LA COUR ROYALE DE PARIS.

TOME CINQUIÈME.

PARIS,

VIDECOQ, LIBRAIRE, PLACE DU PANTHÉON, 6,

PRÈS L'ÉCOLE DE DROIT.

1836.

OBSERVATIONS

DES

TRIBUNAUX D'APPEL.

TOME TROISIÈME.

RECUEIL COMPLET

DES

TRAVAUX PRÉPARATOIRES

DU

CODE CIVIL.

OBSERVATIONS
DES TRIBUNAUX D'APPEL.

N° 21. *Observations du tribunal d'appel séant à* NIMES.

LES commissaires nommés par le tribunal d'appel séant à Nîmes, en conséquence de la lettre du ministre de la justice, du 12 germinal dernier, à l'effet d'examiner le projet de Code civil, ont rédigé les observations suivantes, après en avoir délibéré avec les autres membres du tribunal et le commissaire du Gouvernement.

LIVRE PRÉLIMINAIRE.
TITRE III.

Art. 2. En considérant l'étendue plus ou moins vaste des ressorts des tribunaux d'appel, ne conviendrait-il pas de se rapprocher du but important de produire *à temps dans chaque citoyen la connaissance de la loi à laquelle il doit se confor-*

mer (Disc. prélim., pag. 19, de l'édit. in-4º), en statuant que les lois obligatoires dans la commune où siége le tribunal d'appel, du jour de la publication, ne le deviendraient pour les autres communes du ressort, que cinq ou dix jours après? L'on pense que cinq jours seraient suffisans, si le Gouvernement continue d'envoyer directement le Bulletin des Lois aux tribunaux de première instance.

Les articles 2 ou 3 devraient charger expressément les commissaires près les tribunaux d'appel d'adresser, dans un temps déterminé, aux tribunaux du ressort, la note des époques des publications des lois.

TITRE IV.

ap. 2. L'article 3, en limitant aux lois *nouvelles* le principe de la non-rétroactivité, est d'une profonde sagesse. Une loi qui n'est qu'*explicative* d'une précédente en a intellectuellement et foncièrement toujours fait partie. Elle ne change ni ne corrige rien qui appartienne à la loi primitive. Sa disposition a toujours régi ou dû régir ce qui est intermédiaire aux deux époques. Si dans l'intervalle il s'est formé des opinions erronnées, ou s'il s'est glissé des abus sur ce qui en fait la matière, ces accidens n'ont pu faire droit que pour les affaires déjà terminées par jugemens non appelables ou par des conventions, et nullement pour les contestations pendantes ou indécises (*voy.* le disc. prélim., pag. 20, et *Domat*, des Règles du droit, sect. Ire, art. 14 et 15). Après discussion, on est tombé d'accord sur ce point; mais il a été dit qu'il serait bon que quelques exemples fixassent l'esprit de manière à faire une juste application de l'article.

Nota. L'on propose d'ajouter à ce titre un article pour consacrer explicitement cette autre maxime, dont l'application est malheureusement d'un usage aussi fréquent que nécessaire, *que les lois répriment ou annullent ce qui blesse directement ou indirectement leur intention, ou ce qui est en fraude de leurs dispositions, ou pour les éluder* (*Domat*, ibid, art. 19 et 20).

TITRE V.

L'article 10, bien réfléchi, est plein de raison, et supérieurement rédigé. Mais pour éviter qu'il ne puisse être détourné à un sens qu'il n'a pas, il paraîtrait convenable d'ajouter immédiatement un autre article qui y serait très-analogue, en ces termes : *Il faut juger par la rigueur du droit, si la loi ne souffre pas de tempérament, ou par le tempérament de l'équité, si la loi le souffre.* Ces expressions, tirées de l'article 7, sect. II, de *Domat*, paraissent renfermer avec beaucoup de justesse tout ce que dit le même auteur, aux articles 4, 5, 6, 7 et 8, sur cette question délicate à fixer, mais importante à définir dans un Code civil, *quand il faut suivre ou l'équité ou la rigueur du droit.*

LIVRE Ier.

TITRE Ier.

Art. 1er. Si l'article 2 de l'acte constitutionnel appelle à l'exercice des droits politiques tout homme né et résidant en France, sans exiger qu'il soit né d'un Français, pourquoi cet article 1er semble-t-il exclure de l'exercice des droits civils, la personne, qui, étant née en France et y demeurant, sera née d'un étranger ?

Art. 7. Il semble que le droit des gens et l'intérêt du commerce exigeraient que, réciproquement, le Français pût être traduit dans les tribunaux étrangers pour l'exécution des obligations par lui consenties dans le pays étranger avec un étranger.

TITRE II.

Art. 40. Pour éviter une interprétation contraire au vœu de la loi, il devrait être ajouté, à la fin du premier alinéa :

sans préjudice de la nullité de l'acte, s'il y a lieu, laquelle pourra être prononcée par les juges compétens.

ap. le ch. 3- du l. 1er tit. 2.
Art. 55. Afin que les officiers publics n'enregistrent pas des jugemens rendus en premier ressort qui seraient appelables, l'article pourra être rédigé ainsi : *Les jugemens en dernier ressort ou passés en force de chose jugée qui prononceront les divorces doivent*, etc.

TITRE III.

103 Art. 5, *second alinéa.* Cette *intention contraire* ne devrait-elle pas être manifestée par quelque acte extérieur dont la loi fixerait la nature?

TITRE IV.

130 L'art. 7 exige, avec grande raison, que le parent qui veut succéder à l'absent prouve directement sa mort. L'article 8, faisant une exception à cette règle, assimile à une preuve directe, la disparition de cinq ans, à la suite d'une bataille, d'un naufrage, ou de tel autre accident majeur dans lequel l'absent se serait trouvé. La conséquence naturelle de cette exception portée par la loi est qu'un parent successible venant avec une preuve authentique de ce dernier genre d'absence doit obtenir de suite, c'est-à-dire après les cinq ans, la possession définitive des biens de cet absent, comme celui qui, dans le cas de la simple absence, viendrait avec la preuve directe du décès. C'est cette conséquence qui paraît nécessaire, puisque, sans elle, l'exception ou l'assimilation n'aurait point d'objet qui donne lieu à la remarque que nous allons faire.

Il y a, sans doute, une grande différence à faire entre le degré de présomption de décès résultant d'une simple absence de cinq ans sans nouvelles, et celui d'une absence de cinq ans sans nouvelles, dont l'origine se rapporterait à une bataille, à un naufrage, ou à tel autre accident majeur où l'absent se serait trouvé; mais il paraît contraire à la prévoyance de la loi d'attribuer à ce dernier mode d'absence tous les effets d'une mort certaine et authentiquement prouvée, en envoyant, dès l'instant de l'expiration des cinq années, les parens en degré successif, d'un pareil absent, en possession définitive de ses biens, de manière qu'ils en deviennent dès lors propriétaires incommutables : car enfin, il n'est rien moins qu'impossible qu'un pareil absent ait réellement échappé à cet accident ou danger quelconque ; et, dans le cas où il reparaîtrait après les cinq ans, quelle dureté n'y aurait-il pas dans la loi, d'avoir mis le comble aux malheurs de son absence, en le dépouillant absolument et sans retour de son patrimoine ?

L'on croit donc garder les proportions convenables entre ces deux hypothèses, dans les effets qu'elles doivent produire, en proposant un article à la suite du huitième, par lequel la mise en possession des biens de l'absent, dont nous nous occupons, ne deviendrait définitive et translative d'une propriété incommutable qu'au bout de dix années révolues, avec néanmoins ce tempérament, relativement à notre hypothèse, que cette mise en possession serait effectuée, soit que cet absent eût laissé ou non de procuration pour l'administration de ses biens; que cette possession, ayant les caractères de la plus grande bonne foi, acquerrait irrévocablement les fruits aux possesseurs pendant toute la durée de l'absence, dans cet intervalle, et ne les laisserait soumis qu'à rendre les biens à l'absent reparaissant, en l'état où ils se trouveraient, sans avoir pu seulement jusqu'alors les aliéner ni les hypothéquer ; et, qu'en conséquence de toutes les obligations que la loi impose aux autres possesseurs, précaires ou dépositaires, ceux dont nous parlons ne seraient tenus qu'au simple inventaire du mobilier et des titres, et au simple état des immeubles.

Il semblerait encore digne de la sagesse et de l'humanité du législateur, que cet absent, reparaissant après les dix années, pût trouver encore des alimens sur les biens qu'il aurait perdus et que sesdits héritiers présomptifs se trouveraient encore avoir en leur pouvoir.

La même mesure d'aliment est proposée à l'égard de l'absent simple qui reparaîtrait après les trente années auxquelles l'art. 14 fixe l'époque de la perte absolue de ses biens.

129 Art. 18... Du jour de sa disparition *ou de la dernière nouvelle qu'on en a eue;* et sa succession, etc.

123 Art. 21. En rapprochant cet article du dernier alinéa de l'art. 12, il résulte que l'héritier présomptif est tenu à plus que le légataire et le donataire. Cependant, ces derniers ont aussi l'administration des immeubles légués ou donnés, et devraient être soumis au même bail de caution.

Nota. Il paraîtrait juste de déclarer le droit d'usufruit que l'absent pourrait avoir sur le fonds d'un tiers éteint, ou du moins suspendu, après les trente années qui auraient donné la possession définitive à ses héritiers présomptifs.

TITRE V.

Art. 13 et 14. Fautes d'impression; il faut dire: *Les aïeuls et aïeules.... ni aïeuls, ni aïeules.*

177-178 Art. 32. Les demandes en main-levée d'oppositions au mariage ne sont-elles pas assez importantes pour être portées aux tribunaux de première instance, sauf l'appel, en établissant toutefois des formes rapides de jugement?

184 Art. 45. L'on ne pense pas que le ministère public doive être autorisé à demander, après la mort des époux, la nullité de leur mariage, qui aurait été contracté en contravention aux articles 6, 7 et 9; et cela par plusieurs raisons: la première, que les causes de ces trois articles sont d'un objet moins dirimant qu'empêchant; la seconde, qu'il reste toujours une certaine incertitude dans leur réalité physique et morale, dont les seuls époux doivent être regardés comme ayant été les seuls juges pendant qu'ils ont conservé leur union; la troisième, qu'après leur mort il serait impossible

de constater cette réalité de causes d'une manière assez satisfaisante, pour prononcer une nullité de cette importance. Si donc l'article a entendu, comme il le semble par cette expression, *du vivant* même *des prétendus époux*, attribuer indistinctement au ministère public l'action dont il est parlé, tant après que durant la vie des époux, l'on propose de restreindre cette action, relativement aux deux temps, aux articles 8, 17 et 18, et de la limiter à l'égard des susdits articles 6, 7 et 9, dans la durée de la vie des époux. Si, au contraire, l'article n'avait entendu indistinctement attribuer l'exercice de ces actions que pendant la vie des époux, alors il y aurait lieu, pour éviter l'amphibologie, de supprimer l'adverbe *même*, ou bien de lui substituer l'adverbe *seulement*.

Art. 51. La loi doit conserver à une fille établie par mariage à qui ses parens n'auraient voulu rien donner ou constituer, et qui n'aurait rien d'ailleurs, une action pour se faire continuer des alimens; car il est des pères injustes : il en est quelquefois de cruels. Cependant l'article est conçu d'une manière si absolue sur ce point, qu'il paraît exclusif de ce droit. Il y a lieu d'en rectifier la disposition ou la rédaction à cet égard.

Art. 63. Il serait important de définir le concubinage, d'assigner les caractères qui distinguent cet état permanent de débauche et d'entière corruption de mœurs, et qui fait refuser à un mariage contracté *in extremis*, qui en serait le résultat, l'avantage de légitimer les enfans précédemment nés d'un pareil commerce, d'avec les accidens de simple faiblesse, de faute dont les mœurs publiques auraient été plus attristées qu'offensées, et qui vraisemblablement n'auraient pas eu lieu, ou auraient plutôt cessé d'avoir lieu, si des obstacles de famille, d'intérêt ou d'orgueil ne s'étaient opposés, jusqu'à une extrémité de vie plus ou moins prompte ou imprévue, à célébrer un mariage qui doit, en pareil cas, honorer les conjoints, consoler l'honnêteté publique, rétablir les droits de la probité et de la conscience, et, sous ces rapports, conserver aux enfans nés d'une telle union tous les avantages du mariage subséquent.

En terminant les observations sur la matière des nullités du mariage, l'on remarquera que l'on ne voit pas la raison qui pourrait faire supprimer l'impuissance perpétuelle, du nombre des causes qui l'annullent. De tous les moyens, il n'en est pas de plus radical et de plus dirimant que celui-là, puisque cet état, en produisant les plus cruels effets de l'erreur, attaque le plus auguste et le plus saint des contrats dans sa fin principale. Si la procédure en pareil cas présente l'inconvénient d'offenser la pudeur, on a la voie de la rendre secrète, en statuant que tout sera fait à huis-clos et sans mémoires imprimés, comme en matière de divorce; et que les moyens de recherches seront bornés à des vérifications des gens de l'art et à des interrogatoires.

Nota. Il y aurait lieu encore de déclarer les demandes en nullité de mariage pour cause d'impuissance non-recevables après six mois de la célébration du mariage.

Art. 75, *troisième alinéa.* La condamnation contradictoire ou devenue définitive de l'un des époux à une peine emportant mort civile, rendait bien les mariages contractés dans cet état incapables de produire des effets civils: mais cet état survenu pendant le mariage n'en a jamais produit la dissolution; et l'on ne pense pas que, même dans le système actuel de notre législation, la mort civile survenue doive opérer *ipso jure* la dissolution du mariage; et si l'on considère, en principe, que le mariage est une société qui suppose une participation aux biens et aux maux de la vie, et, en fait, qu'une condamnation à une peine emportant mort civile peut frapper un innocent, il faut conclure de cela seul que la loi ne peut aujourd'hui même tirer de cet accident qu'un moyen simplement facultatif de dissolution. L'on propose donc de réformer sur ce point cet article, et encore l'article 30 du titre Ier, qui renferme la même disposition, sauf à ranger ce cas parmi les causes du divorce, comme l'a fait la loi du 20 septembre 1792.

L'article 76 prohibe avec grande raison le second mariage de la femme dans l'année de viduité; mais quelle sera la peine de la transgression d'un devoir aussi important? La loi ne prononce, ni ne peut prononcer la nullité de ce second mariage ; cependant les mœurs, l'honnêteté publique, le *metus turbationis sanguinis* dans ces convols précipités sollicitent également une répression proportionnée à ce genre de délit public et privé. On demande que le législateur détermine ces peines dans sa sagesse, et qu'elles soient prononcées dans le présent Code, avec d'autant plus de raison que les peines des secondes noces des femmes dans l'an n'ont pas lieu dans les pays coutumiers.

TITRE VI.

L'on conviendra que pour ne pas mettre nos lois en contradiction avec les différens cultes naturalisés en France qui autorisent le divorce, c'était une nécessité de ne pas repousser ce violent remède aux maux de la société. Mais il semble que pour atteindre pleinement le but qu'on s'est proposé, de prévenir l'abus du divorce, et de défendre le mariage contre le débordement des mœurs, il n'aurait pas fallu abolir en même temps la voie légale de la séparation de corps. Cette institution aussi ancienne que le mariage, et qui a appartenu à tous les peuples comme à tous les cultes, étant placée à côté de celle du divorce, en rendrait, au profit des mœurs et à l'avantage des familles, l'usage beaucoup moins fréquent; offrirait, dans le plus grand nombre des situations, un remède doux et suffisant aux maux de la vie conjugale : elle laisserait à ceux qui professent le dogme inflexible de l'indissolubilité, et même à ceux qui n'y étant pas asservis, ne peuvent, sans être étrangers à toute idée de morale, méconnaître le caractère de perpétuité dans la destination du mariage, une liberté précieuse de choix entre deux moyens si différens dans leurs effets, et qu'il semble qu'une législation bienfaisante et désormais aussi éclairée que la nôtre, ne peut refuser.

Si cette mesure était adoptée, il paraît qu'il y aurait lieu de soumettre la faculté de la séparation de corps aux mêmes règles et aux mêmes formes de procédure, que le projet trace avec tant de sagesse et de prévoyance relativement au divorce.

TITRE VIII.

l. 1er-fin du tit. 9-et 1048

Art. 16 *et* 20. Si, par l'article 16, la disposition officieuse ne peut avoir d'effet qu'autant que la cause juste qui doit y être exprimée est encore subsistante à l'époque de la mort du père ou de la mère disposans, il semble que l'article 20, en statuant que les créanciers ne peuvent attaquer la disposition qu'autant qu'elle a été faite sans cause légitime ou non exprimée, devrait ajouter : *ou non subsistante à l'époque de la mort des disposans.*

Art. 22. L'assistance du mari dans l'acte de la disposition officieuse de la femme pourrait gêner sa liberté. Il paraît que l'article devrait être rédigé comme il suit :

« La mère constant le mariage ne peut frapper l'enfant
« commun d'une disposition officieuse, *sans avoir préalable-*
« *ment obtenu le consentement exprès* de son mari. »

TITRE IX.

427

Art. 46. Le plus grand nombre des membres des tribunaux d'appel étant appelés des départemens voisins et à une assez grande distance du chef-lieu, ne conviendrait-il pas de comprendre les juges de ces tribunaux dans la dispense de la charge tutélaire ?

471-473

Art. 100. Il semblerait que dans les cas où le résultat des comptes généraux de tutelle excéderait, soit en reliquat, soit en débet, le taux de la compétence du dernier ressort des tribunaux de première instance, l'office des juges-de-paix devrait se borner à une clôture de compte qui serait portée à l'homologation du tribunal de première instance, dont le jugement serait sujet à l'appel.

Art. 106 *et* 107. Pour empêcher qu'en confondant sur ce qui fait l'objet de ce chapitre la puissance paternelle avec la tutelle proprement dite, on ne trouvât une contradiction entre ces articles et l'article 12 du titre VIII, il serait bon d'expliquer que l'émancipation de droit opérée par l'âge de dix-huit ans accomplis, n'a pas lieu à l'égard du fils de famille, constant le mariage du père, qui, dans ce cas, conserve tous ses droits jusqu'à la majorité de ses enfans qu'il n'aura pas émancipés volontairement. 477-384

Art. 109, *dernier alinéa*. La loi permettant au mineur de s'obliger par un ou plusieurs actes jusqu'au montant d'une année de ses revenus, il paraîtrait injuste que dans le cas où ses divers engagemens réunis excéderaient cette mesure, il pût se faire restituer contre tous lesdits engagemens; car les premiers prêteurs, à concurrence du revenu, se trouveraient avoir été trompés par la loi même. La voie à restitution paraît donc devoir être limitée à l'excédent du revenu annuel, et contre les derniers prêteurs. 484 2ᵉ

TITRE X.

Art. 4. L'état de démence formé dont la loi s'occupe ici ne pouvant résulter que d'un état habituel, le mot *habituel* semblerait mieux placé ainsi qu'il suit: 489

« Celui qui est dans un état *habituel* d'imbécillité, de dé-
« mence ou de fureur, doit être interdit, soit que cet état
« présente ou non des intervalles lucides. »

Art. 13, *dernier alinéa*. Par le dernier état de l'organisation des justices de paix, il n'y a plus d'assesseurs de juge-de-paix; ce sera donc les suppléans qu'il faudra appeler. 496

Art. 18. Si le défendeur à l'interdiction se trouve dans la même ville où siégent le tribunal d'appel et celui de première instance, il pourrait être inconvenant d'y appeler pour cet in- 500 terrogatoire un juge dont la résidence pourrait être à cinq ou six lieues. Il semble qu'en pareil cas le tribunal d'appel devrait commettre un de ses membres, ou du moins avoir cette faculté.

LIVRE II.
TITRE II.

552 Art. 9. Ici il faudrait désigner expressément le *Trésor trouvé*, parmi les profits du propriétaire du sol, ou faisant partie de la propriété; et cela afin qu'il n'arrivât pas, lorsqu'on rédigera les lois de police qui sont annoncées à l'article II des *Dispositions générales* du livre III, qu'on attribuât au domaine public les droits qu'autrefois les seigneurs ou le domaine royal s'étaient arrogés sur les trésors trouvés, même dans les fonds des particuliers.

TITRE III.

586 L'on ne conçoit pas bien comment après avoir rangé dans l'article 8 le prix des baux à ferme parmi les fruits civils, et avoir réglé par l'article 10 que les fruits civils s'acquièrent jour par jour et à proportion de la durée de l'usufruit, l'article 11 adjuge l'entier prix du bail à celui du propriétaire ou de l'usufruitier qui était en jouissance au moment de la récolte représentée par ledit prix du bail, sauf la ventilation et le paiement à l'usufruitier ou à ses héritiers d'une quotité correspondante du prix de ferme, dans le cas prévu par l'article 12 où une partie seulement des récoltes aurait été perçue lorsque l'usufruit aurait commencé ou aurait pris fin. Il semble qu'il y a là une confusion des fruits civils et des fruits naturels contre la distinction préétablie. Si, en réfléchissant sur ces diverses dispositions, on n'aperçoit pas mieux que nous le motif de la différence, on est invité de supprimer les articles 11 et 12, et de s'en tenir à l'article 10, qui paraît faire une justice égale au propriétaire et à l'usufruitier dans tous ces cas, et dont la disposition ab-

solue ferait disparaître l'inconvénient majeur des contestations, et des frais de procédure de ventilation dans le susdit cas de l'article 12.

Art. 23. Les mines et carrières, le *trésor trouvé*, ne sont pas compris dans l'usufruit. 598

Art. 31. Les fonds ruraux peuvent aussi être susceptibles de grosses réparations; tels sont, les digues, les grands murs de soutenement, et autres, qu'il paraîtrait nécessaire de comprendre dans l'article. 606

TITRE IV.

Il semble que dans ce titre, on devrait considérer les servitudes sous leur caractère d'indivisibilité, et établir les règles qui en résultent. liv. 2- tit. 4.

LIVRE III.

DISPOSITIONS GÉNÉRALES.

Est-il bien exact d'envisager la puissance paternelle comme un moyen et comme le premier moyen d'acquérir la propriété ? 711

TITRE Ier.

Art. 3. D'après le principe établi par l'art. 24, tit. Ier, liv. Ier, que la mort civile ne commence que du jour de l'exécution du jugement, ne faudrait-il pas dire, à la fin du présent article, *qui étaient habiles à lui succéder à l'époque de l'exécution du jugement?* 719

Art. 4. Même observation; il faudrait dire ici : *La mort civile n'est encourue que du jour de l'exécution de ce jugement contradictoire.* Ibid.

Art. 18. Même observation; il faudrait dire : *qui se trouvent être ses héritiers de droit à l'époque de l'exécution du second jugement.* ap-725

Art. 22. L'énumération des causes d'indignité est incomplète : on propose d'ajouter : *celui qui ayant vu le défunt en* 727 *danger de périr, a négligé de lui porter secours pouvant le faire.* Celui qui a empêché par violence le défunt de faire des dispositions testamentaires devrait être également déclaré indigne de succéder, du moins en la part de l'hérédité que la loi déclare disponible : de même, l'héritier testamentaire ou donataire à cause de mort qui a empêché le défunt de changer ou de révoquer sa disposition ne doit pas recueillir les fruits de cette disposition.

730 Art. 25. Les enfans de l'indigne qui n'ont en rien participé à la faute de leur père paraissent ne devoir pas encourir l'exclusion, soit qu'ils viennent à la succession de leur chef propre, soit qu'ils y viennent par représentation de l'indigne.

746 Art. 43, *dernier alinéa.* Par cette disposition, un père ou une mère survivant à son enfant décédé sans postérité, sans frères ni sœurs, ni descendans d'eux, verrait passer la moitié de la succession dudit enfant aux collatéraux les plus éloignés de ce dernier, et cela contre la disposition même de l'article 69 de la loi du 17 nivose an 2, laquelle, en pareil cas, appelle le survivant des père et mère à l'entière succession. Il semblerait dur que la règle de la division des lignes opérât un pareil effet dans ce premier degré de la succession ascendante. C'est pour ce seul premier degré qu'on en réclame l'inactivité. Il ne faut pas que la loi nouvelle soit plus dure que celle de l'an 2. On est prié de considérer que l'éducation de l'enfant rrait souffrir de l'adoption de cette partie de l'article.

757 Art. 55. Il est entendu que lorsque le père ou la mère ne laisse que des ascendans, ceux-ci font nombre, comme enfans légitimes, pour la fixation de la portion héréditaire.

767-768 Art. 76. Les enfans naturels légalement reconnus devraient être classés dans le chapitre des successions irrégulières, à l'effet de recueillir la succession pour le tout, après, ou, pour mieux dire, en défaut d'époux survivans, mais avant et de préférence à la république.

Art. 81 *et* 82. Une hérédité peut être telle, qu'elle sera profitable ou onéreuse, selon les connaissances de fait qu'on pourra acquérir, les découvertes qu'on pourra faire, les contingens plus ou moins prochains, plus ou moins probables ; selon le plus ou moins de talens, d'industrie des héritiers. L'article porte que, dans le cas où les héritiers ne sont pas d'accord entre eux sur le parti d'accepter ou de répudier, on examine et on adopte ce qui aurait été le plus avantageux au défunt. Il semble que c'est là établir une contestation judiciaire, un procès *de commodo et incommodo*, dans lequel les juges pourraient manquer de renseignemens suffisans pour asseoir un jugement éclairé, et dont le résultat pourra être de forcer les uns à répudier une succession réellement avantageuse, et les autres à accepter une succession réellement onéreuse. L'on propose que la loi statue qu'en pareil cas les successeurs se porteront héritiers par bénéfice d'inventaire, aux frais avancés de ceux qui émettront le vœu d'accepter, et sans espoir de répétition, si l'entreprise du bénéfice d'inventaire aboutit éventuellement à un abandon de la succession.

Art. 92. Posons le cas de la succession d'un homme qui laisse plusieurs enfans ; l'un d'eux, qui a aussi des enfans, renonce à cette succession ; ses enfans en seraient à jamais exclus, par la règle de l'art. 38 : *on ne représente pas les personnes vivantes*. Ce cas présente la possibilité de l'exhérédation de cet enfant, relativement à cette succession. Sous ce rapport, l'article paraît susceptible d'une modification, pour autoriser l'enfant du renonçant à attaquer la renonciation, comme donation indirecte faite à son préjudice. La disposition de l'article suivant, relatif aux créanciers, semble confirmer cette réserve.

Art. 120. Après tant de mesures si judicieusement prises par les articles précédens, pour procurer toutes les sûretés des créanciers, il paraît dur et trop fiscal de priver un héritier du bénéfice d'inventaire, parce que la République sera créancière.

880 Art. 200, *in fine*. Il semble qu'on devrait ajouter : *sauf aux créanciers, en cas d'aliénation de la part de l'héritier, l'exercice de leurs priviléges et hypothèques envers les tiers possesseurs ou acquéreurs.* (*Domat*, liv. III, tit. II, sect. Ire, art. 5.)

881 L'art. 202 est conforme au droit romain, mais contraire à la jurisprudence française, qui, par les motifs qu'en donne *Domat*, au préambule du tit. II, liv. III, est depuis long-temps fixée à juger qu'il y a même équité et même justice à accorder la séparation des patrimoines aux créanciers de l'héritier contre ceux de la succession, qu'à ceux-ci contre les premiers. Cette jurisprudence se trouve attestée par *Chopin* (*de morib. Paris.*) livre III, tit. III, n° 4 ; — *Leprêtre*, centur. 1, ch. 75 ; — *Boniface*, tit. II, liv. III, tit. III, ch. 7 ; — le nouvel *Albert*, let. a. ch. 15 ; — *Bretonnier* sur *Henrys*, liv. IV, quest. 28 ; — *Seres*, prof. en d. franç., en son explication de la déclaration de 1736, art. 1.

TITRE II.

1125 Art. 22. *Ne peuvent revenir contre ce qu'ils ont fait en conséquence*, paraîtrait mieux remplir les vues de la loi, que, *ne peuvent répéter ce qu'ils ont payé en conséquence.*

1139 Art. 36. Un simple acte de sommation, sans introduction d'instance, ne serait-il pas suffisant ?

1140 Art. 38. Cette disposition abrogerait celle de la loi. *Quoties* (*Cod. de rei vindic.*) constamment suivie dans la jurisprudence, et suivant laquelle un second acheteur de bonne foi, et toute fraude cessant, qui aurait pris la réelle et actuelle possession de l'immeuble vendu serait préférable à un premier acheteur sans possession, sauf l'indemnité de celui-ci contre le vendeur.

1166 Art. 61. Les droits et actions qui ne sont fondés que sur une action purement personnelle auraient besoin, même dans un Code, d'être donnés à connaître au moins par un exemple.

Art. 62. Que les créanciers ne puissent attaquer, *sous pré-* 1167
texte de fraude à leurs droits, les actes faits par leurs débiteurs, que dans les deux cas exprimés, c'est une bonne règle : mais elle n'empêche pas que, dans tous les cas, les créanciers n'aient ce droit, en prouvant le dol, la fraude ou collusion.

Art. 67. « Il en est autrement dans les dispositions testa- 1172
« mentaires. » Il serait mieux de dire : *Dans les dispositions testamentaires, elle rend nulle la clause qui en dépend, mais non le testament.*

Art. 69. L'on ne conçoit pas comment une obligation 1174
contractée sous une condition purement potestative de la part de l'une des deux parties contractantes pourrait être nulle : cette proposition a besoin d'être expliquée.

Art. 82. L'expérience des remboursemens ruineux faits 1187
dans les temps du papier-monnaie ferait désirer que cet article pût être rédigé de manière que de droit et sans qu'il fût nécessaire de stipulation, le terme fût en faveur du créancier, comme en faveur du débiteur.

Nota. N'y aurait-il pas lieu d'insérer un article dans la 1214
section *des obligations solidaires*, pour régler le mode de l'action de recours du débiteur solidaire envers ses coobligés quand il a payé seul la créance? si ou non cette action de recours, sa part déduite, est aussi solidaire? si du moins elle ne l'est pas lorsqu'il a pris subrogation du créancier? Cette observation est commune à la disposition de l'art. 145.

Art. 216. C'est ici le renouvellement de la déclaration du 1326
22 septembre 1733 : une précédente du 30 juillet 1730, portait les mêmes dispositions ; mais elle ne contenait pas les exceptions qu'on trouve dans celle de 1733 que le présent article adopte, et contre lesquelles nous croyons devoir réclamer. Une première réflexion qui se présente à l'égard des artisans, laboureurs et gens de campagne, est que l'excep-

2.

tion, en se contentant de leur simple signature, parce que souvent ils ne savent que signer leur nom, refuse le secours de la loi aux classes de citoyens qui par leur ignorance et leur simplicité même en ont précisément le plus de besoin. Si c'est un inconvénient pour ceux qui ne sont pas en état d'écrire une somme ou une chose appréciable, en toutes lettres, de ne pouvoir s'obliger que par un acte public, il est pour eux d'un intérêt bien plus majeur de les soustraire aux genres de faux que la loi veut prévenir.

Quant aux marchands, plus ils sont exposés à souscrire des engagemens, et plus l'exception leur devient préjudiciable, vu d'ailleurs qu'elle est sans motifs à leur égard, n'y ayant pas un seul marchand qui ne soit en état d'écrire en toutes lettres une somme d'argent ou chose appréciable.

Mais ce qui nous fait insister sur un point aussi important, c'est la redoutable découverte que la chimie a faite dans ce dernier temps de l'acide muriatique-oxigéné, à l'aide duquel il est possible d'enlever si parfaitement un corps d'écritures en laissant subsister les signatures au bas, qu'il devient impossible de faire revivre ou même reparaître les moindres traces de l'écriture effacée; sur quoi nous remarquerons encore que la précision que fait l'article à un seul obligé ne devrait pas non plus avoir lieu, attendu qu'il est aussi facile de pratiquer ce genre de faux au-dessus de plusieurs signatures que d'une seule.

Nous proposons donc qu'en faisant une nouvelle rédaction de l'article, toute exception et même cette précision en soient supprimées de manière que la loi devienne générale et absolue.

1332   Art. 223. Ne faudrait-il pas dire : *de l'écriture mise par le créancier au dos, etc.*

1335   Art. 226. Ajouter : *les grosses ou expéditions en forme des notaires recevant.*

1336   Art. 227, *deuxième alinéa.* « Qu'il existe un répertoire en
« règle du notaire qui constate que l'acte a été fait à la

« même date, » *ou que puisse en prouver la perte par un accident.*

Troisième alinéa. « Que le donataire puisse faire déposer « les témoins instrumentaires de l'acte, » *ou qu'en cas de décès desdits témoins instrumentaires, d'autres témoins qui auraient eu connaissance de l'acte puissent être entendus.*

Art. 232. Il y a des opinions pour porter le taux dont parle l'article à deux cents francs. 1341

Art. 250. Plus cette maxime est imposante et vraie en général, et plus il paraît nécessaire d'en tracer ici les exceptions. Le judicieux *Henrys*, tom. 4, quest. 6, en remarque deux en ces termes : l'une est *lorsqu'on a, outre la confession, quelque autre fondement ou preuve de la demande; car en ce cas, quand elle ne serait pas suffisante, elle devient telle étant jointe à la confession;* l'autre est : *lorsqu'il y a quelque présomption qui répugne à la condition que l'on met à l'aveu.* fin de sec. 2.

TITRE VI.

Art. 8, *neuvième alinéa.* Pourquoi pas pour tout ce qui a couru de l'année actuelle du service ? 2101 4°

Art. 63. Une offre d'acquitter la dette ou d'en passer titre-nouvel semble ne devoir pas suffire pour autoriser la reprise de l'immeuble délaissé par hypothèque. Il paraît que le créancier poursuivant doit être entièrement désintéressé par un paiement effectif. 2173

TITRE VII.

Art. 15. L'impression du joug marital, la nécessité de prévenir la dilapidation de la fortune des femmes, sollicite sur ce point, pour elles, la même exception accordée au fisc. L'article 23, chap. VI de la loi du 11 brumaire an 6, la leur réserve; et c'est d'après cette disposition que nous proposons un article à la suite de celui-ci, en ces termes : *L'effet des inscriptions subsiste sur les époux pour tous leurs droits et conventions de mariage, soit déterminés, soit* 2121 *éventuels, pendant tout le temps du mariage et une année après.*

2188   Art. 62. Comme tel enchérisseur adjudicataire peut avoir le prix de son adjudication, à qui il pourrait être impossible de trouver caution suffisante, il semble qu'il devrait avoir le choix de consigner le prix.

TITRE VIII.

2215   Art. 14. Ajoutez : *sauf la nullité de la saisie et les dommages et intérêts en résultant, dans le cas où le jugement provisoire viendrait à être anéanti, si toutefois la saisie n'était maintenue par l'opposition d'autres créanciers.*

Le même article exige que l'adjudication ne puisse être faite que quand il est intervenu un jugement définitif passé en force de chose jugée, ou rendu en dernier ressort.

A-t-on fait attention que cette clause met entre les mains du débiteur un moyen puissant pour ralentir et suspendre pendant long-temps l'adjudication, contre le vœu de la loi, résultant notamment des dispositions du chapitre VI? Il n'aura pour cela qu'à incidenter ou laisser prononcer en défaut : on propose qu'il soit dit simplement que l'adjudication ne pourra être faite que quand il sera intervenu un jugement de condamnation, soit contradictoire, soit en défaut, sauf à ajouter un très-court délai pour en appeler.

2218   Art. 124. Savoir si l'annulation dans ce cas profite aux parties.

L'article 124 aurait besoin d'être éclairci.

Art. 133 et 134. La procédure relative à ces articles ne suspendant point le congé d'adjuger, ni l'adjudication, ni l'exécution du procès-verbal d'ordre, ne faudrait-il pas rendre commune à ces sortes d'opposans, la réserve du rapport, caution ou emploi, prescrite par l'article 122 en faveur des créanciers éventuels?

Art. 164. Il semble qu'un jugement de cette importance devrait être sujet à la voie d'appel ou du moins au pourvoi en cassation, sauf dans le cas où la loi laisserait subsister la première voie, à statuer que l'appel serait jugé comme cause de la plus grande urgence.

Art. 168. Lorsque la consignation est dûment faite par l'adjudicataire, il ne peut pas y avoir lieu à une revente sur folle-enchère, mais seulement à la contrainte judiciaire et par corps contre le consignataire.

Art. 178. La vente sur publications ne purgeant pas les droits de propriété des tierces personnes, il pourra en résulter ou un défaut de concours d'enchérisseurs, ou une vente à trop vil prix. Sous ce rapport ne faudrait-il pas insérer dans l'article 169 que le consentement du créancier sera nécessaire pour autoriser ou permettre ce mode de vente?

Nota. Un grand nombre de citoyens se trouvent dans le cas de poursuivre des ventes forcées d'immeubles situés en France, sur leurs débiteurs résidant dans les colonies françaises, et n'osent se livrer à des exécutions, de crainte de les faire irrégulières. Il est à désirer que soit dans ce titre, soit plutôt dans le Code de la procédure, il soit posé des règles fixes, relativement aux formes et aux délais, et à la manière d'intenter et suivre la procédure en pareil cas.

TITRE IX.

Art. 36. La réductibilité ne devrait-elle pas suffire dans ces cas? ap-911

Art. 55. L'on suppose que la loi concernant l'établissement des bureaux d'insinuation fixera les délais dans lesquels cette formalité devra être remplie. 939

Art. 60. L'on suppose que la loi regarderait comme attentat à la vie du donateur le refus d'alimens devenus nécessaires. 955

Art. 109. « Et l'action hypothécaire des créanciers, » *sauf son recours contre les héritiers, lorsqu'il s'agit d'une hypothèque non spéciale.* 1024

1020 Art. 127. Si l'objet donné a été postérieurement *et spécialement* hypothéqué, etc.

1081 Art. 146. Elle ne peut avoir lieu *directement* au profit des enfans à naître.

Nota. Il semble résulter de l'ensemble des dispositions relatives aux différens genres de donations dont parle le chapitre VII, que celle de l'article 147 n'est sujète qu'à la formalité de l'acceptation, et que celles des articles 146 et 149 restent sujètes à l'acceptation et à l'insinuation ; mais c'est peut-être ce qu'il serait bon de dire expressément.

1094 Art. 156. Cette totalité d'usufruit de la portion non disponible, ajoutée à la pleine propriété de la portion disponible, paraît trop forte à l'égard des ascendans, s'il y en a, de l'époux donateur à qui la nature plus encore que la loi assignait un tiers en toute propriété, quand il n'y avait pas d'enfans, et dont l'âge réclame des jouissances que le moindre âge des usufruitiers les menace de ne jamais obtenir. L'on propose de réduire cette faculté de donation d'usufruit à l'égard des ascendans, au moins à la moitié ; ce qui ne fera pour les ascendans qu'un quart de la jouissance du total.

TITRE X.

1447 Art. 65. Y aurait-il de l'inconvénient à accorder aux créanciers dans ce cas, la voie de la tierce opposition au jugement qui sans eux aurait prononcé la séparation ?

1451 Art. 70. L'acte de rétablissement de la communauté ne pourrait-il pas être soumis aux affiches que l'article 60 exige pour l'acte de séparation ?

1493 Art. 107, § II. Quel sera son droit à l'égard du prix de ses immeubles aliénés par son mari, *qui n'aura pas été versé dans la communauté ?* Cette action n'est réglée ni ici ni dans les articles 110 et 111, qui sont le résumé de ceux qui précèdent.

TITRE XI.

Art. 4. Pour éviter qu'on se méprenne sur le vrai sens 1585
de ce texte, ne conviendrait-il pas d'annoncer que, dans ce cas, la non-perfection de la vente ne s'entend qu'à l'effet de ne pas mettre les risques des choses vendues sur le compte de l'acheteur, la vente ne laissant pas d'ailleurs d'être parfaite, les accidens cessant (*Pothier*, n°s 308 et 310. — *Catellan*, liv. V, chap. XIV).

Art. 44. D'après la doctrine de Pothier (*Contrat de vente*, 1623
n° 256), qui paraît juste, si le fonds qui a l'excédant de mesure est inférieur en bonté à celui qui en manque, il faudrait que la compensation dont parle l'article ne s'opérât pas seulement en quantité, mais encore en qualité; en sorte que, dans ce cas, le vendeur souffrît une diminution relative et proportionnelle du prix.

TITRE XIII.

CHAP. II. — SECT. III.

Comme dans le cheptel simple, et dans celui à moitié, le 1824
fumier est au profit du preneur (art. 88 et 99); que dans le cheptel donné au fermier, il est dit, article 102, indistinctement que tous les profits appartiennent au fermier, et dans le cheptel donné au colon partiaire, que le cheptel est soumis à toutes les règles du cheptel simple, il semblerait nécessaire d'expliquer que dans les cheptels donnés au fermier et au colon partiaire, le fumier n'est point dans les profits personnels des preneurs, mais appartient à la métairie, à l'exploitation de laquelle il doit être uniquement employé.

TITRE XIV.

Art. 25. Cette décision, quoique exacte, pourra paraître 184
surprenante, n'étant directement fondée sur aucune loi; il paraîtrait à propos d'en donner le motif, qui est que l'asso-

cié doit aux affaires de la société le même soin qu'à sa propre affaire (Pothier, *du contrat de société*, n° 120).

Au reste, l'on voudrait excepter de cette loi rigoureuse les créances que cet associé pourrait avoir antérieures à la société.

1854   Art. 31. Pour éviter les questions souvent versatiles que de pareilles contestations pourraient entraîner, ne vaudrait-il pas mieux établir que de pareils réglemens seraient censés ratifiés par la non-réclamation des intéressés dans un très-court délai que la loi fixerait?

TITRE XV.

1894   Art. 20.... Alors c'est un prêt à usage, *commodat*.

tit. 11- ch. 3.   *Nota.* Ç'aurait été le cas de comprendre dans le chapitre III la règle que les intérêts cessent de courir quand ils excèdent le capital; mais peut-être deviendrait-elle inutile au moyen d'une autre qu'on trouve proposée par l'art. 58 du tit. XX, savoir que les intérêts se prescrivent par cinq ans.

TITRE XVIII.

liv. 3- tit. 17.   On est surpris qu'il ne soit parlé ici ni dans aucune autre partie du Code, du contrat de nantissement que relativement aux choses mobilières. Cependant, les immeubles peuvent être l'objet de ce contrat. Pothier le définit, sous ce rapport, dans son Traité de nantissement, chap. Ier, art. 1er, § Ier; il en indique les sources dans le droit romain, et le rend recommandable par l'avantage dont il peut être pour les créanciers et pour les débiteurs. La jurisprudence française l'a toujours adopté. L'on propose donc de comprendre cette espèce de nantissement dans le Code, de le définir, et de prescrire les règles qu'on jugera lui être propres. Dans le ressort du ci-devant parlement de Toulouse, par le simple bail à engagement d'un fonds, l'engagiste n'a que le droit de prendre des fruits à concurrence des intérêts de sa créance, sur le pied de la loi; il doit rendre compte du surplus, et imputer l'excédant des fruits sur le capital. Il en est autrement du bail à antichrèse, dont il est parlé dans la loi 11, § I*er* *ff. de Pignor et Hyp.* Par ce genre d'engagement ou de nantissement, il se fait une compensation absolue des fruits et des intérêts de part et d'autre, *propter incertitudinem fructuum.* Telle est, là-dessus, la jurisprudence attestée par les auteurs, et notamment par Catellan, liv. V, chap. I*er*.

TITRE XIX.

Art. 1*er*. La définition du contrat aléatoire ne paraît pas bien exacte; il n'y a que le jeu ou pari et la rente viagère dans lesquels chacune des parties se charge réciproquement d'un risque, au lieu que dans les contrats d'assurance et à la grosse, il n'y a que l'assureur qui court le risque (Pothier, *Traité du jeu, page* 266). 1964

Art. 5. Pour mieux fixer l'esprit du lecteur, il conviendrait d'ajouter: *Cette espèce de rente viagère est qualifiée,* à fonds perdu. 1968

Art. 16. Si la rente *à fonds perdu* n'est constituée, etc. ap- 1976

Art. 19..... Et de faire faire sur le prix, *et avec privilége sur le prix particulier dudit fonds par lui aliéné,* l'emploi, etc. 1977

TITRE XX.

Art. 5. Il est des cas où les juges doivent suppléer d'office le moyen de la prescription; c'est lorsqu'il s'agit d'un terme fixé par la loi pour remplir certains devoirs (Dunod, p. 110). 2223

Art. 26. Il faudrait dire: *un commandement suivi d'une saisie;* car un simple commandement, sommation ou interpellation extrajudiciaire, non suivi d'une citation ou introduction d'instance, ne suffit pas pour causer la mauvaise foi et produire l'interruption civile (Dunod, page 57). Le principe est d'ailleurs reconnu par l'article qui suit. 2244

Après l'article 32. *La compensation a l'effet d'interrompre,* 2250 *d'empêcher même le cours de la prescription, à concurrence.* (Duperier, livre 2, chapitre 18.—Dunod, page 58).

2252   Art. 33. Ne conviendrait-il pas d'ajouter que lorsque la prescription trentenaire a commencé de courir contre le majeur, le mineur n'a, après sa majorité accomplie, qu'autant de temps qu'il en manquait contre ledit majeur, son auteur?

D'énoncer aussi la règle qu'en fait de droits indivis entre le mineur et le majeur, la prescription qui n'a pu courir contre le premier est sans effet à l'égard du second?

2265   Art. 46. Quoi qu'en disent *d'Argentré*, *Dunod* et les auteurs de nos pays de droit écrit, la prescription des immeubles par dix ans entre présens, et par vingt ans entre présent et absent, avec titre et bonne foi, est préférable à celle de trente ans sans titre ni bonne foi.

2279   Art. 60. En fait de meuble, la possession vaut titre, *quand le prêt n'est pas prouvé.*

Que la possession triennale vaille titre en faveur du possesseur de bonne foi des choses volées ou perdues, il y a de bonnes raisons pour cela; mais l'on ne pense pas que l'article puisse s'appliquer au possesseur, voleur ou inventeur lui-même, non plus qu'à ceux qui auraient acheté d'eux sciemment la chose volée ou perdue.

La possession annale ne serait-elle pas suffisante lorsque le possesseur est de bonne foi?

DISPOSITION GÉNÉRALE.

fin du Code.   .... *Cesseront d'avoir force de loi* .... *dans les matières qui sont l'objet du présent Code;* c'est-à-dire, sans doute, que la non-application des dispositions législatives préexistantes au Code et qui ne s'y trouveront pas insérées ne donnera pas ouverture à cassation: mais ces textes ne laisseront pas que de servir de guide aux citoyens et de règle aux juges, comme raison écrite, et monument de la jurisprudence française dans les cas non prévus, et lorsque d'ailleurs ils ne seront ni contraires à la lettre ni répugnant à l'esprit du Code.

En faisant ces observations, on a dû se tenir dans le cercle que le discours préliminaire, page 10, édit. in-4°, trace d'une manière aussi philosophique qu'éloquente en ces termes : « L'office de la loi est de fixer par de grandes vues, les maximes générales du droit, d'établir des principes féconds en conséquences, et non de descendre dans le détail des questions qui peuvent naître sur chaque matière. »

Fait à la chambre du conseil, le tribunal assemblé, ce 7 floréal, an 9 de la république française, une et indivisible. Signé FAJON, *président;* P. VIGIER, SOUSTELLE, *commissaires.*

───●○○●───

N° 22. *Observations des membres composant la commission du tribunal d'appel séant à* ORLÉANS.

LIVRE PREMIER.
TITRE PREMIER.

Art. 3. Le Français qui avait abdiqué jouira-t-il de la faculté accordée à son fils *né en pays étranger?* On présume que c'est l'intention des rédacteurs, à moins qu'il n'y ait des circonstances qui le rendent absolument indigne de cette faveur; si cela est, il faut nécessairement le dire, autrement le père paraîtra irrévocablement exclu par cet article, qui ne parle que du fils : cependant les mots *reprendre* et *revient,* qui annoncent un retour, semblent plus convenir au père qu'au fils né en pays étranger. 10-18

Art 8. 1° Sans doute les actes permis aux Français, quoique consentis en pays étranger, doivent également être exécutés en France : cependant l'article ne parle que des actes *permis aux étrangers;* pourquoi cette espèce de restriction? 15

2º Est-il bien constant même qu'un Français doive être contraint d'exécuter tous les actes *permis aux étrangers* qu'il aurait pu contracter *en pays étranger*? Ne serait-ce pas rendre illusoires nos lois sur les contrats, sur les biens, etc., pour ceux qui préféreraient celles des pays étrangers, et qui auraient la facilité d'y aller contracter?

3º On pourrait croire que l'intention des rédacteurs a été de parler des actes *permis aux étrangers* par les lois françaises: en ce cas, il semble nécessaire de le dire; la loi ne peut jamais être trop claire.

29 Art. 28. Quel motif y a-t-il de faire encourir la mort civile *du jour* du jugement contradictoire, à celui qui, en se représentant volontairement, a fait tomber *de plein droit* le jugement rendu par contumace? Est-il moins favorable? Ne l'est-il pas plus que celui qui ne se représente pas, et contre lequel la mort civile n'est encourue que du jour de l'exécution par effigie? Dès que sa représentation anéantit de plein droit le jugement de contumace, il ne doit pas y avoir de distinction entre celui qui a été contumax et celui qui ne l'a pas été, contre lequel, suivant tous les articles précédens, la mort civile n'est encourue que du jour de l'exécution des jugemens. On pourrait donc croire qu'il n'y a dans l'article 28 qu'un oubli des mots *de l'exécution* au commencement de la quatrième ligne.

TITRE II.

68 Art. 40. 1º Ces mots du premier alinéa: *dans les cas que la loi indique, et par les personnes qu'elle y autorise*, laissent l'officier de l'état civil juge de ces cas; dans tous autres il n'est pas tenu de se faire représenter la main-levée de l'opposition: il peut, par une conséquence immédiate de cet article, passer outre à la célébration du mariage, à ses risques, il est vrai; mais ne serait-il pas plus prudent de lui ôter cette faculté, qui peut être si dangereuse pour lui et pour les parties intéressées? Comment ne pas craindre les

abus qui en peuvent résulter, surtout dans les petites communes, où l'on ne peut guère espérer de trouver facilement des officiers de l'état civil bien éclairés?

2° L'intention n'est pas sûrement que le jugement qui prononcera des peines graves soit en dernier ressort; il semble nécessaire d'ajouter à la fin: *sauf l'appel;* car il y a d'autres cas, dans la même matière, où l'on attribue le dernier ressort au tribunal de première instance.

Art. 59. Premier alinéa, ligne 1re: *dans les hôpitaux militaires;* il semble nécessaire d'ajouter, *ou civils.* Le deuxième alinéa parle des *hôpitaux* indistinctement, et ce que prescrit l'article est aussi nécessaire dans les uns que dans les autres. 80

Art. 64. Ne serait-ce pas une précaution utile, même nécessaire, d'astreindre celui qui dresse l'acte de décès dans ce cas-ci, à y faire les énonciations prescrites par l'art. 58; et l'officier de l'état civil, à qui cet acte est remis, d'en envoyer une expédition au préfet du département dans l'arrondissement duquel est la commune du domicile du décédé, pour être annexée aux registres de cette commune, et en être envoyé une copie à l'officier civil de la même commune, laquelle sera pareillement annexée au registre dont il est dépositaire, ou transcrite sur ce registre? 86-87

Art. 66. Il semble que dans cette circonstance, plus particulièrement peut-être que dans toute autre, ces actes doivent être précédés de la vérification du décès par l'officier de l'état civil, qui en signera la mention sur le registre de l'écrou; et peut-être même serait-il bon d'appeler à cette vérification le commissaire près le tribunal criminel ou celui près le tribunal de police correctionnelle, suivant les différens cas. 84

TITRE III.

Art. 3 et 4. Si l'on pouvait s'occuper ici de l'exercice des droits politiques du citoyen, peut-être trouverait-on de grands inconvéniens à ce qu'il pût les exercer ailleurs que 102 dans le lieu où il a fixé son établissement principal; mais quant aux droits et aux actes purement civils, ils sont tellement distincts de ceux politiques, que rien ne paraît exiger qu'ils ne soient pas réglés sous le rapport du domicile comme ceux des autres Français. Cette distinction, cette double législation, peut avoir dans l'exécution beaucoup d'inconvéniens, et l'on n'en aperçoit pas l'utilité, encore moins la nécessité.

TITRE IV.

116. Art. 3. Après ces mots : *parmi les parens de l'absent*, ne serait-il pas convenable, même nécessaire, d'ajouter ceux-ci : *autres néanmoins que les successibles ou héritiers présomptifs?* Ce sont eux qui, pouvant demander l'envoi en possession des biens de l'absent, ont intérêt à faire constater l'absence.

120. Art. 9. Dans ce cas, et pendant ces cinq années, que deviendront les biens de l'absent? Si l'on ne croit pas devoir en confier l'administration provisoire aux parens? ne pourraient-ils pas au moins demander qu'il y soit établi un séquestre? L'intérêt de l'absent, comme le leur, exige l'une ou l'autre de ces précautions, et elle ne peut être trop tôt prise. L'absent qui a négligé de pourvoir à la conservation de ses biens, doit imputer à sa négligence les frais qu'elle peut occasioner. Il serait même bon de fixer un délai, après lequel le juge-de-paix pourrait faire faire l'ouverture de la maison de l'absent, et apposer les scellés sur les effets qui s'y trouveraient, etc.

Ibid. Art. 12. Sans doute la caution doit être soumise à l'examen et discussion du commissaire; il n'est peut-être pas superflu de le dire.

127. Art. 13. 1° Est-il dans l'intention de l'article qu'il ait lieu, lors même qu'on aurait eu des nouvelles de l'absent dans les dix années depuis l'envoi en possession? Ces nouvelles ne devraient-elles pas faire cesser la présomption de bonne foi

des parens, interrompre l'espèce de prescription qui leur fait adjuger les fruits de biens qu'ils ne régissaient jusque là que comme séquestres?

2° Cette adjudication de la totalité des fruits et revenus de l'absent, cette décharge de lui en rendre aucun compte à son retour, n'est-elle pas même trop rigoureuse, et, en quelque sorte, aussi contraire à l'humanité, à qui il doit répugner d'ajouter aux malheurs qui ont pu retenir l'absent loin de sa patrie, et l'empêcher de donner de ses nouvelles, qu'aux principes généraux, qui ne permettent à personne de prescrire contre son titre, ni de changer soi-même la cause et le principe de sa possession? (Vide inf. *de la Prescription*, art. 18 et 22.)

Art. 14. Ces observations militent également contre l'article 14, et peut-être encore avec plus de force, puisqu'il dépouille le malheureux absent (esclave peut-être chez un peuple barbare, dans un autre hémisphère, ou naufragé dans une île déserte) de la totalité de ses biens, et cela en faveur de personnes que les liens du sang obligeaient à les lui conserver, et à qui la justice n'en avait accordé la possession qu'à titre précaire, et dans cette vue primitive? L'absent n'est présumé mort qu'après les cent années de sa vie révolues : comment concilier ce principe avec la loi qui le priverait de tous ses biens après trente ou trente-cinq années d'absence, quoiqu'il n'eût alors que cinquante ou soixante ans, et lorsqu'en reparaissant, même après cent ans, il ferait nécessairement cesser la présomption légale de sa mort? 123-124

Cette présomption légale de vie pendant cent années empêche l'épouse de l'absent de contracter un nouveau mariage, tant qu'elles ne sont pas révolues : le mari absent conserve donc jusque là tous ses droits sur sa femme, et, sans doute, il ne perd pas ceux que le mariage ou leur contrat lui donnait sur les biens de sa femme. Quelque longue qu'ait été son absence, il rentrera dans le plein exercice de ses droits à son retour, et cependant il sera irrévocablement privé de tous ses propres biens.

Mais cette femme elle-même, qui ne cesse pas de l'être par l'absence de son mari, et qui ne peut s'en donner un autre tant qu'il est présumé vivant, comment subsistera-t-elle, en supposant qu'elle n'a pas de bien de son côté? n'a-t-elle pas droit de conserver la jouissance de ceux de son mari absent, dont les revenus, par le mariage, sont destinés à la subsistance commune des époux, à l'entretien du ménage, dont en ce cas, elle se trouve seule chargée?

Et si c'est la femme qui est absente, ses héritiers priveront-ils le mari de l'administration et de la jouissance des biens de sa femme, même de la libre disposition du mobilier, que lui donne la loi, pour le contraindre de la recevoir dépouillée de ces mêmes biens, si elle ne revient qu'après trente ans? Ne serait-ce pas, dans l'un comme dans l'autre cas, priver de ses principaux effets un contrat que la loi veut cependant qui subsiste pendant toute la vie présumée des époux, quelque temps que puisse durer l'absence de l'un ou de l'autre?

Enfin, dans les cas autres que ceux-ci, où l'envoi des héritiers en possession des biens de l'absent peut avoir lieu, ne serait-ce pas faire assez pour eux et les indemniser suffisamment de leur administration, que de leur laisser une portion des revenus, comme le quart, le tiers, ou même la moitié, et les obliger seulement à rendre les fonds et capitaux, avec le montant de l'autre portion des fruits et revenus, ou les objets provenant de l'emploi qu'ils pourraient en avoir fait, sans aucun intérêt, même en ce cas d'emploi? Cette disposition, moins contraire aux principes généraux ci-dessus rappelés, serait certainement aussi plus analogue aux mœurs, au caractère de la nation la plus civilisée, la plus humaine de l'univers, que celle qui permet seulement aux tribunaux d'accorder à l'absent, sur ses revenus, et seulement lorsqu'il revient avant les trente ans révolus, *une* somme convenable pour subvenir à ses premiers besoins ; en sorte qu'après les trente ans, privé, dépouillé de tout, des fonds comme des revenus, il ne pourra pas même demander du pain à ceux qui se seraient faits ses héritiers de son vivant, et cela sous le prétexte de veiller à la conservation de ses biens.

Art. 17. Si, malgré ces observations, on admet la législation rigoureuse proposée contre l'absent, ne pourrait-on pas au moins l'adoucir en faveur des enfans nés pendant son absence, en statuant que, dans le cas prévu par l'art. 17, le mineur relèvera le majeur, afin de ne pas faire concourir dans le partage des mêmes biens, des héritiers collatéraux avec des héritiers en ligne directe? Il est d'ailleurs d'autant plus juste de venir au secours de ces enfans, quoique majeurs, qu'étant nés et élevés hors de la France, ils ne peuvent pas être supposés en avoir connu les lois. 133

Art. 18 et 19. Il semble qu'après les mots : *du jour de sa disparition*, et *depuis sa disparition*, il faut ajouter à l'un, *ou des dernières nouvelles*, et à l'autre : *ou les dernières nouvelles*. Dans l'un comme dans l'autre cas, des nouvelles de l'existence de l'absent, postérieures à sa disparition, font cesser la présomption qu'établit la loi, de sa mort au jour de cette disparition. 129-130

Art. 27. 1° Ne serait-il pas bon d'ajouter à la fin de cet article: *mais il peut demander le divorce pour cause d'abandonnement, ainsi qu'il est statué ci-après?*

2° Dans le cas où l'absent reviendrait après ses cent années d'âge révolues, quels seraient ses droits relativement à l'autre époux qui aurait contracté un autre mariage en vertu de cet article et sans divorce préalable? l. 1er tit. 4-ch. 3 com. de sec. 3,

Art. 29. Cet article ne permet pas de douter que l'intention des articles 13 et 14 ci-dessus est qu'ils doivent avoir lieu même au préjudice des époux et malgré les droits que le mariage leur donne, tant qu'il subsiste, sur les biens l'un de l'autre. On n'ajoutera rien à ce qui a été dit à cet égard; 140

on observera seulement que la jurisprudence qui a suggéré cette législation accordait au moins à la femme de l'absent la répétition de sa dot et conventions matrimoniales, et même une pension alimentaire sur les biens du mari, et que d'ailleurs elle ne proscrivait point *formellement* les seconds mariages contractés après une longue absence, et sur de simples bruits de la mort de l'époux absent.

142 Art. 31. Est-il nécessaire d'attendre l'expiration d'un délai de six mois pour veiller à la sûreté d'enfans en bas âge, et à la conservation des biens, singulièrement du mobilier? Ce délai n'est-il pas, au contraire, bien dangereux? Les parens ne doivent-ils pas être autorisés, même chargés de prendre soin des enfans, et de faire apposer les scellés, et à leur défaut le juge-de-paix ou officier de police, dès qu'une maison se trouve entièrement abandonnée?

l. 1 er. fin du tit. 4. Art. 37. Ajouter au premier alinéa : *ou de personnes dignes de foi*, suivant la disposition de l'article 5, *page* 25.

TITRE V.

com. du tit. 5. Art. 3. Après ces mots: *avant la mort de l'un des époux*, ajouter : *ou modifié et restreint dans ses effets*.

L'objet de cette addition est la proposition qui sera faite ci-après d'ajouter au titre du divorce un appendice qui permette à ceux qui ne voudraient pas prendre cette voie, à qui elle serait interdite par leur religion, de demander la séparation de corps. Les motifs de cette proposition seront développés dans cet endroit, et l'on verra que non-seulement elle n'est pas contraire aux principes qui font admettre le divorce, mais qu'elle en découle nécessairement.

146 Art. 5, 1er *alinéa*. Ne serait-il pas convenable, même nécessaire, pour assurer d'autant mieux la liberté du consentement, de déterminer un délai avant lequel le mariage ne pourrait être valablement contracté dans le cas dont il s'agit? Il semble que ce délai ne peut être moindre de six mois, ou

même un an ; le consentement ne sera pas parfaitement libre, tant qu'il pourra rester dans l'esprit de la personne ravie des traces des impressions qu'elle a pu recevoir tant qu'a duré le rapt et un mariage contracté aussitôt après : ce crime semblerait n'en être que la suite, et en quelque sorte la récompense.

Art. 7. Quelle loi prescrit *les formes nécessaires pour constater que les sourds et muets sont capables de manifester leur volonté ?* ap- 146

Art. 17. *Les mœurs, l'honnêteté publique engagent à proposer ici l'addition de deux prohibitions.* 161

La première est celle du mariage entre le beau-père ou la belle-mère, et la belle-fille ou beau-fils, enfans d'un premier mariage de l'époux prédécédé. Ces noms seuls placent ces personnes dans la classe des ascendans et descendans, indiquent que les mêmes rapports, en quelque sorte, subsistent entre elles, et ce sont réellement les mêmes que ceux entre les ascendans et les maris ou les femmes de leurs descendans ; ils ne se touchent les uns et les autres que par alliance. La prohibition établie dans le premier alinéa entre ceux-ci doit donc avoir également lieu entre les autres : elle est même en quelque sorte encore plus indispensable ; car l'enfant d'un premier mariage de l'époux prédécédé aura le plus souvent été élevé dans la maison et par les soins de celui qui survit, et la famille, *le sanctuaire des mœurs serait bien plus facilement présumé souillé par tous les préliminaires d'amour, de désir et de séduction qui précèdent le mariage*, s'il était toléré entre le père, par exemple, et la fille de sa femme. Cela est si frappant, qu'on est tenté de croire que les rédacteurs ont cru cette espèce comprise dans la prohibition de mariage entre les *ascendans* et *descendans d'eux :* mais pour ne point laisser d'incertitude sur un objet aussi important, il est nécessaire d'ajouter : *ou de l'un deux;* car la belle-fille n'est point la descendante du beau-père, et ces mots *ascendans* et *descendans* sont des corrélatifs qui n'expriment que la ligne directe et naturelle, et ne s'étendent pas aux alliés des uns ou des autres.

La seconde prohibition, également appelée par l'intérêt de la loi pour les mœurs, est celle du mariage *entre l'époux contre lequel le divorce a été prononcé pour cause d'adultère, et son complice.* Ne pas interdire le mariage entre ces personnes ce serait leur permettre de recueillir le fruit de leur crime, de ce crime qui viole le plus grièvement le plus sacré des contrats, qui attaque en quelque sorte la société par sa base. Cette prohibition manifestera d'autant plus l'horreur de la loi pour ce crime; et l'on peut espérer qu'elle diminuera l'un des plus grands inconvéniens du divorce, en ôtant au vil séducteur l'espoir de remplacer le mari et souvent l'ami qu'il déshonore.

Nota. Le mot *réciproquement* dans le premier alinéa de l'art. 17 est inutile.

Art. 19, 2ᵉ *alinéa.* Le délai de vingt jours est bien court: il est des maladies décidément mortelles dès qu'elles sont bien confirmées, entre autres la pulmonie; et peut-être pour donner à l'article tout l'effet qu'on doit désirer qu'il ait, pour empêcher ces liaisons réprouvées par la loi auxquelles on se livre dans l'espoir de parvenir enfin tôt ou tard à les faire légitimer, peut-être vaudrait-il mieux dire que tout mariage est fait à l'extrémité de la vie, lorsqu'à l'époque de sa célébration, l'un des conjoints est attaqué de la maladie dont il décède; car il est bien certain que tout le temps que peut durer la maladie qui met fin à la vie est l'extrémité de la vie. Quelques jours de plus ou de moins sont indifférens aux yeux de la loi, qui ne considère que l'état de la personne au temps du contrat.

Art. 22. D'après cet article, des personnes qui auront changé de domicile depuis quatre ou cinq mois au moins seront obligées ou d'attendre que les six mois soient expirés, ce qui peut entraîner de très-grands inconvéniens, ou de retourner se marier à leur dernière demeure, qui peut être fort éloignée, ce qui en présente aussi qui ne sont pas légers. N'est-il pas plus convenable que le mariage se fasse dans la commune de l'habitation actuelle, en justifiant de publications faites tant dans cette commune que dans celle du dernier domicile, lorsqu'il ne se sera pas écoulé six mois depuis le changement d'habitation?

Art. 25. C'est ce que paraît prescrire, quant aux publications, l'article 25, à moins cependant que, par ces mots : *ou l'une d'elles serait résidante depuis six mois*, on n'ait voulu limiter la nécessité des publications dans le lieu de la nouvelle résidence, au cas où il y aurait six mois et plus que l'un des époux y serait venu habiter ; ce que l'on pourrait entendre, en donnant au mot *depuis* la signification *pendant*, qu'il pourrait présenter en cette occasion. Pour lever cette équivoque, il faudrait dire : *depuis moins de six mois ;* alors l'article est parfaitement d'accord avec le 22°, et les doubles publications qu'il prescrit rendent inutile l'assujétissement qu'il impose aux personnes qui ont changé de résidence depuis six mois, d'aller célébrer leur mariage dans le lieu de la précédente. 166-167

Art. 27. Le second alinéa semble devoir plutôt faire partie d'une loi sur l'enregistrement que d'un Code civil. Les actes de mariage contractés en pays étrangers, dès qu'ils sont valables, doivent être assimilés à ceux contractés en France ; et leur rapport sur le registre des actes civils prescrit par la dernière disposition semble suffire pour en assurer l'existence, et en procurer la publicité. 171

Art. 28. Les mots *à leur défaut* sont équivoques ; ils peuvent signifier : *à faute*, par les père et mère, de former opposition. Sans doute, ce n'est pas l'intention des rédacteurs ; car alors un mariage approuvé par les père et mère, pourrait être arrêté par les aïeuls et aïeules ; ce qui serait contraire aux dispositions des articles 10, 14 et 25 ci-dessus. Ces mots : *à leur défaut*, signifient donc : *et dans le cas où les père et mère n'existeraient plus*. Cette expression serait préfé- 173 rable ; il semble nécessaire d'y ajouter aussi : *ou seraient absens.*

177-178   Art. 32. Convient-il de soumettre aux juges-de-paix et aux tribunaux de première instance le jugement en dernier ressort de questions aussi importantes que celles que peuvent faire naître les oppositions aux mariages, qui, limitées comme elles le sont, seront le plus souvent de véritables questions d'Etat, ou, au moins, intéresseront essentiellement l'honneur des familles? Ne serait-il pas plus convenable de laisser ces contestations suivre l'ordre naturel des juridictions, en abrégeant, s'il le faut, les délais?

Ne pourrait-on pas même ordonner que les oppositions au mariage seraient plaidées à huis clos et sans aucune instruction, notamment celles formées par les ascendans, et que lors de la plaidoirie les parties seraient tenues de comparaître en personne? cette précaution pourrait prévenir bien des inconvéniens qu'il est facile de pressentir.

185   Art. 35, 2ᵉ *alinéa.* Si c'est le mari qui n'avait pas l'âge de puberté lors même de l'ingravidation de la femme, sera-t-il non recevable à demander la nullité d'un mariage vraiment criminel aux yeux de la loi, et ne serait-ce pas ouvrir un moyen de l'éluder par un autre crime, que de maintenir cette deuxième exception à l'article 34? On n'y distingue même pas le cas où l'époque de la conception remonterait au-delà de celle du mariage.

187   Art. 39. L'article 9 semble devoir nécessairement faire partie de ceux dont la contravention autorise les héritiers à demander la nullité du mariage de leur parent après son décès, lorsqu'ils y ont un intérêt civil et personnel ; autrement l'individu mort civilement, auquel la loi interdit expressément, par cet article 9, la faculté de contracter mariage, se jouera de cette prohibition.

Ne pourrait-on pas dire même que, dans ce cas, la nullité pourrait et devrait être demandée par tous les individus de la famille, du vivant même du condamné? car il importe à toute la société que ceux qu'elle a été obligée de retrancher de son sein n'y introduisent pas des successeurs à leurs criminels penchans. L'article 45 autorise le ministère public, cela suffit-il?

Art. 41. Cette validation du mariage, même à l'égard des époux, du jour de la célébration, et sans aucune preuve contre eux, si ce sont eux qui en demandent la célébration, ne rend-elle pas entièrement illusoires les articles cités dans le précédent, surtout puisque leur violation n'autorise personne à demander la nullité du mariage? *ap-193*

Art. 42. Les articles cités à la fin de celui-ci concernant le cas où le mariage a été inscrit sur une feuille volante, les articles 48 et 49, valident ce mariage dans le cas où la preuve de sa célébration se trouve acquise par la procédure criminelle. C'est donc un autre cas ajouté à ceux où la preuve testimoniale peut être admise, suivant la disposition du deuxième alinéa de l'article 42. L'expression : *sauf l'exception*, qui suit cette disposition, semble dire le contraire. Il semble qu'il vaudrait mieux dire : *et encore*, dans le cas porté en l'article 48. *194*

Art. 43. 1° Le mot *contraire* paraît devoir être retranché; car c'est bien la possession où sont les époux de leur état de gens mariés, *nonobstant* laquelle la nullité de leur mariage peut être opposée, et non une possession d'état *contraire*. *ap-195*

2° Le mot *contradictoire* signifie sans doute autre chose que *simplement connue*. Ne serait-il pas convenable de désigner l'espèce d'actes ou de faits qui peuvent rendre cette possession contradictoire avec celui qui oppose la nullité?

Art. 44, 1ᵉʳ *alinéa*. Quelle est la cause de cette limitation au cas des deux articles précédens, c'est-à-dire, du mariage contracté en pays étranger sans les formalités prescrites par l'article 26? Certainement celui qui serait contracté en France sans ces mêmes formalités ne doit pas avoir plus d'effet que celui contracté en pays étranger. *197*

190

Art. 45. 1° Ne vaudrait-il pas mieux enjoindre que donner seulement la faculté à l'officier chargé du ministère public de demander la nullité des mariages contractés en contravention des articles rappelés dans celui-ci? L'injonction n'annonce-t-elle pas mieux le grand intérêt que la loi met à l'exécution de ce qu'elle prescrit?

2° L'article 4 ne semble pas devoir être omis dans celui-ci. Un mariage contracté avant l'âge de puberté est une sorte de scandale. Seulement, en ce cas, le ministère public ne pourrait former la demande en nullité que sous les exceptions ou l'exception de l'article 35.

l. 1er.-
tit. 5-
fin du
ch. 5.

Art. 56. Les mots : *aussi solidairement*, peuvent-ils subsister avec ceux : *chacun en ce qui le concerne*, et avec l'objet même de l'article, qui est la modification des dispositions essentiellement personnelles à chaque individu?

218-
219

Art. 67. Quel juge peut donner cette autorisation? Est-ce celui devant lequel est portée la demande, quel qu'il soit? Ne serait-il pas plus convenable que ce fût, dans tous les cas, le tribunal de première instance? Il s'agit, en quelque sorte, d'affranchir la femme de l'autorité maritale.

TITRE VI.

tit. 6-
com.
du
c. 1er.

Art. 2. Les crimes emportant peine afflictive ou infamante suivis de condamnations ne devraient-ils pas être au nombre des causes du divorce? Ne serait-ce pas faire partager à l'époux innocent la peine du crime, que de l'obliger à vivre avec le criminel dans une union aussi intime que celle du mariage? Dans ce cas même, le divorce devrait être prononcé dès qu'il serait demandé et sans aucun délai ni formalité.

Art. 29. Le jugement qui condamne la femme à revenir dans la maison commune ne devrait-il pas autoriser le mari à la faire arrêter, à faute par elle d'y satisfaire dans le délai qui lui serait accordé? autrement l'obligation imposée par l'article 64 du titre V, à la femme, de demeurer avec le mari est illusoire ; ou du moins, s'il ne reste à celui-ci que la ressource du divorce, ce moyen de rompre un lien qui, de sa nature et dans le vœu de la loi, devrait être perpétuel, ce moyen, que la loi n'admet qu'à regret, en quelque sorte, et pour les causes les plus graves, sera purement facultatif de la part de la femme, et elle pourra déshonorer impunément un mari à qui sa religion ne permettra pas de demander le divorce.

Dans le cas inverse, les condamnations pécuniaires qui seraient prononcées contre le mari au profit de la femme seraient la seule voie, il est vrai, qui pourrait le contraindre de la recevoir et traiter maritalement, et il pourrait se trouver des maris qui préféreraient d'acquitter ces condamnations ; mais l'inconduite du mari n'influe en rien dans nos mœurs sur l'honneur de la femme, et n'a pas les mêmes inconvéniens pour la société.

Art. 38. La nullité de l'aliénation faite par le mari de l'immeuble de la communauté depuis la demande en divorce, n'a lieu, sans doute, qu'à l'égard et au profit de la femme si elle la demande, *sauf l'action en garantie et dommages-intérêts de l'acquéreur*. N'est-il pas bon d'ajouter cette réserve, afin qu'on ne prétende pas que cette nullité est absolue ?

Art. 49. Pour que l'article 49 ait l'effet prononcé dans le premier alinéa, il est absolument nécessaire que la loi donne au mari demandeur en divore pour cause d'adultère, un moyen de se séparer d'habitation d'avec sa femme. Il ne doit pas être réduit à abandonner son domicile ; il faut donc que, dans ce cas, comme dans celui de l'article 33, le tribunal indique la maison dans laquelle la femme sera tenue de se retirer pendant l'instance, à la charge par le mari de payer sa pension et de fournir à ses besoins.

Art. 55, 2ᵉ *alinéa*. Il semble injuste que la famille puisse enlever à celui des époux qui n'a rien à se reprocher, qui n'est que malheureux, le gouvernement de ses enfans. Pourquoi le priver, dans ce cas, d'un droit naturel dont l'exercice doit faire sa consolation? pourquoi la puissance paternelle serait-elle restreinte, et en quelque sorte anéantie? ne faudrait-il pas au moins spécifier les causes qui pourraient y donner lieu?

Les principes établis dans le discours préliminaire du projet de Code civil, sur le mariage et sur le divorce, annoncent bien que c'est à regret que les rédacteurs ont proposé d'ouvrir un moyen légal de dissoudre *le contrat le plus important, le plus auguste de tous*. Cette union, *cette société la plus naturelle, la plus inviolable de toutes*, le mariage enfin, dont *la perpétuité* fait en quelque sorte l'essence, est *le vœu même de la nature;* mais la loi doit venir au secours de ceux entre lesquels *la violence de leurs passions a rompu l'harmonie* qui doit régner entre les époux ; et comme, d'un côté, il serait aussi dangereux qu'inhumain *d'attacher sans aucune espèce de retour deux époux accablés l'un de l'autre*, ou de les contraindre à vivre *dans un célibat forcé, aussi funeste aux mœurs qu'à la société*, que de l'autre la liberté *des cultes est une loi fondamentale de l'État*, et que *la plupart des doctrines religieuses autorisent le divorce*, les rédacteurs ont cru qu'il ne fallait pas *prohiber le divorce parmi nous, parce que nos lois seraient trop formellement en contradiction avec les différens cultes qui l'autorisent.* Ainsi, la loi qui laisse la faculté du divorce à tous les citoyens indistinctement, *sans gêner les époux qui ont une croyance contraire au divorce, est une conséquence nécessaire de la situation politique et religieuse de la France.*

Il est impossible de ne pas rendre hommage à la sagesse, à la vérité de ces principes et de ce raisonnement, et ce sont ces mêmes principes qui nécessitent absolument le rétablissement de la séparation de corps et d'habitation *pour ceux qui ont une croyance contraire au divorce. Les citoyens peuvent professer diverses religions; mais il faut des lois pour tous.* Si la religion catholique n'est pas *dominante en France*, on ne peut méconnaître qu'elle y est toujours la plus étendue ; et même on peut dire que les tentatives qu'a faites pour la détruire un gouvernement aussi atroce qu'inepte, n'ont servi qu'à la rendre plus chère à ses partisans. Il faut donc espérer que celui qui a si heureusement succédé, et qui déjà a fermé tant de plaies, ne négligera pas celle-ci : n'ouvrir que la voie du divorce à ceux à qui l'on sait que leur religion l'interdit, ce serait une sorte de décision barbare, aussi indigne de la majesté et de la sagesse du Code qu'on nous promet, que du Gouvernement bienfaisant auquel nous le devrons.

Lorsque la religion catholique était dominante en France, lorsque, par une suite de *la liaison de nos institutions civiles avec les institutions religieuses*, l'indissolubilité du mariage était consacrée par les unes comme par les autres, on admettait *les séparations de corps, qui relâchaient le lien du mariage sans le rompre*, dans ces cas malheureux où la haine ayant succédé à l'amour, une habitation commune ne présentait plus que tourmens et dangers pour les deux époux ou l'un d'eux. Pourquoi donc refuserait-on aujourd'hui cette ressource à ceux qui croiraient que leur conscience ne leur permet pas de recourir à celle du divorce ? ce serait, en quelque sorte, les condamner à mourir victimes de leur attachement à leur religion.

La séparation de corps et d'habitation n'a pas plus d'inconvéniens que le divorce ; il serait peut-être facile de démontrer qu'elle en a moins : le seul qu'on pourrait lui opposer, c'est le célibat auquel elle semble condamner celui des époux contre lequel elle est ordonnée ; mais on peut lui permettre de demander le divorce, qui, en ce cas, ne peut lui être refusé, et serait prononcé sur le seul vu de la sentence de séparation.

Au surplus, les causes de séparation d'habitation, et les formalités pour y parvenir, seraient les mêmes que pour le divorce ; seulement, la transcription du jugement de séparation sur les registres du mariage n'aurait pas lieu, puisque le mariage serait toujours subsistant, tant que l'autre époux ne demanderait pas le divorce.

La même raison rendait inapplicable à ce cas l'article 1ᵉʳ du chapitre IV, *des effets du divorce*, et il faudrait ajouter, à cet égard, que dans le cas où celui des époux qui aurait donné lieu à la demande en séparation, et contre qui elle serait prononcée, demanderait le divorce sur ce fondement, la sentence de séparation aurait toujours son entier effet contre lui. Ces deux ou trois articles ajoutés, par forme d'appendice, au titre du divorce, justifieront pareillement cette impartialité professée si hautement par les rédacteurs du nouveau Code pour les différens cultes, et qui doit, en effet, caractériser essentiellement la législation d'un peuple qui, ne voulant point de religion dominante, n'en doit pas favoriser une moins que les autres.

TITRE VII.

312   Art. 5. Ne serait-il pas nécessaire, pour prévenir les contestations importantes qui peuvent avoir lieu dans le cas de cet article, de déterminer et le temps de l'éloignement et la distance des lieux : quant au temps, sans doute ce doit être tout celui qui se trouve entre la plus longue et la plus courte des grossesses possibles aux yeux de la loi, c'est-à-dire, cent jours, d'après les deux articles précédens.

A l'égard de la distance, ce doit être celle que peut parcourir facilement à cheval un homme dans un jour ; car lorsqu'un époux prouve sa résidence continuelle dans un lieu éloigné de celle de sa femme pendant plus de trois mois, la présomption naturelle n'est pas qu'il soit auteur de la grossesse survenue dans cet intervalle de temps, et la loi ne doit pas ouvrir trop de facilités à la femme pour justifier son inconduite.

318   Art. 8. N'est-il pas convenable, même nécessaire et indispensable, d'appeler aussi la femme, dont l'intérêt est nécessairement lié dans cette contestation à celui de son en-

fant, qu'elle peut d'ailleurs mieux défendre que personne, puisqu'il s'agit d'un fait qui lui est personnel, et très-personnel.

TITRE VIII.

Art. 5. Puisque ce moyen est le seul que la loi puisse mettre dans la main des pères et mères pour réprimer les écarts de leurs enfans, il faut sans doute l'adopter, quoique l'expérience ait trop prouvé qu'il est rarement utile, et même qu'il est souvent dangereux; car la réunion de plusieurs personnes vicieuses dans un même local n'est guère propre à diminuer leurs vices : ces considérations portent à proposer de réduire à six mois le temps de la première détention, et de l'étendre à un an ou même à plus, en cas de récidive. Cette gradation de peine et l'indétermination même de leur durée peuvent produire de bons effets. On pourrait, afin de modérer la trop grande sévérité des pères quelquefois trop irascibles, quelquefois même injustes, autoriser l'officier de police, dans le cas où le père demanderait l'ordre d'une détention au-delà de six mois, à faire comparaître l'enfant devant lui et à restreindre la peine de quelques mois.

Art. 15. La disposition officieuse est la seule précaution que l'on propose contre les suites de la prodigalité, souvent aussi nuisible aux mœurs et à la société qu'à celui qui est la première victime de ce vice ; et cependant on restreint cette disposition au seul cas où le dissipateur marié a des enfans. Ne serait-il pas convenable, avantageux et pour le dissipateur et ses descendans, et pour la société, de permettre cette disposition, dans le cas d'une dissipation excessive, notoire, même au profit des enfans légitimes à naître du dissipateur, et lors même qu'il ne serait pas encore marié, auxquels enfans la loi permettrait d'instituer un curateur, comme s'ils existaient déjà? La sagesse du motif ferait facilement admettre cette fiction bienfaisante de la loi, dont les auteurs seraient bénis à jamais par ceux qui leur devraient le jour et l'aisance. On dit le jour ; car, sans cette précaution, quels parens oseront donner leur fille à un dissipateur notoire? D'ailleurs, on pourrait instituer un conseil de famille, sur l'avis duquel les effets de la disposition officieuse seraient modifiés ou restreints par le juge pour le plus grand avantage de l'enfant dissipateur et de sa postérité.

Enfin, puisque l'on propose d'autoriser la personne qui connaît sa faiblesse et craint d'en être dupe, à demander elle-même qu'il lui soit donné un conseil, sans l'avis duquel elle ne puisse disposer de ses biens, ne pourrait-on pas au moins autoriser les père et mère de l'enfant dissipateur à prendre pour lui cette mesure, à laquelle il serait d'autant plus éloigné de recourir de lui-même, qu'elle lui serait plus nécessaire.

TITRE IX.

ap.
388

Art. 2, *deuxième alinéa.* Substituer les mots *il a* à celui *recouvre.*

ap-
396

Art. 14. Les seconds mariages sont si peu favorables, ils sont si souvent funestes aux enfans du premier, qu'il semblerait plus à propos de priver absolument de la jouissance des biens de ceux-ci les pères et mères qui se remarient, sans recourir, pour juger des cas où cela doit avoir lieu, au conseil de famille, qui sera le plus souvent, pour ne pas dire toujours, à la dévotion de celui qui le convoquera, et dont l'avis contraire ferait naître des divisions toujours nuisibles entre parens proches : l'inutilité, le danger de cette voie du conseil de famille dans les occasions importantes, et où la loi peut disposer par elle-même, est trop parfaitement établi à la page 38 du discours préliminaire (*édit. in-4º*), pour qu'on puisse rien ajouter à ce sujet.

ap-
404

Art. 21. On ne voit pas comment et pourquoi le seul fait du second mariage de l'ascendant pourrait donner lieu à des dommages-intérêts au profit des mineurs dont il perd la tutelle, faute de s'être conformé à l'art. 10. Cet article et les suivans, qui concernent les pères qui sont dans le même cas, ne parlent point de dommages-intérêts.

Art. 26. A la fin de la quatrième ligne, substituer le mot *doit* à celui *peut*. La loi doit parler impérativement à ses ministres, lorsqu'il s'agit d'actes qu'elle juge nécessaires, ou même seulement utiles. 406

Art. 34. 1° Le fait, surtout s'il ne s'agit pas d'un parent, peut souvent être inconnu. 445

2° Quelles seront les suites, quel sera le résultat de cette nullité? Entraînera-t-elle celle de tout ce que le tuteur ainsi nommé aura fait? les nominateurs seront-ils garans des suites, quelles conséquences d'un fait qu'on n'aura pu prévenir? quel voisin, quel ami voudra s'y exposer?

Art. 47. Le premier tuteur sera-t-il, dans le cas de cet article, tenu de reprendre la tutelle, lors même que celui qui l'a remplacé ne le demanderait pas? 431

Art. 53, *dernier alinéa*. Le délai de quatre décades accordé à celui qui est absent de son domicile lors de la notification de sa nomination, pour réclamer et proposer ses excuses, peut être insuffisant dans plusieurs circonstances : ne pourrait-on pas l'étendre en raison de l'éloignement? 439

Art. 65, *dernier alinéa*. Le motif de cette disposition est purement l'intérêt du mineur ; il semble que le meilleur moyen d'y pourvoir en ce cas est de statuer que la cession que pourrait accepter le tuteur de droits et créances contre son mineur tournera au profit de celui-ci, si bon lui semble, et pour le prix qui aura été effectivement payé par le tuteur. 450

Art. 68. Ne serait-il pas plus sûr d'astreindre le tuteur à faire cette déclaration avant la levée des scellés par l'acte même par lequel il le requerra? Après la levée des scellés, et en procédant à l'inventaire, il peut se commettre quelque soustraction de quittances, ou autres fraudes. 451

Art. 76. ⹀ 1° Le mineur peut être considérablement lésé par une répudiation indiscrète, peut-être même fraudu- 462 leuse ; les parens ou amis peuvent avoir des intérêts personnels ou pour leurs proches, qui les portent à autoriser cette répudiation. C'est une véritable aliénation qui ne peut pas être présumée avantageuse au mineur, lorsque la succession est ensuite acceptée par un autre.

= 2° Cette répudiation, pour devenir irrévocable, devrait donc au moins être scellée de l'autorité du juge, comme il est ordonné pour le cas de l'article 83.

= 3° Il est nécessaire aussi, quel que soit le parti qu'on adopte, de prescrire l'inventaire préalable de la succession dont il s'agit.

458 Art. 83. = 1° Les ventes des biens immeubles des mineurs ne devraient-elles pas se faire en justice comme les partages (art. 80), et même on peut dire à plus forte raison, surtout s'il s'agit d'objets importans?

= 2° Si l'apposition des affiches doit être attestée par le juge-de-paix, il faudra qu'il y assiste ou les vérifie lui-même avant de donner son attestation; ce qui ne paraît guère praticable, vu la distribution actuelle des juges-de-paix, et même aurait été bien difficultueux dans l'ancienne. Le simple *visa* occasionnerait encore des frais de transport d'huissier assez considérables ; ne serait-il pas possible d'éviter ces embarras en prescrivant ou l'attestation ou le *visa* des maires ou adjoints des communes de la situation des biens, qui, plus à portée de vérifier les faits, le feraient plus exactement?

456 Art. 95. Les sommes déterminées dans cet article pour assujétir le tuteur à compter des intérêts paraissent bien fortes pour les artisans et gens de campagne. N'est-ce pas le conseil de famille qui, dans le cas de l'article, devrait déterminer ces sommes, en dispensant du compte annuel?

av- 475 Art. 102. La responsabilité établie par cet article paraît bien dure, même injuste; les minorités deviendront la terreur des familles : qui ne tremblera pas de concourir à la nomination d'un tuteur, s'il est, aux risques de sa propre fortune, garant de l'insolvabilité actuelle et de l'insolvabilité future de ce tuteur? La loi lui donne-t-elle des moyens sûrs de connaître l'une et de prévenir l'autre? et s'il n'a pas été d'avis que celui que la pluralité des voix a nommé tuteur le fût, il sera toujours garant ; quel est donc le fondement de cette garantie? le malheur qu'il a de se trouver parent.

Le seul cas où la garantie de l'insolvabilité du tuteur pourrait avec justice avoir lieu, ce serait celui de la notoriété publique de cette insolvabilité constatée par la faillite ouverte ou l'expropriation forcée des immeubles ou même l'exécution, la vente par encan des meubles ; encore l'équité ne permettra-t-elle jamais d'assujétir, même dans ce cas, à cette garantie celui qui n'aura pas indiqué la personne insolvable pour tuteur.

Le renvoi porté en cet article, *à ce qui est dit au titre des hypothèques*, n'en affaiblit point la rigueur, ne diminue pas l'injustice. L'article 25 du titre VI du liv. III restreint cette hypothèque du mineur sur les biens des parens nominateurs, au cas où le tuteur aurait été *notoirement insolvable* lors de sa nomination; mais l'obligation personnelle n'en subsiste pas moins dans les autres cas. L'article dont il s'agit maintenant conserve la garantie contre les parens nominateurs dans toute son étendue, et le rapprochement de ces deux articles ne fait peut-être que mieux sentir les grands inconvéniens de celui-ci.

Art. 103. Le suivant les étend encore en prorogeant à dix 475 années, à compter du jour de la majorité, l'action résultant de cette garantie. S'il est possible de la laisser subsister, elle devrait être restreinte au plus court délai, à un an au plus, et il faudrait autoriser ceux qui en seraient grevés, non-seulement à contraindre le tuteur à effectuer les emplois qu'ils auraient indiqués et à lui faire rendre compte à l'expiration de la tutelle, mais encore à le poursuivre par toutes voies pour le contraindre à en payer le reliquat; mais cela

4.

ne pourra jamais légitimer une obligation qui, dans tout autre cas que celui de l'insolvabilité notoire du tuteur et de l'indication personnelle par le parent, n'a absolument ni fondement ni prétexte.

476-
477-
478

Art. 106. L'article 39 du titre X ci-après suppose qu'il aura été nommé au mineur émancipé, lors de son émancipation, *un curateur aux actions immobilières.* C'est ici que cette nomination doit être prescrite.

481-
482

Art. 107. Ne serait-il pas prudent d'autoriser le conseil de famille qui sera convoqué par le mineur qui voudra jouir de l'effet de son émancipation pour lui nommer un curateur aux actions immobilières, à modifier, à restreindre le pouvoir du mineur non marié jusqu'à sa majorité ou son mariage, suivant l'exigence des cas; par exemple, l'importance de la fortune mobilière ou la grandeur des revenus, ou la grande légéreté d'esprit, la mauvaise conduite antérieure du mineur, qu'une disposition entièrement libre d'une grande fortune dans l'âge de la plus grande effervescence des passions pourrait perdre entièrement? L'avis de la famille serait soumis au tribunal, si le mineur ne voulait pas le suivre.

Les articles subséquens limitent bien à une année de son revenu les engagemens du mineur; mais c'est déjà un grand inconvénient qu'il puisse dissiper d'avance ses revenus, et l'on ne pourvoit point à la conservation d'un mobilier qui peut faire toute sa fortune, et dont l'universalité est comparée en droit aux immeubles.

l. 1er.-
t. 10-
fin du
ch. 3.

Art. 114. La nullité prononcée par cet article est-elle absolue, ou seulement relative au pupille ou à la pupille, qui semblent seuls devoir être présumés n'avoir pas eu une liberté parfaite dans le consentement qu'ils auraient donné à leur mariage, soit avec leur tuteur, soit avec son fils ou sa fille?

Si les parens dont l'avis aurait dû être demandé et obtenu avant le mariage ont le droit d'en demander la nullité, quoiqu'on puisse leur reprocher de n'y avoir pas formé opposition lors des publications, pendant quel temps seront-ils recevables à exercer ce droit?

S'il est question du mariage d'une jeune personne avec son tuteur ou avec le fils de son tuteur, celui-ci ne sera-t-il pas tenu en des dommages et intérêts envers sa pupille? L'honnêteté publique n'exigerait-elle pas même que la loi prononçât contre lui quelque peine qui marquât encore mieux son improbation?

Enfin, avant de prononcer la nullité d'un mariage qui, malgré son vice originaire, pourrait être heureux, et pour s'assurer de la volonté libre de la pupille, ne serait-il pas à propos d'ordonner qu'elle se retirerait dans une maison honnête qui serait indiquée par la famille, pendant un an ou six mois, et où le tuteur serait tenu de payer sa pension, après lequel temps le mariage serait annulé ou confirmé, suivant le vœu de la pupille?

TITRE X.

Art. 18. Puisque le tribunal d'appel peut procéder au nouvel interrogatoire de celui dont l'interdiction est provoquée, il doit aussi pouvoir commettre un de ses membres, comme le fait le tribunal de première instance, dans le cas de l'article 13 : la disposition de celui-ci, dont l'objet est la diminution des frais de transport, n'aurait lieu que *dans le cas où la demeure de celui dont l'interdiction est demandée serait plus éloignée du tribunal d'appel que d'un tribunal de première instance du même ressort, autre que celui qui aurait rendu le premier jugement.*

Art. 25. Au mot *interdit*, substituer : *une personne*.

LIVRE II.

TITRE Iᵉʳ.

Art. 5. Les ruches à miel, mobilières de leur nature, ne

servent point non plus à l'*utilité du fonds*, et ne semblent pas, à ce moyen, devoir être comprises dans l'article.

535-
533-
534

Art. 18, 19 et 20. Parmi les définitions que contiennent les trois articles des différentes expressions relatives aux meubles, on a oublié celle d'*effets mobiliers*, employée seule. Si les mots *meubles et effets mobiliers* réunis comprennent tout ce qui est censé meuble d'après les règles précédentes (art. 18), et si le mot *meuble* employé seul ne comprend pas *l'argent comptant, les dettes actives, les pierreries, les livres, le linge de corps ni les chevaux et les équipages, mais tout ce qui est autrement mobilier* (art. 19), il semble qu'il faut conclure que les mots *effets mobiliers*, également employés seuls, ne comprennent que *l'argent comptant, les dettes, etc.* et autres objets particuliers ci-dessus exprimés. Cependant, on croit que, dans l'acception ordinaire, on lui donne un sens bien plus étendu, et même aussi étendu que celui de biens meubles; il serait bon de lever ces doutes.

522

Art. 10, 2ᵉ *alinéa*. L'article 101 du titre XIII, livre III, statue que l'estimation du cheptel donné au fermier ne lui en transfère pas la propriété, mais néanmoins le met à ses risques; d'après cette décision, on ne voit pas pourquoi les animaux livrés au fermier avec estimation seraient plutôt meubles que ceux livrés au métayer ou colon partiaire, lorsque les uns comme les autres demeurent attachés au fonds par l'effet du bail : c'est ce qui a lieu dans plusieurs baux à ferme, ainsi que pour les instrumens aratoires et semences, que le fermier doit rendre en nature à la fin du bail ; ces objets sont bien immeubles par leur destination.

TITRE II.

558

Art. 17, 2ᵉ *alinéa*. Le propriétaire de l'étang ne doit-il pas même, en ce cas, indemniser celui du terrain qui n'aurait point été submergé si l'eau avait eu son cours entièrement libre, si l'étang n'avait pas existé ?

Art. 18. = 1° Le mot *considérable* paraît superflu à côté de celui *reconnaissable;* son indétermination peut faire naître des difficultés ; 559

= 2° Le délai de trois ans paraît long ; cet événement ne peut pas être ignoré ; et la possession du voisin a quelque apparence de bonne foi : un an ne suffirait-il pas ?

Art. 19. La disposition générale paraît bien suffisante : les îles flottantes, s'il en existe encore, y sont nécessairement comprises, et même *à fortiori*. 660

Art. 23. Il est difficile de sentir la raison de la différence établie entre le cas de cet article et le précédent. 563

Art. 24. N'en doit-il pas être de même des abeilles, sauf le droit de fuite des essaims, pourvu qu'il soit exercé dans les vingt-quatre heures après la sortie de la ruche ? 564

Art. 36. Ne serait-il pas convenable de réserver au propriétaire la poursuite de la restitution de sa chose par la voie de la police correctionnelle, ou même la plainte criminelle, s'il y a lieu, et suivant les circonstances, afin qu'on n'imagine pas en être toujours quitte pour la restitution de la chose ou de son prix ? 576

TITRE III.

Art. 18. Cette différence, dont on ne voit pas trop le fondement, peut d'ailleurs faire naître des difficultés : n'est-il pas plus naturel et même plus juste de faire une règle générale du premier alinéa ? 604

Art. 39, 5ᵉ *alinéa*. Si le tort est réparable, et que l'usufruitier s'y soumette, il serait bien dur de le priver d'un droit considérable pour une faute qui peut être légère, et dont, même en la supposant grave, le propriétaire ne souffrira pas. 618

Art. 45. Cette décision, conforme à celle des lois romaines, paraît plus subtile que juste, surtout s'il s'agit d'un usufruit acquis à titre onéreux : pourquoi, en effet, priver celui qui a acheté le droit de jouir pendant sa vie d'une 624 maison, de la jouissance du sol où cette maison était construite, si elle a été incendiée par le feu du ciel, renversée par un ouragan? Ce n'est plus une maison? non; mais c'est le lieu où cette maison était élevée; et, en me vendant le droit de jouir de cette maison, on m'avait bien vendu celui de jouir de ce lieu. Cette jouissance peut m'être utile, même après la destruction de la maison; elle peut m'indemniser en partie de sa perte : il n'est pas juste de m'en priver pour en gratifier celui qui a reçu de moi le prix de cette jouissance. Il semble que la décision devrait être restreinte au cas du legs particulier, parce que l'on peut croire que celui qui a légué l'usufruit d'une maison n'a voulu donner la jouissance que d'une maison, et que d'ailleurs le légataire vis-à-vis l'héritier n'est pas, à beaucoup près, aussi favorable que l'acquéreur vis-à-vis le vendeur.

TITRE IV.

654   Art. 13. Le dernier alinéa doit, pour la plus grande exactitude, reprendre les signes de non-mitoyenneté exprimés dans les deux précédens. On y a omis le chaperon ou plan incliné, qu'on a remplacé par l'*égoût* : ce qui fait une sorte de confusion facile à éviter.

660   Art. 19. Ajouter à la fin : *et de la valeur du sol ajouté à l'epaisseur*.

666   Art. 23. Après le mot *titre*, ajouter *possesion;* car la possession d'un fossé peut s'acquérir par des actes bien marqués en le faisant curer et enlever les terres en provenant : c'est une omission.

670   On a aussi oublié de parler de la *haie vive* qui sépare deux héritages, qui, à défaut de signes, titres ou possessions contraires, est présumée dépendre de l'héritage qui a le plus besoin de clôture, mais qu'il serait peut-être plus convenable de réputer, en ce cas, mitoyenne.

674   Art. 27. Il semble qu'on pourrait facilement faire un règlement général pour ces différens cas.

LIVRE III.
TITRE Iᵉʳ.

Art. 4. *La mort civile n'est encourue* que du jour *du jugement contradictoire;* n'est-ce pas plutôt, comme on l'a déjà demandé sur l'article 28 du titre Iᵉʳ, du jour de *l'exécution?* et, en effet, si c'était du jour du jugement, pourquoi *la succession* du condamné *ne serait-elle ouverte que du jour de l'exécution?*

Art. 10. Le mot *à peu près* jètera nécessairement beaucoup d'incertitude et d'arbitraire dans l'application de la loi. Ne pourrait-on pas déterminer le rapprochement d'âge qui y donnerait lieu; dire, par exemple, que, si la femme n'a qu'un an ou deux plus que l'homme, celui-ci sera présumé avoir survécu?

Art. 11. Le cas où des deux individus morts ensemble, l'un était impubère, et l'autre sexagénaire, n'est pas prévu : ne pourrait-on pas appliquer à ce cas la décision de cet article, comme étant ces deux individus présumés également faibles, s'ils sont de même sexe, quoique pourtant il semble qu'un enfant d'un ou deux ans ne puisse guère, pour la force, être comparé à un homme de soixante-un ou soixante-deux ans? Mais la loi doit toujours tendre à se rapprocher de l'ordre de la nature; et il serait peut-être trop difficile d'établir une échelle exacte de comparaison de force ou de faiblesse entre les différens âges.

Art. 15, *deuxième alinéa.* Le mot *né* paraît superflu.

Ibid., *troisième alinéa.* Quels sont les traits, les parties essentiellement nécessaires pour constituer la forme humaine? Les jeux de la nature sont infinis; l'être qui a reçu la vie dans le sein de la femme n'est-il pas nécessairement présumé de la même espèce? peut-on honnêtement et même raisonnablement supposer le contraire? Y serait-on autorisé par des exemples contraires, bien constans, que devient la maxime, *Pater est, etc.?*

726 Art. 21. Ne serait-il pas convenable de restreindre cet article aux étrangers nés dans des pays où les Français jouiraient du même avantage?

733 Art. 27. Le mot *néanmoins*, qui commence le second alinéa, semble annoncer quelque chose de contraire à ce qui précède.

759 Art. 56. Après ces mots: *les enfans ou descendans*, ajouter *légitimes*. C'est ce que dit l'article 63; mais celui-ci n'en sera que plus clair; et le 63ᵉ pourrait être retranché.

ap- 763 Art. 66. S'il y a huit ou dix enfans légitimes, et que l'on puisse donner à l'enfant adultérin ou incestueux le sixième du revenu net de la succession, il se trouvera aussi avantagé et quelquefois plus que les légitimes. Ne serait-il pas dans l'esprit de la loi d'ajouter à l'article que néanmoins, en aucun cas, ces alimens ne pourront excéder en viager le revenu net de la portion d'un des enfans légitimes dans la successsion?

764 Art. 67, *ligne deuxième.* Après *supplément*, ajouter: *d'alimens.*

Ligne troisième. *Celui-ci*, substituer: *l'un ou l'autre.*

765 Art. 70, *ligne première.* Il semble plus exact de dire: *le père et la mère ou le survivant.*

Les mots *à l'exclusion de la république*, ne sont-ils pas superflus dans cet article, comme dans les suivans, au moyen de l'article 76?

768 Art. 76. Cet article devait être le premier de la section suivante.

769 Art. 77, *deuxième alinéa.* S'il y a des parens indiqués, et que leur demeure soit connue, le commissaire ne devrait-il pas être assujéti à leur donner ou faire donner, par le maire de la commune de leur résidence, connaissance du décès de leur parent, en les prévenant que, faute de se présenter en personne, ou par un fondé de pouvoir,

il sera procédé à l'inventaire dans le délai qui serait déterminé par le juge, suivant la distance des lieux? L'avertissement aurait aussi lieu si les papiers inventoriés indiquent des parens.

Ibid. *ligne cinq.* Il semble que la *caution ou l'emploi du mobilier* ne soient exigés que *dans le cas où il se présente quelques héritiers dans l'intervalle de trois ans.* Il y a sûrement quelque chose d'omis : l'expression paraît louche ; on sent bien, néanmoins, que l'intention de l'article est d'assurer la restitution aux héritiers qui se représenteraient 771

Ibid. *troisième alinéa.* Si les formalités prescrites ont été remplies, l'époux fera-t-il les fruits siens du jour du décès, ou seulement après les trois ans, ou après dix années, comme dans le cas de l'absent? ce cas-ci paraît plus favorable pour la personne envoyée en possession. 772

Art. 78. Cet article peut donner lieu aux mêmes observations, relativement à l'avertissement à donner aux héritiers que peut faire connaître l'inventaire, et aux gains des fruits ; et il semble nécessaire d'ajouter à la fin, *sauf le droit des héritiers, dans le cas où il s'en présentera en temps utile.* 769-770

Art. 82. A quoi bon cet examen? n'est héritier qui ne veut. L'acceptation est aux risques de celui qui accepte pour le défunt, et il sera tenu d'indemniser ceux qui répudieront. 782

Art. 86, *ligne deux.* Après *héritiers*, ajouter : *de ses droits successifs.* 780

Art. 87. = 1º Quel peut être le motif de cette différence entre le jugement contradictoire et le jugement par défaut, lorsqu'ils sont l'un et l'autre passés en force de chose jugée? ap-780

= 2º Pourquoi déroger en ce cas-ci au principe général, que l'autorité de la chose jugée n'a lieu que lorsque la chose demandée est la même, et que la demande est entre les mêmes parties? principe textuellement exprimé comme loi générale, ci-après, tit. II, art. 243.

Art. 121. Ces curateurs à succession vacante sont ordinairement ce qu'on appelle des hommes de paille, entière- 812 ment à la disposition de celui qui les fait nommer, ce qui peut donner lieu à des fraudes. Il semblerait convenable de charger le commissaire de vérifier leur solvabilité, et d'autoriser les tribunaux à leur adjuger des salaires convenables, suivant les cas.

834 Art. 150. Cette formation des lots par l'un des héritiers désignés par le sort paraît susceptible d'inconvéniens; le plus frappant c'est que le sort peut indiquer celui des héritiers qui sera le moins capable de faire cette opération. La formation des lots par le notaire, et leur tirage au sort, semble plus simple.

838 Art 153. C'est la forme prescrite par l'article 80 du titre IX du livre Ier, pour tout partage dans lequel un mineur est intéressé, sans doute parce que c'est la meilleure, la moins suspecte de fraude; pourquoi donc en adopter une autre entre majeurs et même entre mineurs? car l'art. 153 veut que, lorsqu'un mineur se trouve au nombre des copartageans, le partage soit fait conformément aux règles prescrites pour les partages faits en justice entre majeurs, et cet article n'excepte point ce qui concerne la formation et délivrance des lots. Pour faire disparaître cette contrariété, il faudrait dire, au contraire, que, dans ce cas, on procéderait à la formation et délivrance des lots ainsi qu'il est prescrit par l'article 80 ci-dessus cité; et il semble toujours qu'il serait mieux que ce fût dans tous les cas où le partage se fait en justice.

853 Art. 176. Puisque les conventions dont il s'agit doivent être jugées au moment où elles ont été faites, il semble nécessaire, pour éviter la fraude, d'exiger qu'elles soient faites par actes authentiques, si la date n'en peut pas être autrement fixée d'une manière invariable.

861 Art. 182. Cet article suppose que le rapport en moins-prenant doit se faire, suivant la valeur du don, à l'ouverture de la succession: ne serait-il pas plus expédient que ce fût suivant la valeur lors de la donation, surtout si elle est

faite avec dispense de rapport, et qu'en effet ce rapport n'ait lieu qu'en partie ou même ne puisse être exigé en nature, comme dans le cas de l'article 187? Ce parti éviterait bien des difficultés que font assez sentir les articles suivans, et singulièrement le 187e.

Plusieurs Coutumes l'avaient embrassé : la propriété ne resterait pas incertaine, ce qui est un grand inconvénient, enfin, il serait aussi plus concordant avec l'esprit des articles 189 et 190 ci-après.

Art. 187. Cet article n'aura plus lieu si le rapport en moins-prenant se fait suivant la valeur de la chose lors de la donation : et ce n'est pas un faible avantage que d'éviter les discussions auxquelles peuvent donner lieu les différentes circonstances qui y sont prévues.

Art. 217. « Celui qui, en aliénant tout ou partie des « choses comprises dans son lot, s'est mis dans l'impossibi- « lité de les rapporter au nouveau partage qui aurait lieu, « si la rescision était admise, n'est pas recevable à la de- « mander sous le prétexte de lésion. » Il semble nécessaire d'ajouter ce principe à cette section.

TITRE II.

Art. 12. La violence, jointe à la crainte révérentielle, doit-elle, pour annuler le contrat, être la même que celle exprimée en l'article 10? Si cela est, celui-ci semble superflu. Il paraît qu'il n'y a été ajouté que parce qu'une moindre violence, jointe à la crainte révérentielle, peut faire impression sur une personne raisonnable.

Art. 37, 2e *alinéa*. Pourquoi l'obligation de livrer à une époque déterminée n'est-elle pas exécutoire par elle-même, comme les autres clauses de conventions? Que devient la maxime si raisonnable, si conforme à la nature, à l'esprit des conventions, *dies interpellat pro homine* ? Son oubli dans cet article a rendu nécessaire le 42e.

2° Qu'est-ce qu'une interpellation judiciaire ? est-ce une

citation en jugement, ou une simple sommation ? Il semble au moins que la sommation devrait suffire ; mais alors comment contraindre le débiteur a en payer le coût?

1152 Art. 49, 2ᵉ *alinéa.* Pourquoi substituer la volonté du juge à celle des parties, lorsqu'il n'y a eu ni dol ni violence dans leur convention, et qu'il s'agit d'un objet mobilier qui ne donne point ouverture à la rescision ?

1206-1207 Art. 102. Les intérêts demandés et obtenus contre l'un des codébiteurs solidaires courent-ils contre les autres? Oui, sans doute, par le même principe. Néanmoins, il semble d'autant plus nécessaire de le dire, qu'on pourrait peut-être conclure le contraire de la disposition de l'article 100.

1210 Art. 106. Il semble bon d'ajouter ici : « *et vis-à-vis du créancier;* il est toujours tenu vis-à-vis ses coobligés de contribuer pour les insolvables. »

1232-1233 Art. 126 et 127. Ne serait-il pas utile de réserver la solidarité résultant de l'hypothèque ?

1235 Art. 130, *second alinéa. Il en est de même de toute obligation purement naturelle et ne formant point lien civil.* L'expression de ce principe général semble nécessaire, afin qu'on ne pense pas qu'il est restreint au cas exprimé dans l'article.

1250-1251 Art. 142 et 143. Ces deux articles paraissent contradictoires.

La fin du dernier, *sans qu'il soit nécessaire,* est inutile.

1258 7° Art. 151, *septième alinéa.* Il en est de même de ces mots, *et étant dans l'usage de les faire.*

1295 Art. 179. *La compensation que celui-ci* (le cessionnaire) *devait au cédant;* il semble que c'est au contraire la compensation de ce que le *cédant devait au débiteur avant la date de la cession que celui-ci a acceptée purement et simplement.*

2304 Art. 193. Le délai de trente ans paraît bien long : celui qui oppose la nullité n'est pas présumé avoir ignoré la loi ; lorsqu'il tarde tant à user d'un droit en lui-même odieux, puisqu'il tend à s'affranchir de son obligation, n'use-t-il pas d'une sorte de fraude? l'autre contractant ne doit-il pas croire que la bonne foi l'empêche de réclamer? N'est-ce pas laisser trop long-temps dans l'incertitude la propriété, les fortunes? Ne peut-il pas y avoir eu d'autres actes qui aient rectifié celui qui est attaqué, et qui soient ignorés par des héritiers, après un si long temps? Enfin pourquoi la loi accorderait-elle trente ans pour demander la nullité d'un contrat où les deux parties ont traité de bonne foi, et dix ans seulement pour la demande en restitution contre celui qui est vicié par le dol ou la violence? Ces distinctions, tirées du droit romain, ne paraissent pas avoir de fondement bien solide dans la nature des choses.

Art. 203. La ratification faite par le mineur devenu majeur de l'acte par lui fait en minorité, doit opérer le même effet que si l'acte même eût été fait en majorité; il devrait donc avoir les mêmes délais depuis sa ratification, pour se pourvoir contre cet acte vicieux, qu'il aurait eus s'il eût contracté en majorité.

Art. 227. Ne serait-il pas juste de donner le même effet à l'enregistrement des autres actes; par exemple, à celui d'une vente suivie de la possession réelle de l'acquéreur?

Art. 242, *premier alinéa*. N'est-ce pas plutôt *la qualité* des personnes que celle des actes qui les fait présumer faits en fraude de la loi?

Art. 245. Peut-être pourrait-on imaginer que ces mots de la fin de l'article: *à moins que l'acte ne soit imprégné de fraude et de dol*, s'appliquent à tout ce qui précède, au genre des présomptions que le juge peut admettre, comme aux cas où elles sont admissibles, pour en conclure non-seulement qu'elles le sont dans celui de dol et de fraude, mais aussi qu'il n'est pas absolument nécessaire alors qu'elles soient toutes *graves, précises et uniformes;* ce qui sûrement n'est pas le sens de l'article: il semble qu'on pourrait dire, pour prévenir cette mauvaise interprétation: *et aussi dans ceux où l'acte est imprégné*, etc.

Art. 261, *second alinéa*. Sauf leur recours sans doute contre celui qui l'a déféré mal à propos, dans le cas, par exemple, où ils auraient la preuve de la dette.

TITRE IV.

2060 Art. 1ᵉʳ, *second alinéa.* Il paraît bien dangereux et bien extraordinaire qu'on puisse obtenir un jugement quelconque, et surtout un jugement emportant contrainte par corps, sur une *simple pétition, sans citation préalable de la partie* contre laquelle il est obtenu. Quand il serait absolument impossible qu'elle eût eu de bonnes raisons de ne pas obtempérer au premier jugement, le procès-verbal de refus ne pourrait-il pas être attaqué de nullité ou même de faux ? A quoi bon ordonner par l'art. 7 que la contrainte par corps ne peut être mise à exécution, même dans le cas où la loi l'autorise, qu'à la suite d'un jugement qui la prononce? Si ce jugement peut être rendu sans citation préalable de la partie, et s'il doit, comme le dit l'art. 8, s'exécuter par provision, malgré l'appel ou l'opposition, un tel jugement ne mérite pas ce nom : la chicane est bien odieuse ; mais il ne faut pas, pour la réprimer, ouvrir la porte à la vexation.

2066 Art. 4. La légéreté, la faiblesse des femmes, leur ignorance des affaires, le respect dû au lien conjugal, à la puissance maritale, semblent exiger qu'elles ne puissent, sans une autorisation spéciale de leurs maris ou de la justice sur leur refus, s'exposer à la contrainte par corps par la cause de stellionnat, dans les cas même exprimés dans la première partie du second alinéa de cet article. L'administration, la disposition de leurs biens, ne doivent pas emporter celle de leur liberté, de leurs personnes ; c'est en quelque sorte, la propriété du mari : il ne peut en être privé sans son consentement.

TITRE V.

2012 Art. 2. L'exception contre l'obligation contractée par la femme mariée, sans l'autorisation de son mari, n'est pas purement personnelle à la femme ; elle a son fondement dans l'autorité que la loi assure au mari. La loi ne doit donc pas ouvrir elle-même un moyen de l'éluder en validant le cautionnement de la femme mariée, pour une obligation contractée à l'insu de son mari, contre sa volonté, à son préjudice peut-être, ou même à sa honte ; car qui peut savoir quel sera ou aura été le prix du cautionnement et le motif de l'emprunt, ou autre engagement de la femme ?

Art. 19, *second alinéa. Quid juris,* si la caution est expressément subrogée aux droits du créancier ? quel tort fait aux autres cautions le paiement sans poursuite ? à quoi bon attendre des frais ? n'est-il pas de l'intérêt commun de les prévenir ? enfin n'est-il pas juste, au moins, d'accorder le recours après la discussion du débiteur principal ? 2033

TITRE VI.

Art. 8, *troisième alinéa.* Le délai de dix jours n'est-il pas bien court ? 2102 1°

Ibid. *cinquième alinéa. Soit qu'il ait vendu ;* sans doute c'est, *soit qu'ils aient été vendus.* 2102 4°

Ibid. *neuvième alinea.* La loi ne devrait-elle pas étendre ce privilége au terme ordinaire du paiement, qui est d'un an, titre XIII, art. 110, et titre XX, art. 53 ? 2101 4°

Ibid. *onzième alinéa.* Le cautionnement des fonctionnaires publics, affecté spécialement par sa nature, sa destination, aux créances résultant d'abus dans leurs fonctions, par préférence à toutes autres, semble devoir être l'objet d'un article particulier, afin qu'on ne pense pas que ces créances ne viendraient en ordre sur ce cautionnement qu'après toutes celles qui précèdent dans l'énonciation. 2102 7°

Art. 10, *quatrième alinéa (à la fin). Au moins ;* n'est-ce pas *au plus* qu'il devrait y avoir ? 2103 4°

Art 19, *second et troisième alinéas.* La différence établie par ces deux alinéas entre la femme séparée de biens par son contrat de mariage, et celle séparée par jugement, rela- 2121- 2135 tivement à l'hypothèque des indemnités et remplois dus à l'une et à l'autre, ne peut guère avoir pour fondement qu'une sorte de subtilité qu'il serait bon d'écarter de nos lois.

ap- 2121 et 2135

Art. 25. Si cet article est admis, on ne pourra plus traiter, avec sûreté, avec aucun des membres d'une famille où il y aura eu des mineurs. Comment savoir, en effet, si ces membres ont ou n'ont pas concouru à la nomination du tuteur, et si celui-ci était, ou non, insolvable lors de sa nomination? Que la gestion d'un tuteur imprime une hypothèque sur ses biens, rien de plus juste; mais qu'un acte transitoire, comme une simple nomination, ait le même effet contre des tiers, cela paraît peu équitable. *V. sup.*

2123

Art. 29, *deuxième alinéa.* Le jugement par défaut devient contradictoire par le défaut d'opposition dans le délai déterminé par la loi depuis sa signification. C'est le vrai titre de la créance, celui auquel est attaché le caractère d'antériorité et la force d'exécution. Il semble donc plus convenable que l'hypothèque y soit également attachée, et prenne jour de sa date lorsqu'il a été signifié.

Lors même qu'il y a opposition, si elle est rejetée, le jugement contradictoire ne fait qu'ordonner l'exécution du jugement par défaut, parce que c'est toujours le véritable et premier titre authentique du créancier, celui qui a imprimé l'hypothèque sur les biens du débiteur.

TITRE VII.

Art. 7. Si malgré cette interdiction, l'acquéreur prend des lettres de ratification, quel sera leur effet? Seront-elles nulles vis-à-vis les créanciers non opposans? ou bien l'acquéreur sera-t-il seulement obligé d'indemniser le vendeur des frais qu'elles pourraient occasioner, et de payer le prix du contrat aux créanciers opposans, sans pouvoir exercer d'autres actions ou poursuites contre le vendeur que celles qui pouvaient compéter à ces mêmes créanciers avant l'obtention des lettres?

Ce dernier parti paraît plus équitable. La prohibition a pour objet l'intérêt du vendeur, qui, à ce moyen, ne souffre aucun préjudice; et l'acquéreur fait cesser en partie celui qu'il pourrait souffrir, s'il y obtempérait. Il purge les créances des créanciers non opposans, et il assure sa propriété, qui serait toujours incertaine, au moins pendant dix ans.

Art. 8. Si celui qui a revendu ne peut plus prendre des lettres de ratification sur son acquisition, il faut lui permettre d'en prendre au nom du dernier acquéreur, si celui-ci n'en veut pas prendre; c'est le seul moyen qui reste au premier de purger les dettes de son vendeur dont il est garant vis-à-vis de celui à qui il a revendu : celui-ci n'a point d'intérêt à s'y opposer; s'il le faisait, il faudrait qu'il déchargeât son vendeur de cette garantie, car, *malitiis non est indulgendum*. Mais ne serait-il pas plus simple de retrancher l'article? Le 47ᵉ ouvre au dernier acquéreur la voie de purger les dettes de tous les propriétaires antérieurs à son vendeur; pourquoi chacun d'eux ne pourrait-il pas le faire lui-même, quand bon lui semble, sur son propre contrat d'acquisition?

Art. 13. Ajouter qu'il en sera de même pour les closeries, métairies et tous autres domaines formant une seule et même exploitation.

Art. 15. *Perpétuelles*; est-ce à dire qu'elles durent autant que la gestion ou comptabilité? Alors, ce privilége devrait être restreint aux oppositions dont il serait l'objet, et il faudrait qu'il y fût exprimé.

Ce mot *perpétuelle* s'entend-il, comme en droit, de la durée la plus longue, c'est-à-dire trente années, même après la gestion? Cela serait bien gênant dans le commerce des biens; mais au moins il faut croire que cette perpétuité n'est pas cette durée indéfinie dont le mot présente l'idée dans son acception vulgaire. Il exige donc une explication ; car la loi faite pour tous, doit être intelligible à tous.

Art. 36. La peine paraît bien dure pour un simple oubli ou négligence, qui ne nuit aucunement aux créanciers. D'ailleurs, la loi ne fixant point de terme après l'expiration duquel on ne pourrait pas faire procéder à la radiation, l'article n'aurait point d'effet utile et réel. On pourrait toujours la faire faire : et pourquoi, en effet, ne le pourrait-on pas, puisqu'elle aurait été ordonnée ou consentie ; ou même la faire ordonner s'il y avait lieu? car il n'y a point non plus de délai fatal prescrit pour la demander. Il semble donc qu'on pourrait retrancher l'article.

Mais il paraît nécessaire d'en ajouter un qui enjoigne au conservateur de *faire mention, en marge des oppositions rayées, de l'acte ou du jugement en vertu duquel se fait cette radiation.*

2181 Art. 81. La faculté de consigner, désintéresse entièrement l'acquéreur : lui accorder en outre celle de provoquer l'ordre, c'est l'autoriser à faire des frais sans motifs légitimes, et à gêner les arrangemens que pourraient prendre entre eux, et le vendeur et les opposans.

TITRE VIII.

ap- 2207 Art. 9, *deuxième alinéa. Et quant à l'interdit?* Sans doute après *l'année écoulée depuis son décès ou depuis la levée de son interdiction.*

2217 Art. 26. La nouvelle distribution des juges-de-paix rendra coûteuse et difficile l'exécution de cet article. On pourrait leur substituer le maire de la commune.

ap- 2217 Art. 38, *deuxième alinéa.* Dans le cas où *tous les biens, etc.* N'est-ce pas plutôt où AUCUN DES BIENS ? car cela suffit pour nécessiter un plus long délai.

Art. 43, *troisième alinéa.* Les poursuites seraient-elles nulles si elles étaient faites plus tard? Il est difficile de croire que ce soit l'intention des rédacteurs, car cette prorogation de délai ne peut nuire à personne. Cependant, cet alinéa et les articles précédens et suivans sembleraient annoncer cette intention. Il est bon de prévenir ce doute, et aussi, dans tous les cas, de proroger les délais suivant la distance des lieux.

Art. 63. *Sans aucune formalité de justice*, c'est-à-dire, sans doute sans qu'il soit besoin de jugement qui l'y autorise, mais au moins *après publications et surenchères*. Les fruits peuvent être de quelque importance, et rien ne garantit que les séquestres seront au-dessus de tout soupçon.

Art. 64. Le jour de l'adjudication doit être dénoncé, dans ce cas-ci comme dans le précédent, au saisi, au poursuivant et à un ou deux opposans, afin qu'ils fassent trouver des enchérisseurs, et aussi pour prévenir les fraudes, qu'il ne faut pas rendre trop faciles par le motif de diminuer les longueurs et les frais; motif bien louable sans doute; mais qui, poussé trop loin, ferait dégénérer la vente forcée en une procédure militaire, et pourrait même occasioner encore plus de frais et de contestations.

Art. 70. Il y a même observation à faire relativement aux réparations.

Art. 83. 1° Après ces mots : *des autres créanciers opposans*, il semble nécessaire d'ajouter, en se reportant aux art. 16 et 18 : *pourvu que l'un d'eux au moins soit créancier, par titres exécutoires, d'une somme excédant deux cents francs;* et après ceux : *l'avoué du créancier hypothécaire dont l'opposition est la plus ancienne*, ceux-ci : *et a pour cause une créance de plus de deux cents francs.*

2° Quoique la subrogation doive avoir lieu de plein droit, il faut toujours qu'elle soit prononcée, afin que le poursuivant soit connu et autorisé.

Art. 93 et 97. La distinction établie par ces articles entre l'opposition à fin d'annuler et celle à fin de distraire ne paraît pas avoir un fondement bien solide, l'une et l'autre ayant la même cause, le même objet : la réclamation par le propriétaire, de son héritage mal à propos compris dans la saisie réelle. Qu'importe, relativement à l'effet que cette réclamation doit avoir pour l'opposant, qu'elle comprenne la totalité ou seulement une partie des choses saisies? Son droit est toujours le même, quelle que soit cette partie, et elle peut être de moitié, des deux tiers des choses saisies? de presque la totalité. Il semble donc que l'opposition à fin de distraire doit, comme celle à fin d'annuler, empêcher l'adjudication, mais seulement de la chose réclamée dès qu'elle est formée avant cette adjudication, qui seule exproprie effectivement le vrai propriétaire.

Que cette opposition à fin de distraire soit formée ou non avant le congé d'adjuger, puisque ce jugement n'est point l'adjudication, et qu'il semble même, d'après l'article 136, ne devoir être rendu qu'entre le saisissant et le saisi, cela est indifférent pour la question de propriété que fait naître cette opposition, et qui doit nécessairement être vidée par le tribunal qui en est saisi, avant qu'il puisse adjuger cette propriété à un tiers.

La loi n'autorise pas ses ministres à se rendre en quelque sorte complices de la mauvaise foi du poursuivant; mais, suivant cet article (97), lors même que l'opposition à fin de distraire a été formée avant le congé d'adjuger, si elle n'est pas jugée irrévocablement avant l'adjudication, l'immeuble réclamé sera adjugé comme ceux qui ne le sont pas, sauf le privilége du propriétaire sur le prix, à la charge toutefois de la contribution aux frais extraordinaires de la saisie et à ceux de la ventilation qui sera faite pour déterminer ce prix. Il est cependant sensible que ce prix ainsi réduit, et lors même qu'il ne le serait point, ne peut pas indemniser un propriétaire de la perte de la chose qu'il a réclamée à temps. La loi proposée ne suppose pas même que ce soit par la faute de l'opposant que son opposition n'ait pas été jugée avant l'adjudication; et sans doute on conviendra qu'il est très-possible que ce soit au contraire celle du poursuivant qui, après avoir mal à propos compris dans sa saisie l'objet réclamé, éludera le jugement de la contestation à laquelle il aura donné lieu, et qui peut-être d'ailleurs croira que le surplus des objets saisis sera mieux vendu si celui-là n'en est pas distrait. Enfin l'opposition étant justifiée par l'acte même qui la contient, suivant l'article 94, le poursuivant ne peut pas dire qu'il n'a pas dépendu de lui d'y faire statuer avant l'adjudication. Il doit donc s'imputer à lui-même, ou du moins il ne peut pas imputer à l'opposant le retard qu'éprouvera l'adjudication s'il y est sursis jusqu'au jugement de cette opposition, ou s'il le préfère, le léger inconvénient de surseoir à la vente de la chose réclamée aux risques de l'opposant, qui, dans le cas où son opposition serait jugée mal fondée, supporterait tous les frais qu'occasionnerait la vente séparée de cet immeuble, même des dommages-intérêts, s'il y avait lieu.

Dans tous les cas, et quelque parti qu'on adopte, il semble nécessaire de consacrer le principe que *le décret ne purge pas la propriété de l'immeuble dont le propriétaire n'a pas été dépossédé par le bail judiciaire.* Tant qu'il conserve la possession de sa chose, des poursuites qui lui sont étrangères et qu'il est présumé ignorer ne peuvent la lui faire perdre.

Art. 116. A la fin, ajouter : *échu ou perçu depuis la saisie réelle.*

Art. 118. A la fin, ajouter : *et concurremment avec ceux de ce genre qui n'auraient pas été utilement colloqués sur les revenus antérieurs à la saisie-réelle versés entre les mains du séquestre,* en conséquence des articles 59 et 60.

Art. 133. On doit citer aussi, et même de préférence à l'ancien des opposans, celui qui, par l'effet de la réclamation, si elle est admise, se trouverait privé en tout ou partie, de l'effet de sa collocation.

Art. 136, 146 et 175. Cette interdiction de tout recours soit d'appel, soit de cassation, soit même de simple opposition, lorsque le jugement est par défaut, est bien extraordinaire et bien dangereuse. Pour la justifier, il faudrait supposer tous les officiers ministériels au-dessus de tout soupçon de fraude et de malversation, et tous les juges parfaitement éclairés et infaillibles; ou bien, il faut dire que la matière est trop légère, et les règles prescrites trop peu importantes pour qu'il le soit beaucoup d'en assurer l'exécution contre la surprise et l'erreur : mais alors, pourquoi les prescrire? ne vaudrait-il pas mieux les retrancher, que de les établir, pour les livrer au mépris, à l'oubli où elles tomberont bientôt? Si ceux que peut blesser leur transgression n'ont pas la faculté d'en réclamer l'exécution devant les tribunaux supérieurs, ni même devant celui qui est chargé spécialement du maintien de toutes les lois, une telle disposition n'est-elle pas même contraire aux principes constitutionnels? ne met-elle pas, en quelque sorte, au-dessus du pouvoir législatif, les tribunaux de première instance, puisque leurs jugemens, quelque contraires qu'ils puissent être à la loi, seront à l'abri de toute critique et de toute réforme?

On sent bien que cette mesure n'a été imaginée que pour couper, s'il se peut, racine aux chicanes qui trop souvent ont lieu dans ces sortes de procédures; mais ce motif ne doit pas porter à violer les règles les plus essentielles de l'ordre judiciaire. Qu'on abrège les délais comme dans les cas des articles 79 et 106, qu'on simplifie les formes de l'instruction, qu'on fasse statuer sommairement sur les appels ou oppositions, les législateurs auront fait tout ce qu'il est possible pour faciliter l'exercice des droits des créanciers légitimes sur les biens de leurs débiteurs, sans nuire à ceux d'une légitime défense contre des prétentions quelquefois injustes, contre des poursuites quelquefois vexatoires ou des manœuvres frauduleuses.

Art. 145. Les opposans ayant le même intérêt que le saisi, et peut-être même un intérêt plus réel que lui, à ce que les formalités prescrites soient exactement remplies, il semble que l'ancien des opposans doit être cité comme lui, s'il est en effet utile que ce dernier le soit : on peut en douter. Il semble que la simple signification des procès-verbaux au saisi et à l'ancien des opposans, avec sommation de fournir leurs moyens de nullité dans le délai prescrit, à peine d'y être déclarés non-recevables, suffirait; il n'est pas besoin de jugement, si personne ne réclame.

Art. 179. On pourrait dire la même chose du jugement sur la validité de la saisie réelle. La procédure prescrite art. 79 et suivans pourrait être remplacée par une simple sommation faite au saisi, par l'exploit même de signification de la saisie, de fournir ses moyens de nullité ou autres, dans les trente jours de cette signification ou autres délais, faute de quoi il y serait non-recevable : à ce moyen, s'il n'y avait point de réclamation, il n'y aurait point de jugement.

La suppression de ces citations et des jugemens qui doivent les suivre, citations et jugemens absolument inutiles tant que personne ne réclame, simplifierait beaucoup la procédure, qui, en général, paraît chargée.

La note des rédacteurs, en marge de l'article 159, sur l'établissement d'un dépositaire spécial de consignations judiciaires, mérite toute l'attention du Gouvernement.

Cet établissement préviendrait les lenteurs souvent inévitables qu'éprouvent les parties prenantes, lorsqu'elles sont obligées de s'adresser aux dépositaires des deniers publics, et affranchirait ces derniers d'une comptabilité étrangère à l'objet principal de leurs fonctions.

Art. 161, *deuxième alinéa*. C'est une simple ordonnance qui dépouillera l'adjudicataire; et cette ordonnance obtenue sur simple requête, qui ne paraît pas même devoir être signifiée, ne peut en aucune manière être attaquée! On suppose donc qu'il est absolument impossible qu'elle soit surprise. L'adjudicataire a cependant le titre de propriété le plus authentique. Il doit sans doute être résolu faute de paiement; mais ce doit être par un titre contraire également authentique, par un jugement contradictoire, ou devenu tel par la signification sans opposition : c'est ce qui a lieu même dans le cas d'une simple vente conventionnelle avec la clause résolutoire, faute du paiement du prix dans le terme convenu.

Art. 168. Il faut nécessairement ajouter à la fin de l'article : *si c'est l'adjudicataire qui doit payer;* car s'il a consigné, il est valablement libéré : il ne peut être garanti du défaut de paiement par le consignataire ; mais celui-ci doit être poursuivi et contraint au paiement par les voies de droit, même par corps.

Art. 178. Ajouter : *mais l'adjudicataire peut obtenir des lettres de ratification, qui ont le même effet que celles sur contrats de vente volontaire.*

TITRE IX.

902   Art. 4, *troisième alinéa. Quid juris*, si la haine, la colère, sont exprimées dans l'acte même ou en résultent évidemment, ou s'il y a autre preuve écrite que la disposition n'a pas eu d'autre motif? Il semble que, dans ce cas, étant manifeste que cette disposition n'est pas l'expression d'une volonté libre et éclairée, et qu'elle a moins pour objet de gratifier le donataire que de satisfaire un ressentiment peut-être injuste, la loi ne devrait pas lui donner sa sanction.

À l'égard de la suggestion et de la captation, en interdire indistinctement la preuve, n'est-ce pas en quelque sorte les autoriser, et livrer la fortune des personnes faibles, mourantes, au crime, à la fraude? Ne serait-il pas plus juste, plus digne de la sainteté de la loi, de laisser aux tribunaux le jugement des faits, des circonstances qui pourront donner lieu à admettre la preuve que des gens cupides ont su, par leurs artifices, substituer leur volonté à celle du donateur?

905   Art. 7. En général, il paraît inconvenant qu'une femme puisse donner entre vifs malgré son mari.

913-
915-
916   Art. 16. La gradation paraît bien rapide. Il semble que celui qui, ayant des parens proches, pourrait disposer librement de la moitié de tous ses biens ne pourrait pas se

plaindre d'être trop gêné par une loi dont peut-être il aurait d'ailleurs lui-même profité. La réserve d'un quart pour des neveux et nièces, qui ordinairement regardent un oncle, une tante comme de seconds père et mère, est bien peu de chose. Serait-ce donc trop des deux tiers? Pourquoi même ne seraient-ils pas placés au même rang que les frères et sœurs qu'ils représentent? Ils ne doivent pas être moins chers. Les petits-neveux ne sont pas moins favorables.

La libre disposition de moitié aurait lieu dans le cas où le donateur ne laisserait que des cousins germains, et de la totalité s'il ne laissait aucun parent dans ce degré.

Les enfans de deux frères sont si proches! c'est en quelque sorte d'autres frères : il semble que la loi doit conserver cette union des familles; c'est peut-être de tous les liens qui nous attachent à la patrie, le plus doux et conséquemment le plus fort.

Art. 25, *deuxième alinéa. Dans les biens disponibles*, lisez *non disponibles*. 923

Art. 36. Cet article interdit, entre parens les plus proches, un commerce souvent nécessaire, et plus utile au vendeur qu'à l'acquéreur même. C'est un contrat vraiment intéressé de part et d'autre, qui ne semble pas devoir être mis dans la classe des donations, s'il ne contient point en lui-même d'avantage pour l'acquéreur; ce qu'il est facile de vérifier d'après les bases établies pour le taux des rentes viagères au titre XIX. L'article 19 de ce titre ne répute la rente viagère avantage indirect déguisé, que lorsqu'elle est constituée au taux ordinaire de l'argent, ou lorsqu'elle n'excède ce taux que de très-peu de chose. ap-911

C'est dans ce cas seulement que le contrat peut être attaqué comme nul par les héritiers de celui qui a fourni le prix, si celui qui a constitué la rente était incapable de recevoir de lui. Pourquoi n'en serait-il pas de même dans le cas de la rente viagère constituée pour le prix d'un fonds? Il semble du moins que ce contrat ne devrait être considéré comme avantage indirect que lorsque la rente viagère n'approcherait pas du taux auquel elle aurait dû être portée s'il se fût agi d'une somme égale à ce prix, d'après le tableau établi dans l'article 14 du même titre XIX; autrement il y aura une véritable contradiction entre cet article-ci et le 16e ci-dessus cité du titre XIX.

Enfin, dans tous les cas, la justice exige que les sommes payées au-delà du produit net des revenus ou de l'intérêt légal du prix du fonds soient restituées à l'acquéreur si le contrat est déclaré nul ; car alors cet excédant se trouve avoir été payé sans cause.

983   Art. 82. Ajouter, ligne 2e : *et autres individus ci-dessus.*

984- 987- et 996   Art. 83, 87 et 92. Y a-t-il quelque motif bien décisif de la différence établie entre le délai porté aux deux premiers de ces articles et celui porté au dernier? S'il n'y en a pas, l'uniformité a son mérite en législation.

ap- 985   Art. 85. Ajouter : *et quoique le donateur n'ait pas survécu le temps porté en l'article 74.*

1019   Art. 102, *deuxième alinéa*, lignes 1re et 2e. Après le mot : *construction*, ajouter : *ou plantation.*

ap- 1076   Art. 140, *deuxième alinéa.* Pourquoi abolir un usage aussi favorable que celui des démissions révocables? il n'avait guère lieu qu'entre les pères et mères et leurs enfans, et son abolition sera aussi nuisible aux uns qu'aux autres. Autant vaudrait abolir toute démission : quels que fussent la tendresse des pères et mères pour leurs enfans, et le besoin qu'ils auraient de décharger leur vieillesse des soins de l'administration ou exploitation de leurs biens, ils craindraient nécessairement de faire une démission dont ils pourraient se repentir, soit par l'ingratitude de leurs enfans, soit par leur inconduite, et qu'ils ne pourraient cependant pas révoquer. La révocabilité maintenait les enfans dans les égards qu'ils devaient à leurs parens. On ne peut pas dire d'ailleurs que ce contrat, inspiré par la nature même, et modifié par la prudence, soit contraire au droit public ou aux bonnes mœurs. Loin donc d'en abroger l'usage, il semble que la loi doit, au contraire, le consacrer et l'appuyer de toute son autorité. Son abrogation affligerait singulièrement les campagnes, où il est d'usage fréquent et journalier, ce qui prouve son utilité.

Art. 144, *deuxième alinéa.* Cette disposition offre un moyen bien facile aux ascendans d'éluder celle qui détermine la portion de biens dont l'ascendant peut avantager l'un de ses descendans au préjudice des autres ; il ne s'agira que de faire un partage testamentaire dans lequel le lot de celui qu'on voudra avantager sera plus fort que les autres, nonseulement de la portion disponible, mais encore d'une partie non disponible, qui seulement ne sera pas assez forte pour opérer la lésion du quart, prélèvement fait de la portion disponible. Ainsi, le père qui a deux enfans, et dont les biens sont de la valeur de 80,000 francs, peut en donner 20,000 à l'un de ses enfans au préjudice de l'autre, suivant l'article 16 ci-dessus. Mais, au moyen de celui-ci, il lui en donnera 27,000, et l'autre ne pourra pas se plaindre, parce qu'il lui restera 23,000 francs, qui sont plus que les trois quarts de la moitié qui lui appartenait dans les biens non disponibles. N'est-ce pas là permettre de faire sous un nom ce que l'on défend de faire sous un autre ? et quoi de moins digne de la majesté de la loi ? En vain dirait-on que dans le partage il y a deux choses à considérer : la donation permise que le père déclare avoir intention de faire, et le partage qui ne peut être attaqué que pour une lésion au-dessus du quart.

Il est impossible, lorsque la même personne, par un seul et même acte, recueille dans son lot, sans aucune distinction, la portion disponible et celle non disponible dont l'autre se trouve affaiblie, de ne pas voir que c'est le résultat d'une seule et même intention dans l'auteur de cet acte, de ce double avantage, celle de favoriser le plus possible celui qui en est l'objet. On ne peut pas, dans ce cas, comparer la lésion qui se trouve dans le partage testamentaire fait dans l'intention manifestée, discrètement exprimée par son auteur; d'avantager l'un des héritiers au préjudice de l'autre, à celle qui pourrait se trouver dans le partage qu'auraient fait ces héritiers eux-mêmes, où ils auraient, au contraire, eu l'intention de conserver entre eux l'égalité, et où il y a lieu de croire qu'ils l'auraient effectivement conservée, puisque l'égalité est *l'ame des partages*. Il est impossible que la loi autorise celui où l'intention de la violer est disertement énoncée, et où l'ascendant a même passé les bornes que la loi a cru devoir mettre aux effets de sa prédilection. Il semble donc que toutes les fois que par le partage fait par l'ascendant, un ou plusieurs des héritiers se trouveront avantagés au-delà de la portion disponible, il doit être annulé, et qu'il en doit être fait un nouveau lors duquel la portion disponible sera prélevée au profit de celui ou ceux que l'ascendant aura déclarés expressément vouloir avantager; faute de quoi le prélèvement n'aura pas lieu.

Art. 148, *premier alinéa. Si ce n'est pour sommes modiques, etc.* Ne serait-il pas mieux, pour prévenir les difficultés, de déterminer la portion à laquelle, en ce cas, pourraient s'élever les dispositions gratuites subséquentes; par exemple, le tiers, le quart, le sixième de la portion des biens du donateur, que recueillerait le premier donataire par l'effet de la première donation, et ce suivant que cette portion serait plus ou moins forte?

Art. 149, *premier alinéa.* Ajouter à la fin : *et en payant lesdites dettes et charges.*

TITRE X.

Art. 7. *Hors la présence de l'autre.* C'est valider ces contre-lettres données par les deux époux, conjointement à ceux des parens qui ont doté l'un d'eux. Les parens de l'autre seront également trompés. L'importance des contrats de mariage, qui font la loi des familles, exige qu'on en écarte toute idée de dol, de fraude, de supercherie, soit envers les époux eux-mêmes, soit envers ceux qui y concourent, et qui même y sont parties nécessaires, comme les pères et mères ou autres ascendans ou tuteurs dans les cas prévus par la loi. Le droit actuel, qui annulle indistinctement toute contre-lettre contre les conventions portées aux contrats de mariage, ne semble pas devoir être changé.

Art. 8. Dès que l'acte est rédigé en minute dans la forme voulue par la loi, il ne peut pas être annulé par les vices de l'expédition. Il semble donc que l'intention des rédacteurs est seulement que l'expédition de la contre-lettre ne puisse produire aucun effet si elle n'est pas délivrée à la suite du contrat, et non pas que la contre-lettre elle-même devienne nulle parce que l'expédition en aura été délivrée séparément ; c'est cependant ce que dit l'article. 1397

Art. 14, *premier alinéa*, et art. 18. L'article 18 exclut de la communauté le mobilier donné pendant le mariage à l'un des époux ; pourquoi y faire tomber celui qui lui échoit par succession? n'est-ce pas faire l'autre héritier de personnes qui lui sont aussi étrangères que peut l'être le donateur dans le cas de l'art. 18? Que ce soit de la loi ou de la volonté de l'homme que l'époux héritier ou donataire tienne son droit, cela est indifférent, dès que le donateur n'a point exprimé la volonté d'exclure le mobilier par lui donné, de la communauté. Le donataire le possède aussi librement que celui qui recueille comme héritier, et ce n'est toujours que du mobilier qui, dans l'un comme dans l'autre cas, doit tomber dans la communauté suivant le droit actuel, ou en être également exclu par le nouveau, ne fût-ce que pour ne pas introduire dans la législation une variété dont on aurait peine à apercevoir le motif. 1401-1405

Art. 31, *deuxième alinéa*. Le mari pourra-t-il donner entre vifs avec tradition réelle et sans réserve d'usufruit l'universalité du mobilier composant la communauté? c'est ce que semble dire cet alinéa ; mais est-ce administrer une communauté que d'en donner les biens à titre gratuit? Quel- 1422 ques Coutumes, il est vrai, avaient des dispositions à peu près semblables, mais la jurisprudence les avait restreintes : on jugeait faites en fraude de la communauté les donations à titre gratuit de l'universalité du mobilier, ou même seulement d'une partie considérable, soit qu'elles fussent faites à des étrangers ou à des parens du mari. Certainement cette jurisprudence est plus raisonnable que les Coutumes qu'elle avait corrigées.

1442 Art. 52. 1° Sans doute le père ou la mère survivant qui a négligé de faire inventaire ne sera pas privé de l'administration des personnes de ses enfans : on pourrait le croire, d'après la disposition qui le déclare déchu de la garde desdits enfans et de la jouissance de leurs revenus. Cette distinction de la jouissance des revenus et de la *garde* des enfans pourrait faire croire que le mot *garde* est pris ici dans le sens vulgaire, pour la surveillance et le gouvernement des personnes, et non dans le sens usité en droit coutumier, où il emporte la jouissance des biens des enfans au profit du gardien tant que la garde dure.

2° Cette peine de la perte de la jouissance des revenus de ses enfans prononcée contre le père ou la mère, celle de la perte d'une portion de sa part dans la communauté prononcée contre l'aïeul ou aïeule à faute d'avoir fait inventaire au décès de l'un des époux, sont substituées à la faculté qu'avaient les enfans en ce cas, dans la plupart des Coutumes, de demander la continuation de communauté ou sa dissolution en faisant faire inventaire, joint la commune renommée des forces de la communauté au décès de l'ascendant prédécédé.

Cette ancienne législation ne serait-elle pas préférable à celle proposée? D'abord elle est plus analogue aux circonstances. La continuation de communauté est une suite naturelle de la confusion de droits et de biens où le survivant qui ne fait pas inventaire veut bien rester avec ses enfans ou petits-enfans. Ensuite elle peut être, en bien des cas, plus avantageuse au père et aux enfans, à ceux-ci, lorsque la continuation de communauté a prospéré, au père, souvent la connaissance que donnerait l'inventaire de l'état de ses affaires, de son commerce, peut lui être infiniment nuisible; et dans la nouvelle législation, par les articles 53, 54 et 55, il serait nécessairement exposé à cet inconvénient majeur, lors même que, pour l'éviter, il se soumettrait aux peines établies contre lui par cet article. Ces peines n'ont d'ailleurs aucune proportion apparente avec la faute, si c'en est une, qui puisse en faire sentir la justice : elles seront dans certains cas beaucoup trop fortes, dans d'autres presque nulles. Enfin la législation actuelle maintient l'union des père et mère et des enfans; celle proposée tend à la rompre en donnant aux enfans d'autres protecteurs que leurs père et mère. La loi doit-elle présumer qu'ils en auront de meilleurs ?

Art. 72. Ne serait-il pas plus simple, plus naturel, de laisser à chacun la faculté de prendre le parti qui lui conviendrait, comme dans le cas de l'article 91 ? il n'y aurait pas plus d'inconvénient, et il y aurait l'avantage de l'uniformité. ap-1453

Art. 73. Ajouter : *les actes purement administratifs ou conservatoires n'emportent point immixtion*, ainsi qu'il est statué à l'égard des successions, art. 85. 1454

Art. 79. Sans doute le mari qui aurait diverti ou recélé subira la même peine. Il est bon de le dire, comme aussi de l'assujétir à l'affirmation que l'article 75 exige de la femme. 1460

Art. 83. Ajouter : *sauf ce qui est statué par l'article 97 ci-après*. 1467

Art. 106. L'humanité, l'honneur dû aux mariages, faisaient accorder, dans différentes Coutumes, à la femme qui renonçait, son lit et son deuil, faible indemnité des pertes qu'elle souffre ordinairement en ce cas. Ces motifs semblent devoir placer cette loi dans le Code du peuple français. 1492

Art. 130, *deuxième alinéa*. L'omission de l'inventaire du mobilier échu pendant le mariage à l'un des époux, si elle 1504 n'a pas toujours pour objet l'avantage indirect de l'autre, a toujours au moins cet effet. Il paraît donc convenable de rendre absolue la disposition de l'article dont, à ce moyen, l'arbitraire qu'offre sa rédaction actuelle disparaîtra, et même de l'étendre à la femme survivante, moins en état que le mari de veiller à la conservation de ses droits.

1514 Art. 143 et 144. Ces deux articles distinguent trois degrés dans la faculté de reprendre, celle accordée à la femme, celle accordée à la femme et à ses enfans, celle accordée à la femme et à ses héritiers : il n'est question que de celle-ci dans l'article 44; il semblerait donc que les créanciers ne pourraient pas exercer cette faculté dans les deux autres cas : mais il est plus naturel de croire que cet article est simplement déclaratif; et peut-être serait-il mieux de le concevoir en termes généraux.

TITRE XI.

1599 Art. 17. *Cependant on peut vendre pour une personne dont on se fait fort, dont on s'oblige de rapporter la ratification, la chose qui lui appartient; et si l'acquéreur est évincé, il a, dans ce cas, action en garantie, et dommages-intérêts contre celui qui a vendu.*

Cette addition à l'article paraît nécessaire; car, si la vente est nulle, lorsqu'elle n'est pas ratifiée expressément ou tacitement par le propriétaire, l'obligation qu'avait contractée le vendeur ne l'est pas. On avait pu contracter avec lui, dans la persuasion qu'il avait un pouvoir verbal, et rassuré par sa solvabilité.

1619 Art. 40. Cette quotité d'un dixième, dont le vendeur peut impunément tromper l'acheteur sur la contenance de la chose qu'il vend (car c'est ce qui arrive presque toujours), paraît bien considérable. Un vingtième l'est encore beaucoup, s'il s'agit d'objets d'un grand prix. On ne peut pas être trop sévère pour ramener les vendeurs à la bonne foi. Peut-être serait-ce le cas de faire remettre à la prudence, à l'équité des juges, qui peuvent trouver dans les circonstances, par exemple, la vileté ou cherté de prix, des motifs de décision.

Art. 69. Serait-il si difficile de déterminer des délais plus ou moins longs, suivant la nature des choses et des vices? 1648

Art. 110 et 111. Il peut exister des créances sans titres. Les titres de celles qui en ont peuvent n'être pas, au moment de la cession, dans la possession du cédant. 1689-1691

Dans le droit actuel, la signification du transport peut seule opérer la saisine du cessionnaire, tant à l'égard des créanciers du cédant, que du débiteur. C'est aussi ce que veut l'article 4 du titre XVIII ci-après, pour opérer le privilége sur la créance donnée en nantissement. Rien ne semble nécessiter la distinction établie ici pour le cas de la cession.

TITRE XII.

Art. 7. On soupçonne qu'il faut lire à la ligne deuxième du second alinéa: *et que cette soulte excède la valeur de l'immeuble cédé en echange ou contre-échange à celui à qui la soulte est payée.* Alors, le contrat tient plus de la vente que de l'échange; et il peut y avoir lésion de plus de moitié contre celui qui a reçu la soulte; ce qui serait absolument impossible dans le cas exprimé en l'article, puisqu'il aurait reçu une soulte excédant de plus de moitié la valeur de son héritage. 1706

TITRE XIII.

Art. 15 et 19. Ne pourrait-on pas déterminer le délai dont il est question dans ces deux articles, d'après la population des villes et le prix des loyers, afin de faire cesser la diversité des usages, et de ne pas renvoyer à des Coutumes qui seront toutes abrogées? ap- 1717-1736

(Art. 19.) Quant à la manière de donner l'avertissement ou congé, ce doit toujours être par écrit double ou par signification extrajudiciaire, afin d'éviter les contestations et 1736 inconvéniens assez graves qui pourraient résulter de congés donnés verbalement.

ap- 1812 — Art. 90 et 92. Fixer un délai qui doit être court, et peut-être plus dans le deuxième cas que dans le premier.

1823 — Art. 102. Ajouter, comme on l'a fait dans l'article suivant: *s'il n'y a convention contraire;* autrement, il semblerait que la convention contraire permise dans l'article 103 ne le serait pas dans l'article 102.

Et peut-être serait-il mieux de le retrancher dans l'un comme dans l'autre, et de poser en principe général que toutes clauses et conventions qui ne sont pas expressément prohibées par la loi, et qui ne blessent pas les bonnes mœurs et ne sont pas contraires au droit public, doivent être exécutées.

Il y a différens autres principes sur la formation, l'interprétation et exécution des pactes et conventions en général, qui auraient pu faire la matière d'un livre ou titre préliminaire sur cet objet, comme on l'a fait pour les lois ; car les conventions sont aussi des lois pour les contractans.

1780 — Art. 111. Ne serait-il pas convenable de déterminer un temps au-delà duquel on ne pourrait engager ses services, et que ce temps fût assez court pour que cet engagement ne pût pas dégénérer en une sorte de servitude ?

1796 — Art. 132. Dans le cas de cet article, la résolution du marché est volontaire de la part du propriétaire : il ne doit donc en résulter aucun tort pour les héritiers de l'entrepreneur : ce qui arriverait si le propriétaire pouvait laisser à leurs charge et risque, et sans les leur payer, les ouvrages déjà faits et matériaux préparés, sous prétexte qu'ils ne peuvent lui être utiles, allégation dont la vérification donnerait lieu à des contestations.

TITRE XIV.

1846 — Art. 23, *premier alinéa. Du jour où il s'est obligé de la four-*

nir. Sorte d'équivoque qui disparaît en disant : *du jour où il a dû la fournir.*

Art. 33, *troisième alinéa.* En principe général, le mandataire, dans l'affaire qui l'intéresse personnellement, n'est pas recevable *ad nutum.* C'est ce principe qui fonde la décision du 2ᵉ alinéa ; or, le cas du 3ᵉ alinéa est le même : ce principe y est également applicable.

Pourquoi, en effet, les associés ne pourraient-ils pas, par une convention postérieure au contrat de société, en changer les conditions ? Pourquoi le mandat qu'ils donneraient à l'un d'eux, après que l'expérience les aurait convaincus que l'intérêt commun l'exigerait, serait-il plutôt révocable que s'il eût été donné par l'acte même de société, puisque le mandataire est toujours *procurator in rem suam ?* C'est encore là une de ces distinctions trop subtiles peut-être pour paraître bien solides.

TITRE XV.

Art. 39, *deuxième alinéa.* Si la constitution était faite à un taux inférieur à celui fixé par la loi, par exemple, au denier quatre ou trois au lieu du denier cinq, ne pourrait-on pas permettre de stipuler un délai plus long, qui néanmoins ne pourrait excéder trente années ou la vie du prêteur ? Cette convention, avantageuse aux deux contractans ; à l'emprunteur, à qui elle procure une moindre charge ; au prêteur, à qui, sans nuire à ses héritiers, elle assure un revenu fixe et certain, par le choix qu'il a fait d'un débiteur solvable ; cette convention, disons-nous, n'a rien qui répugne aux bonnes mœurs, à l'honnêteté, ni aux principes des conventions en général, ni à ceux particuliers au prêt à intérêts ; elle est, au contraire, toute favorable. On ne peut pas donner trop de facilités à ce genre de transactions, qui fait passer l'argent dans les mains des commerçans, des agriculteurs et des propriétaires.

TITRE XVI.

1944   Art. 28. Ajouter : *le dépositaire ne peut pas retenir la chose déposée par compensation de ce que lui doit celui qui a fait le dépôt.* C'est ce qui est statué à l'égard du prêt, et qui doit avoir lieu peut-être, *à fortiori*, pour le dépôt.

1953   Art. 33. Sous ces mots : *les étrangers allant et venant dans l'hotellerie,* a-t-on entendu comprendre les autres voyageurs ? Il semble que cette expression ne peut pas convenir aux voyageurs logés dans l'hôtellerie ; mais ce qui pourrait faire naître du doute, c'est que plusieurs lois romaines, plusieurs arrêts, et les plus récens, étendent la garantie au fait des voyageurs. Cette question mérite d'être expressément résolue. La sûreté publique semble exiger que ce soit pour l'affirmative, à moins que des circonstances bien décisives ne prouvent que l'hôtellier n'a à se reprocher ni faute ni négligence, qu'il n'a pu aucunement prévoir ni empêcher le vol.

TITRE XIX.

1968   Art. 5. Dans le cas d'abandonnement d'un immeuble moyennant une rente viagère, y aura-t-il lieu à rescision ? Ce contrat est fréquent, et la question assez importante pour qu'elle doive aussi être résolue. Si la loi indique le taux des rentes viagères, proportionnellement aux différens âges des individus au profit de qui elles sont constituées, il semble qu'on pourrait, par la comparaison du capital présumé de la rente avec la valeur de l'héritage, reconnaître s'il y a effectivement dans ce contrat, quoique aléatoire, une lésion qui puisse en opérer la rescision.

L'article 13 ci-après propose de déterminer le *maximum* des rentes viagères au-delà duquel elles seront réductibles ; ne pourrait-on pas en déterminer de même le *minimum*, et statuer que, si celles constituées pour la vente d'un fonds étaient inférieures de plus de moitié à ce qu'elles devraient être, d'après le vrai prix du fonds, et au moindre taux indiqué par l'âge du vendeur, il y aurait lieu à rescision?

Le tableau du *minimum* des rentes viagères servirait aussi à distinguer les contrats dans lesquels on serait présumé avoir déguisé, sous cette apparence, des avantages prohibés par la loi.

Art. 9, 2ᵉ *alinéa*. Cette disposition paraît extraordinaire, si c'est, et c'est, en effet, une véritable donation; quelle raison peut-il y avoir de la dispenser des formes requises pour toutes les autres donations? Est-il convenable que la loi fournisse elle-même un moyen si facile d'éluder ses dispositions? N'est-ce pas s'exposer à les faire regarder comme peu importantes, que de dispenser de leur observation sans des motifs bien sensibles? 1973

Art. 11. = 1° Toutes les fois qu'il s'agira de faire l'application de cet article, il y aura les contestations les plus embarrassantes sur l'explication du mot *dangereusement*, qui présente une idée vague, indéterminée; 1975

= 2° Comment concevoir, ou du moins prouver, qu'une personne était dans tel instant, celui du contrat, dangereusement atteinte d'une maladie qu'elle ignorait elle-même, et que c'est de cette même maladie qu'elle est morte quinze ou vingt jours après?

N'est-il pas plus raisonnable de dire simplement que le contrat de rente viagère sera nul, si la personne au profit de qui elle est constituée décède dans les vingt jours du contrat, *à moins que ce ne soit par suite d'un accident postérieur?*

Art. 16. = 1° C'est à cet article que devrait s'adapter le tableau du *minimum* des différens taux des rentes viagères, sur une ou plusieurs têtes, suivant les différens âges, pour mettre à portée de reconnaître d'une manière certaine celles où il y aurait avantage indirect déguisé; ap- 1976

= 2° Si l'on n'adopte pas cette mesure, au moins il faudrait déterminer précisément ce dont il faudra que la rente viagère excède le taux ordinaire de l'argent, pour que le contrat ne soit pas réputé avantage indirect. L'expression *de très-peu de chose* ne présente rien de fixe à l'esprit. Les juges et les parties seront dans une incertitude qui multipliera les procès.

ap-1976 Art. 17. Cet article rend encore plus sensible la nécessité de la fixation proposée sur le précédent, puisque les héritiers qui demanderont et feront prononcer la nullité du contrat ne seront pas tenus de restituer les arrérages perçus par le défunt : il faut sans doute que l'excédant de la rente viagère sur le taux ordinaire de l'argent soit de très-peu de chose, car la justice ne permet pas que personne puisse s'enrichir, en aucun cas, au préjudice d'autrui ; et l'exacte équité demanderait qu'en annulant le contrat, et forçant celui qui a reçu le capital à le restituer, on lui tînt compte de ce qu'il aurait payé en sus du taux ordinaire, quelque peu que ce fût ; mais au moins, si l'on croit pouvoir, en quelque cas, en dispenser les héritiers, il faut limiter ces cas de manière qu'on ne puisse pas les étendre arbitrairement.

TITRE XX.

2234 Art. 15. Ajouter à la fin: *si le contraire n'est pas prouvé*, comme dans l'article suivant ; autrement on dirait que l'on n'a pas voulu cette exception dans celui-ci.

2238 Art. 20. Si cette *cause venant d'un tiers* est inconnue au propriétaire, il croira nécessairement que le possesseur précaire continue de posséder comme il a commencé ; la prescription ne doit donc pas courir contre le propriétaire tant que ce nouveau titre ne lui est pas dénoncé, ou autrement connu.

2245 Art. 27. Le délai de huitaine est court. Plusieurs circonstances peuvent retarder l'assignation ; l'espoir de la conciliation peut encore se soutenir tant que la justice n'est pas saisie par une demande formelle. Ne pourrait-on pas donner deux décades, au moins une, quand ce ne serait que pour mettre en usage notre division actuelle du mois ?

Art. 29, *troisième alinéa.* Quel est ou sera le temps qui 2247 opérera la péremption pour une simple *sommation ?*

Art. 52. Ajouter : « Les cabaretiers, taverniers, trai- 2271 « teurs, restaurateurs, limonadiers ou cafetiers, n'ont « point d'action pour le vin, la bière, les liqueurs, et au-« tres choses par eux fournies en leur maison, aux per-« sonnes qu'ils ne nourrissent pas habituellement. » Cette disposition de la Coutume de Paris et de plusieurs autres, quant aux cabaretiers, taverniers, est trop morale pour être exclue de notre Code. On propose de l'étendre aux traiteurs et limonadiers. Les dépenses faites chez les uns ne sont pas plus favorables que celle faites chez les autres. Lorsque c'est le plaisir qui y conduit, elles doivent être payées à l'instant même où elles sont faites; mais lorsque ces personnes fournissent habituellement les alimens à quelqu'un, leur action est ouverte pendant le temps de la loi.

N. B. Les rédacteurs du projet de Code civil ont recon- liv. 3-nu, *page* 59 (*de l'édit. in* 4°) du discours préliminaire, com- tit. 8- et 6-bien il serait utile pour l'agriculture de rétablir les contrats art.-530 de bail emphytéotique, et de bail à rente foncière, dont l'usage n'a été abrogé que sous un faux prétexte, leur affinité avec le contrat féodal, dont ils sont essentiellement différens. Cependant ils n'ont point proposé les règles qui doivent régir ces sortes de baux, parce qu'ils n'ont pu, disent-ils, se dissimuler les grands inconvéniens qui seraient attachés à une législation toute particulière et très-compliquée, qu'ont toujours exigée ces sortes de contrats, et ils ont abandonné à la sagesse du Gouvernement la question de savoir s'il est convenable d'en provoquer le rétablissement.

Mais 1° personne n'est plus en état que les rédacteurs de présenter une législation aussi claire, aussi simple sur ces contrats que sur tous les autres ;

2° Nous avons déjà un traité très-clair, très-méthodique, très-solide, sur le bail à rente foncière dans les œuvres de

Pothier ; il ne s'agirait que d'en extraire les principes particuliers à ce contrat, qui d'ailleurs a les principaux caractères du contrat de vente et de celui de louage.

On ne doute donc point que le Gouvernement ne vît avec plaisir un travail qui faciliterait le rétablissement de ces baux à rente ou emphytéotiques, si utiles à l'agriculture, si propres à procurer la division des propriétés en multipliant le nombre des propriétaires, but essentiel auquel doit tendre singulièrement toute bonne législation.

On ne prévoit qu'une objection sérieuse, qui néanmoins serait facilement écartée, c'est la perpétuité d'une charge foncière, qui peut, dans la suite des temps, devenir trop pesante, et nuire au bien de l'agriculture. On pourrait répondre qu'au contraire l'expérience a prouvé que l'augmentation progressive et continuelle des fonds et des denrées rend toujours ces sortes de charges, surtout quand elles sont stipulées payables en argent, d'autant plus légères qu'elles sont plus anciennes. Mais il y a un moyen sûr et facile d'éviter l'inconvénient de la perpétuité, sans dégoûter cependant les propriétaires de cette sorte de contrat : c'est de leur permettre de stipuler que la rente foncière, soit en argent, soit en denrées, ne pourra être remboursée qu'après le décès du bailleur, et celui de son premier successeur en ligne directe, s'il en laisse, et, néanmoins, d'en permettre le remboursement si l'un ou l'autre la vend à un tiers : par ce moyen, d'un côté, l'intérêt du bailleur, qui, dans ce contrat, n'a d'autres vues que d'assurer à lui-même, et peut-être à ses enfans, un revenu sûr, en se débarassant des soins de l'exploitation, sera satisfait ; et d'un autre côté, la durée des charges sera infiniment abrégée, et cependant l'agriculture s'améliorera en même temps que le nombre des propriétaires, c'est-à-dire des vrais citoyens, s'accroîtra.

Fait et arrêté en la chambre du conseil du tribunal d'appel séant à Orléans, par les commissaires nommés par le tri-

bunal. A Orléans, le 7 prairial, an IX de la république française, une et indivisible. Signé PETIT-LAFOSSE, MARTIN, MOREAU.

N° 23. *Observations des commissaires du tribunal d'appel séant à* PARIS.

Les commissaires nommés par le tribunal d'appel de Paris pour présenter des observations sur le projet de Code civil, se livraient, autant que les devoirs multipliés de leur état peuvent le permettre, à une étude approfondie de cet ouvrage important, lorsqu'une lettre du ministre de la justice leur a prescrit de hâter leur travail, et de remettre au plus tôt le résultat de leurs méditations. En cédant à l'invitation qui leur est faite, ils regrettent vivement que le temps ne leur permette pas de pousser plus loin leurs réflexions, et de donner à celles qu'ils ont déjà faites tout le développement dont elles sont susceptibles. Sans doute le projet de Code répond à la haute réputation de ses auteurs; c'est un témoignage que les commissaires s'empressent de rendre: il est également vrai que ce projet est encore susceptible d'un degré de perfection.

Pour remplir la mission dont elle est chargée, la commission examinera particulièrement chaque partie du projet de Code; elle se livrera ensuite aux observations de détail, dont plusieurs articles lui paraissent susceptibles.

LIVRE PRÉLIMINAIRE.

Ce livre est placé sous le titre général *du Droit et des Lois*. Il est divisé en six titres particuliers.

Il convenait, sans contredit, de commencer le Code civil par une définition de la loi, et par le tableau de ses différen-

Com.
du tit.
prél.

tes espèces. C'est l'objet des deux premiers titres. Le premier (*Définitions générales*) ne présente cependant pas une définition précise et générale des lois.

L'article premier parle du droit universel et immuable, source de toutes les lois; les quatre articles qui suivent distinguent un droit extérieur, un droit intérieur, un droit écrit, et des Coutumes. Ce n'est pas encore là une définition; et ces articles paraîtraient mieux placés sous le second titre, *Division des lois*.

L'article 6 définit la loi, *la déclaration solennelle du pouvoir législatif sur un objet de régime intérieur et d'intérêt commun;* mais cette définition ne paraît pas assez générale, et ne renferme pas toutes les espèces de lois.

On comprend, dans l'article 4, les Coutumes et usages comme faisant partie du droit particulier de chaque peuple. Il est bien vrai que certains peuples se gouvernent en partie par des usages qu'une approbation expresse ou présumée du législateur rend aussi obligatoires que les lois écrites; mais le Code ayant pour objet de faire disparaître la diversité des lois, occasionée surtout par la reconnaissance d'usages nécessairement variables, et de remplacer ce qui se pratique par ce qui doit se pratiquer, doit-on présenter les usages comme faisant partie de notre droit? A-t-on dû ordonner le recours aux usages, dans le silence de la loi positive? Cette disposition rapprochée du droit de recours en cassation pour contravention à la loi, n'y aura-t-il pas une foule de procès pour constater la réalité des usages, et autant de pourvois en cassation sous le prétexte qu'on les aura violés? On pense donc qu'il ne doit pas être mention d'usages dans un Code destiné à les remplacer par des lois uniformes et écrites.

La division faite dans le titre II ne paraît pas absolument complète. Par exemple, dans la quatrième classe (celle des lois qui n'appartiennent à aucune des trois divisions qui précèdent), on ne trouve ni les lois domaniales, ni les lois forestières, qu'on ne peut cependant pas confondre avec les lois fiscales; et on a inséré dans cette classe les lois *rurales*, qui ne devraient pas s'y trouver, parce que, considérées dans leur rapport avec la tranquillité et la sûreté, elles font partie des lois de police; et considérées dans leur rapport avec la propriété, elle font partie du droit civil, et rentrent, par conséquent, dans la seconde et la troisième classe.

Au reste, les différentes espèces de lois ayant un rapport intime entre elles, et ces espèces se confondant sous divers aspects, il est très-difficile de faire une division rigoureusement exacte.

On ne peut se dispenser d'observer ici que dans le cours du Code, on emploie l'expression: *droit des gens*, dans une acception toute différente de celle de la définition qu'on en a donnée, et qu'on y trouve une distinction du droit civil en général, et du droit civil proprement dit, quoiqu'elle ne soit en aucune manière annoncée dans les définitions et dans les divisions du livre préliminaire; ce qui jette nécessairement une obscurité qu'il est essentiel de faire disparaître. Cette remarque sera reproduite dans le cours de ces observations.

Le troisième titre a pour objet la publication des lois. Elles sont exécutoires du jour de leur publication par les tribunaux d'appel, lorsque leur application appartient aux tribunaux. Ne serait-il pas convenable de distinguer les lois dont l'application se fait indépendamment de la volonté et du concours de l'homme? Celles-ci ont leur effet du jour même où la loi est rendue, et l'on ne voit pas de motif pour le retarder jusqu'au jour de la publication.

L'art. 1er du tit. IV, *des effets de la loi*, est ainsi conçu: *Le premier effet de la loi est de terminer tous les raisonnemens, et de fixer toutes les incertitudes sur les points qu'elle règle.*

Cette maxime, telle qu'elle est présentée, n'est pas entièrement exacte.

Sans doute la loi doit fixer toute incertitude pour le juge;

mais elle ne termine pas tous les raisonnemens. Il faut obéir d'abord; mais on peut raisonner ensuite pour éclairer l'autorité. La proposition contraire tendrait à empêcher toute amélioration dans la loi.

En général, ce livre préliminaire érige en articles de loi des maximes et des réflexions qui paraîtraient mieux placées dans un traité du droit que dans un Code.

Comme par exemple: *La loi ordonne, permet, défend.... Elle annonce des récompenses et des peines.... Elle règle les actions, et ne scrute pas les pensées.... Les objets d'un ordre différent ne peuvent être décidés par les mêmes lois...... Ce qui n'est pas contraire à la loi n'est pas toujours honnête*, etc., etc.

Rien de plus vrai que ces maximes vagues et quelques autres semblables qui se trouvent dans ce livre préliminaire ; mais on ne pense pas qu'on en doive faire autant d'articles d'un Code qui ne doit présenter que des règles claires et précises, et non pas des vérités abstraites, qui sont elles-mêmes le résultat d'une méditation sur les lois.

On croit aussi devoir remarquer que certains articles trouveraient plus naturellement leur place dans d'autres titres, comme ceux-ci (art. 6, tit. IV): *La forme des actes est réglée par les lois du lieu dans lequel ils sont faits ou passés.....*

L'étranger est soumis aux lois pour les biens qu'il possède, et pour sa personne, pendant sa résidence (Art. 4 du même titre).

Enfin, n'y a-t-il pas une contradiction, au moins apparente, entre quelques articles? *La loi ordonne, permet, défend.... Tout ce qui n'est pas défendu est licite.* Mais la loi n'a rien à permettre, puisqu'il suffit qu'une chose ne soit pas défendue pour être licite.

On pense aussi qu'il y aurait de l'inconvénient à établir en règle générale que *toute loi prohibitive emporte la peine de nullité*. Il est, il peut y avoir des prohibitions avec indication d'une peine attachée à leur infraction : celui qui y contrevient ne doit encourir que la peine annoncée.

On propose, d'après toutes ces réflexions, une rédaction plus courte et qu'on croit aussi plus claire. Les commissaires observent encore, mais pour la dernière fois, que le temps ne leur a pas permis de donner aux rédactions tout le soin quelles méritaient : ils seront satisfaits si leur travail peut, en quelques parties, mériter l'attention des rédacteurs du projet du Code.

LIVRE PRÉLIMINAIRE.
Des lois.

TITRE Ier. — *Définition et division des lois.*

Art. 1er. Les lois, en général, sont des règles ou prises dans la raison naturelle, ou convenues entre les nations, ou établies dans un pacte social, ou solennellement émanées de l'autorité revêtue d'un pouvoir suffisant et légitime. Elles obligent les nations entre elles, les gouvernemens, les autorités et administrations particulières, et les citoyens.

Le droit se compose de l'ensemble et de la réunion des règles. Le recueil des lois sur une matière en forme le Code.

Art. 2. Les règles prescrites par la raison naturelle forment le droit naturel ; ces règles sont la base de toutes les lois écrites, qui ne doivent présenter que des conséquences plus ou moins directes des principes d'équité naturelle.

Art. 3. On distingue les lois par leur objet.

Celles qui règlent le rapport des nations entre elles forment le droit des gens. Il se compose des règles d'équité naturelle, d'usages généralement reconnus, de conventions écrites dans les traités.

Ainsi, l'on distingue un droit des gens positif et un droit des gens naturel.

Art 4. Les lois qui règlent les rapports des citoyens entre eux ou avec leur gouvernement forment le droit particulier d'un peuple. On peut l'appeler droit intérieur, par opposition avec le droit des gens, qui est un droit extérieur.

Art. 5. Le droit particulier d'un peuple se divise en plusieurs classes.

Le droit constitutionnel et politique règle les rapports des gouvernans avec les gouvernés.

Le droit civil règle les rapports particuliers des citoyens entre eux.

Les lois qui ont pour objet les mœurs ou la paix publique forment les Codes criminel et de police.

Les lois concernant la discipline et l'emploi de l'armée de terre et de mer forment le Code militaire.

Les lois qui règlent l'exercice des actions et la forme de procéder dans les tribunaux forment le Code judiciaire.

Celles qui règlent l'assiette, la perception, le recouvrement des contributions, forment le Code fiscal.

Celles qui régissent le domaine national forment le Code domanial.

Celles qui ont pour objet la conservation et l'amélioration des forêts forment le Code forestier.

Enfin, celles qui ont pour objet le commerce de terre ou de mer forment le Code commercial.

Toutes ces lois se rapportent aux personnes et aux propriétés.

Art. 6. Les lois intéressent à la fois et le public et les particuliers ; celles qui intéressent plus immédiatement la société que les individus forment le droit public d'une nation.

Celles qui intéressent plus immédiatement les individus forment le droit privé.

Art. 7. Les lois criminelles, de police, judiciaires, fiscales, militaires, domaniales, forestières et commerciales, n'entrent point dans le plan du Code civil. Il a pour objet unique les rapports particuliers et ordinaires des citoyens entre eux.

TITRE II. — *De la publication des lois.*

Art. 8. La loi n'est obligatoire que du jour de sa publication : elle ne dispose par conséquent que pour l'avenir, et ne peut avoir, dans aucun cas, d'effet rétroactif.

Art. 9. Les lois sont publiées par les autorités chargées de leur exécution ; elles leur sont adressées à cet effet. Le défaut de publication dans le délai prescrit est forfaiture.

Art. 10. Les lois dont l'application appartient aux tribunaux sont adressées aux tribunaux d'appel. Ils en font la publication à l'audience ordinaire qui suit immédiatement le jour de leur réception.

TITRE III. — *De l'application des lois.*

Art. 11. Les lois ne sont pas faites pour un temps limité, ni pour des cas particuliers. Elles établissent des règles générales ; la perpétuité est dans leur vœu.

Les réglemens émanés de l'autorité qui a droit d'en faire, et dans le cercle de son attribution, obligent comme loi : ils sont variables suivant les circonstances.

Art. 12. Le ministère du juge est d'appliquer les dispositions des lois aux espèces particulières qui lui sont soumises. Il lui est interdit de prononcer par dispositions générales.

Art. 13. Quand la loi est claire, on ne doit pas en éluder la lettre, sous prétexte d'en pénétrer l'esprit. Si la loi paraît présenter de l'obscurité, le sens le plus naturel et le moins défectueux dans l'exécution doit être préféré ; mais c'est surtout dans la combinaison et la réunion de toutes les dispositions de la loi, qu'il faut en chercher le véritable sens.

Art. 14. Lorsque la loi ne présente pas de disposition qu'on puisse appliquer, le juge devient un ministre d'équité ; il ne peut pas refuser de juger sous le prétexte du silence, de l'obscurité ou de l'insuffisance de la loi écrite : il applique alors la loi immuable et éternelle de la raison.

Cette disposition est particulière aux matières civiles, et ne peut, dans aucun cas, s'appliquer aux matières criminelles.

Art. 15. L'abrogation des lois ne doit pas se présumer ;

elles ne peuvent être abrogées que de deux manières, ou par une loi qui déclare positivement l'abrogation, ou par des dispositions directement contraires aux dispositions des lois antérieures.

LIVRE Ier. — *Des personnes.*

TITRE Ier. — *Des personnes qui jouissent des droits civils, et de celles qui n'en jouissent pas.*

Trois chapitres composent ce titre : le 1er sous le titre *Dispositions générales* ; le 2e sous le titre *des étrangers*, et le 3e sous le titre *de la perte des droits civils.*

On n'a pas d'observations à faire sur le premier chapitre.

On lit dans le second, article 5, que les étrangers jouissent en France de tous les avantages du droit naturel, du *droit des gens*, et du *droit civil proprement dit*, sauf les modifications établies par les lois politiques qui les concernent.

L'article 3 du premier titre du livre préliminaire avait défini le droit des gens : *la réunion des règles observées par les diverses nations* LES UNES ENVERS LES AUTRES.

L'article 1er du titre II du même livre a défini le droit civil : *la réunion des lois qui règlent les rapports des citoyens entre eux.*

On se demande actuellement ce qu'on a voulu dire, quand on a déclaré que les étrangers jouissaient des avantages *du droit des gens* et *du droit civil proprement dit.*

Il est clair qu'on n'a pas parlé ici du droit des gens précédemment défini, c'est-à-dire des règles observées de nation à nation ; et comme on n'a pas distingué deux sortes de *droit civil*, on est surpris de trouver ensuite un droit civil *proprement dit*, qui suppose un autre droit civil pris dans une acception plus large.

A Rome, on distinguait une espèce de droit des gens, qui comprenait les contrats dont toutes les nations connaissent l'usage ; on restreignait le droit civil aux lois propres à un peuple, ce qui excluait les contrats communs à tous. C'est dans ce sens peut-être qu'on a dit que les étrangers jouissent des avantages du droit des gens et du droit civil proprement dit ; mais il faut l'expliquer, et l'article dont on s'occupe dans ce moment ne présente pas un sens déterminé d'après les définitions précédemment données.

L'article 9 du même titre porte que ceux qui *composent la famille* d'un ministre étranger, et ceux qui sont de *leur suite*, ne sont pas assujétis aux lois civiles de la nation chez laquelle ils résident.

t. 1er-
t. 1er-
fin du
c. 1er.

Les expressions qui désignent les personnes à qui les ministres communiquent leur privilége ne sont-elles pas un peu trop générales? Regarde-t-on comme composant la famille des filles mariées, leurs époux majeurs, des enfans majeurs et établis qui se trouvent chez l'ambassadeur accidentellement et sans qualités? Des domestiques qu'il a pris en France et qui composent aussi sa suite, participeront-ils au privilége?

Ces questions peuvent donner lieu à des difficultés sérieuses; et comme elles tiennent de plus près au droit politique qu'au droit civil, on propose de supprimer ces articles.

L'article 8 porte qu'un Français peut être traduit devant un tribunal de France, pour l'exécution d'actes permis aux étrangers, et consentis en pays étranger.

Cet article est trop général. Ne peut-il pas y avoir, n'y a-t-il pas des actes permis en pays étranger, et prohibés en France? Il faut donc restreindre l'article ; et peut-être conviendrait-il de renvoyer à la loi politique le chapitre entier *des étrangers*.

Le 3ᵉ chapitre, *de la perte des droits civils*, est divisé en deux sections. On n'a pas d'observation à faire sur la première, *de la perte des droits civils par abdication volontaire*. La seconde traite de la perte de ces droits par condamnation judiciaire. Elle est divisée en trois paragraphes. Le premier

ch. 2-
sec. 2

7.

22-
23-
24 (*des condamnations qui causent la mort civile*) pourrait être réduit à un seul article, celui où l'on indique les peines emportant mort civile : *la mort naturelle et les peines afflictives ou infamantes qui s'étendent à toute la durée de la vie.*

26-
31
Les articles qui suivent seraient supprimés sans inconvénient. Il est inutile de dire qu'un jugement en pays étranger n'emporte pas mort civile en France; qu'un jugement en France ne produit aucun effet quand il a été cassé; que le prévenu meurt *integri statûs*, quand il décède avant d'être définitivement jugé........ que le contumax meurt aussi dans l'intégrité de ses droits, s'il décède avant l'expiration du délai pour purger sa contumace........ qu'il en est de même du condamné, s'il décède avant l'exécution.

26 Toutes ces dispositions sont renfermées dans l'article 24, qui forme le premier article du paragraphe second, ainsi conçu : *La mort civile ne commence que du jour de l'exécution du jugement.*

Par le même motif, il convient de supprimer l'article suivant (25), qui porte qu'en cas de cassation d'un jugement, la mort civile ne court que du jour de l'exécution du jugement rendu par le nouveau tribunal. Ainsi les deux paragraphes se réduiront aux articles 16 et 24, et aux autres
27 articles 27 et 28, qui portent (art. 27) que, si le condamné par contumace n'est point arrêté, ou ne s'est point représenté dans le délai, la mort civile est encourue du jour de
29 l'exécution par effigie de son jugement de condamnation; et (art. 28) que, s'il est arrêté ou s'il se représente dans le délai, le jugement de contumace est anéanti de plein droit, et la mort civile n'est encourue que par la *condamnation* postérieure.

26-
27
Observons cependant que cet article 28, tel qu'il est rédigé dans le projet, présenterait une contradiction avec l'article 24. Suivant celui-ci, la mort civile ne commence que du jour de l'exécution; et suivant l'article 28, elle commencerait du jour du jugement contradictoire.

On ne s'explique pas sur l'article 23, qui porte que le condamné qui s'est évadé et celui qui ne s'est pas présenté dans les délais, ne sont point réintégrés dans les droits civils par l'effet de la prescription. Il semble que tout ce qui concerne la prescription des peines doit être renvoyé au Code criminel.

Le paragraphe 3 (*des effets de la mort civile*) distingue (art. 29 et 30) ceux qui, condamnés à la peine de mort, se sont soustraits à l'exécution du jugement, et ceux qui ont été condamnés à une autre peine emportant mort civile : les premiers sont déclarés privés *de tous les droits civils*, les seconds sont seulement privés des avantages *du droit civil proprement dit*.

Ici se représente une observation déjà faite. On distingue deux droits civils; mais on n'en avait annoncé, on n'en avait défini qu'un. Qu'entend-on par le *droit civil proprement dit*? Les auteurs du projet ont senti qu'il fallait donner une explication, et ils ajoutent (art. 29) : Ainsi, *par exemple*, leur contrat civil de mariage est dissous; ils sont incapables d'en contracter un nouveau, etc., etc. Mais ces indications n'étant données que comme exemple, la difficulté reste toujours à peu près entière. Pour la faire disparaître, il faut donner une définition précise du *droit civil proprement dit*, ou renoncer à employer ces expressions.

L'article 31 porte que les morts civilement demeurent capables de tous les actes du *droit naturel* et du *droit des gens*. Voilà encore ces expressions de *droit des gens* employées dans une acception tout-à-fait différente de la définition qu'on en a donnée; et les *exemples* cités dans cet article de quelques actes dont les morts civilement restent capables ne dissipent pas l'obscurité qui résulte de cette confusion.

Dans l'énumération des contrats qui sont interdits par la mort civile, se trouve le contrat de mariage. On établit cependant en principe que les morts civilement restent capables des actes qui sont du *droit naturel;* et dans le discours préliminaire, on a annoncé que le mariage n'était *ni un acte civil, ni un acte religieux,* mais *un acte naturel,* qui a fixé l'attention du législateur. Il semblerait, d'après ce principe, que le mariage ne devrait pas être interdit aux personnes frappées de mort civile.

D'un autre côté, si le *droit des gens* dont il est ici question comprend, comme dans le droit romain, les contrats dont toutes les nations connaissent l'usage, on ne voit pas par quelle raison on interdirait le mariage aux morts civilement, puisqu'on les déclare capables de tous les actes du droit des gens, parmi lesquels on ne peut certainement se dispenser de ranger le mariage.

Mais sans insister particulièrement sur ce point, et en adoptant la prohibition portée au projet de Code, on croit devoir soumettre à ses auteurs quelques observations.

Les condamnés à des peines emportant mort civile fixeront certainement l'attention du Gouvernement. Quelque parti qu'il prenne à leur égard, son intention aura toujours été, en exerçant sur leur personne une surveillance rigoureuse, de ne leur interdire néanmoins aucun moyen d'utiliser leurs talens et leur industrie, et de rendre, s'il se peut, en quelque manière, à la société, des hommes qu'elle a été forcée de rayer de la liste des citoyens.

Le projet les déclare capables de toutes transactions commerciales, d'acheter, vendre, donner entre vifs, faire des baux à rente, à loyer... cela ne suffit pas : en leur donnant les droits de travailler et les moyens d'acquérir, il ne serait pas juste de leur interdire la plus douce, la plus légitime des jouissances ; il serait impolitique et immoral de leur refuser la faculté de contracter avec une femme une société, qui ne serait pas, si l'on veut, honorée du nom de mariage, mais qui, en adoucissant l'amertume de leur situation actuelle, leur présenterait dans l'avenir la perspective d'une famille. De tous les moyens de rappeler à la vertu les hommes égarés et corrompus, on n'en connaît pas de plus efficace. Le plus grand bien que l'on puisse faire à l'homme, c'est de le former au travail : son premier désir sera celui d'une compagne, et son plus pressant besoin ensuite sera de mériter un jour l'estime de ses enfans. Il faudra qu'il commence par mériter sa propre estime, et son changement est assuré du moment qu'il en aura conçu le désir. Refuser aux hommes atteints d'une mort civile l'espoir d'une union reconnue par la loi, c'est les vouer à la débauche et à toutes sortes de vices.

On pense donc qu'il faut introduire en leur faveur une espèce de société dont on trouve les traces dans le droit romain; une grande partie des règles du mariage s'y appliquerait nécessairement. On regrette que le temps ne permette pas de présenter un projet de rédaction de ce chapitre.

TITRE II. — *Des actes destinés à constater l'état civil.* tit. 2.

L'état civil se constate par les actes de naissance, de mariage, de divorce, de décès. Ce titre règle la forme de ces actes. On commence par établir quelques règles communes à tous : c'est l'objet de vingt articles rangés sous le titre *Dispositions générales.* Point de réflexions à faire sur cette partie.

Quatre sections sont ensuite destinées aux quatre espèces d'actes qui constituent l'état des hommes : les précautions prises pour assurer cet état paraissent suffisantes.

On observe seulement que, dans la section *des actes de* *Ibid* *mariage,* on a compris deux dispositions qui seraient mieux ch. 3 placées dans le chapitre *des formalités relatives à la célébration du mariage.*

La première est celle qui prescrit (art. 52) *à l'officier ci-* 75 *vil de prononcer, au nom de la loi, que les parties sont unies par le mariage.*

La seconde est celle qui prescrit la présence de quatre té- 76 moins. Ces dispositions, surtout la première, tiennent à la solennité, à la substance du contrat, et non pas seulement à la forme de l'acte.

fin du ch. 3- et 5². L'article 54 prononce une peine contre l'officier civil qui dresse l'acte de mariage sur une feuille volante ; on dit qu'il est condamné à une peine *afflictive* qui ne peut excéder cinq ans d'*emprisonnement*. L'emprisonnement n'est pas une peine afflictive. Peut-être serait-il mieux de renvoyer aux Codes criminel et de police correctionnelle, la fixation et la graduation des peines.

77 Dans la section IV (*des règles particulières aux actes de décès*), on lit (art. 57) : « Aucune inhumation ne peut être « faite sans l'ordonnance de l'officier civil, qu'il ne doit dé-« livrer que vingt-quatre heures après le décès. »

Mais dans le cas de décès par suite de maladies contagieuses, il peut être souvent très-prudent d'inhumer avant les vingt-quatre heures. En laissant subsister la règle générale, il faut cependant autoriser l'officier de l'état civil à permettre l'inhumation avant l'expiration des vingt-quatre heures, sur le certificat de deux hommes de l'art, qui attesteront : 1° le décès constant ; 2° le danger du retard.

81 L'article 60 de la même section défend d'inhumer ceux qui sont trouvés morts avec indice de mort violente, avant que l'officier de police judiciaire ait dressé procès-verbal de l'état du cadavre. On pourrait ajouter que cet officier serait tenu de se faire assister d'un homme de l'art.

83-85 L'article 65 ordonne l'inscription, sur le registre de l'état civil, du procès-verbal d'exécution d'un condamné. Les rédacteurs du projet sont invités à examiner encore si cette inscription est utile. Telle n'était pas l'opinion de l'assemblée constituante, qui, par son décret du 21 janvier 1790, ordonnait, au contraire, qu'il ne fût fait, sur le registre, aucune mention du genre de mort.

Cette disposition paraît préférable.

ch. 6. La dernière section de ce titre (*de la ratification des actes de l'état civil*) ne fournit matière qu'à une observation.

L'article 67 ordonne d'approuver et signer les renvois et les ratures ; il défend les abréviations et les dates en chiffres. Il ne suffit pas d'ordonner et de défendre, il faut sanctionner la disposition par une peine contre les contrevenans. L'article 11 de ce titre a prononcé une amende pour contravention aux articles 2, 3 et 10, portant injonction d'insérer les déclarations qui sont faites, d'écrire les actes de suite et sans blanc, et prohibition de mettre par note, ou autrement, autre chose que ce qui est déclaré.

Il semble qu'on doit appliquer la même peine aux contraventions à l'article 67.

TITRE III. — *Du domicile.*

Aucune observation sur cet article.

TITRE IV. — *Des absens.*

Ce titre contient de grands acheminemens vers une meilleure législation en fait d'absens ; néanmoins, il laisse encore beaucoup à désirer.

Le chapitre premier est intitulé :

De l'absence EN GÉNÉRAL, *et de la manière dont elle doit être constatée.*

On pourrait croire, en conséquence, que la définition qui va faire l'objet de l'article 1er doit être celle de *l'absence* EN GÉNÉRAL, et s'applique sans distinction à tous les absens.

Néanmoins, en la lisant, on voit qu'elle ne concerne qu'une seule espèce d'absens, ceux dont on n'a pas de nouvelles.

Et il n'est question, en effet, que de cette espèce d'absens, tant dans le surplus du premier chapitre, que dans la totalité du chapitre suivant.

Ce qui n'empêche pas que, dans le chapitre III, on ne revienne à parler d'une autre classe d'absens, qui n'a rien de commun avec les premiers, savoir : *des absens pour la défense de la république.*

On tombe, par là, dans l'inconvénient déjà remarqué en d'autres endroits, de créer des équivoques, en employant le même mot dans des sens différens.

C'est ce qu'il eût été facile d'éviter, en donnant du mot *absent* une notion qui s'applique en effet à tous, et en observant ensuite qu'il y a deux sortes d'*absens*, les uns dont l'existence est certaine et connue, les autres dont l'existence est douteuse.

<small>com. du ch. 3.</small> Suivant l'article 6, la loi présume la mort de l'absent après cent ans révolus *du jour de sa naissance*. C'est la disposition des lois romaines ; mais nous verrons plus bas si, indépendamment de cette règle, il n'est pas possible d'en établir une autre également solide, et plus rapprochée du cours ordinaire des choses.

<small>ch. 3- com. de la s. 1er.</small> L'article 7 déclare que quiconque prétend exercer, sur les propriétés d'un absent, un droit quelconque qui suppose son décès, doit prouver ce fait ; et l'on applique cette décision à l'héritier présomptif, au *légataire*, au donataire sous condition de survie, au propriétaire dont le fonds est grevé d'usufruit au profit de l'absent, en réservant néanmoins à toutes ces personnes un droit provisoire dont il sera parlé ci-après (art. 21).... Nous croyons qu'il faut retrancher de cette énumération le *légataire*, par les raisons qui sont déduites sur l'article 21.

<small>Ibid.</small> Après avoir ainsi décidé, de la manière la plus formelle, que toute personne prétendant exercer sur les propriétés d'un absent un droit qui suppose sa mort, doit commencer par prouver ce fait, on ajoute, art. 8 : « La loi n'exige point « indispensablement la preuve, par titre authentique, du « décès de l'absent ; elle se contente de *présomptions graves*, « telles que celles qui résultent de la disparition de l'absent « après une bataille, un naufrage, ou tel autre accident qui « a pu procurer sa mort, et depuis lequel il s'est écoulé cinq « ans sans que l'on ait reçu aucune nouvelle. »

Nous ignorons sur quelle raison ou sur quelle autorité on

a pu baser cette exception. La loi, et celle même projetée au titre *des actes de l'état civil*, exigent indispensablement, sans distinction aucune, la preuve, par acte authentique, du décès de la personne, hors un seul cas, celui d'impossibilité, excepté par toutes les lois, savoir : lorsque les registres sont perdus, ou qu'il n'y en a jamais eu (art. 19 du titre cité). Jamais la loi, en pareille matière, ne s'est contentée de présomptions *simples*, quelque *graves* qu'on les suppose ; elle n'admet, en cette partie, que la présomption *de droit*, la présomption *légale*, celle qu'elle-même a cru devoir établir et consacrer, telle que la présomption résultant des cent années révolues depuis la naissance de l'absent, ou de tout autre laps de temps désigné par la loi. Il serait de la plus dangereuse conséquence, lorsqu'il s'agit de l'état des hommes, de se livrer aux présomptions ordinaires, si sujètes à erreur. Le projet même actuel ne les a point admises relativement au mariage ; il n'admet, à cet égard, pour suppléer la preuve, que la présomption résultant de ce que l'absent est parvenu à cent ans accomplis (*infrà*, art. 27). Pourquoi s'est-on écarté de la règle en ce qui concerne les successions et autres droits éventuels à réclamer sur les biens d'un absent ?

On a eu quelquefois égard à la circonstance d'un accident après lequel l'absent avait disparu ; mais ce n'a jamais été que pour déterminer l'époque précise à laquelle la succession était censée ouverte, soit provisoirement, soit définitivement, lorsque d'ailleurs cette ouverture était constante, et jamais pour suppléer la preuve de sa mort. Par exemple, on demandait (et c'est un point sur lequel on était partagé) si la succession de l'absent était censée ouverte du jour des dernières nouvelles qu'on avait eues de lui, ou seulement du jour de l'envoi en possession obtenu par ses héritiers. *Pothier* (Introduction au titre des successions de la Coutume d'Orléans, n° 37) adopte ce dernier sentiment, qui a fait peu de fortune, et que les auteurs du Code ont réprouvé.

Mais lorsqu'un homme de guerre a disparu après une bataille, lorsqu'un autre s'est embarqué sur un vaisseau dont on n'a point eu de nouvelle, *Pothier* consent que l'ouverture de la succession soit reportée à une époque plus ancienne que l'envoi en possession, savoir : au jour même de la bataille, ou à la fin du temps qu'a pu durer le voyage du vaisseau. Voilà le cas, et le seul cas, où l'on a pris en considération ces accidens, pour lever un doute difficile à résoudre. Jamais on ne s'en est servi pour remplacer la preuve si importante du décès.

Les articles 9, 10, 11, 12 et 13 règlent ce qui concerne l'envoi en possession provisoire des biens de l'absent.

« Dans le cas (c'est ce que porte l'article 9) où l'absent
« n'a point laissé de procuration pour l'administration de
« ses biens, les parens au degré successif peuvent, après
« cinq années révolues depuis les dernières nouvelles, se faire
« envoyer en possession des biens qui lui appartenaient au
« jour de son départ. »

« Si l'absent (ajoute l'article 10) a laissé une procura-
« tion, ses parens ne peuvent demander l'envoi provisoire
« qu'après dix années révolues depuis les dernières nou-
« velles. »

La disposition de l'article 9, quoique conforme à l'usage, paraît sujète à de graves inconvéniens. Ce n'est point la jouissance, ou une administration avec profit, qu'on accorde aux héritiers présomptifs dans ces premiers momens, mais une simple gestion, une administration comptable. Néanmoins, que va-t-il arriver, si l'on met en possession tous les héritiers au nombre de quatre ou cinq, peut-être plus? Ils n'administreront pas en commun, cela n'est pas possible. Il n'est pas probable non plus qu'ils aient la retenue et la discrétion de commettre l'administration à un seul d'entre eux. Ils partageront donc les biens contre l'intention de la loi; ils feront des lots; ils diviseront entre eux le mobilier et l'immobilier; en un mot, ils se conduiront en vrais héritiers ou propriétaires, quoique la loi n'ait voulu en faire que de simples administrateurs, et que son esprit réprouve cette avidité, ce sentiment immoral qui se hâte de dévorer le patrimoine d'un homme absent depuis peu d'années, dont, tout au plus, on soupçonne la mort.

Le projet de Code en cette partie paraît inconséquent. En effet, si l'absent a laissé une procuration, il n'y a plus d'envoi en possession pour les héritiers présomptifs, si ce n'est après dix ans. Dans l'intervalle c'est un homme seul qui administre, et cet administrateur est le procureur fondé. La loi est morale en ce cas; elle respecte les convenances; elle soigne les intérêts de l'absent. Pourquoi, dans l'autre cas, tient-elle une conduite si différente?

Il y a encore une contradiction qui naît de l'article 13.

Le procureur fondé qui administre les biens de l'absent est obligé, par son titre même, de lui rendre compte des fruits, en quelque temps qu'il reparaisse. Au contraire, les héritiers présomptifs de l'absent, mis en possession provisoire de ses biens, ne sont astreints à lui compter des fruits, en cas de retour, que pendant les dix années que dure cet envoi en possession; et s'il revient après l'expiration de ce terme, fût-ce le lendemain, l'article 13 les dispense, à cet égard, de toute restitution. Quelle peut être la raison de ces dispositions si opposées? Il est difficile assurément d'en assigner une plausible.

On éviterait ces inconvéniens et ces disparates, en statuant que, dans tous les cas, pendant les dix premières années les biens de l'absent seraient régis par un administrateur, soit le procureur fondé s'il y en a un, soit un curateur nommé par justice.

Ce curateur devrait être un homme solvable; ce pourrait être l'héritier présomptif lui-même, ou l'un des héritiers présomptifs: l'essentiel est qu'il n'y en ait qu'un, et qu'il soit astreint à rendre compte.

Les fonctions déterminées par l'article 13 regarderaient alors ce curateur :

Elles consistent à faire faire inventaire ;

A faire vendre le mobilier de l'absent. (Il faut ajouter, en la manière prescrite pour le mobilier des mineurs ; c'est-à-dire, aux enchères après affiches)

Et à faire emploi du prix.

L'article apporte une restriction : *à moins que ce mobilier ne soit trop modique;* mais il peut être considérable, et néanmoins intéressant à conserver, comme s'il s'agit d'une bibliothèque précieuse, d'une collection rare d'antiquités ou d'histoire naturelle, que l'absent se sera peut-être formée avec beaucoup de peine et de dépenses, et dont il serait injuste de le dépouiller par provision, dans l'incertitude où l'on est de son retour. Il vaut mieux mettre cette exception : *à moins que le tribunal, en connaissance de cause, et après avoir entendu le commissaire du Gouvernement, n'autorise le curateur à conserver le mobilier en tout ou en partie.* C'est la règle sage établie pour les tuteurs par le Code même, article 69.

Après dix ans depuis les dernières nouvelles, les successibles de l'absent pourront demander l'envoi en possession provisoire de ses biens, et l'ayant obtenu, se feront rendre compte par celui qui aura eu précédemment la gestion, soit curateur ou procureur fondé.

A ce moyen il n'y a plus de confusion ni d'incohérence dans la loi ; la ligne de séparation est marquée entre les deux administrations, d'abord administration comptable, puis administration avec profit.

L'article 14 détermine les effets de l'envoi en possession provisoire. « Les héritiers, y est-il dit, tant qu'ils ne jouis-
« sent qu'en vertu de l'envoi provisoire, ne peuvent pres-
« crire la propriété des fonds et capitaux dont l'administra-
« tion leur est confiée; ils ne peuvent aliéner ni hypothéquer
« les immeubles. »

Tout cela est vrai ; mais il faut ajouter que le droit résultant de la possession, même provisoire, est transmissible de sa nature, et peut être compris également dans une disposition universelle, à la charge, bien entendu, par les héritiers ou autres successeurs universels, de remplir envers l'absent, ou autres qui auraient droit à ses biens, les obligations éventuelles de leur auteur.

Toutes ces vérités sont incontestables, mais ont besoin d'être énoncées, afin que le silence du législateur ne donne point lieu à des procès.

Le même article 14 déclare « *qu'après trente ans révolus* « *depuis l'envoi provisoire*, les héritiers de l'absent peuvent « demander l'envoi en possession définitif, et qu'ils sont « rendus *propriétaires incommutables*, en vertu du *jugement* « qui le leur accorde, en présence et du consentement du « commissaire du Gouvernement. »

Il faut joindre à cet article le 18e ainsi conçu : « *Après* « *les cent années révolues de l'absent pendant la durée de l'envoi* « *provisoire*, il est *présumé mort* du jour de la disparition, et « sa *succession* est irrévocablement acquise à ceux de ses « parens qui étaient ses héritiers présomptifs à cette épo- « que, soit que l'envoi en possession ait été fait à leur « profit ou non. »

C'est-à-dire que si avant la révolution de trente ans depuis l'envoi provisoire, l'absent se trouve avoir atteint sa centième année, il est à l'instant réputé mort dès le jour de sa disparition, et sa succession acquise à ceux qui étaient alors ses héritiers, sans qu'il soit besoin d'attendre le temps fixé pour obtenir l'envoi définitif.

Ainsi, voilà deux voies établies par la loi pour acquérir la propriété des biens d'un absent : l'envoi en possession définitif après trente années révolues depuis l'envoi provisoire, et l'appréhension de la succession après cent ans révolus depuis la naissance de l'absent.

Seulement, il faut remarquer la nuance que la loi met entre les deux cas : dans l'un, les héritiers présomptifs de l'absent sont rendus *propriétaires incommutables*, et ils deviennent tels en vertu du *jugement* qui leur accorde l'envoi définitif; dans l'autre, l'absent est *présumé mort*, la possession de ses biens dévolue aux héritiers est appelée *succession*, et déférée sans qu'il soit besoin de jugement. Et dans tous les autres articles du Code, notamment dans les articles 6 et 27 du présent titre, c'est également à cette circonstance de cent ans révolus depuis la naissance de l'absent, que la loi attache exclusivement *sa présomption de mort*.

Nous croyons que la loi doit se prononcer également sur ces deux cas, lesquels doivent être entièrement assimilés; qu'il y a, dans l'un comme dans l'autre, *présomption de mort*, et ouverture à la *succession* de l'absent.

La présomption résultant des cent années de l'absent est établie sur deux textes du droit romain (liv. LVI, ff *de usuf.*, et liv. VIII *de usufr. leg.*), où l'on décide que l'usufruit laissé à un établissement public, ne dure pas au-delà de cent ans, qui est, dit la loi, le terme le plus reculé de la vie humaine; et de là, les docteurs ont conclu avec beaucoup de raison, que l'absent non plus ne doit pas être réputé vivre plus de cent ans, et qu'au contraire, après cent ans révolus du jour de sa naissance, il doit être présumé mort. Cette présomption est très-juste, mais elle n'est pas la seule.

En effet, il ne s'agit pas ici d'examiner, dans un point de vue général, jusqu'où il est possible que s'étende la vie humaine, mais à quel terme il est probable qu'elle finit, en partant d'un point donné: or, personne ne prétendra qu'il est possible qu'un homme, pris à une époque quelconque de son existence, continue de vivre jusqu'à ce qu'il ait atteint sa centième année. On a cité les lois romaines; et nous venons de voir comment elles s'expriment lorsqu'elles considèrent la chose abstractivement, mais lorsqu'il s'agit en particulier de tel individu, dont il faut, à l'avance et par aperçu, évaluer la durée, elles parlent bien autrement. Voyez ce qu'elles décident relativement à la computation de la falcidie, dans les legs d'alimens, de pensions annuelles, de rentes viagères, d'usufruit et autres semblables. Quel que soit l'âge du légataire, la loi ne présume pas que le legs puisse durer plus de trente ans, et en conséquence, elle évalue à une durée de trente ans les legs même de cette nature, faits à un établissement public (liv. LXVIII. ff. *ad leg. falcid.*) : il faut même avouer que, d'après l'expérience, et les résultats que présentent les tables de mortalité, cette durée appréciative est encore beaucoup trop longue. C'est une vérité affligeante pour l'espèce humaine, mais que nos regrets et un désir contraire ne sauraient anéantir, qu'un individu quelconque, bien constitué, bien portant, à quelque époque de sa carrière que ce soit, ne peut pas promettre raisonnablement plus de dix ou douze années d'existence ; et c'est sur ces calculs notoires qu'est fondée toute la théorie et la pratique des contrats viagers. A plus forte raison donc la loi ne pourra-t-elle pas être taxée de rigueur et d'injustice, lorsqu'elle fixera à trente années la durée présumable d'un individu.

Ajoutons que, dans le cas particulier, il y a une grande circonstance qui paraît écarter toute incertitude. Ce n'est point simplement un homme qui existait il y a trente ans, et qui, par cette raison même, est présumé actuellement ne point vivre, c'est un homme qui, depuis trente ans, n'a point donné de ses nouvelles : or, est-il vraisemblable et doit-on présumer qu'un homme vivant demeure trente ans sans donner de ses nouvelles, sans manifester son existence d'une manière quelconque à ses parens, à ses amis, aux gens de son pays, du lieu qu'il habitait, et où l'on suppose qu'il a laissé de la fortune ? La loi ne présume point, de la part d'un individu, une si longue abdication de ses droits : elle a fixé le laps de trente années comme le terme le plus étendu qu'elle pût donner pour intenter tous genres d'actions, revendiquer toutes propriétés, exercer toutes créances, et après ce temps, elle présume l'abandon ; non qu'absolument parlant, et dans des cas extraordinaires, ce délai qu'elle détermine ne puisse se trouver insuffisant, mais parce qu'elle ne tient point compte des cas extraordinaires, étant faite pour les cas ordinaires et habituels, et non pour des cas rares et singuliers.

Enfin, il importe au public que des biens ne soient pas frappés d'une trop longue inaliénabilité ; qu'ils puissent du moins, après un certain temps, être mis dans le commerce, et que la propriété en soit assurée. C'est pour cela que les rédacteurs eux-mêmes, en s'écartant des principes vulgaires, ont décidé qu'après trente ans les héritiers présomptifs de l'absent pourraient demander l'envoi en possession définitif, et deviendraient, en vertu du jugement qui le leur accorderait, propriétaires incommutables. C'est pour cela que, dans le titre *de l'usufruit*, article 40, ils ont déclaré, contre la loi romaine qu'ils abandonnent en cette partie, que l'usufruit accordé à une communauté d'habitans ou à un établissement public, ne dure que trente ans; et en général, on voit qu'il ont limité toutes les actions, l'exercice de tous les droits, à ce terme de trente années. Pourquoi donc ont-ils été si réservés relativement à la fixation de la durée présumable des absens?

Nous croyons que la loi doit dire qu'après trente ans depuis les dernières nouvelles (non pas seulement depuis l'envoi provisoire), l'absent est *présumé mort*, comme après cent ans depuis le jour de la naissance, et que ce principe doit s'étendre à toute matière ; que la *succession* de l'absent doit être censée ouverte dans un cas comme dans l'autre, et est déférée à ceux de ses parens qui, à l'époque des dernières nouvelles, se trouvaient en degré de lui succéder.

Néanmoins, comme personne ne peut être dépouillé d'un droit acquis que par une possession contraire non interrompue, pendant tout le temps établi par la loi pour prescrire, il convient d'observer que, tant que les héritiers de l'absent n'ont pas joui pendant trente ans, de quelque manière que ce soit, ils peuvent être évincés, ou par l'absent lui-même, en cas de retour, ou par d'autres parens qui prétendraient concourir avec eux ou les exclure.

Après trente ans révolus depuis l'envoi provisoire obtenu par les successibles de l'absent, ils pourront demander l'envoi en possession définitif, et deviendront alors propriétaires incommutables, en vertu du jugement qu'ils obtiendront en présence et sur les conclusions du commissaire du Gouvernement.

Si l'absent ou les autres prétendans-droit à la succession sont mineurs, le délai pour obtenir l'envoi définitif ne courra contre eux qu'à compter du jour de leur majorité. ap- 129

Mais pour ce qui concerne l'absent en particulier, à quelque époque qu'il se représente, même après la succession réputée ouverte et l'envoi en possession définitif, les héritiers présomptifs mis en possession de ses biens, sont tenus, sur sa demande, de lui délaisser ceux desdits biens qu'ils peuvent avoir entre les mains, néanmoins dans l'état où ils se trouvent, et sans restitution de fruits. Cette disposition, dont le projet ne parle pas, est de toute justice : car enfin la présomption, quelle qu'elle soit, doit céder à la vérité; et les héritiers présomptifs, s'ils sont dispensés de rendre ce qu'ils n'ont plus, ne peuvent être exemptés de rendre ce qu'ils ont. Il serait même à propos d'ajouter que si tous les biens, ou la majeure partie, se trouvaient aliénés, les héritiers présomptifs pourraient être condamnés à lui faire, pendant sa vie, une pension proportionnée à la valeur des biens dont il s'agit, à l'état actuel de leur fortune, et à ses propres besoins. 132

L'article 21 décide que, lorsque les héritiers présomptifs ont obtenu l'envoi en possession provisoire des biens de l'absent, ses *légataires*, ses donataires, et tous ceux qui avaient sur sa propriété des droits suspendus par la condition de son décès, peuvent les exercer provisoirement, à la 123 charge de donner caution pour la restitution des choses mobilières qui leur seront délivrées.

Cet article est juste par rapport aux donataires et autres ; mais à l'égard des *légataires*, il est inconvenant. Le testament d'un homme vivant, ou, ce qui revient au même, d'un homme dont la mort n'est pas certaine, ou légalement présumée, est une chose sacrée : on ne doit point l'ouvrir, s'il est clos ; s'il est ouvert, il ne doit point être communiqué, et le dépositaire seul peut en prendre connaissance. En un mot, dans aucun cas, le testament ne doit être exécuté qu'après les cent années de vie de l'absent, ou les trente années révolues depuis les dernières nouvelles, ou l'envoi définitif obtenu par les héritiers : jusqu'à ce, les légataires doivent être déclarés non-recevables.

Néanmoins, comme il se peut faire que l'absent eût laissé des serviteurs ou domestiques qu'il fût équitable de récompenser, et à la subsistance desquels ont pût croire qu'il eût pourvu, les juges, en ce cas, devraient être autorisés, après l'envoi provisoire, à leur accorder une pension ou une somme quelconque à prendre sur les fruits.

135- à 138 Les articles 23, 24, 25 et 26 déterminent les effets de l'absence relativement aux droits éventuels qui peuvent compéter à l'absent. Ces articles sont conformes aux règles, et bien conçus.

ch. 3- com. de sec. 3. La fin de l'art. 27, qui statue sur les effets de l'absence relativement au mariage, doit être supprimée à partir des mots, *à moins que, etc.*

139 Dans l'art. 28, après les mots : « tant que l'époux qui avait disparu ne se représente point, » il faut ajouter : *et ne fait pas valoir la qualité de mari ;* car, s'il se représentait sans réclamer les droits de son mariage, on ne voit pas pourquoi le nouveau mariage serait dissous.

140 L'art. 29 paraît inutile. L'époux étant héritier légitime à défaut de parens, il est clair, sans qu'on le dise, qu'il pourra demander l'envoi en possession des biens de son

époux absent, s'il n'a point laissé de parens habiles à lui succéder ; et ce droit incontestable sera encore plus hors d'atteinte, si les articles de la section Ire, rédigés avec soin, sont conçus, comme ils doivent l'être, en termes généraux, qui appellent indistinctement tous les héritiers présomptifs. Remarquez, d'ailleurs, que cet art. 29 est déplacé sous la sect. III, intitulée: *Des effets de l'absence relativement au mariage*. Il ne s'agit point de *mariage* dans cet article, mais seulement d'un droit utile de la femme ou du mari.

La sect. IV et le chap. III paraissent bons dans leur entier.

D'après toutes ces observations, voici comme on propose de rédiger le présent titre :

TITRE IV. — *De l'absence.*

CHAPITRE Ier. — Des absens en général ; de ceux dont on n'a point de nouvelles, et comment leur absence doit être constatée.

Art. 1er. L'absent, en général, est celui qui n'est point actuellement dans le lieu de son domicile.

On en distingue de deux sortes, l'un dont l'existence est certaine et connue, l'autre dont l'existence est incertaine.

Art. 2. L'existence de l'absent est regardée comme incertaine après cinq années depuis sa disparition, ou depuis qu'on a cessé d'avoir de ses nouvelles.

(Les art. 2, 3, 4 et 5 du projet, à conserver.)

CHAPITRE II. — Des effets de l'absence à l'égard de ceux dont on n'a point de nouvelles.

DISPOSITIONS GÉNÉRALES.

Art. 6. La loi présume le décès de l'absent après cent ans écoulés du jour de sa naissance, ou après trente ans depuis sa disparition ou les dernières nouvelles qu'on a eues de lui ; jusque là, le fait de sa vie ou de sa mort demeure incertain, et l'effet de l'absence se règle d'après les distinctions ci-après établies.

SECTION Iʳᵉ. — Des effets de l'absence, relativement aux biens que l'absent possédait au jour de sa disparition.

ch. 3-
com.
de
s. 1ʳᵉ.

Art. 7. Quiconque prétend exercer sur les propriétés d'un absent un droit qui suppose son décès doit prouver ce fait, et, à défaut de ce, doit être déclaré non-recevable, quant à présent, dans sa demande.

Ainsi, le parent qui veut succéder à l'absent, le légataire, le donataire sous la condition de survie, le propriétaire dont le fonds est grevé d'usufruit au profit de l'absent, doivent prouver son décès, et jusqu'à ce, sont non-recevables dans leur action, sauf, à l'égard des parens, donataires et autres, le droit provisoire dont il sera parlé ci-après.

Ibid. Article 8 à retrancher.

120 Art. 9. Dans le cas où l'absent n'a point laissé de procuration pour l'administration de ses biens, les héritiers présomptifs ou, à leur défaut, le commissaire du Gouvernement près le tribunal de première instance peuvent, après cinq années révolues, depuis les dernières nouvelles, faire nommer un curateur aux biens de l'absent.

121 Art. 10. Si l'absent a laissé une procuration, le procureur fondé administre, et est maintenu dans sa gestion jusqu'à ce qu'il se soit écoulé dix ans depuis les dernières nouvelles.

Art. 11. Le curateur nommé aux biens de l'absent doit être solvable, et peut être l'héritier présomptif ou l'un des héritiers présomptifs.

Il est tenu, aussitôt sa nomination, de faire faire inventaire du mobilier et des titres de l'absent, en présence du commissaire du Gouvernement.

Il doit faire vendre le mobilier en la manière prescrite pour le mobilier des mineurs, et en faire emploi, à moins que le tribunal, après avoir entendu le commissaire du Gouvernement, ne l'autorise à conserver ce mobilier en tout ou en partie.

Il doit être fait pareillement emploi de tous les deniers qui pourront être recouvrés, provenant soit des fruits et revenus échus, soit des dettes actives.

Le curateur peut requérir, pour sa sûreté, qu'il soit procédé, par un expert, à la visite des immeubles, pour en constater l'état. Cet expert est nommé d'office par le tribunal; et son rapport est homologué en présence du commissaire du Gouvernement.

Les frais de toutes ces opérations sont pris sur les biens de l'absent.

Art. 12. Après dix ans depuis les dernières nouvelles reçues, les parens de l'absent qui, à l'époque desdites dernières nouvelles, se trouvaient en degré de lui succéder, peuvent demander l'envoi en possession provisoire des biens de l'absent : cet envoi en possession n'est, quant aux fonds ou capitaux, qu'un séquestre et un dépôt qui confie à ses héritiers présomptifs l'administration de ses biens, et les rend comptables envers lui, en cas qu'il reparaisse.

Art. 13. Les héritiers présomptifs de l'absent se font rendre compte par celui qui a géré ses biens depuis son absence, soit curateur ou procureur fondé, et se chargent du reliquat, dont ils doivent faire emploi, aussi bien que des fruits et revenus échus lors de l'envoi en possession.

Ils doivent préalablement donner caution pour sûreté de leur administration et des restitutions mobilières dont ils pourraient être tenus.

Art. 14. Si l'absent reparaît, les héritiers présomptifs mis en possession provisoire de ses biens ne sont point obligés de lui restituer les fruits échus depuis l'envoi en possession ; le tribunal peut seulement les condamner, suivant les circonstances, à lui payer une somme convenable pour subvenir à ses premiers besoins.

Art. 15. Les héritiers, tant qu'ils ne jouissent qu'en vertu de l'envoi provisoire, ne peuvent prescrire la propriété des fonds et capitaux dont l'administration leur est confiée.

Ils ne peuvent aliéner ni hypothéquer les immeubles.

Néanmoins, le droit que leur donne la possession, même provisoire, est transmissible par voie de succession; et il est pareillement compris dans une disposition universelle, à la charge par les héritiers ou autres successeurs universels, de remplir envers l'absent, ou autres qui auraient droit à ses biens, les obligations éventuelles de leur auteur.

130   Art. 16. Si, pendant la durée de l'envoi provisoire, la famille acquiert la preuve que l'absent n'est décédé que depuis sa disparition, l'envoi en possession cesse; la succession est déclarée ouverte au profit de ceux qui étaient les héritiers présomptifs de l'absent, à l'époque de son décès; et les parens au profit desquels l'envoi avait été prononcé doivent restituer les biens à ces derniers, mais non les fruits échus pendant leur jouissance.

129   Art. 17. Après cent ans écoulés depuis la naissance de l'absent, ou trente ans depuis les dernières nouvelles reçues, l'absent est présumé mort du jour desdites dernières nouvelles, et la succession est acquise à ceux de ses parens qui étaient lors en degré de lui succéder.

Néanmoins, tant qu'ils n'ont pas joui pendant trente ans, ils peuvent être évincés ou par l'absent lui-même, ou par d'autres héritiers présomptifs qui prétendraient concourir avec eux ou les exclure.

Ibid.   Art. 18. Après trente ans révolus depuis l'envoi provisoire obtenu par les successibles de l'absent, ils peuvent demander l'envoi en possession définitif, et deviennent propriétaires incommutables, en vertu du jugement qui le leur accorde, en présence et sur les conclusions du commissaire du Gouvernement.

Art. 19. Le délai pour demander l'envoi en possession définitif ne court contre l'absent ou les prétendans-droit à sa succession, que du jour où ils ont atteint leur majorité.

132   Art. 20. A quelque époque qu'un absent se représente, même après sa succession réputée ouverte, et après l'envoi

définitif, les héritiers présomptifs mis en possession de ses biens sont tenus, sur sa demande, de lui délaisser ceux desdits biens qu'ils peuvent avoir en leur possession, mais dans l'état où ils se trouvent, et sans aucune restitution de fruits.

Si tous les biens, ou la majeure partie d'iceux, se trouvaient aliénés, les héritiers présomptifs pourront être condamnés à lui faire, pendant sa vie, une pension proportionnée à la valeur desdits biens, à l'état actuel de leur fortune, et à ses propres besoins.

Art. 21. Lorsque les héritiers présomptifs ont obtenu l'envoi en possession provisoire des biens de l'absent, ses donataires entre vifs et tous autres qui avaient sur ses propriétés des droits suspendus par la condition de son décès peuvent les exercer provisoirement, à la charge de donner caution pour la conservation des immeubles en bon état, et la restitution des choses mobilières qui leur sont délivrées.

Cette caution est déchargée lorsque les héritiers présomptifs de l'absent ont obtenu l'envoi en possession définitif.

Art. 22. Le testament de l'absent, s'il est clos, ne peut être ouvert, et, dans aucun cas, ne peut être exécuté qu'après l'envoi définitif obtenu par ses héritiers ; toute demande formée par les légataires jusqu'à cet instant est prématurée, et doit être déclarée, quant à présent, non recevable.

Néanmoins, si l'absent avait laissé des serviteurs ou domestiques qu'il fût équitable de récompenser, et à la subsistance desquels on pût présumer qu'il eût pourvu par son testament, les juges, après l'envoi provisoire, pourraient leur accorder une pension ou une somme quelconque à prendre sur les fruits.

Art. 23. L'absence ne fait aucun obstacle à l'exercice des droits des créanciers et de tous autres, non dépendans de la condition du décès de l'absent ; ces droits peuvent être poursuivis ou contre l'absent lui-même par une assignation donnée à son dernier domicile, ou contre le curateur à ses biens aussitôt qu'il est nommé, ou contre ses héritiers présomptifs, dès qu'ils ont obtenu l'envoi en possession provisoire.

Au moyen des articles ci-dessus, supprimer les articles du projet, depuis le 9e inclusivement, jusques et compris le 22e.

SECTION II. — *Des effets de l'absence, relativement aux droits éventuels qui peuvent compéter à l'absent.*

<small>135- à 138</small> Les quatre articles qui composent cette section sont bons et doivent être conservés.

SECTION III. — *Des effets de l'absence, relativement au mariage.*

<small>ch. 3- cum. de la sec. 3.</small> Art. 27. L'absence de l'un des époux sans que l'on ait reçu de ses nouvelles, ne suffit point pour autoriser l'autre à contracter un nouveau mariage : il n'y peut être admis que sur la preuve positive du décès de l'autre époux, ou après un divorce légalement prononcé.

<small>139- et 140</small> Les articles 28 et 29 à retrancher comme inutiles.

<small>141- à 143- et fin du tit. 4.</small> La section IV et le chapitre III paraissent bons à conserver en entier.

TITRE V. — *Du mariage.*

<small>com. du tit. 5.</small> On présente d'abord des dispositions préliminaires en trois articles.

« 1° La loi ne considère le mariage que sous ses rapports
« civils et politiques;

« 2° Elle ne reconnaît que le mariage contracté confor-
« mément à ce qu'elle prescrit ;

« 3° Le mariage est un contrat dont la durée est, dans
« l'intention des époux, celle de la vie de l'un d'eux. »

Ces trois articles paraissent devoir être supprimés.

Si la loi ne considère le mariage que sous ses rapports civils et politiques, ce n'est pas en vertu d'une disposition qui lui soit particulière, c'est par une conséquence nécessaire du pacte social, qui, n'excluant pas de culte n'en reconnaît cependant aucun. Le Code civil ne peut donc considérer, en effet, le mariage sous des rapports religieux ; et l'on affaiblirait cette importante vérité si l'on croyait nécessaire d'en faire un article dans un Code dont les dispositions peuvent être changées.

Il paraît également inutile, et il n'est pas rigoureusement exact de dire que la loi ne reconnaît que le mariage contracté conformément à ce qu'elle prescrit ; toutes les formalités ne sont pas essentielles au même degré ; il en est dont le défaut n'anéantit pas le mariage.

Enfin, la définition qu'on donne de ce contrat n'est pas complète. Il est bien vrai que sa durée est, dans l'intention des contractans, celle de la vie de l'un d'eux ; mais il a cela de commun avec l'autres contrats, et ce caractère ne le distingue pas suffisamment. Ce qui distingue en effet le mariage, c'est qu'il a pour objet de perpétuer les familles par une postérité légitime. En vain, dirait-on qu'il se contracte des mariages sans espoir de postérité : ces mariages, heureusement peu communs, tolérés plutôt que permis, n'empêchent pas que le but principal du mariage soit tel qu'on vient de l'annoncer.

On propose, en conséquence, de supprimer les articles préliminaires, et de substituer une autre définition, qui formera le premier article du premier chapitre.

Le titre est divisé en quatre chapitres ; les trois premiers traitent des conditions, des formalités, des nullités.

L'âge requis pour contracter mariage est fixé à treize et [144] à quinze ans révolus. Le moment de la puberté n'étant pas marqué à une époque invariable, il faut bien que la législation présente, à cet égard, une disposition. On ne fait pas d'objection contre l'âge proposé ; cependant, les auteurs du projet sont invités à examiner encore si les motifs d'une saine politique et d'un intérêt général ne devraient pas faire reculer le terme à dix-huit et à quinze ans. Plus on y réfléchit, moins on se persuade que les mariages plus précoces soient utiles, sous quelque point de vue qu'on les considère.

¹⁶¹⁻¹⁶² La prohibition du mariage entre parens en ligne directe, est et doit être très-absolue. On pense qu'elle ne doit pas être moins absolue et moins générale entre les alliés dans la même ligne. De graves inconvéniens pourraient naître de la seule idée de possibilité de mariage entre personnes rapprochées par une affinité si étroite; et il paraîtrait utile sous plus d'un aspect de maintenir cette prohibition entre parens et alliés au premier degré en collatérale, c'est-à-dire entre frère et sœur.

¹⁴⁸⁻¹⁵⁰⁻¹⁶⁰ Malgré la contradiction apparente entre la disposition qui fixe la majorité à vingt-un ans, et celle qui exige pour la validité du mariage le consentement des père et mère jusqu'à vingt-cinq ans, on estime que les deux articles doivent subsister. L'expérience et la sollicitude paternelles préviendront quelquefois des erreurs qui seraient irréparables; et il est difficile de supposer des cas où cet hommage rendu à l'autorité des ascendans pourrait être nuisible. Mais cette espèce d'extension de la minorité, que la tendresse d'un côté, et le respect de l'autre, peuvent justifier, ne paraît pas devoir s'opérer en faveur des collatéraux, quelque proches qu'ils puissent être.

L'on propose, en conséquence, la suppression des articles 14 et 15.

ap-¹⁴⁷ Que les morts civilement ne puissent pas contracter un mariage proprement dit, à la bonne heure; mais, puisqu'on les reconnaît capables d'une foule d'actes, puisqu'ils peuvent acquérir de plusieurs manières, il faut aussi qu'ils deviennent susceptibles de contracter une espèce de société avec une compagne, et de transmettre leur fortune à des enfans avoués et reconnus.

La proposition contraire serait immorale autant qu'impolitique ; on ne répétera pas ce qu'on a déjà dit sur le chapitre *de la perte des droits civils.*

Quant aux sourds et muets, l'article 7, qui les concerne, est sage ; ils ne peuvent se marier, qu'autant qu'il est constaté, dans les formes prescrites par la loi, qu'ils sont capables de manisfester leur volonté. Mais il faut prescrire ces formes, et ne pas laisser les sourds et muets dans une interdiction qui résulterait du silence de la loi.

ap- 146

Après avoir établi des règles sur les personnes qui peuvent contracter mariage, les auteurs du projet passent aux formalités relatives à la célébration. Ils ont bien senti qu'elles n'avaient pas toutes le même degré d'importance, et que, dans le nombre des nullités résultant de l'inobservation de la loi, quelques-unes étaient de nature à ne pouvoir jamais être réparées ; que d'autres, au contraire, ne pouvaient pas être perpétuellement opposées, et par tous les citoyens. D'où l'on a conclu qu'il fallait adopter, dans plusieurs cas, la possibilité de la réhabilitation.

tit. 5 - ch. 4.

Pour faciliter, pour accélérer la réparation de ce qui peut être réparé, on a donné à cet effet une action au commissaire du Gouvernement, et on a en même temps infligé des peines aux époux qui se trouveraient en demeure de demander la réhabilitation, quand elle serait possible.

Ces dispositions sont pleines de sagesse : elles ne suffisent cependant pas pour garantir l'exécution des lois dans un contrat qu'on peut regarder comme le fondement de la société.

L'officier public doit personnellement répondre de cette exécution : c'est lui qui doit vérifier les capacités, et s'assurer que le vœu de la loi est rempli ; s'il ne le fait pas, il commet un délit grave, et il doit être poursuivi extraordinairement.

L'action criminelle n'est accordée, dans le projet, au magistrat faisant les fonctions d'accusateur public, que dans le cas où l'acte de mariage se trouve inscrit sur une feuille volante : il en est beaucoup d'autres où l'officier de l'état civil serait encore plus répréhensible. S'il mariait un enfant qui n'aurait pas atteint l'âge prescrit, un mineur sans le consentement du père, un fils avec sa belle-mère ; dans tous ces cas et dans beaucoup d'autres, ne devrait-il pas être livré aux tribunaux ?

Le commissaire du Gouvernement doit donc être tenu de dénoncer toutes les infractions qui viendront à sa connaissance, lorsqu'elles devront être punies d'après les Codes pénal et de police correctionnelle, et de poursuivre lui-même les contrevenans, lorsqu'il n'y aura lieu de prononcer contre eux que des amendes.

Mais toute contravention doit être suivie d'une peine. Il faut ici des distinctions claires et précises des fautes qui peuvent se commettre ; il faut classer avec justesse les infractions qui emportent une nullité absolue et irréparable, celles qui ne détruisent pas la substance de l'acte et auxquelles on peut suppléer par une réhabilitation.

Il faut aussi déterminer nettement les personnes qui peuvent avoir le droit de réclamer, limiter un temps à leur réclamation, et surtout admettre toujours l'action du commissaire du Gouvernement, au moins pour parvenir à une réhabilitation.

Le projet laisse à cet égard quelque chose à désirer. Certainement le défaut de capacité, soit dans la personne des contractans, soit dans la personne de celui qui marie, opère une nullité d'une toute autre importance que le défaut de telle ou telle formalité dont l'inobservation n'altère pas la substance de l'acte. Ces distinctions ne sont pas assez marquées dans le projet. L'on voit, par exemple, confondues (art. 16 et 42) les nullités résultant du défaut de célébration devant l'officier public, et celles résultant de l'inscription de l'acte sur une feuille volante.

Il est sensible cependant que ces deux vices sont d'une nature bien différente. Il n'y a pas de mariage en l'absence de l'officier public, parce que ce magistrat seul a le droit d'imprimer au contrat le sceau de la puissance publique, qui doit nécessairement y intervenir. Mais il peut exister un mariage très-réel, quoique l'acte soit rédigé sur une feuille volante. Dans ce dernier cas, le magistrat est très-coupable; mais les contractans peuvent être très-innocens. Sans parler de ceux qui, ne sachant pas signer leur nom, n'approchent peut-être pas de la table sur laquelle se trouve le registre, combien de personnes signeraient, sans s'en apercevoir, une feuille adroitement adaptée au livre qu'on leur présenterait !

Cet exemple seul fait sentir la nécessité de ne pas confondre toutes les inobservations de la loi. En disitinguant les nullités, on doit fixer un délai, après lequel celles qui ne sont pas absolues et qui peuvent être couvertes par une approbation expresse ou présumée, ne pourront plus être proposées : mais l'infraction à la loi n'étant pas moins constante, l'action du commissaire doit être toujours ouverte pour requérir la peine de la contravention.

Le projet présente sur ce point une disposition ; il inflige une amende proportionée à la fortune : mais on ne peut se dispenser d'observer que la proportion ordonnée est détruite à l'instant même par la fixation d'un *minimun* de cent francs et d'un *maximum* de mille francs.

On sent assez qu'un tel homme serait plus puni par une amende de cent francs, que tel autre par une amende de vingt mille francs ; et que par conséquent toute fixation d'un *maximum* est incompatible avec l'idée d'une amende proportionnée aux fortunes.

En général on a reproché un peu d'obscurité dans la rédaction de ce titre ; ce défaut tient en grande partie aux renvois trop fréquens d'un article à beaucoup d'autres. On le fera disparaître en supprimant le chapitre *des nullités*, pour refondre dans chaque chapitre celles qui peuvent y être relatives.

177-
178
C'est dans cet objet qu'on soumet aux auteurs du projet une rédaction. Avant de la proposer, on croit devoir se permettre une observation sur l'attribution au juge-de-paix, et par appel au tribunal de première instance, de la connaissance, des oppositions aux mariages et des demandes en main-levée.

Dans des affaires où les passions jouent un si grand rôle, de l'événement desquelles dépendent souvent le bonheur et la prospérité de plusieurs familles, on ne devrait pas craindre de saisir les tribunaux civils. Il serait dangereux de les dépouiller, sous le prétexte d'accélérer une décision qu'un heureux accord aurait peut-être quelquefois prévenue, si elle avait été retardée de quelques jours.

On voit rarement des oppositions au mariage de citoyens établis dans les campagnes, ou de citoyens sans fortune, dans quelque lieu qu'ils habitent : la proximité des tribunaux d'appel ne laisse pas d'ailleurs, dans ce cas plus que dans tous les autres, de motif suffisant pour ne pas porter devant eux les causes de cette nature.

TITRE V. — *Du mariage.*

CHAPITRE Ier. — Définition du mariage ; des qualités et conditions requises pour pouvoir contracter.

com.
du
tit. 5.
Le mariage est un contrat par lequel un homme et une femme forment, devant le magistrat, une société qui, dans leur intention, doit durer jusqu'au décès de l'un d'eux, et dont l'objet est de se voir revivre dans une postérité légitime.

SECTION Ire. — De ceux qui peuvent contracter mariage.

144 L'homme âgé de.... ans révolus, et la femme âgée de..... ans révolus, peuvent contracter mariage.

147 Ceux qui sont engagés dans un premier mariage non légalement dissous ne peuvent en contracter un second.

161 Sont incapables de contracter entre eux mariage, les parens et alliés en ligne directe, à l'infini ;

En collatérale, les frère, sœur, germains, consanguins ou utérins, et les alliés au même degré. 162

La même prohibition subsiste, en directe et en collatérale, entre les enfans naturels légalement reconnus, et leurs parens et alliés. 161 et 162

Sont également incapables de mariage les interdits pour cause de démence et de fureur; ap- 146

Ceux qui sont frappés de mort civile. ap- 147

Tous mariages contractés contre les dispositions des articles précédens sont nuls et de nul effet. ch. 4.

Les nullités pour raison d'alliance ou parenté, de mort civile, d'interdiction, de mariage précédemment contracté et non dissous, ne se couvrent jamais; elles peuvent toujours être opposées par ceux qui y ont intérêt. *Ibid.*

Les nullités pour défaut d'âge peuvent être opposées par les époux, et par leurs père et mère, aïeul, aïeule, tuteur; mais elles ne peuvent plus l'être après que la femme a conçu, ou après l'expiration de l'année, à compter du jour où les deux époux ont atteint l'âge prescrit par la loi. 184- 185

Le commissaire du Gouvernement est tenu de poursuivre, au nom de la loi, la nullité de tous mariages contractés contre la disposition des articles précédens : son action est toujours admise.

Dans le cas, néanmoins, où les intéressés ne seraient plus recevables à demander la nullité du mariage, l'action du commissaire se réduira à une demande en réhabilitation.

Il sera tenu de dénoncer à l'accusateur public, pour être poursuivis, s'il y a lieu, et punis conformément aux dispositions des Codes criminel et de police correctionnelle, suivant la nature du délit, l'officier public, les époux, pères, mères, tuteurs, témoins et autres qui auront concouru à former un mariage contre les dispositions des précédens articles.

Les époux, leurs pères et mères, s'ils n'ont pas atteint l'âge de vingt-cinq ans, ou leur tuteur, s'ils sont mineurs, sont tenus de provoquer eux-mêmes la réhabilitation de leur mariage, quand il n'est pas frappé d'une nullité absolue et qui ne peut se couvrir. Si la réhabilitation n'en est provoquée que par le ministère public, ils seront condamnés à une amende proportionnée à leurs facultés, et qui ne pourra jamais être au-dessous de cent francs.

SECTION II. — Des consentemens nécessaires pour la validité des mariages.

146   Le mariage n'est pas valable, si les deux époux n'y ont pas donné un consentement libre et formel.

146   Le consentement n'est pas libre, s'il est l'effet de la violence, s'il a été donné au ravisseur pendant qu'il tenait en son pouvoir la personne ravie.

Il n'y a pas de consentement, s'il y a erreur, dans la personne que l'une des parties avait intention d'épouser.

ap- 146   Le consentement des sourds et muets de naissance ne peut être constaté que dans une assemblée de parens, ou d'amis à défaut de parens, convoquée chez le juge-de-paix, tenue en sa présence, à laquelle seront appelées les personnes ayant habitude de converser avec le sourd et muet.

Le juge-de-paix pourra ordonner la convocation d'une seconde, même d'une troisième assemblée, pour se procurer les explications nécessaires.

148   Les enfans, jusqu'à ce qu'ils aient atteint l'âge de vingt-cinq ans accomplis, ne peuvent contracter mariage sans le consentement de leur père et de leur mère.

149-150   Suivent les articles 11, 12 et 13 du projet.

tit. 5- ch. 4.   Les mariages contractés contre les dispositions des articles précédens sont nuls.

180   Les nullités pour défaut de consentement des époux, défaut de liberté, violence, erreur, peuvent être opposées par les époux, leurs pères, mères, tuteurs et autres personnes ayant intérêt.

181   Néanmoins, après une cohabitation volontaire pendant six

mois, à compter du jour où la violence a cessé, ou du jour où l'erreur a été reconnue, les époux ne sont plus recevables à demander la nullité.

Les pères, mères, tuteurs ne sont plus recevables à l'opposer un an après qu'ils ont eu connaissance de la cessation de la violence ou de l'erreur. *183*

Les héritiers des époux sont aussi irrecevables après les délais ci-dessus fixés. Si les époux décèdent avant qu'ils soient expirés, leurs héritiers profitent du délai qui reste à courir : leur action n'est plus admise après ce terme.

Les nullités résultant du défaut de consentement des père, mère, aïeul, aïeule, ne peuvent pas être proposées par les époux : elles ne sont plus admises de la part de ceux dont le consentement était nécessaire, lorsqu'ils ont fait quelque acte approbatif du mariage. *Ibid.*

Sont pareillement non recevables à opposer la nullité résultant du défaut de consentement ceux qui avaient droit de le donner, s'ils n'ont exercé leur action dans l'année du jour où ils auront eu connaissance du mariage. *Ibid.*

Le commissaire du Gouvernement est tenu de poursuivre la nullité des mariages faits en contravention des dispositions précédentes. Dans tous les cas où l'action des parties n'est plus recevable, celle du commissaire se réduit à la réhabilitation, et à faire prononcer des amendes contre ceux qui auraient dû la requérir, conformément à l'article...... sans préjudice des poursuites extraordinaires contre l'officier public et ses complices, que le commissaire du Gouvernement est tenu de dénoncer à l'accusateur public, ainsi qu'il a été dit ci-dessus. *184*

CHAPITRE II. — Des formalités relatives à la célébration du mariage.

Le mariage doit être célébré publiquement, dans la maison commune du lieu où l'un des époux a son domicile. *165*

ap- 165	Il peut être célébré dans une autre commune, du consentement exprès et écrit de l'officier civil du domicile.
Ibid. et 74.	Le domicile, quant au mariage, s'acquiert par six mois d'habitation dans une commune.
Ibid.	Le domicile du mineur est celui de son père ou de son tuteur.
166	La célébration du mariage doit être précédée de deux publications dans le lieu du domicile de chacun des deux époux, dans la forme prescrite par la loi.
64	Les publications sont faites à dix jours au moins d'intervalle l'une de l'autre.
168	Si les parties contractantes sont mineures de vingt-cinq ans, ou l'une d'elles, les publications sont encore faites au domicile du père; en cas de décès, au domicile de la mère; à leur défaut, au domicile des aïeul et aïeule.
165	Le mariage ne peut être célébré que devant l'officier public.
75	Il est tenu de se faire représenter les actes qui constatent l'âge et les capacités des contractans, et de s'assurer que toutes les conditions requises par la loi ont été observées. Il demeure responsable de leur inobservation.
75	Les contractans déclarent, à haute voix, qu'ils se prennent pour mari et femme.
Ibid.	L'officier public prononce, au nom de la loi, qu'ils sont unis en mariage.
Ibid.	La déclaration des contractans et la prononciation de l'officier public doivent être faites en présence de quatre témoins majeurs, parens ou non parens, dont deux au moins sauront signer et signeront.
76	L'acte de célébration sera dressé de suite par l'officier public : il contiendra les noms, prénoms, profession et domicile des époux, la mention des publications, des consentemens de ceux qui ont droit de les donner; il sera signé de l'officier public, des contractans, des pères, mères, aïeuls,

aïeules, témoins. S'il y en a qui ne sachent ou ne puissent signer, il en sera fait mention.

Le défaut d'énonciation des prénoms, profession et domicile, dans tous les cas où ils sont exigés, n'opérera pas une nullité, lorsque l'existence et l'identité des personnes seront d'ailleurs constantes ; mais l'officier public, et ceux qui n'auront pas fourni ces énonciations, seront condamnés, sur la poursuite du commissaire du Gouvernement, à une amende de cent francs au moins. ap- 76

Le défaut de célébration dans la maison commune n'opérera pas seul une nullité. L'officier public, les époux, pères, mères, tuteurs, aïeuls, aïeules et témoins qui auront assisté à la célébration, seront punis personnellement chacun d'une amende proportionnée à leur fortune, et qui ne pourra pas être au-dessous de cent francs. Le *minimum* de l'amende contre l'officier public sera de trois cents francs. Le commissaire du Gouvernement est tenu d'en poursuivre la condamnation. tit. 5- ch. 4.

Dans tous les autres cas, les mariages célébrés contre les dispositions des articles précédens sont nuls.

Les nullités résultant du défaut de présence de l'officier public et de quatre témoins sont absolues, et ne peuvent pas se couvrir ; elles peuvent être opposées par toutes les personnes qui y ont intérêt.

Celles résultant du défaut de publication ne peuvent pas être opposées par les contractans, mais seulement par les pères, mères, aïeuls, aïeules, tuteurs, et autres personnes qui pouvaient avoir intérêt de s'opposer au mariage.

Après le laps d'une année, à compter du jour où ils ont eu connaissance du mariage, ceux qui auraient pu s'opposer (autres néanmoins que les personnes liées à l'un des époux par un précédent mariage) ne sont plus recevables à l'attaquer sous prétexte du défaut de publication. 183

L'action est toujours ouverte au commissaire du Gouvernement ; mais quand les parties intéressées ne sont plus recevables à l'exercer, elle se réduit à la réhabilitation, et à faire prononcer des amendes contre ceux qui ont contrevenu à la loi. Il est aussi tenu de dénoncer les infractions au magistrat exerçant les fonctions d'accusateur public, conformément à l'article..... ci-dessus.

170 Le mariage contracté en pays étranger, entre Français, ou entre Français et étranger, peut l'être suivant les formes usitées dans le lieu où il a été célébré ; mais il doit être précédé des publications ordonnées ; et il ne peut être valable qu'autant qu'il a été contracté par personnes capables, et avec les consentemens requis.

171 Trois mois après le retour des Français sur le territoire de la république, l'acte doit être transcrit sur le registre public des mariages du lieu de leur domicile, sous peine d'une amende proportionnée aux facultés des époux, et qui ne pourra jamais être au-dessous de cent francs.

Dans tous les cas où le mariage peut être réhabilité, il est validé du jour de sa première célébration.

201 Lorsque la nullité sera prononcée, le mariage qui aura été contracté de bonne foi par les deux époux produira néanmoins les effets civils, tant à leur égard, qu'à l'égard de leurs enfans.

202 Si la bonne foi n'existe que de la part de l'un des deux époux, le mariage ne produira les effets civils qu'en sa faveur et en faveur des enfans. L'autre époux pourra encore être condamné à des dommages-intérêts proportionnés au tort qu'il aura fait éprouver à l'époux de bonne foi.

CHAPITRE III. — Des oppositions au mariage.

av-172 Tous ceux dont le consentement est requis pour la validité du mariage peuvent s'opposer à sa célébration.

172 Les personnes engagées par mariage avec l'une des parties, sont aussi reçues à former leur opposition.

173 Les père, mère, aïeul, aïeule, sont toujours recevables à former, au mariage de leurs enfans et descendans, une

opposition fondée sur la parenté, l'alliance, la mort civile, la démence, ou un précédent mariage.

Le commissaire du Gouvernement est aussi reçu, et est même tenu de s'opposer aux mariages qu'il saurait devoir être contractés contre les dispositions des deux articles précédens.

Tout opposant est tenu d'élire domicile dans le lieu où le mariage doit être célébré. 176

L'opposition doit être signifiée aux parties, à leurs personnes ou domicile, et dénoncée à l'officier civil chargé de célébrer le mariage.

La demande en main-levée de l'opposition doit être portée devant le tribunal de première instance, et sauf l'appel, s'il y a lieu. 177-178

Ces causes sont jugées sans délai.

Si l'opposition est rejetée, les opposans, autres que les ascendans et le commissaire du Gouvernement, peuvent être condamnés à des dommages-intérêts. 179

Le chapitre IV traite des obligations qui naissent du mariage, et de ses effets civils; il ne donne lieu qu'à un très-petit nombre d'observations.

1° (Art. 52.) Les *enfans* doivent des alimens à leurs père et mère qui sont dans le besoin. 205

Il semble qu'on devrait comprendre les gendre et belle-fille dans cette disposition, et la rendre réciproque. 206-207

2° (Art. 64.) Le mari peut contraindre sa femme à le suivre hors du sol de la république, s'il part chargé par le Gouvernement d'une mission à l'étranger exigeant résidence. Ne serait-il pas convenable de substituer au mot *mission* celui *de fonction publique*? Le mot *mission* est bien général; il peut y en avoir de telle nature, que la femme serait très-excusable de ne pas suivre son mari. 214

3° (Art. 75.) Le mariage se dissout par la *condamnation* de l'un des deux époux à une peine emportant mort civile. 227

Cet article ne s'accorde pas avec l'article 24 du titre Ier du livre Ier, qui porte que la mort civile ne commence que du jour de l'*exécution* du jugement. Ce n'est donc pas la condamnation qui dissout le lien; si le condamné mourait entre la condamnation et l'exécution, le mariage ne serait dissous que par sa mort.

TITRE VI. — *Du divorce.*

tit. 6-
c. 1er.

Des quatre chapitres qui composent ce titre, le premier, *des causes du divorce*, est celui qui fournit matière à plus d'observations; il ne présente cependant que trois articles.

Art. 1er. Le lien du mariage ne peut être rompu par le divorce que pour des causes autorisées par la loi. Cela est incontestable.

Ces causes sont (art. 2) les délits et crimes de l'un des époux envers l'autre.

Art. 3. Ces délits sont les sévices et mauvais traitemens; la conduite habituelle de l'un des époux envers l'autre, qui rend à celui-ci la vie commune insupportable; la diffamation publique; l'abandonnement du mari par la femme, ou de la femme par le mari; l'attentat d'un époux à la vie de l'autre; l'adultère de la femme, accompagné d'un scandale public, ou prouvé par des écrits émanés d'elle; celui du mari qui tient sa concubine dans la maison commune.

233
c. 1er.

On applaudit à la suppression du consentement mutuel comme cause de divorce; on voit aussi, sans réclamation, disparaître de l'énumération des causes, celles de la démence, de la folie, de la fureur. Le malheur d'un des époux doit être un lien de plus pour l'autre; et le divorce fondé sur ce motif est peut-être aussi scandaleux que pouvait l'être celui fondé sur le consentement mutuel.

232

Mais a-t-on dû faire aussi disparaître la cause tirée de la condamnation d'un des époux à des peines afflictives ou infamantes? Ce n'est pas ici un simple accident arrivé à l'époux condamné: sa condamnation suppose nécessairement la conviction d'un crime grave. Or, peut-on forcer, doit-on forcer l'autre conjoint à respecter encore le lien qui l'unit à une personne diffamée ? L'époux capable de cet effort donnera, si l'on veut, un grand exemple de courage et de vertu ; mais on n'a pas le droit de l'attendre et de l'exiger de tous les citoyens.

On estime donc qu'il faut mettre parmi les causes du divorce la condamnation à des peines afflictives ou infamantes : la suppression de cette cause affaiblirait en quelque manière l'opinion de ces peines, lorsqu'au contraire on ne saurait trop l'aggraver.

On a fait aussi disparaître la cause fondée sur l'absence du mari : on conserve néanmoins celle fondée sur l'abandon d'un des époux ; mais celle-ci ne supplée pas à la cause fondée sur l'absence. *c. 1ᵉʳ.*

Suivant l'article 28, le divorce fondé sur l'abandon n'est admis que dans le cas où celui qui s'est retiré de la maison commune, *sans cause légitime*, a refusé persévéramment de se réunir à l'autre. Si l'absence *a eu une cause légitime, sa durée quelle qu'elle puisse être*, même quand il n'aurait donné aucune nouvelle, ne peut autoriser la demande en divorce.

Il est bien vrai que l'article ajoute : *sauf ce qui est statué au titre* de l'absence.

Mais les dispositions de ce titre, relativement au mariage, se réduisent à deux articles (27 et 28). Suivant le premier, l'absence ne suffit pas pour autoriser l'autre époux à se marier ; il ne se peut que lorsque l'absent est parvenu à l'âge de cent ans accomplis. L'article suivant ajoute que, si l'époux a contracté un second mariage, il ne peut être dissous, tant que l'époux qui a disparu ne se représente point, ou ne réclame pas par un fondé de procuration spéciale.

Certes, les dispositions de ces deux articles prouvent mieux que tout ce qu'on pourrait dire qu'il faut admettre l'absence comme cause de divorce. Pour l'avoir supprimée, on est forcé 1° de dire que l'époux ne peut se remarier que lorsque l'absent est parvenu à l'âge de cent ans, disposition très-inconvenante, et qui suppose des mariages faits à l'âge de quatre-vingts et de cent ans. On peut bien tolérer de pareils mariages ; mais il ne faut pas souiller le Code d'une disposition précise qui les autorise ; 2° on suppose un mariage fait par l'époux présent *dans l'incertitude de la vie ou de la mort de l'absent.* Mais cette célébration du mariage serait un délit de la part de l'époux présent et de l'officier public : pourquoi le supposer ? On a dit, au titre *du mariage,* qu'*avant la dissolution légale du premier, on ne pouvait en contracter un second.* La première chose que doit exiger l'officier public est donc la preuve de la dissolution légale du premier mariage ; et il ne doit pas en être fait dans l'incertitude de la vie ou de la mort de l'absent.

Ces inconvéniens disparaissent, en admettant l'absence parmi les causes du divorce. Cette admission est d'autant plus nécessaire dans le système du projet, qu'on y établit pour maxime inviolable que, pour qu'il y ait abandon, il faut que la retraite de l'époux soit destituée de *cause légitime,* et que toutes les fois que *l'absence a pour principe une cause légitime,* quelle qu'en soit la durée, et encore que l'absent ne donne aucune nouvelle, il n'y a pas lieu à demander le divorce ; disposition qui maintient le lien du mariage jusqu'à ce que l'absent soit parvenu à l'âge de cent ans, et qui ne donne la possibilité d'un second mariage que lorsqu'on est hors d'état de le contracter.

Cependant, rien n'est plus facile à un époux qui veut abandonner l'autre, sans que celui-ci ait le droit de réclamer le divorce, que de prendre une cause légitime pour prétexte de son absence ; et dans ce cas, il s'opérera entre les deux époux ; par la volonté d'un seul, une séparation de fait qui réunira tous les inconvéniens des anciennes séparations, sans être justifiée par aucune cause.

Il faut donc admettre l'absence comme cause de divorce.

Mais doit-on admettre aussi parmi ces causes l'incompatibilité d'humeur ou de caractère ?

L'article de la loi sous laquelle nous vivons est ainsi conçu :

« L'un des époux *peut* faire prononcer le divorce, sur la « *simple allégation* d'incompatibilité d'humeur ou de carac- « tère. »

On est loin de penser qu'un article ainsi rédigé doive trouver sa place dans le Code, et qu'il puisse toujours suffire à *un* époux d'une *simple* allégation d'incompatibilité pour autoriser son divorce : mais, sans approuver la rédaction de l'article, on ne croit pas devoir rejeter cette cause.

Les auteurs du projet ont reconnu, dans le discours préliminaire, que *l'allégation d'incompatibilité d'humeur et de caractère pouvait cacher des causes très-réelles, dont la discussion publique serait la honte des familles, et deviendrait un scandale pour la société.* Ils auraient pu ajouter encore que l'allégation d'incompatibilité d'humeur et de caractère pouvait cacher de grands crimes d'un époux envers l'autre, et qu'il serait affreux de ne pouvoir briser le joug qu'en envoyant le coupable à l'échafaud.

L'article 27 du projet arrêtera toujours, dans ce cas, l'action d'un époux qui se respecte. Le divorce, dit-on, n'est poursuivi que par la loi civile, sans préjudice de l'action criminelle intentée d'office par le ministère public . . . . . Il est sursis à l'instruction de la demande en divorce jusqu'après le jugement de l'accusation ; *et sur la représentation du jugement qui condamne ou qui absout, le divorce est admis ou rejeté.*

Ainsi l'époux à la vie duquel l'autre époux aurait attenté ne pourrait obtenir son divorce qu'en le conduisant à l'échafaud ! Si la nature l'avait doué d'une grandeur d'ame peu commune, il préférerait exposer ses jours, en gardant le silence, pour sauver ceux du coupable. Sans doute quelques époux se trouveront peu disposés à de si grands sacrifices ; mais ce ne sont pas ceux qui méritent le plus la protection de la loi.

Laissons donc l'incompatibilité d'humeur et de caractère parmi les causes de divorce ; mais prenons des mesures telles, que l'un des époux ne puisse pas en abuser.

Deux considérations ont déterminé les rédacteurs du Code à rejeter cette cause : *elle peut ne cacher que l'absence de tout motif raisonnable* . . . . *elle n'est pas susceptible d'une preuve rigoureuse et légale* . . . . .

La première de ces considérations serait très-grave, si l'on continuait à prononcer le divorce sur la simple allégation d'un des époux. Ce n'est pas là ce qu'on propose, et la loi peut introduire des épreuves et des formalités telles, que le magistrat soit assuré qu'il ne cède pas au caprice d'un seul, mais que la réalité de la cause soit reconnue de l'un et de l'autre.

On dira peut-être qu'en l'absence d'une cause réelle, ils s'accorderont pour reconnaître l'incompatibilité d'humeur. Mais, si l'on suppose un concert entre les deux époux, il n'y a plus de possibilité pour empêcher le divorce. Une longue expérience a appris qu'il existera des causes du moment où ils voudront qu'il en existe, et il n'y aurait que l'abolition du divorce pour prévenir l'effet de ce concours des deux volontés.

Le motif tiré de ce que *l'incompatibilité d'humeur n'est pas susceptible d'une preuve rigoureuse et légale* ne paraît pas plus que le précédent devoir entraîner la suppression de cette cause de divorce. Cette incompatibilité est aussi susceptible de preuve que *la conduite habituelle d'un des époux qui rend à l'autre la vie commune insupportable*. Les auteurs du projet adoptent cependant cette dernière cause, sans être effrayés de la considération qu'*elle n'est pas susceptible d'une preuve rigoureuse et légale*.

La conduite habituelle se compose d'une foule de faits isolés, comme l'incompatibilité se manifeste par une foule de circonstances particulières. L'un et l'autre de ces deux motifs suppose un examen et une vérification de la part de magistrats éclairés et probes. Il faut que les deux époux comparaissent devant eux en personne. Le projet n'a pas pris assez de mesures pour forcer cette comparution. Si l'un des époux est malade, l'assemblée doit se tenir chez lui : s'il refuse de comparaître sans cause légitime, il doit y être contraint par de fortes amendes, par la saisie de tous ses revenus, par l'appréhension de sa personne. Quand les deux époux seront en présence des magistrats, il faudra bien qu'ils s'expliquent ; et l'on n'aura plus à craindre de céder à la fantaisie d'un seul, en adoptant le motif d'incompatibilité.

Après avoir examiné les causes de divorce qu'on a supprimées dans le projet, il reste à s'expliquer sur celles qui ont été admises.

On trouve dans l'énumération de ces causes, l'abandonnement du mari par la femme, ou de la femme par le mari.

L'adultère de la femme, accompagné d'un scandale public, ou prouvé par des écrits émanés d'elle.

Sans doute l'abandonnement de la part d'un des conjoints est une cause très-légitime de divorce. On a déjà eu l'occasion de remarquer que le projet de Code établissait qu'il ne pouvait pas y avoir d'abandon, lorsque l'absence avait eu, dans le principe, une cause légitime, quelle qu'en fût la durée ; mais l'absence devant être, suivant les commissaires, une des causes du divorce, cette disposition n'a plus le même inconvénient.

Quant à la cause d'adultère, on ne croit pas qu'on doive la réduire aux deux cas de scandale public ou de la preuve par écrits émanés de la femme. Un mari rentre chez lui avec deux ou trois amis ; il surprend sa femme en adultère : il ne pourra donc pas demander le divorce, parce qu'il n'y aura pas de scandale public, ni d'écrit? Cette restriction ne paraît pas devoir subsister, et l'on ne voit pas quel est le motif sérieux qui pourrait la justifier.

On propose, d'après les réflexions qui précèdent, une nouvelle rédaction de ce chapitre.

TITRE VI. — *Du divorce.*

CHAPITRE Ier. — Des causes du divorce.

<small>com. du c. 1er.</small> Le lien du mariage ne peut être rompu par le divorce que pour les causes autorisées par la loi, et dans les formes qu'elle prescrit.

Ces causes sont :

<small>231</small> L'attentat d'un époux à la vie de l'autre ;

Les sévices et mauvais traitemens, et la conduite habituelle d'un des époux envers l'autre, qui rend à celui-ci la vie commune insupportable ;

<small>ap-231</small> L'incompatibilité absolue d'humeur ou de caractère ;

La diffamation publique ;

<small>232</small> La condamnation d'un des époux à des peines afflictives ou infamantes ;

<small>ap-231</small> L'abandon du mari par la femme, ou de la femme par le mari ;

L'absence d'un des époux pendant cinq ans révolus, sans qu'il ait donné de nouvelles ;

<small>229-230</small> L'adultère de la femme, celui du mari qui tient sa concubine dans la maison commune.

Le chapitre II du titre a pour objet les formes du divorce.

<small>234</small> Il est superflu de dire que le divorce doit être demandé, instruit et prononcé en connaissance de cause, en justice ; qu'il ne peut être porté devant des arbitres ; que le divorce volontaire est prohibé.

Tout cela se trouve dans l'article qui dit que le divorce ne peut être prononcé que pour des causes autorisées par la loi, et dans les formes qu'elle prescrit. On peut donc supprimer l'article 4, formant le premier de ce chapitre.

<small>236-à 241</small> Les articles suivans, jusqu'au 11e, établissent un préalable à l'introduction de l'instance. L'époux qui demande le divorce doit obtenir, du président du tribunal, une permis-

sion de citer l'autre époux, et cette permission ne s'accorde que par une comparution des parties *ordonnée* en personne.

On ne peut, en effet, prendre trop de précautions pour prévenir les actions indiscrètes en divorce. Mais si les dispositions de ces articles sont suffisantes pour les cas ordinaires, elles ne le seraient pas pour les demandes sur l'incompatibilité prétendue d'humeur et de caractère. En admettant cette cause, il faut en prévenir les abus autant que possible. On pense donc que, dans ce cas, le défendeur au divorce doit être contraint de comparaître en personne devant le magistrat. S'il est dans un état d'infirmité qui ne lui permette pas de se transporter, l'assemblée doit être tenue chez lui. S'il fait défaut sans cause légitime, le magistrat doit lui infliger une amende proportionnée à ses facultés. S'il fait défaut pour la seconde fois, l'amende doit être double. Au troisième défaut, tous ses biens doivent être saisis, et le magistrat est autorisé à faire saisir sa personne partout où il peut se trouver.

C'est surtout dans ces comparutions et ces explications en personne qu'un magistrat intelligent découvrira les intentions et pénétrera le fond du caractère des parties. Il doit lui être permis de renouveler cette épreuve jusqu'à trois fois, et dans une distance telle, que les mouvemens violens de l'un ou l'autre époux puissent s'adoucir et se calmer.

Le procès-verbal de ce qui se passera sera communiqué au commissaire du Gouvernement; et, après l'avoir entendu, le tribunal accordera ou refusera la permission de faire la demande en divorce.

On pourrait, en conséquence, insérer les articles suivans ap-
après l'article 10. 241

Lorsque la demande en divorce sera fondée sur l'incompatibilité d'humeur et de caractère, l'époux défendeur sera tenu de comparaître en personne aux jour et heure indiqués par le magistrat.

S'il justifie de l'impossibilité de se transporter au tribunal, le juge se rendra chez lui assisté de son greffier, et l'époux demandeur sera tenu de s'y rendre.

S'ils étaient l'un et l'autre dans une habitation séparée, et hors d'état de se transporter, il sera sursis à la tenue de l'assemblée jusqu'au rétablissement de l'un des deux.

Si le défendeur ne comparaît pas, et s'il ne justifie pas d'une excuse légitime, le juge prononcera contre lui une amende proportionnée à ses facultés, sans qu'elle puisse être au-dessous de trente francs, et ordonnera qu'il soit réassigné.

Si le défendeur ne se présente pas sur la seconde citation, l'amende prononcée contre lui sera double de la première.

S'il fait défaut sur la troisième citation, le juge ordonnera que tous ses biens soient séquestrés et mis sous la main de la justice, jusqu'à ce qu'il ait comparu, et décernera contre lui un mandat d'amener.

Lorsque les deux époux auront comparu et seront en présence, le juge, après leur avoir fait les observations qu'il jugera convenables, recevra les déclarations du demandeur et les réponses du défendeur ; il leur demandera les explications et leur fera les interpellations qu'il croira nécessaires ; il sera du tout dressé procès-verbal.

Le juge pourra ordonner une seconde, même une troisième comparution en personne, à tel intervalle qu'il désignera, sans néanmoins qu'il puisse s'écouler plus d'un mois entre chacune de ces assemblées.

Les procès-verbaux seront communiqués au commissaire ; et le tribunal, après l'avoir entendu, accordera ou refusera la permission de citer le défendeur, sans qu'il puisse, dans ce cas, la suspendre.

le surplus du ch. 2. Les articles suivans, jusqu'au 32º, dans le projet, règlent le mode d'instruction de la demande. On n'a pas d'observations à proposer : on désirerait seulement que, dans le cas de la demande pour incompatibilité, les époux fussent toujours tenus de comparaître en personne au tribunal, à moins qu'ils ne justifiassent d'une impossibilité absolue, et que le tribunal pût, s'il le jugeait convenable, différer l'instruction et le jugement jusqu'à la comparution.

Les articles 32, jusques et compris l'article 38, ont pour objet les mesures provisoires auxquelles peut donner lieu la demande en divorce.

L'article 32 accorde l'administration provisoire des enfans au mari, soit qu'il soit demandeur, soit qu'il soit défendeur. Point de difficulté quand l'époux est demandeur. Mais doit-on lui accorder cette administration dans tous les cas où il se trouve défendeur, et pour quelque cause que le divorce soit demandé? Ne devrait-on pas laisser au tribunal, lorsqu'il prononce s'il y a lieu ou non de faire la demande, la faculté d'accorder ou de refuser au mari cette administration provisoire? 267

L'article 33 suppose le cas où la femme qui demande le divorce a quitté ou déclare vouloir quitter le domicile du mari ; le tribunal indique la maison où elle résidera. 268

On ne conçoit pas comment la femme demandant le divorce pourrait continuer de résider avec son mari ; et il semble que, sur la présentation de la requête de la femme, le président devrait toujours lui indiquer la maison où elle serait tenue de se retirer.

Les articles, 35, 36 et 37 sont relatifs à l'apposition de scellés, que la femme *peut* requérir pour la conservation de ses droits, même dans le cas où le tribunal *suspend* l'admission de la demande en divorce. Si la femme pouvait requérir cette apposition, il faudrait du moins qu'elle ne pût être ordonnée qu'en grande connaissance de cause, et lorsqu'il serait bien sensible que la dot et les reprises sont en danger. Combien de citoyens dont la fortune serait détruite par cette mesure indiscrètement exercée! C'est surtout dans l'état commerçant qu'elle pourrait opérer des révolutions aussi funestes à la femme elle-même qu'au mari. 270

Les auteurs du projet l'ont tellement senti, que, dans l'article 37, ils établissent que la main-levée des scellés est toujours accordée dans certains cas ; et dans l'énumération on trouve celui-ci : *si le mari présente une sûreté suffisante dans ses meubles personnels.* Mais ici l'on peut demander où sont les meubles *personnels* d'un mari en communauté avec sa femme? comment trouver une *sûreté* dans des meubles qui peuvent disparaître d'un moment à l'autre, et sur lesquels on ne saurait avoir un droit de suite? Si l'on suppose une sûreté dans ces meubles, ce n'est pas seulement la main-levée des scellés que cette *sûreté* doit opérer, elle doit en empêcher l'apposition.

On lit dans le même article qu'à compter du jour de la demande en divorce, le mari ne peut plus contracter aucune dette à la charge de la communauté, ni disposer des immeubles qui la composent, et que toute aliénation qu'il en fait est nulle. Mais on demandera si le mari, qui ne peut plus contracter de dettes à la charge de la communauté, bénéficiera cependant pour elle? s'il est possible d'empêcher qu'il n'en contracte? Et où sont les moyens de rendre la demande en divorce tellement publique, que les acquéreurs des biens immeubles soient constitués dans une mauvaise foi, sans laquelle on ne peut pas déclarer nulle l'acquisition qu'ils ont faite?

La commission estime donc, si l'on veut parler du droit de la femme de requérir l'apposition des scellés, qu'il suffirait de deux articles.

Par le premier, on dirait que l'apposition ne peut être ordonnée que sur de violentes présomptions que la dot et les reprises de la femme sont en péril ;

Par le second, il serait dit que la main-levée sera toujours faite lorsque le mari consentira qu'il soit procédé à un inventaire, ou qu'il offrira caution suffisante des droits apparens de la femme.

Quant aux défenses de contracter des dettes à la charge de la communauté, ni de disposer des immeubles qui la composent, à compter *du jour* de la demande en divorce, on pense que cet article pourrait être supprimé ; ce qui n'empêcherait pas la femme de poursuivre, quand il y aura lieu, la nullité de ce qui aurait été fait de mauvaise foi et en fraude par le mari.

Le chapitre III traite des fins de non-recevoir contre l'action en divorce.

L'article 42 établit en principe que la réconciliation est présumée de droit, si la femme est devenue enceinte *depuis la demande en divorce*. fin de sec. 3- du ch. 2.

Point de doute, lorsque c'est la femme qui poursuit le divorce ; mais lorsque c'est le mari qui est demandeur, doit-on donner aussi absolument à la femme un moyen de faire tomber la demande du mari ? La femme n'a-t-elle pas souvent un intérêt très-grand à se procurer une fin de non-recevoir, qui prévient la déchéance dont elle est menacée, de tous les avantages qui lui sont assurés par son contrat de mariage ?

Quand c'est elle qui poursuit, la fin de non-recevoir est toujours de son fait, et elle ne peut pas s'en plaindre ; mais lorsque la demande est formée contre elle, est-il juste de la laisser maîtresse absolue de se créer une fin de non-recevoir, par un moyen qu'elle n'aurait souvent que trop de penchant à employer ?

La commission estime que l'article doit être restreint au cas où la femme poursuit le divorce ; mais que dans le cas où le divorce est demandé contre elle, il est peu convenable d'annoncer si hautement qu'on la débarrasse même du soin de donner l'histoire ou le roman de sa grossesse. Si c'est le mari qui en est l'auteur, il est peu présumable qu'il conteste la réconciliation. S'il la contestait, il existerait certainement des preuves d'un rapprochement quelconque entre les deux époux ; ils n'ont pas pu se voir sans que quelque personne en ait été instruite : la fin de non-revoir serait admise ou rejetée suivant les circonstances. Mais lorsque la femme ne demeure pas avec le mari, lorsqu'il est notoire qu'ils ne se sont pas vus, peut-on tirer contre le mari une fin de non-recevoir d'un fait que tout annonce lui être étranger, et qui n'est, de la part de la femme, qu'un délit de plus?

ch. 4. On ne propose aucune observation sur le dernier chapitre de ce titre.

TITRE VII. — *De la paternité et de la filiation.*

Les auteurs du projet examinent, dans un premier chapitre, quels sont les enfans qu'on peut appeler légitimes ou nés dans le mariage ; ils déterminent, dans un second chapitre, les preuves de filiation ; ils traitent, dans un troisième, des enfans nés hors mariage.

CHAPITRE Ier. — Des enfans légitimes ou nés dans le mariage.

312-313 L'art. 1er de ce chapitre, qui est le deuxième du titre entier, pose d'abord la règle fondamentale de cette matière :
« L'enfant conçu pendant le mariage a pour père le mari. »

Et l'on ajoute avec beaucoup de raison : « La loi n'admet
« point l'exception d'adultère de la femme, ni allégation de
« l'impuissance naturelle ou accidentelle du mari. »

Les rédacteurs ne reconnaissent pour cause capable de faire cesser la présomption de paternité résultant du mariage, que l'éloignement des époux, et un éloignement tel, qu'il y ait impossibilité physique de cohabitation.

Une loi romaine souvent citée, et que nous avons toujours suivie, avait proscrit absolument l'exception tirée de l'adultère de la femme.

Les Romains, au contraire, admettaient l'allégation de l'impuissance du mari, ou perpétuelle, ou momentanée, résultant d'une maladie ; et, en ce point notre jurisprudence avait également pris pour guide leurs décisions.

Ils admettaient non-seulement l'impossibilité physique produite par l'éloignement des corps, mais l'impossibilité morale, causée par l'éloignement des esprits ; et ce dernier moyen, quoique moins bien accueilli parmi nous, avait néanmoins été adopté dans des circonstances qui paraissaient irrésistibles.

Les rédacteurs ont fait main-basse sur tout cela, et ils ont bien fait ; c'est un véritable service rendu au public : la société y gagnera, en voyant tarir la source d'une multitude de procès presque toujours scandaleux.

Après avoir ainsi défini l'enfant légitime, celui qui est conçu pendant le mariage, et avoir affermi la règle en retranchant les exceptions qui la défiguraient, on examine ce que c'est qu'un enfant conçu pendant le mariage, ce qui conduit à décider la grande question des naissances prématurées et des naissances tardives.

Suivant l'article 3, « l'enfant né avant le cent quatre-vingt-« sixième jour du mariage (c'est-à-dire à moins de six « mois six jours depuis la célébration) n'est plus présumé « l'enfant du mariage. »

« Il en est de même, ajoute l'article 4, de l'enfant né deux « cent quatre-vingt-six jours (ou neuf mois seize jours) après « la dissolution du mariage. »

Les rédacteurs, en cette partie, se sont encore écartés du droit romain, qui nous servait de règle.

Une loi célèbre déclarait appartenir au mariage l'enfant né le cent quatre-vingt-deuxième jour, ou après six mois deux jours (liv. VII, §. II, ff *de suis et legit. hœred.*)

Une autre loi le reconnaissait pour légitime, s'il était né dans tout le cours du dixième mois après la dissolution du mariage (lig. 3, §. XI, ff. Cod. tit.) ; et même, une novelle de *Justinien*, conforme à un édit de l'empereur *Adrien*, va jusqu'à admettre la légitimité de l'enfant né dans le onzième mois après la mort du mari (Nov. 39, c. II). Notre jurisprudence avait été beaucoup plus loin, et il y a exemple d'un enfant déclaré légitime treize mois après la mort du père ; ce qui dépendait toujours des circonstances, et surtout de l'idée que les juges s'étaient formée des mœurs de la mère, de sa conduite irréprochable, et de la bonne réputation dont elle jouissait dans le public.

Les rédacteurs ont sagement fait d'établir sur ce point une règle fixe, indépendante de toutes les opinions; et les femmes les plus honnêtes n'ont point à se plaindre ici de la loi, comme leur étant injurieuse, parce que la loi ne juge personne en particulier, mais consacre seulement une présomption générale et abstraite, nécessaire au repos de la société.

Reste à savoir sur quoi les rédacteurs se sont déterminés à assigner aux naissances hâtives ou tardives, des limites précises, autres que celles que les lois romaines et l'usage basé sur ces lois avaient indiquées. Nous devons croire qu'ils ont consulté les gens de l'art et ce qu'ont pu apprendre les observations récentes les plus sûres et les plus autorisées : ne connaissant pas leurs raisons, nous ne pouvons les juger.

Le principe relatif aux naissances tardives est absolu, et se refuse à toute exception; mais le principe parallèle, concernant les naissances prématurées, en admet plusieurs, l'enfant né au commencement du mariage ayant pu être conçu auparavant, et des œuvres même de celui qui ensuite est devenu mari. Ces exceptions sont réglées par les articles 6, 7, 8 et 9.

La jurisprudence admettait autrefois, pour première exception, la preuve des familiarités du mari, antérieures au mariage, avec la personne qu'il a depuis épousée. Les rédacteurs ont écarté cette exception, conformément au système très-sage, adopté par les lois actuelles, et maintenu ci-après par l'art. 25, qui n'admet point la recherche de paternité non avouée. Ils se réduisent aux exceptions qui renferment un aveu ou exprès ou tacite du mari.

314   Ainsi, suivant l'art. 6, le mari ne peut désavouer l'enfant, s'il est prouvé, par des écrits du mari lui-même, qu'il a eu connaissance de la grossesse avant le mariage. On doit supposer, en ce cas, qu'il est le père, n'étant pas présu-

mable qu'il eût épousé sciemment une fille grosse des œuvres d'autrui. Mais l'article énonce avec raison qu'il faudra que le fait soit prouvé par des écrits émanés du mari lui-même, tels que ses lettres, par exemple, afin d'éviter le danger de la preuve par témoins, et de ramener toujours la question à l'aveu du père.

L'art. 7 déclare que le mari ne peut pas non plus désa- 314 vouer l'enfant, si étant sur les lieux, à l'époque de la naissance de l'enfant, il n'a pas réclamé *dans les six mois*, ou si, en cas d'absence, il n'a pas réclamé dans les *huit mois* après son retour. Il semble qu'on aurait pu alonger un peu ce dernier délai.

L'article ajoute qu'il pourra néanmoins réclamer, après ces délais, toutes les fois qu'il justifiera qu'on lui a dérobé la connaissance de l'accouchement de la femme et l'existence de l'enfant. Il faudrait dire dans quel terme il pourra réclamer, en ce cas, après les délais ; ou plutôt il faudrait déclarer que les délais ci-dessus indiqués pour réclamer ne courront contre le mari qu'à compter du jour où l'accouchement de la femme et l'existence de l'enfant lui seront connus.

Si le silence du mari, présent ou de retour sur les lieux, suffit pour le rendre non-recevable à désavouer l'enfant, à plus forte raison son désaveu serait-il inadmissible s'il avait assisté à l'acte de naissance, et que cet acte fût signé de lui, ou constatât sa déclaration qu'il ne sait pas signer. C'est ce que porte le même article ; mais il semble qu'il devait ajouter une exception : *à moins que le mari présent à l'acte ne désavoue par cet acte même, ou ne se réserve de désavouer*. Il est possible en effet qu'il ne se rende présent à l'acte que pour effectuer ou annoncer le désaveu, et empêcher que l'état de l'enfant n'acquière, par ce titre, un commencement d'existence. Alors, comment pourrait-on le lui opposer ?

L'art. 8 offre une précaution qui rendra ces désaveux 318 extrêmement rares. « Tout acte extrajudiciaire, contenant « le désaveu de la part du mari, est inutile (« aux termes de

« cet article), s'il n'est suivi d'une action en justice, dirigée
« contre un tuteur *ad hoc* donné à l'enfant. »

317   L'art. 9 ajoute néanmoins que « si le mari est décédé sans
« avoir fait le désaveu, mais ayant encore la faculté de le
« faire, aux termes de l'art. 7, la légitimité de l'enfant peut
« être contestée par tous ceux qui y ont intérêt. »

Il est clair que peu de maris voudront affronter l'éclat d'une pareille action, et que beaucoup préféreront de garder le silence, par ménagement pour une femme dont, malgré sa faute, ils ne croiront pas devoir se séparer, par amour pour la paix, et par la crainte de s'exposer à la risée du public. Ne semble-t-il point que par là on retire d'une main au mari la faveur ou plutôt la justice qu'on lui accorde de l'autre ?

Néanmoins, cette disposition paraît sage et nécessaire à conserver ; il serait trop dangereux d'attendre un temps fort long, et peut-être la fin du mariage, pour agiter la question de l'état de l'enfant, au risque du dépérissement des preuves. Nous opinons donc pour le maintien de l'article, malgré sa rigueur ; et nous désirons seulement, pour le rendre plus utile, qu'on marque précisément le délai dans lequel le désaveu devra être suivi de l'action en justice ; autrement cette nécessité pourrait devenir illusoire, par rapport à l'effet qu'on en attend.

331   L'art. 10 rappelle la légitimation par mariage subséquent, réglée dans une autre partie du Code.

c. 1ᵉʳ.   Tout ce chapitre en général, nous a paru bien fait, bien lié dans ses dispositions ; et avec de très-légers amendemens, on peut lui donner toute la perfection dont il est susceptible.

CHAPITRE II. — Des preuves de la filiation.

Ce second chapitre est également rédigé dans les principes de la plus saine jurisprudence, qu'on a cherché seulement à améliorer.

Les principales innovations qu'il contient se réduisent à deux.

L'une est relative à la preuve par témoins, que l'on n'admet, en matière d'état, qu'autant qu'il y a commencement de preuve par écrit.

On a toujours pensé qu'une preuve si dangereuse ne doit pas être légèrement admise dans une pareille matière, qui intéresse de si près le repos des familles et le bon ordre de la société. On tenait donc que, pour être admis à prouver l'état par voie d'enquête, il fallait présenter à la justice des indices violens, des présomptions graves, un commencement de preuve capable de la déterminer. Mais fallait-il que ce commencement de preuve résultât d'écrits? La loi romaine ne le disait pas; l'ordonnance de 1667 ne l'avait point exigé; et tous les magistrats qui, dans le dernier siècle, ont rempli avec le plus de distinction les fonctions du ministère public, d'*Aguesseau*, *Gilbert* et autres, ont cru que, dans le silence des lois positives, on ne pouvait imposer un pareil joug au réclamant.

Les rédacteurs ont été plus sévères, et ils ont voulu que, dans tous les cas, avec quelque appareil de probabilités et d'indices que se présentât dans les tribunaux celui qui demandait à faire preuve, il ne fût point écouté tant qu'il ne rapporterait pas un commencement de preuve par écrit. On ne peut qu'applaudir à cette mesure. Elle écartera quelques réclamations justes; mais elle servira à en repousser un bien plus grand nombre qui n'auraient pas été fondées, et tournera au profit de la tranquillité générale : le bien public doit l'emporter sur le bien particulier.

Une autre innovation non moins remarquable est celle relative à la plainte en suppression d'état. Autrefois, un réclamant qui avait besoin de la preuve testimoniale pour constater son état, et qui sentait qu'il n'y serait pas admis, parce qu'il n'avait en sa faveur ni commencement de preuve par écrit, ni ces présomptions fortes que l'on exigeait pour l'admettre à faire preuve, rendait plainte au criminel en suppression d'état, et, en vertu de la permission d'informer, faisait entendre ses témoins; après quoi il revenait demander au civil qu'on le maintînt dans l'état dont son information offrait la preuve. On l'éconduisait, lorsqu'on voyait clairement que cette conduite n'était qu'un détour pour se procurer par la voie criminelle une preuve qu'on n'eût pas obtenue par la voie civile; mais souvent on l'admettait, d'après des distinctions où il entrait beaucoup d'arbitraire; et, au surplus, l'information, même déclarée nulle, qui subsistait toujours comme mémoire, avait l'effet inévitable d'influencer les juges auxquels était déférée la connaissance du procès civil. Les rédacteurs ont obvié à cet inconvénient, en statuant que l'action, même criminelle, en suppression d'état, ne serait point admise sans un commencement de preuve par écrit. C'est encore une précaution qu'on ne peut qu'approuver.

Mais on ne voit point pourquoi, en pareil cas, l'action criminelle est réservée uniquement à la partie publique, et interdite au particulier réclamant, que l'on réduit à se pourvoir par action civile. Cette disposition paraît injuste. Le réclamant a intérêt d'exercer son action par lui-même, de la diriger, de l'accélérer, puisqu'elle suspend toute poursuite au civil, et de ne point dépendre, en cette partie, d'un fonctionnaire qui a sans doute la confiance de la loi, mais qui peut ne pas avoir et auquel il n'est pas obligé de donner la sienne.

De droit commun, et selon les véritables principes, tout délit donne essentiellement lieu à une action publique, au profit de la société, et à une action privée ou civile, en faveur de celui qui a souffert le dommage. L'action civile peut être poursuivie en même temps et devant les mêmes juges que l'action publique (Code des délits et des peines, article 4 et suivans jusqu'au 8ᵉ). Pourquoi le crime de suppression d'état ferait-il seul exception à la règle générale, en n'admettant pas cette concurrence de l'action civile ou privée avec l'action publique?

Enfin, dès qu'on décide que l'action criminelle n'est pas recevable en cette matière, de la part même du fonctionnaire public, sans un commencement de preuve par écrit, on n'aperçoit pas quelle a pu être la raison d'interdire cette poursuite au réclamant. Que ce soit lui ou la partie publique qui rende plainte, le commencement de preuve écrite sera toujours exigé comme une condition nécessaire. De part et d'autre, au moyen de ce préalable, l'action ne peut être sujète à abus.

Nous croyons donc que le réclamant doit être conservé, à cet égard, dans la plénitude de ses droits, excepté, comme de raison, le cas où l'action procéderait ou réfléchirait contre les auteurs de ses jours. Lorsqu'ils sont morts, ou que le crime de suppression d'état leur est étranger, il n'y a nul sujet de gêner sa liberté.

Comme ce chapitre est très-important, nous croyons ne pas devoir négliger quelques observations de détail qui pourront servir à le perfectionner.

L'art. 11 indique le registre comme la preuve directe et ordinaire de filiation. *319*

A défaut de registre, la possession d'état est admise par l'article 12 ; et à défaut de possession d'état, la preuve par témoins, s'il y a un commencement de preuve par écrit. *320- 323*

Après quoi l'art. 13 ajoute : « Il en est *de même* si l'enfant « a été inscrit sous de faux noms de père et de mère. » *Ibid.*

On ne voit pas bien à quoi se rapporte ce mot *de même,* si c'est uniquement à la dernière disposition de l'article précédent, relative à la preuve par témoins, ou en même temps à la première, qui concerne la possession d'état; en sorte qu'on ait voulu dire que l'enfant qui ne peut s'aider du registre, quoique inscrit sur icelui, parce qu'il y est inscrit sous de faux noms de père et de mère, a la faculté d'employer subordonnément le remède de la possession d'état, ou de la preuve par témoins; ou qu'on ait voulu dire, comme il est probable, qu'il pouvait user seulement du dernier. Cette équivoque aurait besoin d'être levée. L'article a un autre défaut. On y parle de l'enfant inscrit *sous de faux noms de père et de mère*. Mais il y en a d'autres, en très-grande quantité, pour qui le registre est encore plus muet et inutile, quoique leur nom s'y trouve, parce qu'ils y sont inscrits comme enfans *de père et mère inconnus* : il fallait les exprimer.

ap- 323 L'art. 14 décide que « l'enfant exposé, abandonné, ou « dont l'état a été supprimé, n'est admis à réclamer l'état « d'enfant né en mariage, que lorsqu'il existe un commen- « cement de preuve par écrit, et qu'il peut employer « comme tel le registre civil qui constate la naissance d'un « enfant conçu durant le mariage, et dont le décès n'est « point prouvé. »

Cet article, dans la première partie, n'est qu'une répétition inutile de la règle générale, suffisamment exprimée par les articles précédens; et la seconde est une anticipation sur l'article 15, dans lequel on explique ce que c'est qu'un commencement de preuve par écrit.

Il semble que tous ces articles seraient mieux conçus de la manière suivante :

319 Art. 11. La filiation se prouve par l'extrait du registre civil des naissances.

320 Art. 12. Si les registres civils sont perdus, ou s'il n'en a pas été tenu, la possession constante de l'état d'enfant né en mariage suffit.

323 Art. 13. A défaut de possession constante de cet état, la preuve de la filiation peut se faire par témoins, s'il y a un commencement de preuve par écrit.

Il en est de même si l'enfant a été inscrit sous de faux noms de père et de mère, ou comme né de père et mère inconnus.

L'enfant exposé, abandonné ou dont l'état a été supprimé,

peut employer, comme commencement de preuve par écrit, le registre civil qui constate la naissance d'un enfant conçu durant le mariage, et dont le décès n'est point prouvé.

L'article 16 énonce les faits desquels résulte la possession d'état : ils sont de trois espèces, et constituent ce que les jurisconsultes ont appelé *nomen, tractatus, fama*, c'est-à-dire, le nom du père porté par l'individu, son éducation et son traitement, tel qu'il convient à un fils, sa reconnaissance par la société et par la famille.

L'article dit, à l'égard de la reconnaissance par la famille, que « le concours de cette dernière circonstance « n'est pas toujours indispensablement nécessaire. »

L'observation nous paraît vraie, mais trop limitée ; et nous croyons qu'elle doit s'étendre à la plupart des autres circonstances qui ont précédé.

Il est possible, en effet, qu'un enfant qui a toujours porté le nom du père, que le père a toujours traité, qu'il a élevé et même établi comme tel, qui a été reconnu pour tel par la société, soit néanmoins méconnu par sa famille, qui, par des raisons d'intérêt, ou autres semblables, ne voudrait pas le laisser jouir de l'état d'enfant légitime.

Mais ne peut-il pas arriver, par des raisons différentes, que l'enfant ayant toujours porté le nom qui lui appartient, ayant été traité comme tel par le père, et reconnu pour tel par la famille, au moins par les parens les plus proches, soit cependant inconnu sous cette qualité aux autres parens, et que son état soit un mystère aux yeux de la société ?

Ne peut-il pas arriver qu'un enfant porte le nom d'un tel, soit reconnu généralement pour son fils, et par la société et par la famille, tandis que le père seul, qui aura conçu pour lui une injuste aversion, s'étant persuadé faussement qu'il est le fruit de la débauche, refusera de le traiter comme son fils ?

Il nous semble que, dans tous ces cas, la légitimité de

l'enfant ne souffrirait pas plus de difficulté que lorsqu'il lui manque simplement la reconnaissance de la famille.

Nous croyons donc que la réflexion qui termine l'article doit être généralisée, et qu'il faut dire indistinctement, après l'énumération dont il contient le détail : « Le concours « *de toutes ces circonstances* n'est pas toujours indispensable-« ment nécessaire. »

Il en est de la possession d'état comme de toute autre possession ; de celle d'un immeuble, par exemple : elle se manifeste par une infinité d'actes de genres différens ; mais il n'est pas nécessaire que tous se réunissent ; il suffit qu'il s'en rencontre un certain nombre, et d'un caractère assez marqué pour ne laisser aucun doute sur la vérité et la légitimité de la possession. C'est aux juges, sous l'un et l'autre rapport, à en apprécier la suffisance.

329 L'article 22 décide que l'action en réclamation d'état ne peut être intentée par les héritiers de l'enfant qui n'a pas réclamé, qu'autant qu'il est décédé mineur ou dans les cinq années après la majorité. A plus forte raison faut-il décider qu'on ne peut point attaquer l'état d'un enfant, après son décès, lorsqu'il est mort en bonne et paisible possession de l'état d'enfant légitime ; et cela demandait un article à part.

CHAPITRE III. — Des enfans nés hors du mariage.

340 L'article 25 adopte le principe qu'une saine philosophie avait déjà proclamé par le décret du 12 brumaire an 2, relatif aux droits d'enfans nés hors du mariage : « *La loi n'ad-« met point la recherche de la paternité non avouée.* » Ainsi, la simple déclaration d'une fille devenue grosse ne suffira plus pour qu'un homme soit condamné, par provision, à se charger de son enfant ; ni cette même déclaration, aidée de quelques indices de familiarité, pour qu'il en soit déclaré définitivement le père. Il faudra, suivant la loi, que le prétendu père avoue. Seulement on aurait dû spécifier les actes d'où résulte cet aveu.

L'article 26 établit au contraire, et en cela il rectifie le décret du 12 brumaire an 2, que « l'enfant méconnu par sa « mère a la faculté de prouver contre elle sa filiation, » qui est véritablement un fait susceptible de preuve, d'une preuve rigoureuse, et non de simples présomptions ou indices, comme le fait de la paternité.

Le même article ajoute seulement, avec raison, que le réclamant ne sera point admis à la preuve testimoniale s'il n'a un commencement de preuve par écrit, ou une possession constante de la qualité de fils naturel de la mère qu'il réclame.

Ces deux articles sont bons : néanmoins, le 25ᵉ nous paraîtrait mieux rédigé de la manière suivante :

« La loi n'admet point la recherche de la paternité non « avouée.

« L'aveu résulte, ou d'une reconnaissance formelle du « père, consignée dans le registre de l'état civil, ou de tout « autre écrit public ou privé, émané de lui, par lequel il « se reconnaît père de l'enfant. »

L'article 27 porte que « toute reconnaissance du père « seul, non avouée par la mère, est de nul effet, tant à « l'égard du père que de la mère : » et l'on en sent la raison ; c'est qu'en pareil cas, la reconnaissance du père est combattue, et même détruite par le non-aveu de la mère, en qui l'on doit supposer plus de répugnance à méconnaître le fruit né de son sein.

Mais l'article ajoute : « sans préjudice néanmoins de la « preuve de la maternité, et de ses effets contre la mère seu- « lement. » On ne voit pas bien ce que l'article a voulu dire par ces derniers mots. A-t-il voulu dire que dans le cas où la mère refuserait de joindre sa reconnaissance à celle du père, on pourrait faire contre elle, mais contre elle seulement, la preuve de la maternité, et qu'alors la reconaissance du père, unie à cette preuve, aurait son effet à l'égard de tous les deux? Ou bien a-t-il voulu dire que, dans ce cas, la reconnaissance du père serait toujours impuissante, mais que la maternité pourrait être prouvée, et aurait son effet contre la mère seulement? Il faut avouer que ce dernier sens est le plus naturel, et il ne paraît pas le plus raisonnable.

L'article a un autre défaut. Il dit bien ce qu'il faut penser de la reconnaissance du père, lorsqu'elle est destituée de celle de la mère : mais si la mère est morte, si elle est absente, si elle est en démence ou incapable par toute autre cause de donner une déclaration, que deviendra la reconnaissance isolée du père? Ne servira-t-elle pas, du moins par rapport à lui? C'est ce qu'avaient décidé les articles 11 et 12 de la loi du 12 brumaire an 2 ; et il semble que le présent article n'aurait pas dû omettre cette disposition.

Nous proposons de le rédiger ainsi qu'il suit :

Art. 27. Toute reconnaissance du père séparée de celle de la mère, ou de la preuve de la maternité, est de nul effet, tant à l'égard du père qu'à l'égard de la mère.

Néanmoins, en cas de prédécès de la mère, la reconnaissance du père suffit pour constater, à l'égard du père, l'état d'enfant naturel.

Il en est de même dans le cas où la mère serait absente, ou dans l'impossibilité absolue de confirmer, par sa reconnaissance, celle du père.

336 L'article 28 dit que « *la reconnaissance du père* et *l'aveu* « *de la mère sont* valables, à quelque époque qu'ils aient « été faits. » On semble mettre de la différence entre ces mots de *reconnaissance* et d'*aveu*, dont l'un est approprié au *père*, l'autre à la *mère*, quoique la reconnaissance ou l'aveu de l'un ait en général autant d'effet que la reconnaissance ou l'aveu de l'autre ; et l'on remarque la même affectation dans l'article 27. Nous proposons, pour éviter les équivoques, de dire dans celui-ci : *La reconnaissance du père et celle de la mère.*

Le reste de l'article est bon, ainsi que les cinq articles suivans. 336-à 338.

L'article 34 est dans un cas singulier, dont il paraît que voici l'espèce. Un homme enlève une fille; elle devient grosse de lui; il l'épouse ensuite, ou ne l'épouse pas. L'enfant naît à une époque qui fait concourir celle de la conception avec la durée du rapt, et indique clairement le ravisseur pour père : néanmoins, celui-ci se refuse de le reconnaître. Puisqu'il ne veut point être père, les rédacteurs ne l'obligent point à se déclarer tel, par respect pour le principe, que la loi n'admet pas la paternité non avouée : mais comme son refus est injuste, et que le fait, dans ce cas particulier, n'est point douteux, les rédacteurs veulent qu'il puisse être condamné en des dommages et intérêts au profit de l'enfant. 340

Cet article est équitable; mais il serait plus clair si on l'avait rapproché de l'article 25, dont il est une modification.

Nous croyons aussi que sa disposition pourrait être étendue au cas de viol.

Nous venons de parcourir ce titre important de la paternité et de la filiation, et nous l'avons discuté avec toute l'attention que mérite un projet de loi qui contient les fondemens de l'état des hommes.

En finissant, nous ne pouvons nous dispenser d'y remarquer une grande omission qui a frappé beaucoup d'esprits. Les rédacteurs ne disent rien de l'*adoption;* ils n'en ont pas même parlé dans leur discours préliminaire. l. 1er.-tit. 8.

Est-ce oubli de leur part? on ne peut pas le présumer. Ont-ils cru l'objet indigne d'examen? on a lieu d'en être surpris, après que l'adoption a été louée et recommandée aux législateurs par un si grand nombre de personnes auxquelles on ne peut contester des lumières et de la sagesse; que tant de citoyens ont en effet adopté; que la république elle-même a adopté; qu'on a décrété le principe de l'adoption et son effet général; enfin lorsque la France est pleine actuellement d'enfans adoptifs, et qu'il en existe même plusieurs qui, d'après les lois existantes, ont été envoyés provisoirement en possession, sous caution, de la totalité de l'hoirie de leur père. Toutes ces raisons et beaucoup d'autres nous paraîtraient appeler un examen quelconque, et même un sérieux examen.

Tant que les lois du moment ont défendu de donner et de tester, ou ont réduit ce droit à peu près à rien, par les bornes étroites où elles l'avaient circonscrit, il a été fort inutile de s'occuper d'adoption; car comment aurait-on pu faire un enfant adoptif, c'est-à-dire, un héritier ou successeur universel, lorsque la loi ne permettait même pas ou permettait à peine de faire le moindre donataire ou légataire?

Aujourd'hui que la faculté de donner et de tester a été rétablie, quoique avec certaines limitations, tant en directe que collatérale, par la loi du 4 germinal an 8, et que les rédacteurs du présent Code, comme nous le verrons en son lieu, proposent encore de l'étendre; aujourd'hui qu'un homme qui a de la fortune, et qui n'a que des collatéraux éloignés, peut disposer de la totalité de son bien; que celui même qui a des collatéraux plus proches, peut disposer ou des trois quarts ou de moitié; que le père même peut disposer du quart; aujourd'hui que cette législation existe, on ne voit pas ce qui pourrait empêcher un citoyen de se donner un enfant adoptif, et d'ajouter, en faveur de l'objet de ses libéralités, au nom de donataire ou de légataire, celui de fils.

On a paru craindre que, dans l'état de délabrement de nos mœurs, cette institution ne favorisât la licence. Mais les précautions les plus simples suffisaient pour rassurer contre un pareil inconvénient; et tous ceux qui ont présenté des projets de loi sur l'adoption les ont indiquées. Des personnes mariées ne pourraient adopter que d'un mutuel consentement. Un citoyen ou une citoyenne ne pourrait adopter qu'une personne de son sexe.

Un homme, a-t-on dit, adoptera ses bâtards. On pourait demander si c'est un mal. Mais les rédacteurs y ont ourvu, en statuant (art. 12 et 13 du titre *des donations t testamens*) que les bâtards, même simples, ne pourraient rien recevoir de leur père ou mère naturels au-delà de ce que la loi leur défère *ab intestat*.

Le bâtard, quoique adopté, serait soumis à cette loi comme les autres ; lorsqu'il serait reconnu pour bâtard. A-t-on voulu dire que le père naturel, au lieu de reconnaître son fils bâtard, l'adoptera comme étranger pour lui faire passer une plus grande partie de ses biens? L'inconvénient serait le même sans adoption ; le père naturel, au lieu de reconnaître son fils bâtard en cette qualité, pourra le faire son légataire ou son donataire universel.

On a dit encore que, dans nos mœurs actuelles, où les pères en général ont tant de peine à contenir leurs enfans dans les bornes du devoir, où tant de fils indignes de ce nom étouffent jusqu'aux sentimens de la nature, ce serait une grande folie d'ajouter des enfans de son choix à ceux que la naissance nous a donnés, ou même de suppléer par cette voie à ceux qu'elle nous a refusés..... Il semble que c'est là un point qu'il faut laisser à la discrétion de chacun, mais dont la loi ne doit pas se constituer juge. Trop d'enfans assurément font le malheur de leurs pères ; mais il y en a encore, malgré notre dépravation (et l'on ne nous contestera pas cette vérité si consolante pour l'humanité), il y en a beaucoup qui font leur bonheur. Pourquoi envierait-on cette espèce de félicité, si analogue aux sentimens naturels, à celui qui désire de se la procurer, à l'homme surtout qui, s'étant marié dans l'intention si légitime d'avoir des enfans, n'en a point eu, ou a eu le malheur de les perdre? La loi ne contraindra personne ; elle laissera chaque individu maître de suivre ses goûts et ses penchans particuliers : elle serait dure si elle forçait d'adopter ; mais elle est injuste si elle défend de faire.

Il est à craindre que le grand obstacle qu'éprouve parmi

nous l'introduction de cette loi bienfaisante ne vienne pas précisément de ce genre de corruption que l'on envisage, mais d'une autre espèce de démoralisation qui n'est pas moins réelle, et qui, à tous égards, est infiniment plus dangereuse : nous voulons dire, ce sentiment d'égoïsme qui resserre, qui flétrit et abâtardit toutes les ames. On n'exigera pas, sans doute, que la loi protège et prenne en, quelque manière, sous sa sauve-garde cette vile passion, ennemie et destructive de tout lien social. Avec un pareil système, on irait à lui faire interdire jusqu'aux mariages, que son devoir est d'encourager, de faciliter et de multiplier par tous les moyens possibles. Loin de nous et de toutes personnes consultées sur une rédaction de lois d'aussi funestes idées. C'est à les combattre, c'est à les extirper et à les détruire qu'ils sont appelés, et non à les favoriser.

Quoi qu'il en soit de ces réflexions, auxquelles nous n'avons pu nous refuser, nous estimons que la grande question de l'adoption doit être jugée autrement que par le silence du législateur ou de ceux qui sont chargés de méditer la loi. On peut être partagé sur les objets de détail ; sur le point de savoir, par exemple, si l'on permettra d'adopter à celui qui a des enfans ; sur la quotité du droit des enfans adoptifs et autres semblables. C'est sur quoi l'on pourra trouver des secours dans les différens projets de loi qui ont paru sur cette matière, notamment dans la rédaction du consul Cambacérès. Mais il paraît peu vraisemblable que la question prise en elle-même éprouve des difficultés; et, en tous cas, nous demandons qu'on l'examine : nous croyons qu'elle mérite, de la part du Conseil-d'État, la discussion la plus sérieuse et la plus approfondie.

TITRE VIII. — *De la puissance paternelle.*

tit. 9.   Ce titre contient, sous l'intitulé de DISPOSITION GÉNÉRALE, une définition de la puissance paternelle ; puis deux chapitres, qui traitent des effets de cette puissance, soit sur la personne, soit sur les biens ; enfin, un troisième chapitre, dans lequel il est parlé de la disposition officieuse, nom plus doux, substitué à celui d'exhérédation officieuse, qui existait dans nos livres.

La puissance paternelle est définie, article 1er, « un droit « fondé sur la nature, et *confirmé* par la loi, qui donne au « père et à la mère la *surveillance* de la personne et l'admi- « nistration des biens de leurs enfans mineurs, et non éman- « cipés *par mariage*. »

Il y a dans cette définition plusieurs termes que nous ne saurions approuver.

D'abord, le mot *confirmé*. (Fondé sur la nature, et *confirmé* par la loi.) *Qui confirmat, nihil dat*. Si donc la loi ne fait que *confirmer* le droit des pères fondé sur la nature, il faut que ce droit n'aboutisse qu'à des effets qui aient véritablement leur origine et leur fondement dans le droit naturel. Or, peut-on dire cela des deux espèces de droits dont il va être parlé dans les deux chapitres suivans, savoir, en premier lieu, du droit de correction, arbitraire et absolu, donné au père ; et, en second lieu, de l'administration avec profit, ou de la jouissance qu'on lui accorde du bien de ses enfans? Nous n'examinons point encore si ces deux droits doivent subsister ; mais en supposant qu'on les maintienne, l'expression nous paraît inexacte. Nous proposons de substituer un mot analogue, et qui n'est pourtant pas le même: *affermi*, au lieu de *confirmé*. « La puissance paternelle est « un droit fondé sur la nature, et *affermi* par la loi. » Ce mot ne contredit pas ce qui suit ; et au contraire il indique l'opération propre de la loi, qui ajoute au pouvoir donné par la nature.

Le second mot que nous trouvons à reprendre dans la définition est celui de *surveillance*, appliqué à la personne. (Un droit qui donne au père la *surveillance* de la personne.) Ce mot ne nous paraît pas assez fort. Il indique uniquement le droit d'inspecter, d'observer, de voir si les choses sont dans l'ordre, et non celui de remédier au mal par soi-même ; droit que la loi accorde au père. Nous proposons à la place le mot de *gouvernement*, qui dit tout, et que nous trouvons dans la loi même, au titre suivant, article 5. (Un droit qui donne au père le *gouvernement* de la personne.)

Une troisième expression que nous trouvons à reprendre dans la définition est celle qui termine l'article. La puissance paternelle, y dit-on, est un droit qui donne au père et à la mère la surveillance de la personne et l'administration des biens de leurs enfans mineurs et non émancipés *par mariage*. Que signifie cette restriction, *par mariage?* Si les enfans mineurs ne pouvaient en effet être émancipés que par mariage, cette expression aurait un sens, et elle serait tout au plus inutile. Mais l'article 106, du titre *de la minorité* nous apprend que le mineur est émancipé de plein droit, non-seulement quand il se marie, mais lorsqu'il a atteint l'âge de dix-huit ans accomplis ; et quand on supprimerait cette émancipation légale, acquise par la seule force de l'âge, on conçoit qu'il y aura toujours d'autres émancipés que ceux qui le seront par mariage. Qu'a donc voulu dire la définition, lorsqu'elle retient sous le joug de la puissance paternelle tous les émancipés en général, autres que les émancipés par mariage? Comprend-on un mineur émancipé, à qui la loi accorde tout pouvoir de gouverner sa personne et d'administrer ses biens, et qui néanmoins demeure soumis à la puissance paternelle, c'est-à-dire à un pouvoir complet de gouvernement sur sa personne et d'administration sur ses biens ? Nous proposons de supprimer les mots *par mariage*, et de rédiger tout l'article ainsi qu'il suit :

La puissance paternelle est un droit fondé sur la nature et affermi par la loi, qui donne au père et à la mère le gouvernement de la personne et l'administration des biens de leurs enfans mineurs et non émancipés.

L'effet de la puissance paternelle sur la personne, qui est l'objet du premier chapitre, consiste dans le droit accordé au père de faire enfermer, sur sa réquisition seule, dans une maison de correction, un enfant dont il ne peut réprimer les écarts ; le même droit est accordé à la mère survivante, mais avec l'autorisation d'un conseil de famille.

Cette mesure suppose qu'il existe réellement des *maisons de correction* établies à cet effet, ou autorisées par le Gouvernement, dans lesquelles une jeunesse égarée, indocile, peut, au moyen d'un régime et d'institutions convenables, être mise à portée de rentrer en soi-même, de condamner ses déréglemens, et de rentrer dans les sentiers de la vertu. Il n'y a point actuellement de maisons pareilles, et dès lors le chapitre entier est en ce moment inexécutable ; car les auteurs du projet n'ont certainement pas entendu qu'un père pût faire à sa volonté une maison de correction d'une maison quelconque, de sa propre maison, par exemple, ou de toute autre qu'il voudrait choisir. Si le chapitre est décrété, il n'est pas douteux que le Gouvernement s'occupera aussitôt de former ou de désigner ces maisons : mais jusqu'à ce qu'elles existent, il serait à craindre qu'on ne voulût donner à la loi une exécution prématurée, qui ne pourrait être qu'abusive. Et, pour l'empêcher, nous proposons d'ajouter à la fin de l'article 2, après les mots : *dans une maison de correction*, les mots suivans : *du nombre de celles établies ou autorisées à cet effet par le Gouvernement.* De cette manière, il sera sûr que la loi ne sera exécutée qu'après qu'on aura préparé les moyens d'exécution, tels qu'on veut les obtenir et qu'il est à propos de les avoir.

Maintenant il s'agit d'examiner si ce grand pouvoir attribué au père sur la personne de ses enfans n'est pas excessif. « Pour exécuter la détention, porte l'article 4, le « père s'adresse à l'officier de police judiciaire de son do-« micile, lequel, *sur sa simple réquisition*, doit délivrer l'or-« dre d'arrestation nécessaire. » Il nous semble que ce droit de faire enfermer, *sur sa simple réquisition*, passe de beaucoup les bornes de la puissance paternelle.

D'abord, il est rare qu'il faille en venir à cette extrémité, sans que le père ait des torts graves à se reprocher vis-à-vis de l'enfant, soit un défaut de vigilance qui lui aura fermé les yeux sur ses premiers écarts, soit une faiblesse qui ne lui aura pas permis de les réprimer, soit peut-être de mauvais exemples qu'il aura lui-même donnés à son fils. Un père, en général, n'a point en cet état la confiance de la loi; et, lorsqu'elle doute de sa moralité, comment pourrait-elle lui accorder le droit de faire enfermer son enfant *sur sa simple réquisition?*

D'ailleurs, ne peut-il pas arriver que le père se prévienne contre son fils, et cède aux mouvemens d'une colère aveugle? S'il y a des enfans rebelles et ingrats, n'y a-t-il pas aussi des pères dénaturés? Combien de causes autres que des torts impardonnables du fils peuvent le brouiller avec son père? C'est peut-être un père excessivement exigeant, qui prendra pour une faute grave un manquement très-léger; des discussions d'intérêts, des instigations étrangères viendront à la traverse; le père sera poussé par une injuste marâtre. Eh! pourquoi faut-il que, dans une pareille position, le fils soit livré, sans appui, sans défense, sans recours quelconque, aux traits de son emportement, le père étant tout à la fois juge et partie?

Ce n'est pas la première fois qu'il a été question d'accorder aux pères ce pouvoir nécessaire sur leurs enfans; ils l'ont toujours eu, mais avec mesure.

L'Assemblée constituante, par les articles 15 et 16 du titre X de la loi du 16 août 1790, concernant l'organisation judiciaire, défère expressément ce pouvoir au père et à la mère, même à l'aïeul ou au tuteur, qui auront des sujets de mécontentement très-graves sur la conduite d'un enfant ou d'un pupille dont ils ne peuvent plus réprimer les écarts; mais elle veut que la plainte, en ce cas, quel que soit le plaignant soit portée au tribunal domestique de la famille assemblée, qui, après avoir vérifié les causes, pourra prononcer l'arrêté de reclusion. Encore exige-t-elle (c'est la disposition de l'article 17) que l'arrêté de la famille ne soit exécuté qu'après avoir été présenté au président du tribunal, qui en ordonnera ou refusera l'exécution, ou en tempérera les dispositions, après avoir entendu le commissaire du pouvoir exécutif, chargé de vérifier, sans forme judiciaire, les motifs qui auront déterminé la famille.

Avant la révolution, on obtenait communément, pour ces sortes d'affaires, des ordres supérieurs ; mais l'ordre ne s'accordait que sur le rapport du magistrat de police, qui s'assurait auparavant, ou devait s'assurer de la réalité des faits, de leur gravité, et faisait faire, pour les constater, une enquête sommaire par un officier de police, commissaire ou inspecteur.

Plus anciennement, nous voyons un arrêt du conseil, du 20 avril 1684, portant réglement pour l'hôpital général de Paris, et revêtu de lettres-patentes enregistrées le 29 du même mois.

Il porte que « les enfans, soit garçons au-dessous de
« vingt-cinq ans, soit filles, des artisans et pauvres habi-
« tans de la ville et faubourgs de Paris, lesquels maltraite-
« ront leurs pères ou mères; ceux qui ne voudraient pas
« travailler par libertinage ou par paresse, et les filles qui
« auront été débauchées ou seront en péril évident de l'être,
« seront enfermés dans les lieux destinés à cet effet; savoir :
« les garçons dans la maison de Bicêtre, et les filles dans
« celle de la Salpétrière. »

Mais voici la précaution : « Les pères et mères, tuteurs
« ou curateurs des enfans de famille...... pourront s'adres-
« ser au bureau de l'hopital-général, qui se tient pour la
« réception des pauvres, où celui qui se trouvera y présider
« commettra un ou deux des directeurs, pour s'informer de
« la vérité des plaintes ; et sur le rapport qu'ils en feront au

« jour auquel on reçoit les pauvres, on leur délivrera un
« ordre signé de celui qui présidera, et de quatre direc-
« teurs, adressé aux officiers desdites maisons, pour y re-
« cevoir les enfans lorsqu'ils y seront amenés. »

Le même réglement ajoute encore : « Lorsque les père
« et mère qui se plaindront de la conduite de leurs enfans,
« seront mariés en secondes noces, ou auront d'autres en-
« fans d'un second mariage, quoique le père ou la mère
« desdits enfans nés d'un second mariage soit mort, les di-
« recteurs commis pour s'informer de la vérité des plain-
« tes entendront les plus proches parens desdits enfans,
« ou des personnes dignes de foi, avant de faire leur rap-
« port. »

Partout, et à toutes les époques, on a senti parmi nous la nécessité de n'admettre les pères à exercer ce droit redoutable de détention, qu'après avoir vérifié leurs sujets de plainte. Voudrait-on que leur pouvoir, limité sous la monarchie, devînt indéfini sous la république, et que les mineurs seuls ne s'aperçussent de la révolution que par la perte entière de leur liberté?

Nous ne parlons point de l'ancien droit romain, qui autorisait les pères à tuer leurs enfans, et à les vendre jusqu'à trois fois. On ne prétend pas assurément qu'il doive nous servir de règle.

Peut-être les rédacteurs ont-ils cru qu'un plus grand pouvoir donné aux pères était indispensable à la suite des désordres occasionés par les temps orageux que nous venons de traverser. Mais, en ce cas, ce qu'il fallait était un réglement de circonstance, une loi transitoire, et non une loi destinée à faire partie du Code civil.

Nous sommes convaincus, en principe, que le pouvoir du père sur la personne de ses enfans ne doit point être absolu; que l'ordre de détention ne doit point lui être accordé *sur sa simple réquisition;* qu'il a besoin d'être lui-même autorisé par un *conseil de famille,* et qu'on ne doit faire, à cet égard, aucune distinction entre le père et la mère.

Pour rendre le *conseil de famille* vraiment utile, il faut que les parens soient forcés de s'y rendre, autrement le prétendu conseil de famille n'en a plus que le nom, et dégénère en un conventicule d'étrangers ou de soi-disant amis, c'est-à-dire, de tous ceux que la partie intéressée croit devoir y appeler. On pourrait autoriser le juge-de-paix à mulcter d'amende ceux qui refuseraient d'y comparaître sans cause légitime ; l'amende pourrait être de 3o francs, comme celle qui a lieu pour le jury d'accusation ; peut-être conviendrait-il qu'elle fût même plus forte.

L'article 4 porte que l'officier de police judiciaire ne doit délivrer l'ordre d'arrestation qu'après avoir fait souscrire au père une soumission de payer tous les frais et de fournir à l'enfant les alimens convenables : cela est juste ; mais comme le père peut être pauvre, et que néanmoins la république a intérêt que son enfant soit corrigé, il conviendrait qu'en ce cas la république elle-même se chargeât tant des frais que des alimens, soit en totalité ou en partie, d'après un certificat d'indigence que le père rapporterait : *nous disons en totalité ou en partie;* car il ne faudrait pas non plus que le père fît enfermer son enfant pour s'en débarrasser, en le mettant à la charge de la république ; il faut que le père fasse ce qu'il peut, et que la république supplée seulement à l'insuffisance de ses moyens.

Enfin, il convient que le Gouvernement donne la plus grande attention à la bonne tenue des maisons de correction, afin que les enfans qu'on y met soient véritablement amendés, rappelés à la vertu, et surtout qu'ils n'en sortent pas pires qu'ils n'y sont entrés.

Avec ces procédés, on pourrait attendre quelque fruit de cette autorité des pères sur la personne de leurs enfans.

Passons à l'autre effet de la puissance paternelle, le droit sur les biens, qui forme l'objet du second chapitre.

384-
387-
389
Suivant l'article 12, « le père, constant le mariage, a
« jusqu'à la majorité de ses enfans *non émancipés*, l'admi-
« nistration et la jouissance des biens qui leur adviennent,
« autres néanmoins que ceux que ces enfans peuvent acqué-
« rir par leur travail et leur industrie hors de la maison pa-
« ternelle. »

Notez ces mots : « Jusqu'à la majorité de ses enfans *non
« émancipés*, » et rapprochez-en ceux de l'article 1er qu'on
a remarqués ci-devant. Dans l'article 1er, qui définit la puissance paternelle en général, c'est un droit qui donne au
père et à la mère la surveillance de la personne et l'administration des biens de leurs enfans mineurs *et non émancipés
par mariage*; il n'y a que l'émancipation *par mariage* qui
éteint le droit. Dans l'article 12, qui détermine en particulier l'effet de la puissance paternelle sur les biens, le droit
du père subsiste jusqu'à la majorité de ses enfans *non émancipés*, soit par mariage ou autrement; ce droit cesse par
toute espèce d'*émancipation*. Comment accorder les deux articles?

Il y a une autre remarque à faire sur les termes de l'article 12. On y lit que le droit du père subsiste *jusqu'à la
majorité* des enfans *non émancipés*. Or, suivant l'article 106,
le mineur est émancipé de plein droit à l'âge de dix-huit
ans accomplis, s'il ne l'est pas plus tôt par mariage. Le droit
du père ne peut donc subsister, en aucun cas, *jusqu'à la
majorité*.

Ainsi l'article 12 n'est pas plus d'accord avec l'article
106, que l'article 1er avec l'article 12.

Revenons à la disposition principale de ce dernier article.

D'après l'article 12, le père a donc, pendant la durée du
mariage, et jusqu'à la majorité ou l'émancipation de ses
enfans, non-seulement l'administration, mais la jouissance
des biens qui leur adviennent, autres néanmoins que ceux
que lesdits enfans peuvent acquérir par leur travail et in-

dustrie hors de la maison paternelle, ce qui rentre dans les pécules *castrense* et *quasi-castrense*.

Il faut joindre à cet article 12 les articles 5 et 6 du titre suivant, qui, après le mariage dissous, font subsister ce droit utile de la puissance paternelle au profit du père, sous le nom de *garde*, et le rendent commun à la mère survivante.

« Après la dissolution du mariage par le décès de l'un
« des époux, les enfans mineurs et non émancipés de-
« meurent *sous la garde* du père ou de la mère survivant,
« auquel appartiennent le gouvernement de leurs personnes
« et l'administration de leurs biens, des revenus desquels il
« jouit, sous la seule charge de fournir aux frais de leur
« entretien et éducation. » (Art. 5.)

« S'il échoit depuis, auxdits enfans, quelques biens, par
« succession, donation ou autrement, le père ou la mère
« a la jouissance des revenus desdits biens. Cette jouissance,
« dans le cas de la dissolution du mariage par divorce,
« appartient à celui des deux époux qui conserve l'admi-
« nistration des biens desdits enfans. » (Art. 6.)

On est fort étonné, en lisant ces articles, d'y voir rétabli le droit de garde, qui paraissait aboli pour toujours. Ce droit, comme chacun sait, avait une origine purement féodale. Il existait au profit des nobles, et, dans quelques lieux, au profit des roturiers, mais avec moins d'étendue, par imitation de ce droit des nobles ; d'où résultaient la garde noble et la garde bourgeoise. Il semblait donc que, le régime des fiefs étant détruit, toute espèce de garde était anéantie dans le principe ; et certainement la garde noble avait cessé par le décret de suppression de la noblesse. La garde bourgeoise elle-même n'était regardée que comme un débris qui défigurait encore nos lois actuelles, mais qui, au premier coup-d'œil des législateurs, allait disparaître.

Et, néanmoins, voilà qu'on ressuscite le droit de garde, en lui donnant même une extension qu'il n'a jamais eue.

Car, suivant l'article 268 de la Coutume de Paris, la garde noble durait seulement aux enfans mâles jusqu'à vingt ans, et aux femelles jusqu'à quinze ans accomplis ; et la garde bourgeoise, aux enfans mâles jusqu'à quatorze ans, et aux femelles jusqu'à douze ans pareillement accomplis ; encore, pourvu que les père et mère ne se remariassent point, auquel cas la garde était finie. Au lieu que, par le projet de Code, la garde subsisterait au profit de tous les Français en général, n'y ayant plus de distinction, et pour les femelles ainsi que pour les mâles, jusqu'à la majorité, c'est-à-dire, jusqu'à vingt-un ans accomplis, sans même qu'un second mariage fît cesser ce droit de garde accordé au père ou à la mère survivant, à moins qu'en ce cas le conseil de famille ne jugeât à propos de l'en priver (tit. IX., art. 10 et suiv.).

On se demande ce qui a pu déterminer les rédacteurs à rétablir et à étendre ainsi le droit de garde : on cherche leurs motifs dans le discours préliminaire ; on n'y trouve rien.

Il est probable que les rédacteurs ont regardé cette mesure comme un moyen d'affermir l'autorité des pères, dont le maintien les a grandement et justement occupés. Ils ont vu la puissance paternelle établie dans une grande partie de la France, et avec elle, comme un de ses effets, ce droit des pères sur le bien de leurs enfans. Ils ont aperçu dans plusieurs de nos Coutumes des traces et une ombre de cette puissance, et partout, avant la révolution, un droit de garde qui, quoique très-différent dans le principe, avait pourtant les mêmes résultats. Ils en ont conclu que ce droit pouvait être rendu général, et que la puissance des pères y gagnerait beaucoup.

Sans doute elle y gagnerait infiniment. C'est un moyen très-sûr pour contenir les enfans que de mettre leurs biens ainsi que leur personne dans la main du père. Toute la difficulté est de savoir si ce moyen peut être avoué par la justice et la raison.

Le souvenir des gardes noble et bourgeoise doit être effacé.

La puissance paternelle des pays de droit écrit ne doit être étendue aux autres contrées qu'autant qu'elle est juste et raisonnable : dans le cas contraire, il faut abolir ce droit particulier des pays de droit écrit, au lieu d'en faire le droit commun de la France.

Tout consiste donc à rechercher en cette matière le point de raison et de justice. Or, il est difficile de se persuader que la raison et la justice exigent qu'on donne invariablement au père la jouissance du bien de ses enfans ; au père quel qu'il soit, riche, joueur, dissipateur, avare, etc.

Fût-il sans défauts, et le plus honnête des hommes, cette attribution n'en serait pas mieux fondée. Les pères doivent amasser et travailler pour leurs enfans ; mais il est contre nature que le bien des enfans serve à enrichir les pères.

Ce que l'on peut dire, c'est que le père n'étant obligé de fournir à l'entretien et éducation de son enfant qu'à raison de l'impuissance où est l'enfant d'y subvenir lui-même, son revenu, s'il en a un, doit d'abord y être employé.

Ce qui est vrai encore, c'est que la portion de revenu applicable à l'entretien et éducation de l'enfant devant être déterminée par la famille, cette fixation doit se faire avec la latitude, la confiance que commande en général la qualité de père, et celle que peuvent mériter ses qualités personnelles.

Hors de là, toute jouissance du bien des enfans attribuée au père est un abus, une oppression du faible par le fort.

Un tel pouvoir ne serait établi qu'en faveur du père et non des enfans. Or, tout pouvoir qui n'existe pas pour le bien des administrés est tyrannique et insoutenable, et doit être aboli.

Nous votons pour la suppression du droit de jouissance du bien des enfans accordé aux père et mère sous les noms de puissance paternelle et de garde. Nous invitons les rédacteurs à chercher, et il y en a, d'autres moyens de consolider la juste autorité des pères.

L. 1er-
fin du
tit. 9-
et
1048

Le chapitre *de la disposition officieuse* paraît déplacé sous ce titre, et conviendrait mieux sous celui *des testamens*.

On peut former sur ce chapitre une question générale, celle de savoir si les seuls ascendans ont droit de faire ce qu'on appelle *disposition officieuse*. Chez les Romains, dont nous avons emprunté cette loi, elle ne pouvait être réellement utile qu'aux ascendans. Comme le droit romain n'admettait de légitime qu'en ligne directe, les collatéraux, par la seule force du droit commun, et sans le secours d'aucune loi particulière, étaient les maîtres de disposer comme ils voulaient de la totalité de leur bien. Parmi nous, au contraire, en pays coutumier, il existait en collatérale une légitime coutumière consistant dans la réserve des propres; et même actuellement la loi générale de France a établi une légitime sur tous les biens en faveur des collatéraux comme au profit des enfans, différente seulement pour les uns et pour les autres dans sa quotité. On peut donc demander si un Français n'est pas fondé, même en collatérale, à user de disposition officieuse. Par exemple, j'ai pour héritier présomptif un neveu dissipateur; puis-je, pour l'intérêt même de ce neveu et de sa postérité, d'après les termes de l'art. 15 du présent titre, léguer, par une disposition officieuse, aux enfans de ce neveu l'entière propriété de sa portion héréditaire, dont nos lois actuelles lui réservent une moitié, et le réduire lui-même au simple usufruit de cette portion, en exprimant d'ailleurs le motif qui me détermine à en agir ainsi? On ne voit pas ce qui pourrait s'y opposer. Ou il faut retrancher absolument la légitime des collatéraux, ce qui pourrait être convenable, et ce qu'il ne s'agit pas d'examiner ici; ou, si on la laisse subsister, il faut qu'on puisse venir au secours du dissipateur en collatérale comme en directe, par le moyen de la disposition officieuse. La raison des deux côtés est la même ; et, puisque la loi soigne les intérêts des collatéraux comme ceux des enfans, en leur réservant une légitime, elle doit autoriser à leur égard les mêmes précautions pour assurer leur subsistance.

L'article 16 veut que la cause de la disposition officieuse soit spécialement exprimée dans l'acte qui la contient; elle doit être juste, ajoute l'article, *et encore subsistante à l'époque de la mort du père ou de la mère disposans*. Ces derniers mots sont superflus et compris dans celui qui précède ; la cause ne peut être juste qu'autant qu'elle subsiste à l'époque de la mort du père ou de la mère disposans : une dissipation momentanée, et qui n'aurait point eu de suite, parce que l'enfant se serait corrigé, peut-être d'après les remontrances ou les menaces de ses père et mère, ne peut pas fonder une exhérédation officieuse.

Suivant l'article 19, les créanciers autres que ceux qui ont fourni des alimens à l'enfant dissipateur depuis sa jouissance ne peuvent saisir son usufruit, si ce n'est dans le cas où il excéderait *ce qui peut convenablement suffire à sa subsistance*. Il semble qu'il vaudrait mieux, pour éviter les procès, déterminer en général une quotité qui serait insaisissable. M. *Merlin*, dans un projet de loi par lui présenté à l'Assemblée constituante, avait fixé en pareil cas la portion du revenu insaisissable à 6,000 livres : ce taux paraît trop fort; on pourrait le réduire à 1,500 livres, et permettre de saisir au-delà, mais seulement jusqu'à concurrence de moitié, des deux tiers, ou de telle autre quotité de la portion excédante, à peu près comme on l'a fait à l'égard des fonctionnaires et employés de la république.

L'article 21 déclare que, dans le cas du retour exprimé par l'article 18, les créanciers reprennent l'exercice de leurs droits sur les immeubles dont la nue propriété est revenue à l'enfant dissipateur. Cela doit s'entendre apparemment dans les bornes de l'article 19, et sous la réserve de l'usufruit ou de la portion d'usufruit qui demeure insaisissable : il serait bon de l'énoncer.

L'article 22 est ainsi conçu : « La mère, constant le « mariage, ne peut frapper l'enfant commun d'une dispo- « sition officieuse *sans l'assistance ou le consentement exprès* « *de son mari*. — Si elle a des enfans d'un autre lit, elle ne « peut faire une disposition officieuse qui les frappe, *qu'après* « *y avoir été autorisée par un conseil de famille.* »

On ne conçoit pas quel motif a pu dicter un article aussi injurieux pour une mère, et si peu conforme aux règles générales. Suivant l'article 16, la disposition officieuse ne peut être faite que par acte testamentaire. Or, un testament se fait sans l'*assistance* de personne ; et les auteurs du Code ont eux-mêmes décidé (tit. VI, art. 74) *que la femme peut tester sans le consentement ni le concours de son mari ;* encore moins doit-on l'astreindre, malgré son convol, à prendre l'*autorisation d'un conseil de famille*, auquel elle serait obligée de dévoiler et de soumettre ses motifs. Au fond, qu'a-t-on à craindre d'une pareille disposition ? Puisque, dans aucun cas, elle ne peut valoir qu'autant que la cause en est spécialement exprimée et se trouve *juste*, les juges, après le décès de la mère, prononceront sur le mérite de la cause ; et si elle n'est pas *juste*, si elle est fause ou insuffisante, la disposition sera cassée.

fin du tit. 9.

Nous ne voulons point terminer l'examen de ce titre, sans présenter une réflexion générale qui peut mériter l'attention des rédacteurs. Une grande vue les a occupés dans tout ceci, et elle est bien louable, celle de renforcer, de consolider la juste et indispensable autorité des pères. Nous n'avons pas toujours été d'accord sur les moyens ; mais en voici un qui paraît simple. Il faudrait d'abord restreindre un peu la légitime des enfans que la dernière loi a étendue jusqu'aux trois quarts, et la replacer dans ses anciennes bornes, en la fixant à la moitié. Il faudrait ensuite, nous le disons avec assurance, il faudrait autoriser le père même à adopter, et régler la part de l'enfant adoptif précisément à cette moitié que pourraient perdre ceux qui seraient enfans par naissance. Avec cette double mesure, d'une fixation plus raisonnable de la légitime d'une part, de l'autre du pouvoir d'adopter, l'autorité du père est armée de tout ce qui peut la rendre respectable ; il a, et vis-à-vis de chacun de ses enfans, et vis-à-vis de tous ses enfans ensemble, évidemment ce qu'il lui faut pour les contenir dans le devoir.

TITRE IX.—*De la minorité, de la tutelle et de l'émancipation.* t. 10.

Ce titre nous a paru un des meilleurs du Code projeté. Il est vrai qu'on a eu pour sa rédaction de grands secours dans les réglemens pour les tutelles normandes et bretonnes, que l'on paraît en général avoir pris pour guides, et l'on a bien fait. Nous n'avons que peu de choses à dire sur une partie qui prête beaucoup plus à l'éloge qu'à la critique.

Les articles 4, 5, 6, 11 et 14 contiennent des dispositions relatives au droit d'usufruit ou de garde accordé aux père et mère sur les biens de leurs enfans : nous avons dit ce que nous pensons de ce droit. 389 et suiv.

S'il est rejeté, comme nous croyons qu'il doit l'être, il n'y aura plus de différence entre la tutelle naturelle des père et mère et les autres tutelles ; les pères et mères tuteurs auront besoin, comme les autres, de la confirmation de la famille, qui pourra les refuser, s'ils sont insolvables, ou exiger qu'ils donnent bonne et suffisante caution. C'est la disposition précise des articles 2 et 3 du réglement de Normandie.

Dans le même cas de suppression du droit de garde, le père qui se remarie n'aura pas besoin de convoquer le conseil de famille pour décider si la tutelle doit lui être conservée.

L'article 16 porte que le survivant des père et mère à qui l'on donne le droit de choisir un tuteur peut faire ce choix par déclaration, soit devant le juge-de-paix de son domicile, *soit devant un notaire en présence de deux témoins.* 398

Il fallait dire, comme à l'égard des testamens, et de tous actes publics, *devant deux notaires*, ou *un notaire et deux témoins*, en ajoutant, par rapport aux témoins, qu'il faut qu'ils sachent et puissent signer. On pouvait aussi, pour plus grande précaution, énoncer que le juge-de-paix doit être assisté de son greffier.

398. L'article 17 paraît entièrement inutile, aucun acte public n'étant valable sans les signatures de l'officier qui le reçoit, et des témoins instrumentaires, jointes à celle de la partie ou à la déclaration supplétive.

402-403-404. Suivant l'article 20, lorsque l'enfant mineur n'a ni père ni mère, le conseil de famille *doit déférer* la tutelle à l'ascendant le plus proche.

Doit déférer : ces deux termes paraissent contradictoires. Si c'est le conseil de famille qui *défère* la tutelle aux ascendans autres que les père et mère, on ne peut pas dire qu'il *doit* la leur déférer, ni lui en faire nécessité ; son choix est libre. Dans la vérité, ce n'est point par le conseil de famille que cette tutelle est déférée, mais par la loi, puisqu'on lui donne le nom de *tutelle légitime*. Mais il serait bon d'énoncer qu'elle a besoin d'être confirmée par le conseil de famille, comme la tutelle testamentaire, en ajoutant seulement, comme dans l'article 15, que la confirmation doit être accordée, s'il n'y a cause d'exclusion.

Le même article porte qu'en cas de concours de plusieurs ascendans au même degré et de même sexe, « le conseil de « famille décide quel est celui à qui la tutelle doit être dé- « férée. » Peut-être serait-il mieux de dire qu'en ce cas, l'ascendant paternel est préféré au maternel. Cette préférence, fondée sur une qualité extérieure, n'a rien qui puisse blesser, et elle suffit pour faire cesser le concours entre personnes également capables ; de même qu'elle n'empêcherait pas le droit d'exclusion, de la part de la famille, lorsqu'il y aurait incapacité.

s.1.2.3 ch. 2. Nous remarquons un désordre dans ce chapitre *de la tu-*

telle. La section III, *de la tutelle légitime*, qui est celle des ascendans autres que les père et mère, doit être la section II; et la section II, *de la tutelle déférée par le père ou la mère*, doit prendre la place de la section III, puisqu'aux termes de l'article 15, le dernier mourant des père et mère n'est autorisé à choisir un tuteur *que lorsqu'il n'y a point d'ascendant*.

Et même, si l'on supprime, comme nous le conseillons, la tutelle non comptable des père et mère, on fera bien de réunir sous une même dénomination la tutelle des père et mère et celle des autres ascendans.

En sorte qu'il n'y aurait plus que trois ordres de tutelle, au lieu de quatre indiqués par l'article 3, savoir:

La tutelle des père et mère et autres ascendans, que l'on appellerait *tutelle naturelle et légitime*, en associant les deux noms que le projet sépare mal à propos, et qui sont faits pour aller ensemble; cette espèce de tutelle étant, en effet, déférée conjointement par la nature et par la loi, ou par la loi, suivant le vœu de la nature;

La tutelle testamentaire, ou déférée par le père ou la mère;

Et la tutelle dative, ou déférée par le conseil de famille.

Tous les articles, depuis le 23ᵉ jusqu'au 45ᵉ, formant la section IV, *de la tutelle déférée par la famille*, sont bien conçus, bien rédigés, et bons à conserver.

On pourrait néanmoins, sous l'article 27, qui dit que tous les parens et *alliés* paternels et maternels, jusqu'au 4ᵉ degré inclusivement, doivent être appelés au conseil de famille, on pourrait, disons-nous, observer à cet égard, pour plus de clarté, et afin de prévenir toute équivoque, que les *alliés* ne sont tenus de se rendre à ces assemblées, sous la responsabilité portée par l'article 102, qu'autant que l'affinité est actuellement subsistante, c'est-à-dire, tant que dure le mariage qui a produit l'affinité, ou lorsqu'il existe des enfans qui en sont issus.

407 Il semble aussi que, conformément à ce qui est prescrit par tous les réglemens sur les tutelles, les parens et alliés du côté paternel et du côté maternel devraient être appelés en nombre égal, afin que, lorsque les intérêts des familles sont divisés, comme cela arrive communément, l'une des deux ne fût pas assurée de prévaloir sur l'autre. Ainsi, en convoquant tous les parens et alliés du mineur des deux côtés, jusqu'au quatrième degré inclusivement, il faut dire que, si les parens et alliés d'un côté se trouvent en plus grand nombre que les parens et alliés de l'autre côté, ceux qui excéderont seront tenus de se réduire, en excluant les moins proches, et, en même degré, les moins âgés, de manière que le nombre devienne égal de part et d'autre, à moins cependant qu'il n'y eût pas assez de parens et alliés d'un côté pour former la moitié du nombre exigé ci-après, article 30, auquel cas, ceux de l'autre côté qui excéderaient devraient rester pour parfaire le nombre indiqué.

413-ap-409 L'article 32 indique que les parens, amis et voisins dûment appelés, qui ne se rendent pas au conseil sont remplacés suivant la manière énoncée en l'article précédent, c'est-à-dire, par des amis ou voisins que le juge-de-paix désigne. Cela est bon ; mais il faut ajouter que ceux qui ne comparaissent pas, quoique dûment appelés, seront mulctés d'amende, comme nous l'avons proposé sous le titre *de la puissance paternelle*. C'est un devoir de citoyen de se rendre à ces assemblées, et la convocation ne doit pas être illusoire.

445 L'article 34 ne veut pas qu'on puisse appeler au conseil le parent, l'ami ou le voisin, qui aurait été exclu d'une tutelle. Il faut ajouter, comme dans le réglement de Normandie, et dans la Constitution, ceux qui auraient fait faillite.

427-428 L'article 46 présente l'énumération des personnes que la loi dispense de la tutelle. On y comprend :

Les commissaires à la trésorerie nationale; il n'y en a plus.

Les membres du conseil des prises, espèce de tribunal momentané que l'on crée lors d'une déclaration de guerre de mer, et qui cesse à la paix. Si l'on renferme dans l'exception tous ceux qui ont une commission importante du Gouvernement, mais passagère, le détail en serait immense.

Ceux qui remplissent, hors du territoire de la république, UNE MISSION *du Gouvernement.* Ce terme est trop général; il faut dire une mission durable et permanente, telle que celle d'un ambassadeur ou envoyé, d'un commissaire des relations commerciales, etc. Autrement, celui qui voudrait se soustraire à une tutelle n'aurait qu'à se faire donner, pour le pays étranger, une mission seulement de quelques jours.

Les préfets;

Les commissaires du Gouvernement près les tribunaux;

Les juges-de-paix.

Toutes les personnes précédemment indiquées sont dispensées de la tutelle, à raison de l'éminence de leurs fonctions, qui intéressent le service général, et embrassent tout le territoire de la république; même quelques-uns, comme les envoyés du Gouvernement, à raison de l'impossibilité où ils seraient de remplir les devoirs de tuteur.

Ceux mentionnés en dernier lieu n'ont point à invoquer ces grandes raisons d'exception; et il paraît que la dispense est fondée à leur égard sur une prétendue incompatibilité de leurs fonctions publiques avec celle particulière de tuteur. Mais cette incompatibilité existe-t-elle?

Commençons par les *juges-de-paix;* quelle cause peut empêcher un juge-de-paix d'être tuteur dans un arrondissement voisin? Par exemple, nous avons à Paris des juges-de-paix dont les arrondissemens se touchent. Pourquoi le juge-de-paix de la division des Plantes ne pourrait-il pas être tuteur du fils de son frère, mort dans la division du Panthéon, dont peut-être il n'était séparé que par le ruisseau de la rue? Il en est de même à proportion des autres juges-de-paix. On conçoit qu'un juge-de-paix qui convoque le conseil de famille, et défère la tutelle d'après le vœu des parens assemblés, ne peut pas être tuteur dans son propre territoire; mais là réside seulement l'incompatibilité : partout ailleurs rien ne l'empêche d'être tuteur.

Les *commissaires du Gouvernement près les tribunaux* n'ont pas plus de raison pour être exempts que les juges mêmes dont ces tribunaux sont composés. Tout au plus pourrait-on excepter le commissaire près le tribunal civil de première instance, comme devant être entendu dans les affaires de la tutelle; mais rien n'empêche qu'à cet égard il ne soit remplacé, comme dans toutes les affaires où il a intérêt.

Les fonctions des *préfets*, soit de police, soit de département, n'ont aucune relation directe ni indirecte avec les tutelles. On ne voit point, par rapport à eux, ce qui peut baser l'exception.

En général, il faut être sobre sur ces exemptions, si l'on ne veut pas tomber dans l'inconvénient de l'ancien régime, qui les avait prodigieusement multipliées. Peut-être serait-il mieux de n'en admettre aucune, hors le cas d'une réelle impossibilité, qui tomberait dans le titre général des excuses. C'était la jurisprudence du parlement de Normandie, qui ne dispensait point de la tutelle ses propres membres, quoique d'ailleurs ils en fussent exempts, d'après les édits, comme tous les membres des cours souveraines.

433   L'article 48 décide que ceux qui, à l'époque de la nomination à la tutelle, auront atteint *soixante-cinq ans* sont dispensés de l'accepter. La loi romaine, que nous suivions, dit *les septuagénaires;* fixation consacrée en toute matière, pour déterminer l'exemption fondée sur l'âge, et dont il semble qu'on n'aurait pas dû s'écarter pour en substituer une autre purement arbitraire.

442   A l'art. 54, *dernier alinéa*, il paraît y avoir une omission. L'article exclut de la tutelle et du conseil de famille y relatif, tous ceux, même parens, entre lesquels et le mineur il existe

un procès considérable; après quoi l'on ajoute : « Il en est « de même s'il existe un pareil procès entre les père ou « mère, les frère ou sœur de celui qu'on veut appeler à la « tutelle. » Il semble qu'on doit lire : « s'il existe un pareil « procès entre le *mineur* et les père ou mère, les frère ou « sœur, etc. » Autrement, la phrase n'a pas de sens.

L'article 57 contient des dispositions relatives au droit de garde ou de jouissance attribué aux père et mère sur les biens de leurs enfans. [ap-444]

L'article 61 défère au tribunal d'appel du juge-de-paix, c'est-à-dire au tribunal civil de première instance, le jugement en dernier ressort de toutes demandes en nullité ou réformation des délibérations prises par les conseils de famille. Et nous voyons plus bas, article 100, que c'est aussi au même tribunal qu'est réservé l'apurement définitif du compte de tutelle. [448]

Il faudrait voir s'il n'y a pas d'inconvénient à soustraire ainsi aux tribunaux d'appel la connaissance de ces matières importantes, et s'il ne serait pas plus à propos que ces appels y fussent portés *omisso medio*, ou que les choses demeurassent, à cet égard, dans leur état naturel, les tribunaux d'arrondissement n'étant autorisés à statuer sur ces contestations qu'en premier ressort.

Nous aurons occasion de revenir plus d'une fois sur ce chef dans le cours de nos observations. On a favorisé infiniment les tribunaux de paix aussi bien que les assemblées de famille, où les parties trouvent en effet, dans leurs contestations, une justice paternelle, rapprochée de leurs foyers, prompte et peu coûteuse. On a, en conséquence, étendu leur compétence à plusieurs genres d'affaires d'un très-grand intérêt ; et, quant à l'appel, comme il fallait qu'il fût porté quelque part, on l'a attribué, pour être jugé définitivement, aux tribunaux civils de première instance, toujours par le même principe, afin d'éviter les déplacemens, les longueurs et les frais. Ces vues sont assurément très-louables; mais il y en a d'autres qui doivent aussi entrer en considération, et qui peuvent mériter la préférence. Que s'est-on proposé en instituant des tribunaux d'appel? N'a-t-on pas espéré d'y trouver plus d'instruction, plus d'indépendance des liaisons et des affections particulières? et surtout n'a-t-on pas désiré entretenir, par leur moyen, une certaine uniformité de règles, de principes et de jurisprudence? Voilà le but; et il est manqué si des affaires d'une grande conséquence sont soustraites au jugement des tribunaux d'appel.

D'autres idées ont pu et dû saisir les législateurs avant la création de ces derniers tribunaux, lorsqu'il n'existait que des appels circulaires, et que les tribunaux de district ou de département étaient à la fois juges de première instance et juges d'appel les uns à l'égard des autres. Il y avait peu à gagner dans ces sortes d'appel, au moins sous le rapport de l'utilité générale; c'était une satisfaction pour le plaideur, mais non un profit pour le public. Aujourd'hui qu'il y a des tribunaux d'appel fixes et permanens, il semble que les opinions doivent changer, et qu'il est temps que les affaires reprennent leur train ordinaire.

Nous soumettons ces réflexions au Conseil-d'État; elles nous ont paru dignes de son attention.

450. L'article 65 dit que le tuteur *surveille* la personne du mineur. Nous avons observé que ce mot *surveille* n'est pas le mot propre. Il faudrait dire : le tuteur *prend soin* de la personne du mineur.

453. L'article 71 revient sur la jouissance du bien des mineurs accordée aux père et mère, et aggrave infiniment la condition des premiers. Il y est dit que les père et mère sont dispensés de vendre les meubles du mineur, s'ils aiment mieux *les conserver pour les remettre en nature:* qu'au dit cas ils sont obligés d'en faire faire, à leurs frais, une estimation à juste valeur, par un expert qui sera nommé d'office par le tribunal de première instance, et qu'à l'expiration de l'usufruit, ils seront tenus de rendre la valeur estimative *de ceux des meu-*

bles qu'ils ne pourraient pas représenter en nature. C'est quelque chose ; mais les autres, en quel état les représenteront-ils ? Supposons un enfant dont la mère meurt en le mettant au monde. Voilà une assez longue durée ouverte à la jouissance du père. Que restera-t-il du mobilier de l'enfant à l'époque de sa majorité ou de son émancipation ?

Observons qu'on enchérit encore ici sur le droit de garde, au moins tel qu'il existait à Paris. Suivant l'article 267 de la Coutume de Paris, « le gardien noble...... et pareillement « le gardien bourgeois, a *l'administration* des meubles, et « fait les fruits siens durant ladite garde, de tous les im- « meubles. » On a conclu de ces termes que le gardien doit, en fin de garde, restituer la juste valeur des meubles ; et tout ce qu'ont pensé les auteurs les plus favorables à son droit, c'est qu'il n'était pas obligé de vendre les meubles, et faire emploi du prix, pour compter de l'intérêt, comme un tuteur ou *administrateur* ordinaire. Ici on le dispense de rendre la valeur des meubles ; il suffit qu'il rende les meubles même usés, détériorés, et presque anéantis par la longue jouissance : c'est à peu près l'équivalent d'un droit de propriété.

Suivant l'article 75, l'acceptation d'une succession échue au mineur ne peut se faire que *sous bénéfice d'inventaire.* Cet article paraît inutile, d'après le principe reçu, que le mineur est toujours restituable contre l'acceptation d'une succession onéreuse, et peut, comme l'on dit, se jouer de sa qualité. 461

Suivant l'article 76, la succession qui a été répudiée par le tuteur, avec l'autorisation du conseil de famille, peut être reprise, soit par le tuteur avec pareille autorisation, soit par le mineur devenu majeur, mais *dans le cas seulement où elle n'aurait été acceptée par aucun autre.* On ne voit pas pourquoi cette dernière limitation, contraire aux règles généralement et invariablement suivies jusqu'à ce jour. On a craint, sans doute, de laisser les cohéritiers du mineur, ou 462 les successibles d'un degré subséquent, dans une trop longue incertitude. Mais cette crainte doit-elle prévaloir sur les intérêts du mineur, toujours si précieux aux yeux de la loi?

Si l'on croyait devoir conserver cette disposition, au moins faudrait-il assurer le recours du mineur contre un tuteur et des parens qui, par une crainte excessive ou faute d'examen, peut-être par corruption, lui auraient fait répudier une succession avantageuse.

463. L'article 77 veut que la donation faite au mineur ne puisse être acceptée par le tuteur *qu'avec l'autorisation du conseil de famille;* et dans ce cas, ajoute l'article, la donation a, vis-à-vis du mineur, le même effet que contre un majeur. Ces derniers mots paraissent supposer qu'il s'agit là d'une donation faite avec charge, quoique l'article ne l'exprime pas. Mais fût-elle avec charge, elle ne peut jamais être onéreuse au mineur, puisqu'il n'est jamais tenu des charges que jusqu'à concurrence de l'émolument, et qu'il peut toujours s'en libérer, en remettant la chose donnée. L'ordonnance de 1731, concernant les donations, décide formellement, article 7, que « si le donataire est mineur de vingt-cinq ans,
« l'acceptation pourra être faite pour lui, soit par son tu-
« teur ou son curateur, soit par ses père ou mère ou autres
« ascendans, même du vivant du père et de la mère, *sans*
« *qu'il soit besoin d'aucun avis de parens pour rendre ladite ac-*
« *ceptation valable.* » Cette ordonnance est l'ouvrage d'un magistrat dont les lumières imposent aussi quelque respect. On voit combien son esprit et son texte sont opposés à ceux du présent article. Ce n'est pas seulement le tuteur du mineur qui peut accepter pour lui une donation sans aucun avis de parens; c'est son père, c'est sa mère, c'est tout autre ascendant, même du vivant des père et mère. Il y a plus; et *Pothier* enseigne avec beaucoup de raison, que le mineur lui-même peut accepter la donation sans autorisation de personne, parce qu'un mineur n'a pas besoin d'au-

torisation pour faire sa condition meilleure. Autre chose est de la femme mariée, qui, quoique non commune en biens, ou séparée par jugement, ne peut, suivant l'article 9 de la même ordonnance de 1731, accepter aucune donation entre vifs sans y être autorisée par son mari, ou par justice à son refus. On aperçoit le motif de cette prohibition ; c'est un principe de décence : la femme est *in sacris mariti*, dans la dépendance absolue de son époux, sans le concours duquel elle est totalement incapable de contracter, soit en obligeant les autres, soit en s'obligeant elle-même. Voilà pourquoi, sans lui, elle ne peut point accepter, même une donation pure et simple, qui, non autorisée du mari, peut paraître suspecte. Rien de tout cela n'est applicable au mineur.

L'article 78 dit que, lorsqu'il est question de procéder à un partage, d'emprunter, de faire emploi *sur particuliers* de deniers oisifs..... le tuteur doit se faire autoriser par le conseil de famille. On croit qu'il faut rayer les mots *sur particuliers*. 455 à 457 et 465

L'article 96 n'alloue au tuteur, dans son compte annuel, que les dépenses justifiées *par pièces estimées probantes par la famille*. Cette dernière condition, *estimées probantes par la famille*, paraît superflue ; puisque c'est la famille qui arrête le compte, il est bien évident que c'est à elle à juger du mérite des *pièces*.] Mais les *pièces* mêmes sont-elles nécessaires, et est-il raisonnable de n'allouer au tuteur que les dépenses *justifiées par pièces ?* N'y en a-t-il pas un très-grand nombre qui se refusent à cette espèce de justification? Supposons, pour en donner un exemple, les menus présens, les étrennes qu'offre l'enfant à ses maîtres et instituteurs. Une pareille dépense n'est point de nature à être justifiée par pièces ; on n'en tire pas de quittance. Supposons encore les voyages qu'auront exigés les affaires du mineur, et que l'article 97 veut qu'on alloue, au moins pour les déboursés. [Il serait aisé de multiplier les exemples. 471

471-
473

L'article 100 dit que le compte définitif sera apuré par le juge-de-paix, dont il y aura appel au tribunal de première instance, qui prononcera en dernier ressort. Nous nous sommes expliqués suffisamment sur cette disposition.

ap-
419
et av-
475

L'article 102 est d'une grande importance, en ce qu'il détermine la responsabilité des parens nominateurs. Voici ce qu'il porte :

« Ceux qui ont concouru aux délibérations prises par le
« conseil de famille *pendant le cours de la tutelle*, ou qui ont
« dû concourir auxdites délibérations comme y ayant été
« dûment appelés, sont garans et responsables de l'admi-
« nistration du tuteur, en cas d'insolvabilité seulement,
« soit que le tuteur fût insolvable au jour de sa nomination,
« soit qu'il ne le soit devenu que depuis, sauf ce qui est dit
« au titre *des hypothèques*. — Cette responsabilité n'est pas
« solidaire, et elle ne peut être exercée contre les voisins
« ou amis. »

Cet article donne lieu à beaucoup d'observations.

Premièrement, les parens qu'on astreint à la responsabilité, sont ceux qui ont concouru aux délibérations prises par le conseil de famille *pendant le cours de la tutelle*. Ainsi, d'après ce mot, un parent qui par hasard aurait été appelé, et aurait bien voulu concourir à une délibération *prise dans le cours d'une tutelle*, pour quelque affaire que ce soit, pour un emprunt, par exemple, une aliénation, ou tout autre objet pareil, serait dès ce moment responsable, non-seulement de cette affaire particulière à laquelle il aurait pris part, mais généralement de toute la gestion du tuteur qui aurait précédé, et de toute celle qui pourrait suivre, même de la nomination ; car c'est ce qu'exprime l'art. ....
« sont garans et responsables *de l'administration du tuteur*
« (en général, et non pas seulement dans les bornes de
« l'acte auquel ils ont coopéré), soit que le tuteur fût in-
« solvable au jour de sa nomination, soit qu'il ne le soit
« devenu que depuis. » Au contraire, les parens qui ont

déféré la tutelle, ceux qu'on appelle *nominateurs*, s'ils trouvaient moyen de s'exempter de prendre part ou d'être appelés aux opérations ultérieures, seraient affranchis de toute responsabilité, comme n'ayant point concouru ni été appelés aux délibérations *prises dans le cours de la tutelle*. Il est clair qu'il y a ici un vice d'expression, et que telle n'a pas pu être l'intention des rédacteurs. D'un côté, il est certain que des parens qui n'auraient concouru qu'à une délibération isolée prise dans le cours d'une tutelle, sans avoir pris part aux autres délibérations antécédentes et subséquentes, notamment à la nomination du tuteur, ne seraient responsables que de la seule et unique affaire à laquelle ils auraient concouru. D'un autre côté, il est également incontestable que ceux des parens qui ont nommé le tuteur deviennent par le seul fait de cette nomination, garans et responsables de toute la gestion du tuteur, et même dans les actes autorisés par des délibérations où on ne les aurait pas appelés, sauf, en ce dernier cas, leur recours contre le tuteur lui-même et contre les parens qui auraient pris les délibérations. C'est ce qui s'est toujours pratiqué tant en Normandie qu'en Bretagne. Jamais, dans ces deux provinces, lorsqu'il a été question de la garantie des tutelles, on n'a parlé d'autres que des parens *nominateurs*. Ce sont eux qui, une fois constitués en conseil de famille, forment, pour toute la suite du temps, le conseil permanent de la tutelle ; et on a grand soin de les appeler à toutes les délibérations, afin qu'ils partagent le fardeau de la garantie, de même qu'il est sans exemple qu'on y ait appelé d'autres parens, qui aussi n'auraient pas l'indiscrétion de s'y rendre. Il faut donc réduire ce qui est dit de la garantie dans l'article 102 aux seuls parens *nominateurs*.

Mais qu'est-ce qui constitue le *nominateur* ? Suffit-il d'avoir été appelé à l'assemblée première qui a *nommé* le tuteur, d'y avoir même concouru? Et est-on censé *nominateur* lorsqu'on a été, relativement à l'individu *nommé*, d'un autre avis que celui qui a prévalu? C'est une difficulté que ne résout pas le projet de Code, et sur laquelle les lois normandes et bretonnes sont partagées. Suivant le réglement des tutelles, fait le 13 mars 1673, par le parlement de Normandie, article 73, « ceux qui ont été présens à l'élection du tuteur ne « sont point garans de son administration, si le tuteur a été élu « contre leur avis. » L'édit de décembre 1732, rendu pour les tutelles de Bretagne, en dispose autrement. « Désirant « empêcher, porte l'article 9 de cet édit, que, par un abus « qui s'est introduit dans quelques provinces, les parens « nominateurs ne cherchent à s'exempter du péril de la « tutelle, en donnant leur suffrage à un sujet qu'ils pré- « voient ne pouvoir être nommé, voulons que ceux mêmes « dont l'avis n'aura pas été suivi demeurent responsables, « ainsi qu'il sera dit ci-après, de la gestion du tuteur qui « aura été nommé, si ce n'est qu'ils aient interjeté appel de « la sentence de tutelle, et fait infirmer ladite sentence; le- « quel appel ils seront tenus de relever en notre cour de par- « lement, trois mois au plus tard à compter du jour de la « sentence, sinon ils demeureront déchus de plein droit du- « dit appel, ou de la faculté d'appeler. » L'article 10 ajoute: « qu'en cas que sur l'appel la sentence ait été infirmée, et « qu'il ait été pourvu par le parlement d'un autre tuteur « aux mineurs, tous les parens nominateurs, tant ceux qui « avaient interjeté appel de la sentence, que ceux qui n'en « avaient pas appelé, demeureront garans de l'administra- « tion du tuteur qui aura été substitué par le parlement à la « place de celui qui avait été nommé par le premier juge. » Nous croyons que cette sage disposition, qui prévient l'abus, doit être préférée, sans aucun doute, à celle du réglement de Normandie, et que le nouveau Code doit s'en emparer.

Il y a encore sur cette matière un point à éclaircir. Nous n'avons parlé jusqu'ici que de la tutelle déférée par le conseil de famille. Mais il existe un autre genre de tutelle déférée

par le père ou la mère, qui est néanmoins sujète à la confirmation de la famille; et nous avons pensé qu'il fallait de même y assujétir, en termes précis, la tutelle légitime des ascendans. La garantie, en pareil cas, doit-elle avoir lieu contre les parens qui ont confirmé la tutelle, et avec la même étendue que s'ils l'avaient déférée? Il y a encore partage à cet égard entre les lois normandes et bretonnes; mais, cette fois, nous préférons le réglement de Normandie. Suivant ce réglement, articles 1, 2 et 3, le père, l'aïeul et le frère aîné sont tuteurs naturels et légitimes; et néanmoins, s'ils ne sont solvables, les parens du mineur peuvent élire un autre tuteur en leur lieu et place, à moins qu'ils ne donnent bonne et suffisante caution de bien administrer la tutelle, et d'en payer le reliquat. On conçoit que le tuteur testamentaire doit être encore moins favorisé; et dans tout le surplus du réglement, on ne remarque aucune différence entre les tuteurs naturels et légitimes ou testamentaires, et les tuteurs datifs. L'édit de Bretagne est moins sévère. Suivant l'article 27, « la garantie n'a lieu, par rapport au tuteur
« nommé par le testament du père, qu'en cas que les parens
« qui auront été appelés pour l'autorisation dudit tuteur,
« aient consenti à l'autorisation d'un tuteur notoirement
« insolvable, ou qu'ils aient omis d'imposer au tuteur tes-
« tamentaire l'obligation de rendre compte, suivant les ar-
« ticles 15 et 16 de cet édit, ou négligé de veiller à la red-
« dition desdits comptes et à l'emploi des deniers du mineur,
« conformément aux articles 18, 19, 20 et 23, et pareille-
« ment dans tous les cas où il y aurait eu du dol et de la
« fraude de leur part. » L'édit ne parle point du père ni de l'aïeul tuteurs, qui, en Bretagne, n'avaient pas besoin de l'autorisation de la famille. Il nous semble que ces distinctions ne sont point fondées. Celui-là donne, en termes de droit, qui n'ôte pas ce qu'il pourrait ôter: *Dat qui non adimit quod adimere potest.* Autrement on empire la condition des mineurs pour qui ce pourrait être un malheur d'avoir

eu pour tuteur leur père ou leur mère, ou un tuteur choisi par eux.

Voilà pour ce qui concerne les parens soumis à la garantie. L'article, en ce point, est évidemment susceptible de plusieurs amendemens.

= 2° L'article porte que la garantie a lieu, en cas d'insolvabilité *seulement*. On ne voit pas trop ce que signifie ce dernier mot, à moins qu'il ne dise que la garantie n'a lieu qu'après discussion du tuteur, et de sa caution, s'il y en a une. C'est ce qui est juste, et ce qu'expriment les réglemens de Bretagne et de Normandie ; mais c'est ce qu'il fallait exprimer.

= 3° Le présent article n'admet la garantie contre les parens nominateurs qu'avec une limitation : *sauf ce qui est dit au titre des hypothèques*. Au titre *des hypothèques*, on trouve l'article 25, ainsi conçu, après qu'on a parlé, dans les articles précédens, de l'hypothèque légale sur les biens des tuteur et subrogé tuteur : « Cette hypothèque ne s'étend pas « aux biens des parens des nominateurs, si ce n'est dans le « cas où le tuteur aurait été notoirement insolvable lors de « sa nomination. » Une pareille disposition réduit à peu de chose la garantie des mineurs contre les parens nominateurs ; cette garantie n'est plus qu'une action pure, personnelle, dépouillée des sûretés ordinaires que la loi y attache ; mais nous aurons à nous expliquer sur cette restriction quand nous en serons aux hypothèques.

= 4° Le présent article dit que la responsabilité admise contre les parens *n'est pas solidaire :* cela est juste ; mais il fallait ajouter, avec l'édit de Bretagne, que, dans le cas où aucuns d'eux se trouveraient insolvables, les solvables seront tenus des parts des insolvables, chacun pour égale portion. Le mineur ne doit rien perdre.

= 5° L'article ajoute que la garantie ne peut être exercée *contre les voisins ou amis;* il semble qu'on devrait ajouter : *hors le cas de dol et de fraude.*

D'après ces réflexions, voici comment l'article 102 pourrait être conçu, en le divisant, car il y a matière à plusieurs articles.

Art. 1er. Les parens nominateurs sont responsables de l'insolvabilité du tuteur par eux élu, discussion préalablement faite de ses biens meubles et immeubles.

2. Ceux-mêmes dont l'avis n'aurait pas été suivi demeurent responsables de la gestion du tuteur nommé, si ce n'est qu'ils eussent formé opposition à la délibération de famille, portant nomination du tuteur, et l'eussent fait annuler par jugement; laquelle opposition ils seront tenus de faire juger dans un mois au plus tard à compter de ladite nomination.

3. En cas que, sur l'opposition, la nomination ait été annulée, et qu'il ait été pourvu au mineur, par le tribunal, d'un autre tuteur, tous les parens appelés à la nomination, tant ceux qui y auraient formé opposition, que ceux qui ne s'y seraient point opposés, demeurent garans de l'administration du tuteur qui aura été substitué par les juges à celui que la famille avait nommé.

4. La garantie n'a lieu, par rapport au tuteur naturel et légitime, ou choisi par le père ou la mère, qu'au cas que les parens appelés pour l'autorisation dudit tuteur auraient autorisé un tuteur notoirement insolvable, ou auraient négligé de lui faire donner bonne et suffisante caution.

5. La garantie n'est point solidaire entre les parens, mais a lieu seulement pour leur part et portion ; et néanmoins, en cas qu'aucuns d'eux fussent insolvables, les solvables sont tenus des parts des insolvables, par égale portion.

6. Les amis ou voisins appelés, à défaut de parens, pour la nomination du tuteur, ne sont jamais garans de sa solvabilité, à moins qu'il n'y ait de leur part dol ou fraude.

L'article 103 porte que « l'action du mineur contre son 475
« tuteur, et celle en garantie établie par l'article précédent,
« se prescrivent *par dix ans*, à compter du jour de la ma-
« jorité. » Ce délai paraît à la fois trop long et trop court :

trop long contre les parens nominateurs, qui . n'étant responsables que du fait d'autrui, demeurent pendant dix ans sous le coup de la garantie ; trop court contre le tuteur qui, responsable de son propre fait, n'a aucune raison pour n'être pas sujet à l'action pendant le délai ordinaire. L'édit de Bretagne entre dans ces distinctions. Voici comme nous proposons de rédiger l'article :

Le mineur devenu majeur, ou ses héritiers, doivent se pourvoir contre le tuteur en reddition de compte dans les trois ans après la tutelle finie, et dénoncer aux parens leur demande ou celle formée par le tuteur pour parvenir à rendre son compte, dans les trois mois à compter du jour de l'une ou l'autre de ces demandes, le tout à peine d'être déchus du droit de garantie contre les parens; mais l'action principale à fin de compte peut être intentée contre le tuteur pendant trente ans.

Ce qui est décidé pour le délai de la garantie à exercer contre les parens nominateurs a pareillement lieu à l'égard des parens qui auront été appelés à l'autorisation d'un tuteur naturel et légitime, ou choisi par le père ou la mère, lorsque le mineur ou ses héritiers prétendront qu'ils sont dans le cas d'être responsables de la tutelle.

Ibid. et ap- 475   L'article 104 statue que « toute aliénation des immeubles « du mineur, toute hypothèque créée sur ses biens, tout « emprunt fait par le tuteur sans l'observation des formali- « tés et conditions prescrites à la section VII ci-dessus, sont « nuls, et peuvent être attaqués par le mineur, qui n'est « tenu que de restituer les deniers qui auront tourné à son « profit. » Mais l'article ajoute : « Cette action se prescrit « *par dix ans*, à compter de la majorité. » On ne voit pas encore pourquoi ce délai est si court. La règle posée au titre *des contrats* y est contraire (*c'est l'art.* 1304 *du Code*).

Art. 193. « L'action tendant à faire déclarer nul un con- « trat dure trente ans, excepté dans le cas où la loi res- « treint certaines actions à un terme moindre. »

Art. 194. « L'action en restitution ne dure que dix ans, « du jour de la convention, ou de la majorité, s'il s'agit d'un « mineur. »

Ici il est question de l'action en nullité. Croit-on qu'elle doit être abrégée au préjudice du mineur, comme défavorable ?

L'émancipation est relative et à la puissance paternelle et à la tutelle, qu'elle fait cesser toutes les deux. Peut-être, en conséquence, vaudrait-il mieux détacher du titre IX le chapitre III, pour en faire un chapitre à part. ch. 3

Suivant l'article 106, « le mineur est émancipé *lorsqu'il a* « *atteint l'âge de dix-huit ans accomplis*, ou lorsqu'il se ma- « rie. » Cette disposition, qui fait finir de plein droit la tutelle à l'âge de dix-huit ans accomplis, paraît fort sage ; elle établit un intervalle entre les deux états de pupille et d'homme usant de ses droits, une sorte d'épreuve par laquelle il est bon que le mineur passe avant de parvenir à cette liberté entière que la majorité prochaine doit lui donner. Cette mesure est bien plus sage encore et bien plus nécessaire, envisagée par rapport à la puissance paternelle, si l'on conserve au père et à la mère le droit de garde ou d'usufruit qu'on leur attribue sur le bien de leurs enfans ; au moins elle abrégera la durée de ce droit odieux, et permettra que l'on s'occupe de l'établissement des enfans, que très-souvent l'avarice ne manquerait pas de différer. Il faut néanmoins que l'époque de l'émancipation demeure toujours subordonnée au jugement de la famille, et que les parens puissent retenir en tutelle, au-delà même de dix-huit ans, un jeune homme dont la conduite aurait fait voir qu'il n'est pas en état qu'on lui confie cette portion de liberté. On n'a pas à craindre que les parens nominateurs abusent en cela de leur pouvoir ; ils seront portés à hâter l'émancipation bien plus qu'à la retarder, afin de se décharger du fardeau de la garantie. Et quant à l'intérêt du père ou de la mère usufruitiers, il leur est personnel, et trouve des contradicteurs dans le surplus de la 476- 477- 478 famille. Nous proposerions, par réciprocité, de permettre aux parens d'avancer l'époque de l'émancipation ; mais l'inconvénient que l'on vient de toucher ne tarderait pas à se faire sentir, et le tuteur se concerterait avec les nominateurs pour faire cesser promptement la tutelle. Nous croyons donc qu'il faut s'en tenir à la réformation indiquée, et que l'article pourrait être rédigé ainsi qu'il suit :

Le mineur est émancipé lorsqu'il a atteint l'âge de dix-huit ans accomplis, à moins que le conseil de famille ne juge à propos de le retenir en tutelle.

Il est pareillement émancipé lorsqu'il se marie.

482 L'article 107 dit que le mineur émancipé peut recevoir et donner décharge, *même d'un capital mobilier*. Il faut ajouter : *à la charge d'en faire emploi avec l'autorisation du conseil de famille*, si l'on ne veut pas que le mineur ait la faculté de se ruiner ; ou bien il faudrait exprimer, ce qui vaudrait encore mieux, que le conseil de famille peut limiter le pouvoir du mineur, et à cet égard, et à tout autre, au moment de son émancipation.

484 Suivant l'article 109, si le mineur a contracté dans la même année, envers un ou plusieurs créanciers, diverses obligations dont chacune n'excède point une année de son revenu, mais qui, réunies, excèdent cette mesure, il peut se faire restituer *contre toutes*. Pourquoi *contre toutes ?* Il ne doit, ce me semble, lui être permis de se faire restituer que contre les dernières qui dépassent la quotité autorisée par la loi ; ou bien de demander qu'elles soient toutes réduites par contribution jusqu'à cette quotité, si elles sont toutes de même date.

487 L'article 111 porte que « le mineur, *autorisé par un conseil « de famille à exercer un art ou métier, ou à faire un commerce, «* est réputé majeur quant au fait de son commerce. » C'est une maxime vulgaire, et même écrite dans une de nos ordonnances, celle de 1673, titre Ier, article 6, que le mineur est réputé majeur pour le fait de son commerce. Mais jus-

qu'à présent on n'avait pas mis en principe la restriction qu'on lit ici, qu'il faut que le mineur soit autorisé par sa famille à exercer cette profession. Ne sent-on pas combien une pareille gêne aurait d'inconvéniens pour le commerce même, dont les opérations sont si promptes, et qui exige tant de bonne foi? Il faudrait donc, avant de traiter avec un commerçant, de lui faire des fournitures, d'accepter ses billets, etc., commencer par s'assurer s'il est majeur ou mineur, et, dans ce dernier cas, lui demander qu'il exhibe l'autorisation de sa famille. De deux choses l'une : ou le mineur est émancipé, et il n'a pas besoin de cette autorisation ; ou il n'est point émancipé, et le seul fait d'un commerce public par lui exercé au vu et su de sa famille emporte une autorisation tacite.

TITRE X. — *De la majorité et de l'interdiction.*

Nous nous contenterons sur ce titre, comme sur le précédent, de présenter des remarques à l'égard d'un petit nombre d'articles, qui nous ont paru susceptibles de réformation ou d'amélioration.

L'article 6 porte que, si l'époux ou les parens de la personne qui est dans un état de démence, d'imbécillité ou de fureur, n'agissent pas pour demander son interdiction, « elle « doit être provoquée par le juge-de-paix du domicile de « celui dont on poursuit l'interdiction, et que la demande « en est formée par le commissaire du Gouvernement près « le tribunal civil, sur la dénonciation du juge-de-paix. » Cette disposition doit, ce nous semble, être restreinte au cas de la fureur, qui seul intéresse véritablement la sûreté publique. « *Dans le cas de fureur*, doit dire l'article, si l'é- « poux ou les parens n'agissent pas, etc. » 491

Suivant l'article 13, si celui dont l'interdiction est provoquée ne peut, sans des inconvéniens graves, être transporté au tribunal, l'interrogatoire et l'examen sont faits par un commissaire pris parmi les juges du tribunal, et nommé par 496 lui ; lequel se transporte au domicile du défendeur, avec le greffier du tribunal ou son commis. « Ce commissaire, ajoute « l'article, *est tenu* de se faire assister par le juge-de-paix « de l'arrondissement et l'un de ses assesseurs, ou par deux « assesseurs dudit juge-de-paix. » D'abord, il n'y a plus d'assesseurs du juge-de-paix ; mais y en eût-il, cette assistance, exigée comme nécessaire, ne dégrade-t-elle pas le caractère du juge, qui paraît ne plus avoir, ou n'avoir pas à un degré suffisant la confiance de la loi ? A-t-on voulu rappeler les notables-adjoints créés au mois d'octobre 1789 pour l'instruction des procès criminels ? Cette institution tenait beaucoup aux circonstances et aux préventions qu'on pouvait avoir contre les juges existans, au secret de la procédure criminelle alors usitée, enfin, à l'importance des procès criminels ; son imitation paraîtrait aujourd'hui déplacée dans une matière d'interdiction.

ap-498

L'article 15 veut que l'appel du jugement d'interdiction ne puisse être interjeté que par celui contre lequel il est intervenu ; et cela est juste. On peut même dire que cela est superflu, puisqu'il n'y a que celui contre lequel est intervenu le jugement d'interdiction, que ce jugement grève. Mais l'article ajoute : « *Nul* ne peut interjeter appel du ju- « gement qui a rejeté la demande à fin d'interdiction. » Pourquoi ne pourrait-on pas en interjeter appel comme de tout autre ? Ce jugement, rendu peut-être à la pluralité de deux voix contre une, est-il essentiellement, et par lui-même, à l'abri de toute erreur, de toute surprise, disons même de la corruption ou de la faveur ? L'objet en soi n'est-il d'aucune importance ? Ne compromet-il pas quelquefois l'ordre public ? Notez que la disposition est générale : NUL *ne peut interjeter appel....* Ainsi, le commissaire du Gouvernement qui, à défaut de l'époux ou des parens d'un furieux, peut, doit même, suivant l'article 6, provoquer son interdiction sur la dénonciation du juge-de-paix, ne pourra pas, pour l'intérêt public, se plaindre du jugement, si sa demande est rejetée. Il nous semble que les auteurs du projet n'ont point assez réfléchi aux conséquences ; et comme la première partie de l'article est, ainsi que nous l'avons observé, entièrement inutile, nous estimons qu'il doit être retranché.

Art. 18. « Si le défendeur à l'interdiction ne peut être « amené devant le tribunal d'appel sans des inconvéniens « graves, le tribunal adresse une *commission rogatoire* au « tribunal civil de première instance le plus voisin...... autre « que celui qui a rendu le jugement dont est appel. » Ce mot de *commission rogatoire* est déplacé et inusité de la part d'un tribunal d'appel à un tribunal civil de son ressort ; les juges supérieurs n'adressent point de *commissions rogatoires* à leurs inférieurs.

Art. 20. « Ce tableau (le tableau des interdits) sera di-« visé en quatre colonnes : la première contiendra le nom « de la personne contre laquelle sera intervenu le jugement ; « la seconde, son domicile ; la troisième, la mention du ju-« gement de première instance ; la quatrième, la mention « du jugement qui, sur l'appel, aura confirmé *ou infirmé* le « premier. » Ce mot *ou infirmé* est de trop. Quand le jugement d'interdiction est *infirmé*, il n'y a point d'interdiction, point de lieu, par conséquent, à insertion au tableau, mais, au contraire, à radiation du nom qui s'y trouverait inséré.

Art. 25. « Après la mort d'un *interdit*, les actes par lui « faits ne peuvent être attaqués pour cause de démence, « qu'autant qu'il y aurait *interdiction*, ou prononcée ou pro-« voquée avant son décès. » Il y a vice de copie, ou l'article présenterait une contradiction grossière ; il faut lire probablement *individu*, au lieu d'*interdit* : « Après la mort « d'un *individu*, etc. » Il semble aussi, quant à la disposition de cet article, qu'il faudrait au moins excepter, comme on l'a toujours fait, le cas où la preuve de la démence est écrite dans l'acte même. Nulle preuve plus forte de l'imbécillité d'un testateur, par exemple, que celle qui résulte des clauses absurdes et extravagantes de son testament.

507 L'article 29, après avoir dit que la femme peut être nommée tutrice de son mari interdit, ajoute : « en ce cas, le « conseil de famille règle la forme et les conditions sous « lesquelles l'administration doit être déférée à la femme; « *le tout conformément aux conventions matrimoniales qui rè-* « *glent les droits respectifs des deux conjoints.* » On ne voit pas trop ce que les rédacteurs ont entendu par ces dernières expressions, ni quel en est l'objet, ni comment les conventions matrimoniales et la détermination qu'elles contiennent des droits des conjoints, peuvent influer sur le réglement de la forme et des conditions sous lesquelles l'administration de l'interdit doit être déférée à la femme. Nous croyons que cette clause, *le tout, etc.*, pourrait être retranchée sans inconvénient.

Le même article observe que la femme qui se trouverait lésée par les réglemens du conseil de famille peut se pourvoir au tribunal de première instance du domicile du mari pour en demander la réformation; et il est ajouté que « le « tribunal *juge en dernier ressort.* » Nous nous sommes déjà expliqués sur ce *dernier ressort*, attribué aux premiers juges dans des affaires d'une importance majeure : on voudra bien se rappeler ce qui en a été dit.

ap-
511 Art. 36. « Tout demandeur en interdiction, qui suc- « combe, doit être condamné en des *dommages et intérêts,* « s'il n'a agi que *par intérêt ou par passion.* » C'est une règle incontestable, prescrite par la raison et l'équité, à l'égard de toute personne qui suscite à une autre, sans fondement, un procès grave, et surtout un procès qui compromet son état. Une simple condamnation de dépens ne suffit point en pareil cas; il faut des dommages et intérêts, lorsqu'il est prouvé que le demandeur n'a agi que par cupidité ou par passion; c'est, en un mot, le droit commun. Mais précisément parce que c'est le droit commun, il semble qu'on n'aurait pas dû en faire un article qui a l'air d'être particulier aux matières d'interdiction.

L'article 40 porte que « toute personne qui, sans avoir « perdu l'usage de sa raison, néanmoins, à cause de la fai- « blesse de son esprit et de ses facultés naturelles, craint « de se trouver exposée à des surprises, et de se voir extor- « quer des actes qui entraîneraient sa ruine et celle de ses « enfans, peut demander et obtenir du tribunal civil de « première instance dans l'arrondissement duquel elle est « domiciliée, qu'il lui soit nommé un conseil, *sans l'assis-* « *tance duquel elle ne pourra passer aucun acte tendant à l'a-* « *liénation de ses immeubles, ou les grever d'aucune hypothè-* « *que.* » On peut, en effet, se borner à cela ; mais la demande a souvent aussi une plus grande étendue que peuvent comporter les besoins du demandeur. Elle tend d'ordinaire à ce qu'il soit donné acte au requérant de sa déclaration qu'il ne veut passer aucuns contrats, quittances, obligations ou autres actes généralement quelconques, qu'en présence de tel individu, lequel sera, à cet effet, nommé son conseil ; qu'en conséquence il soit ordonné que tous actes, soit pardevant notaires, soit sous seing privé, qu'on pourrait, à l'avenir, lui faire souscrire hors la présence dudit conseil, seront nuls et de nul effet ; et voilà ce qu'ordonne le jugement qui intervient sur la demande. Il est clair qu'il faut communément aller jusque là, pour pourvoir à la situation de celui qui sollicite cette espèce d'interdiction volontaire. N'y a-t-il, en effet, que des aliénations d'immeubles ou des contrats emportant hypothèques, par lesquels on puisse altérer la fortune d'un vieillard infirme, et dont les organes sont affaiblis ? Ne peut-on pas le ruiner par des billets de sommes considérables, par des quittances non seulement de ses revenus, mais de ses capitaux, etc.? Il faut donc, puisqu'il a ces dangers à craindre, et s'il le demande, qu'on le mette à portée de les prévenir.

Les rédacteurs n'ont point parlé de l'interdiction pour cause de dissipation et de prodigalité. En thèse générale, cette espèce d'interdiction est souverainement injuste, attentatoire au droit de propriété, faite uniquement pour favoriser de présomptifs héritiers, souvent d'avides collatéraux. Il faut donc tenir pour règle qu'on ne peut pas interdire un citoyen pour cause de prodigalité. Néanmoins, ce principe même admet une exception. Il y a des personnes tellement unies par les liens du sang et de la nature, que la loi les oblige réciproquement à se fournir des alimens, en cas de pauvreté. Or, cette obligation entraîne par nécessité, au profit de ces personnes, un droit de surveillance respective. Peut-on m'astreindre, en effet, à voir tranquillement, sous mes yeux, mon parent dissiper sa fortune, et se réduire, sans que je puisse l'empêcher, à l'extrémité du besoin, pour qu'ensuite je sois obligé, aux dépens de mon aisance, à réparer son inconduite? Non, assurément. L'interdiction pour prodigalité peut donc être provoquée par ces personnes, mais pour elles seules.

Suivant la loi, les alimens sont dus, quoique diversement, par le mari à la femme, et par la femme, même non commune ou séparée, à son mari; par les père et mère ou autres ascendans, à leurs enfans ou descendans, et par ceux-ci, à leurs père et mère, ou autres parens de la ligne ascendante; par le beau-père et la belle-mère, au gendre et à la bru, et par ces derniers, aux beau-père et belle-mère, le tout tant que l'affinité dure. Voilà les personnes qui ont droit de demander l'interdiction du prodigue.

Et comme leur droit dérive entièrement de leur obligation, il se borne à conserver au prodigue des alimens; il cesse lorsque, d'une manière quelconque, les alimens du prodigue sont assurés.

Si l'on adopte ces idées, qui nous paraissent justes, on pourrait, après l'article 39, en insérer un rédigé ainsi qu'il suit:

Les prodigues peuvent aussi être interdits, mais seulement à la requête de ceux que la loi oblige de leur fournir des alimens dans leur nécessité, et jusqu'à concurrence desdits alimens.

La procédure pour parvenir à cette espèce d'interdiction 514 est la même que celle ci-dessus prescrite.

L'interdiction se borne, en pareil cas, à une défense au 513 prodigue, sous peine de nullité, d'aliéner tel immeuble, ou de toucher, sans en faire emploi de l'avis d'une personne désignée, tel capital placé à intérêt, que l'on juge nécessaire à sa subsistance.

Les commissaires du tribunal d'appel séant à Paris, signés, TREILHARD, AGIER, DAGUESSEAU.

LIVRE II. — *Des biens, et des différentes modifications de la propriété.*

Ce livre renferme quatre titres : le premier, *de la distinction des biens*; le second, *de la pleine propriété*, le troisième, *de l'usufruit, usage et habitation* ; le quatrième, *des servitudes*.

Les règles proposées sur ces différens objets sont, en général, conformes à ce qui s'est pratiqué dans tous les temps, et ne fournissent matière qu'à un très-petit nombre d'observations.

La première porte sur l'article préliminaire, *de la dis-* ap-
tinction des biens. On y reconnaît un droit de propriété 516
résidant dans les établissement publics.

Dans l'art. 24 du premier titre, on comprend sous le ap-
nom de *domaine national* toutes les propriétés foncières et 537
tous les droits appartenant à la nation, soit qu'elle en ait la jouissance actuelle, soit qu'elle ait seulement le droit d'y rentrer.

L'article 25 présente l'énumération des dépendances de ce 538 domaine: les objets appartenant aux établissemens publics n'y sont pas compris.

De ces articles réunis résulte une reconnaissance très-for- 537 melle d'un droit particulier de propriété dans les établissemens publics.

La question de savoir si ces établissemens sont ou non capables de tenir des immeubles en propriété a été traitée avec tant d'étendue et de profondeur pendant l'Assemblée constituante, qu'il semble qu'une décision absolument contraire à celle qui fut prise alors eût mérité du moins quelque explication dans le discours préliminaire.

On ne se propose certainement pas ici de traiter de nouveau cette question importante ; mais on croit devoir inviter les auteurs du projet à examiner encore s'il est convenable, s'il est nécessaire de reconnaître un droit de propriété dans les établissemens publics. On demandera à qui passera l'immeuble appartenant à ces établissemens, lorsqu'ils seront supprimés ; quel sera l'effet des clauses de retour qui auront été apposées dans les donations.

Dira-t-on que la nation disposera des biens après la suppression des établissemens qui en jouissaient? elle était donc le véritable propriétaire? contestera-t-on au Gouvernement le droit de disposer de ces biens? que deviendront-ils après la suppression? prétendra-t-on qu'il faut exécuter les clauses de retour? Avant d'établir cette maxime, il serait peut-être bon de méditer encore sur les motifs qui ont fait décider le contraire par l'Assemblée constituante, et sur les suites données à cette décision. D'ailleurs, la difficulté resterait entière dans tous les cas où les donations auraient été faites sans clause de retour ; et l'on demanderait toujours que deviendront les biens après la suppression de l'établissement qui en jouissait. Enfin, prétendrait-on que les biens entreraient alors dans la propriété de la nation, comme vacans et sans maître? ainsi le Gouvernement supprimerait les établissemens, quand il voudrait opérer la vacance des biens pour en devenir propriétaire. Il serait plus franc et plus loyal de ne pas reconnaître de propriété dans les établissemens publics.

Sans soulever encore ces questions, et pour éviter des discussions superflues, il semble qu'on doit se dispenser de reconnaître un droit de propriété résidant dans les établissemens publics. Il faut cependant assurer fortement aux biens donnés la destination indiquée par les donateurs : c'est ce qu'on ferait en déclarant, dans un article de ce titre, que la nation régit les biens nationaux, ou par des administrateurs qu'elle nomme à cet effet, ou par les établissemens publics auxquels les donateurs ont appliqué la jouissance des biens donnés.

Ainsi disparaîtraient toutes les difficultés : les donateurs seraient assurés de l'emploi de leurs libéralités suivant leur intention ; et, lorsque les établissemens seraient supprimés, le Gouvernement entrerait dans les vues des donateurs, et appliquerait, autant que possible, les revenus des biens donnés, à des établissemens de la même nature que ceux qu'il aurait supprimés. Mais on sent que ce droit d'application, qu'on ne peut pas raisonnablement contester, suppose une propriété résidante dans la nation.

Les mêmes difficultés ne se présentent pas pour les biens des communes. On ne peut en supprimer une, sans la réunir à une autre à laquelle passent de droit les biens de la commune supprimée. On fait nécessairement partie d'une commune ; mais un établissement public, d'instruction, de charité, ou tout autre, n'existe pas nécessairement, encore qu'il puisse être fort utile.

La suite de ce livre ne fournit, comme on l'a annoncé, que peu d'observations. Quelques articles pourraient éprouver d'heureux changemens dans la rédaction ; mais ces taches légères, qui ont pu échapper aux rédacteurs dans la première composition, n'auront certainement pas survécu à l'examen qu'ils ont fait depuis ; et les commissaires du tribunal d'appel n'ont ni le projet ni le temps de s'en occuper. Ils se bornent à remarquer quelques omissions, et à proposer au fond quelques changemens.

Dans le chapitre I*er* du titre I*er*, art. 5, on fait une énumération des objets réputés immeubles par leur destination. On 524 est surpris de ne pas y lire les *ustensiles aratoires*, qui devraient s'y trouver en première ligne.

520 Dans l'article 8, même chapitre, on dit, et avec raison, que les récoltes encore pendantes par les racines sont réputées immeubles. Il serait peut-être à propos d'ajouter que cependant les propriétaires qui font saisir la récolte sur pied ne sont pas tenus de suivre les formalités pour la saisie des immeubles.

522 Dans l'art. 10, on lit que les animaux livrés par le propriétaire à son métayer, pour la culture, *estimés ou non*, sont censés immeubles, tant qu'ils demeurent attachés au fonds par l'effet du bail. On lit ensuite que ceux livrés au fermier *avec estimation* sont meubles. Pourquoi cette différence?

536 Dans l'art. 22, chapitre II, on suppose une donation d'une maison *avec tout ce qui s'y trouve*. On établit pour règle que les dettes actives, l'argent comptant, l'argenterie, ni les autres droits dont les titres sont déposés dans cette maison ne font pas partie de la donation. Point de doute relativement aux dettes actives et aux titres étrangers à la maison et qui s'y trouvent déposés. Mais pourquoi exclure l'argent comptant et l'argenterie? Le donateur a voulu donner une maison dans laquelle le donataire pût s'établir sur-le-champ, sans y rien porter, sans être obligé de faire aucune avance; et si l'on pouvait élever encore quelque doute sur l'argent comptant, il ne paraît pas possible de contester raisonnablement sur l'argenterie.

545 Titre II, art. 2. On ne peut être contraint de céder sa propriété que *pour cause d'utilité publique, et moyennant une juste indemnité*. On voit avec peine la suppression du mot *préalable*. On n'est pas indemnisé de fait, quand on est forcé de courir pendant plusieurs années après une indemnité dont le paiement est toujours incertain jusqu'à ce qu'il soit reçu.

716 On ne trouve pas un seul mot sur les *trésors découverts*, dans tout le titre *de la propriété*, ni dans les autres titres de ce livre. Il est nécessaire de réparer cet oubli, et de présenter

des règles qui préviennent toute difficulté entre ceux qui pourraient prétendre à la propriété, soit comme ayant trouvé le trésor, soit comme propriétaires du fonds, soit à tout autre titre.

Dans le titre III, chapitre Ier, section Ire, articles 10, 11 et 12, on détermine à quelle époque les fruits sont acquis à l'usufruitier; suivant l'article 10, les fruits civils s'acquièrent jour par jour.

Suivant l'article 11, dans le cas où les biens de l'usufruit sont affermés, le prix du bail représentatif de la récolte appartient à celui du propriétaire ou de l'usufruitier qui était en jouissance au moment de la récolte.

Aux termes de l'article 12, si partie seulement des fruits du bien affermé était perçue lorsque l'usufruit a commencé ou a pris fin, il doit être fait une ventilation de la partie perçue, eu égard à la totalité des récoltes; et il sera payé à l'usufruitier ou à ses héritiers une quotité correspondante du prix de la ferme.

Ces règles sont, il faut en convenir, conformes à ce qui se pratique, et fondées sur le principe, que le prix de la ferme représentant la récolte, doit être payé à celui qui aurait eu droit de faire la récolte.

Quelque puissante que puisse être cette considération, elle est balancée par une considération d'une autre nature, et qui n'est pas moins forte. On couperait court à un grand nombre de difficultés, en établissant pour règle que le prix de la ferme appartiendrait, dans tous ces cas, au propriétaire ou à l'usufruitier, en proportion du temps de la durée de l'usufruit; de sorte que, s'il avait fini, par exemple, le trentième jour du sixième mois, le prix de la ferme serait également partagé entre les héritiers de l'usufruitier et le propriétaire. Cette règle, qui a aussi son principe de justice, présente encore un grand motif d'utilité publique, puisqu'elle préviendrait beaucoup de contestations. Les commissaires votent pour qu'elle soit adoptée.

590   L'article 15 de la même section énumère les objets qui peuvent être compris dans un usufruit. On n'y parle pas des *animaux*, qu'il faut cependant y comprendre.

591-592   L'article 16 donne à l'usufruitier la coupe des bois de haute-futaie mis en coupe réglée. L'article 17 établit que hors ce cas l'usufruitier ne peut toucher aux bois de haute-futaie ; il ne peut pas même s'approprier ceux qui sont arrachés ou brisés par accident. Pour prévenir une fausse application de ces règles, il est bon d'ajouter que l'usufruitier peut employer aux réparations à faire, dans la chose sujète à usufruit, les arbres arrachés, et même en faire abattre d'autres si ceux-là ne suffisent pas.

630-633   Les articles 51 et 53, chapitre II, *de l'usage et de l'habitation*, établissent dans l'exercice de ces deux droits une différence que les commissaires désirent de voir effacée. Suivant l'article 51, l'usager ne peut prendre des fruits que pour son usage et celui de sa famille, réglé *d'après l'état où elle se trouve* au moment où l'usage lui est déféré.

L'article 53 étend cependant le droit d'habitation, même à la famille survenue depuis que le droit est acquis.

Les commissaires n'ignorent pas que cette distinction était admise ; mais n'était-elle pas fondée sur des subtilités plus que sur la raison ? Pourquoi supposer que celui qui a donné un droit d'usage à un homme chargé de deux enfans, et dont la femme encore jeune était peut-être enceinte, a entendu exclure de ce droit le troisième enfant qui pourrait survenir ? Quand le donateur n'aura pas limité lui-même le droit d'une manière très-précise, est-il permis d'amoindrir sa libéralité, en supposant qu'elle ne peut pas s'étendre à tous les enfans du donataire ? Les commissaires pensent qu'il ne faut pas, à cet égard, admettre de différence entre le droit d'usage et le droit d'habitation.

LIVRE III. — *Des différentes manières dont on acquiert la propriété.*

DISPOSITIONS GÉNÉRALES.

Suivant l'article 1ᵉʳ, la propriété s'acquiert, 1° par la *puissance paternelle.*

Nous avons pensé que ce droit utile de puissance paternelle ne doit pas avoir lieu. Mais, quand on l'établirait, ce ne serait point une manière d'acquérir la propriété; car ce droit consistant dans un simple usufruit, il est clair que la puissance paternelle ne serait qu'un moyen d'acquérir l'usufruit.

Suivant le même article, la propriété s'acquiert encore par les obligations qui naissent des contrats ou conventions, et par celles qui résultent du seul fait de l'homme, sans convention, tels que les quasi-contrats ou quasi-délits. Le titre IX, qui vient ensuite, parle des testamens et donations testamentaires, qu'il accole aux donations entre vifs.

Cette classification nous paraît vicieuse.

En premier lieu, les testamens n'ont rien de commun avec les contrats ni avec les obligations.

En second lieu, la propriété d'un meuble ni d'un immeuble ne s'acquiert jamais en vertu d'un quasi-contrat ou d'un quasi-délit; il n'en résulte qu'une action personnelle à fin de prestation des engagemens formés par le quasi-contrat, ou en réparation du quasi-délit.

En troisième lieu, il ne paraît pas même exact de dire que la propriété s'acquiert par les obligations qui naissent des contrats ou conventions. Elle s'acquiert, comme nous croyons pouvoir l'établir en son lieu, par la tradition; dans les immeubles, suivant la loi actuellement subsistante, par la transcription du contrat; et, s'il s'agit d'une dette active, par la signification au débiteur; jamais en vertu du contrat même.

Il semble qu'on aurait mieux fait de s'en tenir aux idées reçues ; et après avoir parlé d'abord des personnes, ensuite des choses, de distinguer, à l'égard de celles-ci, comme font tous les jurisconsultes, deux sortes de droits : le droit à la chose, le droit dans la chose. On aurait observé que le premier naît des obligations ; et l'on aurait traité de toutes les obligations, sans en excepter celles qui résultent immédiatement de la loi, ni celles qui proviennent d'un délit, lesquelles ne sont point étrangères au droit civil strictement pris, puisqu'elles peuvent et doivent même quelquefois se poursuivre par la voie civile. On aurait ensuite remarqué que le droit dans la chose s'acquiert de différentes manières ; et là seraient venues toutes les manières d'acquérir, d'abord par le droit naturel et des gens, *occupation* pour laquelle on renverrait, en ce qui concerne la chasse et la pêche, les trésors, etc., aux lois qui leur sont particulières, l'*accession* ou incorporation, et la *tradition;* par le droit civil, les *successions*, les *testamens*, la *prescription*.

713. Nous n'approuvons pas non plus qu'on dise dans l'article 2, d'une manière si crue et si générale, que la loi civile ne reconnaît point le droit de simple occupation, et que les biens qui n'ont jamais eu de maître appartiennent à la nation. Il y a des choses qui n'appartiennent à personne, et que les jurisconsultes appellent *res communes, res nullius.* Entend-on soustraire aux particuliers la faculté d'acquérir ces choses, pour les donner exclusivement à la nation? Est-ce qu'un particulier qui va puiser de l'eau à la rivière n'acquiert pas le domaine de l'eau qu'il y a puisée, et dont il a empli sa cruche? Les pierres, les coquillages qu'on ramasse sur le bord de la mer n'appartiennent-ils pas à celui qui s'en saisit? On peut citer cent exemples pareils.

Voilà, en général, pour ce qui est de l'ordre, lequel a son mérite, quoique nous n'y attachions pas le plus d'importance. Venons au fond.

TITRE Ier. — *Des successions.*

La loi qui fixe l'ordre des successions est en elle-même la plus importante de celles qui peuvent occuper le législateur civil. C'est par elle qu'il distribue périodiquement les fortunes, avec une pleine autorité, et conformément au bien public. Qui doute qu'un tel partage ne soit d'un intérêt majeur pour la société ? Malheureusement, les règles qui doivent y présider souvent se contrarient, et ne permettent point au législateur de faire tout ce qu'il voudrait.

_{liv. 3- t. 1er.}

Deux points de vue entièrement différens s'offrent au choix du législateur, lorsqu'il entreprend de statuer sur cette matière : l'accumulation des patrimoines, ou leur division.

L'accumulation convient aux monarchies ; la division sied aux républiques, parce qu'elle tend à l'égalité.

Mais si l'on suppose une république dont le territoire européen, sans parler de ses colonies, présente une surface de quarante mille lieues carrées et une population de trente-deux millions d'habitans ; qui cultive les arts et le commerce ; qui veuille donner à l'exploitation de son sol le plus grand développement possible, et fonde sur tous ces objets sa prospérité, là naît l'embarras. L'esprit de la Constitution appelle la division des fortunes ; les localités la repoussent : car, s'il convient à une république d'avoir des citoyens dont les fortunes se rapprochent par leur médiocrité, et entre lesquels on n'aperçoive, autant qu'il se peut, ni riches ni pauvres ; les riches, d'autre part, sont à désirer, et il en faut dans un Etat tel que celui dont nous parlons. C'est, en effet, dans la main des riches que se trouvent essentiellement tous ses moyens de prospérité ; ce sont les riches qui emploient et font travailler les artistes ; qui forment les grandes entreprises de commerce ; qui, par des essais utiles, mais souvent ruineux pour leurs auteurs, ouvrent de nouvelles routes à l'industrie ; la culture même des terres, pour s'élever au degré de splendeur dont elle est susceptible, demande et présuppose de grandes avances qui ne peuvent être faites que par les riches. Ainsi, dans le cas particulier, tous les principes, toutes les vues se combattent et se détruisent.

Que devra faire le législateur au milieu de ce conflit? abandonner ces théories trop opposées pour qu'on puisse les mettre d'accord, et se borner à établir sur ce point quelques lois simples, claires, faciles, qui, par leurs dispositions, ne blessent ni aucun sentiment naturel, ni aucun des intérêts fondamentaux de la société.

C'est le sage parti qu'ont prétendu embrasser les rédacteurs du Code; nous n'avons plus qu'à voir s'ils ont réussi.

731 Le plan qu'ils proposent annonce trois espèces de successions pour les parens : « la succession qui échoit aux des- « cendans, celle qui échoit aux ascendans, et celle à laquelle « sont appelés leurs parens collatéraux. (Art. 26.) »

745 « Les enfans légitimes ou leurs descendans succèdent « à leurs père et mère, aïeuls, aïeules, ou autres ascen- « dans, par égale portion, sans distinction de sexe ni de « primogéniture, et quoique issus de différens mariages. » (Art. 39.)

746 « A défaut de descendans, les ascendans succèdent, mais « diversement, selon que le défunt a laissé ou n'a pas laissé « des frères ou sœurs, ou des descendans de ceux-ci. » (Art. 42.)

Ibid. « Si le défunt n'a laissé ni frères ni sœurs, ni descen- « dans de ceux-ci, la succession se divise par moitié entre « les ascendans de la ligne paternelle et les ascendans de la « ligne maternelle.

« Dans chaque ligne, les ascendans excluent les collaté- « raux, et l'ascendant le plus proche exclut le plus éloigné.

« S'il n'y a point d'ascendant dans l'une ou l'autre des « lignes paternelle ou maternelle, la moitié affectée à cette « ligne est dévolue aux collatéraux de la même ligne. » (Art. 43.)

748-749 « Lorsque le défunt a laissé des frères ou sœurs, ou des

« descendans de ceux-ci, ils excluent tous les ascendans, au-
« tres que les père et mère. La succession se divise en deux
« portions égales, dont une moitié est déférée au père et à
« la mère, qui la partagent entre eux également, et l'autre
« moitié est déférée aux frères ou sœurs, ou aux descen-
« dans de ceux-ci. (Même art. 46.) Si le père ou la mère
« est prédécédé, le quart qui lui aurait appartenu se réunit
« à la moitié qui est déférée aux frères et sœurs ou à leurs
« descendans, lesquels ont, en ce cas, les trois quarts de la
« succession. » (Art. 47.)

« Quand le défunt ne laisse ni descendans, ni père, ni
« mère, la succession est déférée, en premier ordre et en
« entier, aux frères et sœurs germains survivans, ou aux
« descendans d'eux, soit de leur chef, soit par représen-
« tation dans le cas de concours avec les oncles et tantes. »
(Art. 49.)

« A défaut de frères ou sœurs, ou descendans d'eux, et
« d'ascendans dans l'une ou l'autre ligne, la succession est
« déférée, en second ordre, pour moitié aux parens les
« plus proches dans la ligne paternelle, et pour l'autre
« moitié aux parens les plus proches dans la ligne mater-
« nelle. » (Art. 51.)

« A défaut de parens d'une ligne, ceux de l'autre ligne
« succèdent pour le tout. » (Art. 53.)

Il résulte de cet exposé, dans lequel nous avons suivi littéralement la rédaction du projet, et où l'on a pu remarquer
quelque embarras, que, quoiqu'on eût promis seulement
trois espèces de successions, en voilà néanmoins cinq ordres
bien distincts, ou cinq rangs de successibles appelés au défaut les uns des autres :

1er ordre, les descendans.

2e ordre, les frères et sœurs du défunt, en concours avec
ses père et mère.

3e ordre, les frères et sœurs tout seuls, à défaut de père
et mère.

4ᵉ ordre, les ascendans en général.

5ᵉ ordre, les collatéraux, autres que les frères et sœurs.

Il s'agit d'examiner si cette complication est bien nécessaire, et s'il n'y aurait pas moyen de simplifier davantage la loi des successions.

748-749 On voit que toute la difficulté résulte du privilége accordé aux frères et sœurs, lesquels concourent avec leurs père et mère dans la succession de leur frère défunt, et excluent les autres ascendans.

C'est un reste du droit nouveau introduit par la loi du 17 nivose an 2, art. 72 et 76, suivant lesquels les frères et sœurs d'un défunt lui succédaient en totalité, à l'exclusion même de leurs père et mère. On a cru devoir se borner à modifier cette disposition, en donnant seulement aux frères et sœurs la concurrence avec les père et mère; mais ne fallait-il pas aller plus loin?

Cette règle, établie par la loi du 17 nivose, tenait, ainsi que les auteurs s'en sont expliqués, au système alors établi de tendre à l'égalité par la division des fortunes. On trouvait plus convenable, en ce sens, de partager la succession d'un défunt entre ses frères et sœurs ou leurs descendans, que de concentrer tout dans la main du père ou de la mère. C'est par la même raison qu'une loi bizarre, admise dans quelques Coutumes, celle de la représentation infinie, tant en directe que collatérale, avait été convertie, par les législateurs du 17 nivose, en droit général, avec fente et refente des biens entre les diverses lignes.

Aujourd'hui, l'on est revenu de ces idées exagérées de division et d'égalité, qui ont paru impraticables. Les rédacteurs du nouveau Code n'ont point hésité, en conséquence, à proscrire le système de représentation illimitée, qu'ils ont réduit aux termes de droit. Pourquoi ont-ils été plus indulgens relativement au privilége accordé aux enfans contre leurs père et mère et autres ascendans?

Si l'ordre des successions est fondé sur l'ordre présumé

des affections du défunt, pour qui doit-on lui supposer plus d'affection que pour ses père et mère ? Quelque tendresse qu'il ait pour ses frères et sœurs, ce sentiment n'égale point ce qu'il doit aux auteurs de ses jours; outre que sa fortune doit communément leur être rapportée, ou comme une suite de leurs bienfaits, ou comme le fruit de la bonne éducation qu'il en a reçue.

Nous croyons qu'il faut retrancher le privilége de concurrence et d'exclusion attribué aux frères et sœurs contre la ligne ascendante. A ce moyen, notre système d'hérédité se simplifie infiniment, et n'admet plus que trois ordres, descendans, ascendans, collatéraux ; ce qui peut être exprimé très-nettement et en très-peu de paroles.

Tout ce qui est ajouté par les rédacteurs sur la fente des biens en toute succession ascendante ou collatérale, mais sans refente ou subdivision ultérieure ; les conséquences que l'on en tire vis-à-vis des ascendans, en admettant en concours avec eux les ascendans de l'autre ligne d'un degré plus éloigné, ou, à leur défaut, les collatéraux de cette même ligne ; l'application que l'on en fait au double lien pour en déterminer la juste prérogative, qui est non pas d'exclure, mais seulement d'attribuer une double part ; tout cela est bien vu, bien expliqué, et conserve un souvenir des habitudes anciennes, sans laisser subsister ce qu'elles avaient d'abusif.

Nous croyons cependant que les rédacteurs ont eu tort d'abandonner, dans les articles 46 et 47, le principe de la division des biens en deux lignes, sagement posé par l'article 27. Voici l'espèce : Un homme s'est marié deux fois ; il a des enfans du premier lit, il en a eu un du second ; celui-ci vient à mourir : sa mère est prédécédée. Les rédacteurs qui veulent que les frères et sœurs survivans concourent avec les père et mère à la succession d'un frère défunt, décident qu'en ce cas le quart de la succession qui aurait appartenu à la mère prédécédée se réunit à la moitié qui est déférée aux frères et sœurs, ou à leurs descendans, lesquels ont alors les trois quarts de la succession. Si le père était mort aussi bien que la mère, toute la succession leur appartiendrait, suivant les rédacteurs, à l'exclusion même des ascendans soit de leur ligne, soit de l'autre ligne. Il nous semble que c'est porter trop loin les droits des frères et sœurs, et que, pour être conséquent, il faut, dans le système des rédacteurs, au premier cas, donner aux frères et sœurs consanguins le quart seulement de l'hérédité, aussi bien qu'au père ; les deux autres quarts réservés aux parens de la ligne de la mère. Dans notre système, ce serait le père, à lui tout seul, qui aurait la moitié, et les parens de sa seconde femme l'autre moitié. Si le père est mort aussi bien que la mère, les frères et sœurs consanguins, dans le système des rédacteurs, ne doivent également recueillir que la moitié de la succession, et les parens du côté maternel, ascendans ou collatéraux, prennent l'autre moitié. Dans notre système, les ascendans de l'une et l'autre ligne, s'il y en a, prennent tout au préjudice des frères et sœurs consanguins. En toute hypothèse, il nous paraît déraisonnable que le prédécès de la mère profite à des enfans qui ne sont pas les siens, et qu'ils deviennent en quelque manière ses héritiers. L'exclusion accordée par l'article 46 aux frères et sœurs de simple lien serait mieux fondée vis-à-vis de simples collatéraux, qui peuvent être des parens éloignés. Mais c'est un inconvénient du partage des biens en deux lignes ; inconvénient qui est commun à toutes les successions ascendantes ou collatérales, et qui ne doit pas empêcher que le partage en deux lignes, motivé sur des raisons supérieures, ne soit maintenu.

750   Nous croyons aussi que l'article 49 pourrait être rédigé d'une manière plus claire. Il y est dit : « Si le défunt ne « laisse ni descendans, ni père, ni mère, la succession est « déférée en premier ordre, *et en entier*, aux frères et sœurs « germains du défunt, ou aux descendans d'eux, soit de leur « chef, soit par représentation. » Il semble, en lisant cet

article, que les consanguins ou utérins sont exclus; et néanmoins, ils sont appelés pour leur part dans l'article suivant. On ôterait l'équivoque en disant :

Si le défunt ne laisse ni descendans, ni père, ni mère, la succession est déférée en premier ordre aux frères et sœurs survivans, ou aux descendans d'eux, soit de leur chef, soit par représentation. Les frères et sœurs *germains* ou leurs descendans, recueillent la succession *en entier*.

Et l'article 5o déterminerait ensuite la part des consanguins ou utérins. 752

Il convient de répéter dans l'article 5o que sa disposition relative aux frères et sœurs, soit consanguins ou utérins, doit s'entendre également, ainsi qu'il est dit dans l'article 49, des *descendans d'eux* venant à la succession, *soit de leur chef, soit par représentation*.

En examinant ce titre important *des successions*, nous nous sommes arrêtés d'abord à l'objet principal, qui est la fixation de l'ordre successif. Les autres chapitres ne présentent, en général, qu'un résumé des principes les plus constans en cette matière ; ils donneront lieu à un petit nombre d'observations.

Les articles 22 et 23 expriment les causes d'indignité qui privent un héritier de la succession. On peut examiner sur ces articles, ce qu'ils disent et ce qu'ils ne disent pas. 727-728

Trois causes sont énoncées, et voici la dernière : *l'héritier majeur qui n'a pas dénoncé à la justice le meurtre du défunt*. Sur quoi nous observerons qu'il faudrait, ce semble, étendre un peu plus les exceptions qu'on ne l'a fait dans l'article 23, qui porte : « L'obligation de dénoncer n'est imposée « ni aux descendans contre les ascendans, ni aux ascendans « contre les descendans. » Ne conviendrait-il pas d'ajouter : « ni aux frères et sœurs contre leurs frères et sœurs, ni à la « femme contre le mari, ou au mari contre la femme ? »

Le droit romain et la jurisprudence française indiquaient beaucoup d'autres causes : celui qui a donné occasion à la mort du défunt ; celui qui a négligé de l'empêcher, lorsqu'il l'a pu ; celui qui, le pouvant, a négligé de secourir le défunt dans sa maladie, fût-ce en temps de peste ; celui qui a fait une injure atroce au défunt, ou qui a outragé sa mémoire ; celui qui l'a empêché de tester. En général, toutes les causes d'exhérédation étaient causes d'indignité ; et même les auteurs nous avertissent qu'elles sont indéfinies. Cette latitude pouvait avoir des inconvéniens ; mais une trop grande limitation a son danger. Comme cet objet tient aux mœurs, il demande à être traité avec circonspection.

7⁶¹ Suivant l'article 58 : « L'enfant naturel est obligé de se « contenter de ce que son père ou sa mère lui a donné de « son vivant, toutes les fois que ce qu'il a reçu n'est point « inférieur aux trois quarts de la portion que la loi lui attri- « bue. » Il faut ajouter « qu'on n'imputera de cette manière « que ce qui, dans les successions, est sujet à rapport. »

ap-7⁶¹ Suivant l'article 59 : « Cette portion (attribuée à l'enfant « naturel) est évaluée, eu égard à tout ce qui compose la « succession partageable, entre les héritiers légitimes, dé- « duction faite des dettes et charges, *et des dons, soit entre* « *vifs, soit par testament, que le père ou la mère a faits, con-* « *formément à la loi.* » Cette dernière clause réduit à rien ce que la loi a disposé en faveur des enfans naturels. Il faut se rappeler ce qui est dit, article 54 : « La portion que la « loi accorde à l'enfant naturel sur les biens de ses père et « mère *n'est qu'une créance fondée sur l'obligation naturelle* « *qu'ils ont contractée envers lui.* » Or, quelle est la *créance* dont on puisse s'affranchir en épuisant son bien par des *donations* et des *testamens?* Ces mots doivent être effacés de l'article, si on ne veut pas que le bienfait de la loi devienne illusoire.

ap-7⁶¹ L'article 61 porte « qu'en cas de contestation de la part « de l'enfant naturel, soit sur la valeur totale de la succes- « sion, soit sur la suffisance des offres qui lui sont faites, « il est procédé en justice à la liquidation de la masse, ou

« à l'estimation des objets dont la valeur est contestée. » Après quoi l'on ajoute : « Les frais de cette liquidation *sont* « *avancés par l'enfant naturel*, et supportés en définitif *par* « *celui qui succombe*. Si l'enfant naturel succombe, *il est* « *condamné aux frais*, qui sont retenus par l'héritier légi- « time sur la portion revenant à l'enfant naturel. » Cette addition, dans sa totalité, paraît beaucoup trop dure. L'*avance* doit être faite par la succession. On croit également inutile d'observer que les frais de liquidation doivent être supportés *par celui qui succombe*, et que, si l'enfant naturel succombe, il doit être *condamné aux frais*, ce qui semble ôter au juge le droit de les compenser ou modérer. Tout cet alinéa pourrait être retranché sans inconvénient.

L'article 64 réduit l'enfant adultérin ou incestueux à de simples alimens viagers, dont la quotité, suivant l'article 65, sera fixée par le juge, eu égard aux facultés du père ou de la mère, au nombre et à la qualité des héritiers légitimes ; mais l'article 66 fixe un *maximum* et un *minimum*. « Ces alimens, y est-il dit, ne peuvent excéder le *sixième* « du revenu net des biens qui composent la succession, ni « être moindres du *douzième*. » De ces deux termes, l'un pourra souvent être trop faible, l'autre trop fort. Supposons un père qui ait 1,200 francs de revenu net ; les alimens, suivant le projet, ne pourront excéder 200 francs : cela est trop peu. Supposons, d'autre part, un père qui ait 6,000,000 de revenu net, comme cela se voyait autrefois dans les maisons des ci-devant princes ; les alimens, en ce cas, ne pourront être moindres de 500,000 francs : c'est beaucoup trop. Quand il y a comme ici inconvénient de part et d'autre, il faut bien s'en tenir à l'arbitrage du juge, et aux règles générales qu'on lui a tracées. 762-763- et ap- 763

Suivant l'article 67 : « L'enfant adultérin ou incestueux 764 « ne peut demander un supplément sur la succession de son « père ou de sa mère, toutes les fois que celui-ci lui *en* a « assuré (il faut dire *lui a assuré des alimens*) de son vivant,

« *quand même la quotité serait inférieure au taux fixé par l'ar-*
« *ticle précédent, ou lorsque le père ou la mère lui a fait ap-*
« *prendre un art mécanique.* » On ne dit point, comme dans
l'article 58, relatif à un bâtard né de personnes libres,
« toutes les fois que ce qu'il a reçu n'est point inférieur *aux*
« *trois quarts* de la portion qui lui est attribuée ; » on dit
d'une manière absolue, « quand même la quotité en serait
« inférieure au taux fixé par l'article précédent ; » ce qui
rend cette fixation à peu près inutile, et peut réduire les
alimens à très-peu de chose. L'autre modification, qui exclut la demande en supplément, *lorsque le père ou la mère lui*
a fait apprendre un art mécanique, ne convient point à tous
les états, et paraît contradictoire avec ce qui est statué dans
les précédens articles. Il nous semble que celui-ci doit être
supprimé.

En général, les rédacteurs nous ont paru trop sévères
pour les enfans naturels, et, si leur projet était suivi, il y
aurait à craindre que la législation, en cette partie, ne pût
être accusée d'un excès de rigueur, après qu'on lui a justement reproché un excès de mollesse.

Peut-être conviendrait-il, à l'égard même des bâtards
adultérins ou incestueux, d'autoriser les juges, sur la demande de l'enfant, après preuve suffisante de sa capacité et
de sa bonne conduite, et aussi selon les moyens des héritiers, à obliger ceux-ci de racheter les alimens au taux qui
serait fixé. Des alimens viagers ne conviennent qu'à un cé-
libataire, et servent peu à s'établir ; au lieu qu'avec un petit
fonds, le malheureux enfant pourrait entreprendre quelque
chose, et se rendre utile à la société. C'est une idée que l'on
soumet aux rédacteurs.

L'article 70 porte « que le père ou la mère succèdent à
« leur enfant naturel, à l'exclusion de la république, lors-
« que celui-ci ne laisse aucun enfant ou descendant issu en
« légitime mariage. » Cette disposition est très-équitable.
Observez seulement que, dans ce cas-ci, la loi ne fait point

concourir les frères et sœurs du défunt avec le père ou la mère: preuve que ce concours n'a pas en lui-même de grands fondemens.

Les articles 71, 72 et 73, à défaut de père ou mère de l'enfant naturel, défèrent sa succession à ses frères et sœurs légitimes, et, à défaut de ceux-ci, à ses frères et sœurs naturels, même aux descendans des uns et des autres, toujours à l'exclusion de la république. On ne peut qu'approuver encore cette disposition bienfaisante ; mais, puisqu'il s'agit d'une succession uniquement fondée sur le lien de la nature, il semble qu'on devrait, en ce cas, associer et faire concourir les frères et sœurs naturels avec les légitimes.

Par réciprocité, le bâtard et ses légitimes descendans devraient aussi succéder au père ou à la mère dudit bâtard, même à ses frères et sœurs légitimes ; toujours à l'effet d'exclure le fisc.

On peut demander si l'intention des rédacteurs a été que cette espèce de succession introduite à l'égard du bâtard primât celle accordée à l'époux survivant, dont il va être parlé, ou qu'elle ne vînt qu'après. Pour le premier sentiment on excipera de l'ordre même observé dans le projet de Code, et de plus on invoquera les termes de l'article 75, qui ne défère la succession à l'époux survivant que *lorsque le défunt n'a laissé aucun parent;* ce qu'il faut entendre, dira-t-on, tant des parens naturels que des parens légitimes. Pour le second sentiment on fera valoir le mot plusieurs fois répété dans les articles 70, 71, et 73, *à l'exclusion de la république:* il est clair, dira-t-on, que les parens naturels ne sont appelés que pour exclure la république, et non, conséquemment, pour exclure l'autre époux. Ce doute a besoin d'être levé. Nous croyons que l'époux survivant n'étant appelé qu'à défaut de toute parenté, les parens naturels devraient obtenir la préférence.

Suivant l'article 86 : « La donation, vente ou transport

« fait par l'un des héritiers, *à tous ou à quelques-uns de ses* « *cohéritiers*, emporte acceptation de la succession. » Rien de plus vrai ; mais il faut en dire autant de la donation, vente ou transport fait à un étranger. Dans tous les cas, la cession suppose une acceptation préalable ; on ne cède pas ce qu'on n'a pas.

ap- 780

Art. 87. « Celui contre lequel un créancier de la succes- « sion a obtenu jugement *contradictoire* passé en force de « chose jugée qui le condamne comme héritier est réputé « avoir accepté la succession. » Mais le même article ajoute que « si le jugement passé en force de chose jugée n'a été « rendu que *par défaut*, la condamnation obtenue par un « créancier seul ne profite point aux autres. » On ne voit pas le fondement de cette différence. Au reste, dans la pureté des principes, un jugement qui condamne un particulier comme héritier ne profite qu'à celui en faveur duquel il est rendu. Vis-à-vis des autres, il peut former un préjugé, mais il n'a pas l'autorité de la chose jugée.

ap- 800

L'article 107 est une répétition de l'article 75 du titre *des tutelles*. Nous renvoyons à ce qui a été dit sur ce premier article.

t. 1er- ch. 5- fin de sec. 3.

Suivant l'article 120 : « Le bénéfice d'inventaire ne peut « pas être opposé à la république par l'héritier d'un comp- « table ; il faut qu'il accepte ou qu'il renonce purement et « simplement. » C'est une vieille maxime écrite dans l'art. 16 de l'ordonnance de Roussillon de 1563. On lui donnait pour fondement, 1° la *faveur* des deniers publics : mais cette faveur n'autorise point une injustice ; 2° la *présomption* que le débiteur qui ne se trouve pas en état de payer s'est mis dans cette impossibilité par des avantages secrets faits à ses héritiers, ou que ceux-ci ont détourné des effets à leur profit : la fraude ne se présume pas ; 3° enfin que le bénéfice d'inventaire est une *grace*, et que le souverain n'est jamais présumé en accorder contre ses intérêts : c'était là la vraie raison ; on laisse aux rédacteurs à en apprécier maintenant l'importance. Il nous semble en général que ce n'est point par des priviléges exagérés qu'on peut mettre à couvert les intérêts de la république contre les comptables, mais par de bons cautionnemens, une surveillance active, et des diligences faites à propos pour assurer les recouvremens.

Art. 128. Il faut ajouter le mot *curateurs* à celui de *tuteurs*, qui ne convient point aux *absens*....... « Peut être exercée par « leurs tuteurs *ou curateurs*. » 817

L'art. 133 donne aux créanciers le droit de faire apposer le scellé *en vertu d'un titre exécutoire, ou de la permission du juge*. Il faut dire : *en vertu d'un titre exécutoire, ou autorisé par la permission du juge*. Le *titre* est nécessaire dans tous les cas ; mais un titre sous seing privé non reconnu suffit, en y joignant la permission du juge, pour éviter les abus. 820

L'article 136 exige que les experts nommés pour l'estimation des immeubles à l'effet du partage affirment leur rapport devant le juge commis. C'est une formalité absolument inutile. Ils ont dû, dans le principe, prêter serment de bien et fidèlement vaquer à leur commission : demander qu'ils affirment ensuite l'avoir bien remplie, c'est un double emploi ; c'est leur faire jurer qu'ils ne se sont point parjurés. Les sermens sont ce qu'il y a de plus respectable parmi les hommes ; ne les avilissons pas en les multipliant sans nécessité. 824

A l'article 141, après les mots : *si mieux n'aiment les parties*, il convient d'ajouter le mot *majeures*..... *Si mieux n'aiment les parties* MAJEURES. La vente des biens de mineurs ne doit être faite qu'en justice. 827

Les articles 162, 163 et 164 méritent une grande attention. On tenait autrefois que les avantages même indirects étaient sujets à rapport, d'après le principe que la loi défend de faire indirectement et par voie détournée ce qu'elle ne permet pas de faire directement ; et l'on regardait comme avantage indirect au profit du père le don fait à son fils non successible, le père et le fils étant censés une seule per- av-847-847-848 sonne. De même, et à plus forte raison, le fils, même venant de son chef à la succession du donateur, était obligé de rapporter le don fait à son père dont il avait accepté la succession ; parce qu'il trouvait et recueillait dans cette succession le don fait à son père. Cette jurisprudence, qui avait son fondement dans les lois romaines, et avait paru nécessaire pour établir l'égalité, est entièrement renversée par les art. 162, 163 et 164.

Art. 162. « L'héritier n'est tenu de rapporter que le legs « qui lui est fait personnellement. »

Art 163. « Le père ne rapporte point le don fait à son « fils non successible. »

Art. 164. « Le fils qui vient de son chef à la succession du « donateur ne rapporte point le don fait à son père, soit « qu'il ait accepté la succession de celui-ci, soit qu'il y ait « renoncé. »

Ainsi, un père déjà comblé de biens dans sa propre personne pourrait l'être encore dans la personne de son fils, sans que les dons faits à ce fils fussent sujets à rapport.

Le fils ne serait point obligé de rapporter un don immense fait à son père.

Nous croyons que de pareilles dispositions sont susceptibles de graves inconvéniens, et qu'elles mettent dans les familles un levain de haine et de jalousie qui en troublerait la paix.

Le projet de Code permet aux donateurs ou testateurs, en renfermant leurs dispositions dans les bornes prescrites, d'affranchir du rapport leurs donataires ou légataires. C'est tout ce que la loi peut faire. Elle doit d'ailleurs présumer dans celui qui dispose un esprit d'égalité, à moins qu'il ne manifeste une intention différente ; et conséquemment assujétir au rapport tout ce qui y est naturellement sujet. *Voyez* les art. 162 et 163 du titre *des donations*.

Nous estimons qu'il faut s'en tenir aux anciens principes.

Si cette observation est accueillie, il faudra également changer l'article 170, qui n'est qu'une répétition de l'article 164.

Nous voudrions, toujours d'après les mêmes idées, que dans la distinction 4, *de ce qui est sujet à rapport,* on posât le principe que les avantages, même indirects, doivent être rapportés; et qu'on ajoutât, d'après la jurisprudence reçue, que l'enfant doit rapporter jusqu'aux sommes qui lui ont été prêtées par le père commun, quand même il en aurait constitué rente, et sans qu'il soit recevable à offrir de la continuer; le tout néanmoins sauf la disposition contraire du père de famille, dans le cas où la légitime des autres enfans ne serait point entamée.

L'article 217 est contraire au principe inviolablement reçu jusqu'à présent, et même consacré par l'article 213 du présent titre.

Voici ce que porte l'article 213 : « L'action en rescision « est admise contre tout acte qui a pour objet de faire ces- « ser l'indivision entre cohéritiers, *quelle que soit la qualifi-* « *cation, de vente, d'échange,* OU AUTRE, *qui ait été donnée à* « *cet acte.* »

Et l'article 217 dispose ainsi : « L'action en rescision « n'est point admise contre le partage fait *à titre de transac-* « *tion,* pourvu qu'il existât, lors de l'acte, *des difficultés de* « *nature à donner lieu à une contestation sérieuse.* »

Il est clair que le dernier article n'est qu'une limitation ou une exception du premier. Et, comme il n'y a rien de si facile que de donner à un partage le titre de *transaction,* qu'il se rencontre d'ailleurs peu de partages de quelque importance qui ne présentent *des difficultés de nature à occa- sioner une contestation sérieuse,* il en résulte que la plupart des partages, quelque iniques qu'ils fussent, seraient inattaquables.

L'article 217 ajoute, il est vrai, que « si la transaction « contenue en l'acte de partage n'a porté *que sur une diffi-*

« *culté ou question particulière*, le partage n'est irrévocable
« que quant à ce. » Mais, par la raison contraire, si la
transaction a porté *sur plusieurs difficultés ou questions*, comme
cela arrive presque toujours, et que les parties, relativement à ces objets de litige, aient fait des sacrifices réciproques, le partage sera irrévocable dans sa totalité, toutes les
clauses de l'acte étant indivisibles.

Nous croyons qu'il faut s'en tenir aux idées reçues, et que
les deux articles, rapprochés l'un de l'autre, doivent être
ainsi rédigés :

L'action en rescision est également admise contre tout
acte qui a pour objet de faire cesser l'indivision entre cohéritiers, quelle que soit la qualification, de vente, d'é-
change, ou autre, *même de transaction*, qui ait été donnée à
cet acte.

Mais si, après un partage fait, ou un acte qui en tient
lieu, les parties *transigent* sur des difficultés que présentait
ce premier acte, et qui étaient de nature à donner lieu à une
contestation sérieuse, encore qu'il n'y ait point eu, à ce sujet, de procès commencé, le dernier acte ne peut pas être
rescindé pour cause de lésion.

TITRE II. — *Des contrats ou des obligations conventionnelles en général.*

La matière des contrats est, de toutes les parties du droit
civil, celle où le législateur a moins à faire. Elle est restée
presque tout entière dans les termes du droit naturel. Les
rédacteurs du Code en ont recueilli les règles écrites dans
les lois romaines, et dictées par la seule raison. On peut
leur reprocher seulement de les avoir un peu trop multipliées. Il est des choses d'une telle évidence, qu'il semble
inutile de les consigner par écrit et d'en faire un article de
loi. Un travail de cette nature ne peut donner lieu qu'à un
petit nombre d'observations.

Suivant l'article 9 : « La violence exercée contre celui

« qui a contracté l'obligation l'annulle, *encore qu'elle ait*
« *été exercée par un tiers autre que celui au profit duquel la*
« *convention a été faite.* »

Suivant l'article 14, relatif au dol, il faut, pour annuler la convention, « qu'il ait été pratiqué *par la partie même*
« *avec laquelle on a contracté, ou qu'elle en ait été participante;*
« *sauf* l'action en dommages et intérêts contre le tiers qui
« l'aurait employé. »

Il semble que, dans ces deux cas, la décision devrait être la même. Que le consentement ait été forcé, ou bien surpris, extorqué par le dol, c'est toujours un consentement imparfait, et non un consentement absolu, spontané, réfléchi, tel, en un mot, qu'il doit être pour former un engagement.

Art. 22. Il est dit que les engagemens contractés par les mineurs, les interdits et les femmes mariées, ne peuvent être attaqués que par eux dans les cas prévus par la loi; qu'ils peuvent néanmoins en poursuivre l'exécution à leur profit, et ne peuvent répéter ce qu'ils ont payé en conséquence *après que la loi les a rétablis dans la pleine capacité de contracter.* Cette dernière phrase laisse une équivoque; on ne sait sur quoi elle tombe. Est-ce ce qui a été payé par les personnes indiquées depuis que la loi les a rendues capables de contracter, qu'elles ne peuvent répéter? ou ne peuvent-elles répéter, étant devenues maîtresses de leurs droits, ce qu'elles avaient payé auparavant? Ce dernier sens n'est assurément pas celui des rédacteurs. Un mineur qui s'est engagé en minorité, et a payé pendant sa minorité même, peut se faire restituer contre le paiement, de même que contre l'engagement qui en a été le principe. Il faut dire, pour écarter l'ambiguité, et au risque d'être un peu plus long:
« Ne peuvent répéter ce qu'ils ont payé en conséquence,
« *si les paiemens ont été faits* depuis que la loi les a rétablis
« dans la pleine capacité de contracter. »

L'article 38 est important, parce qu'il tient à un systême

que se sont fait les rédacteurs sur la translation de propriété, qu'ils jugent indépendante de la tradition. Voici les termes de cet article : « Dès l'instant que le propriétaire a con-
« tracté, par acte authentique, *l'obligation de donner ou li-*
« *vrer un immeuble*, il en est exproprié ; l'immeuble ne peut
« plus être saisi sur lui par ses créanciers ; l'aliénation qu'il
« en fait postérieurement est nulle ; et la tradition qu'il en
« aurait pu faire à un second acquéreur ne donne aucune
« préférence à celui-ci, lequel est obligé de restituer l'im-
« meuble à celui dont le titre est antérieur, sauf le recours
« du second acquéreur contre le vendeur, ainsi qu'il est dit
« au titre *du contrat de vente*. »

L'article 39 ajoute : « Néanmoins, si la chose aliénée à
« deux personnes successives est purement mobilière, ce-
« lui des deux acquéreurs qui en a été mis *en possession réelle*
« est préféré, et en demeure propriétaire, encore que son
« titre soit postérieur en date, pourvu toutefois qu'il ait ac-
« quis de bonne foi. »

Il faut joindre les articles 110 et 111 du titre *de la vente*, ainsi conçus : « Dans le transport d'une créance, droit ou
« action sur un tiers, la délivrance s'opère, entre le cédant
« et le cessionnaire, par la remise du titre. » (Art. 110.)

« Cependant, jusqu'à ce que le cessionnaire ait signifié le
« transport au débiteur, celui-ci peut valablement se libé-
« rer envers le cédant. Mais la créance ne peut plus être
« saisie par les créanciers du cédant qui a été exproprié
« par le fait de son consentement. » (Art. 111.)

Si l'on maintient le Code hypothécaire actuel, comme nous comptons le proposer, la principale question que l'on a entendu résoudre par ces articles, celle relative à l'expropriation des immeubles, se trouve décidée ; car le Code hypothécaire déclare expressément que l'expropriation des immeubles ne s'opère que par la transcription du contrat sur le registre du conservateur des hypothèques, et non par le contrat même ; en sorte que, jusqu'à cet instant, l'immeuble peut être vendu de nouveau, peut être grevé de nouvelles hypothèques à la charge du vendeur, peut être l'objet d'une instance d'expropriation poursuivie sur lui à la requête de ses créanciers ; et cet avantage n'est pas un des moindres de ceux que présente le Code hypothécaire.

Mais en supposant que ce Code soit aboli, nous croyons que l'ancien principe sur l'expropriation des immeubles, puisé dans le droit romain et adopté par la jurisprudence, doit être conservé; c'est-à-dire que la propriété de l'immeuble passe d'une main à l'autre, non par le seul contrat d'aliénation et les différentes clauses qu'il contient, mais par la tradition réelle et la mise en possession du nouvel acquéreur.

Il ne s'agit pas de savoir comment s'opère l'expropriation vis-à-vis du vendeur lui-même ; on convient que, par rapport à lui, il est exproprié par son seul fait et le consentement qu'il donne à l'entrée en jouissance de l'acquéreur ; toute la difficulté roule vis-à-vis des tiers. Or, qui ne voit pas qu'à l'égard des tiers, l'expropriation ne peut s'opérer que par un fait extérieur et public, qui avertisse que la propriété a changé de main, et que ce n'est plus *Pierre* mais *Paul* qui est propriétaire? Ce fait ne peut consister que dans la dépossession.

Les rédacteurs ont été frappés de l'inconvénient possible d'une seconde vente faite à un acquéreur de bonne foi. Mais comment n'ont-ils pas senti que, pour éviter ce danger, ils se jetaient dans un plus grand? Ce ne sera point, dans leur systême, un premier acquéreur qui sera trompé. Mais le propriétaire malhonnête qui voudra faire des dupes en vendant deux fois sa chose commencera par concerter avec une personne affidée un traité de vente simulée, dont il assurera la date au moyen de l'enregistrement, ou par la présence d'un notaire ; ensuite il revendra l'immeuble, le livrera, en touchera le prix ; et alors il fera revendiquer l'immeuble par son complice, contre lequel le second acquéreur n'aura pas même de recours hypothécaire pour ses dommages et intérêts, attendu la postériorité de son contrat.

S'il est vrai que de deux maux il faille choisir le moindre, nulle comparaison des inconvéniens du système actuel avec ceux du système projeté. On ne paie ordinairement qu'après l'entrée en jouissance : ainsi, l'acquéreur auquel on ne livre pas, et qui se trouve définitivement évincé par une nouvelle vente suivie de tradition, garde son argent ; il peut perdre seulement le bénéfice d'un bon marché : c'est un objet de dommages et intérêts, pour lequel encore il aura une hypothèque assurée contre le second acquéreur, si son acte est authentique. Voilà ce qui se passe dans le système actuel, où nous tenons pour principe que la tradition seule exproprie : au lieu que, dans le système proposé, un acquéreur de bonne foi étant mis en possession, paiera, puis sera évincé ; en sorte qu'il perdra la chose et le prix, sans pouvoir même former aucune demande utile en dommages et intérêts, attendu la priorité d'hypothèque du premier acquéreur.

La nécessité d'une tradition réelle et de fait est le seul moyen qui remédie à tout ; les rédacteurs l'ont senti par rapport aux meubles ; pourquoi ont-ils suivi d'autres vues relativement aux immeubles ?

A l'égard des dettes actives, on ne conçoit pas comment les rédacteurs ont fait dépendre l'expropriation de la seule remise du titre, qui d'ailleurs n'est pas toujours sous la main du vendeur, au lieu de l'attacher, avec la Coutume de Paris, qui forme en cette partie le droit commun, à la signification du transport ou à son acceptation, comme à la mise en possession de l'acquéreur, la moins suspecte et la moins équivoque que comporte la matière.

Nous croyons qu'il ne faut point innover dans tout cela, et qu'on doit s'en tenir aux anciens principes.

Art. 51. Aux exemples indiqués de revenus formant des

capitaux qui peuvent produire intérêt, il faut ajouter les arrérages de douaire, rentes viagères, rentes foncières ou constituées pour le prix d'un fonds, intérêts de dot et de légitime, intérêts du prix d'un immeuble, et autres semblables, dont il faut éviter de limiter le nombre, parce qu'il n'est guère possible d'en faire une énumération complète.

Il faut observer aussi que les sommes économisées sur les revenus d'un mineur, et qui excèdent la quotité fixée pour sa dépense, produisent des intérêts de droit à la charge du tuteur, à partir du jour où il a dû en faire emploi.

Art. 128. Parmi les différentes manières dont s'éteignent les obligations, on classe, 1234

La cession de biens : celle-ci n'est qu'un mode particulier d'éteindre une certaine espèce d'obligation, savoir : la contrainte par corps ; et elle doit être renvoyée au titre *de la contrainte par corps ;*

La demande en nullité : elle a pour objet, non d'éteindre l'obligation, mais de prouver qu'elle n'existe pas ; elle doit aussi faire un article à part ;

La prescription, qui est, dit-on, aussi un moyen d'acquérir, et qui forme la matière du dernier titre du Code. Mais les deux prescriptions, l'une à l'effet d'acquérir, l'autre à l'effet de libérer, n'ont, comme l'observent les jurisconsultes, rien de commun que le nom. L'une vient à la suite du traité des choses, et parmi les moyens d'acquérir ; l'autre fait partie du traité des obligations.

Art. 151. On marque pour septième condition des offres, nécessaire pour les rendre valables, qu'elles soient faites « par un officier ministériel ayant caractère pour ces sortes « d'actes, *et étant dans l'usage de les faire.* » On aurait pu désigner par son nom cet officier ministériel ayant pouvoir de faire des offres, qui n'est autre qu'un huissier. Mais qu'a-t-on voulu dire par ces mots ajoutés, *et étant dans l'usage de les faire ?* De deux choses l'une : ou l'officier a véritablement caractère pour faire des offres, et il les fait validement, 1258 encore qu'il ne fût peut-être pas *dans l'usage de les faire;* ou il est *dans l'usage de les faire*, sans avoir caractère pour cela, et en ce cas on peut contester la validité des offres. Ces mots doivent être retranchés.

1259 Art. 152. On décide, avec raison, qu'il n'est pas nécessaire, pour la validité de la consignation, qu'elle ait été autorisée par le juge, pourvu qu'elle soit faite *au dépôt indiqué par la loi pour recevoir les consignations*. On pourrait, ce semble, ajouter que, si le dépôt est fait ailleurs, chez un notaire, par exemple, la somme déposée demeure aux risques du déposant, mais que néanmoins le dépôt fait cesser les intérêts.

1283 Il est dit, article 170, que « la simple remise de la grosse « du titre ne suffit pas pour faire présumer la remise de la « dette ou le paiement. » Il faudrait à cet article ajouter quelques mots, ceux-ci, par exemple : *à moins que d'autres circonstances ne concourent.* La remise de la grosse forme, par elle-même, une présomption violente de l'extinction du titre, quoique non une présomption complète, parce que la minute, qui demeure chez le notaire, et qui n'est point quittancée, réclame en faveur du créancier.

1304 Les articles 193 et 194 distinguent entre l'action tendant à faire déclarer nul un contrat, et l'action en restitution. La première dure trente ans, excepté dans les cas où la loi restreint cette action à un terme moindre; la seconde ne dure que dix ans; et l'on ajoute, article 195, que l'erreur, la violence et le dol ne donnent lieu qu'à une simple action en restitution...... Nous croyons qu'il y a ici confusion d'idées. L'erreur, le dol et la violence donnent lieu véritablement à une action en nullité, et non à une simple action en restitution, parce qu'ils annullent le consentement, qui fait l'essence du contrat. C'est ainsi que les auteurs eux-mêmes s'en sont expliqués précédemment dans ce titre, article 7 et suivans, jusqu'au 14e. Il n'y a proprement que la lésion qui donne ouverture à la rescision ou restitution en entier, soit au profit du mineur, soit au profit du majeur, dans les cas indiqués par la loi. Au reste, il nous semble que c'est accorder un temps beaucoup trop long, que de donner trente ans pour exercer l'action en nullité, et dix ans pour celle en restitution. Dix ans suffiraient bien pour la première, et quatre pour la seconde, suivant la constitution de *Justinien*; ces deux termes pourraient même encore être abrégés.

L'article 207 serait mieux rédigé ainsi qu'il suit :

La preuve littérale résulte ou d'un acte authentique, ou d'un acte sous signature privée ; l'acte est représenté en original ou en copie.

s. 1re du ch. 6.

L'article, tel qu'il existe dans le projet, suppose que la preuve est *complète*, quoique moins complète lorsque l'acte est représenté en *simple* copie.

L'article 216 mérite une grande attention : il est calqué sur la déclaration de 1733 ; loi fort sage, mais dont la mauvaise foi peut abuser. Combien de fois n'est-il pas arrivé que le souscripteur d'un billet, quoique instruit dans les affaires, ait omis, par négligence ou précipitation, de mettre au bas le *bon pour*, ou de l'écrire en toutes lettres, et non en chiffres, ou d'approuver la somme, au lieu de se contenter d'approuver l'écriture : combien d'autres, surtout parmi les femmes et les gens du peuple, ignorent absolument la nécessité de ce *bon pour*. Celui qui la connaît pourra même omettre cette formalité tout exprès, à dessein de tromper, en recevant l'argent d'un homme auquel il donnerait en échange un billet nul. Il est nécessaire d'obvier à tous ces inconvéniens. La loi doit être conservée ; mais il faut y joindre des modifications qui en empêchent l'abus.

1326

L'article excepte le cas où l'acte émane de marchands, artisans, etc. Nous proposons de substituer au mot *marchands* celui de *négocians* ou *commerçans*, qui est plus général ; autrement un banquier, par exemple, ne pourrait pas signer un billet, sans une approbation en toutes lettres de la somme y contenue. La déclaration de 1733 emploie le mot *marchands*, mais elle y joint celui de *banquiers*, et plusieurs autres qu'il faut rappeler par un terme générique, si l'on veut éviter la longue nomenclature que présente la déclaration.

En second lieu, cette déclaration exige que celui qui refusera de payer le contenu aux billets ou promesses non revêtus du *bon pour* soit tenu d'affirmer qu'il n'en a point reçu la valeur; et qu'à l'égard de ses héritiers et représentans, ils soient tenus d'affirmer qu'ils n'ont aucune connaissance que lesdits billets ou promesses soient dus. Le projet omet cette disposition, qui est de toute justice; nous croyons qu'elle doit être rétablie.

En troisième lieu, il faut ajouter que, toutes les fois qu'il apparaîtra, ou par l'interrogatoire du défendeur prêté sur faits et articles, ou par des écrits émanés de lui, ou même par les circonstances de l'affaire, que la somme demandée est véritablement due, l'acte sous seing privé sera valable, nonobstant l'omission du *bon pour*.

Avec ces précautions, la loi sera utile; autrement il est à craindre qu'elle ne serve bien plus à protéger qu'à déjouer la mauvaise foi.

1336 Art. 227. A la place du n° 3, nous proposons de substituer les mots qui suivent, empruntés de *Pothier* :

Que le donataire fasse preuve de la donation par des témoins qui aient été présens à l'acte quand il a été fait, et qui aient entendu le donateur en convenir.

Il peut ne pas y avoir de témoins instrumentaires, ou ces témoins peuvent être morts ou absens; dans tous ces cas, il ne faut point ôter au donataire les moyens de faire la preuve testimoniale que l'on autorise.

1341 L'article 232 exige qu'il soit passé acte par-devant notaires, ou sous signature privée, de toutes choses excédant la somme ou valeur de 150 francs. L'ordonnance de Moulins et celle de 1667 disaient 100 livres. Sur quoi l'on observera que ce n'est pas trop la peine de changer. On pourra même ajouter que, si l'on suit la progression du marc d'argent depuis 1566, époque de l'ordonnance de Moulins, ce ne sera point 150 francs, mais 300 francs et plus qu'il faudra substituer à la somme de 100 francs. Sur cette quotité nous nous en rapporterons volontiers aux rédacteurs.

La définition du commencement de preuve par écrit consignée dans l'article 237 paraît beaucoup trop vague : « Tout « acte..... qui *tend* à prouver la *vraisemblance* du fait allé- « gué. » Nous préférons la définition ordinaire, donnée par les jurisconsultes : « Tout acte contenant la preuve d'un fait « qui sert d'acheminement à la convention, ou qui fait « partie de la convention, ou en est une suite. » 1347

L'article 244 est ainsi conçu : « *Nulle preuve n'est admise* « *contre la présomption de la loi*, sauf ce qui sera dit sur l'af- « firmation et la confession judiciaire. » 1352

Cette décision renverse absolument les idées ou au moins le langage reçu jusqu'à présent en matière de présomptions.

On a toujours distingué dans notre droit, comme dans le droit romain, et dans toutes les législations connues, deux sortes de présomptions de la loi :

L'une appelée *præsumptio juris et de jure*, qui n'admet point la preuve contraire ;

L'autre qu'on nomme simplement *présomption légale ou présomption de droit* (*præsumptio juris*), qui tient le fait pour constant, mais seulement tant que la preuve contraire n'est pas rapportée, et qui n'exclut pas cette preuve.

Du premier genre sont les prescriptions ordinaires de dix et vingt ans, et de trente ans, la confession judiciaire, et l'autorité de la chose jugée.

Les actes que la loi déclare nuls d'après leur seule qualité, et indépendamment de toutes circonstances, comme présumés faits en fraude de ses dispositions, doivent encore être mis dans cette classe. Tels sont les cessions et transports faits par le débiteur failli, dix jours avant sa faillite, que la loi annulle comme les présumant faits en fraude de la disposition qui défend à un failli de favoriser quelqu'un de ses créanciers au préjudice des autres.

Les présomptions de la seconde espèce, qui n'excluent point la preuve contraire, sont en très-grand nombre, et se trouvent partout ; le projet de Code, comme tous les livres de jurisprudence, nous en présente une foule d'exemples.

Ainsi, au titre *du contrat de mariage*, art. 11, il est dit : « A défaut de *convention* entre époux, il y a *communauté* de « biens. » Voilà une *communauté* présumée ; mais la présomption cesse par le fait de la convention contraire.

L'article 12 du titre *des servitudes* porte que « dans les « villes, bourgs, villages et hameaux, tout mur servant de « séparation entre bâtimens, cours et jardins, et même en- « tre enclos dans les champs, *est présumé mitoyen ;* » mais il ajoute, « *s'il n'y a titre ou marque du contraire ;* » et l'art. 13 indique ces *marques*.

L'existence du billet entre les mains du débiteur fait présumer que la dette a été remise ou acquittée ; mais le créancier est admis à prouver le contraire : par exemple, que le billet lui a été volé. « La présomption n'est acquise, dit le « projet de Code, article 168, *des obligations*, que lorsque « le créancier *remet volontairement* le titre à son débiteur. »

Suivant l'article 49, *de la prescription*, « la bonne foi est « toujours *présumée*, et c'est à celui qui allègue la mauvaise « foi à la *prouver*. »

Il résulte de ces exemples, que l'on pourrait multiplier à l'infini, qu'on s'est exprimé peu exactement dans l'art. 244, quand on a dit en termes absolus : *Nulle preuve n'est admise contre la présomption de la loi.*

Ce qui a déterminé les rédacteurs à parler ainsi, c'est, à ce qu'il paraît, une crainte qu'ils ont manifestée dans un autre article de leur projet, et qui n'est pas sans fondement. Souvent il est arrivé que, la loi annulant certains actes sur

une présomption générale de fraude, les juges se sont permis d'examiner si, dans un cas particulier, l'acte n'était pas sincère, fait de bonne foi, et qu'ils l'ont validé, malgré la disposition de la loi, lorsqu'ils ont cru apercevoir cette preuve. Il existe plusieurs arrêts de cette nature, qui ont légitimé des ventes et transports faits dans les dix jours avant la banqueroute. Voilà ce que les rédacteurs ont voulu proscrire; et ils s'en sont clairement expliqués dans l'article 9 du titre V du livre préliminaire, qui porte : « Lorsque, par
« la crainte de quelque fraude, la loi déclare nuls certains
« actes, ses dispositions ne peuvent être éludées sur le fon-
« dement que l'on aurait rapporté la preuve que ces actes ne
« sont pas frauduleux. »

Rien de plus sage que cette disposition; mais il est aisé d'en maintenir l'esprit, sans se jeter dans une autre qui conduirait à l'excès opposé. Nous proposons de rédiger l'article ainsi qu'il suit :

Nulle preuve n'est admise contre la présomption de la loi, lorsque, sur le fondement de cette présomption, elle annulle certains actes, ou dénie l'action en justice, à moins qu'elle-même n'ait réservé la preuve contraire.

Suivant l'article 245 : « Les présomptions qui ne sont
« point établies par la loi sont abandonnées aux lumières
« et à la prudence du magistrat, qui ne doit les admettre
« qu'avec la plus grande circonspection; il ne doit admet-
« tre que des présomptions *graves, précises, claires et uni-
« formes, et dans le cas seulement où la loi admet la preuve
« testimoniale; à moins que l'acte ne soit imprégné de fraude ou
« de dol.* »

Il y a, relativement à ces présomptions non établies par un texte de loi, que les jurisconsultes ont appelées *présomptions simples,* deux cas à distinguer. Quelquefois une seule présomption, quoique non autorisée par la loi, est assez forte pour établir le fait contesté, sauf la preuve contraire. On cite pour exemple le cas d'un avoué qui a occupé sur une demande, soit en demandant ou en défendant, et qui a entre les mains l'original ou la copie de l'exploit : cette pièce toute seule forme en sa faveur une présomption qui équipolle à une preuve du mandat, et empêche [le désaveu. D'autres fois, et c'est ce qui arrive plus ordinairement, il faut un certain concours de présomptions pour suppléer à la preuve. C'est ce que les rédacteurs n'ont pas assez démêlé. Mais, de plus, ils ajoutent « que les présomptions ne « doivent être admises que *dans le cas seulement où la loi ad-* « *met la preuve testimoniale;* à moins, disent-ils encore, que « l'acte ne soit *imprégné* (peut-être faut-il lire *impugné*) de « fraude ou de dol. »

On ne voit pas quel pourrait être le fondement de cette restriction. La présomption, tenant lieu de la preuve, doit être admise en toute matière, dans celle qui exclut la preuve testimoniale comme dans celle qui en est susceptible. On croit que la fin de l'article serait mieux rédigée en ces termes :

Il ne doit admettre que des présomptions graves, *décisives, ou qui, par leur réunion, doivent entraîner un esprit raisonnable.*

1346 Art. 248. « La confession judiciaire est l'aveu qu'une par- « tie fait, devant le juge, d'un fait sur lequel elle a été in- « terrogée, et dont il a donné l'acte; ou les aveux faits dans « des actes de procédure signifiés. » Ces mots, *dont il a donné l'acte* sont superflus.

Ibid. Suivant l'article 250 : « La confession *ne peut être divisée* « *contre celui qui l'a faite.* » Il faut ajouter : « lorsqu'elle « ne présente dans toutes ses parties que des choses égale- « ment vraisemblables, ou du moins également possibles. « Mais, si l'une des deux était absurde, ou prouvée fausse, « ou infectée de quelque mensonge qui donnât lieu d'en sus- « pecter la vérité, alors la confession se diviserait; et le « juge, suivant les circonstances, pourrait ou adjuger les « conclusions au demandeur, ou lui déférer le serment. »

TITRE III. — *Des engagemens qui se forment sans convention, ou des quasi-contrats ou quasi-délits.*

Art. 17. « S'il est jeté sur un passant de l'eau ou quelque ap-1382
« chose qui produise un dommage, d'une maison habitée
« par plusieurs personnes, c'est celui seul qui habite l'ap-
« partement d'où l'on a jeté qui est tenu du dommage. Si
« l'on a vu celui qui a jeté, il en est seul tenu; si on l'ignore,
« *tous* sont solidairement responsables. » Il faut dire : *tous ceux qui habitent la maison ou l'appartement d'où l'on a jeté.* C'est, à n'en pas douter, ce qu'ont voulu dire les rédacteurs.

TITRE IV. — *De la contrainte par corps.*

L'article 1er détermine les cas où la contrainte par corps 2061 a lieu en matière civile ; et voici le troisième : « Ceux qui,
« quinzaine après la signification d'un jugement rendu *au pé-*
« *titoire,* par lequel ils ont été condamnés à délaisser la pos-
« session d'un fonds, refusent d'y obéir ; lesquels, audit cas,
« peuvent être condamnés par un nouveau jugement, et par
« corps, à la restitution du fonds *et des fruits*, ainsi qu'au
« paiement des dommages et intérêts. »
Deux observations sur cet article.
Premièrement, il faut rendre sa disposition plus générale. L'article ne parle que des jugemens rendus *au pétitoire,* il convient de l'étendre à tous jugemens qui ont condamné à délaisser la possession d'un fonds, autre que ceux rendus en matière de réintégrande, qui font l'objet du précédent alinéa. Un plaideur condamné à délaisser un héritage sur une complainte, ou par un jugement de recréance, n'est pas plus excusable que celui qui est condamné *au pétitoire;* quelquefois beaucoup moins, lorsqu'on a à lui reprocher des voies de fait. La contrainte ou le moyen d'exécution doit donc être le même..... Cette omission se rencontre aussi dans l'article correspondant de l'ordonnance de 1667, ti-

v. 16

tre XXVII, article 3. Sur quoi *Jousse* prétend qu'il y a été pourvu au titre *des complaintes* de la même ordonnance, article 7, et en celui *des matières sommaires*, article 15. Mais il se trompe ; ces deux articles n'en disent pas le mot : il paraît que ç'a été un oubli du législateur.

Deuxièmement, l'article veut que le condamné puisse être contraint par corps à la restitution non-seulement du fonds, mais *des fruits*. En cela il ajoute à l'ordonnance ; et cette addition ne paraît pas raisonnable, à moins qu'on ne veuille parler des fruits perçus depuis l'échéance de la quinzaine qui a suivi la signification du jugement. Mais ceux-là peuvent être compris sous les dommages et intérêts..... Ce cas est bien différent de celui de la réintégrande, où le spoliateur convaincu d'un véritable délit est condamné par corps, et par le premier jugement, sans qu'il soit besoin de mise en demeure, à la restitution des jouissances aussi bien qu'à celle du fonds.

2066 Art. 4. Au cas du stellionat, pour lequel la contrainte est maintenue contre les septuagénaires, les femmes mariées et les filles, il conviendrait d'ajouter celui du *dépôt nécessaire*.

2068 L'article 8 a un air de dureté qui fait désirer qu'on le retranche du Code civil. Cette dureté n'est qu'apparente ; car, puisque la contrainte par corps suppose nécessairement un titre ; que ce titre, suivant l'article 7, doit même être sanctionné par jugement ; et qu'enfin toute condamnation fondée en titre est exécutoire par provision en donnant caution, il est clair que l'article 8 n'est que l'application de la règle générale. Néanmoins, il introduit un droit nouveau, en ce qu'il porte que les jugemens rendus seront exécutés non seulement au préjudice de l'appel, mais même au préjudice de l'opposition, lorsqu'ils sont par défaut ; espèce de privilége qui, jusqu'à présent, n'avait appartenu qu'aux jugemens rendus par les tribunaux de commerce. Peut-être, dans la rédaction du Code de la procédure civile, se propose-t-on de rendre cette disposition commune à toutes les espèces de jugemens ; mais cette loi n'est pas faite ; et il ne paraît guère convenable de commencer son établissement par une des matières qui s'y refuse le plus : celle où il s'agit de la liberté des hommes. Ainsi, soit par cette raison, soit à cause de l'inutilité quant au cas d'appel, nous estimons que l'article doit être supprimé.

TITRE V. — *Du cautionnement.*

Point d'observations sur ce titre. tit. 14.

TITRE VI. — *Des priviléges et hypothèques.* tit. 18.
TITRE VII. — *Des lettres de ratification.*
TITRE VIII. — *De la saisie réelle et de la vente forcée.*

Nous réunissons ces trois titres à cause de leur analogie. Ils présentent un grand procès à juger entre l'ancien et le nouveau Code hypothécaire. Les rédacteurs se sont déclarés pour le premier : nous votons pour le second ; et cette préférence nous paraît facile à établir.

Nous commençons par avouer que nous avons été peinés autant que surpris de voir que des lois aussi importantes que celles du 11 brumaire an 7, faites avec tant de maturité, délibérées avec tant d'éclat dans les deux conseils qui existaient alors, et définitivement adoptées après les trois lectures ; proclamées ensuite, et mises à exécution, après plusieurs prorogations successives, occasionées par les obstacles qu'a dû rencontrer une innovation de ce genre ; enfin, établies partout, individuellement exécutées dans tous les départemens de la république par l'universalité des citoyens dont elles intéressaient les fortunes ; de voir, disons-nous, que ces lois à peine en activité, on en provoque la suppression, pour remettre à la place l'édit de 1771 et les lettres de ratification, et même les saisies réelles.

Si ce changement était nécessaire, si l'expérience, qui, sur ce point, n'a pas été longue, en attestait l'indispensable

16.

besoin, il faudrait bien s'y soumettre. Un tel changement serait néanmoins fâcheux, en ce qu'il manifesterait quelque irréflexion dans les gouvernans, et dans les lois une versatilité qui n'est pas propre à leur concilier le respect. Tout cède, au surplus, à la nécessité ; mais où est-elle dans le cas présent ? et quels sont ceux qu'on a entendus se plaindre de la législation du 11 brumaire ?..... des emprunteurs fripons, à qui la publicité des hypothèques et la rapidité de l'expropriation du débiteur infidèle, ne permettaient plus de faire des dupes.

Ce ne sont point ces gens-là pour qui les rédacteurs du Code civil ont travaillé, et dont ils aient voulu ménager les intérêts. Leurs motifs, à eux, nous sont présentés dans le discours préliminaire ; et qu'y aperçoit-on ? à la suite de quelques vérités générales, qu'on ne leur conteste pas, et qui ne décident rien, on lit ces mots :

« Sans doute, il ne faut pas que les hommes puissent se
« tromper mutuellement en traitant ensemble ; mais il faut
« laisser *quelque latitude à la confiance et à la bonne foi*. Des
« formes inquiétantes et indiscrètes *perdent le crédit*, sans
« éteindre les fraudes ; elles accablent sans protéger. Nous
« nous sommes effectivement convaincus, ajoutent les
« rédacteurs, que nos dernières lois sur cette matière (des
« hypothèques) ne pouvaient contribuer qu'*à paralyser toutes*
« *les affaires de la société*, à fatiguer toutes les parties inté-
« ressées par *des procédures ruineuses ;* et qu'avec le but ap-
« parent de conserver l'hypothèque, elles n'étaient propres
« qu'à la compromettre. Nous avons cru, continuent-ils,
« devoir revenir à un régime moins soupçonneux et plus
« modéré. »

Suit une digression sur la *fiscalité*, à laquelle on attribue l'origine du Code hypothécaire, ainsi que des lois du contrôle ou de l'enregistrement, dont néanmoins on reconnaît l'*utilité*.

Ce sont là les raisons qui ont déterminé les rédacteurs à

proposer l'abrogation du Code hypothécaire ; sont-elles fondées ?

« Il faut, dit-on, laisser *quelque latitude à la confiance et à la bonne foi;* » et qui en doute ? Mais n'a-t-on pas d'abord observé « qu'il ne faut pas que les hommes puissent se trom-« per mutuellement en traitant ensemble ? » Or, le moyen d'empêcher qu'ils ne se trompent, même en s'entourant de toutes les précautions autorisées par l'édit de 1771 ? Le propriétaire d'un immeuble peut, malgré l'édit de 1771, le vendre deux fois, et tromper ainsi l'un ou l'autre des acquéreurs. C'est une fraude que les rédacteurs du Code civil n'ont point empêchée ; qu'ils ont plutôt favorisée contre leur intention, et que le Code hypothécaire prévient efficacement : nous avons déjà eu occasion de le remarquer. S'agit-il d'emprunt ? quelles seront, sous le régime de 1771, les sûretés du prêteur ? Il se procurera, on le suppose, un certificat de non oppositions, ou un extrait des oppositions subsistantes ; mais, en premier lieu, les oppositions ne disent pas quelles en sont les causes ; et quand on parviendrait à les connaître, qui assurera que le capital qui en fait l'objet n'est pas doublé, triplé peut-être par les accessoires, c'est-à-dire, par les intérêts accumulés, frais et mises d'exécution ? En second lieu, même à supposer qu'il n'existe point d'oppositions, ou qu'il n'y en ait que pour telle somme, qui garantira au prêteur que, dans la suite, il n'en surviendra pas dont les hypothèques, prenant leur rang du jour des contrats ou des jugemens antérieurs d'où elles procèdent, primeront celle du nouveau créancier, et absorberont à son détriment la totalité du gage ? La généralité des hypothèques était encore un inconvénient de l'ancien régime. Un propriétaire de plusieurs immeubles, si peu qu'il dût, n'en pouvait présenter aucun comme franc et libre ; et la valeur du gage offert à un nouveau créancier était nécessairement dépréciée, à raison de la possibilité d'un concours qui multipliait les frais de discussion et les objets de surveillance.

Enfin, la difficulté de réaliser le droit d'hypothèque par la voie du décret et de l'ordre, en diminuait également le prix. Ce ne sont point là des chimères, mais des vérités sensibles et palpables.

« Des formes inquiétantes et indiscrètes *perdent*, dit-on, « *le crédit;* elles *paralysent toutes les affaires de la société.* » Quel est l'honnête homme ne cherchant point à tromper, mais à traiter de bonne foi avec ses concitoyens, qui se plaindra ou qui se soit plaint que les lois du 11 brumaire an 7 lui aient fait *perdre son crédit?* Et qui ne voit, au contraire, que ces lois, par la publicité et les autres précautions qu'elles établissent, portent le *crédit* de l'emprunteur honnête au plus haut point possible ? Qui a remarqué que ces lois, depuis qu'elles sont en vigueur, aient *paralysé toutes les affaires de la société?* à moins qu'on ne veuille parler des *mauvaises affaires.*

« Elles fatiguent les parties intéressées, par des *procé-* « *dures ruineuses.* » C'est une chose étrange que l'on accuse le Code hypothécaire d'avoir établi des *procédures ruineuses,* tandis qu'au contraire beaucoup de gens lui reprochent de dépouiller trop vite le débiteur, qui peut se trouver exproprié en moins de deux mois. Comment, en moins de deux mois, pourrait-on construire des *procédures ruineuses?* Il faudrait mettre quelque accord dans les griefs. Mais, au surplus, qu'on consulte la loi, et l'on verra que les procédures qu'elle introduit ne sont point *ruineuses,* mais constamment les moins frayeuses, comme les plus expéditives : ce dont conviennent toutes les personnes de bonne foi.

Reste le reproche de *fiscalité.* Nous sommes obligés de convenir qu'il n'est pas sans fondement. Ce n'est pas la première fois que le tribunal d'appel a mis sous les yeux du Gouvernement le danger de l'union de la fiscalité avec les lois civiles, lorsque les droits sont portés à un certain excès ; et le Gouvernement est trop sage pour n'avoir pas reconnu la justice de ces plaintes. Les besoins de l'État ne lui ont pas permis d'y déférer jusqu'à présent, comme il l'aurait voulu ; espérons que la paix le mettra bientôt à portée de suivre les mouvemens de sa bienfaisance. En attendant, il est injuste de dire que l'origine des lois relatives à la conservation des hypothèques *est* TOUTE *fiscale;* et l'on a peine à concevoir que l'on conteste leur *utilité* réelle, après avoir reconnu celle de l'enregistrement.

Nous sommes convaincus que les lois du 11 brumaire an 7 sont dans le nombre de ces *bonnes lois* dont les rédacteurs ont dit quelque part que l'histoire en offre à peine deux ou trois dans l'espace de plusieurs siècles. Sans doute, elles sont susceptibles d'améliorations, comme tout ce qui est sorti de la main des hommes ; l'expérience ne manquera pas d'en indiquer. La loi, par exemple, qui exige que le montant des créances dont on requiert l'inscription soit déterminé, mais qui excepte de cette règle les hypothèques légales, pour lesquelles elle autorise une inscription indéfinie ; la loi aurait pu fixer un taux au-delà duquel cette dernière inscription elle-même ne pourrait pas s'étendre, à l'égard des comptables, tuteurs et autres administrateurs, le tout suivant la nature de leur administration, ainsi qu'il est statué par les différentes lois relatives aux cautionnemens. On aurait pu dire aussi, en ce qui concerne les femmes mariées, qu'elles ne pourraient requérir l'inscription, quant aux droits résultant de leur contrat de mariage, que pour la dot, douaire, et avantages y stipulés ; mais qu'à l'égard de l'action en remploi de leurs biens immeubles qui seraient aliénés pendant le mariage, ou de l'indemnité des obligations auxquelles elles auraient concouru, l'inscription ne pourrait être requise qu'après les aliénations ou les obligations, desquelles seulement naît l'hypothèque, suivant une jurisprudence que nous croyons préférable. Nous indiquons ces exemples ; on peut en présenter d'autres. Mais, en dernière analyse, les deux lois du 11 brumaire an 7, concernant les hypothèques et les expropriations forcées, sont d'excellentes lois, et, selon nous, bien supérieures à l'édit de 1771, ainsi qu'à l'édit des criées de 1551.

Après nous être ainsi expliqués sur le fond, il nous reste peu de chose à dire sur les accessoires; nous n'avons à nous occuper que de ceux qui sont indépendans de la question principale.

2102 L'article 8 contient le détail des priviléges sur le mobilier. On y place au troisième rang, « les loyers et fermages « des immeubles sur le prix de tout ce qui garnit la maison « louée ou la ferme, et de tout ce qui sert à l'exploitation « de la ferme; savoir, *pour tout ce qui est échu et pour le terme* « *courant,* si les baux sont authentiques; et à défaut de baux « authentiques, ou lorsqu'étant sous signature privée, ils « n'ont pas de date certaine, pour une année seulement, y « compris le terme courant. »

Il faut ajouter, dans le premier cas, aux termes échus et au terme courant, tous les loyers à échoir jusqu'à la fin du bail; sauf aux créanciers à faire leur profit de la maison ou ferme louée, et à la relouer pendant le restant du bail, si bon leur semble. C'est l'usage observé invariablement à Paris, suivant un acte de notoriété du ci-devant Châtelet, du 24 mars 1702, qui est fondé en raison: car les meubles sont la sûreté de tous les loyers à percevoir en vertu du bail, tant passés que futurs.

Il est même à observer que le propriétaire a un double droit relativement au mobilier qui fait son gage. Il peut former simplement opposition à la saisie, pour être payé sur le prix comme tous les créanciers; et alors il vient dans l'ordre que le projet lui attribue: ou bien il peut s'opposer purement et simplement *à la sortie des meubles,* jusqu'à ce qu'il soit payé; et alors sa créance passe avant tout, même avant les frais de justice, dont il ne retire aucun profit: on ne fait d'exception qu'à l'égard des frais funéraires.

Le propriétaire peut aussi, comme l'observent les rédacteurs, suivre les meubles qui garnissaient sa maison ou sa ferme, lorsqu'ils ont été déplacés sans son consentement, pourvu que la revendication se fasse dans un temps bref, que l'article limite à *dix jours*. On distinguait, à cet égard, entre les maisons et les fermes. L'usage, dit *Pothier* (sur Orléans, Intr. au tit. XIX, n° 49), a limité ce temps à huit jours pour les maisons de ville, et à quarante jours pour les métairies ; ce qui est fondé probablement sur ce que les biens ruraux demandent une plus grande surveillance, et sont bien moins sous les yeux du maître : d'où est venue aussi la faculté d'assujétir les fermiers à la contrainte par corps. On pourrait aisser pour les maisons le délai de dix jours, et accorder un mois pour les biens de campagne.

Le n° 5 du même article conserve au vendeur le droit de revendiquer la marchandise vendue sans terme, pourvu, y est-il dit, que la revendication soit faite dans la *huitaine* de la livraison. Tout à l'heure on parlait de *décade*, ici de *huitaine*, comme autrefois. Il faut de l'uniformité ; partout *huitaine* ou *décade*.

Ce numéro exige aussi que les effets revendiqués « se trou-
« vent dans le même état dans lequel la livraison a été faite ; » c'est-à-dire, apparemment, comme l'ont prétendu certains commentateurs de la Coutume de Paris, qu'il faut, si ce sont des marchandises de mercerie, épicerie, etc. qu'elles soient trouvées sous balle et sous corde, sans quoi point de privilége, quand même les marchandises seraient encore entières ; que si c'est du vin, de l'eau-de-vie ou de l'huile en tonneaux, le privilége est de même perdu si les tonneaux sont mis en perce, quoiqu'il n'en ait rien été tiré ; que si ce sont des étoffes, il faut que les pièces soient trouvées entières, avec cap et queue. Tout cela est visiblement excessif, et n'est point suivi dans l'usage. Il suffit que l'identité soit constante, et que la chose ne soit altérée ni dans sa forme, ni dans sa substance : la promptitude de la réclamation prévient d'ailleurs tout abus. Nous proposons de substituer aux

termes trop étendus de l'article, ces termes-ci : *pourvu que les effets ne soient point dénaturés*.

2101
4°

Le n° 9 concerne les salaires dus aux gens de service, dont on restreint le privilége aux *six derniers mois*. Ce privilége, dans l'état présent, comprend une année échue, et ce qui est dû de l'année courante; ce qui est fondé en raison, puisqu'en beaucoup d'endroits, notamment à la campagne, les serviteurs se louent à l'année. Le projet de Code, au titre *de la prescription*, n'admet, en conséquence, contre les gages de domestiques, que la prescription annale. La loi du 11 brumaire sur les hypothèques, toute rigoureuse qu'elle est, conserve aussi le privilége des domestiques sur les immeubles, pour une année de gages, et ce qui est échu de l'année courante. L'humanité réclame, en faveur d'une classe pauvre, l'intégralité d'un droit si légitime.

2101
5°

Le n° 10 restreint de même aux *six derniers mois* le privilége des fournitures faites au débiteur pour sa subsistance et celle de sa famille. Il faut distinguer entre les fournisseurs : les uns, comme les boulangers, bouchers, rôtisseurs, et autres marchands en détail, n'ont d'action ni de privilége que pour six mois, suivant la Coutume de Paris et l'ordonnance de 1673; les autres, comme les maîtres de pension, marchands grossiers, et autres semblables, peuvent user du privilége et de l'action pour une année. Le projet de Code, au titre *des prescriptions*, articles 52 et 53, a fait lui-même cette distinction. Elle doit retrouver sa place ici : il faut dire : *pour les six derniers mois ou la dernière année, suivant la qualité des fournisseurs*.

Le même article ajoute que « les juges pourront, suivant « la nature des subsistances, l'état et la fortune des débi- « teurs, rejeter ou modérer le privilége dont il s'agit, et en « régler l'ordre entre les différens fournisseurs. » Cette addition est inutile quant à la première partie. Les subsistances nécessaires à un individu dépendant toujours de son état et de sa fortune, ainsi que de la nature des subsistances elles-mêmes, il est entendu, sans qu'on le dise, que leur fixation demeure subordonnée à la prudence du juge, qui peut en rejeter la demande ou la modérer; de même qu'il n'allouera, pour frais funéraires, que ceux conformes à l'usage et à la qualité du défunt; ou pour frais de justice, que ceux bien et légitimement faits. A l'égard de la seconde partie, elle est arbitraire : dès qu'il est question de subsistances estimées nécessaires, il n'y a point d'ordre à régler entre les différens fournisseurs : ils doivent tous concourir.

Par rapport aux hypothèques, l'article 19 décide que « la 2121- 2135 « femme commune a, sur les biens de son mari, du jour de « son contrat de mariage, ou, s'il n'y a point de contrat, « du jour de la célébration, une hypothèque légale, non- « seulement pour ses reprises et droits matrimoniaux, mais « même *pour le remploi de ses propres aliénés, et pour l'indem-* « *nité des dettes auxquelles elle s'est obligée avec son mari;* » ce qu'on étend ensuite à la femme séparée de biens par contrat, mais non à celle séparée par jugement, dont l'hypothèque pour l'indemnité ou le remploi ne remonte qu'au jour de l'obligation ou de la vente.

Ce point de droit a un grand intérêt, même sous l'empire du régime hypothécaire établi par la loi de brumaire an 7, laquelle autorise la femme ou ceux qui stipulent ses intérêts à prendre inscription sur les biens du mari lors du mariage, et fait frapper, en conséquence, son hypothèque sur les biens actuels du mari, du jour de l'inscription, pour la totalité de ses droits matrimoniaux, sans en excepter la créance éventuelle de l'indemnité ou du remploi.

Nous disons que cette jurisprudence, qui a eu peine à s'établir et est censurée par de graves jurisconsultes, outre visiblement la faveur due aux femmes; qu'elle est contraire à tous les principes de droit, et au texte précis de plusieurs lois romaines. L'hypothèque n'est que l'accessoire de l'obligation personnelle; elle n'existe donc pas avant que l'obligation soit formée. Or, l'obligation du mari de faire remploi du prix d'un propre de sa femme qu'elle a aliéné sous son autorisation, ou d'indemniser sa femme des dettes qu'elle a contractées pour lui, cette obligation ne se forme, ne prend naissance qu'au jour de l'aliénation ou de la dette contractée. Il n'est donc pas juste de faire remonter l'hypothèque à une époque antérieure.

Autre est le cas d'un tuteur qui est chargé de recevoir pour un pupille, et dont le bien demeure hypothéqué, pour sûreté de sa gestion, du jour où on lui a déféré la tutelle, parce qu'il contracte dès cet instant l'obligation de bien gérer. Le mari, comme administrateur, est aussi obligé de rendre bon et fidèle compte de la dot de la femme, et des autres deniers qui lui sont confiés; et l'hypothèque, pour ce regard, a lieu sans difficulté du jour du contrat ou de la célébration du mariage. Mais cette obligation contractée dès le commencement, de rendre compte des recettes nécessaires et indispensables qu'il a faites ou qu'il fera en sa qualité de mari, n'a aucun rapport avec l'obligation purement volontaire, accidentelle, étrangère en soi au mariage, que le mari contracte après coup, de rendre à sa femme le prix d'un propre vendu par elle dont il a profité, ou de l'indemniser de l'engagement qu'elle a subi avec lui. Donc, nul fondement à la rétrogradation d'hypothèque.

Qu'est-il résulté de cet usage, introduit par les arrêts du Parlement de Paris? des fraudes sans fin. Un homme qui médite une banqueroute ne manque pas de faire souscrire par sa femme des engagemens qu'il contracte en faveur d'amis complaisans; et, au moyen de l'indemnité que produisent ces engagemens, indemnité dont l'hypothèque se reporte au contrat de mariage, le débiteur effronté, primant sous le nom de sa femme tous les autres hypothécaires, parvient à soustraire à des créanciers de bonne foi la meilleure partie de leur gage.

Pour éviter cet inconvénient, on n'a qu'une ressource, celle de prendre l'obligation de la femme; et c'est ce que ne manquent pas de faire tous les gens sages qui contractent avec un homme marié ; ils exigent que la femme s'oblige solidairement avec son mari ; à ce moyen ils ne craignent plus l'hypothèque de la femme, dont les droits, au contraire, leur sont dévolus, et les mettent en état de primer les autres créanciers. Mais c'est ce qui fait voir l'illusion de cette injuste faveur accordée à la femme par le Parlement de Paris ; car, en vertu de son obligation, qui intervient presque toujours, non seulement elle perd tout le fruit du recours qu'elle aurait eu sur les biens de son mari, mais son propre bien se trouve engagé. Voilà où aboutit pour elle cette complaisance peu réfléchie. Tant il est vrai qu'en toutes choses il y a une certaine mesure qu'il ne faut pas outre-passer, sous peine de manquer son but, et même de produire l'effet contraire ?

Après avoir favorisé à l'excès les intérêts de la femme, il nous semble qu'on a négligé infiniment ceux des mineurs. Les articles 23 et 24 leur donnent hypothèque sur les biens du tuteur et du subrogé tuteur, à compter du jour de l'acte de tutelle. Mais l'article 25 avertit « que cette hypothèque « ne s'étend pas aux biens des parens nominateurs, *si ce* « *n'est dans le cas où le tuteur aurait été* NOTOIREMENT IN- « SOLVABLE LORS DE SA NOMINATION. » Par ce seul mot, on détruit ou l'on réduit à peu près à rien toute la garantie que des précautions en grand nombre et étudiées semblaient avoir assurée aux mineurs, dans le titre *des tutelles*. Suivant l'article 102 de ce titre, les parens qui ont concouru aux délibérations, ou ont dû y concourir comme ayant été duement appelés, « sont garans et responsables de l'administration « du tuteur, en cas d'insolvabilité, *soit que le tuteur fût in-* « *solvable au jour de sa nomination, soit qu'il ne le soit devenu* « *que depuis.* » Ici la garantie est restreinte, quant à *l'hypothèque*, au cas *d'insolvabilité* NOTOIRE *du tuteur* LORS DE SA NOMINATION. Qu'est-ce qu'une garantie dépouillée de *l'hypothèque* qui fait sa sûreté, une garantie réduite au cas de l'in-

2121- 2135- et ap.

solvabilité du tuteur *lors de sa nomination*, et d'une insolvabilité *notoire?* c'est-à-dire, apparemment, justifiée ou par une direction, ou par une discussion générale des biens, ou par une faillite ouverte; car voilà ce qui constitue *l'insolvabilité notoire.* Ne fait-on pas beaucoup de grace aux mineurs de leur accorder, en ce cas, hypothèque du jour de la nomination, lorsque les parens nominateurs sont évidemment coupables de dol et de fraude, et mériteraient d'être poursuivis par la voie criminelle?

Dans les véritables principes, les parens nominateurs sont responsables comme le tuteur, avec hypothèque du jour de la nomination : celui-ci comme obligé principal, ceux-là comme cautions et fidéjusseurs. Ne sont-ce pas eux qui l'ont choisi avec une pleine liberté, et qui en répondent à la justice? pourquoi leur engagement ne remonterait-il pas comme le sien à l'époque où l'engagement s'est formé? S'il peut arriver, par la suite, des fautes ou des malheurs, la loi n'a-t-elle pas mis le remède entre leurs mains? ne leur donne-t-elle pas sur le tuteur un droit de surveillance très-étendu? ne place-t-elle pas à côté de lui, sous la qualité de subrogé tuteur, l'un d'entre eux, qu'elle charge plus particulièrement d'inspecter sa conduite, et de provoquer sur elle, lorsqu'il le faut, l'attention des parens? ne sont-ils pas les maîtres de lui tracer les règles de son administration, et de lui imposer les charges qu'ils jugent convenables? n'est-il pas assujéti à leur rendre des comptes fréquens? n'a-t-il pas besoin d'eux pour toutes les opérations qui excèdent tant soit peu le cercle de ses fonctions ordinaires? enfin, par l'article 59 du titre *des tutelles,* ne sont-ils pas autorisés formellement à le destituer? Ce n'est pas en vain que la loi a investi les parens nominateurs de ces grands pouvoirs, ni pour les rendre uniquement responsables de l'insolvabilité *notoire* du tuteur *lors de sa nomination.*

Nous croyons que cette limitation doit être ôtée, si l'on ne veut pas que la garantie des tutelles soit illusoire.

Le surplus du titre et les deux suivans ne donnent lieu à aucune autre observation, hors une seule qui est générale, et a été faite par tout le monde, savoir, que le titre *de la vente forcée*, et même les détails de forme concernant le mode quelconque qui sera établi pour purger les hypothèques, seront beaucoup mieux placés dans le Code de la procédure civile.

tit. 9.

TITRE IX. — *Des donations entre vifs et du testament.*

tit. 2.

Nous nous sommes plaints de cet amalgame de deux choses si disparates. Les donations entre vifs et les testamens ont, sans doute, de grands rapports; mais ils ont aussi des dissemblances très-remarquables; et c'est la première fois qu'on aura vu les testamens rangés dans le traité des contrats.

La matière la plus importante de ce titre est celle de la disponibilité. Nous allons d'abord présenter nos vues sur ce point principal; nous communiquerons ensuite nos réflexions sur les objets de détail qui en sont susceptibles.

913-915-916

L'article 16 est ainsi conçu : « Les donations soit entre
« vifs, soit à cause de mort, ne peuvent excéder le quart
« des biens du donateur, s'il laisse, à son décès, des enfans
« ou descendans; la moitié, s'il laisse des ascendans ou des
« frères et sœurs; les trois quarts, s'il laisse des neveux ou
« nièces, enfans au premier degré d'un frère ou d'une sœur.
« A défaut de parens dans les degrés ci-dessus exprimés,
« les donations peuvent épuiser la totalité des biens du do-
« nateur. »

C'est la disposition de la loi du 4 germinal an 8, à deux différences près.

Premièrement, la loi de germinal graduait la faculté de disposer accordée au père, d'après le nombre de ses enfans. S'il en avait moins de quatre, il pouvait donner jusqu'au quart; mais il devait se borner au cinquième s'il avait quatre enfans, au sixième s'il en avait cinq, et ainsi de suite; en

913

sorte qu'au-dessus du nombre de trois, la portion disponible se réduisait à une part d'enfant. Le projet de Code supprime cette variation, et accorde au père, dans tous les cas, la liberté de disposer du quart; d'où il suit que la légitime des enfans est constamment des trois quarts, jamais plus.

Secondement, la loi de germinal limitait le pouvoir de disposer, non-seulement lorsqu'il existait des ascendans ou des frères et sœurs, ou des descendans de frères et sœurs, mais même lorsqu'il y avait des cousins-germains : au moyen de quoi ceux-ci avaient une légitime, aussi bien que les frères et sœurs, et leurs descendans, quoique moindre. Le projet de Code leur ôte cette légitime.

Nous n'improuvons point ces changemens, qui nous paraissent, au contraire, fort sages; et nous proposons de modifier encore plus la loi de germinal.

En premier lieu, nous désirons que la légitime des enfans soit fixée, dans tous les cas, à la moitié de leur portion héréditaire, conformément à l'article 298 de la Coutume de Paris. Non-seulement cette fixation est la plus favorable qu'aient jamais obtenue les légitimaires, soit dans le droit romain, soit dans la plupart de nos Coutumes; mais elle paraît aussi la plus raisonnable. Le père doit des alimens à ses enfans, qui, d'ailleurs, sont destinés à prendre sa place dans la société, et à continuer la chaîne des générations : à ce titre, il leur faut un patrimoine; et, comme dit la loi, la succession du père leur appartient. Mais le père, quoiqu'ils doivent tenir le premier rang dans ses affections, peut pourtant avoir d'autres attachemens légitimes; il peut avoir des bienfaits à reconnaître, des services à récompenser. De plus, il y aurait trop d'inconvénient à obliger un père de laisser à ses enfans, dans tous les cas, la totalité de ce qui doit leur revenir. Les enfans, assurés de leur sort invariablement, quelle que fût leur bonne ou leur mauvaise conduite, pourraient oublier leurs devoirs, sans qu'il existât dans la main du père aucun moyen facile et suffisant pour les y ramener.

Donc, nécessité de borner la part qui ne pourra leur être ôtée. Ainsi, voilà un conflit entre les droits des enfans et l'autorité du père ; c'est à la loi de le faire cesser. Qu'a prononcé la Coutume de Paris, dont les dispositions en cette partie ont obtenu l'approbation générale ? elle a tranché le différent par la moitié : elle a donné moitié aux enfans, moitié au père : c'est la manière la plus juste de décider entre des prétentions qui se balancent. Dans la révolution, on a cru faire mieux en étendant la légitime jusqu'aux cinq sixièmes ; et l'on était conséquent, parce qu'on voulait anéantir l'autorité paternelle. Mais les rédacteurs du Code civil, qui se proposent de la rétablir, ont dû voir les choses d'un autre œil ; et il était digne de leur sagesse, en abandonnant la fixation excessive des trois quarts, momentanément adoptée par la loi transitoire de l'an 8, de revenir à la quotité ancienne, celle de moitié.

En second lieu, il est juste d'accorder pareillement une légitime aux ascendans sur les biens de leurs enfans. Le fils doit des alimens au père, comme le père en doit au fils ; et quoique la succession du fils, ainsi que l'observe la loi, ne soit pas destinée au père, selon l'ordre et le vœu de la nature, néanmoins, le cas arrivant, la piété filiale ne permet pas que le père en soit privé pour la transférer à d'autres personnes, ou étrangères au défunt, ou qui ont avec lui des relations moins intimes. C'est ce qu'avaient senti les législateurs romains, dont les dispositions étaient suivies religieusement dans les pays de droit écrit. On s'en était écarté en pays coutumier, mais à regret, et par une raison particulière. Les Coutumes n'accordaient aux père et mère et autres ascendans, que la succession des meubles et acquêts ; elles déféraient à d'autres personnes la succession des propres ; et comme elles ne permettaient de tester, à l'égard des propres, que d'une très-petite portion (le quint à Paris), il s'ensuivait que, si l'on eût donné une légitime aux ascendans, comme elle n'aurait pu être prise que sur les meubles et acquêts, le testateur n'aurait eu presque rien de disponible. C'est cette considération qui avait déterminé le Parlement de Paris, après beaucoup de variations et de grands débats, à refuser définitivement aux ascendans le droit de légitime. Aujourd'hui que toute distinction des biens est abolie, et que la succession d'un défunt ne présente plus qu'un seul patrimoine, cette considération ne subsiste plus. Ainsi, c'est avec justice que les auteurs du projet de Code ont assuré une légitime aux ascendans. On peut la fixer à moitié comme celle des enfans; on peut la réduire à un taux inférieur, comme étant moins favorable, au tiers par exemple: nous nous en rapportons là-dessus aux rédacteurs.

916. A l'égard des collatéraux, même des frères et sœurs, nous ne voyons pas sur quel fondement on leur attribuerait une légitime. Dans l'exacte vérité, un homme ne doit rien à ses frères et sœurs; il ne leur a point donné la vie; il ne l'a point reçue d'eux; ainsi, nul motif ne l'oblige à assurer leur subsistance, ni conséquemment à leur réserver une portion de ses biens.

Deux frères sont nés sans fortune: l'un, actif, intelligent, économe, a travaillé avec succès et amassé du bien; l'autre n'a rien ou peu de chose, parce qu'il n'a jamais su ni voulu rien faire. Par quelle raison de justice ou d'équité obligera-t-on le premier de laisser au second l'entière moitié de ce qu'il a acquis?

Changeons, si l'on veut, l'hypothèse. Le testateur a deux frères, l'un sans besoins, l'autre pauvre, ou qui, pendant toute sa vie, lui a témoigné une tendresse et une affection particulières. Pourquoi ne pourra-t-il pas laisser son bien au dernier plutôt qu'au premier?

Aussi, est-ce une chose inouie en droit écrit comme en droit coutumier, qu'on ait jamais donné une légitime aux frères, hors un seul cas exprimé dans les lois romaines, savoir, quand le frère défunt avait institué pour héritier une personne infame ou entachée d'une manière quelconque:

Si scripti hæredes, infamiæ, vel turpitudinis, vel levis notæ maculâ aspergantur. L. 27, c. *de testamentis.*

En examinant la cause qui a pu déterminer les rédacteurs du présent Code à s'éloigner, en cette partie, de toutes les idées reçues, nous croyons l'apercevoir dans l'intention de remplacer la réserve des propres, appelée, dans nos livres, *légitime coutumière,* pour la distinguer de la légitime de droit ; et c'est là probablement une de ces *transactions* que leur discours préliminaire annonce, par lesquelles ils ont cherché à concilier les usages des pays coutumiers avec ceux des pays de droit écrit.

Mais, dans le cas particulier, pour que la *transaction* fût raisonnable, il faudrait qu'elle contînt un *mélange* des prétentions réciproques, et accordât quelque chose aux deux parties. Or, la légitime des frères, nous le répétons, ne tient en effet à rien ; elle n'appartient ni au droit coutumier, ni au droit écrit ; elle est étrangère à l'un aussi bien qu'à l'autre.

Il faudrait encore qu'il y eût *matière à transaction*, et que les propres abolis fussent réellement quelque chose : autrement ils n'ont pas besoin de remplacement ; et c'est le cas, pour employer un terme reçu, *de prononcer la suppression sans indemnité.* Or, qu'étaient les propres dans le dernier état de notre législation coutumière ? d'abord, à Paris et dans le plus grand nombre des Coutumes, la réserve n'avait point lieu pour les donations entre vifs ; elle était limitée aux testamens ; ensuite, on était le maître de dénaturer son bien : celui qui avait des propres dont il ne pouvait tester pouvait les vendre, et faire après cela, ou de leur prix ou des objets acquis en remploi, tout ce qu'il jugeait à propos. Est-ce une affectation de cette nature, aussi imparfaite, aussi peu sérieuse, qui mérite qu'on la regrette, et que, pour en trouver l'équivalent, on fasse violence aux principes.

Au moins faudrait-il qu'à l'exemple de la réserve des propres, la légitime attribuée aux frères et sœurs ne pût préjudicier qu'aux dispositions testamentaires, et non aux donations entre vifs. Mais le testateur se plaindrait toujours, et avec raison, qu'on lui impose une gêne qu'il n'avait pas autrefois, lorsqu'en vendant il pouvait rendre tout son bien disponible.

Nous pensons qu'il ne doit y avoir de légitime que pour les descendans et ascendans, et que celle des frères et sœurs, à plus forte raison des neveux et nièces, doit être retranchée.

Voilà ce que nous avons à dire sur la faculté de disposer; passons aux autres objets.

893-895 Dans l'article 1er, le mot *à cause de mort* sera mieux que le mot *testamentaire*, sauf à replacer celui-ci comme synonyme dans l'article 3 : « La donation à cause de mort, *autrement appelée testamentaire*, est un acte etc. »

902 L'article 4 déclare « que la preuve par témoins de la démence du donateur non interdit n'est admise que lorsque l'interdiction avait été provoquée du vivant du donateur. » C'est ce qui a été dit au livre Ier, titre X, art. 25. Mais dans le présent article on ajoute : « ou lorsque celui-ci n'ayant survécu que six mois à la donation, il existe un commencement de preuve par écrit, résultant soit de l'acte même, soit d'actes extérieurs. » C'est la modification que nous avons proposée, conçue même en termes plus forts. Au lieu d'*actes extérieurs*, il faut mettre d'*autres actes* (résultant soit de l'acte même, soit d'*autres actes*). Les mots *actes extérieurs* sembleraient indiquer des déportemens par lesquels la démence se manifesterait au-dehors :

904 Ces mots de l'article 5 : *sauf l'exception portée en l'article ci-après*, doivent être rayés ; et l'exception mentionnée en l'article suivant reportée après l'article 8, parmi les incapacités de recevoir. Sa vraie place est avant l'article 14. En laissant l'article 5 tel qu'il est, on ferait croire que l'exception marquée en l'article 6 est la seule ; ce qu'on n'a pas voulu dire, et ce qui n'est pas.

av. 908 Art. 12. « Les enfans adultérins ou incestueux ne peuvent

« rien recevoir *en propriété* de leur père ni de leur mère. »
Nous avons déjà remarqué l'inconvénient de cette disposition, qui refuse au bâtard adultérin ou incestueux toute espèce de *propriété*. Pourquoi le père ou la mère, s'ils le croient plus avantageux, ne pourraient-ils pas lui donner en argent ou en fonds le capital des alimens que la loi lui accorde ?

Art. 14. « Le malade, dans le cours de la maladie dont il « décède, ne peut donner à *l'officier de santé* qui le traite. » L'article ne parle que des médecins : il est une autre espèce d'hommes contre lesquels la jurisprudence s'était précautionnée ; ce sont les confesseurs et directeurs. On peut n'en rien dire, en effet, si le silence de la loi suppose qu'ils n'existent pas, ou qu'ils existent sans abus : dans le cas contraire, il faut en parler ; et si l'on ne veut pas rappeler leurs noms, on peut y suppléer par un article général, rédigé dans l'esprit de l'art. 276 de la Coutume de Paris, sur ceux qui sont en puissance d'autrui ; viendraient ensuite les articles particuliers du tuteur et du médecin.

Les restrictions portées en l'article 15 sont à retrancher. Voici ce qu'il porte : « La capacité de faire ou de recueillir « une donation appartient à tous ceux auxquels la loi ne « l'a pas interdite, sans aucune distinction entre les Fran- « çais et les étrangers, *quant aux donations entre vifs ; et* « *sauf, quant aux donations par testament faites en faveur des* « *étrangers, ce qui est réglé au titre* des successions. » Or, voici ce qui est dit au titre *des successions*, art. 21 : « L'étran- « ger est admis à succéder aux biens que son parent étranger « ou français possède dans le territoire de la république ; « il y succède même concurremment avec les parens fran- « çais, et suivant l'ordre ordinaire des successions. » Il suit de là que la loi française, quant à l'admissibilité aux successions, ne met aucune différence entre le Français et l'étranger ; et puisque d'autre part elle assimile à la capacité de recueillir par succession celle de recevoir par testament, il en résulte, par une conséquence ultérieure, qu'à l'égard des testamens, il n'y a de même entre le Français et l'étranger aucune différence. Dès lors, l'article doit être conçu ainsi qu'il suit : « La capacité de faire ou de recueillir une « donation, soit entre vifs ou testamentaire, appartient à « tous ceux auxquels la loi ne l'a pas interdite, sans aucune « distinction entre les Français et les étrangers. » L'article, ainsi rédigé, consacre le vœu que la philosophie et une saine politique avaient formé depuis long-temps.

935 L'article 5o justifie les observations qui ont été faites précédemment sur l'article 77 du titre *des tutelles*. Il porte que « la donation faite au mineur est acceptée par son tuteur, « mais sans exiger une autorisation du conseil de famille ; » et il ajoute sagement, avec l'ordonnance de 1731, ce que l'article précité ne dit pas, que « les père et mère du mi- « neur, ou autres ascendans, même du vivant des père et « mère, sans être tuteurs ni curateurs, peuvent accepter « la donation. » Ce contraste d'un article avec l'autre est une nouvelle raison pour réformer ou supprimer le premier.

938 Nous ne répéterons pas, sur l'article 54, ce qui a été dit relativement à la tradition, que les rédacteurs supposent non nécessaire pour la translation de propriété. Mais leur théorie est sans conséquence par rapport à la donation, au moyen de ce qui est ajouté dans l'article suivant, qui rappelle la nécessité de l'insinuation : « Jusque là (observe- « t-on) ces donations ne peuvent être opposées aux tiers « qui auraient contracté avec le donateur. »

La tradition était regardée comme nécessaire dans les donations, à une autre fin, savoir, pour en assurer la vérité ; ce qui fait que la Coutume de Paris, article 274, déclare la donation nulle, lorsque le donateur reste en possession de la chose donnée, jusqu'au jour de son décès : elle appelle cela *donner et retenir*. Les rédacteurs n'ont tenu compte de cette décision, et ils ont bien fait : le donateur sera présumé en ce cas avoir conservé la possession à titre de précaire ou d'*usufruit*, d'après un consentement verbal du donataire ; ce qui n'empêche pas que la donation ne subsiste par son caractère d'irrévocabilité.

Mais il reste un cas où la tradition sera toujours nécessaire pour exproprier, savoir, lorsque la donation est d'une dette active, telle qu'une rente sur l'Etat ou sur particulier ; le donataire n'étant alors saisi, au moins vis-à-vis du débiteur, que par la signification même de la donation contenant transport.

D'après ces réflexions, il semble que l'article 54 pourrait être rédigé de la manière suivante :

« La donation dûment acceptée est parfaite par le consen-
« tement des parties ; et la propriété des objets donnés est
« transférée au donataire, sans qu'il soit besoin de tradition
« effective, le tout à la charge de l'insinuation, dont il sera
« parlé ci-après, et sauf, si la donation est d'une rente ou
« autre créance, la signification nécessaire à l'égard du dé-
« biteur, de l'acte de donation contenant transport. »

On supprime dans cette rédaction les derniers mots de l'article projeté : *sauf l'état estimatif requis par l'article 41.* Ces mots sont inutiles, l'état estimatif des meubles donnés et non livrés étant toujours nécessaire pour assurer l'irrévocabilité de la donation.

L'article 55 traite de l'insinuation : on a beaucoup d'observations à y faire.

« Les donations d'immeubles (porte l'article), d'*usufruit*,
« de *jouissance*, et d'autres droits susceptibles d'hypothè-
« que...... » Les mots d'*usufruit* et de *jouissance* sont synonymes ; le premier suffit, surtout avec l'addition, *et d'autres droits susceptibles d'hypothèque.*

L'article continue, et dit que « ces donations doivent être
« rendues publiques par l'insinuation sur le registre, *dans
« les bureaux et en la forme indiqués par la loi concernant l'éta-
« blissement des bureaux d'insinuation.* » On n'indique pas autrement ces *bureaux*, ni le temps où l'insinuation devra

être faite, ni son effet, selon qu'elle aura été faite en tel ou tel temps. Il nous semble qu'un Code civil ne peut pas garder le silence sur ces objets importans, qui tiennent à la validité de l'acte. On peut, à la bonne heure, ne pas parler des détails relatifs à la forme de l'insinuation, de la tenue des registres, et autres objets pareils, qui peuvent mieux convenir à un réglement de police ; mais la désignation du lieu et du temps où l'insinuation doit être faite à peine de nullité est indispensable dans une loi concernant les donations ; et l'ordonnance de 1731 en donnait l'exemple.

Le même article 55 n'assujétit à l'insinuation que les *donations d'immeubles et droits réels*, auxquelles seulement il ajoute ensuite la donation d'une somme mobilière payable à terme ou après la mort du donateur. L'ordonnance de 1731 était plus générale, et n'exceptait que les donations de choses mobilières en deux cas, savoir: lorsqu'il y avait tradition réelle, ou lorsqu'elles n'excédaient pas la somme de mille livres une fois payée. Cette dernière disposition paraît préférable. Un homme est en possession d'un riche mobilier ; on l'en croit propriétaire ; dans cette confiance, on lui prête, ou ses héritiers ne balancent pas à accepter sa succession : mais on découvre ensuite que tout ce mobilier ne lui appartient pas, parce qu'il en a disposé par une donation à laquelle est annexé l'état estimatif de ce mobilier. Voilà ce qui résultera du défaut d'insinuation. Il en sera de même à l'égard d'une donation de rentes ou dettes actives, au moins avant l'instant de la signification qui en sera faite au débiteur. Nous croyons qu'il faut conserver à l'insinuation son ancienne latitude ; telle qu'elle est déterminée par l'ordonnance.

L'article déclare, à l'égard des donations de sommes payables à terme ou après la mort du donateur, qu'elles ne sont sujètes à insinuation que lorsqu'elles sont faites *avec affectation* SPÉCIALE *sur un ou plusieurs immeubles*. La donation, selon les rédacteurs, emporte nécessairement hypothèque ou *affectation sur les immeubles*, étant faite par-devant notaire, et même hypothèque générale, si elle n'est limitée en termes exprès. Mais ici ils demandent une hypothèque ou *affectation spéciale*. Qu'ont-ils voulu dire par ce mot? et comment l'accorder avec ce qu'on lit au titre *des hypothèques*, article 43 : « L'ypothèque spéciale n'emporte pas de « plus grands droits que l'hypothèque générale, et n'y dé- « roge point, ni l'hypothèque générale à la spéciale? » Il n'est pas aisé de deviner la pensée des rédacteurs. Au reste, que l'affection soit générale ou spéciale, les tiers qui contractent avec le donateur ou ses héritiers n'ont pas moins intérêt de la connaître. Ainsi, nous ne voyons point que, dans un cas plus que dans l'autre, la donation puisse être affranchie de l'insinuation.

Enfin, il est dit dans l'article 55 que « jusqu'à ce que « l'insinuation ait été faite, les donations ne peuvent être « opposées aux tiers *qui auraient contracté avec le donateur*. » Cela est vrai ; mais il faut ajouter avec l'ordonnance : « ni à ses héritiers, et généralement à tous ceux qui auront « intérêt de contester la donation, autres que le donateur « lui-même. » Ou bien, sans rien ajouter, il faut retrancher les mots limitatifs: *qui auraient contracté avec le donateur*, en ne laissant subsister que ceux-ci, qui disent tout : « Jusque là, ces donations ne peuvent être opposées aux « tiers. »

Dans l'article 57, il faut rayer la mention des registres hypothécaires, dont il n'est pas question ici : « le défaut « d'insinuation *sur les registres hypothécaires*. »

L'article 60 parle de la révocation des donations pour cause d'ingratitude.

La loi dernière, au Code *de revoc. donat.*, exprime quatre cas où la donation peut être révoquée à cause de l'ingratitude du donataire : s'il a battu le donateur, s'il lui a dit des injures atroces, s'il a tâché de lui faire perdre une grande partie de ses biens, s'il a voulu le tuer. A quoi les auteurs ajoutent le refus de nourrir le donateur indigent et autres semblables ; car ils ne veulent pas que les causes de révocation soient déterminées.

Le présent article réduit toutes les causes à deux : 1° si le donataire attente à la vie du donateur ; 2° s'il se rend coupable envers lui de sévices *ou délits*. Ce mot *délits* est général, et peut comprendre les injures atroces faites au donateur, ou les machinations pour lui faire perdre une grande partie de son bien. Mais il pourrait aussi être étendu plus loin, et appliqué, contre l'intention des rédacteurs, à des délits moins graves.

Nous répéterons ici ce que nous avons dit sur les causes d'indignité. Il est difficile et dangereux de déterminer les cas. On veut couper court aux procès, et l'on a raison en général ; mais il ne faut pas, sous ce prétexte, encourager le vice, l'immoralité, qui se croira permis tout ce que les lois n'auront pas littéralement défendu.

957. L'article 63 ne veut pas que l'action en révocation pour cause d'ingratitude puisse être exercée par les héritiers du donateur, à moins que ce dernier ne l'ait lui-même intentée de son vivant, ou qu'il ne soit décédé dans l'année du délit..... Mais si le délit n'a été commis qu'après sa mort, s'il s'agit d'un donataire qui a outragé et couvert d'opprobre la mémoire de son bienfaiteur, *quid juris ?* Il semble qu'en pareil cas l'action de révocation devrait être accordée aux héritiers.

959. Suivant l'article 65 : « Les donations en faveur de mariage ne sont pas révocables pour cause d'ingratitude, « lorsqu'il y a des enfans de ce mariage ; lorsqu'il n'y en a « point, la révocation a lieu à l'égard du donataire, mais « sans préjudice des droits résultant du contrat de mariage « en faveur de l'autre époux. » Il faut ajouter : *et des enfans à naître*. S'il n'y a pas d'enfans nés du mariage, il peut en survenir.

ch. 5-
fin de
la
s. 1re.
Dans l'article 76, après ces mots : « la condition de sur- « vie n'a point lieu, » il faut ajouter : *non plus que la nécessité de l'acte de présentation et déclaration mentionné en*

l'article 71. Ces deux dispositions sont relatives, et l'une ne peut pas avoir lieu quand on est dispensé de l'autre.

L'article 77 porte que « le défaut de survie ne peut être « opposé au donataire *par la république*, dans le cas où elle « hérite du donateur. » Pourquoi ne pourrait-elle pas l'opposer, si, à défaut de survie, le testament demeure entaché, aux yeux de la loi, d'une présomption de surprise et de suggestion? L'effet d'un pareil statut doit être général.

Ibid.

La fin de l'article 78 doit être rédigée ainsi qu'il suit :

981

Ou par l'un desdits officiers et un commissaire des guerres, ou par l'un desdits *officiers ou* commissaire assisté de deux témoins.

Telle a dû être et a probablement été l'intention des rédacteurs.

L'article 98 met *les frais de la demande en délivrance* de legs à la charge de l'héritier. Cela est contraire à l'usage, de quelque manière que la délivrance soit faite, par acte ou par jugement, pourvu qu'elle n'ait pas été contestée mal à propos. Et la raison, c'est que la délivrance a lieu pour l'utilité du légataire; elle fait partie, à son égard, des frais d'acquisition de son legs. Rédiger l'article ainsi qu'il suit:

1016

Les frais de délivrance, de quelque manière qu'elle se fasse, par acte ou par jugement, aussi bien que les droits d'enregistrement, sont à la charge du légataire, à moins que le testateur n'en ait chargé l'héritier, ou, quant à la délivrance, à moins qu'elle n'ait été contestée mal à propos.

Il faudrait, à l'égard du droit d'enregistrement, qu'il ne fût à la charge du légataire que quant à la clause particulière contenant son legs; et qu'on n'obligeât pas, comme on le fait aujourd'hui, un légataire particulier, quelquefois un malheureux domestique, pour obtenir la délivrance de son legs, à faire l'*avance* de la *totalité* du droit relatif à *tout le testament*, qui se montera quelquefois à vingt ou trente mille francs. N'est-ce pas une vexation épouvantable? C'est demander au légataire l'impossible ; c'est le réduire à mourir de faim, à côté du titre qui assurait sa subsistance.

1094 L'article 156 ne permet aux époux de se donner, soit par contrat de mariage, soit pendant le mariage, pour le cas où ils laissent des enfans ou descendans, *qu'un quart en propriété de leurs biens, et un autre quart en usufruit, ou la moitié de tous leurs biens en usufruit seulement.* Cette disposition est conséquente à celle de l'article 16 ci-dessus, suivant lequel les donations, soit entre vifs, soit à cause de mort, ne peuvent excéder le quart des biens du donateur, lorsqu'il laisse des enfans ou descendans. Mais si on lui permet de disposer de la moitié, même en ce cas, comme nous l'avons cru raisonnable, il pourra gratifier l'autre époux de cette moitié ; et alors l'article devra être amendé ainsi qu'il suit :

Et, pour le cas où l'époux donateur laisse des enfans ou descendans, il peut donner à l'autre époux la moitié de ses biens en toute propriété.

1098 Suivant l'article 161 : « L'homme ou la femme qui con-
« vole à de secondes ou subséquentes noces, ayant enfans ou
« descendans d'un précédent mariage, ne peut donner à
« son nouvel époux qu'une part d'enfant légitime le moins
« prenant, *et en usufruit seulement.* » Cette disposition paraît trop dure. On a loué la sagesse et l'équité de l'édit des secondes noces, pris dans les lois romaines, en ce qu'ayant à mettre un frein à la passion la plus impérieuse de toutes, il lui a prescrit, ce semble, le tempérament le plus raisonnable, en égalant l'amour conjugal à l'amour paternel. Mais l'un ne doit pas rester au-dessous de l'autre ; et il n'est pas juste que, lorsque l'enfant aurait sa part en propriété, l'époux n'eût la sienne qu'en usufruit. Ce qui a conduit les rédacteurs à cette disposition, c'est probablement celle de l'art. 156. Ils ont craint que, sans cela, une seconde femme ne pût avoir plus qu'une première, ce qui arriverait en effet dans le cas d'un seul enfant, si la disposition de l'arti-

cle 156 était maintenue. L'amendement qu'on a proposé sur cet article écarte l'objection.

Les articles 162 et 163 sont une répétition des articles 34 et 35. Nous sommes loin de les improuver ; mais ils contredisent ouvertement ce qui est décidé, au sujet du rapport, dans les articles 162, 163 et 164 du titre *des successions*. S'il est vrai en effet, comme le veulent les art. 34 et 35, 162 et 163, que le don fait au fils est censé fait au père, et pareillement que le don fait au père est censé fait au fils, comme à une personne interposée, ces sortes d'avantages sont donc sujets à rapport, soit de la part du père, soit de la part du fils. C'est ce que nous avons pensé.

1099-1100

TITRE X. — *Du contrat de mariage, et des droits respectifs des époux.*

tit. 5.

La loi qui règle les droits respectifs des époux a deux avantages, l'un de suppléer à l'imprévoyance de ceux qui se marient sans faire de contrat ; l'autre de guider ceux qui en font, en leur présentant une règle, un modèle qu'ils peuvent suivre, et dont l'expérience de tous les pays prouve que les conventions particulières se rapprochent sensiblement.

Les rédacteurs du présent Code ont préféré, avec raison, la communauté, comme le mode de convention le plus simple et plus généralement adapté à nos mœurs ; mais sans exclure des stipulations différentes, lesquelles demeurent à la volonté des parties.

Leur travail, à cet égard, est susceptible de peu d'observations.

Les articles 5, 6, 7 et 8 ont pour objet d'empêcher l'abus des contre-lettres dans les contrats de mariage : les précautions qu'on y a prises sont insuffisantes.

1395-à 1397

Suivant l'article 6: « Un mineur de vingt-cinq ans ne peut
« faire aucun changement *à ses conventions de mariage, hors la*
« *présence et sans le consentement de ceux des ascendans ou des pa-*
« *rens composant le conseil de famille, dont le consentement est re-*

« *quis pour le mariage*, lorsque ceux-ci ont assisté au contrat
« et l'ont signé. » Il le pourrait donc hors de la présence
d'un étranger ou d'un autre parent donateur, mais dont le
consentement ne serait pas requis pour la validité du mariage.

Suivant l'article 7 : « Les contre-lettres sont nulles en-
« core, si elles sont *données par l'un des époux hors de la pré-
« sence de l'autre époux.* » Mais elles peuvent être données par les deux époux conjointement, hors de la présence
d'une personne qui aura honoré le contrat d'une donation,
en conséquence d'une dot ou d'avantages promis auxquels
déroge la contre-lettre. Les lois peuvent-elles approuver
une pareille tromperie ?

Il y a un moyen simple de prévenir tous les inconvéniens, c'est de rédiger l'article comme il se lit dans tous les
livres :

Toutes contre-lettres en contrat de mariage sont nulles, si
elles sont passées hors de la présence de ceux qui ont signé
comme parties dans le contrat.

1401 Suivant l'article 14 : « La communauté se compose acti-
« vement de tout le mobilier que les époux possédaient au
« jour de la célébration du mariage, ensemble de tout le
« mobilier qui leur échoit pendant le mariage, *à titre de
« succession.* » Il faut dire, au contraire : *à quelque titre que
ce soit.* Le mobilier qui advient à chacun des conjoints, par
don ou legs, ou par l'effet de leur travail et industrie, ou
par une bonne fortune, comme un gain fait à la loterie, en
un mot, de quelque manière que ce soit, tombe incontestablement dans la communauté conjugale, sauf les conventions
contraires.

1409 L'article 22 serait plus complet et mieux rédigé ainsi qu'il
suit :

La communauté se compose passivement,

= 1° De toutes les dettes, tant en capitaux qu'intérêts,
dont les conjoints étaient grevés au jour de la célébration de
leur mariage, ou dont se trouvent chargées les successions

qui leur échoient pendant la durée d'icelui, sous les modifications ci-après expliquées ;

= 2° Des dettes, tant en capitaux qu'arrérages ou intérêts, contractées par le mari pendant la communauté, ou par la femme du consentement du mari, sauf la récompense dans les cas où elle a lieu ;

= 3° Des arrérages et intérêts seulement des rentes ou dettes passives qui sont personnelles aux deux époux ;

= 4° Des réparations d'usufruit des immeubles qui n'entrent point en communauté, et de toutes réparations à l'égard de ceux qui en font partie ;

= 5° Des alimens des conjoints, de l'éducation et entretien des enfans communs, et de toutes autres charges du mariage.

Il faut y joindre les frais de l'inventaire qui doit être fait lors de la dissolution de la communauté, et ceux de liquidation et partage.

L'article 26, dans sa dernière partie, doit être limité à la femme et à ses héritiers. Le mari qui n'a point fait constater par inventaire la quantité de mobilier composant les successions qui sont échues pendant la communauté est non recevable à demander *d'être admis à en faire preuve, soit par titres et par les papiers domestiques, soit par commune renommée* : c'est à lui à s'imputer de n'avoir pas fait inventaire, comme il y était astreint en sa qualité d'administrateur.

L'article 38 ne regarde comme baux faits par anticipation que ceux qui sont passés *plus de trois ans* avant l'expiration du bail subsistant. Ce terme est bien long. On a toujours distingué, en cette matière, les maisons de ville d'avec les biens de campagne. Pour les maisons de ville, le bail est censé fait par anticipation, s'il est fait plus de six mois (on pourrait mettre *un an*) avant l'expiration du bail courant ; à l'égard des biens de campagne, on permet le renouvellement du bail un an et demi ou deux ans d'avance. C'est la disposition d'un arrêt de réglement du Parlement de Paris, du

26 février 1672; et il en existe beaucoup d'autres semblables, rendus particulièrement pour les fabriques. Une police moins sévère peut donner lieu à beaucoup d'abus.

1442-
et ap-
1442

Suivant l'article 51 : « Il n'y a point de continuation de « communauté entre le survivant et ses enfans mineurs, hé- « ritiers du prédécédé, lorsqu'il n'a pas fait inventaire. » La peine du survivant, en ce cas, aux termes de l'article 52, est la déchéance qu'il encourt de la *garde* desdits mineurs qui lui était déférée, *et de la jouissance de leurs revenus* : après quoi viennent plusieurs dispositions, jusques et compris l'article 55, pour régler les suites de cette déchéance.

Comme nous n'avons point admis le droit de *garde* et de *jouissance* du bien des mineurs dans la personne du survivant de leurs père et mère, nous sommes obligés de chercher un autre moyen de punir la négligence de ce dernier à faire inventaire; et nous n'en trouvons point de plus naturel que celui qu'avait adopté la Coutume de Paris, suivie en ce point par le plus grand nombre des Coutumes. Vous n'avez pas voulu dissoudre la société, vous demeurerez associé, mais en perdant une partie des avantages que la première société vous donnait; et les mineurs seront les maîtres de renoncer à la nouvelle société, s'ils jugent qu'elle ne leur est pas profitable.

Cette disposition est d'autant plus à conserver, que, dans beaucoup de Coutumes, il y a continuation de communauté, en pareil cas, entre le survivant et les héritiers du prédécédé, quoique majeurs, quoique simples collatéraux; et même, dans un assez grand nombre de nos anciennes provinces, une disposition qui peut mériter l'attention du législateur, établit entre tous individus une communauté tacite, par le seul fait de la cohabitation et de l'indivision après an et jour. Or, s'il est de l'intérêt des mineurs de demeurer en communauté avec le survivant de leurs père et mère, comme cela arrive souvent, principalement à la campagne, et comme on peut l'inférer, avec assez de raison, des différens statuts ci-dessus indiqués, pourquoi obligerait-on le survivant irrémissiblement, et dans tous les cas, à rompre la communauté?

Nous pensons qu'il faut effacer les articles 51 et suivans, jusqu'au 55e, et les remplacer par les dispositions de nos Coutumes sur la continuation de communauté, en prenant pour base celle de Paris.

L'article 68 décide que le mari est garant du défaut d'emploi ou de remploi du prix de l'immeuble aliéné par sa femme séparée, si la vente a été faite en sa présence et de son consentement ; mais l'article ajoute : *il ne l'est jamais de l'utilité de cet emploi.* C'est détruire d'une main ce qu'on établit de l'autre. Quelle sera la différence du défaut d'emploi, et d'un emploi illusoire entre les mains d'un homme insolvable, dont les biens, par exemple, seraient en direction ou en saisie réelle, et avec qui le mari peut-être partagerait le profit? Le mari, sans doute, ne doit pas répondre de toute espèce d'insolvabilité, de celle qui surviendrait après l'emploi ; mais il est responsable de celle qui existe au temps de l'emploi même, surtout lorsqu'elle est notoire. C'est ce que nous croyons nécessaire d'exprimer, au lieu de dire, avec l'article 56, qu'*il n'est jamais garant de l'utilité de l'emploi.* [1450]

L'article 72 décide que si les héritiers de la femme ne sont pas d'accord sur l'acceptation ou la renonciation à la communauté, *on examine et adopte ce qui était le plus utile à la défunte.* C'est ce qu'on pratiquait autrefois par nécessité, lorsqu'une succession étant composée de plusieurs espèces de biens, la femme laissait divers héritiers, l'un aux meubles et acquêts, l'autre aux propres. Il pouvait arriver que ces deux héritiers eussent des intérêts différens quant à l'acceptation de la communauté, parce que l'un avait droit à tout l'actif de cette communauté, l'autre n'y avait aucune part, quoique le passif dont elle était chargée fût supporté par les deux héritiers, à proportion de l'émolument de chacun dans le total de la succession. De là, l'obligation de consulter le [ap-1453] *quid utilius*, puisque de ce point dépendait le partage des dettes entre les deux héritiers. Aujourd'hui qu'il n'y a plus de distinction de biens ni d'héritiers, ce besoin ne subsiste plus. On n'a pas fait attention à cela en rédigeant l'article 72 ; mais on s'en est souvenu dans l'article 91, qui est diamétralement contraire. L'article 72 doit être retranché.

Art. 75..... « Inventaire fidèle *et complet*..... » *Fidèle* dit tout, et est pleinement satisfaisant ; le mot *complet* est de trop, et pourrait faire croire qu'une omission innocente serait capable de vicier un inventaire fait de bonne foi.

Les autres articles ne donnent lieu à aucune observation ; et nous nous contentons, en finissant, de relever une omission que le titre nous a paru présenter : il n'y est point parlé du *douaire*.

Le *douaire*, inconnu chez les Romains, est une des institutions qui honorent le plus notre droit coutumier. Il assure la subsistance des enfans bien mieux que la légitime. Qu'un père épuise sa succession par des libéralités indiscrètes, soit entre vifs ou à cause de mort, la loi y pourvoit en accordant aux enfans une action en révocation ou en retranchement de ces donations, jusqu'à une certaine concurrence ; et c'est ce qu'on nomme *légitime*. Mais si le père est un dissipateur, un homme sans conduite, qui a vendu son bien, quel remède ? Cependant il en faut un ; car tout homme qui se marie contracte, pour première obligation, celle de nourrir ses enfans ; cette dette est acquittée par le *douaire*.

La femme y trouve aussi une ressource, et un juste profit de sa collaboration, lorsque la communauté n'a pas été fructueuse. En un point seulement, la disposition de nos Coutumes peut paraître excessive, savoir, en ce qu'elles accordent tout à la fois à la femme communauté et douaire.

Nous désirons que cette institution bienfaisante du droit coutumier soit conservée, avec cette seule modification que la femme ne pourrait prendre tout à la fois communauté et douaire ; de même que les enfans, pour demander le douaire, sont obligés de renoncer à la succession. Il faudrait aussi que la femme fût tenue, comme les enfans, d'imputer sur le douaire les dons et avantages qui lui auraient été faits.

Le douaire est, pour les enfans, la propriété, et pour la femme, l'usufruit d'une certaine portion des immeubles que le mari possède en se mariant, ensemble de ceux qui lui sont échus en ligne directe pendant le mariage. La quotité est différente selon les Coutumes : la moitié dans les unes, le tiers dans les autres. Ces deux fixations sont peut-être trop fortes, et l'on pourrait se contenter du quart.

Les neuf titres qui suivent, relatifs aux différens contrats, donnent matière à peu d'observations ; et nous allons les parcourir très-rapidement.

TITRE XI. — *De la vente.* tit. 6.

Nous avons fait précédemment plusieurs remarques sur les articles 25, 26 et 27 de ce titre ; nous y renvoyons. 1605-1606-1607

De même sur l'article 104. 1676

De même encore sur les articles 110 et 111. 1689-à 1691
(*Voyez* le titre *des conventions en général.*)

TITRE XII. — *De l'échange.* tit. 7.

Point d'observations sur ce titre.

TITRE XIII. — *Du louage.*

Les articles 25 et 26 concernent la tacite réconduction, qui est admise par le projet de Code, tant pour les biens de campagne que pour les maisons et appartemens. 1738-1759-1776

L'Assemblée constituante, dont on n'a pas contesté les lumières, avait aboli la tacite réconduction pour les biens de campagne. C'est la disposition de l'article 4, section II, titre Ier de la loi du 28 septembre 1791, appelée *le Code rural.* Elle s'était déterminée à prononcer cette suppression, à cause des difficultés et des surprises auxquelles donne lieu la tacite réconduction, plus ordinaires sans comparaison, et plus multipliées pour les biens de campagne que pour les maisons de ville.

En supposant qu'on la maintienne pour l'une et l'autre espèces de biens, l'article 25 aura besoin de quelque amendement. Il y est dit que, dans le cas de la tacite réconduction, *le bail se prolonge.* L'expression est inexacte ; ce n'est point l'ancien bail qui est *prolongé*, mais un nouveau bail qui se fait : *Intelligitur dominus ex integro locare,* dit la loi romaine ; et c'est ce que répètent après elle tous les auteurs.

L'article ajoute que le bail se prolonge *aux prix, clauses et conditions prescrits par celui qui est expiré.* Cela est vrai indistinctement pour *le prix,* et en général pour *les clauses et conditions* de l'ancien bail ; mais il y a des exceptions. Si le bail, par exemple, contenait soumission à la contrainte par corps, prétendrait-on qu'elle fît partie de l'engagement contracté par la tacite réconduction, quoique toutes nos lois, principalement les dernières, requièrent pour cet objet une stipulation expresse ? Il en est de même des droits d'hypothèque et d'exécution attachés à l'ancien bail, lesquels ne peuvent résulter que d'un titre public et paré, jamais d'une convention purement tacite. Même observation encore pour la caution ; et les rédacteurs l'ont senti, puisqu'ils ont exprimé cette exception dans l'article 27. Pourquoi n'ont-ils pas parlé des autres ? Toutes ces exceptions peuvent être indiquées par une seule clause qui terminerait l'article : *et à la réserve des contraintes par corps, caution, hypothèque et droit d'exécution qui résulteraient de l'ancien bail.*

Enfin, il faut déterminer le temps après lequel on présumera la tacite réconduction. Ce temps est plus difficile à régler pour les biens ruraux que pour les maisons et appartemens ; mais, dans tous les cas, la tacite réconduction ne peut avoir lieu que lorsqu'au su du propriétaire, et après l'expiration du bail, le fermier a levé les guérêts ou ensemencé les terres pour l'année suivante.

Avec ces modifications, l'article 25 pourra subsister.

L'article 26 devra subir aussi quelques changemens.

On supprimerait l'article 27.

L'article 74 met la *coulure* au nombre des cas fortuits pour lesquels le fermier peut demander une remise, s'il n'y a renoncé. La *coulure* n'autorise jamais le fermier à demander une remise; c'est un accident si fréquent, surtout à l'égard des vignes, que le colon a dû s'y attendre, et proportionner sur ce risque le prix de sa ferme. 1773

Art. 113 et 116. Il faut supprimer le mot d'*artistes* (ouvriers *artistes*); et, si l'on veut ajouter un autre mot, mettre celui d'*artisans*. ap-1781

Art. 130. Les derniers mots : *et de tout ce qu'il aurait pu gagner dans cette entreprise*, sont de trop ; il faut mettre à la place : « et de la perte qu'il a pu faire, à raison d'autres en-« treprises que le marché dont on demande la résiliation lui « a fait refuser. » *Voyez* Pothier, *du louage*, n° 440. 1794

Les rédacteurs n'ont point parlé du *bail emphytéotique* ou *à longues années*, ni du *bail à rente foncière*, qu'ils supposent avoir été *proscrits*, comme appartenant à la *féodalité*, de quoi ils se plaignent ; ces baux, disent-ils, n'ayant jamais été des contrats féodaux, et étant d'ailleurs extrêmement utiles (*Disc. prélim.* page lix, de l'édition in-4°). Rien de plus vrai ; mais aussi peut-on dire que les baux emphytéotiques ou à rente foncière aient été *proscrits ?* On a déclaré rachetables toutes espèces de rentes foncières, quoique stipulées par les baux non rachetables ; on a défendu d'en créer de pareilles à l'avenir ; mais, à cela près, le contrat est demeuré permis, et autorisé par les termes mêmes des décrets, qui n'ont interdit que la non rédimibilité de la rente. Nos lois nouvelles n'ont fait en ce point, et avec beaucoup de sagesse, pour le bien de l'agriculture, que ce qu'on avait fait, il y a longtemps, pour la seule décoration des villes. Depuis plus de trois siècles, nos ordonnances et nos Coutumes défendaient de créer des rentes foncières non rachetables sur les maisons de ville, et statuaient que les rentes de cette nature qui exis- 1582-1709 taient en vertu de contrats antérieurs seraient rachetables à toujours. L'Assemblée constituante a rendu cette loi générale, et l'a étendue à toute espèce de biens. Mais, de même que les lois anciennes, en proscrivant l'irrédimibilité des rentes foncières assises sur maisons de ville, n'ont pas défendu de donner ces maisons à rente foncière, pourvu que la rente demeurât toujours remboursable, les lois nouvelles n'ont pas défendu non plus de donner à rente les autres espèces de biens, pourvu que la même condition y fût observée. Ce point est si clair, qu'il est inutile de multiplier les citations ; il suffit de jeter les yeux sur l'article 6 du célèbre décret du 11 août 1789, auquel on joindra, si l'on veut, les articles 6 et 7 de notre loi actuelle sur le régime hypothécaire. L'article 6, parmi les objets susceptibles d'hypothèque, énonce formellement *la jouissance des immeubles* A TITRE D'EMPHYTÉOSE *pour le temps de leur durée.* Les baux à emphytéose ne sont donc pas *proscrits.* L'article 7 décide ensuite que « les RENTES FONCIÈRES *et les autres prestations que* « *la loi a déclarées rachetables* ne pourront plus, à l'avenir, être frappées d'hypothèques. » Il existe donc encore des *rentes foncières*, quoique *rachetables,* aux termes de la loi qui les déclare telles à toujours. Et de fait, on n'a pas cessé de payer les rentes de cette nature qui avaient été créées avant la révolution ; de même qu'on a continué d'en créer depuis la révolution, par des contrats qui en ont produit un très-grand nombre de nouvelles.

On a donc lieu d'être surpris que les rédacteurs du Code aient supposé, comme point constant, que les baux à rente n'existaient plus, ainsi que les baux à emphytéose. Et quant à ce qu'ils disent que ces baux exigent une législation *toute particulière et très-compliquée* (*ibid*), nous ne voyons pas que la matière comporte réellement ni de plus grandes *particularités*, ni plus de *complication*, que celle des autres contrats.

Ainsi, sans attendre, à cet égard, les ordres du Gouvernement, auquel ils en réfèrent (*ibid*), et qui, en vertu de leur première mission, les a suffisamment autorisés, nous les invitons à s'occuper de remplir cette lacune. Ils sont plus en état que personne de s'en bien acquitter; et ils ont pour cela des matériaux tout prêts dans nos livres, dans nos Coutumes, notamment dans *Pothier*, qui a fait *ex professo* un traité du *bail à rente*.

TITRE XIV. — *Du contrat de société.*

L'article 5 porte que « toute société dont l'objet est d'une « valeur de 150 francs doit être rédigée par écrit. » Cet article abolit les *sociétés taisibles*, qui se contractent entre certaines personnes par le seul fait de l'habitation et vie commune pendant an et jour, avec communication de gains et de profits. Ces sociétés avaient lieu autrefois dans tout le pays coutumier; et elles sont encore admises dans plusieurs Coutumes, où l'usage en est fréquent, surtout entre les habitans des campagnes : Chartres, Dreux, Troyes, Sens, Auxerre. Nous ne parlons que de celles des Coutumes indiquées qui font partie du ressort du tribunal d'appel de Paris.

On doit louer les auteurs du projet de Code d'avoir supprimé ce débris de nos institutions gothiques. Les sociétés taisibles forment une exception dangereuse à la règle, si sage et si nécessaire, posée par l'ordonnance de Moulins, qui défend d'admettre la preuve testimoniale en matière de conventions, au-delà d'une certaine somme. Elles présentent d'ailleurs un fait difficile à constater, compliqué dans ses détails, souvent obscur et très-équivoque dans son caractère, qui dépend principalement de l'intention; il en résulte beaucoup de procès.

C'est ce qui avait déterminé presque généralement les rédacteurs de nos Coutumes à les proscrire; quelques-uns même avant l'ordonnance de Moulins. Cette suppression ne prive d'aucun avantage réel ceux qui veulent contracter de pareilles sociétés, dont l'utilité et même la nécessité pour beaucoup de personnes ne peut pas être révoquée en doute ; ils seront toujours les maîtres d'en contracter, en les écrivant ou les faisant écrire, comme toutes les autres conventions.

Mais les rédacteurs du Code ne s'en tiennent pas là ; et l'article 8 ajoute : « La loi ne reconnaît que la société uni-« verselle de gains, et prohibe celle *de tous biens présens et* « *à venir*, sauf la communauté conjugale. » L'article 9 dit encore que « la société universelle de gains comprend tout « ce que les parties gagneront et acquerront pendant la du-« rée de la société, soit par leur industrie personnelle, soit « par la *jouissance* de leurs biens présens. » Et l'article 11 répète que « les biens que les associés possèdent au temps « du contrat n'y entrent *que pour la jouissance* ; ceux qui leur « échoient, pendant la société, par succession, donation « ou legs, n'y tombent *en aucune manière.* » Le tout sans distinction du meuble et de l'immeuble.

Nous croyons que ces articles vont trop loin. Il y a des personnes qui ont si peu, qu'en réunissant *tout* leur avoir présent et futur, elles trouvent encore difficilement de quoi sustenter leur faible existence. Combien n'en a-t-on pas vus que le malheur des temps avait réduits à cet état, quoique nés avec de la fortune, et accoutumés à une vie aisée ! La loi doit se prêter à toutes les situations ; elle doit s'adapter à tous les besoins que les circonstances peuvent amener, et n'en contrarier aucun. D'autre part, il semble raisonnable, quant à la société universelle de gains, que les meubles en fassent partie, et n'y entrent pas *pour la jouissance* seulement. Les meubles sont comme le fonds naturel de cette espèce de société ; et c'est ce qu'ont pensé tous les rédacteurs de Coutumes, qui se sont occupés d'en tracer les règles ; c'est aussi ce que nous voyons dans la communauté conjugale. Si le mobilier est exclu d'une société universelle de gains, que va-t-il s'ensuivre ? Il faudra, en établissant une pareille société, commencer par faire inventaire, à l'effet de distinguer les meubles qui appartiennent à chacun des associés, et faire ensuite un récolement tous les ans pour constater ou les augmentations ou les pertes; il faudra, à mesure que chacun des associés recueillera une succession, ou fera en meubles quelque acquisition un peu marquée, avoir recours à de nouveaux inventaires. Quelle gêne et quel embarras insupportables !

Nous proposons de substituer aux articles du projet ceux que voici :

« Art. 7. Les sociétés sont universelles et particulières.

« Art. 8. On distingue deux sortes de sociétés univer-
« selles; la société universelle de gains, et celle de tous
« biens présens et à venir.

« Art. 9. La société universelle de gains renferme tout ce
« que les parties acquerront par leur industrie, à quelque
« titre que ce soit, pendant le cours de la société. Les meu-
« bles que chacun des associés possède au temps du contrat,
« même ceux qui leur échoient dans la suite par succession,
« donation ou legs, sont compris dans cette société : leurs
« immeubles personnels y entrent aussi, mais pour la jouis-
« sance seulement.

« Art. 10. La société de tous biens présens et à venir est
« celle par laquelle les parties mettent en commun tous les
« biens meubles et immeubles qu'ils possèdent actuellement,
« et ceux qui leur adviendront par la suite; elle comprend
« même les immeubles qu'ils pourront recueillir par succes-
« sion, donation ou legs, et ce non-seulement quant à la
« jouissance, mais quant à la propriété.

« Art. 11. La simple convention de société, sans autre
« explication, n'emporte que la société universelle de gains.

« Art. 12. On peut contracter société de certaines choses
« déterminées, ou simplement de leur usage, ou de fruits à
« en percevoir. On peut s'associer également pour l'exercice

« de quelque métier ou profession : ce sont des sociétés par-
« ticulières. »

<small>tit. 9.
fin du
ch. 2.</small> L'article 13 parle des sociétés de commerce, dont on distingue trois espèces; et les quatre articles suivans, ainsi qu'un très-grand nombre des articles ultérieurs jusqu'à la fin du titre, sont relatifs à ces sociétés, dont il avait été déjà fait mention dans les articles 4 et 6.

Les rédacteurs se sont écartés, à cet égard, du plan qu'ils s'étaient tracé, et auquel jusqu'alors ils avaient été fidèles ; celui de renvoyer au Code commercial tout ce qui regarde le commerce. Il faut de l'uniformité : ou les sociétés de commerce doivent être renvoyés au Code commercial, ou le Code civil doit comprendre avec elles, et les lettres-de-change, et les faillites, et les contrats d'atermoiement, et le mode d'exécution des contraintes par corps, et généralement tout ce qui intéresse les commerçans.

TITRE XV. — *Du prêt.*

<small>1907</small> L'article 32 décide une grande question politique, celle de savoir si le législateur doit et peut même avec succès fixer le taux de l'intérêt. Nous la croyons bien décidée, au moyen de la restriction posée dans l'article 35. Mais il faudrait ôter de l'article 32 les derniers mots : *suivant les circonstances où l'Etat se trouve*, qui laisseraient croire que le Gouvernement, dans cette fixation, peut consulter, comme on l'a fait autrefois en France, son intérêt du moment ; celui, par exemple, de décourager les emprunts particuliers, afin que l'argent reflue vers les emprunts publics.

TITRE XVI. — *Du dépôt.*

<small>1652</small> Art. 31. Il ne paraît pas exact de dire que le dépôt d'hôtellerie *est regardé comme un dépôt nécessaire*. C'est un dépôt d'un genre particulier, et qui diffère, à plusieurs égards, du dépôt ordinaire ; mais ce n'est point un dépôt nécessaire :

on ne connaît pour tel que celui dont il est parlé dans l'article 30.

Art. 35..... « Suivant les circonstances du fait et *l'état* ap-1954
« des personnes ..... » L'ordonnance de 1667, titre XX, art. 4, dit : « suivant *la qualité* des personnes, » c'est-à-dire, leur moralité, leur bonne ou leur mauvaise réputation ; ce qui est plus juste.

TITRE XVII. — *Du mandat.*

Art. 24..... « Et qu'il ait substitué quelqu'un notoire- 1994
« ment incapable *ou suspect.* » Ce mot *ou suspect* est bien vague ; il faudrait dire, *ou évidemment suspect.*

TITRE XVIII.— *Du gage et du nantissement.*

Art. 2. « Le privilége n'a lieu qu'autant qu'il y a un acte 2074
« *passé devant notaire avec minute.* » Et pourquoi un acte *devant notaire ?* pourquoi ne se contenterait-on pas d'un écrit double sous signature privée qui aurait acquis date certaine par l'enregistrement, ou par le décès de l'une des parties ?.... On a copié, sans y faire attention, cet article dans l'ordonnance de 1673. Mais alors le contrôle des actes n'existait pas, il n'a été établi que par un édit de 1693 pour les actes devant notaires, et par un édit de 1705 pour ceux sous signature privée.

Les rédacteurs n'ont point parlé de *l'antichrèse* ou *contrat* 2072 *pignoratif*, qui est pour les immeubles ce que le nantissement est pour les meubles. Il faudrait en dire quelque chose ; et la vraie place de ces deux contrats serait au commencement du livre, parmi les engagemens ajoutés comme sûretés aux obligations principales, entre le titre du *cautionnement* et celui *des priviléges et hypothèques.* Alors, tous ces engagemens accessoires se présenteraient avec ordre et sans interruption : contrainte par corps, cautionnement, gage ou nantissement, contrat pignoratif ou antichrèse, priviléges et hypothèques.

TITRE XIX. — *Des contrats aléatoires.*

1964 La définition du contrat aléatoire, contenue en l'art. 1er, paraît extrêmement vicieuse.

« Le contrat aléatoire, y dit-on, est celui par lequel « chacune des parties contractantes *s'engage à donner ou à* « *faire une chose.* » Il y a des contrats aléatoires où les contractans, en effet, *s'engagent* simplement *à donner ou à faire*; tels sont le jeu et le pari, cités pour exemples à la suite de la définition ; tel est aussi, dans l'usage ordinaire, le contrat d'assurance. Mais il y en a d'autres où l'un des contractans donne actuellement sans attendre l'événement du risque, où le contrat en conséquence est *réel*, et non purement *consensuel*: tels sont, le prêt à la grosse, et le contrat de rente viagère. Ainsi, la définition, pour être exacte, devrait dire : « par lequel *une* des parties contractantes *donne* « *ou fait*, ou s'engage à donner ou à faire. »

L'article continue : « et ne reçoit, en équivalent de ce « qu'elle *donne*. » Il faudrait dire, suivant l'observation « précédente : « de ce qu'elle donne *ou promet*. »

L'article ajoute enfin « que *le risque dont elle s'est char-* « *gée*, et qui dépend d'un événement casuel et incertain. » C'est surtout ici que la définition pèche. Comment concevoir, dans un contrat intéressé de part et d'autre, un contractant qui promet de donner ou qui donne, et qui ne recevrait, en échange de ce qu'il donne ou promet, que *le risque dont il s'est chargé* lui-même ? En ce cas, il donnerait tout, et ne recevrait rien. Il y a visiblement erreur dans cette partie de la définition; et il faut prendre le contrepied ; en substituant à ces mots: *le risque dont elle s'est chargée*, ceux-ci : « la chance du profit qu'elle espère, ou le « risque dont s'est chargé l'autre contractant. »

Nous croyons qu'il est facile de donner du contrat aléatoire une définition plus juste et plus simple. Voici les notions que nous mettrions à la place de l'art. 1er :

« Le contrat aléatoire est celui où chacun des contractans
« court le hasard de gagner ou de perdre ; ce qui doit être
« déterminé par un événement futur, ou par un fait actuelle-
« ment inconnu de part et d'autre.

« Dans ces contrats, chacun reçoit, en équivalent de ce
« qu'il donne ou promet, le risque subi par l'autre con-
« tractant.

« De ce genre sont, le contrat d'assurance, le prêt à
« grosse aventure, etc. »

Suivant l'article 2 : « La loi n'accorde aucune action pour 1965
« le paiement de ce qui a été gagné au jeu ou par un pari, 1966
« excepté pour les jeux *propres à exercer au fait des armes ;*
« tels, ajoute-t-on, que l'exercice au fusil, *les courses à
« pied ou à cheval et de chariot*, et *le jeu de paume.* » Le jeu
de paume ne peut pas être regardé comme *propre à exercer
au fait des armes*, si ce n'est dans un sens très-étendu, en tant
qu'il fait partie des exercices du corps. Il en est de même, à
proportion, *des courses à pied ou à cheval et de chariot.* Il n'y
a que l'exercice au fusil qui soit proprement de l'espèce
indiquée. Mais d'ailleurs, n'est-ce pas aller trop loin que
de n'excepter que les jeux *propres à exercer au fait des armes ?* On trouvera quelques lois romaines, ou même françaises, qui ont disposé ainsi ; mais la jurisprudence, plus
douce, exceptait depuis long-temps et en général tous jeux
d'exercice, qu'elle tenait pour favorables, comme propres
à augmenter ou entretenir la force, l'adresse, le courage
et la santé des citoyens.

L'article dit encore : « A l'égard de ces sortes de jeux
« (il faudrait ajouter *et des paris*), le juge *peut* dénier
« l'action quand les sommes jouées et pariées excèdent 24
« francs ; » PEUT *dénier*, il POURRA donc *accorder* l'action
pour quelque somme que ce soit, et bien au-dessus de 24
francs ; ce qui amène l'arbitraire, et rend inutile la fixation
portée par l'article. La constitution de *Justinien*, que les
rédacteurs paraissent avoir prise pour guide, dit, en termes

absolus, qu'on ne pourra jouer aux jeux qu'elle permet, plus d'un écu d'or pour chaque partie : *sed nec permittimus etiam in his ludere ultra unum solidum.* **L. 3. c. *de aleatoribus.***

Nous proposons de rédiger l'article ainsi qu'il suit :

« La loi n'accorde action pour le paiement de ce qui a été « gagné au jeu ou par un pari, que lorsque le jeu est un « *jeu d'exercice*, et que l'objet du pari est honnête.

« A l'égard même de ces sortes de jeux et des paris, le « juge *doit* dénier l'action, toutes les fois que les sommes « jouées ou pariées excèdent...... (la somme que l'on « voudra désigner). »

1976 L'article 12 énonce que « la rente viagère peut être con- « stituée au taux que les parties contractantes jugent à pro- « pos ; » mais il ajoute : *sauf les exceptions ci-après.* Et en effet les articles qui suivent déterminent un taux que la rente ne pourra outre-passer, soit qu'elle soit créée sur une ou plusieurs têtes.

Nous croyons que les rédacteurs ont encore excédé en cette partie, et ont oublié la règle qu'ils s'étaient faite, d'éviter *la dangereuse ambition de vouloir tout régler et tout prévoir* (Disc. prélim., page ix, de l'éd. in-4°).

S'il est une chose qu'il faille abandonner aux spéculations des particuliers, c'est assurément la fixation des rentes viagères.

Qu'en 1793, lorsque l'on voulut convertir en perpétuel le viager sur l'Etat ; que depuis, et en l'an 6, lorsqu'il a fallu autoriser les débiteurs de rentes viagères contractées sous le règne du papier-monnaie, à en demander la réduction, la loi ait essayé de fixer le taux de ces sortes de rentes, cela était nécessaire, conséquemment, juste et sage.

Mais que dans un état ordinaire, où rien n'oblige le législateur à se mêler de cette fixation, il y intervienne par un réglement général, gradué sur la proportion des âges ; quel peut être le fruit d'une pareille mesure ?

C'est sur les âges uniquement pris d'une manière abstraite que la loi règle le taux des contrats viagers ; et il est évident qu'elle ne peut pas avoir d'autre base. Mais combien d'élémens, autres que celui-là, entrent dans les spéculations des particuliers, lorsqu'ils déterminent le taux d'une rente viagère : l'état de la santé du rentier, sa complexion, sa manière de vivre, etc., etc.

La loi est téméraire, et elle est injuste, lorsque, prenant la place des contractans, elle veut faire elle-même, et au moyen d'une disposition générale, ce que les seuls particuliers peuvent faire dans un cas donné.

Nous croyons qu'il faut supprimer les articles 13, 14 et 15, et ne laisser subsister du 12e que ces termes-ci : « La « rente viagère peut être constituée au taux que les parties « contractantes jugent à propos. » ap-1976

Les rédacteurs, dans le détail des contrats, n'ont point parlé de la *transaction*, ni du *compromis* et de l'*arbitrage*. Apparemment ces contrats doivent trouver leur place dans le Code judiciaire, comme moyens d'empêcher ou de finir les procès ; il aurait été bon d'en avertir. liv. 3-tit. 15.

TITRE XX. — *De la prescription.*

L'article 5 observe que « les juges ne peuvent pas sup- « pléer *d'office* le moyen de la prescription. » La maxime est certaine ; mais elle admet néanmoins une limitation qu'il faudrait exprimer : *sauf dans les matières qui intéressent l'ordre public*, tels que les délais pour les requêtes civiles, et autres semblables. 2223

Art. 27. Aux endroits où l'on a mis *huitaine*, il faut substituer *décade*. 2245

Art. 29, 3e *alinéa*. Au lieu de *sommation*, mettre *commandement*. Une *sommation* ne paraît pas susceptible de *péremption*. 2247

L'article 44 forme double emploi avec l'article 8, qui dit, en général, que « la nation, les établissemens publics et ap-2262

« les communes, *sont soumis aux mêmes prescriptions que les*
« *particuliers.* »

426   L'article 45 serait mieux placé à la fin du titre.

2265-   La prescription de dix et vingt ans est sujète à de graves
2266   inconvéniens que manifeste la simple lecture des articles 46
et 47. Cette prescription est différente, suivant que le propriétaire contre lequel on veut prescrire est présent ou absent. Il faut donc commencer par définir ce que l'on entend par *présent* et par *absent*. L'art. 46 décide que le véritable maître est réputé présent, s'il habite dans le ressort du tribunal d'appel dans l'étendue duquel l'immeuble est situé ; absent, s'il est domicilié hors du même ressort. Mais peut-on dire que, dans un tribunal d'appel qui a trente ou quarante lieues de rayon, quelquefois plus, l'individu placé à l'est, dans un des points de la circonférence, soit véritablement présent à l'ouest, dans tous les points de cette même circonférence ; qu'un homme, par exemple, domicilié à Sainte-Ménéhould, soit présent à Dreux ou à Chartres? Et, au contraire, celui qui habite sur la frontière du ressort peut-il être réputé absent de l'autre côté de la frontière, sous prétexte qu'elle appartient à un autre ressort ? On peut atténuer l'objection jusqu'à un certain degré, en circonscrivant dans des bornes plus étroites l'espace où l'on sera censé présent ; en statuant, par exemple, qu'il suffira de demeurer dans l'étendue du département où est situé l'immeuble, comme autrefois il suffisait d'habiter un même bailliage ; mais on ne fait, par là, que déplacer la difficulté, qui reste toujours, et regagne d'un côté ce qu'elle perd de l'autre. Il y aura, en ce cas, moins de présens véritablement absens ; mais il y aura plus d'absens véritablement présens ; tous ceux qui habitent la partie limitrophe d'un département étant réellement présens à l'égard des objets de l'autre département situés dans leur voisinage, quoique la loi suppose leur absence.

Ce n'est pas tout ; cet état de présence ou d'absence peut varier. On peut être présent pendant quelques années, puis absent plusieurs autres, revenir ensuite ; ce qui oblige à se jeter dans des calculs, peut-être difficultueux, pour déterminer le temps de la prescription.

Il nous semble qu'on éviterait tous ces embarras en prenant un terme moyen entre les dix et vingt ans, lequel terme suffirait pour prescrire, sans distinction aucune de propriétaires présens ou absens. Ce terme pourrait être de quinze années, qui, rapprochées des trente ans requis pour la très-longue prescription, établiraient assez le privilége de la bonne foi sur la mauvaise foi, dès que l'une pourrait prescrire par un espace moitié moindre.

Suivant l'article 50, « Il suffit (dans la prescription de dix « ou vingt ans) que la bonne foi ait existé au moment de « l'acquisition. » C'est ce que décide le droit romain ; mais, en cette partie, nous l'avions abandonné : le droit naturel, qui oblige de rendre le bien d'autrui, et défend de se l'approprier, nous avait paru préférable. 2269

Art. 51. Au mot *architecte*, il faut substituer celui d'*entrepreneur de bâtimens*, ou ceux de *maçon et charpentier*. Il n'y a que les maçons et charpentiers constructeurs d'un bâtiment, en un mot les entrepreneurs, qui soient garans des mal-façons ; l'architecte n'est sujet à cette garantie que lorsqu'il est entrepreneur. 2270

La jurisprudence avait admis une autre prescription de dix ans, relative à une autre espèce de garantie, celle due par les procureurs ou avoués, pour les nullités qui se rencontrent dans leurs procédures, et qui proviennent de leur fait ; il conviendrait d'en parler. ap-2270

Art. 53, 5e *alinéa*. « Celle des domestiques *qui se louent à l'année*..... » Il faut retrancher ces mots : *qui se louent à l'année*. C'est bien une des raisons qui font qu'on ne peut établir un espace moindre pour la prescription des gages des domestiques, puisque, dans les campagnes, les domestiques se louent ordinairement *à l'année* ; mais quand ils se seraient 2272 loués pour un moindre terme, ou qu'il n'y en aurait même aucun de convenu, il faudrait toujours un an pour prescrire contre eux, d'autant que le projet ne marque, à cet égard, aucun autre temps de prescription.

2273   Art. 54. Après ces mots : *ou depuis la révocation desdits avoués*, il faut ajouter : *ou le décès de la partie qui les a constitués*. C'est ce que portait le réglement de 1692. Le mandat finit par le décès du constituant, comme par la révocation du constitué.

ap-
2273   Le projet de Code ne parle de prescription qu'à l'égard des huissiers et avoués ; il n'a rien dit des notaires. Il paraîtrait raisonnable d'étendre à ces officiers la prescription de cinq ans, qui est la plus longue de celles établies relativement aux avoués.

Ibid.   Il y a encore, à l'égard des officiers ministériels, une espèce de prescription ou de fin de non-recevoir, résultant de la maxime *pièces rendues, pièces payées*. Suivant cette règle, les huissiers, les avoués et les notaires sont non-recevables à demander à leurs cliens le salaire des exploits dont ils ont remis les originaux, des procédures dont ils ont rendu les dossiers, et des actes dont ils ont délivré les expéditions. On aurait pu faire mention de cette fin de non-recevoir au titre *des conventions en général*, parmi les présomptions de paiement ; mais il faut en parler quelque part, et, à défaut d'un autre endroit, on peut la mettre ici.

Ibid.   Enfin, les avoués étant obligés, par les réglemens, d'avoir un livre-journal, sur lequel ils écrivent les paiemens qui leur sont faits par leurs parties, le défaut de représentation de ce journal forme encore contre eux une fin de non-recevoir.

2276   Art. 57. « Les juges et avoués sont déchargés des pièces « cinq ans après le jugement des procès. » Le réglement de 1692 dit *trois ans* pour les juges ; ce qui paraît plus juste, le juge n'ayant ces pièces entre les mains que momentanément, et n'étant pas, comme l'avoué, l'homme de la partie.

Le terme de *trois ans*, indiqué pour la revendication dont parle l'article 60, est bon; mais il faut dire que la revendication pourra être faite en tout temps, si l'effet volé est entre les mains du voleur ou du recéleur, suivant la maxime : *Rei furtivæ æterna auctoritas esto.*

Il faudrait aussi ajouter quelque chose à l'article 61; ces mots, par exemple, après qu'il a été fait mention du marchand : « ou en général d'une personne connue, et qu'on ne « pouvait naturellement soupçonner de vol. » Voyez *Domat*, liv. 3, du *droit pub.*, titre VIII, art. 10.

Nous répétons, en finissant, l'observation plusieurs fois faite, que nous n'avons pas entendu relever les simples vices de rédaction, qui auront sans doute été aperçus par les rédacteurs eux-mêmes, ou qu'ils corrigeront aisément en relisant leur travail.

Les commissaires du tribunal d'appel séant à Paris; signé TREILHARD, AGIER.

N° 24. *Observations sur différens titres ou articles du projet, présentées au Gouvernement par la commission du tribunal d'appel du département de la Vienne, séant à* POITIERS; *rédigées en présence et de l'avis des membres du tribunal.*

LIVRE PRÉLIMINAIRE.
TITRE III.

Art. 2. Il faudrait déterminer un mode pour faire connaître aux juges de première instance la date de la publication de la loi; par exemple, charger les commissaires près les tribunaux d'appel, de leur envoyer un bordereau.

LIVRE PREMIER.
TITRE PREMIER.

11 et 13
3

Art. 5. Il paraît convenable d'ajouter un article qui se trouve dans le projet du citoyen Cambacérès, et qui est ainsi conçu : « Les étrangers, pendant leur résidence en « France, sont soumis aux lois de la république. »

26

Art. 24. Cet article et quelques autres décident que la mort civile n'a lieu que du jour de l'exécution du condamné, et non du jour du jugement contradictoire; or, c'est un principe erronné et, d'ailleurs, en contradiction avec des articles même du projet de Code.

1° = Le principe erronné: voici d'abord les conséquences dangereuses qui en résulteraient. Il s'ensuivrait, si la mort civile n'avait lieu que par l'exécution, que dans l'intervalle du jugement contradictoire à l'exécution à mort le condamné jouirait de l'intégrité de l'état de citoyen, qu'il pourrait vendre, donner son bien au premier venu, à vil prix, pour en disposer suivant les intérêts de ceux qui l'entoureraient dans ses derniers momens, où l'on a souvent la tête perdue, les héritiers seraient privés des biens sur lesquels ils devaient naturellement compter : ainsi, voilà le danger du principe; en voici le peu de fondement.

Cette question est parfaitement discutée dans le Traité de la mort civile, de Richer : il rapporte des autorités pour et contre. Le sentiment de ceux qui pensaient que la mort civile n'était encourue que par l'exécution était principalement fondé sur ce que les jugemens criminels se rendaient dans le secret de la chambre, et n'étaient connus que lors de la prononciation qu'on en faisait à l'accusé presqu'au moment de l'exécution.

Or, un jugement ne peut avoir d'effet que du jour qu'il est connu des parties intéressées; et puis, si on se déterminait pour la mort civile du jour de l'exécution seulement, c'était en haine de la confiscation, et pour conserver aux familles les biens de ceux qui meurent dans les prisons, après le jugement rendu.

La forme actuelle des jugemens criminels entraîne d'autres résultats : le jugement est rendu et prononcé en présence de l'accusé et du public; le jugement doit donc, dans l'instant même, produire tout son effet. La mort civile n'est pas l'effet de l'exécution, elle est l'effet du jugement même qui déclare un homme coupable, et le retranche de la société.

Il paraît donc plus conforme aux principes de dire d'abord, comme dans le projet de Code: *La mort civile n'est encourue en jugement par contumace, que du jour de l'exécution par effigie;* parce que les jugemens par défaut n'ont d'effet que par la signification.

Mais les jugemens contradictoires doivent produire leur effet au moment même où ils sont prononcés en présence des parties intéressées; par conséquent, la mort civile est encourue du jour du jugement contradictoire.

2°= Nous avons dit que la décision contraire de l'article 24 emportait contradiction avec des articles du même Code, l'article 16 (page 8 de l'édition in-4°), les articles 28 et 29 (page 9), et l'article 4 (page 108), qui fait encourir la mort civile du jour du jugement.

TITRE II.

Article 4. Il faut ajouter à *procuration spéciale* le mot *authentique*. 36

Art. 9. Il faudrait que les registres fussent envoyés par les préfets, et qu'il y eût, en tête de chaque registre, une formule imprimée des actes qu'il doit contenir. 40

Le projet du citoyen Cambacérès le disait.

Art. 57. La première partie, déjà prescrite, ne s'observe et ne s'observera point. 77

La deuxième partie du même article, impraticable par l'éloignement ou l'absence de l'officier public.

Il vaut mieux ne pas faire de lois que d'en faire qui certainement n'auraient pas d'exécution.

L'article ne doit subsister que pour la défense d'inhumer avant les vingt-quatre heures du décès.

Art. 70. Il faut prononcer des peines contre les parties ou témoins qui ne comparaîtraient pas, autrement l'article pourrait rester sans exécution.

TITRE III.

Art. 3. Il faut retrancher de cet article ces mots : *sous tous les rapports* : il s'ensuivrait qu'un homme qui a encore son domicile politique à La Rochelle, ne demeurant à Poitiers que depuis neuf mois, pourrait être assigné, par délaissé, à son domicile politique de La Rochelle. L'art. 9 dit la même chose expressément.

Il paraît convenable de refaire les articles relativement aux fonctionnaires publics à vie.

Les droits civils des citoyens étant les mêmes dans toute la république, il paraît inutile de conserver l'ancienne distinction de domicile de droit et domicile de fait.

La question du domicile à l'égard des fonctionnaires n'a plus de trait qu'à la forme des assignations qui peuvent leur être données, et aux tribunaux qui doivent connaître de leurs successions.

Il conviendra donc de dire :

« Le domicile des fonctionnaires publics à vie sujets à ré-
« sidence est le lieu où ils ont commencé à exercer leurs
« fonctions.

« Ils ne peuvent être assignés que par délaissé au lieu de
« leur résidence, et cités, en affaires personnelles, que de-
« vant les juges de leur résidence ; les affaires concernant
« leurs successions sont portées devant les mêmes juges. »

Quant aux citoyens n'ayant point de fonctions exigeant

résidence, et aux fonctionnaires publics ou privés à temps, leurs domiciles se forment comme le dit le projet de Code; cependant, pour éviter les procès que peut entraîner le mot *intention*, il faudrait ajouter quelque chose qui déterminât comment l'intention se prouverait. Il n'y a pas de meilleur moyen pour éviter les doutes sur l'intention, que d'exiger que celui qui veut établir son domicile dans une nouvelle demeure en fasse, dans le moment même, sa déclaration à la municipalité ; autrement, il est toujours présumé conserver son dernier domicile jusqu'à l'expiration de l'année après laquelle la loi fait changer le domicile.

TITRE IV.

Art. 8. La seule absence de cinq ans sans nouvelles est suffisante pour l'envoi en possession, sans les circonstances particulières rapportées dans l'article.

Art. 12. Fixer la modicité, comme cinq cents francs. Quand le mobilier est modique, il faut éviter les frais qui consomment le gage des créanciers, autoriser le juge-de-paix à vendre à la suite de la levée des scellés, sur affiches préalables.

On ne peut pas obliger le commissaire à se déplacer, surtout au loin ; il faudrait y substituer un fonctionnaire public, tel que le juge-de-paix, ou un membre de la municipalité.

Art 14. Ils ne peuvent être propriétaires incommutables, puisque les articles suivans admettent les enfans de l'absent à réclamer la succession dans les trente ans de leur majorité.

Les articles suivans ne sont pas assez clairs ; il faut consacrer ces principes d'une manière formelle.

= 1° Que pendant la possession première, même pendant trente ou cent ans, s'il n'y a qu'un envoi provisoire, l'héritier ne peut opposer de prescription contre qui que ce soit;

= 2° Après trente ans on peut demander l'envoi définitif;

mais le titre peut être attaqué pendant trente ans encore, même par les héritiers collatéraux : la prescription même de trente ans ne peut avoir lieu que contre des tiers, mais non contre l'absent ou ses enfans aussi absens. Un homme est assez malheureux d'être quelquefois trente ans dans l'esclavage ou dans des îles désertes; il n'est pas juste que, lorsqu'il trouve les moyens de se rendre après trente ans, ses héritiers présomptifs puissent le priver de son bien par la prescription.

Ainsi, point de prescription en ce cas, si ce n'est de cent ans.

l. 1er- fin du tit. 4. Art. 37. Il faut ajouter après ces mots : *des nouvelles émanées de lui*, ceux-ci : *depuis six mois*.

TITRE V.

162 Art. 18. L'intérêt des bonnes mœurs doit aussi faire interdire le mariage entre alliés *au même degré* : une femme ne verrait souvent dans sa sœur demeurant chez elle qu'une rivale qui pourrait exciter le mari à faire divorce; l'espérance de se marier pourrait d'ailleurs être un principe de désordre.

177- 178 Art. 32. Les oppositions aux mariages, qui influent sur l'état des citoyens, sont trop importantes pour être jugées en dernier ressort par les juges de première instance. Sans passer devant le juge-de-paix, il vaut mieux porter ces affaires devant les tribunaux de première instance, sauf l'appel.

198 Art. 47 et 48. Si les parties ou l'une d'elles refusent de renouveler la célébration, *quid juris?*

TITRE VI.

229- 230 Art. 3. Les principes du bon ordre et de la moralité doivent être les mêmes à l'égard du mari et de la femme; pourquoi n'autoriser la femme à demander le divorce que quand le mari se porte au dernier degré de corruption, telle que de tenir sa concubine dans sa maison et sous les yeux de la femme! Il est juste, par réciprocité, d'autoriser aussi la femme à se pourvoir en divorce, lorsqu'il y a adultère du mari, accompagné de scandale public, ou prouvé par des écrits émanés de lui.

Art. 16. La déposition en présence des parties est un moyen d'intimider les *témoins*, et de les empêcher de dire la vérité. Cela se voit tous les jours en matière criminelle: des parens, des voisins ou domestiques, n'oseront dire ce qu'ils savent de la mauvaise conduite de l'époux attaqué en divorce, en sa présence. 253

Art. 24. *Sauf les cas des sections III et IV ci-après.* Il n'y a point de sections III et IV.

Art. 50. Il faut aussi que le défendeur en divorce soit obligé de se pourvoir contre le jugement de divorce dans l'an de la signification de ce jugement, et ce pour éviter un grand inconvénient dont il y a des exemples. L'époux qui a obtenu le divorce se remarie après l'an, et a des enfans: l'époux divorcé attaque ce jugement après deux ou trois ans, et s'il se trouve quelques nullités dans le jugement de divorce, cela entraîne la nullité du second mariage, et influe sur l'état des enfans venus du second mariage. 295-298

Art. 55. Celui des époux qui provoque le divorce n'est pas toujours celui qui a la meilleure moralité; il faudrait laisser la disposition des enfans à une assemblée de famille. 302

TITRE VII.

Art. 7. Dans le cas même où le père justifierait qu'on lui a dérobé la connaissance de l'accouchement, il paraît nécessaire de fixer le délai dans lequel il pourra exercer sa réclamation, en partant de celui où la connaissance lui en a été acquise. 313-316

TITRE VIII.

Art. 4. C'est accorder trop de pouvoir aux pères et mè- 376-377 res; il n'est que trop fréquent d'en voir qui prennent en haine un de leurs enfans; il faut donc que le juge intervienne entre eux, non pas seulement comme instrument passif et de ministère forcé, mais qu'il puisse, suivant qu'il lui paraît juste, accorder ou refuser la détention demandée, et qu'en cas de refus de la part du juge, le père ou la mère se fasse autoriser par un conseil de famille tenu en présence du juge, lequel sera obligé de se conformer à la décision de la majorité des parens, ou des voisins a défaut de parens.

TITRE IX.

427 Art. 46. On devrait aussi dispenser les juges des tribunaux civils et criminels, qui ont assez d'occupations dans leur état, et ne peuvent souvent s'occuper de leurs propres affaires: ne pouvant s'absenter sans congés, il est évident qu'ils ne peuvent vaquer suffisamment aux affaires des mineurs.

435 Art. 50. Une seule tutelle doit suffire pour excuser d'une autre.

462 Art. 76. Quelque vigilance qu'ait un tuteur et un conseil de famille, ils ne veillent jamais à l'intérêt d'un mineur, comme il le ferait lui-même, s'il était majeur: ainsi il est injuste de priver le mineur devenu majeur de la faculté de réclamer contre la renonciation que son tuteur aurait faite à une succession, même avec autorisation du conseil, quand cette succession a été acceptée par d'autres héritiers, ce qui annonce qu'il y a quelque avantage à accepter. Mais pour ne pas laisser trop incertaine la position des héritiers en ce cas, il faut que le mineur soit obligé de réclamer dans les trois ans de sa majorité.

tit. 10-
ch. 2-
fin de
sec. 4-
et av-
475

Art. 102. Il est trop rigoureux de rendre les nominateurs responsables de l'insolvabilité survenue depuis la nomination: il faudrait donc que les nominateurs fussent continuellement aux aguets pour voir si ce tuteur ne consomme point son bien; et puis, rien n'est plus sujet à l'erreur: combien de gens sont insolvables sans qu'on le sache précisément! c'est bien assez de les rendre garans de l'insolvabilité au temps de la tutelle.

TITRE X.

Art. 4. On rejète tacitement l'interdiction pour cause de prodigalité; cependant, ce moyen peut être avantageux pour empêcher un homme contre lequel il n'y a pas d'autres causes d'interdiction, de se ruiner et de priver des enfans de leur subsistance. Qu'un homme qui n'a que des héritiers collatéraux mange impunément son bien en folles dépenses, à la bonne heure, quoique cela ne soit pas sans inconvénient; mais celui qui a des enfans leur doit la subsistance; quand il la consomme en dissipations, ces enfans ou leur famille doivent avoir la faculté de provoquer l'interdiction. 489 et tit. 11-ch. 3.

On dira peut-être que la loi y a pourvu dans l'article 40 du même titre, en permettant à celui qui craint de se trouver exposé à des surprises, de se faire nommer un conseil.

Mais quel sera l'homme qui voudra lui-même provoquer son interdiction? Celui qui aurait ce courage, loin de donner une preuve de la faiblesse de son esprit, en prouverait au contraire, toute la sagesse; ce qu'on ne peut supposer aux prodigues.

C'est donc aux parens que la provocation doit être accordée contre un père de famille seulement.

Art. 13. Il n'y a plus d'assesseurs de juges-de-paix; il faut donc réformer cet article. 496

Art. 20. A-t-on entendu par *arrondissement* tout le département? car, dans l'état actuel, un notaire public a droit d'instrumenter dans tout le département. Cette explication est dans l'ordre; car si les jugemens n'étaient envoyés qu'aux notaires de l'arrondissement communal, rien ne serait plus facile que d'aller passer des actes dans un autre arrondissement. 501

LIVRE II.
TITRE Ier. — *Distinction des biens.*

529   Art. 15. La loi répute meubles les rentes perpétuelles, ce qui comprend *les rentes foncières.*

Il en résulte de grands inconvéniens, soit dans les communautés conjugales, où le mari pourrait disposer, *sans remploi,* des rentes foncières dues à sa femme avant le mariage, comme de tout autre meuble qu'elle a conféré dans la communauté; soit dans l'application du principe de la prescription établi au titre XX de ce Code, art. 60, qui veut *qu'en fait de meubles la possession vaille titre.* D'où il suivrait que celui qui aurait été payé, pendant un an ou deux, d'une rente foncière, se serait fait un titre par la possession.

TITRE II. — *De la pleine propriété.*

545   Art. 2. Il serait à désirer que cet article fût ainsi rédigé : « Nul ne peut être contraint de céder sa propriété, si ce « n'est pour cause d'utilité publique *légalement constatée,* et « moyennant une juste et *préalable* indemnité. »

558   Art. 17. Ces mots: *que l'eau couvrait ordinairement,* sont vagues, et peuvent donner lieu à beaucoup de discussions.

Le niveau d'un étang se mesurant sur la hauteur de sa décharge, l'article serait plus clairement rédigé de cette manière : « dont le propriétaire conserve toujours le terrain « que l'eau couvre, quand elle est à la hauteur de la dé- « charge de l'étang. »

562-563   Art. 22 et 23. Il semble que le principe d'équité qui fait la base de l'art. 22 devrait aussi s'appliquer au cas prévu par l'art. 23.

TITRE III. — *De l'usufruit.*
SECTION Ire.

586-588   Art 10. *Quid juris* des rentes viagères qui pourront être perçues par l'usufruitier ? son héritier sera-t-il tenu de restituer au propriétaire les arrérages perçus pendant l'usufruit?

Par exemple, deux époux auront vendu le bien de l'un des deux, à la charge d'une rente viagère sur la tête du dernier vivant : celui à qui appartenait le domaine vendu, prédécède ; le survivant ne peut exiger la rente viagère, qui continue sur sa tête au profit de l'héritier de l'époux prédécédé : mais si cet époux survivant est donataire par usufruit de la moitié des biens du défunt, on demande s'il percevra les arrérages de la rente viagère en vertu de sa donation, et si les héritiers ne seront pas tenus de les restituer à ceux de l'époux donateur?

Art. 38. L'usufruitier ne doit-il pas être également responsable des pertes qu'il fait éprouver au propriétaire par sa négligence; par exemple, s'il laisse prescrire une servitude, une rente, etc., faute d'en user, ou d'en exiger le paiement? 614

Art. 39. Il paraît trop dur que l'usufruitier soit privé de son droit par l'abus qu'il en fait, il semblerait plus juste de donner le droit au propriétaire de lui servir une rente égale à la valeur de l'usufruit. 618

TITRE IV. — *Des servitudes.*

Art. 35. Il serait à désirer que l'on déterminât la nature et l'espèce des différens droits de passage, connus dans le droit, sous le nom d'*iter*, *actus* et *via*; et que, dans cet article, après les mots : *pour l'exploitation de son héritage*, on ajoutât ceux-ci : « et d'après son étendue ou son im-
« portance, sans qu'après sa détermination le change-
« ment de culture puisse changer la nature ou l'espèce de
« passage. » 682.

LIVRE III. — *Successions.*

Art. 22. Exclure de la succession tout héritier majeur qui n'a pas dénoncé à la justice le meurtre du défunt, 727 c'est prêter des armes à l'avidité de celui qui aura fait cette dénonciation pour écarter ses concurrens. Il faudrait au moins ajouter à ce troisième § : *s'il est justifié qu'il en a eu connaissance.*

745 Art. 39. La deuxième partie de cet article serait plus clairement rédigée, si elle l'était ainsi : « Ils leurs succèdent « par égales portions, et *par têtes,* s'ils viennent de leur chef « ou par souche, lorsqu'ils viennent par représentation. »

757 Art. 55. Des enfans naturels reconnus mériteraient plus d'égards, lorsqu'ils viennent à la succession avec des collatéraux éloignés. Or, n'accorder à tous en ce cas, *en quelque nombre qu'ils soient*, que le quart de la succession, c'est les traiter trop défavorablement ; il paraîtrait plus juste de leur accorder la moitié.

Il résulte même du rapprochement des deux parties de cet article une inconvenance frappante.

Un enfant naturel qui viendrait partager une succession avec son aïeul ou le père de celui à qui il doit l'existence lui enleverait le tiers de la succession, tandis qu'il n'en enleverait que le quart à des cousins éloignés : comment peut-on faire le sort de ceux-ci plus avantageux que celui des ascendans ?

ap-761 Art. 61. Cet article présente une injustice : il veut que l'enfant naturel fasse les avances de la liquidation de la masse ; mais, 1° cet enfant naturel, que la loi ne saisit de rien, sera presque toujours dans l'indigence ; 2° puisque l'héritier légitime a entre les mains la portion de l'enfant naturel, et que la loi l'autorise, si ce dernier succombe, à retenir les avances qu'il a faites sur cette portion qu'il doit délivrer, quel inconvenient y a-t-il à l'obliger de faire l'avance de ces frais?

770 Art. 78. Cet article devrait désigner les lieux où seront faites les publications et apposées les affiches, de manière à ce qu'elles eussent la plus grande publicité.

782 Art. 82. « Si les héritiers ne sont pas d'accord entre

« eux, *on examine et on adopte* ce qui aurait été le plus avan-
« tageux au défunt. »

1° = Qui aura le droit d'examiner et d'adopter? seront-ce les héritiers eux-mêmes dont la majorité fera loi, ou les tribunaux pour eux?

2° = Il serait bien plus simple de recevoir la renonciation de ceux qui voudraient renoncer, et de décider que leurs droits seraient transmis aux acceptans, *jure non decrescendi*.

Art. 127. Il résulte de cet article combiné avec l'art. 43 du titre *des prescriptions*, qu'une possession *séparée*, paisible et sans interruption pendant vingt-neuf ans, faite par plusieurs cohéritiers, des domaines de la succession, ne pourrait écarter la demande en partage : une pareille loi serait bien funeste dans les campagnes surtout, où les plus modiques propriétés sont partagées entre les cultivateurs sans formalités ; aussi le droit le plus universel avait-il consacré en principe, qu'entre gens de la campagne, une pareille jouissance pendant dix ans entre majeurs, équivalait à un partage. Il est bien à désirer qu'une loi positive sanctionne cet usage salutaire. 816

Art. 132. On devrait ajouter à cet article : *soit d'office par le juge-de-paix*. 819

Art. 150. Cet article confie au sort le soin de désigner celui des héritiers qui doit faire les lots. 834

Nous y voyons un très-grand inconvénient, en ce que le sort peut désigner un homme peu instruit ou inepte : il paraîtrait plus avantageux qu'il fût choisi par les cohéritiers, de gré à gré, et que dans tous les cas les lots fussent tirés au sort.

Art. 154. Les formalités prescrites pour l'aliénation des biens des mineurs seront sans doute détaillées dans le Code judiciaire. 839

SECTION V DU CHAP. VII.

Il n'est point dit dans cette section combien doit durer s. 5 du ch. 6.

l'action accordée à l'héritier pour faire rescinder le partage par des motifs de violence, de dol, d'erreur de fait ou de lésion ; mais il résulterait de l'article 194, qu'on la prorogerait à dix ans : ce délai est évidemment trop long.

On propose de la réduire à quatre ans, comme l'action en rescision contre les contrats de vente.

TITRE II. — *Des conventions.*

1116   Art. 14. « Le dol ne se présume pas, et doit être « justifié. »

Tel est le principe posé par cet article. L'article 245 du même titre, en parlant des présomptions que la loi abandonne à la prudence du magistrat, le dispense même de toute espèce de règle sur la nature des présomptions qu'il peut admettre contre un acte imprégné de fraude.

Ainsi, elle établit la preuve du dol par des présomptions, après avoir dit qu'il ne se présumait pas. Or, qu'est-ce donc qu'un vice qui ne se présume pas, et qui cependant s'établit par des présomptions ?

On sait que, sur cette matière, les jurisconsultes s'échappaient par des distinctions plus substiles que satisfaisantes. Pour éviter toutes ces discussions scolastiques, on propose de poser en principe *que le dol peut être prouvé par un ensemble de présomptions dont la nature et la force sont abandonnées à la prudence du magistrat;* et de retrancher de l'art 14 ces mots : *Il ne se présume pas, et doit être justifié.*

1140   Art. 38. Cet article nous a paru déplacé ; il semble appartenir exclusivement au titre XI du livre III.

1247   Art. 140. Cet article pose en principe que le paiement doit être fait au domicile du débiteur, hors les deux cas qu'il exprime ; d'un autre côté, l'article 151 décide que des offres réelles, pour être valables, doivent être faites au lieu où le paiement doit être exécuté : or, si, d'après l'article 140, le paiement doit être fait au domicile du débiteur, il s'ensuit qu'il doit se les faire à lui-même, ce qui présente un sens déraisonnable.

Art. 197. Après ces mots : *néanmoins lorsque la vente*....... 1314
on propose d'ajouter ceux-ci : *ou le partage*.

Art. 203. Cet article donne au mineur moins d'avantages 1311
qu'au majeur. La ratification qu'il fait en majorité de la vente de ses biens faite en minorité n'a pas plus de force que la vente même consentie par un majeur. Celui-ci étant restituable dans les quatre ans, il y a égalité de justice à accorder le même droit au mineur après sa ratification ; autrement il n'en coûtera à l'homme astucieux, pour le tromper, que de contracter avec lui dans un temps voisin de sa majorité, et, très-peu de jours après, d'obtenir une ratification par les mêmes moyens.

Art. 223. Pour lever tous les doutes que laisse la rédaction 1332
de la seconde partie de l'article, il faudrait ajouter après les mots : *il en est de même de l'écriture mise au dos*.....
ceux-ci : *par le créancier*.

Art. 227. Les actes pouvant être reçus indifféremment par 1336
deux notaires, ou par un notaire et deux témoins, le troisième numéro de cet article ne paraît pas assez clairement rédigé.

Au reste, il nous a paru que les principes adoptés par cet article sont trop rigoureux. Lorsqu'il est démontré que le donataire a perdu son titre par un événement de force majeure, la transcription de la donation sur le registre public devrait en tenir lieu.

Art. 228. Entend-on par ce mot *teneur* qu'un titre nouveau 1337
doit contenir la copie littérale du titre primordial ? Si cela est, on ne trouvera pas un seul créancier qui puisse remplir cette obligation.

On croit qu'un titre récognitif qui réfère seulement la date du primordial, ou qui même est accompagné de possession, doit suffire au créancier.

TITRE IV. — *Contrainte par corps.*

2067   Art. 7. Lorsque la contrainte par corps est stipulée par un acte authentique, il est inutile d'obtenir un jugement portant l'exécution de cette contrainte : c'est multiplier les frais sans nécessité.

tit. 18- et 19.

TITRE VI. — *Des priviléges et hypothèques.*
TITRE VII. — *Des lettres de ratification.*
TITRE VIII. — *Des saisies réelles.*

Les matières contenues sous ces trois titres ne formant qu'un seul système, et les deux premiers titres surtout étant étroitement liés par l'identité des principes, nous croyons devoir réunir nos observations.

Eclairés par l'expérience, nous engagerons les législateurs à préférer le système hypothécaire établi par les lois du 11 brumaire an 7, avec les modifications nécessaires, à celui qu'on veut rétablir dans le projet de Code civil. Parmi les motifs qui nous déterminent contre le système des lettres de ratification, il en est de généraux et de particuliers.

MOTIFS GÉNÉRAUX.

= 1º Il est reconnu que l'affiche de l'extrait d'un contrat de vente, pendant trois mois, dans l'auditoire d'un tribunal de première instance, ne donne point assez de publicité aux ventes ;

= 2º Que ce mode de purger les hypothèques est infiniment plus coûteux, pour les acquéreurs et pour les créanciers, que celui des inscriptions ;

= 3º Un riche propriétaire ne peut vendre une faible portion de son domaine, sans amortir toutes les rentes qu'il doit avec hypothèque générale ; ce qui est révoltant ;

= 4º Les lettres de ratification ne purgeant pas les charges réelles ou rentes foncières, l'acquéreur ne pourra jamais être tranquille ; de là le peu de confiance et le discrédit des biens-fonds ;

= 5° Enfin, les formalités exigées par le nouveau projet demandent au moins huit mois de délai avant que le prix de la vente puisse être distribué aux créanciers et aux vendeurs, ce qui est également ruineux pour tous.

Ces huit mois de délais se prouvent par ce tableau, fait sur les articles mêmes du Code proposé :

NUMÉROS des ARTICLES	MOTIF DU DÉLAI.	JOURS.
46......	Du dépôt de l'affiche................	4.
48......	D'exposition......................	90.
61......	A l'acquéreur en cas d'enchère.......	10.
66......	Pour le *visa*......................	10.
68......	Expédition et sceau................	10.
	TOTAL pour obtenir les lettres.......	124.
	ORDRE.	
79......	Dénonciation.....................	16.
80, 81, 82.	Avant l'ordre.....................	40.
129......	Avant le jugement.................	10.
131......	....	8.
Idem.....	....	15.
	TOTAL........................	213.
130......	....	Indéterminé.
132......	....	*Idem.*
133......	....	*Idem.*

Voilà donc, sans y comprendre les délais prescrits, mais indéterminés, sept mois et trois jours, pendant lesquels il pourra s'élever une foule d'incidens qui priveront plus longtemps encore et le vendeur et les créanciers de leur argent.

MOTIFS PARTICULIERS.

Ces motifs de rejeter sont tirés du projet même.

Les articles 8, 21 et 47, en interdisant à un acquéreur le droit de prendre des lettres de ratification sur les contrats des précédens propriétaires, veulent que, pour purger les hypothèques créées par eux, il comprenne dans son affiche leurs noms et qualités.

= 1° Il lui sera souvent impossible de le faire, parce que son vendeur ne lui aura pas remis leurs titres de propriété, ni donné la désignation de leurs noms et qualités ;

= 2° Rien ne sera plus facile que d'induire en erreur, par des ventes successives et simulées, des créanciers éloignés ; et bientôt la défiance et la crainte nuiront au commerce des propriétés.

Les articles 43 et 45 introduisent encore un droit nouveau, qui ajoute aux inconvéniens du nouveau projet.

Le premier renverse l'ordre des juridictions, en dépouillant les juges naturels de la connaissance d'une affaire qui leur est dévolue par la nature même de la chose.

Le second est encore plus étrange : il suffirait, pour dissuader tout homme qui aime son repos, d'acheter un immeuble d'un grand propriétaire ou d'un homme éloigné.

Comment a-t-on pu vouloir que divers acquéreurs qui n'ont entre eux rien de commun, si ce n'est d'avoir acheté des domaines différens du même propriétaire, soient obligés de se rendre à quatre-vingt ou cent lieues de leur domicile, pour procéder à l'ordre des deniers, et avec des créanciers étrangers à leur titre, et non opposans à leurs lettres de ratification ? Il faudra donc que ces acquéreurs et tous les créanciers éloignés dépendent du caprice les uns des autres ; qu'ils essuient des délais devenus interminables par les distances ; et que les plus légers incidens les exposent à attendre, pendant des années entières, la distribution de leurs deniers.

La loi du 11 brumaire an 7, sur le régime hypothécaire, nous paraît infiniment préférable : c'est une des lois les plus sages et les plus utiles qui soient sorties de la main des hommes depuis la révolution.

On lui reproche d'avoir été dictée par le génie de la fiscalité ; mais ce reproche est déplacé. Une inscription n'est pas plus coûteuse qu'une opposition ; et la transcription d'un contrat, que des lettres de ratification. Elle offre de plus l'inappréciable avantage de la célérité, et de la plus grande sûreté pour les acquéreurs.

On a prétendu qu'elle constituait les maris et les femmes dans un état continuel de défiance et de guerre intestine, qui peut tourner au désavantage des mœurs.

Ce reproche, peu mérité, pourrait également être fait au nouveau projet. Suivant les articles 4 et 17 du titre VII, les femmes mariées seront obligées de former opposition pour la conservation de leurs droits contre leurs maris ; et les voilà dans le même cas que celles qui prennent des inscriptions.

Au reste, cet acte conservatoire, qui, dans les deux systèmes, sera indispensable, n'est pas un acte d'hostilité propre à désunir les familles; on ne citerait pas un exemple d'un ménage troublé par la seule exécution de cette loi.

DES SAISIES RÉELLES.

Il nous est impossible de peindre l'étonnement et la consternation générale, lorsqu'on a voulu rappeler le régime exécré des saisies réelles, et souiller le Code de nos lois civiles par la présentation d'une procédure contre laquelle il n'y a qu'un cri de proscription.

Les estimables rédacteurs du projet ont fait tous leurs efforts pour la rendre supportable ; mais il est des choses si essentiellement mauvaises, que toutes les ressources du génie ne peuvent en corriger les défauts.

Par exemple, on a voulu en abréger l'éternelle durée,

tit. 19.

en décidant que la procédure serait sommaire, et que les jugemens seraient prononcés le jour de l'échéance des citations; mais on n'a pas fait attention que cela serait souvent impossible. Presque tous les créanciers auront des domiciles élus près des tribunaux; c'est là que seront données les citations; le défenseur qui les recevra aura besoin d'un délai pour demander les pièces et des instructions à ses mandataires éloignés.

En général, que nous a présenté cette procédure?...

Dans l'établissement et la multiplicité des séquestres, l'image fidèle du régime affreux des commissaires aux saisies réelles, qui consommaient toujours les revenus des objets saisis, et laissaient tomber en ruine les bâtimens; des receveurs des consignations, pour dévorer ce qui aura échappé à la rapacité des premiers.

Des appâts toujours nouveaux à la cupidité des avoués; des fermens de guerre intestine pour s'enlever entre eux, de tribunal à tribunal, d'avoué à avoué, la poursuite d'une saisie réelle, comme un moyen assuré de faire leur fortune.

Des citoyens paisibles et peu fortunés, arrachés de leurs foyers, et traînés devant des tribunaux éloignés, pour la conservation d'une créance dont on consommera le gage en frais.

En un mot, les gens de palais substitués aux légitimes créanciers dans le partage du prix des immeubles vendus, et la ruine assurée du débiteur et des créanciers.

Si nous entrons dans les détails, nous trouverons d'autres défauts encore.

L'article 32 est inconciliable avec les attributions actuelles des huissiers.

L'article 49 est un moyen dévastateur, et ouvre le plus vaste champ à la cupidité.

L'article 63 légitime d'avance les déprédations des séquestres, en leur laissant la liberté de vendre sans formalités les fruits pendans par les racines.

L'article 64 est inexécutable dans les campagnes, où il n'existe presque point de *tambours*, et où l'on ne peut faire de publication que dans un chef-lieu qui n'est composé souvent que de vingt ou trente feux; il arrivera toujours que le séquestre se fera adjuger le bail à vil prix sous le nom d'un ami.

Enfin, l'ordre est ruineux, et toute cette procédure serait évidemment une calamité publique.

Nous proposons de maintenir la vente par expropriation forcée, telle qu'elle est prescrite par la loi du 11 brumaire an 7, avec les modifications suivantes :

= 1° Prolonger de trente jours le délai entre le commandement visé et les affiches ;

= 2° Ne permettre cette voie rigoureuse que pour une créance excédant deux cents francs ;

= 3° Substituer aux *visa* des juges-de-paix devenus trop éloignés, ceux des maires ou adjoints des communes où seront délaissés les affiches ou les exploits ;

= 4° Imposer aux adjudicataires l'obligation de rembourser aux créanciers inscrits le principal de toute créance qui, *légitimement colloquée*, aurait une hypothèque générale, afin de ramener aux principes de l'hypothèque spéciale, base essentielle de la loi du 11 brumaire ;

= 5° Autoriser les huissiers à faire les notifications des affiches au pied des placards imprimés et frappés du timbre de dimension, ce qui diminuera beaucoup les frais ;

= 6° Enfin, dispenser l'acquéreur volontaire de notifier à tous les créanciers inscrits, et son contrat et les relevés des inscriptions ; mais l'assujétir à leur faire seulement la déclaration qu'il a acquis, et pour quel prix, et quels sont ceux qui se trouvent inscrits.

Faute par lui de faire cette déclaration dans les trente jours de la transcription, ne l'assujétir qu'à payer une seconde fois le prix de son contrat, si mieux il n'aime délaisser le domaine, et, dans ce dernier cas, payer tous les frais de vente et de revente.

TITRE IX. — *Donations et Testamens.*

1016   Art. 98. Il nous paraît injuste de charger l'héritier des frais de la demande en délivrance des objets légués, quant au légataire universel, c'est-à-dire celui qui recueille, par l'effet du testament, tous les biens disponibles ; = 1° c'est au légataire à lui faire connaître son titre ; = 2° ce serait entamer la légitime de l'héritier, en l'obligeant de prendre sur les biens non disponibles les frais d'une demande en entérinement du testament, qui tend à le dépouiller de ce dont la loi l'a saisi.

TITRE X. — *Du contrat de mariage.*

1414
et
1415   Art. 26. On pose ici en principe que le mari doit faire faire inventaire des meubles qu'il recueille dans une succession échue à sa femme; on ajoute ensuite que, s'il néglige de remplir cette formalité, le *conjoint survivant ou ses héritiers* peuvent être admis à faire preuve, soit par titre, soit par *commune renommée*, de la valeur de ce mobilier, afin de fixer la quotité dont la communauté était tenue dans les dettes mobilières de la succession qu'elle a recueillie, en raison des meubles qui y sont entrés.

Nous convenons que cette ressource, quoique fondée sur la preuve toujours équivoque, et même dangereuse, de la commune renommée, ne peut pas être refusée à la femme qui n'a pu contraindre son mari à faire faire un inventaire; mais le mari doit-il jouir des mêmes avantages? Le défaut d'inventaire est l'effet de sa négligence ou de sa mauvaise foi; et dès qu'il ne peut l'imputer qu'à lui, il nous a paru juste de le priver du droit de recourir à une preuve par *commune renommée* pour établir la valeur d'un mobilier qu'il a dépendu de lui seul de faire constater par inventaire.

Art. 37. Il semble que l'on devrait ajouter à la fin de cet article que le mari est responsable des rentes ou servitudes foncières dues à sa femme, s'il les laissait éteindre par la prescription. 1428

Art. 51 et 52. Ici l'on introduit un droit nouveau ; et peut-être, si l'on ne consultait que l'intérêt des habitans des villes, ne présenterait-il pas de grands inconvéniens ; mais abolir la continuation de la communauté dans les campagnes, c'est rompre tous les liens sociaux ; c'est diviser les familles, en divisant les intérêts des membres qui les composent ; et c'est porter un coup funeste à l'agriculture. 1442

C'est par la réunion de tous leurs moyens, que les familles des cultivateurs parviennent à se soutenir et même à s'enrichir dans des fermes importantes ; le mélange de leurs biens, l'accord de leurs bras, une vie commune, et, par conséquent, moins coûteuse, la possibilité de faire par eux-mêmes ce que, divisés, ils ne pourraient faire que par le secours des étrangers, dans lesquels ils ne trouveraient pas le même zèle : voilà ce que produit la communauté des biens. Si on la prohibe, si, à l'instant où l'un des parens meurt, les enfans sont étrangers les uns aux autres ; si l'intérêt et la loi ne viennent pas resserrer des liens relâchés par la nature, alors chacun des enfans enlèvera de la maison paternelle sa portion légitimaire, et, réduit à de faibles moyens, il ne pourra plus continuer l'exploitation, qui, sans cette division, aurait abondamment fourni aux besoins de toute la famille.

Nous allons plus loin encore ; nous ne craignons pas d'avancer qu'il est en France des contrées, telles que l'ancien Limousin, l'Auvergne, et une partie du ci-devant Poitou, où les cultivateurs n'auraient pas pu exister sans cette vie commune, qui offrait l'image de celle des patriarches.

Enlever à un père qui n'a pas fait faire un inventaire dans les trois mois, la tutelle de ses enfans et la jouissance de leurs revenus, c'est souvent obliger un père de devenir l'instrument de sa ruine et de celle de ses enfans.

S'il se trouve dans de telles circonstances qu'il ait besoin de l'opinion pour conserver son crédit, on le forcera donc de mettre au grand jour l'état de ses affaires; et la perte de son commerce sera la suite nécessaire de cette publicité dangereuse.

Nous proposons de refondre en entier cette section IV du titre X, et de suivre, pour la continuation de la communauté, les dispositions de la Coutume de Paris.

Elle sera la seule peine imposée au survivant qui n'aura pas fait d'inventaire.

1447 Art. 65. Nous proposons d'ajouter à cet article : *Ils peuvent aussi y former une tierce-opposition lorsqu'elle leur est opposée.*

1456 Art. 75. On exige de la femme qui veut renoncer à la communauté un inventaire fidèle et *complet*.

Ce mot *complet* peut donner lieu à bien des discussions : une simple erreur, une légère omission, lui serait opposée comme un moyen suffisant pour faire annuler l'inventaire comme *incomplet*.

Nous croyons que ce mot doit être retranché, et qu'il suffit de celui *fidèle*.

1466 Art. 80. Le délai de huitaine accordé aux héritiers de la femme pour faire signifier leur renonciation est évidemment trop court, surtout si les parties demeurent à des distances très-éloignées.

1470 Art. 86. Rien ne peut justifier la nécessité de comprendre des immeubles dans un inventaire, et plus particulièrement encore ceux particuliers des époux, et qui ne font pas partie de la communauté.

C'est cependant ce qui résulterait des termes de cet article, qui veut que chaque époux prélève ses immeubles particuliers sur la masse des biens compris dans l'inventaire.

Cette innovation ne tendrait qu'à augmenter les droits du fisc ; mais un Code civil ne doit pas être une loi bursale.

OMISSIONS.

Des rentes foncières.

Nous ne partageons pas avec les rédacteurs du Code civil l'opinion qu'ils ont manifestée dans le discours préliminaire, quand ils ont dit *qu'on avait proscrit le bail emphytéotique et le bail à rente foncière.* Convaincus comme eux que ces contrats n'ont jamais été un *contrat féodal*, nous voyons, au contraire, qu'il existe encore une multitude de rentes foncières que les débiteurs eux-mêmes ne prétendent pas tenir au régime féodal, et qui sont exactement servies. 1582

Nous ne voyons pas non plus pourquoi on interdirait à un propriétaire le droit d'aliéner sa propriété moyennant une redevance en argent ou en denrées.

C'est le seul moyen qui soit laissé aux cultivateurs laborieux et peu fortunés de devenir propriétaires.

Il faudrait donc des lois pour régler les droits respectifs du créancier et du débiteur, le mode de la création et du paiement des rentes, celui de la rentrée en possession du fonds à défaut de paiement des arrérages, celui de déguerpissement de l'héritage sujet à la rente par le débiteur qui trouverait la charge trop onéreuse, et enfin les droits et les devoirs des codébiteurs entre eux. Nous invitons les législateurs à ne pas laisser une lacune telle que celle-ci dans un Code qui doit, en resserrant les liens de la société, et en détruisant le germe des dissensions domestiques, assurer le bonheur des Français.

LIVRE III.

TITRE XI.

Art. 68. Il serait à propos d'ajouter à ces mots : *si la chose a péri*, ceux-ci : *avant la délivrance;* parce que, quand 1647 la vente est parfaite et accomplie, l'acheteur est propriétaire, et qu'il est de principe que *res perit domino*.

1648 Art. 69. Il serait à souhaiter que la loi fixât le délai dans le cas de cet article, comme elle règle toutes les autres prescriptions, et rendît celle-là uniforme dans toute la république, comme le sont celles-ci.

1654 Art. 75. Il serait à propos d'ajouter après ces mots: *si l'acheteur ne paie pas le prix*, ceux-ci: *hors le cas de l'article précédent*; pour éviter les subtilités de palais.

1672 Art. 93. On croit que, dans le second membre de cet article, il faudrait la conjonctive *et*, au lieu de la disjonctive *ou*, afin de sauver l'équivoque, et d'éviter la contradiction que cette disjonctive fait naître entre ce second membre et le premier.

TITRE XII.

ap- Art 7. Il semble qu'au lieu de ces mots: *excède de plus de*
1706 *moitié la valeur de l'immeuble*, il faudrait mettre ceux-ci: *excède la moitié de la valeur de l'immeuble*. Ce n'est que dans le cas où la soulte de l'échange excède la valeur de l'immeuble donné avec elle en échange, que le contrat prend le caractère de la vente; et ce ne peut être que lorsque la soulte et l'immeuble joints ensemble ne valent pas la moitié de l'immeuble donné par celui qui a reçu la soulte, que celui-ci peut être restitué contre l'échange; ce qui ne paraît pas résulter assez clairement de cet article 7.

TITRE XIII.

1736 Art. 19. L'article paraît laisser trop d'arbitraire dans un cas où la loi peut commander sans inconvénient; elle pourrait fixer le délai pour le congé, parce qu'il n'y a aucun intérêt direct de localité dans cette espèce de prescription, s'il est permis de se servir de ce terme; la durée des actions est entièrement du ressort de la loi.

1774 Art. 21. Sur cet article 21, on demande quelle doit être la durée du bail sans écrit, lorsqu'il est fait pour un seul prix, et que la chose baillée ne forme qu'un même corps de bien, mais qui comprend plusieurs natures de culture.

Art. 26. On croit qu'au lieu de l'article 21, rappelé à la fin de cet article, c'est l'art. 19 auquel il doit être renvoyé, puisque ce n'est que dans ce dernier article qu'il est question des maisons d'habitation, comme dans cet article 26, et que l'article 21 ne concerne que les biens ruraux. 1738-1759

Art. 43. Cet article assujétit, comme il est juste, le locataire au récrépiment du bas des murailles des appartemens. Cette expression laisse encore des prétextes à contestations sur l'étendue en hauteur de ce récrépiment : on croit qu'il convient de fixer cette hauteur, comme, par exemple, d'un mètre. 1754

Art. 112. On pense qu'à la fin de cet article il conviendrait d'ajouter que le maître ni les domestiques, etc, ne pourront se rendre les arrhes qu'au moins quinze jours avant celui fixé pour l'entrée. ap-1781

TITRE XIV.

Art. 23. Il semble que ce ne serait pas assez d'obliger l'associé qui a tiré de la caisse sociale quelques sommes, à n'en payer seulement que les intérêts, s'il les a employées à des opérations particulières et à lui seul personnelles, qui lui aient procuré des profits considérables, puisque, dans ce cas, il prive la société des profits qu'elle eût pu faire produire elle-même par ces sommes, et que cet associé profiterait seul du fonds commun. 1846

TITRE XVI.

Art. 25. Il y a sans doute erreur de copiste ou faute d'impression dans cet article : on croit qu'au lieu de dire : *si le dépôt a été fait à un tuteur, etc.*, il doit y avoir : *a été fait par un tuteur, etc.* 1941

TITRE XVII.

ap- 1994 et 1998

Art. 26. Lorsque le mandataire excède les termes du mandat, ce qu'il fait est nul, dit cet article. Cela est vrai et juste à l'égard de toutes parties, lorsque le mandataire ne s'est pas nommément obligé en son privé nom ; mais on ne croit pas que, dans aucun cas, le mandataire puisse être personnellement tenu, lorsqu'il n'a agi qu'en sa qualité de mandataire, sans ajouter son obligation personnelle. La raison de cela, c'est que la partie qui contracte avec un mandataire ne peut se dire en bonne foi, dans le cas où le mandat serait excédé, puisqu'ayant toujours sous les yeux la teneur du mandat, elle a dû également s'y conformer, et qu'il y a autant de sa faute que de celle du mandataire, s'il a été excédé aux termes du mandat. En un mot, quiconque n'agit qu'en nom qualifié, et pour autrui, ne peut être présumé s'être personnellement obligé, s'il n'est ainsi dit dans le contrat ; et le tiers qui contracte avec un mandataire, *comme mandataire*, ne stipule vraiment rien de celui-ci personnellement, si cette stipulation n'est exprimée.

1997- 1998

Art. 30. Cet article 30 donne lieu à la même observation que l'article 26. Il ne peut y avoir ni contrat ni quasi-contrat entre le mandataire personnellement et le tiers contractant, puisque la principale condition pour la validité des conventions, manque absolument : *c'est le consentement de la partie qui s'oblige* (livre III, titre II, article 6). Ainsi on doit tenir pour certain que quiconque ne s'oblige que pour autrui, sans joindre son obligation personnelle, ne peut jamais être tenu personnellement, toujours le cas du dol excepté.

TITRE XX.

2272- 2276

Art. 53 et 57. Suivant l'article 53, l'action des huissiers et sergens se prescrit par un an ; mais par l'article 57, l'action qu'on a contre eux pour la remise des pièces ne se prescrit que par deux ans. Il semble que la réciprocité devrait rendre ces deux prescriptions égales, et qu'on devrait accorder aux huissiers le même délai qui est accordé contre eux.

Les membres de la commission du tribunal d'appel du département de la Vienne. Signé THIBAUDEAU, *président;* LEIDET, *vice-président;* BÉRA, *commissaire du Gouvernement.*

———

N° 25. *Observations du tribunal d'appel établi à*
RENNES.

LE tribunal d'appel, en suivant la division du travail qui lui a été présenté par sa commission, s'attachera d'abord aux observations principales et d'un intérêt majeur. Il discutera ensuite les observations de détail, dont le plus grand nombre ne portent que sur la rédaction des articles.

PREMIÈRE PARTIE.
Observations principales.

Les premiers regards de la commission se sont portés sur la forme du projet. Une expérience suivie l'a convaincue de l'incommodité de différentes séries d'articles dans un ouvrage tel qu'un corps de lois. Une seule série conforme au projet de *Cambacérès* serait infiniment plus commode pour tous les citoyens, et surtout pour ceux qui, par état, sont obligés d'en faire de fréquentes applications. Qu'on voie le Code pénal de 1791 : de quelles circonlocutions n'est-on pas obligé de se servir pour en citer un article? Il en sera de même du projet de Code civil, si la division qui y a été suivie est adoptée; au lieu que si le Code était formé d'une seule série d'articles, il suffirait d'indiquer le nombre de l'article qu'on veut citer.

Rien de plus facile à établir que cet ordre numérique, sans

toucher d'ailleurs à la division des matières. Par ces considérations, la commission propose de réduire tous les articles du Code à une seule série continue. Cette proposition, mise aux voix dans l'assemblée générale, est adoptée.

LIVRE PRÉLIMINAIRE.

TITRE III. — *Mode de promulgation des lois.*

1 La commission a fait l'observation suivante :

Il y a long-temps que les bons esprits gémissent de l'insuffisance du mode actuel de promulgation des lois ; et l'on ne trouve point dans ce titre le remède aux abus qui en résultaient, le mode proposé étant toujours le même.

Il y avait sur cette matière importante deux problêmes à résoudre.

1er *Problême.* Trouver un terme fixe et uniforme, pour que la loi devienne exécutoire le même jour, pour tous les citoyens, dans l'étendue de la République.

2e *Problême.* Trouver un mode de publication tel, que chaque citoyen sachant lire puisse acquérir sans frais la connaissance de la loi.

Ce moyen est l'affiche dans toutes les communes de la République, ou tout au moins dans tous les chefs-lieux des tribunaux civils, et dans les lieux où sont établis les juges-de-paix.

La seule objection qu'on puisse faire contre l'affiche dans toutes les communes, est la dépense qu'elle entraîne et que l'on croit énorme : elle l'était sans doute dans les années orageuses de la révolution, parce qu'on faisait afficher tous les décrets innombrables de la convention nationale ; décrets de circonstances ; décrets locaux, qui ne méritent pas le titre de *lois*.

L'observation de la commission ne porte que sur les lois d'utilité générale, qui sont et seront en petit nombre, et dont l'affiche par conséquent coûtera peu. En jugeant du nombre des lois futures par le nombre de celles qui ont été émises depuis le 18 brumaire an 8, on se convaincra de cette vérité de fait. En principe, le devoir d'un Gouvernement est de mettre les lois à la portée de tous les citoyens interressés à les connaître ; et la dépense n'est pas une objection à proposer contre le principe,

A l'égard du temps, c'est-à-dire, du jour fixe auquel la loi puisse devenir exécutoire pour tous les citoyens dans toute l'étendue de la France, il ne s'agit que de déterminer le délai nécessaire pour que la loi soit parvenue dans toutes les communes les plus éloignées du centre politique.

On remarque, dans l'article 2 du projet, que les lois relatives à l'ordre judiciaire ne seront pas exécutoires en même temps que les lois concernant l'administration générale ; ce qui est un vice d'autant plus sensible, qu'il n'y a presque pas de lois d'administration qui ne soient applicables par les tribunaux. La solution des problèmes proposés par la commission remédierait à cet inconvénient.

L'article 37 de la Constitution porte que tout décret du corps législatif est promulgué par le premier Consul, le dixième jour après son émission.

En supposant donc que le délai d'un mois, à compter de cette promulgation par le premier Consul, soit suffisant pour faire parvenir la loi aux extrémités de la République les plus éloignées du séjour du premier magistrat, les articles 2, 3 et 4 du titre III pourraient être rédigés de la manière suivante :

Art. 2. « La loi sera exécutoire, simultanément, dans
« toutes les parties de la République, à l'expiration d'un
« mois (si ce délai est insuffisant, on peut y substituer ce-
« lui de quatre ou cinq décades, ou tel autre qui sera jugé
« convenable), à compter de la promulgation qui en sera
« faite, aux termes de la Constitution, par le premier
« Consul.

Art. 3. « Avant l'expiration de ce délai, elle devra être

« publiée dans tous les tribunaux, à l'audience qui suivra
« immédiatement le jour de la réception, par la section de
« service, à peine de forfaiture contre les juges. Le greffier
« en dressera procès-verbal sur un registre particulier.

Art. 4. « Pour que chaque citoyen puisse acquérir sans
« frais la connaissance de la loi, elle sera affichée dans
« toutes les communes, dans la décade de la réception, et
« l'affiche en sera conservée ou renouvelée au moins pen-
« dant une décade entière. »

Le tribunal, délibérant sur cette observation, l'a adoptée.

LIVRE Ier. — *Des personnes.*

TITRE II, et passage du TITRE VII au TITRE VIII.—
Etat civil et Adoption.

tit. 8.   Le silence absolu du projet sur les adoptions a donné
lieu à la commission de penser que, quoique l'adoption n'ait
pas été combattue dans le discours préliminaire, l'intention
des rédacteurs a été de l'abolir. L'avis de la majorité de la
commission ayant été au contraire d'insérer dans le Code civil les dispositions du projet de *Cambacérès* relatives à l'adoption, la question a été mise aux voix dans l'assemblée
générale, et le tribunal s'est prononcé en majorité contre
l'avis de la commission.

TITRE IV. — *Absens.*

128-
129-
132   Art. 14. Cet article dépouille irrévocablement l'absent de
toutes ses propriétés après trente ans révolus, à compter de
l'envoi de ses héritiers en possession provisoire, c'est-à-dire,
après trente-cinq ans d'absence ; ce qui paraît souverainement injuste, dans l'hypothèse de son retour après les trente
ans. Il arriverait qu'un homme s'absentant à sa majorité
accomplie, et revenant âgé seulement de cinquante-six ans,
sa succession entière se trouverait dévolue, de son vivant, à

ses héritiers présomptifs ; ce qui répugne : *viventis nullus hœres.*

L'envoi de ces héritiers en possession provisoire après cinq ans n'est qu'une espèce de dépôt dans leurs mains, un titre précaire qui ne peut être la base de la prescription. Pour prescrire, il faut une possession *animo domini.* La prescription, si elle pouvait être admise en cette matière, ne devrait commencer à courir que du jour où la possession des héritiers devient définitive, comme le serait celle d'un étranger ; et l'on remarquera que la loi faisant durer trente ans la possession provisoire, il ne se trouve aucun intervalle entre elle et la dévolution irrévocable de la propriété, de sorte qu'on la fait acquérir aux héritiers présomptifs sans prescription caractérisée, et sans avoir possédé un seul jour *animo domini.* Le droit des héritiers ne peut être fondé sur la prescription, leur qualité y étant un obstacle perpétuel, mais seulement sur la présomption de mort de l'absent, présomption qui cesse évidemment par son retour. C'est bien assez qu'après dix ans, les héritiers ne soient plus comptables des jouissances, et qu'ils en profitent ; mais en quelque temps que ce soit, le fonds doit être rendu à l'absent, lorsqu'il reparaît. L'article 6 du projet reconnaît le principe général que la loi ne présume la mort de l'absent qu'après cent ans révolus, du jour de sa naissance ; et la dernière partie de l'article 14 est en opposition directe avec ce principe.

D'après ces réflexions émises par la commission et discutées dans l'assemblée générale, le tribunal propose la rédaction suivante de l'article 14 :

« Les héritiers, tant qu'ils ne jouissent qu'en vertu de
« l'envoi provisoire, ne peuvent prescrire la propriété des
« fonds et capitaux dont l'administration leur a été con-
« fiée.

« Ils ne peuvent aliéner ni hypothéquer ses immeubles
« avant trente ans révolus, à compter du jour de l'envoi en

« possession provisoire ; et même après les trente ans, si
« l'absent revenait, il pourrait se faire délivrer par eux soit
« les immeubles mêmes, s'ils existent encore dans leur
« possession, soit le prix qui en est provenu, s'ils ont été
« aliénés ; mais sans rapport d'intérêts ni de jouissance,
« si ce n'est à compter du jour de la demande judiciaire. »

TITRE V. — *Du mariage.*

Art. 28. Cet article autorise les pères et mères, même les aïeuls, à former opposition au mariage de leurs enfans ou descendans, *encore que ceux-ci aient vingt-cinq ans accomplis.*

Après avoir fixé en général la majorité à l'âge de vingt-un ans, la loi qui ne permet aux enfans de se marier qu'à vingt-cinq ans sans le consentement de leur père ou de leur mère, n'est qu'une prolongation fictive de la minorité. Cependant, l'importance du mariage et l'intérêt des mœurs justifient suffisamment cette fiction : mais il est contraire à la liberté individuelle de prolonger au-delà de vingt-cinq ans les liens de la dépendance des enfans, en autorisant les oppositions de leurs ascendans à leur mariage.

Qu'on assujétisse les enfans, même au-delà de cet âge, à justifier qu'ils ont requis le consentement de leur père ou de leur mère, à la bonne heure ; c'est une déférence de la piété filiale, c'est l'équivalent de la sommation respectueuse de l'ancien droit français ! mais après cette déférence, la liberté reprend ses droits ; et la puissance paternelle, qui a déjà cessé par la majorité, ne peut plus influer sur le sort des enfans.

Ainsi, à la place de l'article 28, le tribunal, sur le rapport de la commission, propose l'article suivant :

« Les pères et mères, et, à leur défaut, les aïeuls et
« aïeules, peuvent former opposition au mariage de leurs
« enfans ou descendans, pendant que ceux-ci n'ont pas
« atteint l'âge de vingt-cinq ans accomplis. Au-delà même
« de cet âge, l'enfant ou descendant est tenu de justifier

« qu'il a requis le consentement de son père ou de sa mère,
« ou celui de ses aïeuls ou aïeules ; passé laquelle réquisi-
« tion, les oppositions ne peuvent être reçues.

TITRE VI. — *Du divorce.*

Art. 3. La majorité de la commission ayant été d'avis d'admettre le divorce par consentement mutuel, le tribunal, délibérant sur cette question, en a prononcé la négative, aussi à la majorité.

Il a été pareillement d'avis, contre celui de la commission, de rejeter le divorce pour cause de fureur, même permanente.

Sur la dernière partie de l'article 3, le tribunal a pensé que cette disposition, qui fait dépendre la demande de divorce de la femme, d'une condition qu'il est au pouvoir du mari d'éluder, détruit la réciprocité nécessaire du divorce fondé sur l'adultère de l'un des époux. Il est d'avis que cette cause soit admise contre le mari comme contre la femme, lorsqu'il y a scandale public, ou lorsque l'adultère est prouvé par des écrits du fait de l'époux contre lequel le divorce est demandé.

Le tribunal est aussi d'avis qu'au nombre des causes du divorce, on fasse entrer, dans l'article 3, la condamnation de l'un des époux à une peine afflictive ou infamante conformément à la loi du 20 septembre 1792, et au projet de *Cambacérès*, article 328. Le respect dû au mariage n'exige pas qu'un époux soit tenu de demeurer associé avec l'époux qui s'est couvert d'infamie. La morale, dans ce cas, d'accord avec la nature, commande le divorce.

Enfin, le tribunal est d'avis, sur le même article, d'en retrancher *la diffamation publique,* terme trop vague dont l'abus tendrait à faire prononcer le divorce pour injures. Si l'injure est grave, elle rentre soit dans la cause des sévices et mauvais traitemens, soit même dans l'attentat d'un époux à la vie de l'autre.

301   Art. 53. *Alimens aux divorcés.* La réciprocité de l'obligation de fournir des alimens est, dans l'opinion de la majorité de la commission, une conséquence nécessaire du principe qui est la source de cette obligation. Ce principe est uniquement la commisération ; sentiment indépendant des causes du divorce.

Ainsi, au lieu de l'article 53, la commission propose et le tribunal est d'avis de substituer l'article 8 du 3ᵉ paragraphe de la loi du 20 septembre 1792, qui, outre la réciprocité, présente une sage limitation. Il n'y a point, en effet, d'obligation d'alimenter, si l'époux à qui cette obligation devra être imposée n'a étroitement que les moyens de s'alimenter lui-même. Au contraire, l'article 53 du projet accorde indéfiniment le sixième ou le tiers du revenu de l'époux chargé de la pension alimentaire. Sur quoi, le tribunal demande s'il est juste de retrancher encore un sixième de revenu à celui qui n'en a pas de suffisant pour subvenir à ses besoins de première nécessité.

TITRE VIII. — *De la puissance paternelle.*

373   Art. 3. Le tribunal, après une mûre délibération, adoptant l'avis de la majorité de la commission, a pensé que ce serait donner une trop dangereuse extention à la puissance paternelle, que d'autoriser le père seul à faire renfermer son enfant. Son avis est que le père comme la mère soient assujétis à s'adresser au conseil de famille, conformément à la loi du 24 août 1790.

TITRE IX. — *De l'émancipation.*

476-478   Art. 106. L'avis du tribunal, conforme à celui de la commission, est qu'il n'y ait pas d'émancipation de plein droit à dix-huit ans; que le recours au conseil de famille soit nécessaire avant et après cet âge; que le conseil de famille puisse le devancer ou le retarder suivant le degré de capacité qu'il reconnaîtra dans le mineur; et qu'en aucun cas, l'émancipation ne puisse avoir lieu au-dessous de l'âge de quinze ans, pour l'un et l'autre sexe.

LIVRE III.

TITRE Ier. — *Des successions.*

CHAPITRE IV. — Des enfans naturels et de la successibilité.

Le système général des dispositions du Code relatives aux enfans naturels, a paru à la commission trop sévère ; et celui de la loi du 12 brumaire an 2 leur était trop favorable. On pouvait, entre ces deux extrêmes, se frayer, vers la justice et l'équité, une route intermédiaire. Réduire les enfans naturels au rôle de créanciers dans la succession de leur père ou de leur mère naturels, c'est les jeter, contre le vœu de la nature, hors de la famille ; c'est les punir d'une faute qui ne leur est point personnelle ; c'est en faire une caste à part, et perpétuer le malheur de leur naissance. La commission, en majorité, incline de préférence pour le projet de *Cambacérès*, qui admet les enfans naturels à la succession de leurs pères et mères, en concurrence avec les enfans légitimes ; mais qui ne leur attribue qu'une demi-part d'enfant lorsqu'il y a concours. S'il n'y a point d'enfans légitimes, les enfans naturels doivent exclure les collatéraux.

t. 1er-ch. 4

Le tribunal, délibérant sur cette observation, est d'avis de conserver les articles du projet tels qu'ils sont rédigés ; il se fonde sur ce que les enfans naturels n'ont point de famille.

TITRE IV. — *De la contrainte par corps.*

tit. 16.

On a d'abord agité, en principe, la question si la contrainte par corps doit trouver place dans le Code civil, ou si elle doit être reléguée soit dans le Code du commerce, soit dans le Code pénal et correctionnel.

Le tribunal, rejetant l'avis de la majorité de la commission sur le principe général, est d'avis que la contrainte par corps peut être exercée en matière civile ordinaire, sauf les modifications ci-après.

2060 En suivant l'ordre établi dans l'article 1er du titre IV, l'avis du tribunal est,

== 1° D'admettre la contrainte par corps pour la répétition, contre les agens du Gouvernement, des deniers publics et nationaux ;

== 2° De l'admettre encore, en cas de réintégrande, pour la restitution d'un fonds prononcée en faveur du propriétaire qui en a été dépouillé par voie de fait, ainsi que pour la restitution des fruits de ce fonds, et pour les dommages-intérêts ;

2061 == 3° Il a été d'avis d'admettre la contrainte par corps, comme moyen coercitif, contre le détenteur injuste ;

2059 == 4° De rejeter du Code civil la contrainte par corps pour *stellionat*, qui est un délit dont la place naturelle est dans le Code pénal ou correctionnel ;

2060 == 5° De l'admettre pour dépôt nécessaire ;

Ibid. == 6° Pour la répétition de deniers consignés par ordonnance de justice ; ou entre les mains de personnes publiques ;

Ibid. == 7° Et pareillement pour la représentation des choses déposées aux séquestres, commissaires et gardiens ;

2062 == 8° L'avis presque unanime du tribunal est de rejeter la faculté de stipuler la contrainte par corps dans les baux de biens ruraux, le citoyen ne pouvant, en aucun cas, engager par convention sa liberté individuelle, ou consentir à la perdre.

Ibid. == 9° Enfin, la contrainte par corps, dans l'opinion de la majorité du tribunal, est admissible contre les fermiers de biens ruraux, pour les forcer à représenter le cheptel de bétail, les semences et les instrumens aratoires qui leur ont été confiés, le tout sous les modifications exprimées dans l'article.

TITRES VI, VII ET VIII. — *Des hypothèques, des lettres de ratification, et des saisies réelles.* tit. 18- et 19.

Deux principes font la base du système hypothécaire établi par la loi du 11 brumaire an 7, la publicité et la spécialité des hypothèques. La publicité, qui avait réuni tous les suffrages dans les longues et savantes discussions qui ont eu lieu dans plusieurs sessions du corps législatif, se trouve renversée de fond en comble par le nouveau projet, qui ne fait que ressusciter les anciens abus dans cette matière importante.

Quant à la spécialité, elle a essuyé le feu de plusieurs combats qui lui ont été livrés dans le cours de ces discussions, et elle en était sortie triomphante.

Comment se fait-il donc qu'un système aussi parfaitement combiné, et qui est aujourd'hui en pleine activité, dont l'exécution a vaincu tous les obstacles qu'elle a rencontrés dans le passage de l'ancien au nouveau régime, ait pu être abandonné dans le projet de Code civil, pour en revenir à des élémens dont le vice est généralement reconnu ?

Il serait impossible de présenter ici l'analyse exacte de tous les avantages et de tous les inconvéniens de chacun des deux systêmes contraires, suivis, l'un par les lois du 11 brumaire an 7, l'autre par le nouveau projet de Code civil. La commission a eu trop peu de temps, dans l'espace étroit qui lui a été circonscrit, pour offrir un travail méthodique sur cette partie importante et très-étendue de la législation, partie qui seule occupe cinquante-trois pages dans le projet présenté : tout ce qu'elle a pu faire, c'est de se bien pénétrer de l'esprit des lois du 11 brumaire, et de les comparer aux titres VI, VII et VIII du projet, afin de porter sur le tout un jugement sain et dégagé de prévention.

Le résultat des délibérations du tribunal a été de préférer, presque à l'unanimité, les deux lois existantes du 11 brumaire an 7, qui offrent, dans les principes et dans la rédaction, un ensemble de dispositions législatives aussi parfait qu'on pouvait l'espérer. Le vœu général est donc que ces deux lois soient insérées dans le Code civil et substituées aux titres VI, VII et VIII du projet.

TITRE IX. — *Des donations et testamens.*

Art. 18 et 19. *Faculté de donner à un successible.* Sur le rapport de la commission, le tribunal a été d'avis presque unanime de retrancher ces deux articles, et d'y substituer la prohibition absolue de donner à un successible sans l'obliger au rapport à l'époque de la succession du donateur.

La faculté de donner à un successible sans l'obliger au rapport est contraire au principe d'égalité sur lequel, dans une république, doivent reposer toutes les lois. Elle autorise les prédilections des parens, si funestes dans leurs effets ; elle rétablit les anciens priviléges des successions inégales ; elle introduit enfin dans les familles, des germes de haine éternelle entre l'enfant avantagé et ceux qui ont été dépouillés pour l'enrichir.

Un membre a proposé de modifier tellement la prohibition en ligne directe, qu'un père ou une mère pût donner, hors part, à celui de ses enfans qui serait affligé d'une infirmité physique ou morale, une quotité égale à la portion qui appartiendrait à chacun des autres enfans. Cette modification, mise aux voix, a été rejetée par le motif que les exceptions énervent la loi, et sont des germes de discorde.

SECONDE PARTIE.

Observations de détail.

LIVRE PREMIER.
TITRE PREMIER.

Art. 5, 23, 29 et 30. *Sur les mots du* DROIT CIVIL PROPREMENT DIT. La commission observe que ces mots : *proprement dit*, quelquefois ajoutés, quelquefois omis, laissent beaucoup d'embarras sur leur application. Ils supposent une distinction préétablie de deux espèces de droit civil. Cependant on ne la trouve pas dans le livre préliminaire, où serait sa place naturelle. Les exemples donnés dans l'article 30 font bien connaître quelques-uns des avantages de ce qu'on appelle *droit civil proprement dit;* mais on ne voit, ni là ni ailleurs, l'explication de l'autre espèce de droit civil, et il reste toujours douteux si cette autre espèce existe dans l'intention des rédacteurs, et à quoi elle se réduit. Le tribunal, sur cette observation, demande que dans le livre préliminaire *du droit et des lois*, les différentes espèces de droit civil soient clairement définies, de manière que, dans les articles qui font mention du droit civil *proprement dit*, on puisse saisir la différence de cette espèce à celle du *droit civil* sans autre désignation.

Art. 16. *Mort civile*. La commission a observé que cet article semble présupposer,

= 1° Que la peine de mort sera conservée; ce qui est contraire à une loi du 4 brumaire an 4, par laquelle la convention nationale déclara qu'à compter de la publication de la paix générale, la peine de mort serait abolie;

= 2° Qu'il y a des peines afflictives ou infamantes perpétuelles; ce qui est contraire au Code pénal de 1791, qui fixe à vingt-quatre ans le *maximum* de la peine des fers.

On a répondu, sur cette dernière partie de l'observation, qu'il y a, dans le Code pénal, une peine perpétuelle, la déportation, prononcée, en cas de récidive, contre ceux qui ont été précédemment condamnés à vingt-quatre ans de fers.

Ainsi tombe la deuxième observation de la commission.

Sur la première, le tribunal est d'avis de rappeler la loi du 4 brumaire an 4, qui abolit pour l'avenir la peine de mort, sans rien préjuger sur la question très-importante de savoir si cette loi doit être maintenue.

29   Art. 28. L'article 24 fixe l'époque précise de la mort civile au jour de l'*exécution* du jugement. Cependant l'article 28, relatif au contumax, porte que la mort civile est encourue *du jour du jugement.* N'est-ce pas une omission ou faute *typographique?* ou bien l'intention des rédacteurs a-t-elle été de punir le contumax en devançant l'époque de sa mort civile? Il a paru à la commission plus conséquent de rétablir le principe tel qu'il est énoncé dans l'article 24; car le jugement de contumace étant anéanti, il ne peut plus exister de différence, aux yeux de la loi, entre la personne condamnée par jugement contradictoire sans contumace antérieure, et le contumax qui, s'étant représenté ou ayant été arrêté dans le délai de la loi, a été jugé contradictoirement. Le tribunal, délibérant sur cette observation, l'a approuvée.

23-25   Art. 29. L'observation de la commission ayant été adoptée, aux mots: *ceux qui ont été condamnés*, le tribunal est d'avis d'ajouter: *par jugement contradictoire;* autrement la disposition semblerait envelopper le jugement par contumace, ce qui ne peut être d'après les dispositions précédentes.

25   Art. 31. *Vendre, donner entre vifs, échanger*......... Le tribunal, sur le rapport de la commission, est d'avis d'ajouter: *tous effets et biens qu'ils auraient acquis depuis leur mort civile:* autrement les termes de l'article pourraient donner lieu de croire que la personne morte civilement peut néanmoins disposer des biens qu'elle avait à l'époque de la mort civile; ce qui tendrait à en détruire les effets déterminés par les articles précédens.

TITRE II. — *De l'état civil.*

36   Art. 4. *Procuration spéciale*......... Le tribunal, sur le rapport de sa commission, est d'avis d'ajouter: *en forme authentique;* l'officier de l'état civil devant avoir la certitude de la véracité des déclarations qui lui sont faites et des actes qui lui sont présentés.

Art. 7 et 15. Sur le rapport de la commission, le tribunal est d'avis d'ajouter à l'art. 7 la disposition suivante : « Elles « parapheront, ainsi que l'officier public, les procurations « et autres pièces dont la représentation est exigée, les- « quelles demeureront annexées à celui des registres triples « destiné à être déposé au greffe du tribunal d'arrondisse- « ment. »

Cette addition rendra inutile l'art. 15, qui n'est point à sa place naturelle.

Art. 8. La commission, qui a examiné, d'après cet arti- cle, les formules annexées au titre II, observe qu'elles ne font pas mention de la lecture, dont la formalité est pres- crite. Il est donc absolument nécessaire de rectifier ces for- mules. Cette observation est adoptée.

Art. 11. Sur le rapport de sa commission, le tribunal est d'avis d'ajouter à cet article l'indication du tribunal qui pro- noncera l'amende. Pareille indication est faite à l'art. 40, pour un autre cas. Il paraît donc également nécessaire de déterminer ici la compétence ; elle appartient au tribunal correctionnel, aux termes de la loi du 3 brumaire an 4.

Entre les articles 10 et 11, ou immédiatement après l'art. 11, le tribunal, sur le rapport de la commission, propose d'ajouter l'article suivant : « Les actes de l'état civil « ne pourront être dressés sur feuilles volantes. L'officier « contrevenant sera poursuivi criminellement, à la diligence « soit du ministère public, soit des parties intéressées, et « condamné à une peine afflictive qui ne pourra excéder « cinq ans de prison, ni être au-dessous de trois ans. Il sera « en outre condamné aux dommages-intérêts des parties, « s'il y a lieu. »

La raison de cette addition sera sentie dans l'examen de l'art. 54 ci-après.

Art. 19. Sur le rapport de la commission, le tribunal a jugé cet article insuffisant ; la convention nationale avait rendu, le 2 floréal an 3, une loi contenant différentes dispositions relatives au remplacement des registres détruits ou perdus; dispositions que Cambacérès avait fait entrer dans son projet de Code civil, article 87 et suivans.

L'insuffisance de l'article 19 qu'on examine ici est d'autant plus sensible, qu'il ne prévoit pas et qu'aucun des autres articles ne prévoit le cas très-fréquent d'omission d'un acte civil dans un registre existant. On doit naturellement trouver dans le Code les dispositions nécessaires pour régler le mode de rectification de ces omissions.

Tout a été prévu avec le plus grand soin dans les articles cités du projet de Cambacérès. Il ne s'agit que de les faire concorder avec la Constitution actuelle de la France, et avec les autres dispositions du projet dans lequel on les ferait entrer.

Ibid. *Ibid.* La commission observe, à l'égard du divorce, que le projet n'ayant pas mis le divorce au nombre des actes de l'état civil, à la différence de la loi de 1792 et du projet de Cambacérès, il n'y avait pas lieu de le comprendre dans la disposition de l'article 19; la preuve en étant moins sur les registres de l'état civil, que dans les minutes ou registres des tribunaux qui ont prononcé le divorce. Cependant, s'il y avait perte tant des registres des tribuuanx que de ceux de l'état civil, il faudrait bien concevoir un mode quelconque de réparer cette perte possible, et de rétablir les formes voulues par l'article 26 du titre VI, relativement au divorce. Cette observation est adoptée.

55-57 Art. 23. Un membre a proposé d'ajouter la recommandation à l'officier de l'état civil, d'insérer dans les actes de naissance, le lieu de la naissance des père et mère, quand il est connu, et de faire cette addition dans la formule.

Le tribunal a accueilli cette observation.

62 Art. 27. *Par un acte séparé.*......... Le tribunal, sur le rapport de la commission, est d'avis d'ajouter: *écrit sur le registre des naissances, à la date de la reconnaissance.* Ni cet article, ni le 28e, ni le 29e, ne font mention du mode de récep-

tion de la reconnaissance du père. Peut-elle être reçue ou écrite sur feuille volante? Le tribunal y voit de très-graves inconvéniens. Dans ce cas même, il eût été nécessaire d'obliger l'officier de l'état civil à en garder minute. Mais l'état civil de l'enfant reconnu sera plus assuré en portant l'acte de reconnaissance au registre même des naissances, à la date de la déclaration du père.

L'article 32 du titre VIII exige que toute reconnaissance soit *reportée* au registre de l'état civil. Cette disposition ne rend que plus sensible la nécessité d'une addition à l'article 27 du titre II.

Le mot *report*, dans l'article 32 du titre VI, présuppose même une première insertion sur le registre, à la date de la reconnaissance.

L'état civil de l'enfant reconnu exige, en effet, dans le cas où la reconnaissance est postérieure à sa naissance, deux actes corrélatifs :

= 1° L'inscription de la reconnaissance au registre de l'état civil, soit du lieu de la naissance de l'enfant, soit du domicile du père, à la date même de la reconnaissance ;

= 2° Le *report*, ou la mention de cet acte en marge de l'enregistrement de l'acte de naissance de l'enfant reconnu. Ces deux formalités paraissent également nécessaires ; et la première n'est point assez formellement prescrite par l'article dont il s'agit ici.

Il y a division d'opinions sur la question, sur lequel des registres de *naissance* ou de *mariage* se fera l'acte de reconnaissance du père, lorsqu'il ne l'a point fait à l'époque de la naissance de l'enfant? mais il a paru plus conforme à la nature de l'acte, qu'il soit porté sur le registre des naissances.

Art. 30. Sur le rapport de la commission, le tribunal a pensé qu'il est indispensablement nécessaire d'ajouter aux formules celle de l'acte de déclaration d'un enfant trouvé ou exposé. Il y en a une dans les modèles d'actes de l'état civil annexés au projet de Cambacérès. En général, ces modèles sont meilleurs, plus détaillés, et présentent des renseignemens plus satisfaisans que les modèles joints au nouveau projet.

Il est également nécessaire d'assujétir l'officier de l'état civil à porter, dans son acte, les noms et prénoms de celui qui remet l'enfant trouvé ou exposé : c'est une addition à faire à l'article 30.

63-41 Art. 34. Le registre des publications doit-il être sur papier, timbré? doit-il être chiffré et paraphé comme les registres de l'état civil?

Ces questions ayant été proposées par la commission, le tribunal pense que ces deux questions doivent être résolues dans le Code civil ; et son avis est qu'à l'art. 34 on ajoute que « le registre des publications doit être tenu dans la même « forme que les autres registres de l'état civil, si ce n'est « qu'il ne doit pas être double. »

66 Art. 36. *Procuration spéciale*..... Le tribunal est d'avis d'ajouter encore ici, *en forme authentique*, comme à l'article 4 du titre II ci-devant.

Sur le rapport de la commission, le tribunal est d'avis que l'acte d'opposition doit en contenir les motifs, et qu'il y en ait une disposition expresse dans le Code, conforme à l'article 47 du projet de Cambacérès.

Ibid. Art. 37. Il y a entre cet article et l'article 31 du titre V une différence de rédaction qui offre des embarras. La discordance peut s'évanouir en supprimant l'article 31 du titre V, et en ajoutant à l'art. 37 du titre II cette disposition : « L'opposant est tenu d'élire domicile dans le lieu où le ma- « riage doit être célébré. » — Adopté.

68 Art. 40. La commission a proposé d'ajouter ici la disposition de l'article 52 du projet de Cambacérès, portant : « Toutes autres oppositions que celles autorisées par la loi, « ou formées par d'autres personnes que celles qui y sont

« désignées, sont regardées comme non avenues, et l'officier
« public ne peut y avoir égard pour les mêmes peines. »

On a observé que cette disposition présente le grand inconvénient de rendre l'officier de l'état civil juge de l'opposition. Sur cette observation, la commission a retiré sa proposition.

Art. 45. Le jugement sera t-il sujet à l'appel? Il a paru d'autant plus nécessaire de le dire, qu'on voit, à l'article 73 du même titre, une disposition qui, dans un autre cas, autorise l'appel ; d'où l'on pourrait inférer que, dans celui-ci, la voie d'appel est interdite, n'étant pas autorisée. C'est un doute qu'il ne faut pas laisser subsister dans la loi. Le tribunal a approuvé cette observation de la commission.

Art. 46. Sur le rapport de la commission, le tribunal est d'avis que l'acte de consentement soit authentique ; ou s'il était sous signatures privées, qu'il soit signé en présence du maire ou de son adjoint, afin que l'officier de l'état civil n'ait aucun doute sur la signature.

Art. 54. Voir l'observation faite sur l'article 11 ci-devant, et d'après laquelle l'article 54 serait à retrancher. En effet, les motifs qui ont déterminé les rédacteurs à prendre des précautions pour assurer l'existence de l'acte de mariage s'appliquent aux autres actes de l'état civil ; et le délit de l'officier public qui reçoit un acte sur feuille volante n'est pas moins punissable dans un cas comme dans l'autre. Il est donc évident, dans l'opinion du tribunal, que la disposition de l'art. 54 doit être transformée en une disposition générale applicable à tous les actes de l'état civil, et qu'elle doit être placée au nombre des dispositions générales du titre II.

Art. 55. Cette disposition sera le plus souvent d'une exécution impossible. L'impossibilité sera physique toutes les fois que le domicile du mari, à l'époque du divorce, sera différent du lieu où le mariage a été célébré ; car l'officier public de ce domicile n'aura point en sa possession le registre où le mariage a été porté. Si l'intention a été que le jugement fût transcrit à la date de la présentation sur le registre des mariages dont l'officier public du domicile du mari est possesseur, cette insertion est inutile dans un registre où l'on ne s'avisera jamais de l'aller chercher.

Il est, au surplus, nécessaire de faire concorder cet article avec l'article 26 du titre VI, qui ne parle pas du domicile du mari. La seule transcription utile est celle qui serait faite, par extrait, en marge de l'acte de célébration du mariage.

Enfin, le présent article assujétit à la transcription tout jugement de divorce, sans distinguer le jugement sujet à l'appel de celui en dernier ressort; au lieu que l'article 26 du titre VI ne parle que des jugemens rendus en dernier ressort ou passés en force de chose jugée.

Voir cet article, d'après lequel celui-ci peut être retranché sans inconvénient.

80   Art. 59. *Il sera tenu*...... Le tribunal est d'avis d'ajouter, *en outre*, afin de distinguer les registres de l'état civil de ceux prescrits pour les hôpitaux.

83   Art. 65. La transcription ordonnée par cet article reproduira et semble légaliser en quelque sorte l'ancien préjugé mal éteint, que l'infamie se transmet à la famille.

L'article 72 du projet de Cambacérés était plus philosophique : *il ne sera fait sur le registre aucune mention du genre de mort.* Le tribunal, sur le rapport de la commission, est d'avis que cette disposition soit insérée dans l'article 65, et que le greffier criminel soit tenu de se transporter, avec deux autres témoins, devant l'officier public, pour lui déclarer la mort. Les deux témoins signeront au registre, ou déclareront ne savoir signer, ce dont il sera fait mention. L'officier public n'en fera aucune de la qualité du greffier criminel.

84   Art. 66. Sur le rapport de la commission, le tribunal est d'avis qu'il serait plus exact et plus concordant avec les précédens articles, que l'officier de l'état civil fût tenu de se

transporter à la prison pour s'assurer de la mort du détenu, comme il est obligé d'aller dans les maisons particulières.

TITRE IV. — *Des absens.*

Art. 3. Le tribunal, adoptant l'observation de la commission, est d'avis d'exclure du nombre des témoins les héritiers présomptifs dont le témoignage est naturellement suspect. Ils ne peuvent être témoins et parties intéressées. 116

Art. 7, 8 et 9. Un membre a observé que ces articles ne sont point assez clairement rédigés ; qu'ils laissent un doute sur l'intention des rédacteurs, d'ouvrir définitivement et irrévocablement les droits des héritiers, légataires ou propriétaires grevés d'usufruit après cinq ans, dans les cas de présomption grave de mort, ou de n'autoriser que l'envoi en possession provisoire ; qu'en ce dernier cas, le terme de cinq ans, à compter de l'accident qui donne lieu à la présomption de mort, est trop long ; qu'il doit y avoir une différence entre ces cas et l'absence simple sans nouvelles, et qu'il n'y en aurait point; qu'au premier cas, au contraire, le terme est trop court, qu'il en résulterait qu'après cinq ans, les biens de l'absent présumé mort pourraient être hypothéqués et aliénés, de manière que, s'il revenait, par exemple, dès la sixième année, il se trouverait irrévocablement dépouillé, sur une présomption de mort anéantie par sa présence, non-seulement des jouissances, mais du fonds même de ses immeubles ; ce qui serait d'une injustice cruelle, ainsi qu'il a été remarqué dans les observations principales (art. 14 du même titre). com. de s. 1re et 120

L'avis du tribunal sur cette observation est qu'il ne puisse y avoir lieu, dans le cas de présomption grave de mort, qu'à un envoi en possession provisoire, et que cet envoi puisse être prononcé après trois ans accomplis, à compter de l'événement qui donne lieu à la présomption de mort.

Art. 14. Renvoi aux observations principales ci-devant faites. 125- 128- 129

139 Art. 28. Mais si l'époux absent reparaît, quel sera l'état civil des enfans issus du second mariage? La loi doit y pourvoir. En principe, la bonne foi du mariage, ou même celle de l'un des époux, suffit pour assurer l'état des enfans. Ce principe est établi dans l'article 50 du titre V. Le tribunal est d'avis qu'il soit appliqué au cas particulier du second mariage du conjoint de l'absent, en ajoutant à l'article 28 : « Si l'époux absent reparaît, la nullité du « second mariage de l'autre époux n'en détruit pas les effets « civils par rapport aux enfans qui en seraient issus, les- « quels sont, par la loi, déclarés légitimes. »

TITRE V.   *Du mariage.*

ap-
147
Art. 9. Sur le rapport de la commission, le tribunal est d'avis de supprimer cet article, comme contraire aux principes précédemment établis sur la mort civile. Le contumax n'est mort civilement qu'après la condamnation définitive, ou après l'expiration du délai pour se présenter.

Jusque là, il doit donc être capable de tous effets civils. Tout au moins, s'il mourait dans le délai de la loi, le mariage qu'il aurait contracté doit avoir les effets civils, tant par rapport à sa veuve que relativement à ses enfans. Tels étaient les principes du droit français, recueillis par Poullain-Duparc, tome Ier, page 178. Enfin, les effets de la mort civile ayant été réglés dans les trois paragraphes qui composent la seconde section du titre Ier (*page 8 et suivantes*), l'article dont il s'agit ici est hors de place.

173 Art. 28. Renvoi aux observations principales formant la première partie du présent travail.

ap-
185
Art. 36. *L'un et l'autre des époux sont encore irrecevables.....* L'avis du tribunal est de supprimer les mots qui suivent, *dans le cas de l'article 4*, attendu que dans l'article 35, le cas de l'article 4 a été prévu : c'est celui du mariage d'un impubère.

Ibid. Art. 37. La commission a observé que cet article est obscur, et que les mots: *même de la part de celui des époux qui a l'âge requis*, peuvent persuader que l'article n'est applicable qu'à la nullité résultant de l'impuberté de l'un des époux, tandis qu'il est de principe général que celui du fait duquel provient la nullité du mariage peut néanmoins le faire déclarer nul, sauf les dommages-intérêts dus à l'autre époux.

On a répondu que l'article s'entend très-bien, et que les mots : *même de la part de celui des époux qui a l'âge requis*, ne détruisent pas la généralité du principe.

Le tribunal, délibérant, est d'avis que l'article peut rester tel qu'il est rédigé.

Art. 47. Renvoi aux observations faites sur les art. 11 et 54 du titre II ci-devant. D'après ces observations, le tribunal pense qu'il y aurait lieu de supprimer les deux premières parties de l'article 47 du titre V, et de le réduire à la disposition qui autorise la poursuite contre les époux; encore cette disposition appartient-elle plus au Code criminel qu'au Code civil.

Art. 62. La commission a proposé la suppression de cet article, comme frappant l'innocence même, pour un crime effacé par le mariage subséquent.

On a répondu que l'intérêt des mœurs exige la conservation de l'article.

Le tribunal est d'avis que l'article 62 soit conservé.

TITRE VI. — *Du divorce.*

Art. 1er. Renvoi aux observations principales.

Art. 8. Le tribunal est d'avis qu'il soit expliqué dans l'article, si la comparution des parties doit avoir lieu dans la maison du juge ou à la chambre du conseil du tribunal. On a dit, pour la première opinion, que, dans l'espèce de l'article, il ne s'agit pas d'un acte judiciaire, mais d'une conférence secrète. Pour l'autre, on a répondu que le juge n'a véritablement le caractère de juge qu'au lieu ordinaire de l'exercice de ses fonctions. Le tribunal s'est prononcé pour cette réponse mais tous les membres se sont réunis à demander que la loi s'en explique.

258 — Art. 20. La commission a observé qu'aucune considération ne peut faire dévier du principe général, que tout jugement doit être motivé. Elle ajoute que, si les causes ne sont pas exprimées dans le jugement de divorce, le public sera souvent enclin à supposer des causes plus graves que celles qui ont déterminé le jugement.

On a répondu que la loi a eu en vue, dans tout le contexte du chapitre II, relatif aux formes du divorce, d'en soustraire les causes souvent scandaleuses à la curiosité du public.

Le tribunal s'est prononcé, par cette considération, en faveur de l'article.

On pourrait cependant concilier le principe avec les vues des rédacteurs, en ordonnant que le jugement sera motivé, mais que le dispositif seul sera prononcé publiquement à l'audience.

ap-263 — Art. 24. La commission observe que la citation des *sections III et IV* est fautive, n'y ayant point de sections III et IV dans le titre VI, relatif au divorce. — Adopté.

Ibid. — Art. 26. Renvoi aux observations ci-devant faites sur l'article 55 du titre II.

ap-261 — Art. 29. Les mots *domicile matrimonial* sont équivoques. Si l'on a entendu indiquer le domicile actuel du mari, il était tout simple de le dire, sans employer le mot *matrimonial*. Dans sa véritable acception, le domicile matrimonial est celui où le mariage a été contracté; mais le tribunal ne peut se persuader que l'intention des rédacteurs ait été d'indiquer ce domicile, qui, le plus souvent, est changé par les époux. Il est, par cette raison, d'avis qu'aux mots *domicile matrimonial* on substitue le domicile qu'avaient les époux avant l'abandonnement de l'un d'eux.

Sur le même article, s'il n'y a pas de parens dans le même

arrondissement, le tribunal pense que la notification doit être faite à la maison commune, en la personne du maire ou de son adjoint. La loi doit prévoir ce cas. — Ces deux observations sont adoptées.

Art. 51. Cet article est conséquent au système adopté sur les causes du divorce. Il deviendrait injuste si le divorce était admis du consentement persévérant des deux époux, ou pour cause de fureur de l'un d'eux. Mais *voyez* les observations principales ci-devant faites sur le divorce.

Art. 53. Recours aux observations ci-devant faites dans la première partie, sur les alimens dus en cas de divorce.

TITRE VII.

Art. 2. En conférant cet article avec l'article 49 du titre VI, le tribunal, sur le rapport de la commission, s'est convaincu de la nécessité d'ajouter au présent article 2, la restriction, *dans tout autre cas que celui déterminé par l'article 49 du titre VI du divorce.*

Art. 12. *Ou s'il n'en a point été tenu.....* Le tribunal est d'avis d'ajouter : *ou si l'on a omis d'y insérer l'acte de naissance.* Cette omission, en effet, est possible et indépendante des deux autres cas ; et il n'en est pas moins juste d'admettre, en faveur de l'enfant privé de son acte de naissance, la possession d'état.

Art. 19. La commission demande si l'action préjudicielle, dans le cas prévu par cet article, doit être jugée par le tribunal criminel. Si telle a été l'intention des rédacteurs, il convient de l'exprimer ; car cette action en soi est purement civile. — Adopté.

Art. 21. S'il y avait un jugement dont il n'y eût point d'appel dans le délai de la loi, l'appel sera-t-il imprescriptible comme l'action ? et dans le cas d'un jugement en dernier ressort, la requête civile sera-t-elle admise pour pièces nouvellement recouvrées, quoiqu'elles ne fussent pas retenues par le fait de la partie adverse? Le tribunal pense que ces questions doivent être résolues par la loi.

ap-337-et 62

Art. 32. Renvoi à l'observation faite sur l'article 27 du titre II, d'après laquelle le tribunal pense qu'il est nécessaire d'ajouter à la finale de celui-ci, les mots : *en marge de l'acte de naissance de l'enfant reconnu.*

TITRE VIII.

373 Art. 3. Renvoi aux observations principales ci-devant faites sur les bornes de la puissance paternelle.

TITRE IX.

398 Art. 16. La commission a observé que la rédaction présente une amphibologie; qu'il paraît que l'intention des rédacteurs est d'assujétir, tant le juge-de-paix que le notaire, à l'assistance de deux témoins, et qu'en ce cas ils eussent évité l'équivoque par la rédaction suivante ; *ou par déclaration faite en présence de deux témoins, etc.*

On a répondu qu'il serait injuste et contraire à l'institution du juge-de-paix, qui aujourd'hui peut juger seul, de l'obliger à se faire assister de deux témoins pour recevoir une déclaration.

Le tribunal est d'avis que cette réponse ne lève point l'équivoque de la rédaction, et qu'il est important de la faire disparaître.

406 Art. 23. S'il n'y a point de parens dans l'arrondissement, ou si les parens n'avertissaient pas, il est nécessaire de charger un fonctionnaire public quelconque de provoquer la pourvoyance des mineurs. Les arrondissemens des juges-de-paix devant être incessamment étendus à un plus vaste territoire, il leur sera le plus souvent impossible de connaître à temps les décès qui peuvent donner lieu à des tutelles. Le tribunal pense qu'il convient, en ce cas, de charger de l'avertissement l'officier de l'état civil, qui, étant obligé de

vérifier la mort, peut, sans frais, s'assurer si le décédé a laissé des enfans mineurs.

Art. 44. Si celui qui a convoqué a été nommé tuteur en son absence, il ne peut se notifier à lui-même la tutelle. La commission a pensé qu'en ce cas la notification doit être faite à la diligence du plus proche parent.

Le tribunal est d'avis que le juge-de-paix en soit chargé.

Art. 46. Un membre a observé que cet article consacre des dispenses personnelles et de droit, contre un office de piété et d'humanité que tout citoyen est tenu de remplir; il demande que le Code civil rejète toute autre dispense de tutelle que celle qui résulte de l'impossibilité de fait d'administrer la personne et les biens d'un mineur.

Le tribunal, délibérant sur cette proposition, a été d'avis, = 1° de consacrer en principe, qu'aucune fonction publique ne peut dispenser de la tutelle dans le lieu de la résidence des fonctionnaires; = 2° d'établir en exception fondée sur l'impossibilité de fait, que les fonctionnaires publics dont la résidence est éloignée de la famille pourront se faire dispenser de la tutelle par le conseil de famille.

Art. 61, 62, 63 et 64. Le tribunal, sur l'observation qui en a été faite par la commission, a considéré que ces quatre articles, placés dans la section relative aux exclusions et destitutions de la tutelle, ne sont point à leur place naturelle. Ils ont pour objet l'indication des moyens de se pourvoir contre toute délibération du Conseil de famille. L'avis du tribunal est donc qu'il en soit formé une section particulière, ayant pour titre : *Des moyens de se pourvoir contre les délibérations du Conseil de famille.* Cette division remettrait chaque objet à sa place.

Art. 69 et 70. La commission, sur ces articles, a fait deux observations:

= 1° Il lui a paru dangereux de laisser au choix du tuteur la nomination du priseur pour l'estimation des meubles;

elle a proposé d'attribuer cette nomination soit au subrogé tuteur, ou mieux encore au juge-de-paix.

Le tribunal n'a point accueilli cette observation ; et il s'est fondé sur ce qu'une pareille nomination augmenterait les frais qui sont à la charge des mineurs.

=2° Les mêmes articles ne prononcent aucune peine contre le tuteur qui ne fait pas vendre tous les meubles, quoiqu'il n'en ait pas été dispensé par le conseil de famille : la commission a proposé d'obliger le tuteur, en ce cas, à payer le quart en sus du montant de l'estimation ; c'est pour le mineur un dédommagement de la négligence de son tuteur, et de la vileté ordinaire du prix donné à l'estimation.

Cette observation a été combattue en sens divers. Quelques-uns ont été d'avis des articles tels qu'ils sont présentés, parce que la contravention du tuteur ouvrira, au profit du mineur, une action de dommages-intérêts, lesquels seront réglés. On a répondu que ce serait exposer le mineur à un nouveau procès pour le réglement de ces dommages-intérêts. D'autres ont dit que la peine du quart en sus de l'estimation est trop légère, et qu'elle sera éludée d'avance par les priseurs, qui estimeront les effets à un cinquième moins de leur valeur, comme cela s'est toujours pratiqué. Ils ont proposé la peine du double. Cette opinion ayant prévalu, le tribunal est d'avis qu'il soit ajouté à l'article 70 : *faute de quoi, le tuteur sera condamné à payer le double de l'estimation des meubles non vendus.*

Un membre a proposé d'étendre cette peine au subrogé tuteur, par l'effet de sa responsabilité, la loi l'obligeant d'assister à la vente, et par conséquent de la provoquer. Cette proposition n'a point été accueillie.

ap-
458

Art. 86. L'intention de la loi est-elle de soumettre à l'appel le jugement d'homologation ou de rejet de la délibération du Conseil de famille ?

Le tribunal, sur l'avis de la commission, demande que le

jugement soit sujet à l'appel, et surtout que la loi prononce sur la question.

SECTION VII.

Un membre a observé que les articles dont cette section est composée entravent tellement la marche du tuteur, qu'à chaque pas de son administration il est obligé d'assembler le conseil de famille, ce qui sera onéreux tout à la fois pour les membres de ce conseil et pour les mineurs mêmes; qu'on eût évité cet inconvénient en ordonnant, comme au passé, que, par l'acte même de la tutelle, le conseil de famille désignât au tuteur un ou plusieurs hommes de loi par l'avis desquels il serait tenu de se conduire en toute affaire litigieuse. On a répondu que l'abus de cette nomination d'un conseil de tutelle a été reconnu par l'expérience qui aura probablement conduit les rédacteurs à n'en point parler dans le Code. Le tribunal, délibérant sur ces observations respectives, a été d'avis qu'il soit inséré dans la VIIe section, une disposition qui porte que « le conseil de famille, « en nommant le tuteur, lui désignera un ou plusieurs « hommes de loi des plus éclairés, par l'avis desquels le tu- « teur et le subrogé tuteur seront respectivement tenus de « se conduire en toute affaire litigieuse. » Cette disposition nécessitera, dans les autres articles de la même section, quelques rectifications tendant à dégager le tuteur des entraves d'une trop fréquente convocation du conseil de famille.

Art. 100. Un membre a observé que les comptes définitifs de tutelle sont d'une importance trop majeure pour en déférer la connaissance en première instance aux juges-de-paix, dont la matière même, par sa valeur, excède les attributions.

On a répondu que l'article a eu en vue de prévenir, autant que possible, tout procès entre le tuteur et ses mineurs, procès presque constamment ruineux pour ces derniers. Ces considérations ont déterminé le tribunal en faveur de l'article tel qu'il est rédigé.

468 Art. 105. Un membre a observé que la prescription de dix ans, sagement combinée pour l'action du mineur contre son tuteur, est trop longue pour la responsabilité des nominateurs. L'article 198 du projet de Cambacérés avait soumis cette dernière action à la prescription de trois ans : ce terme peut aussi paraître trop court. Un juste milieu serait d'assujétir l'action contre les nominateurs à la prescription de cinq ans; et l'action contre le tuteur, à celle de dix ans, à compter du jour de la majorité accomplie des mineurs.

Le tribunal, délibérant sur cette observation, l'a accueillie. Il pense même que le terme de trois ans serait suffisant, parce qu'il importe de ne pas laisser trop long-temps les nominateurs de la tutelle sous le coup d'une responsabilité qu'ils n'ont le plus souvent encourue que par zèle pour les intérêts du mineur.

Cet article a paru déplacé dans la section *des comptes de tutelle*. La commission propose de le placer soit à la suite du chapitre II *de la puissance paternelle*, soit à la fin de la septième section, relative *à l'administration du tuteur*, laquelle s'étend à la personne comme aux biens du mineur.

Le tribunal a pensé que cette dernière place serait celle qui conviendrait le plus à l'article 105.

476- Art. 106. Renvoi aux observations principales, formant
à 478 la première partie du présent travail.

481 Art. 109. La commission a observé et le tribunal pense que la dernière partie de cet article est susceptible de réformation. Le mineur émancipé ne doit être restitué que contre les obligations contractées postérieurement à celles qui ont épuisé la partie disponible, c'est-à-dire, l'année de son revenu. Ou les actes des créanciers ont une date certaine, ou non : au premier cas, les premiers créanciers qui n'ont prêté que jusqu'à la concurrence d'une année de revenu, doivent être à couvert de la restitution : au second cas, le

mineur ne doit être restitué que pour l'excédant; et les créanciers qui ont prêté viennent, au marc le franc du montant de leurs créances, se faire payer concurremment sur la partie disponible des biens du mineur émancipé. Cette règle paraît plus juste dans les deux cas, que la restitution contre toutes les obligations.

TITRE X.

Art. 13. Depuis la rédaction de cet article, les assesseurs de juges-de-paix ont été supprimés par la loi du 29 ventose an 9; ce qui doit opérer un changement dans les termes de l'article.

Sur le fond, un membre a observé que l'assistance du juge-de-paix est sans objet utile, et qu'elle ne tend qu'à altérer la confiance due au commissaire nommé par le tribunal. On a répondu que le juge-de-paix, ayant des connaissances locales, peut donner des renseignemens qui conduisent à la découverte de la vérité, et qu'il peut diriger l'interrogatoire sur les faits dont il a une connaissance personnelle.

Le tribunal vote pour que l'article soit conservé.

Art. 35. Cet article, tel qu'il est rédigé, semblerait assujétir le maire de la commune où l'interdit était domicilié à l'époque de son interdiction, à le visiter tous les trois mois, dans le cas même où l'interdit se trouverait placé hors de l'arrondissement communal, ce qui peut obliger le maire à des déplacemens. Tel ne peut être le vœu de la loi.

Sur cette observation de la commission, le tribunal propose la rédaction suivante :

« Le maire de la commune du domicile actuel du tuteur
« de l'interdit est chargé de veiller à l'exécution du précé-
« dent article; et à cet effet, les maires doivent, tous les
« trois mois, visiter les interdits de leurs arrondissemens
« respectifs, ou enjoindre aux tuteurs de les lui représen-
« ter. »

Art. 39. La commission a observé que cet article n'est point, dans sa dernière partie, en accord avec l'article 110 du titre IX. Dans l'un le vœu de la loi est que le mineur émancipé soit assujéti à se faire nommer un curateur pour la suite de chaque action immobilière, à l'ouverture même de l'action, et que le curateur nommé pour une action ne puisse servir à une autre ; dans l'autre, au contraire, on suppose un curateur nommé lors de l'émancipation pour toutes les actions immobilières que le mineur peut avoir à soutenir.

Le tribunal demande que ces deux articles soient conciliés ; et il vote pour que la préférence soit donnée à la décision consacrée par l'article 110 du titre IX.

Art. 40. Le vœu des rédacteurs était sans doute de comprendre dans cet article la prodigalité, qu'ils n'ont pas voulu exprimer directement ; mais les expressions semblent l'exclure. L'article eût offert plus de latitude à l'application, en supprimant les mots : *sans avoir perdu l'usage total de sa raison, néanmoins à cause de la faiblesse de son esprit et de ses facultés naturelles;* et en disant simplement : *toute personne qui craint de se trouver, etc.*

Au fond, cet article a paru au tribunal, ainsi qu'à sa commission, fondé sur de puissantes considérations d'équité. La loi n'autorise pas l'interdiction forcée d'un prodigue ; mais l'espèce d'interdiction volontaire conçue par les rédacteurs est très-favorable. Celui qui en use ne renonce point à l'exercice de ses droits ; il l'assujétit seulement à des formes conservatrices.

LIVRE II.

TITRE Ier.

Art. 1er. Un membre a dit que, les établissemens publics appartenant à la nation et dépendant d'elle, les biens qui servent à ces établissemens ont le vrai caractère de biens nationaux, indépendamment de leur affectation particulière à un service public, et que par cette raison il préférait la division établie par Cambacérès, article 402.

Cette observation n'a point été accueillie.

Art. 19. L'argenterie est-elle comprise sous le seul mot *meuble*, ou est-elle exclue? La rédaction de l'article a paru à la commission ne pas comprendre l'argenterie dans l'exclusion ; et cependant elle observe que, dans l'article 22, l'argenterie est exclue du don d'une maison avec tous les effets mobiliers qu'elle contient. On y trouve l'argenterie et l'argent comptant sur la même ligne, tandis que l'article 19 ne parle que de l'*argent comptant*.

Le tribunal pense qu'il y a omission de l'*argenterie* dans l'article 19, et son vœu est que cette omission soit réparée.

Art. 29. Il y a notoirement des biens communaux appartenant exclusivement à une section de commune. La loi du 10 juin 1793 les comprenait dans la définition des biens communaux. La commission propose et le tribunal demande qu'ils soient également compris dans le Code civil, et que l'article 19 soit ainsi rédigé : « Les biens communaux sont « ceux à la propriété ou au produit desquels les habitans « d'une commune, ou d'une section de commune, ou de « plusieurs communes, concourent. »

TITRE II.

Art. 2. Un membre a proposé d'ajouter à l'article le mot *préalable*, tel qu'il était dans la Constitution de 1791 ; on a répondu que ce serait un pléonasme, et que l'article, tel qu'il est rédigé, suppose que l'indemnité doit précéder l'abandon par le propriétaire ; néanmoins, le tribunal a été d'avis de l'addition du mot *préalable*, qui prévient toute autre interprétation de l'article.

Art. 18. Il semble que, dans l'hypothèse assez rare de cet article, on donne à la superficie mobile le droit d'emporter le fonds ; ce qui est contraire au principe établi dans l'art. 9 du même titre.

Le tribunal, adoptant cette observation de sa commission, vote pour la conservation du principe, et, par conséquent, pour la réformation de l'article 18.

TITRE III.

584-586 Art. 8, 10 et 11. Dans l'article 8, il est dit que le prix des baux est *fruit civil;* l'article 10 porte que les fruits civils s'acquièrent jour par jour; et dans l'article 11, on donne le prix du bail à l'usufruitier et au propriétaire qui étaient en jouissance au moment de la récolte. La commission a fait remarquer dans ces dispositions une contradiction frappante : il en résulterait que le prix des baux serait et ne serait pas fruit civil.

586 L'article 12 est susceptible de la même observation.

Au fond, le tribunal, d'après l'avis de la commission, propose de supprimer les art. 11 et 12; de considérer les fermages comme fruits civils, conformément à l'article 8, et de les attribuer, jour par jour, à l'usufruitier, à proportion de la durée de l'usufruit, aux termes de l'article 10.

593 Art. 19. Un membre a proposé d'ajouter au droit de l'usufruitier, énoncé dans cet article, celui de prendre dans les bois de haute futaie les bois nécessaires pour les réparations d'entretien dont il est chargé. Le tribunal est d'avis de l'addition, en l'obligeant à se les faire désigner par le propriétaire.

598 Art. 23. Un membre a proposé d'excepter les carrières d'ardoises et les mines de charbon de terre, et de les déclarer susceptibles d'usufruit, conformément à l'article 440 et suivans du projet de Cambacérès.

Cette proposition n'a point été accueillie.

TITRE IV. — *Servitudes.*

656 Art. 15. *Dans les villes et communes.....* L'intention des rédacteurs a été sans doute de parler des *villes*, *bourgs* et *villages* qui excèdent en population trois mille ames. Le mot

communes est *équivoque;* car dans les communes dont les maisons sont dispersées dans un grand arrondissement de terrain rural, l'article n'a point d'application.

Le tribunal, sur l'avis de la commission, demande que l'article soit ainsi rédigé : *Dans les villes, bourgs et villages dont la population, etc.*

Art. 27. Au lieu de renvoyer aux réglemens particuliers, qui ne sont pas faits, et que la plupart des hommes ne connaîtront pas, il était plus expédient de déterminer, dans le Code même, la distance à observer et les ouvrages à faire dans les cas prévus par l'article. On trouve dans le projet de Cambacérès (art. 458) la distance déterminée à deux mètres (environ six pieds deux pouces); et dans le cas où cette distance ne serait pas observée, l'obligation d'élever un mur ou contre-mur suffisant, pour empêcher que les ouvrages exprimés dans l'article ne soient nuisibles. Le tribunal est d'avis de ce changement dans l'article 27.

674

CHAP. III. — SECT. III.

ch. 3-sec. 3.

Le tribunal eût désiré que cette section fût intitulée : *des droits respectifs des propriétaires du fonds dominant et du fonds servant,* afin de persuader que les droits du fonds servant, c'est-à-dire, ceux de la liberté, n'ont point été perdus de vue.

Art. 56. Le tribunal ne voit pas la raison qui a déterminé les rédacteurs à n'appliquer qu'à la servitude discontinue et non apparente, l'extinction qui s'opère par la réunion dans la même main, des fonds servans et dominans. Cette réunion éteint toute espèce de servitude apparente ou non apparente, continue ou discontinue. L'article ne doit donc pas être borné à une seule espèce.

705

Art. 57 et 58. Ces articles auraient été plus nettement rédigés, en fixant dans l'un l'époque de la prescription relative aux servitudes discontinues et non apparentes, au jour où l'on a cessé d'en user; et dans l'autre, pour les servitudes

706-707

continues et apparentes, au jour où il a été fait un acte contraire à la servitude.

Sur cette observation de la commission, le tribunal est d'avis que les articles 57 et 58 soient rédigés de la manière suivante :

Art. 57. « La servitude discontinue et non apparente se « prescrit par trente ans, à compter du jour où l'on a cessé « d'en user. »

Art. 58. « La servitude continue et apparente se prescrit « par trente ans, à compter du jour où il a été fait un acte « contraire. »

LIVRE III.

TITRE Ier. — *Des successions.*

ap- 719- 25-27

Art. 3. On a vu précédemment que l'époque de la mort civile a été fixée au jour de l'exécution du jugement de condamnation : ici, l'article semble établir une différence entre cette époque et celle de l'habilité à succéder. Cependant, la succession n'étant ouverte que du jour de la mort civile acquise, la conséquence naturelle serait que l'habile à succéder à cette époque précise fût le véritable et seul héritier. Ce n'est pas ce que décide l'article, puisqu'au contraire il défère la succession aux parens qui étaient habiles à succéder au condamné, *à l'époque du jugement*, c'est-à-dire, avant que la mort civile fût acquise : ce qui répugne.

Le tribunal, sur l'avis de la commission, pense que la rédaction est fautive, et qu'à la dernière ligne de l'article on doit lire : *à l'époque de l'exécution du jugement.*

Ibid

Art. 4. Il y a encore ici contradiction entre cet article et le précédent. Dans l'article 3, les héritiers existent avant la mort civile ; et dans l'article 4, ils n'existent qu'après : c'est-à-dire que dans ces deux articles, et en sens contraire, la succession ne s'ouvre pas du jour même de la mort civile acquise, qui est cependant la seule époque de l'ouverture. La mort civile est une fiction de la mort naturelle ; elle a les mêmes effets. De même que du jour de la mort naturelle, la succession du décédé est ouverte à ceux qui, à cette époque précise, sont habiles à lui succéder ; de même, la succession du mort civilement s'ouvre à compter du jour de la mort civile encourue, et elle s'ouvre au profit de ceux qui, à cette époque, avaient droit à sa succession.

Le tribunal est d'avis que les articles 3 et 4 soient rectifiés d'après les principes précédemment établis et les observations faites sur l'ouverture et les effets de la mort civile tant à l'égard des condamnés par jugement contradictoire, qu'à l'égard des contumax.

Sur la dernière partie du même article 4, le tribunal, conformément à l'observation faite par la commission, est d'avis de substituer les mots *droits civils* à ceux *droits de citoyen*, par la raison que le Code civil ne règle que les droits civils, et que les *droits du citoyen* sont dans l'ordre des droits politiques.

Art. 6. Sur le rapport de la commission, le tribunal pense *Ibid.* qu'à cet article, qui est puisé dans la loi du 3 brumaire an 4, article 475, on ajoute la restriction que réclame l'humanité en faveur de l'indigence : *sauf les secours à accorder à la femme, aux enfans, aux père et mère de l'accusé pendant la contumace.*

Art. 13. Un membre a observé que cet article peut donner lieu à de fréquentes usurpations des droits d'héritier en collatérale. Pour les prévenir, il paraît absolument nécessaire qu'au-delà du degré de frère et de sœur, ceux qui se prétendent habiles à succéder au défunt se fassent connaître à la justice, et qu'ils justifient leur qualité, avant d'être envoyés en possession des biens de la succession. Quelque nom qu'on donne à cette reconnaissance judiciaire des droits de l'héritier en collatérale, elle peut seule empêcher qu'un téméraire usurpateur ne vienne s'emparer de la succession au préjudice des véritables héritiers ; autrement la succession serait abandonnée au premier occupant.

Sur cette observation, le tribunal est d'avis presque unanime de rédiger ainsi l'article 13 :

« A l'instant même de l'ouverture des successions, les héritiers du sang sont saisis de plein droit de tous les biens, droits et actions du défunt, et ils sont tenus de toutes les charges de la succession. Néanmoins, en succession collatérale, au-delà du degré de frère et de sœur, ceux qui se prétendront habiles à succéder au défunt seront tenus de faire connaître leur droit et leur qualité au tribunal d'arrondissement du domicile du défunt, qui, sur les preuves qui lui seront faites, les enverra en possession. »

Art. 15. *L'enfant né avant cent quatre-vingt-six jours;* ajouter : *s'il n'a donné que quelques signes de vie*, à la place des mots : *quand même il aurait donné quelques signes de vie;* car si les signes de vie étaient continus et non équivoques, l'enfant serait successible. Il n'est pas sans exemple qu'un enfant né avant cent quatre-vingt-six jours ait vécu quelques heures, et c'en est assez pour assurer sa qualité d'héritier.

Art. 17. La commission a observé que cet article, tel qu'il est rédigé, semble attribuer, par accroissement, la part du condamné contumax dans une succession à ses cohéritiers, au préjudice même de ses enfans. Supposons, en effet, que le condamné par contumace ait son père vivant à l'époque de la condamnation ; ce père meurt dans le délai accordé au fils pour se représenter, et laisse d'autres enfans ; le condamné marié, et ayant lui-même des enfans, ne se représente pas, et la mort civile est ouverte. La justice et les principes, qu'il ne peut être dans l'intention des rédacteurs de repousser, veulent que les enfans du condamné viennent recueillir la part qui eût appartenu à leur père dans la succession de leur aïeul. Cependant, les termes de l'article portent que *les successions ouvertes appartiennent aux héritiers avec lesquels le condamné aurait pu concourir*, c'est-à-dire, dans l'espèce proposée, à ses frères et sœurs ; d'où il résulterait que *ses* enfans n'en auraient rien, ce qui est injuste.

Sur cette observation, le tribunal est d'avis que l'article soit conçu en ces termes :

« En conséquence, si le condamné n'a point été arrêté,
« ou ne s'est point représenté dans le délai utile, les succes-
« sions qui se sont ouvertes dans le cours de ce délai, et
« auxquelles le condamné était appelé, appartiennent à ses
« héritiers, qui viennent, par représentation, recueillir la
« part qu'il en aurait recueillie lui-même s'il n'était pas mort
« civilement. »

Art. 18. Les observations ci-devant faites sur les arti- *Ibid* cles 3 et 4, s'appliquent à celui-ci, et en réclament la rectification.

Art. 36. La représentation en collatérale a paru à la com- 742 mission et au tribunal trop limitée par cet article. Elle doit avoir lieu toutes les fois que les représentans se rallient au même tronc commun du défunt et du plus proche habile à lui succéder. Par exemple, le défunt laisse pour plus proche habile à lui succéder un cousin germain ; dans cette espèce, la souche commune des deux cousins-germains est le père de leurs pères respectifs, c'est-à-dire, l'aïeul. Mais, outre un cousin-germain, le défunt en avait d'autres qui sont décédés avant lui, laissant des enfans. Ceux-ci se rallient au même tronc commun ; ils doivent, par représentation de leur père, concourir à la succession avec l'autre cousin-germain ; et cependant ils se trouvent exclus par les termes de l'article. Le projet de Cambacérès, article 594, allait trop loin ; il admettait la représentation à l'infini, en collatérale comme en directe ; mais aussi l'article 36 ne donne point assez de latitude au droit de représentation ; et le juste milieu entre ces deux systèmes est celui qui est proposé par la commission, d'admettre, en collatérale, la représentation toutes les fois que les représentans se rallient au même tronc commun du défunt et de son plus proche parent.

746. Art. 43. Il fallait dire : *Si le défunt n'a laissé ni descendans, ni frères, ni sœurs, ni descendans de ceux-ci.* En effet, ces trois conditions sont nécessaires pour que la succession s'ouvre au profit des ascendans (*V.* Cambacérès, art. 611). Le tribunal approuve cette observation de sa commission.

ap-746 Art. 45, *dernière partie.* La commission n'a ici qu'une faute typographique à faire observer : *Le bisaïeul, père de l'aïeul, et les bisaïeul et bisaïeule, auteurs de l'aïeul.....* Il faut lire : *de l'aïeule.*

748 Art. 46. La commission observe que cette clause : *encore que lesdits frères ou sœurs ne soient que consanguins ou utérins*, ne peut subsister dans la première partie de l'article. Elle tendrait à attribuer aux frères et sœurs consanguins ou utérins, des droits héréditaires dans une ligne qui leur est totalement étrangère. Les consanguins ou utérins ne peuvent exclure les ascendans que dans leurs lignes respectives. Par exemple : Pierre meurt ; son frère utérin ne peut être son héritier que dans la ligne maternelle. Dans celle du père, l'aïeul de Pierre vivant sera-t-il exclu par un étranger ? cela répugne. Chaque ligne forme, en quelque sorte, une succession distincte ; et l'ascendant de Pierre, dans l'espèce proposée, doit succéder dans la ligne paternelle, en concurrence avec le frère utérin, qui excluera les ascendans maternels.

Le tribunal, approuvant cette observation, demande que les mots : *encore que lesdits frères ou sœurs ne soient que consanguins ou utérins*, soient retranchés de l'article 46.

753 Art. 51 et 52. Ces articles sont conséquens à la limitation de la représentation en collatérale. La commission et le tribunal sont d'avis, au contraire, d'une représentation plus étendue, et du partage par souche, non par tête ; ce qui est une suite des observations faites sur l'article 36.

Sur le chapitre IV du même titre, le tribunal renvoie aux observations faites dans la première partie de ce travail, concernant la successibilité des enfans naturels.

Art. 55. La commission a proposé, dans le cas du concours de l'enfant naturel avec des collatéraux, d'attribuer au moins la moitié à l'enfant naturel, puisqu'on ne veut pas qu'il exclue toute la collatérale. Cette proposition n'a point été accueillie, par la raison que l'enfant naturel n'est point héritier, mais seulement créancier. *757*

Art. 56. *Les enfans ou descendans*....... Le tribunal, sur l'avis de la commission, est d'avis qu'on ajoute le mot *légitimes*. *759*

Art. 58. La commission observe que la portion attribuée à l'enfant naturel par la loi étant déjà très-modique, il paraît injuste d'autoriser les père et mère à la réduire encore par l'effet d'une donation de moindre quotité. Cette observation n'a point été accueillie. *761*

Art. 61. *Les frais de cette liquidation sont avancés par l'enfant naturel*..... Cette disposition a paru à la commission d'autant plus injuste, que l'enfant naturel plaide dessaisi, puisqu'on veut qu'il ne soit que créancier, tandis que l'héritier légitime est saisi par la loi. Sur quoi donc veut-on que l'enfant naturel, qui, le plus souvent, n'a rien, fasse des avances? Le correctif qui suit est insuffisant. Les juges peuvent lui accorder une provision; mais ils peuvent aussi la lui refuser, et ils la lui refuseront s'ils voient que la loi l'oblige à faire les avances. *ap-761*

Cette observation a été accueillie par le tribunal, qui demande que les frais de la liquidation soient avancés par l'héritier saisi, et supportés, en définitif, par la partie qui succombe.

Art. 78. La commission a observé que l'article n'indique point la commune où les bannies seront faites; elle a ajouté qu'elles doivent l'être dans la commune du dernier domicile du défunt. Mais elle demande si l'on sera obligé d'en faire dans toutes les communes où il y a des biens. Dans tous les cas, l'indication du lieu est nécessaire. *ap-764*

Un autre membre a fait une observation préalable. Il a

dit que cet article se lie à la section IV du chapitre VI, relative aux successions vacantes, et qu'ici l'on devait se borner à énoncer le principe qu'au défaut d'héritiers du sang et d'époux survivant, la succession est dévolue à la république, en renvoyant les formes de cette dévolution, soit au Code judiciaire, soit plutôt à la section relative aux successions vacantes.

Cette proposition a été combattue par la seule considération que le plan des rédacteurs a été de ne pas confondre avec les successions vacantes les successions dévolues à la république. Au premier cas, la nation n'est que dépositaire; au second, elle est vraiment héritière; et les formes, dans l'une et l'autre espèce, doivent être différentes.

Le tribunal a pensé qu'on peut concilier ces diverses opinions, en consacrant seulement dans l'article 78 le principe de la dévolution, sans y mêler des dispositions sur la forme d'exercice de ce droit.

Art. 82. *On examine... on adopte....* Mais qui la loi charge-t-elle d'examiner? qui charge-t-elle de prendre un parti? Les rédacteurs, supposant les héritiers divisés d'opinions sur ce qui pouvait être *le plus avantageux au défunt*, ont dû prévoir que chacun d'eux croira infailliblement que la sienne est la meilleure.

Il fallait donc imaginer un moyen quelconque de terminer ce différent. L'article, ne présentant aucune solution, est inutile, et doit être retranché : tel est l'avis de la commission.

Quelques membres du tribunal ont observé que, s'agissant de suppléer au défaut de délibération d'un défunt sur l'acceptation ou la répudiation d'une succession qui lui était échue, l'option des héritiers qui le représentent est indivisible, et que l'objet de l'article a été d'empêcher qu'en ce cas la même succession fût tout à la fois acceptée et répudiée par ceux qui ne représentent qu'un seul individu.

Mais le tribunal, qui a bien senti la difficulté, a principalement considéré que l'article ne la résout point ; et, votant avec sa commission pour qu'il soit supprimé, son avis est qu'il soit remplacé par quelque disposition résolutive.

Art. 100. Un membre de la commission a proposé d'ajouter aux causes de déchéance du bénéfice d'inventaire, la négligence de l'héritier à faire apurer le bénéfice dans un délai qui serait prescrit. 801

Une ancienne ordonnance de 1629, tombée en désuétude, avait prononcé cette peine contre l'héritier négligent; elle avait fixé à dix ans le terme le plus éloigné de la liquidation. Plusieurs membres ont été d'avis d'abréger ce délai. D'autres ont considéré l'inconvénient d'un délai plus court, qui mettrait quelquefois l'héritier dans l'impuissance de parvenir à une entière liquidation, dont les retards tiennent souvent à des causes qui ne lui sont pas personnelles. Mais après dix ans, il ne peut y avoir d'excuses : la majorité s'est prononcée pour ce délai.

Le tribunal demande que l'article 100 soit ainsi conçu :
« L'héritier est déchu du bénéfice d'inventaire, s'il s'est
« rendu coupable de recélé, ou s'il a omis sciemment et
« de mauvaise foi, de comprendre, dans l'inventaire, des
« effets de la succession : il est encore déchu, faute d'apure-
« ment du bénéfice d'inventaire, dans les dix ans à compter
« de l'ouverture de la succession.

Art. 104 et 105. L'article 104 est contraire au principe universel, qu'en cette matière les délais sont péremptoires. Le projet de Cambacérés (art. 634) avait maintenu ce principe, et le tribunal pense qu'il est important de le conserver, avec cette modification que, si l'inventaire a été fait dans le délai prescrit, quoique l'héritier n'ait pas fait sa déclaration dans les quarante jours qui suivent ce délai, il peut, en tout temps, se rendre héritier bénéficiaire, pourvu qu'il n'ait point fait acte d'héritier pur et simple. Autrefois le délai était péremptoire, même pour la déclara- 798- à 800 tion ; mais quand l'héritier a conservé les droits des créanciers par un inventaire, cette rigueur est sans motif raisonnable.

Le délai de quarante jours ne devant pas être péremptoire, mais seulement celui de trois mois, dans l'opinion du tribunal, l'article 105, qui autorise la prorogation, est inutile.

ap-800 Art. 107. Un membre de la commisssion a observé qu'il lui paraît injuste d'obliger les tuteurs et les mineurs émancipés à se constituer en frais de bénéfice d'inventaire, pour une succession qui présenterait évidemment plus de biens que de dettes. L'article, conçu dans la vue du bien-être du mineur, tournera souvent à son très-grand préjudice, par la masse de ces frais, qui énervent la succession et en diminuent plus ou moins les produits. Le véritable avantage du mineur est qu'on ne puisse se prévaloir contre lui, de l'acceptation qu'il a faite purement et simplement, soit par lui-même, soit par son tuteur, d'une succession qui lui est ouverte. Ce principe peut être consacré, mais sans contraindre le tuteur ou le mineur à se jeter dans l'embarras d'un bénéfice d'inventaire.

Un membre a proposé de laisser subsister l'article, en y ajoutant seulement qu'un inventaire suffira pour conserver au mineur la qualité d'héritier bénéficiaire.

Un autre membre a demandé que la faculté d'accepter purement et simplement, ou sous bénéfice d'inventaire, soit soumise à la délibération du conseil de famille, et que le mineur soit recevable à se restituer contre l'acceptation pure et simple, dans un bref délai, à compter de sa majorité accomplie. Cette dernière opinion a prévalu ; et le tribunal demande que l'article 107 soit ainsi rédigé :

« La succession échue au mineur ne pourra être acceptée
« par lui ou par son tuteur, soit sous bénéfice d'inven-
« taire, soit purement et simplement, que d'après une
« délibération du conseil de famille : elle ne pourra, en

« aucun cas, être répudiée. Le mineur devenu majeur sera
« restituable contre l'acceptation pure et simple, dans
« l'année, à compter du jour de sa majorité accomplie. »

Art. 107. La commission a observé que le projet de *Ibid.*
Code civil laisse sans solution l'importante question, si l'héritier bénéficiaire est exclu par l'héritier pur et simple. Dans la ci-devant Bretagne, il n'y avait pas d'exclusion: dans la plupart des autres Coutumes, l'héritier pur et simple excluait l'héritier bénéficiaire. Cette question est traitée avec beaucoup de profondeur par Lebrun, dans son Traité des successions, qu'on se borne ici à citer, sans entrer en discussion sur les raisons de douter ou de décider.

Le tribunal pense qu'il est juste de laisser à chaque héritier la libre faculté de modifier comme il lui plaira son acceptation; mais il pense, avec sa commission, que le Code civil doit s'en expliquer par une disposition à la suite de l'article 107, où est sa place naturelle.

CHAPITRE VII. — SECTION II.

ch. 6-
sec. 2.

Toutes les dispositions que renferme cette section sont rédigées conséquemment à la faculté de donner à un successible hors part et avec dispense du rapport. Le tribunal étant d'avis d'exclure cette faculté, la conséquence de son opinion doit être nécessairement de réformer toutes les dispositions qui blessent le principe d'égalité, dont le maintien lui a paru si nécessaire.

Art. 169. La commission observe que l'article ne résout ap-
pas le mode de rapport d'une dot constituée conjointement 850
par les père et mère avec expression de la solidarité. Elle demande si, dans ce cas, le rapport se fera par moitié, à l'ouverture de la succession de chacun des conjoints, ou s'il se fera, pour la totalité, à la mort du dernier mourant.

Le tribunal est d'avis que le rapport se fasse par moitié,

indépendamment de la clause de solidarité, et que l'article additionnel soit conçu en ces termes :

« Si la dot a été constituée par les père et mère conjoin-
« tement, avec expression de solidarité, le rapport en
« sera fait, par moitié, à l'ouverture de la succession
« de chacun d'eux, sans que l'obligation solidaire puisse,
« à la mort du premier, produire contre le survivant,
« aucune action de garantie. »

Art. 172. La commission a observé et le tribunal pense qu'il convient d'ajouter à cet article la clause : *sans préjudice des droits des créanciers hypothécaires sur l'immeuble sujet à rapport* : autrement, il serait trop facile de frustrer les créanciers et de leur faire perdre leur hypothèque.

Art. 173. L'objet des rapports ordonnés par cet article (rapports qu'autrement il était inutile d'ordonner, la loi l'ordonnant par des dispositions précédentes) était de faire connaître la part d'enfant le moins prenant. Il fallait donc l'exprimer en termes formels. L'article, tel qu'il est conçu, paraît insignifiant : d'ailleurs l'expression, *la part d'enfant le moins prenant*, dont on se servait autrefois à cause de l'inégalité des droits des héritiers, ne peut être conservée dans un corps de lois qui prescrit l'égalité comme étant de l'essence des partages. Il suffisait donc de dire : *la part d'enfant*.

Cette observation de la commission est adoptée par le tribunal.

Art. 177. La seconde partie de cet article suppose la prohibition d'avantager, comme existante dans le Code civil, quoique l'avantage y soit autorisé jusqu'à la concurrence du quart dans le titre *des donations ;* disposition que le tribunal a combattue dans ses observations principales. Ici, et dans plusieurs autres parties du projet présenté, il est facile d'apercevoir que la rédaction n'en appartient pas à la même plume, et que toutes les parties n'en ont pas été assez soigneusement coordonnées.

Au fond, le tribunal, sur les observations faites par la commission, a comparé les articles 176 et 177, dont il s'agit ici, avec les articles 648, 649 et 650 du projet de Cambacérés ; et c'est à ces derniers qu'il croit devoir donner la préférence, comme contenant des mesures propres à prévenir la fraude, où à la découvrir lorsqu'elle a été pratiquée.

Il ajoute qu'il convient aussi de rétablir, soit dans ce paragraphe, soit au titre *des donations*, la prohibition des ventes à fonds perdus à l'un des héritiers présomptifs sans le concours des autres.

Art. 178. Cet article a bien réglé le sort des fruits et des intérêts des choses sujètes à rapport ; mais on ne voit, dans le projet, aucune disposition relative au rapport des fruits et intérêts des biens et capitaux dépendans de la succession, autres que ceux dont le défunt avait disposé. Le projet de Cambacérés n'en offre également aucune.

Il est cependant nécessaire de décider si les héritiers qui, dans l'intervalle de l'ouverture de la succession à la demande de partage, ont recueilli les fruits des biens de la succession, ou perçu les intérêts des capitaux qui en dépendent, en doivent ou non le rapport à leurs cohéritiers. Dans la ci-devant Bretagne, ils en étaient dispensés par l'article 597 de la Coutume ; dans la plupart des autres Coutumes, les jouissances étaient rapportables ; et cette obligation de les rapporter est de droit commun. Lebrun, dans son Traité des successions, avait fait connaître le besoin d'une loi précise sur cette matière, pour rendre, dit-il, la jurisprudence uniforme.

Le tribunal demande qu'elle soit portée dans le Code civil. Elle peut être placée à la suite de l'article 178, en ces termes :

« Les fruits et intérêts des biens capitaux dépendans de la
« succession, perçus par un ou plusieurs des cohéritiers, sans

« le concours des autres, pendant l'indivision, sont égale-
« ment sujets à rapport. »

La commission a observé encore, à la suite de la discussion sur l'article 178, que la section *des rapports* ne fait aucune mention des dons rémunératoires; silence qui est conséquent au système des rédacteurs, sur la faculté de donner à un successible.

Le tribunal ayant été, au contraire, d'avis d'une prohibition indéfinie de donner à l'un des successibles au préjudice des autres, propose de placer l'article suivant à la fin de la distinction 4.e de la section *des rapports* :

« Le don qualifié *rémunératoire* est sujet à rapport, à
« moins qu'il ne soit prouvé, autrement que par le don, =
« 1° que les services allégués ont été réellement rendus; =
« 2° que la récompense est dans la juste proportion des ser-
« vices. Si elle excède, l'excédant est rapportable. »

Art. 182. Un membre a observé qu'il peut résulter de cet article une charge tellement onéreuse pour le cohéritier chargé de tenir compte des impenses, qu'il soit réduit à abandonner la part qu'il avait à prétendre dans le fonds.

On a répondu que la masse de la succession profitant de la plus-value, il est bien juste d'indemniser celui des cohéritiers qui l'a procurée par ses améliorations; et qu'il n'y a pas d'inconvénient réel, attendu que les impenses ne sont remboursées que jusqu'à la concurrence de l'augmentation de valeur.

Par cette considération, le tribunal est d'avis que l'article soit maintenu.

Art. 195 et 196. En rapprochant ces deux articles, on voit que l'esprit des rédacteurs a été d'établir une différence de condition entre le légataire particulier et le cohéritier, dans le cas prévu par ces articles. Cependant, cette différence ne se trouve pas dans les termes; elle s'y trouverait, en disant que le légataire particulier qui, par l'effet de l'hypothèque, a acquitté la dette de la succession, est subrogé dans les droits du créancier payé, et a les mêmes actions contre les héritiers et autres successeurs à titre universel.

Le cohéritier, au contraire, en payant la dette, a fait une affaire commune ; et il ne peut avoir de recours, comme le décide l'article 196, vers ses cohéritiers, que pour la part que chacun d'eux en doit personnellement. Mais, cet article n'a pas prévu le cas bien différent du cohéritier qui était créancier du défunt avant l'ouverture de la succession. La commission pense, et le tribunal a incliné pour cet avis, qu'il doit avoir les mêmes droits que l'article 193 attribue aux autres créanciers. Du moins est-il nécessaire que la question soit résolue dans le Code civil.

Art. 198 et 202. D'après le principe établi dans l'article 198, le tribunal n'a pu saisir le motif qui a déterminé l'article 202. Si les créanciers du défunt ont la faculté de demander la séparation des patrimoines, pourquoi ne l'accorderait-on point, par réciprocité, aux créanciers de l'héritier? Lebrun, dans son Traité des successions, pages 273 et 274, était bien d'avis de la refuser ; mais son éditeur, Espiard, a soutenu et appuyé, par de fortes raisons, l'opinion contraire, qui, de l'aveu même de Lebrun, était la plus généralement suivie. 878-881

Au surplus, ces deux articles, qui sont conséquens au système des hypothèques générales, adopté par les rédacteurs du Code civil, sont sans objet, et devront être tous deux retranchés, si la loi du 11 brumaire an 7, qui abolit la généralité d'hypothèque, est préférée.

Art. 212. L'égalité la plus parfaite étant de l'essence des partages entre cohéritiers, le tribunal, conformément à l'avis de la commission, pense que l'article 212 exige une lésion trop forte pour l'admission de l'action rescisoire. Dans les principes de la ci-devant Bretagne, elle était admise pour lésion du sixième ; et cette quotité est peut-être aussi trop faible. La lésion du cinquième est celle qu'adopterait le tribunal comme intermédiaire. 887

fin du ch. 6.

Art. 218. Citation fautive; au lieu de *section VI*, il faut lire : *chapitre VI du titre des donations*. Le tribunal a fait, sur ce chapitre, des observations dont le résultat est de rendre l'article 218 inutile.

TITRE II. — *Des conventions.*

1109   Art. 7. La commission a proposé une rédaction qui comprendrait plus directement l'ivresse complète, comme cause de nullité des conventions.

« Il n'y a point de consentement valable, s'il a été donné » par erreur ou extorqué par violence, dol ou artifice, ou « si les contractans ou l'un d'eux n'avaient pas un jugement « et un discernement suffisans pour consentir avec connais- « sance de cause. »

Mais après discussion, le tribunal a pensé que la dernière partie de cette rédaction est trop vague et serait la source d'un grand nombre de procès. Il est difficile, pour ne pas dire impossible, de déterminer le degré d'ivresse qui rend incapable de consentement : si une partie profite de l'état d'ébriété d'une autre pour lui surprendre une convention, il y a *artifice;* et, par conséquent, l'article, tel qu'il est présenté dans le projet, est suffisant. *Voir*, au surplus, l'observation faite sur l'article 14 ci-après.

1112   Art. 10. *Et qu'elle a pu lui inspirer la crainte d'exposer sa personne ou sa fortune*........ La commission propose d'ajouter : *ou celle de ses ascendans ou de ses enfans*......... moyennant laquelle addition, l'article 11, dont la rédaction est trop vague, deviendrait inutile et devrait être retranché. Un membre observe qu'il n'est pas rare de voir employer contre l'un des époux les mêmes moyens pour le forcer à exiger le consentement de l'autre époux; et il propose d'ajouter encore : *ou de son époux.*

Le tribunal approuve ces deux observations, et propose de réduire ainsi les deux articles 10 et 11.

« La violence n'annulle le contrat que lorsqu'elle est de

« nature à faire impression sur une personne raisonnable,
« et qu'elle a pu lui inspirer la crainte d'exposer sa per-
« sonne ou sa fortune, celle de ses ascendans ou de ses en-
« fans, ou celle de son époux ou épouse, à un mal considé-
« rable et présent. »

Art. 14. Il est bien inutile de dire, dans une loi, que *le dol* 1116
ne se présume pas et doit être justifié. Ce principe n'est pas seulement applicable au dol, mais à toutes les autres causes de nullité. S'il était donc jugé nécessaire de l'énoncer, sa place naturelle serait à la suite de l'article 7 :

« L'erreur, la violence, le dol ou l'artifice, ne se présu-
« ment point ; ils doivent être justifiés. »

Cette observation de la commission est adoptée.

Art. 27. La commission observe, sur la première partie 1130
de cet article, que la disposition est trop générale, et qu'il convient de la modifier, en ajoutant : « sauf les restrictions
« qu'y peuvent porter les lois de police et les réglemens
« d'administration. »

De la disposition que présente la seconde partie, il semblerait résulter qu'on peut accepter une succession future, quoiqu'on ne puisse y renoncer. La maxime de tous les temps est, au contraire, qu'on ne peut traiter, de quelque manière que ce soit, sur une succession future ; et cette maxime a d'autant plus de force aujourd'hui, que l'institution d'héritier est abolie.

Le tribunal adopte ces deux observations, et demande que l'article 27 soit rédigé dans les termes suivans :

« Les choses futures peuvent être l'objet d'une conven-
« tion, sauf les restrictions qu'y peuvent porter les lois de
« police et les réglemens d'administration.

« On ne peut pas cependant traiter, de quelque manière
« que ce soit, sur une succession non ouverte. »

La seule lecture de l'article 43 convaincra que la rédaction en est vicieuse. La commission a proposé et le tribunal demande la rédaction suivante :

« Les dommages-intérêts n'ont point lieu, lorsque, par
« suite d'une force majeure ou d'un cas fortuit, le débiteur
« a été empêché de faire ce à quoi il s'était obligé, ou a été
« obligé de faire ce qui lui était interdit. »

1158   Art. 54. Faute typographique : *matière du contrat ;* lisez : *nature du contrat.*

1174   Art. 69. La commission a observé que la première partie de cet article est inexacte ; qu'il y a une infinité de cas où l'obligation est valable, quoique la condition soit entièrement au pouvoir de l'obligé ; que l'ouvrage de Pothier, où l'article a été puisé, distingue très-bien la clause potestative, qui porte directement sur la substance même de l'obligation, de celle qui ne porte que sur la condition ; et qu'il n'y a que la première qui annulle le contrat, parce qu'alors il n'y a plus de lien, au lieu qu'il y en a lorsque la faculté laissée à la volonté de l'obligé ne porte que sur la condition ; ce qui deviendra plus sensible par un exemple : « Je vous promets « cent écus, si je vais à Paris. » Il dépend bien de moi d'aller ou de ne point aller à Paris ; mais si j'y vais, je suis lié et je dois cent écus. Au contraire, si je m'engage à partir pour Paris quand je voudrai, il n'y a pas de lien et mon obligation est nulle.

Après discussion, le tribunal a considéré que l'article tel qu'il est rédigé n'opérera qu'un bien en interdisant des conventions bizarres, telles que l'obligation dont l'exemple est rapporté dans l'observation de la commission ; et par ce motif, il adopte l'article du projet.

1188   Art. 83. Il convient d'ajouter à cet article une disposition relative aux obligations solidaires, conçue à peu près en ces termes :

« Mais si entre plusieurs débiteurs solidaires, l'un d'eux
« fait faillite ou diminue les sûretés du créancier, celui-ci
« ne peut s'adresser aux autres pour les obliger de payer
« avant le terme. »

C'est l'opinion de Pothier ; et il en donne pour motif la

maxime : *Nemo ex alterius facto prægravari debet.* C'est aussi le vœu de la commission et du tribunal.

Art. 88. D'après l'article tel qu'il est conçu dans sa première partie, le débiteur, quand il n'y a pas de sa faute, pourra donner le prix de la chose périe, et retenir l'autre corps certain et déterminé. Cependant, en matière d'obligation alternative de deux choses au choix du débiteur, si l'une des deux périt par quelque événement que ce soit, Pothier, qui est la source où les rédacteurs ont puisé, décide que le débiteur doit l'autre, sans avoir l'option de payer le prix de la chose périe. Pourquoi? parce que l'option qui lui avait été déférée portait sur deux corps certains, et non pas sur leur valeur. 1193-1194

Le tribunal, adoptant cette observation de la commission, demande que la première partie de l'article 88 soit ainsi rédigée :

« Il en est de même si l'une des choses promises vient à
« périr par quelque événement que ce soit ; le prix de cette
« chose ne peut être offert à sa place. »

Art. 91. Il convient d'ajouter ici, comme on l'a fait à l'article 90 : *pourvu qu'il n'ait pas été prévenu par les poursuites des autres créanciers, ou de l'un d'eux*. Autrement, la proposition serait trop générale ; et le silence de la loi sur cet article, comparé à ce qu'elle a prévu dans l'article précédent, pourrait faire croire qu'elle a eu l'intention de dire que la remise faite par l'un des créanciers solidaires libère le débiteur envers tous, nonobstant une opposition antérieure de la part d'un autre créancier ; ce qui serait injuste, car la solidarité entre les créanciers ne peut pas autoriser l'un d'eux à nuire aux droits de l'autre, lorsque celui-ci s'est pourvu à temps contre le débiteur. 1198

Art. 104. La solidarité, dans le cas de cet article, est-elle perdue contre tous? La généralité de cette expression : *le créancier perd l'action solidaire*, élude au lieu de décider une question très-controversée. 1211

Cependant, l'article 106, dans une espèce, à la vérité, différente, décide que la solidarité n'est éteinte qu'à l'égard du débiteur qui a été admis à payer sa part; mais c'est précisément parce que la question est décidée en faveur du créancier dans un cas particulier, que le silence de la loi, dans un autre cas particulier tout différent, donnera lieu d'inférer que le créancier perd la solidarité contre tous. Si telle a été l'intention des rédacteurs, il n'y avait qu'un mot à ajouter pour prévenir toute équivoque : *Le créancier perd l'action solidaire contre tous, lorsqu'il, etc.*

Si, au contraire, le vœu des rédacteurs a été d'appliquer à l'espèce de l'art. 104 la décision donnée sur l'art. 106, il était plus simple de réduire ces deux articles en un seul, comme il suit :

« Le créancier, lorsqu'il reçoit divisément la part de « l'un des codébiteurs solidaires, ou lorsqu'il consent, de « quelque manière que ce soit, à la division de la dette à « l'égard de l'un d'eux, perd la solidarité envers lui seule-« ment, et la conserve à l'égard des autres, quoiqu'il ne « l'ait pas expressément réservée. »

Mais encore, dans ce cas, il serait nécessaire d'admettre le tempérament offert par Pothier, et de dire, dans un autre article, que, « si, parmi les débiteurs qui restent solidaires, « il y en avait quelqu'un d'insolvable, les autres seraient li-« bérés de la part que celui qui a été déchargé de la solida-« rité aurait supportée dans l'insolvabilité de l'un d'eux. »

Le tribunal, après discussion, a été d'avis que la solidarité, dans l'espèce prévue par l'article 104, n'est perdue que contre le débiteur qui a été admis à payer divisément sa part ; et, en conséquence, il adopte les rédactions proposées par la commission.

SECTION V DU CHAP. III.

Cette section a paru à la commission ne présenter qu'une chaîne embrouillée de subtilités du droit romain. Si l'on en

consacre quelques chaînons, on se trouvera entraîné, par la nature même des difficultés, à consacrer la chaîne entière. La commission pense donc que l'on peut, sans inconvénient, supprimer en entier la quatrième section. Les articles 112 et 113, qui sont, dans la pratique, d'une application plus fréquente, se trouvent suffisamment suppléés par l'article 193 du titre *des successions*, qui a déterminé le mode de contribution aux dettes entre cohéritiers; mais, si on laissait subsister cette section, il serait indispensable, pour l'intelligence des articles, d'offrir, sur chacun d'eux, des exemples qui en facilitent l'application. L'article 109, par exemple, présente une définition obscure et trop compliquée de l'obligation individuelle. *Division par parties* et *division matérielle* ne sont qu'une et même chose : l'emploi cumulé des deux expressions est un pléonasme embarrassant pour ceux qui y cherchent des différences nuancées. Il fallait donc retrancher l'une ou l'autre. Qu'entend-on ensuite par une division intellectuelle? Ce langage métaphysique ne convient point à des lois civiles, dont la rédaction doit être simple, claire, et à la portée de tous. De même, la première partie de l'article 112 est incorrecte : *l'obligation divisible*, y est-il dit, *est indivisible dans l'exécution*. L'intention des rédacteurs a été d'exprimer deux rapports différens, sous l'un desquels l'obligation est divisible, tandis qu'elle est indivisible sous l'autre. Cependant, ils n'en expriment qu'un, qui est celui de l'exécution. Il fallait dire :
« L'obligation d'une chose divisible de sa nature est in-
« divisible dans l'exécution entre le créancier et le débi-
« teur. »

En un mot, cette section doit être ou totalement supprimée, ou présentée avec tous les développemens que l'on trouve dans le Traité des obligations, d'où elle a été imparfaitement extraite.

Le tribunal, sur ces observations de la commission, est d'avis que la section V soit supprimée dans son intégrité;

elle peut l'être sans nuire aux autres parties ni à l'ensemble du Code civil.

1234 Art. 128. La demande de nullité n'éteint pas l'obligation ; aucun auteur ne l'a placée au rang des causes qui opèrent l'extinction de la dette. S'il y a nullité, l'obligation est réputée n'avoir jamais existé : ce qui n'a jamais existé n'est pas susceptible d'extinction, de même qu'un être qui n'a jamais vécu ne meurt pas. Enfin, si l'on voulait compter la nullité au nombre des causes qui éteignent la dette, il fallait dire, « par les jugemens qui les déclarent nulles, quand ils ont « acquis la force de chose jugée. »

Le tribunal, sur l'observation de la commission, est d'avis que *la demande le nullité* soit purement et simplement retranchée de l'art. 128.

1243 Art. 137. Dans la dernière partie de l'article, il convient de retrancher les mots : *si le créancier qui l'a reçue l'a consommée;* car, dans aucun cas, le débiteur n'est recevable à répéter la chose qu'il a payée volontairement à la place de celle qu'il devait, si ce n'est qu'il prouvât l'erreur de son consentement.

Cette observation de la commission est adoptée.

1244 Art. 138. Si la seconde partie de cet article était adoptée, il serait indispensable d'assujétir le débiteur à donner caution pour le paiement du reste de la dette; autrement, il n'y aurait pas de sûreté pour le créancier dont la dette est divisée sans son consentement.

Mais la commission a pensé, et le tribunal adopte cet avis, que la faculté donnée par cette partie de l'article aux tribunaux a une forte teinte de pouvoir arbitraire : aussi, la loi est-elle obligée de leur recommander d'en user très-sobrement. Le mieux était de ne leur pas donner cette latitude très-dangereuse : c'est les autoriser à porter atteinte aux conventions, que la loi elle-même ne peut altérer.

1247 Art. 140. La commission propose d'ajouter, à la dernière partie de l'article, ces mots : *au temps de l'obligation ou de la convention;* car il serait injuste d'assujétir le créancier à aller rechercher son débiteur, si, depuis la convention ou l'obligation, il s'est choisi un domicile plus éloigné.

Observation adoptée.

Un autre membre de la commission a observé qu'une autre espèce se présente fréquemment, et qu'elle n'est point prévue par l'article : c'est celle où le paiement a été convenu au domicile du créancier. Si, à l'époque de la convention, le créancier avait son domicile dans le voisinage de celui du débiteur, et qu'à l'époque de l'échéance il s'en trouve très-éloigné, le débiteur sera-t-il obligé d'aller payer son créancier à son nouveau domicile ? Il est plus juste de l'autoriser, suivant l'opinion des jurisconsultes, à obliger son créancier d'élire domicile dans le lieu où il demeurait lors du contrat ; et faute d'élection de domicile, à consigner dans ce même lieu.

Sur cette observation, le tribunal est d'avis qu'entre l'article 140 et l'article 141 il soit inséré un article intermédiaire en ces termes :

« Si le domicile du créancier où le paiement a été con-
« venu était, à l'époque de la convention, voisin du domi-
« cile du débiteur, et qu'à l'époque de l'échéance il s'en
« trouve très-éloigné, le débiteur peut obliger son créan-
« cier d'élire domicile dans le lieu où il demeurait lors du
« contrat ; et faute d'élection de domicile, il sera autorisé à
« consigner dans ce lieu. »

Art. 142. La commission observe que l'article 142 est puisé dans le Traité des obligations par Pothier. Il était une conséquence naturelle de l'opinion de ce jurisconsulte, qui n'admettait point la subrogation de plein droit ; mais cette subrogation étant consacrée par l'article 143, l'article 142 devient inutile, et ne peut donner ouverture qu'à des subtilités dans l'application. [1250-1251]

Le tribunal vote pour la subrogation de droit fondée en principe de justice, et, par conséquent, pour la suppression de l'article 142, qui paraît n'avoir été glissé que par inattention.

Dist. II de la Iʳᵉ Sect. — Chap. IV.

1253   Avant l'article 147, la première règle à établir dans l'ordre naturel, en matière d'imputation, est celle-ci : « Le débiteur de deux dettes échues a le droit, en payant, de déclarer sur quelle dette il entend imputer son paiement, pourvu qu'il en réalise le principal et les accessoires ; il n'est pas en son pouvoir de la morceler. »

Cette observation de la commission est adoptée ; et le tribunal vote pour l'insertion de l'article proposé avant l'article 147.

1257-
1258-
1261   Art. 150 et 153. La commission propose et le tribunal demande qu'on supprime les derniers mots de l'article : *lorsqu'elles sont jugées valablement faites*. La consignation faite dans les formes prescrites par l'article 152 libère le débiteur et ses cautions ou coobligés aussi parfaitement que le paiement réel dont elle est l'équivalent.

L'article 152 décide positivement qu'il n'est pas nécessaire que la consignation soit autorisée par le juge ; de même, il est inutile que les offres réelles soient jugées valablement faites. Assujétir le débiteur à des frais pour parvenir à ce jugement, c'est aggraver son obligation, et rendre sa condition trop dure ; c'est au créancier qui prétendrait que les offres ne sont point valables, à le faire juger ainsi contradictoirement avec son débiteur : celui-ci est quitte par des offres réelles suivies de consignation.

A l'égard de l'article 153, le vœu du tribunal, comme celui de la commission, est que le débiteur ne puisse, du moment qu'il a consigné, retirer les deniers de la consignation, indépendamment de la non-acceptation du créancier ; parce que, du moment où le débiteur a consigné, la chose ou les deniers dont il s'est dessaisi ne lui appartiennent plus :

il ne peut donc les retirer, de même que ses créanciers ne peuvent ni saisir ni arrêter la somme consignée.

Art. 166. La commission avait proposé, sur cet article, d'ajouter aux mots: *ou tombé en déconfiture*, ceux-ci: *à l'insu du créancier*. Mais, après y avoir réfléchi, elle regarde cette addition comme superflue, et le tribunal l'a jugé ainsi, par le motif que, si le créancier avait eu connaissance de la faillite ou déconfiture, il n'eût point accepté la délégation. 1276

Art. 174. Faute typographique: *pour le;* lisez, *pour la.* 1288

Art. 196. Les mots *simple lésion* sont équivoques. L'équivoque consiste en ce que l'on pourrait croire que le mineur non émancipé est assujéti à prouver la lésion comme le majeur; ce qui n'est point vrai. On disait bien, dans l'ancien droit, que le mineur n'est restitué que comme lésé, et non comme mineur; mais la lésion est toujours présumée quand le mineur se restitue, et il n'a autre chose à prouver que sa minorité. D'ailleurs, quel serait le degré de lésion nécessaire pour la restitution du mineur? le vague des mots *simple lésion* laisserait de l'incertitude sur la quotité. L'article sera conforme aux principes, en disant: *Il y a lieu à la restitution en faveur du mineur, etc.* ap-1302 et 1193

Cette observation de la commission est adoptée.

Au mot *bourgeois*, il convient de substituer, *particuliers non marchands;* ce mot qui pouvait être entendu dans l'ordonnance de 1673, parce qu'alors il représentait le premier rang de la roture, ne peut être d'usage aujourd'hui que la loi ne reconnaît plus d'ordre et de rang entre les citoyens.

Observation adoptée.

Art. 227. La commission a présenté sur cet article deux observations qui ont été adoptées. 1336

= 1° Il serait important de prévoir, à l'égard de tous les contrats et actes, le cas très-fréquent de la perte de la la minute par incendie ou autres événemens imprévus. Dans ces cas, une expédition en bonne forme qui se trouverait entre les mains de la partie doit faire preuve complète des conventions qui y sont exprimées, sans qu'il soit besoin de prouver autre chose que la perte accidentelle des minutes et du répertoire du notaire.

= 2° Il y aurait de l'inconvénient à exiger indéfiniment dans tous les cas le concours des trois conditions; car, si les témoins instrumentaires de l'acte n'existaient plus, la loi exigerait une condition impossible. En ce cas, les deux autres conditions suffiraient pour donner, à la copie prise sur le registre des donations, la force d'un commencement de preuve écrite. Par ces dernières considérations, il est utile d'ajouter à la dernière partie de l'article: « Cette « dernière condition ne sera requise qu'autant que les témoins « vivraient encore. »

Et quant à la première partie, une disposition commune à toutes les conventions est nécessaire. L'article 227, s'il reste tel qu'il est, sera mieux placé au titre *des donations*, auxquelles seules il est relatif.

1337 Art. 228. Les deux parties de cet article sont vicieuses: il n'arrive presque jamais que le titre primordial soit transcrit en entier dans les actes récognitifs; ce qui n'empêche pas que ceux-ci ne fassent preuve, sans que la partie qui s'en sert soit obligée de représenter le titre primitif. C'est à celui qui prétend que le titre récognitif est contraire au premier titre, ou qu'il en est différent, que l'obligation de représenter le titre primordial doit être imposée.

La commission ajoute que, dans le cas de deux ou plusieurs actes récognitifs contraires ou différens dans leurs énonciations, celui qui est plus rapproché du titre primordial doit obtenir la préférence.

Voilà les principes d'après lesquels le tribunal propose la rédaction suivante:

« Les actes récognitifs sont présumés conformes au « titre primordial et en tiennent lieu, jusqu'à la repré-

« sentation de ce premier titre. S'il est représenté, et
« que les actes récognitifs présentent des dispositions
« contraires ou différentes, le titre primordial est préféré,
« s'il n'y a possession constante ou contraire, étayée d'une
« suite de titres récognitifs uniformes. Si, dans l'absence
« du titre primordial, il y a concours de deux ou plu-
« sieurs actes récognitifs contraires ou différens dans leurs
« énonciations, la préférence est due à celui qui se rap-
« proche le plus du titre primordial. »

Art. 232. On s'est trop religieusement attaché à la lettre des anciennes ordonnances. Les mots : *ni sur ce qui serait allégué avoir été dit avant ou depuis les actes*, sont inutiles et trop vagues. Inutiles : leur force est tout entière dans les mots qui précèdent, *contre et outre le contenu aux actes*. Trop vagues : ils feraient croire qu'en aucun cas la preuve par témoins n'est admissible des circonstances qui ont précédé, accompagné et suivi l'acte, quoique le vœu du législateur ne soit pas de l'exclure dans les cas d'erreur, de dol, fraude ou violence, ces vices de la convention ne se pouvant prouver que par les circonstances concomitantes.

Observation adoptée.

Art. 236. Cet article est la répétition de l'article 5 du titre XX de l'ordonnance de 1667. L'article 6 ajoutait : « Toutes les demandes, à quelque titre que ce soit, qui ne « seront entièrement justifiées par écrit seront formées « par un même exploit, après lequel, les autres demandes « dont il n'y aura pas de preuves par écrit ne seront re- « çues. » Cet article avait pour objet de prévenir les contraventions frauduleuses à la prohibition de la preuve testimoniale. Il est important, ou de le conserver dans le Code civil, ou d'effacer, dans l'article 236, les mots *dans la même instance*, qui ne peuvent que faciliter les moyens d'éluder la loi.

Le tribunal, sur l'observation de la commission, est

d'avis que les mots *dans la même instance;* soient retranchés de l'article 236, qui, à ce moyen, peut subsister sans autre addition.

1353   Art. 245. Le mot *imprégné* suppose l'évidence de la fraude ou du dol, ce qui dispenserait de recourir aux présomptions. Le mot *impugné* ou *attaqué* ou *argué*, serait plus convenable à la disposition que renferme cet article.

L'observation de la commission est adoptée.

ch. 6-
sec. 5.

SECTION V DU CHAPITRE V.

La commission propose et le tribunal demande que la loi contienne une disposition qui ordonne que l'affirmation judiciaire soit prononcée en personne, sauf les cas où il y aurait un empêchement grave, dûment justifié et admis par le tribunal. L'expérience n'a que trop justifié l'inutilité des sermens : aussi les rédacteurs l'ont-ils réduit à une affirmation judiciaire, qui serait également inutile, si les parties qui la doivent ne sont pas soumises à comparaître en personne à l'audience publique pour l'outrer en présence des juges et de tous les auditeurs. Tel qui ne craindrait pas de donner procuration à un tiers d'affirmer pour lui pourrait n'avoir pas l'audace d'étouffer en public le cri de sa conscience, qui lui reproche un parjure.

TITRE III. — *Quasi-contrats et Quasi-délits.*

1375   Art. 9. *L'équité*..... La loi ne doit pas se servir du nom de l'équité. Elle ne donne pas de conseils ; mais elle ordonne, permet ou défend. Toute loi est ou doit être fondée sur l'équité ; mais elle ne l'invoque pas pour appui de ses dispositions.

Le tribunal, sur l'avis de la commission, demande que l'article 9 soit ainsi rédigé : « Le maître dont l'affaire a été « bien administrée est tenu de etc. »

1579   Art. 13. Le cas purement fortuit non occasioné par la détention injuste ne peut être à la charge du détenteur. Il conviendrait donc de rédiger ainsi la dernière partie de l'article, « et, s'il l'a reçue de mauvaise foi, il est garant de sa « perte, même par cas fortuit, dont il ne pourrait pas « prouver que la cause est indépendante de sa détention « injuste. »

Observation approuvée par le tribunal.

Sur l'observation d'un membre, le tribunal a été d'avis d'ajouter à la section *des quasi-contrats*, la disposition suivante : « Si, dans un incendie, on est obligé, pour en arrêter « les progrès, d'abattre une ou plusieurs maisons voisines « de celle qui a été brûlée, les propriétaires des maisons « abbattues doivent être proportionnellement indemnisés par « les propriétaires des autres maisons ; dont il sera constaté, « par une visite d'experts, que la conservation est due à la « démolition des maisons voisines. »

TITRE IV. — *De la contrainte par corps.* tit. 16.

Renvoi aux observations contenues dans la première partie de ce travail.

Art. 8. La provision est pour la liberté. L'article 12 du titre XXXIV de l'ordonnance de 1667 la lui accordait, mais avec une étrange modification qui souvent rendait le bienfait illusoire. Le projet de Code civil la lui ravit, et viole ouvertement le principe. L'article 8 doit être réformé, et remplacé par la disposition suivante : 2068

« La contrainte par corps est sursise dans le cas ou le « jugement qui la prononce est entrepris par opposition ou « par appel. »

Le tribunal approuve cette observation de la commission.

TITRE V. — *Du cautionnement.*

Art. 9. La commission a observé que cet article aggrave, contre le principe, la condition de la caution ; qu'il est juste, à la vérité, que la caution, pour profiter du bénéfice 2023 de discussion, soit tenue de désigner les biens qui en doivent être l'objet ; mais qu'elle ne doit pas les avances des frais de cette discussion ; sauf sa responsabilité, si les biens désignés sont insuffisans.

Cette observation ayant été combattue, par la considération que le créancier dont la dette est cautionnée n'est pas obligé de discuter à ses frais les biens du principal débiteur, le tribunal est d'avis que l'article soit maintenu tel qu'il est rédigé.

2033　Art. 19. Le principe établi dans l'article 197 du titre Ier exige qu'il en soit fait application à l'article 19. Entre cohéritiers, la part de l'insolvable dans la dette commune est répartie sur tous les autres au marc le franc : il y a parité de raison entre cofidéjusseurs ; et cette contribution doit être exercée entre eux comme elle l'est entre cohéritiers.

Le tribunal, sur cette observation de la commission, est d'avis d'ajouter à l'article 19, après les mots : *chacun pour sa part et portion,* ceux-ci : « sauf la contribution de chacun des « cofidéjusseurs à la part du fidéjusseur devenu insol- « vable. »

tit. 18- et 19.

TITRES VI, VII et VIII.

Renvoi aux observations principales, formant la première partie de ce travail.

TITRE IX. — *Donations et Testamens.*

901- 902

Art. 4, *dernière partie.* La commission observe qu'il convient de diviser la dernière partie de cet article, de rejeter la preuve de haine ou colère, et d'admettre celle de la suggestion ou captation. La haine, la colère, sont des passions, des sentimens intérieurs qui peuvent déterminer la volonté de l'homme. Quelque odieuses que soient ces passions, on ne peut pas dire qu'il n'y ait pas de volonté dans l'ame qui agit par elles. De plus, leur action se passe dans les replis cachés du cœur, et il n'appartient point aux tribunaux de scruter le cœur des hommes. La suggestion, au contraire, et la captation, sont des espèces de fraude, des manœuvres pratiquées par une ou plusieurs personnes pour arracher à une autre des dispositions avantageuses. Ces manœuvres se manifestent par des actes extérieurs dont on peut acquérir la preuve, même écrite. L'effet de la suggestion et de la captation est de substituer la volonté d'un tiers à celle du donateur ou testateur, de manière qu'il n'y a point de la part de celui-ci de véritable consentement. Il est donc nécessaire d'admettre la preuve, soit par écrit, soit par témoins, de la suggestion et de la captation.

Sur cette observation de la commission, le tribunal est d'avis que la dernière partie de l'article 4 soit ainsi rédigée :

« La loi n'admet point la preuve que la disposition n'a « été faite que par haine ou colère ; elle admet celle de la « suggestion ou de la captation. »

Art. 6. *dernière partie.* La suggestion est plus facilement présumée ; elle est plus forte de la part des tuteurs naturels et légitimes. D'ailleurs, la loi attribuant déjà aux tuteurs naturels la jouissance des biens de leurs enfans pendant leur minorité, sans qu'ils soient tenus d'en rendre aucun compte, c'est une raison de plus pour ne point accumuler à cet avantage celui de la capacité de recevoir par donation de ces mêmes enfans.

Par ces considérations développées par la commission, le tribunal est d'avis que l'exception contenue dans la dernière partie de l'article 6 soit supprimée.

Art. 16. Au lieu de l'article 16, le vœu de la commission, approuvé par le tribunal, est de substituer les articles 1er et 2 de la loi du 4 germinal an 8.

L'article 1er limite la faculté de donner en proportion du nombre d'enfans du donateur, et cette proportion est fondée en raison ; elle est équitable. Le *maximum* de la disponibilité est le quart ; mais, s'il y a quatre enfans ou plus, la portion disponible se réduit à une part d'enfant, c'est-à-dire, au cinquième, si le donateur laisse quatre enfans ; au sixième s'il en laisse cinq ; et ainsi de suite.

Le second article, comprend sous le nom d'enfans, les descendans des enfans du donateur, en comptant seulement pour un les enfans ou descendans du même père. A ces dispositions très-justes, il convient d'ajouter les dispositions suivantes :

« Lorsque le donateur ne laisse ni enfans ni descendans, « la donation ne pourra excéder le tiers, s'il laisse des « ascendans ou des frères et sœurs ; la moitié, s'il laisse des « neveux ou nièces, enfans au premier degré d'un frère ou « d'une sœur ; et les trois quarts, s'il y a des cousins ger- « mains. A défaut de parens dans les degrés ci-dessus expri- « més, les donations peuvent épuiser la totalité des biens « du donateur. »

On remarque la différence de cette gradation à celle établie dans le projet ; elle consiste, = 1° à réduire au tiers la faculté qui était portée à la moitié, et ainsi des autres gradations ; = 2° à établir un degré de plus en faveur des cousins germains, qui pourraient être frustrés de la totalité de la succession, si l'article 16 du projet était adopté.

Le tribunal approuve les réformations proposées.

919 Art. 18 et 19. Le tribunal renvoie à la première partie de ses observations, concernant la faculté de donner à un successible.

921 Art. 22. La commission observe, sur le second alinéa de cet article, qu'on devrait distinguer la donation entre vifs de celle à cause de mort. La raison de refuser, dans le premier cas, aux créanciers du donateur le droit de demander la réduction du don, sauf la conservation de leurs hypothèques, est toute simple ; c'est qu'à l'ouverture de la succession du donateur, les biens donnés entre vifs ne se trouvent pas dans cette succession, et par conséquent les créanciers n'y peuvent avoir aucun droit. Il n'en est pas de même de la donation à cause de mort ou des dispositions tes-

tamentaires. Les donataires, en ce cas, ne pouvant rien réclamer qu'au moment où la succession s'ouvre, il est évident que les biens donnés ou légués sont *in bonis* de la succession du donateur ou testateur ; et dès lors étant, comme les autres biens héréditaires, affectés au paiement des créanciers, si les héritiers ne demandent point la réduction du don ou legs excessif, cette action ne peut être refusée aux créanciers légalement subrogés dans les droits réels de ces héritiers devenus leurs débiteurs par l'addition d'hérédité.

Le tribunal approuve cette observation, et demande que le second alinéa soit réformé dans les termes suivans :

« Néanmoins les créanciers du défunt peuvent demander
« la réduction du don à cause de mort, si elle n'est deman-
« dée par les héritiers. »

Art. 29. A la dernière ligne, au lieu de *donateur*, lisez *donataire* : c'est une faute typographique. 930

Art. 33. Un membre de la commission a été d'avis de supprimer l'article, et de prohiber toutes donations au profit des hospices et autres établissemens d'utilité publique. 910

Cet avis ayant été appuyé, la discussion s'est ouverte. On a dit, pour la prohibition, que, si l'article du projet subsiste, les mains-mortes, si funestes au commerce et à l'agriculture, vont renaître de leurs cendres ; que les abus de l'ancien régime ont dû éclairer sur les dangers des corporations propriétaires ; que les individus sont seuls capables de propriété ; que la nation est le seul corps qui puisse faire exception à la règle des propriétés individuelles ; qu'enfin le principe contraire tend à introduire des états dans l'Etat, et par suite au renversement de l'unité de la république.

On a répondu que ces principes politiques doivent céder à la faveur et aux besoins urgens des établissemens de bienfaisance, tels que les hospices civils, établissemens qu'on a vus exposés à un dépérissement absolu, par le système d'expropriation suivi par la convention nationale.

Le tribunal, après discussion, est d'avis que l'article soit maintenu.

955 Art. 60. Cet article n'admet que deux causes de révocation, fondées sur l'ingratitude du donataire. Il en est une troisième, dont la morale sollicite l'introduction dans le Code civil: c'est le refus que fait le donataire d'assurer des alimens au donateur devenu pauvre.

Le tribunal, approuvant cette observation de la commission, demande une addition à l'article en ces termes:

« = 3° S'il est justifié qu'il a refusé des alimens au do-
« nateur devenu pauvre. »

958 Art. 84. Il a été déjà observé que les assesseurs des juges-de-paix sont supprimés. Substituer: *ou son suppléant.*

1047 Art. 135. La commission a fait deux observations sur cet article, toutes deux adoptées par le tribunal.

= 1° Le fait que le légataire est auteur ou complice de la mort du donateur peut et doit donner lieu à la poursuite criminelle. Si, indépendamment de cette poursuite, le vœu de la loi est d'autoriser la demande en déchéance du legs, fondée sur le même fait, il est très-possible que la complicité du légataire ne soit connue qu'après l'année, à compter du décès du donateur; et en ce cas, le délai donné à l'héritier est trop court. On préviendrait cet inconvénient, en faisant courir le délai du jour du jugement rendu sur la poursuite criminelle; ce qui obligerait l'héritier, aussitôt qu'il a connaissance du crime, de le dénoncer, sans l'obliger à se rendre partie civile; et il attendrait l'effet de sa dénonciation.

= 2° Sur la 2ᵉ partie de l'article, il conviendrait de caractériser l'espèce d'injure qui peut donner lieu à la demande en déchéance du legs. On ne trouve pas l'injure au nombre des causes de révocation du don dans les articles 59 et 60 du même titre, auxquels renvoie l'article 134, mais seulement les *sévices* ou *délits* dont le donataire se rend coupable envers le donateur. L'injure faite à sa mémoire peut être, à la vérité, considérée comme un délit; mais le mot *injure* est trop vague ; il prête trop à l'arbitraire. Laissera-t-on aux tribunaux la faculté illimitée de l'application ? C'est leur donner une grande latitude.

Le tribunal est d'avis que le mot *grave* soit ajouté au mot *injure* dans la dernière partie de l'article.

CHAPITRE VI.

tit. 2-
ch. 7.

Ce chapitre est déplacé au titre *des donations et testamens*. Il renferme d'ailleurs plusieurs dispositions inutiles, et qui, au lieu de prévenir toute division entre les héritiers, seraient des germes féconds de procès et de discorde.

Celles qui pourraient être adoptées trouvent leur place naturelle au titre *des successions* (chapitre VII, *des partages et rapports*). Il convient que la loi autorise les pères, mères et autres ascendans, à faire entre leurs enfans ou descendans le partage de leurs biens ; mais cette faculté doit être limitée, de manière qu'elle ne puisse être exercée que par l'acte même qui contient leur démission ; laquelle doit être irrévocable.

La rescision contre les partages des pères et mères doit être admise comme contre les actes de partage des successions échues, pour lésion du cinquième. Au reste, il paraît juste, mais surabondant, d'ajouter que le demandeur en rescision est tenu d'avancer les frais, et qu'il les supporte en définitif, s'il est débouté. La loi sur la procédure civile contiendra sans doute des dispositions générales relatives aux dépens.

Sur ces observations de la commission, le tribunal est d'avis,

= 1º Que le chapitre VI du titre *des donations et testamens*, en soit retranché en entier ;

= 2º Qu'au chapitre VII du titre *des successions*, il soit inséré des dispositions relatives aux partages faits par les pères, mères et autres ascendans, telles, qu'en autorisant ces partages, la loi en limite la faculté à l'acte contenant la démission de ces ascendans, laquelle doit être irrévocable.

= 3° Que la même lésion opère la rescision de ces partages, que celle des partages des successions ouvertes.

1096-1097 Art. 159 et 160. Un membre a observé que ces deux articles sont susceptibles de réformation.

Le premier, en ce qu'il établit la révocabilité des donations entre époux faites pendant le mariage. Il veut, au contraire, qu'elles soient irrévocables comme celles faites par le contrat de mariage même.

Le deuxième, en ce que le don mutuel ne pourrait être fait que par deux actes distincts et séparés. Il veut, au contraire, qu'il puisse être fait par un seul acte à l'avenir comme par le passé. Ces innovations, a-t-il dit, n'ont aucun but utile. La révocabilité fomenterait des dissensions entre les époux ; la division du don mutuel en deux actes ne tend qu'à en augmenter les frais et les droits fiscaux.

Ces observations ayant été appuyées, on a répondu que les dissensions entre époux sont absolument indépendantes de la révocabilité ou irrévocabilité des dons ; qu'en les rendant révocables, la loi présente un remède à un mal qu'elle ne peut prévenir ; qu'il répugne à la justice et au droit naturel qu'un époux qui a de justes sujets de mécontentement, ne puisse révoquer des avantages faits dans un temps d'harmonie qui n'existe plus ; qu'à l'égard de la division des dons mutuels en deux actes, elle a son principe dans la faculté respective de les révoquer ; que le don mutuel étant fait par un seul acte indivisible, l'un des époux se trouve tellement lié, qu'il ne peut révoquer le don qu'il a fait sans perdre celui qu'il a reçu ; au lieu qu'en divisant les actes, l'époux qui usera de la révocation du consentement de l'autre époux pourra néanmoins conserver le don qui lui est fait, si l'autre époux n'use à son tour de la faculté de le révoquer.

D'après cette discussion, le tribunal est d'avis que les articles soient maintenus.

Art. 161. L'observation faite et adoptée sur l'article 173 du titre *des successions*, se reproduit ici. Elle est relative à l'expression: *part d'enfant le moins prenant*, Ces mots : *le moins prenant*, doivent être supprimés.

TITRE X.

Art. 7. Rien de plus défavorable, en général, que les contre-lettres, et sur-tout celles qui tendent à changer ou altérer les conventions matrimoniales : on ne saurait donc, lorsqu'on les permet, prendre trop de précautions contre la fraude.

Par ces motifs, la commission est d'avis et le tribunal demande qu'aux mots: *hors la présence*, il soit ajouté ceux-ci: *et sans le consentement*, etc.

Art. 21. La disposition de cet article doit être bornée aux licitations judiciaires ou forcées, par l'impossibilité constatée d'un partage ; en l'étendant à toute licitation conventionnelle, on facilite les moyens de frustrer la communauté d'une portion plus ou moins considérable de l'indemnité qui lui est due : un immeuble échu à l'un des conjoints, valant réellement vingt mille francs, par exemple, pourra paraître avoir été licité à une somme moitié moindre de sa valeur, par une connivence facile entre le conjoint et ses colicitans. Cette connivence est surtout praticable par le mari, sans que sa femme en puisse avoir la moindre connaissance.

Le tribunal, adoptant cette observation de la commission, demande que la première partie de l'article 21 soit rédigée de la manière suivante:

« Lorsque, dans une succession échue à l'un des conjoints,
« et commune à d'autres cohéritiers, il y a eu licitation judi-
« ciaire ou forcée par l'impossibilité constatée d'un partage,
« l'immeuble acquis par cette voie n'entre point en com-
« munauté, sauf à l'indemniser de la somme qu'elle a four-
« nie pour cette acquisition : mais, si la licitation a été
« purement volontaire, l'indemnité due à la communauté

« sera de la valeur réelle de la part indivise des cohéritiers
« du conjoint dans l'immeuble licité à ce dernier ; auquel
« effet il sera fait estimation de l'immeuble, la part du
« conjoint déduite. Néanmoins, etc.

1436 Art. 46. Ne convient-il pas de distinguer entre le mari et la femme ? Que le remploi qui est dû au mari n'ait lieu qu'à la concurrence du prix versé dans la communauté ; rien de mieux, parce qu'étant maître absolu de l'administration, il ne peut y avoir lieu à la présomption de fraude à son propre préjudice : mais par la raison même qu'il dispose à son gré de la communauté, il semble juste de conserver à la femme l'intégralité du remploi de son immeuble aliéné, en lui en assurant la *valeur réelle* au temps de l'aliénation, conformément à l'ancien droit commun de la France ; autrement le mari, par l'effet de l'ascendant qu'il a sur sa femme, pourrait concerter avec l'acquéreur de l'immeuble aliéné, les moyens d'énerver les reprises de la femme ou de ses héritiers.

Cette observation de la commission étant adoptée, le tribunal est d'avis de substituer à l'article 46 la rédaction suivante :

« Le remploi qui est dû au mari dont l'immeuble est
« aliéné n'a lieu que jusqu'à la concurrence du prix con-
« staté par le contrat de vente, indépendamment de la valeur
« réelle de l'immeuble vendu. Le remploi dû à la femme
« sera de la valeur réelle de son immeuble aliéné, eu égard
« au temps de la vente, si cette valeur excède le prix
« porté au contrat. Si le prix de la vente excède la valeur
« connue par l'estimation, la femme ou ses héritiers ob-
« tiendront le remploi du prix. »

ap- Art. 72. L'observation faite sur l'art. 82 du titre *des suc-*
1453 *cessions*, reçoit ici son application relativement à la communauté ; et de plus, la commission ajoute que l'inutilité de l'article 72 est le résultat évident de la disposition de l'article 91 du même titre, où les rédacteurs supposent qu'un des

héritiers de la femme peut accepter la communauté, et que l'autre peut y renoncer divisément, chacun pour sa part virile. Enfin, l'art. 82 n'a point le caractère d'une loi ; il n'est ni impératif ni prohibitif : il ne dit rien.

Art. 83 et 96. La rigueur du principe est que la communauté ne peut se prolonger au-delà de l'époque précise de sa dissolution. Cependant l'art. 96 présente une exception à ce principe, en faveur des frais de scellé, inventaire et vente. On en voit une autre à l'article 108, en faveur de la femme renonçante, pour sa nourriture et son logement, pendant, le délai qui lui est accordé pour délibérer.

1467-1470

Sur quoi un membre a demandé s'il ne serait pas juste d'accorder la même faveur à la femme qui accepte la communauté. Un délai lui est accordé par la loi, soit pour accepter, soit pour renoncer : quelque parti qu'elle prenne, elle doit être nourrie sur les provisions existantes. Cependant, l'article 108 n'est applicable qu'à la femme qui renonce : il convient donc qu'à la suite de l'art. 96, le Code présente une semblable disposition en faveur de la femme qui accepte.

On a dit, dans le cours de la discussion, que le droit de la femme renonçante est susceptible d'une extension qui ne peut avoir lieu pour la femme communière. Le droit de celle-ci doit être borné aux provisions existantes à la mort de son mari : l'étendre au-delà de ces bornes, ce serait outrer la fiction d'une communauté survivant à sa dissolution.

Le tribunal, prenant en considération les observations qui ont été faites de part et d'autre, est d'avis qu'à la suite de l'art. 96, et avant la distinction 2, il soit inséré un article additionnel ainsi conçu :

« La femme, soit qu'elle accepte la communauté, soit
« qu'elle y renonce, prend sur la masse des provisions exis-
« tantes ce qui lui est modérément nécessaire pour sa nour-
« riture et celle de ses domestiques pendant le délai qui lui
« est accordé par la loi pour délibérer ; sans préjudice des dis-

« positions qui seront ci-après réglées par rapport à la
« femme renonçante. »

ap-
1493-
1465

Art. 108. La commission observe, 1° que les mots: *nourrie aux dépens*, semblent annoncer un droit plus étendu que celui de se nourrir sur les provisions existantes ; ce qui est d'autant plus juste, que, dans les villes, et surtout dans les ménages peu fortunés, il n'existe pas de provisions en nature. Cependant, si la femme est obligée de contracter des dettes pour se nourrir pendant le délai de délibérer, pour qu'elle pût les faire supporter par la masse de la communauté dissoute, il conviendrait qu'il y en eût, dans la loi, une disposition plus expresse, et aussi qu'elle fût tellement limitative, qu'il ne fût pas au pouvoir de la femme de grever la masse commune, de dettes exorbitantes, sous prétexte de nourriture.

2° A l'égard du loyer, si les époux demeuraient, à l'époque de la dissolution de la communauté, dans une maison qui n'appartînt ni à la communauté ni au mari, mais qui fût une location à prix d'argent, il serait néanmoins juste d'autoriser la femme à y continuer sa demeure pendant le délai de délibérer, sans être tenue d'en supporter le loyer pour aucune partie en cas de renonciation. C'est vraisemblablement l'intention des rédacteurs; mais elle n'est pas suffisamment expliquée par la deuxième partie de l'article.

Le tribunal, d'après ces observations, est d'avis que l'article 108 soit réformé et rédigé de la manière suivante:

« Elle a droit, pendant les délais de trois mois et de qua-
« rante jours qui lui sont accordés pour faire inventaire et
« délibérer, de prendre sa nourriture et celle de ses do-
« mestiques, soit sur les provisions existantes, s'il y en a,
« soit par emprunt au compte de la masse commune, à la
« charge d'en user modérément.

« Elle ne doit aucun loyer à raison de l'habitation qu'elle
« a pu faire pendant ces délais dans une maison dépen-
« dante de la communauté ou appartenant aux héritiers du

« mari; et si la maison qu'habitaient les époux à l'époque
« de la dissolution de la communauté était par eux tenue à
« titre de ferme ou loyer, elle ne contribuera point person-
« nellement, pendant les mêmes délais, au paiement de la-
» dite ferme ou dudit loyer, lequel sera pris sur la masse
« commune. »

Art. 111. Ou cet article est déplacé ici, et doit être ren- ap-
voyé au titre *des hypothèques;* ou, en le laissant subsister, il est 2121-
nécessaire de déterminer l'époque à laquelle remonte l'hy- 2135
pothèque de la femme renonçante. On voit, au titre *des hypothèques*, article 19, que la femme commune et la femme
séparée par contrat de mariage ont hypothèque du jour de
leur contrat, ou de la célébration du mariage lorsqu'il n'y a
point de contrat; et que la femme séparée par jugement n'a
hypothèque pour l'indemnité des dettes qu'elle a contractées,
ou pour le remploi de ses biens aliénés, qu'à compter du
jour de l'obligation et de la vente. Il n'y a qu'un mot à ajouter
à la première partie de cet article, en disant :« La femme,
« soit qu'elle accepte la communauté, soit qu'elle y renonce,
« a, etc.; » et à l'article dont il s'agit ici, dans le cas où on
le laisserait subsister, quoique inutile, on ajouterait: « ainsi
« qu'il est dit à l'article 19 du titre *des hypothèques.* »

Le tribunal, sur cette observation de la commission, est
d'avis de la suppression de l'article, par le motif qu'ayant
précédemment voté pour la maintenue de la loi du 11 brumaire an 7, il est inutile de parler ici de l'hypothèque de la
femme mariée, laquelle se trouve réglée par cette loi.

Art. 130. Cet article devrait distinguer entre le mari et la 1504
femme. Le mari qui néglige de faire inventorier le mobilier
qui lui est échu pendant le mariage est inexcusable; et il
paraît juste de punir cette négligence, en le privant de la
faculté de prouver autrement que par titre la valeur des
successions mobilières qui lui sont échues. Au contraire, la
femme est dans la perpétuelle dépendance de son mari ; et
lorsqu'il n'y a point eu d'inventaire du mobilier échu à la

femme, c'est moins la faute de celle-ci que celle de son époux, qui a dû veiller à la conservation de ses droits. Elle peut, à la vérité, requérir l'inventaire, et, sur le refus de son mari, se faire autoriser de justice pour cet acte prescrit par la loi; mais elle craindra le plus souvent de déplaire à son mari en recourant à la justice, et s'abstiendra, plutôt que de troubler l'harmonie de l'union conjugale. Il a donc paru à la commission, d'une justice rigoureuse d'admettre la femme ou ses héritiers à la preuve testimoniale ; par commune renommée, de la valeur du mobilier qui lui est échu pendant le mariage, sans qu'il soit besoin de circonstances qui puissent faire présumer que l'inventaire n'a été omis qu'en vue d'avantager indirectement le mari ou sa communauté.

Sur ces observations, le tribunal est d'avis que l'article 130 soit rédigé comme il suit :

« Le mobilier qui échoit à chacun des deux époux pen-
« dant le mariage doit être constaté par un inventaire. Faute
« d'inventaire du mobilier échu au mari, ses héritiers, ou
« lui, s'il survit, ne peuvent reprendre, lors de la dissolu-
« tion de la communauté, que ce qui sera justifié, par écrit,
« lui être échu : faute d'inventaire du mobilier échu à la
« femme, elle ou ses héritiers sont admis à faire preuve, par
« commune renommée, de la valeur de ce mobilier. »

TITRE XI.

1647   Art. 68 *Si la chose a péri par cas fortuit.......* Il faut dire : *Si la chose qui avait des vices a péri, etc.;* autrement l'article, pris isolément, pourrait induire en erreur : en effet, la chose vendue qui périt par cas fortuit périt pour l'acheteur propriétaire actuel, non pour le vendeur; la perte n'est pour celui-ci que lorsque la chose avait des vices rédhibitoires. Cette observation est adoptée par le tribunal.

1648   Art. 69. Cet article abandonne aux usages locaux le terme de la prescription de l'action rédhibitoire ; ce qui tend à détruire l'uniformité si nécessaire dans les lois, surtout dans celles relatives à la prescription.

Le tribunal, sur cette observation, est d'avis que cet article soit retranché du titre XI, et qu'au titre *des prescriptions*, le délai nécessaire pour l'action rédhibitoire soit déterminé, à raison des divers genres de vices qui y donnent ouverture, en le réduisant à la plus grande brièveté possible.

Art. 95. Il convient d'ajouter à cet article que l'acquéreur aura ses frais de labour et de semence. Rien de plus juste. Le vendeur à terme de réméré exerce cette faculté dans le délai convenu. La loi lui attribue les fruits pendans par les racines : mais ces fruits n'ont été produits que par des travaux de l'acquéreur, et par des semences antérieures à l'exercice du réméré. Le vendeur n'en doit donc profiter qu'en indemnisant l'acquéreur de sa dépense et de son travail.

ap-1672-fin de 1673

Le tribunal, sur cette observation de la commission, est d'avis de l'addition proposée.

TITRE XIII.

Art. 21. L'observation de la commission porte sur la dernière partie de cet article. Lorsqu'on afferme verbalement un bois taillis, on est présumé en vouloir céder au preneur la jouissance intégrale. Si donc le bois taillis se divise en plusieurs coupes, le preneur doit les avoir toutes : autrement, et si on ne lui en donne qu'une, ce n'est plus le bois taillis qui lui est affermé, mais une partie ; ce qui est contraire à l'hypothèse d'une ferme du bois taillis dans son intégralité.

1774

Sur cette observation, le tribunal est d'avis que la dernière partie de l'article soit réformée et convertie dans la disposition suivante :

« Le bail d'un bois taillis, lorsqu'il se partage en plu-
« sieurs coupes, est censé fait pour l'exploitation successive
« de toutes les coupes. »

Art. 25. Il est nécessaire que la loi détermine un délai

1738-1776.

fixe, tel qu'une décade, au-delà du terme usité dans le lieu pour la sortie : autrement un fermier pourrait se prévaloir de la tacite réconduction, en restant un seul jour au-delà du terme usité ; et il profiterait de l'impuissance où a été le bailleur, ou le nouveau fermier, de faire ses diligences pour le contraindre à vider ; ce qui est d'ailleurs contraire à la règle, *dies interpellat pro homine.*

Le tribunal, sur cette observation de la commission, est d'avis que l'article soit rédigé ainsi : « Si, après l'expiration « du bail d'un bien rural, le fermier continue la jouissance « *pendant une décade* au-delà du délai usité dans le lieu pour « sa sortie, le fermier, etc. »

1738-1759   Art. 26. A la dernière ligne, il y a erreur dans la citation de l'*article* 21 ; c'est l'*article* 19 qu'on a voulu citer : faute typographique.

1754   Art. 43. Autre faute d'impression : *Les réparations, etc.*, lisez, *ces réparations.*

Sur le même article la commission propose deux corrections.

La première est relative aux vitres, qui sont réparations locatives, excepté qu'elles ne soient cassées par la grêle. La grêle n'est pas le seul accident dont l'effet sur les vitres soit à la charge du bailleur ou autre propriétaire. Il convient d'ajouter, « ou autres accidens extraordinaires et de force « majeure dont le preneur ne peut être tenu. »

La seconde observation est relative aux portes, croisées, cloisons en planches, etc. ; on doit ajouter encore la force majeure comme exception qui fait cesser la charge du locataire.

Ces deux observations sont adoptées.

1745-1746   Art. 59 et 60. Ces articles règlent les dommages-intérêts dus au locataire ou fermier qui, par le bail, se serait soumis à l'éviction en cas de vente sans stipulation d'indemnité. Le projet distingue à cet égard les biens de ville des biens ruraux. Dans le premier cas, l'article 59 règle les dom-

mages-intérêts à une somme égale au prorata du prix du loyer: dans le second, l'article 60 autorise une estimation par experts. Mais, s'il s'agit de manufactures, d'usines, d'hôtelleries ou autres établissemens considérables, quel sera le mode de réglement de l'indemnité due au locataire évincé ? Le projet n'en parle pas ; et de son silence on pourrait inférer que l'indemnité est bornée, comme pour les biens de ville, à une somme égale au prix du loyer ; ce qui serait le plus souvent injuste. Il convient donc d'ajouter à l'article 60 :
« S'il s'agit de biens ruraux, ou de manufactures, usines,
« hôtelleries ou autres établissemens qui exigent de grandes
« avances, l'indemnité sera réglée par experts. »

Cette observation est adoptée par le tribunal, qui vote pour l'addition proposée.

Art. 85. Cet article impose au bailleur l'obligation de prouver que la bête a péri par la faute du preneur. N'y a-t-il pas beaucoup plus d'inconvéniens à laisser cette preuve à la charge du bailleur, qu'à obliger le preneur de justifier qu'il n'y a point de sa faute? Si l'obligation de représenter les peaux des bêtes mortes suffisait pour sa décharge, ne pourrait-il pas vendre un bœuf, par exemple, ou le consommer, en gardant la peau pour la représenter à son bailleur, qui, dans l'éloignement, serait hors d'état de prouver ou la vente ou la consommation? Le preneur étant possesseur des bestiaux, il paraît juste de l'assujétir à justifier que la bête a péri sans sa faute : c'est une conséquence naturelle du principe énoncé dans l'article 83.

Le tribunal, sur cette observation de la commission, est d'avis que l'article soit réformé et converti dans la disposition suivante:

« En cas de contestation sur la cause de la perte du
« cheptel, c'est au preneur à prouver qu'il a péri sans sa
« faute. Cette preuve opère sa décharge. »

TITRE XIV.

1850 Art. 27. *Sans pouvoir compenser avec ces dommages les profits que son industrie lui aurait procurés*....... lisez: *que son industrie aurait procurés à la société dans d'autres affaires.* Autrement il y aurait amphibologie, le pronom *lui* pouvant se rapporter à l'associé qui est l'antécédent immédiat. — Adopté.

1852 Art. 29. La construction est vicieuse et embarrassante ; car on ne peut pas dire qu'un associé soit *créancier des risques* de sa gestion. Cela ne s'entend pas. Mais il est facile de réparer cette incorrection, en ajoutant aux mots : *mais encore*, ceux-ci : *à raison des obligations, etc., et des risques.* — Adopté.

1854 Art. 31. Cet article est à retrancher comme vague et inutile. L'associé qui voudra attaquer le réglement des parts, ne manquera jamais de prétextes plus ou moins spécieux pour le supposer contraire à l'équité. Ou le vœu du législateur est de rendre ce réglement irrévocable, ou son intention est d'autoriser l'associé qui s'en croit lésé à l'attaquer : dans l'un et l'autre cas, l'article 31 doit être réformé. Au surplus, la commission pense qu'on ne peut priver l'associé du droit de se plaindre du réglement fait soit par un autre associé, soit par un tiers qui n'a point le caractère de juge, encore moins celui de juge en dernier ressort.

Le tribunal est d'avis que l'article soit retranché.

TITRE XV.

1913 Art. 41. Le tribunal ayant été précédemment d'avis de substituer les lois du 11 brumaire an 7 au système des hypothèques et saisies réelles suivi dans ce projet, la première partie de cet article devra, dans cette hypothèse, être supprimée.

Quant aux deux autres parties, le tribunal observe que, dans les cas où le capital de la rente constituée est exigible, il ne peut y avoir lieu à la division de ce capital imaginée dans la disposition finale. Il ne reste plus en effet de sûreté au créancier de la rente constituée, lorsque son débiteur a fait faillite ou tombe en déconfiture, ou lorsque la saisie réelle est apposée sur ses biens.

L'article 41 est donc susceptible d'une rédaction toute différente ; on pourrait même le supprimer en entier, et s'en tenir aux deux causes qui, dans l'article 40, ont été exprimées comme devant donner lieu à la conversion du contrat en obligation pure et simple.

TITRE XVI. — *Du dépôt.*

Art. 13. *Lorsque le dépôt n'est point prouvé par écrit* ajoutez : 1924 *et dans les cas où la preuve par témoins n'en est point admise, celui qui, etc.*

La nécessité de cette addition sera sentie, lorsqu'on fera attention qu'il y a des cas où la preuve par témoins est admise en matière de dépôt, et qu'alors, si le dépôt est prouvé, le dépositaire ne peut être cru sur sa déclaration, quoiqu'il n'y ait pas de preuve par écrit.

Le tribunal approuve l'addition proposée par sa commission.

Art. 16. Cette disposition, faute de peine, est purement 1931 de précepte, et, par conséquent, inutile : car, en cas de violation du secret, quelle sera l'action du déposant ? quelle sera la peine contre le dépositaire infidèle ? Toute loi qui n'est pas coactive est illusoire : il est donc nécessaire, pour l'exécution de l'article 16, d'y ajouter la peine de la contravention : cette peine doit être naturellement la responsabilité des dommages-intérêts du déposant, sans préjudice des poursuites contre le dépositaire infidèle, soit par voie de police correctionnelle, soit au criminel, suivant la gravité des circonstances.

Le tribunal approuve cette observation.

Art. 29. On pourrait ajouter à la fin de cet article la 1947

disposition suivante : « De même, le dépositaire peut obli-
« ger le déposant à retirer son dépôt, et, s'il y avait des
« oppositions, à les faire vider. »

Cette disposition, puisée dans le projet de Cambacérès (art 1060), est fondée en principe. Il ne serait pas juste, en effet, que le dépositaire fût obligé de garder le dépôt malgré lui et pendant un temps indéfini.

Observation adoptée.

ap-
1952-
1953

Art. 32 et 33. Les dispositions de ces deux articles contre l'hôtelier sont trop rigoureuses. Les rédacteurs paraissent avoir préféré le sentiment de Dauty, étayé de quelques arrêts dont les circonstances ne sont pas bien connues, à celui de Pothier, qui est appuyé sur des principes puisés dans la raison écrite. Ces principes sont : = 1° que l'hôtelier n'est responsable que des effets qui ont été remis soit à lui-même, soit à ses domestiques ou autres personnes préposées pour recevoir les effets des voyageurs;

= 2° Qu'il est responsable en ce cas, que le vol ait été commis ou le dommage causé soit par ses domestiques, soit par les allans ou venans, soit même par d'autres voyageurs;

= 3° Que lorsqu'on ignore par qui le vol a été fait ou le dommage causé, l'hôtelier à qui les effets n'ont pas été donnés en garde soit à sa personne même, soit à ses domestiques, n'est pas responsable des effets entrés dans son auberge;

= 4° Enfin, que, dans les cas de responsabilité, elle ne porte que sur des corps apparens, non sur ce que le voyageur alléguerait y avoir renfermé, si ce n'est qu'il y eût effraction ; auquel cas le voyageur en est cru sur son affirmation.

Le tribunal est d'avis que les articles 32 et 33 soient réformés et réduits aux principes qui viennent d'être exposés par sa commission.

TITRE XVII. — *Du mandat.*

Art. 10. *Le mandataire,* ajoutez: *quoique le mandat soit indéfini, n'a pas, etc.* 1988

Sur le même article, en parlant de la restitution, on s'est servi du mot *envers un acte,* au lieu de *contre un acte.* Cette dernière expression serait plus correcte.

Art. 11. « Le mandat pour transiger ne renferme pas « celui de compromettre. » Il convient d'ajouter : « *et réciproquement le mandat de compromettre n'emporte pas celui de transiger.* » Il aurait fallu dire aussi que le mandat pour vendre n'autorise pas de plein droit à recevoir le prix de la vente. Le Code civil doit ou ne présenter que des principes généraux, ou, lorsqu'il entre dans le détail des espèces particulières, il doit les prévoir toutes autant qu'il est possible ; parce que, quand la loi est muette, il ne peut se faire d'extension d'un cas particulier à un autre cas particulier ; et l'on pourrait conclure de l'expression de l'un, que l'intention de la loi a été d'exclure les autres, quelque corrélation qu'il y ait entre eux et celui qui est exprimé. Ici, il était un principe général qui pouvait rendre inutiles et l'article 11, et même toutes les spécialités établies dans l'article 10 ; c'est celui que le mandataire est étroitement tenu de se renfermer dans les bornes de son mandat : mais puisque, outre ce principe, on a jugé utile d'en exprimer quelques corollaires, il a paru à la commission non moins nécessaire d'y ajouter ceux qu'elle propose. — Adopté. 1989

Art. 19. Il convient de déterminer l'espèce de faute dont le mandataire est responsable. La commission pense qu'il ne peut l'être de la faute légère, par la raison que le mandat est essentiellement gratuit, et qu'il est dur de rendre garant de fautes légères, un homme qui a donné gratuitement ses soins à la conduite des affaires du mandat. Elle propose d'ajouter le mot *grave* à l'art. 19. — Adopté. 1992

TITRE XVIII.

2079-2080   Art. 10. La citation à la fin de cet article, du titre II du présent livre, est fautive : c'est la section II du titre XVI qu'on a voulu citer. C'est là en effet que sont établies les obligations du dépositaire, auquel est comparé le détenteur du gage. — Adopté.

TITRE XIX.

1965-1966   Art. 2. Le jeu de paume est un jeu d'adresse qui n'a aucun rapport aux exercices militaires. Il convient donc, en le comprenant dans l'exception, de le séparer *des jeux propres à exercer au fait des armes.* L'article pourrait être ainsi rédigé :

« La loi n'accorde aucune action pour le paiement de ce « qui a été gagné au jeu, ou pour un pari, à l'exception des « jeux propres aux exercices des armes et du corps, tels que, « etc. » — Adopté.

ap-1976   Art. 13, 14 et 15. La commission propose de supprimer ces trois articles. Le contrat à rente viagère étant rangé dans la classe des contrats aléatoires, la loi ne doit point gêner la liberté des conventions sur le taux de ces rentes. On ne s'est jamais avisé de limiter la prime dans le contrat d'assurance, ni le change ou prix du risque dans les contrats à la grosse. Il n'y a pas plus de raison de limiter le taux des rentes viagères créées soit à prix d'argent, soit par acte translatif de la propriété d'un immeuble. Le caractère aléatoire que lui donne la loi est un obstacle à toute limitation légale contraire aux conventions des parties.

Le tribunal, d'après ces observations, est d'avis que les articles 13, 14 et 15 soient supprimés, et le 16e conservé.

1977   Art. 19. La seconde partie de cet article a paru à la commission contraire aux principes d'équité. Le débiteur d'une rente viagère qui n'en paie pas les arrérages, manquant le premier à ses engagemens, cette inexécution de sa part doit naturellement ouvrir, au profit du créancier, l'action en résiliement du contrat inexécuté : *fidem frangenti fidem servare necesse non est.* Si la rente viagère a été créée à prix d'argent, il est juste que, faute de paiement des arrérages le créancier puisse reprendre son argent : si elle est le prix d'un immeuble vendu, il est également juste qu'il puisse reprendre son bien. Les condamnations qu'il obtiendra en l'un et l'autre cas ne seront que comminatoires. Le débiteur ne pourra s'en plaindre, puisqu'il les aura occasionées, et qu'il pourra les faire cesser en payant. La commission, enfin, ne voit rien de contraire à ces principes d'équité dans les auteurs qui ont traité des rentes viagères. Ainsi, l'art. 19 paraît devoir être rédigé comme il suit :

« Celui au profit de qui la rente viagère a été constituée,
« soit à prix d'argent, soit en représentation d'un immeu-
« ble aliéné, peut demander la résiliation du contrat, si le
« constituant manque à lui fournir les sûretés qu'il aurait
« promises pour son exécution, ou s'il est en retard de
« payer trois années d'arrérages. Dans l'un et l'autre cas,
« le jugement de résiliation n'est que comminatoire. »

Le tribunal, adoptant les observations de sa commission, demande que la rédaction proposée soit mise à la place de l'article 19.

TITRE XX. — *De la prescription.*

Art. 19. *Même ceux de l'usufruitier.........* La commission observe que ces mots doivent être rayés de l'article. Les héritiers de l'usufruitier ne peuvent pas, à la vérité, se servir de la possession de leur auteur pour prescrire la propriété de l'immeuble dont il avait l'usufruit ; mais, l'usufruit étant éteint, il y a interversion, et ils commencent à posséder *pro suo :* leur possession est donc valable, à compter de l'extinction de l'usufruit, à l'effet d'acquérir la prescription.

Le tribunal, adoptant cette observation, est d'avis de la radiation proposée.

2246 Art. 28. La commission propose d'ajouter : *pouvu que l'incompétence ne soit pas radicale;* par la raison que, si l'incompétence est radicale, la citation nulle ne peut avoir l'effet d'interrompre. Tous les jurisconsultes ont fait cette distinction, qui paraît devoir être conservée.

On a objecté que, la prescription étant odieuse, l'interruption doit être admise, quoique la citation soit nulle. La commission a répondu que ce qui est nul ne peut avoir d'effet.

Un autre membre a proposé d'appliquer cette maxime à la prescription, en décidant, en termes généraux, que la citation nulle ne peut avoir l'effet d'interrompre.

On a répondu que, les nullités pouvant être couvertes, du moins celles de forme, cette proposition ne peut être admise.

Celle de la commission, mise aux voix, a été adoptée, et le tribunal est d'avis de l'addition.

2250 Art. 32. La commission observe que la question résolue affirmativement par cet article est très-controversée : un grand nombre de jurisconsultes sont pour la négative. D'Argentré, qui a traité *ex professo* des prescriptions, établit qu'en fait d'interruption, il ne se fait pas d'extension d'une personne à une autre. L'équité veut, de plus, que le principal débiteur ne puisse pas rendre, par son fait, la condition de sa caution plus dure. En un mot, les obligations de la caution peuvent être quelquefois resserrées ; jamais on ne doit les étendre : il est surtout essentiel d'observer qu'ici il n'est question que de la caution simple, dont le titre d'obligation est différent de celui qui lie le principal débiteur.

La proposition de la commission a donc pour objet d'établir, au lieu de l'article 32, une maxime diamétralement opposée, en ces termes :

« L'interpellation faite au principal débiteur, ou sa re-

« connaissance, ne peuvent avoir l'effet d'interrompre la
« prescription contre la caution simple. »

Un membre a observé que la construction de l'article est vicieuse, par la raison que ce n'est pas *l'interpellation* du débiteur, mais plutôt celle qui lui est faite, qui interrompt la prescription.

La commission répond que ce vice grammatical est réparé par la rédaction qu'elle propose.

Le tribunal, après discussion, adopte cette rédaction.

La commission a ensuite proposé la question inverse : L'interpellation faite à la caution, ou sa reconnaissance, interrompent-elles contre le principal débiteur? Elle s'est prononcée en majorité pour la négative, par le principe déjà cité, qu'en matière de prescription, il ne se fait pas d'extension d'une personne à une autre.

La reconnaissance de la dette par la caution ne vaut que pour le temps que dure l'obligation principale, sans en pouvoir prolonger la durée. Ou la caution s'est renfermée dans les bornes de son cautionnement; et alors, la reconnaissance de la dette ne la lie que pour le temps que la dette subsistera : ou bien, dépassant les limites de son premier engagement, elle s'est personnellement obligée; et en ce cas elle n'a pu évidemment que se lier elle-même, sans nuire au débiteur primitif, qui, par l'effet de la prescription, est libéré, indépendamment du nouveau contrat de la caution.

Le membre de la commission qui s'est trouvé d'avis contraire a soutenu son opinion par le principe constant que le créancier peut s'adresser à la caution, même simple, et la poursuivre jusqu'à ce qu'elle requière la discussion préalable des biens du principal obligé. De ce principe il résulte nécessairement, dit-il, que le principal obligé ne peut se prévaloir de la prescription de la dette quand le créancier s'est pourvu à temps contre la caution; car il répugne que la caution demeure obligée sans que le débiteur principal le soit : il l'est, puisque la caution a son recours assuré contre lui, en un mot la caution n'est qu'accessoirement obligée, et l'on ne peut concevoir que l'accessoire subsiste sans le principal.

Un autre membre a poussé plus loin la faveur de la libération : il a dit que l'interpellation faite à la caution n'interrompt pas contre la caution même, et ne vaut que pour la durée de l'action principale ; et cela par la raison qui vient d'être déduite, que l'accessoire ne peut exister lorsque le principal n'existe plus. Qu'on suppose, par exemple, a-t-il ajouté, une citation donnée à la caution deux jours avant le complément de la prescription. Le créancier vient ensuite, mais après la prescription accomplie contre le débiteur principal. Celui-ci allègue la prescription, qui le libère : eh bien ! sa libération doit nécessairement entraîner celle de la caution.

Le tribunal, après une discussion prolongée, a d'abord mis aux voix la question si l'interpellation faite à la caution interrompt contre la caution même, de manière à en prolonger l'effet au-delà de la durée de l'action principale. La majorité s'est prononcée pour l'affirmative. Le président, divisant ensuite ainsi l'interpellation et la reconnaissance, a posé deux questions, en ces termes :

L'interpellation faite à la caution interrompt-elle contre le principal débiteur ?

La reconnaissance volontaire de la caution a-t-elle le même effet ?

La discussion s'étant prolongée, un membre a proposé de se borner à exposer la nécessité de résoudre ces questions ; et, cette observation ayant prévalu, le tribunal demande qu'à la suite de l'article 32 il soit décidé, = 1° si l'interpellation faite à la caution interrompt contre le principal débiteur ; = 2° si la reconnaissance volontaire de la caution a le même effet.

ap- 2257 Art. 38, *dernière partie*. Un membre a observé que le dernier mot de cet article présente une faute d'impression ;

au lieu d'*insolvabilité* il faut lire *solvabilité*. Cette observation est accueillie, et le tribunal est d'avis de la correction proposée.

Art. 43. Le terme de la prescription pour les actions personnelles a paru trop long. Cambacérès, dans son projet de Code civil, n'admettait pas de plus longue prescription que celle de quinze ans, et ce terme était aussi trop court. Un juste milieu entre ces deux extrêmes serait préférable. Graduer les prescriptions en proportion de l'importance des actions qu'elles éteignent ; soumettre les actions réelles à la prescription de trente ans, et les actions personnelles à celle de vingt ans : voilà le *medium* que propose la commission, en observant, au surplus, que la législation sur la durée des prescriptions ne repose sur aucun principe certain puisé dans la raison.

Sur ce rapport de la commission, le tribunal est d'avis que l'intitulé de la section II, qui précède l'article 43, soit changé ; que les sections II, III et IV soient réunies, et n'en forment qu'une seule, sous le titre *des diverses prescriptions* ; et que l'article 43 soit divisé en trois, ainsi qu'il suit :

« Les actions réelles se prescrivent par trente ans, sans
« titre.

« Les actions personnelles se prescrivent par vingt ans.

« On ne peut opposer la mauvaise foi à celui qui allègue
« l'une ou l'autre de ces deux prescriptions ; et il n'y
« a lieu à déférer l'affirmation judiciaire pour en détruire
« l'effet. »

Art. 57. La commission observe qu'il n'est pas convenable de donner une action aux parties contre les juges, après le jugement du procès : les juges n'ont aucun rapport direct avec elles. Autrefois, intéressés à retenir les pièces pour la sûreté de leurs épices, il pouvait être juste de les rendre responsables ; aujourd'hui, les juges étant sans intérêt, cette responsabilité, après jugement, n'a plus de principe.

Au surplus, quant à l'avoué, l'action de la partie contre lui ne doit pas être de plus longue durée que l'action de l'avoué contre elle; et il en est de même de l'huissier.

Un membre propose de rayer le mot *sergent*; ce mot, qui désignait jadis les huissiers des juridictions seigneuriales, n'étant plus d'usage.

Un autre membre propose de déterminer la durée de la responsabilité des greffiers pour les pièces déposées dans leurs greffes, sauf leur recours en vertu des récépissés dont ils peuvent être saisis.

Sur toutes ces propositions, le tribunal est d'avis,

= 1° Que, dans l'article 53, le mot *sergent* soit rayé;

= 2° Que l'article 57 soit réformé, et qu'il y soit substitué les dispositions suivantes:

« Les avoués sont déchargés des pièces, deux ans après
« leur révocation ou le jugement des procès.

« Les greffiers, pendant cinq ans à compter du jugement,
« sont responsables des pièces des procès déposées dans leurs
« greffes, sauf leur recours en vertu des récépissés dont ils
« peuvent être saisis. Après cinq ans ils sont déchargés de
« toute responsabilité.

« Les huissiers le sont après un an, à compter du jour du
« complément d'exécution des commissions dont ils étaient
« chargés. »

Arrêté le 16 prairial, an 9 de la République française.
Signé DESBOIS, LEMOINE-DESFORGES, COSTARD, JOURDAIN, LETOURNEUX.

N° 26. *Observations du tribunal d'appel séant à* RIOM; *délibérées en séances générales, et rédigées par la Commission nommée, conformément à la lettre du ministre de la justice du* 12 *germinal dernier, pour examiner le projet de Code civil composé par ordre du Gouvernement, et faire, sur les articles qui le composent, les observations qui seront jugées convenables.*

SUR CE QUE LE PROJET EST INTITULÉ PROJET DE CODE CIVIL.

L'arrêté des consuls, tel qu'il est énoncé au commencement du discours préliminaire, semble n'avoir demandé que l'ordre et le plan d'un Code, et les bases, ou même simplement la discussion des principales bases, de la législation en matière civile : d'où l'on peut inférer que le vœu du Gouvernement était moins d'avoir un Code achevé dans un délai si court, que les fondemens et la méthode d'un Code à faire, et qui demanderait peut-être le travail et les méditations de plusieurs années. C'est au Gouvernement à juger si son but est rempli, et s'il convient d'intituler *Code civil*, ou simplement *Décrets préparatoires en matière de législation civile*, une collection de quelques principes généraux et de certaines décisions particulières, qui ne dispensera peut-être, en aucun cas, de recourir aux anciens Codes, soit romains, soit français.

SUR LE DISCOURS PRÉLIMINAIRE.

La commission à douté si le discours préliminaire faisait ou non partie du Code (posé que le Code fût adopté).

Dans ce doute, elle s'est livrée à quelques réflexions sur ce discours, mais moins pour en discuter toutes les parties, que pour montrer que ce discours devait être réformé, composé même dans un autre plan, s'il devait en être placé un à la tête du Code, ou si celui-ci devait lui servir de préface.

Page VI, *dernier alinéa de l'éd. in-4°.* Ainsi, sur ce qui est dit *que les lois sont faites pour les hommes, et non les hommes pour les lois*, cette idée, qui peut éblouir d'abord, ne lui a point paru exacte et pourrait être dangereuse : car l'homme est né sous la loi, puisque la loi est antérieure à l'homme, en tant qu'elle est l'ordre, la sagesse et la justice de Dieu, qui a créé l'homme à son image ; il est même fait pour vivre sous les lois politiques et civiles du Gouvernement où il plaît à Dieu de le placer, puisque, d'une part, il est destiné par sa nature à vivre en société, et que, de l'autre, les lois de son Gouvernement et de sa société doivent être formées sur les lois immuables de la nature, c'est-à-dire, sur ces lois d'ordre, de justice et de sagesse dont les commissaires eux-mêmes conviennent que les législateurs humains ne doivent être que les religieux interprètes. D'où il résulte que dire que l'homme n'est pas fait pour les lois, c'est presque dire que l'homme n'est pas fait pour Dieu ; ou, ce qui est la même chose, qu'il n'est pas fait pour sa nature.

Page VIII, *ligne* 20 *de l'éd. in-*4°. Ailleurs, il a paru à la commission qu'en parlant de Rome, *destinée, pour ainsi dire, à être la ville éternelle,* c'était probablement l'expression *universelle* que les commissaires avaient voulu employer, car l'idée d'éternité est indépendante de l'idée d'étendue de domination ; et c'est sous ce dernier rapport que les commissaires paraissent avoir donné à entendre que les premières lois de Rome, d'abord suffisantes si elle fût éternellement restée ce qu'elle était alors, devinrent insuffisantes, parce que sa domination s'étendit.

Page X, *ligne* 21 *de l'ed. in-*4°. C'est une belle idée, et qui donne presque toute celle de la bonne composition d'un Code, que de dire que *c'est au magistrat et au jurisconsulte, pénétrés de l'esprit général des lois, à en diriger l'application.* Qui ne voit en effet que les lois sont aux conventions des hommes ce que les élémens sont à la composition des corps ; qu'elles doivent être simples comme eux, et que c'est aux juges à discerner, dans les diverses conventions, les principes élémentaires auxquels elles se rapportent, et par lesquels elles doivent être jugées.

Page XI, 3ᵉ *alinéa de l'éd. in-*4°. Mais alors pourquoi dire après, qu'*il serait sans doute désirable que toutes les matières pussent être réglées par les lois ?* D'une part, ce désir n'est pas raisonnable, parce que la chose est impossible, à cause de l'infinie diversité des conventions ou des obligations qui peuvent naître des actions des hommes; de l'autre, cette variété infinie n'est pourtant que la combinaison de peu de principes simples et immuables, qui suffisent à tout régler, comme ils ont suffi à tout composer. Voyez comment les hommes sont gouvernés par un très-petit nombre de lois divines, d'où dérivent la règle de toutes leurs actions morales et civiles, et le système entier de leur conduite envers Dieu et envers les hommes !

Heureux le peuple à qui l'on pourrait faire le présent d'un Code aussi simple, et malheur à celui pour qui on aurait tenté de tout décider par les lois ! il serait vrai de dire alors qu'il n'aurait plus ni lois ni juges.

Ibid. ligne 1ʳᵉ *de l'éd. in-*4°. On peut rapporter au même sujet ce qui est dit, à la même page, sur le défaut ou la trop grande multiplicité de livres. Encore une anthithèse brillante, mais dangereuse, par cela même que c'est une anthithèse, parceque rarement les deux idées sont exactement vraies ; et tout doit être exactement vrai dans tout ce qui appartient à un Code.

Jamais l'abondance de l'instruction ne l'a rendue plus difficile. Il est trop vrai qu'en général les hommes en abusent, et que le plus grand nombre n'y puise qu'une instruction vaine : d'abord parce qu'ils ne craignent rien tant que de réfléchir, et qu'ils trouvent plus commode de chercher dans les opinions des autres ce qu'ils trouveraient plus sûrement, mais plus péniblement, en eux-mêmes ; qu'ils n'y cherchent même le plus souvent qu'une autorité pour justifier ou faire réussir ce qu'ils sentent qu'ils ne devraient pas désirer ; c'est encore parce que hors de l'habitude des bonnes mœurs, on ne saurait avoir celle d'un sens droit ; c'est enfin parce que, dans la fausse persuasion que tout est écrit, on aime à se croire dispensé de toute étude et de toute méditation : et c'est là le déplorable état où nous sommes réduits, et le funeste effet des dictionnaires ou des misérables compilations.

Le remède à ces maux est dans les mains du Gouvernement :

= 1° Des écoles publiques ;

= 2° Un ordre d'études bien réglé, et une grande sévérité à faire suivre ces études et cet ordre ;

= 3° Attachement, honneur, privilége aux bonnes mœurs ; haine implacable aux mauvaises ;

= 4° Surtout scrupuleuse attention dans le choix des juges ; car jamais il ne cessera d'être vrai que les juges doivent être les sages par excellence, choisis entre les plus capables et les plus vertueux, et que les meilleures lois entre les mains de mauvais juges sont l'arme la plus redoutable contre les citoyens et contre le Gouvernement lui-même.

Avec ces précautions nécessaires en toutes circonstances et en tout temps, on aura toujours à se féliciter de l'abondance des lumières, pour la facilité même de l'instruction.

Page XVII, *ligne* 6 *de l'éd. in*-4°. « Or, c'est à la juris-
« prudence que nous abandonnons les cas rares et extraor-
« dinaires, etc. »

C'est sûrement par inadvertance qu'on n'attribue ici à la jurisprudence que des cas rares et extraordinaires, après avoir dit, quelques lignes plus haut, que la jurisprudence était nécessaire dans le plus grand nombre des cas.

Pages XVII *et* XVIII *de l'éd. in*-4°. « Le droit naturel et le
« droit des gens ne diffèrent point *dans leur substance*,
« mais seulement dans leur application. La raison, en tant
« qu'elle gouverne indéfiniment tous les hommes, s'appelle
« *droit naturel*, et elle est appelée *droit des gens* dans les rela-
« tions de peuple à peuple. »

Il a paru à la commission que le droit des gens n'était le

droit des peuples entre eux, que parce qu'il était d'abord invariablement le droit de chaque peuple chez lui.

A la bonne heure, qu'on confonde le droit naturel (considéré exclusivement comme droit humain) avec le droit des gens ; mais qu'on ne dise pas qu'ils sont uns dans leur substance, et divers dans leurs raports. Cette distinction, difficile à entendre, et qui ne le serait peut-être pas moins à expliquer, pourrait être tirée à de très-fausses conséquences.

Pages XVIII, *ligne* 10 *de l'éd. in-4°.* « En jetant les yeux
« sur les définitions que la plupart des jurisconsultes ont
« données de la loi, nous nous sommes aperçus combien
« ces définitions sont défectueuses : elles ne nous mettent
« point à portée d'apprécier la différence qui existe entre un
« principe de morale et une loi de l'État. »

La commission a lu avec peine ce reproche fait aux jurisconsultes, qui ne le méritent pas: la loi n'étant autre chose que *règle commune, ordre ou défense de la part du pouvoir*, tout le monde sait ce que c'est, comme tout le monde sait ce que sont *pouvoir* et *force*.

Ce qu'il importait donc de définir et d'expliquer, c'était l'objet de la loi, et la raison de l'obéissance que tous lui doivent, non-seulement à cause de la force qui l'exige, mais surtout à cause du respect qu'elle mérite.

Aussi tous les jurisconsultes, et après eux les auteurs même du projet, confondent avec raison le droit et la loi; puisque le droit est la raison suprême, et que la loi ne saurait être contraire au droit.

Or, les livres des jurisconsultes sont pleins des plus magnifiques et des plus vraies définitions du droit; et par conséquent de la seule définition qui convienne à la loi. *Jus est ars œqui et boni.* (ULPIAN. liv. I, *de justit. et jure.*)

Si donc le droit est réduit en art, il consiste nécessairement en préceptes: voilà donc aussi la définition de la loi, dès l'entrée même du Digeste.

Mais ailleurs on trouve tout à la fois la définition générale du droit et la définition spéciale de la loi, en termes auxquels on ne saurait rien ajouter ni retrancher: c'est au siége même de la matière, liv. II, tit. III *de leg*. l. 1re. *Lex est commune præceptum, virorum prudentium consultum, delictorum quæ sponte vel ignorantiâ contrahuntur coercitio, communis reipublicæ sponsio.*

Tout est renfermé dans cette définition : la cause efficiente, la matière, la fin, la puissance et l'autorité. *Papinien* n'a fait que copier les sages de l'antiquité. La loi suivante de *Marcien*, qui en a emprunté les termes de *Démosthène* et du philosophe *Chrysippe*, donne encore une explication plus étendue, non-seulement de la loi, mais de ce qu'elle doit être pour mériter ce caractère auguste. On ne saurait rien lire de plus juste ni de plus beau; il suffit d'y renvoyer : mais on en copiera au moins cette idée si philosophique et si vraie, *lex est donum Dei;* et on terminera cet article en observant que ce serait ôter à la loi sa véritable force, que de séparer, dans la soumission qu'on lui doit, l'obligation morale de l'obligation civile.

Page XIX, *ligne* 3 *de l'éd. in-*4°. « Le Code civil est sous « la tutelle des lois politiques; *il doit leur être assorti.* »

La seconde partie de cette phrase ne saurait être conçue ; et, présentée généralement, comme elle l'est, sans autre explication, elle paraît être le renversement des idées naturelles de ces deux choses, lois civiles, lois politiques.

Ibid. ligne 13 *de l'éd. in-*4°. « Les affaires militaires, le « commerce, le fisc, etc., supposent des rapports particu- « liers qui n'appartiennent exclusivement à aucune des di- « visions précédentes. »

Tout cela est matière d'administration, d'exécution, de protection, par conséquent de réglemens variables et transitoires, par conséquent du Gouvernement; il valait mieux le dire.

l. 1er- tit. 5. *Page* XXIII, *dernier alinéa de l'éd. in-*4°. « Ce n'est que dans « ces derniers temps qu'on a eu des idées précises sur le ma-

« riage............. Les idées confuses qu'on avait sur l'es-
« sence et sur le caractère de l'union conjugale produi-
« saient des embarras journaliers dans la législation et dans
« la jurisprudence..................... Nous nous som-
« mes convaincus que le mariage, qui existait avant le
« christianisme................. n'est ni un acte civil, ni
« un acte religieux, mais un acte naturel, qui a fixé l'atten-
« tion des législateurs, et que la religion a sanctifié, etc. »

Puisque le monde s'est formé et se perpétue par le mariage, il est difficile de croire que personne n'avait encore su précisément ce que c'est.

Mais en quoi donc les idées qu'on a eues, jusqu'à nos jours, de l'essence et du caractère du mariage, sont-elles confuses? Qu'on parcoure tous les livres connus, les docteurs sacrés et profanes, les lois de tous les peuples, les nôtres; partout on verra qu'il est parlé du mariage avec la clarté, la dignité, la majesté qui conviennent à ce contrat, le plus saint comme le premier de tous.

Ne paraîtra-t-il pas aussi bien étrange que ce contrat, dicté par Dieu lui-même, lorsqu'après avoir créé l'homme il le sépara pour ainsi dire en deux sexes, comme pour le réunir ensuite à lui-même en l'unissant à la femme, ne soit pas un acte religieux? La société des hommes, même sous le rapport politique, ne saurait être considérée comme une société de brutes, à qui il soit interdit de remonter à son origine; et puisqu'on ne peut s'empêcher de reconnaître que, par la loi de sa nature, l'homme est destiné à vivre en société, il semble raisonnable d'en conclure que toute société est nécessairement, et par son essence, autant morale que politique; qu'ainsi l'acte par lequel seul il existe des peuples et des Etats, ne saurait être considéré abstractivement de toute idée de religion.

Sans doute, cet acte est aussi un acte naturel, sous le rapport physique seulement, et c'est ce que les jurisconsultes romains n'ont pas négligé d'expliquer : mais hors de ce rapport, qui n'est pas fait pour occuper le législateur, c'est un acte certainement moral, et nécessairement encore un acte civil ; car qui oserait dire qu'il est parvenu à concevoir l'état naturel de l'homme moral, hors de l'état de société, et, par conséquent, hors de l'état civil ?

tit. 5. *Pages* XXV *et suiv. de l'éd. in-*4°. Suite d'idées sur le mariage.

Il est agréable de lire tout ce que les auteurs du projet nous disent à cet égard ; on ne saurait mieux peindre, on ne saurait mieux écrire : mais le sujet est si grave, l'ouvrage d'un Code exige une composition si majestueuse et si sévère, il y a si peu de personnes, aujourd'hui surtout, qui sachent prendre le vrai sens de ce qu'elles lisent, il en est tant d'autres toujours prêtes à abuser de ce qu'elles ont lu, qu'il vaudrait mieux peut-être réserver ces magnifiques peintures à un ouvrage d'esprit et de pur agrément que de les placer à la tête d'un corps de lois.

tit. 6. *Page* XXIX, *ligne* 3 *de l'éd. in-*4°. « Il résulte de ce que nous « avons dit que le mariage est un contrat perpétuel par sa « destination. Des lois récentes autorisent le divorce ; faut-il « maintenir ces lois ? »

La perpétuité étant de l'essence du mariage, et le mariage étant le fondement de la société, c'est évidemment attaquer la société par ses fondemens, que de permettre que le mariage soit détruit dans son essence. On aura beau discourir avec élégance sur cette matière, tous les raisonnemens viendront échouer contre la conséquence immédiate de ces vérités reconnues. Il ne s'agit point ici des intérêts de Dieu, mais de ceux de la société ; ce n'est pas une politique de théologiens qu'il s'agit d'établir, mais une politique de sages ; et un législateur qui, posant les règles de la société, en admet de subversives de la société, renonce manifestement à sa sagesse, et va contre son but.

En vain dit-on que « les lois ne doivent pas être plus

« parfaites que les hommes à qui elles sont destinées ne peu-
« vent le comporter. »

D'abord, il faudrait commencer par prouver, ce qui est impossible, que les hommes ne peuvent plus supporter les principes du mariage sans divorce.

= 2° C'est la corruption des mœurs sociales qui a conduit au désir du divorce : or, la loi qui se prête à cette corruption, invite, par cela même, à une corruption plus grande, dont l'accroissement devant être rapide en raison de l'espace déjà franchi et de l'impuissance de la loi à en arrêter le cours, menace la société d'une destruction infaillible et prochaine ; en sorte que, si le divorce eût été anciennement établi parmi nous, ce serait précisément aujourd'hui qu'il faudrait le supprimer ;

= 3° Si la loi n'a pas pour objet de rendre les hommes parfaits, au moins doit-elle tendre à les maintenir ou à les ramener dans la voie des mœurs. Il ne faut des lois aux hommes que parce que les hommes ont des passions ; et lorsqu'un peuple vieilli dans sa civilisation, perdu par le goût désordonné des jouissances, et las du frein qui l'a contenu, n'a plus les mœurs qui ont fait ses lois, tout est perdu, si des lois plus fortes ne rétablissent pas ses mœurs ;

= 4° Mais ce qu'il ne faut pas perdre de vue dans cette matière, c'est qu'elle concerne moins telle ou telle partie des mœurs, que la société en général ; et que la loi, faite surtout pour la conservation de la société, ne doit pas être en opposition avec les moyens essentiels de cette conservation. Qu'il y ait une religion dominante ou non, que divers cultes soient également tolérés (sans être autorisés) ; ce n'est pas de cela qu'il s'agit : le point capital est de ne permettre dans aucune ce qu'aucune n'ordonne ; ou plutôt, c'est de défendre absolument, et sans autre considération que celle de l'intérêt de la société, ce qui est contraire à la nature des choses, à la raison universelle, qui constitue la loi, et au **principe fondamental des sociétés**, comme on défend les empoisonnemens, les meurtres et les incendies, non parce que la loi de Dieu les défend, mais parce que la loi naturelle, constitutive de la société, les condamne.

Eh quoi ! s'il se formait un nouveau culte selon lequel il fût permis, d'après la doctrine des vingt-quatre vieillards dont parle *Pascal*, lettre VI, *de tuer quelqu'un en trahison, pourvu qu'on ne le fît que pour obliger son ami, et sans en recevoir de salaire*, faudrait-il donc aussi autoriser civilement cette abominable licence, pour s'accommoder à la liberté de ce culte ? Cet exemple hypothétique, auquel on pourrait en ajouter mille autres, suffit pour détruire ce faux principe de législation, qui fait admettre aujourd'hui le divorce, *parce qu'il se trouve lié*, dit-on, *parmi nous, à la liberté de conscience.* On peut se croire quitte du côté de sa conscience, sans être pour cela absout du côté de la loi civile; et cela est vrai surtout par rapport au divorce, qui n'attaque pas seulement la morale, mais encore la société, et qui attaquerait encore la société par cela seul qu'il attaque la morale.

tit. 6- ch. 5. == 5° Mais n'y a-t-il pas une sorte de contradiction à paraître s'accommoder à la diversité des cultes, et à ne rien faire absolument en faveur du plus important et du plus commun de tous ? Puisqu'on dit *qu'il faut des lois pour tous les citoyens qui peuvent professer diverses religions*, pourquoi donc n'avoir pas fait une loi pour les catholiques qui ont le malheur d'avoir contracté des mariages mal assortis, pour qui il est indispensable d'interrompre cette société, ou de demeurer exposés, soit à un supplice perpétuel, soit au danger même d'y perdre la vie ? Au moins pour ceux-là, qu'en coûtait-il de rétablir les séparations de corps ? pourquoi la loi ne leur offre-t-elle pas le seul remède salutaire qu'ils ambitionnent ? pourquoi les force-t-elle à la cruelle alternative de souffrir des maux insupportables, ou de trahir leur religion, en embrassant un parti qui répugne à leur conscience, et qui peut devenir inévitable dans leur faiblesse ?

tit. 6. == 6° On se fonde sur ce que la liberté des cultes est une loi fondamentale, et que la plupart des doctrines religieuses autorisent le divorce. Il est donc vrai que le culte catholique est libre aussi : or, ce culte autorise les vœux religieux et perpétuels ; et cependant le Code ne les permet pas. Dira-t-on que c'est parce que les vœux sont contraires à la population, et par conséquent à l'intérêt de la société ? D'une part, il est évident par soi-même et il est avoué que le divorce nuit à la société ; de l'autre, l'opinion la plus commune de ces derniers temps était que les malheurs de la société venaient de l'excès même de sa population, et de ce qu'on n'avait plus, comme autrefois, la ressource d'en détacher de nombreuses colonies. Mais, sans entrer dans cette inutile dissertation, il suffit de rappeler ce que les auteurs du projet disent eux-mêmes en faveur du divorce, que « lorsqu'une nation est « formée, on a assez de peuple. »

Dira-t-on encore que les vœux contrarient la nature ? Mais rien ne la contrarie plus que le divorce, de l'aveu aussi des auteurs du Code, qui ne peuvent s'empêcher de reconnaître que « le vœu de la perpétuité dans le mariage est le « vœu même de la nature. » Quoi ! pour ne pas contrarier la nature, on ne permet pas les vœux religieux, quoique recommandés par la religion, dont le culte est libre ; et on ne craint pas de la contrarier dans le premier de tous ses vœux, et qui importe le plus à la société !

= 7° Les auteurs du projet sont trop sages pour avoir oublié de dire qu'il faut que les lois opposent un frein salutaire aux passions : mais comment concilier ce principe avec un projet de loi qui autorise la plus dangereuse révolte des passions contre *le vœu de la nature pour la perpétuité du mariage ?*

Il leur est échappé de dire que « le célibat forcé dans le-« quel on contraindrait deux époux malheureux de vivre « serait aussi funeste aux mœurs qu'à la société. » Du côté de la société, ils ont déjà dit qu'elle prenait peu d'intérêt à ce célibat forcé ; du côté des mœurs, il serait difficile de montrer ce qu'elles auront à gagner à un libertinage destructeur, dont le divorce sera tout à la fois l'effet et la cause. Ce n'est sûrement pas en favorisant les passions, qu'on peut *leur opposer un frein salutaire.*

On pourrait écrire des volumes sur le danger certain du divorce pour les mœurs et la société; d'autres l'ont déjà fait, et leurs preuves sont demeurées sans réponse. Ce n'est pas, d'ailleurs, la tâche qu'on a à remplir : il suffit d'avoir énoncé son opinion, puisqu'on a dû le faire ; et on croit pouvoir dire que c'est le vœu le plus général des citoyens de l'arrondissement du tribunal. On ne s'est même si long-temps arrêté sur cette partie du discours, que parce que ce sera toute la réponse qu'on fera au chapitre du projet qui concerne le divorce ; et parce que les autres parties du discours sur lesquelles on aurait des observations à faire doivent se retrouver dans le projet de Code, et que le temps presse, on se hâte, pour abréger, d'en venir à l'examen de ce projet.

LIVRE PRÉLIMINAIRE.
Du droit et des lois.

TITRE Ier. — *Définitions générales.*

Art. 1er. Pourquoi *en tant qu'elle gouverne ?* est-ce qu'elle ne les gouverne pas en tout et sur tout ?

Même dans les connaissances acquises par l'expérience, même dans ses lois arbitraires, l'homme se sert ou doit se servir de sa raison, et ne peut rien faire de bon s'il le fait contre ses lumières naturelles.

La raison est inséparable de la nature de l'homme, puisque c'est elle qui le constitue essentiellement ce qu'il est. Il peut obscurcir cette lumière, en abuser parce qu'il est libre; mais il ne cesse pas plus pour cela d'être animal raisonnable, qu'il ne peut cesser d'être homme.

Ainsi, dire que la raison naturelle est la source de toutes les lois positives, *en tant que etc.* (*in tantum quantum, in eo quod*), c'est limiter la puissance de la raison, c'est supposer qu'on peut faire des lois sans le secours de la raison, ou contre les lumières de la raison.

Si l'on avait pu croire que, par les mots *en tant que*, la commission eût entendu exprimer l'idée *parce que,* on n'aurait vu qu'une erreur dans l'expression, facile à rectifier, ou même de peu de conséquence : mais la suite prouve que l'erreur est dans la définition ; car l'article 4 distingue le droit universel, ou la raison, des lois propres à chaque peuple, et de ses coutumes ou usages.

Art. 4. Cependant, les lois propres à chaque peuple, soit qu'on les lui ait données ou qu'il les ait adoptées, soit qu'il se les soit données lui-même par l'usage, ne sont ou ne doivent être que des lois déduites de la raison ; et sans doute la définition des lois, dans un Code, doit être la définition des lois telles qu'il convient qu'elles soient.

Or, dire que *le droit intérieur ou particulier* de chaque peuple se compose *en partie* de la raison naturelle, c'est dire nécessairement que, dans les autres parties, il est ou peut être composé ou contre cette raison, ou au moins hors de cette raison : ce qui est évidemment faux, contraire même à ce qu'on vient de dire, que la raison naturelle est la source de tout droit positif, et prouve combien on doit s'attacher à cette maxime de droit, *Omnis definitio in jure civili periculosa.*

Au surplus, on ne répètera point ici ce qu'on a dit sur le discours préliminaire, au sujet du droit *extérieur* ou *des gens,* défini par les articles 2 et 3. Il y a un droit des gens, un droit commun, qui est le même chez tous les peuples, et qui ne compose pas moins leur droit intérieur que l'extérieur. Il convient donc de réformer la définition ; et on ne saurait mieux faire que de s'en tenir à celle des Institutes de *Justinien.*

Art. 7 « La loi annonce des récompenses et des peines...
« elle se rapporte .... aux biens, pour l'utilité com-
« mune des personnes. »

La loi fait plus qu'annoncer ; elle établit elle ordonne ; c'est elle-même qui récompense ou qui punit « *Legis virtus* « *punire* : le magistrat, qui ne fait que l'appliquer, l'exécute, sans rien ordonner de son chef.

Ses rapports aux biens regardent l'utilité *respective*, et non *commune* des personnes.

TITRE II. — *Division des lois.*

Art. 1er, 4e al. L'essence de la loi est d'ordonner, permettre, défendre, de récompenser et de punir : ainsi celle qui établit des peines est une loi comme toutes les autres ; et toutes les lois sont saintes : *Leges sunt sacratissimæ;* aucune n'est la sanction des autres ; mais elles sont toutes sanctionnées par la puissance législative qui les établit.

Si par le mot *sanctionner* on entend *décréter*, *constituer*, *établir*, chaque loi est la sanction d'elle-même, en ce qu'elle ne souffre pas qu'on l'enfreigne. Ainsi, la loi qui défend de donner par testament au-delà de ce qu'elle a réglé n'a besoin, pour sa propre sanction, ni des règles d'ordre judiciaire, ni des lois criminelles, ni de celles de police, ni d'aucune de celles qui ont directement les mœurs ou la paix publique pour objet.

TITRE III. — *De la publication des lois.*

Art. 1er. Cet article suppose que l'envoi en sera fait aux tribunaux de première instance comme à ceux d'appel, puisqu'il est indispensable qu'ils les connaissent pour les faire exécuter.

Art. 2. Mais alors pourquoi en ordonner l'exécution du jour de leur publication dans les tribunaux d'appel, où elles seront certainement publiées avant de pouvoir l'être dans plusieurs tribunaux d'arrondissement ?

Il n'est pas juste que la loi oblige avant d'être connue, ou avant qu'elle ait pu moralement l'être, et puisqu'on fixe l'époque de son empire à la date de la publication dans les tribunaux, il est raisonnable que ce soit de la publication dans les tribunaux de première instance : =1° parce que les tribunaux de première instance connaissent les premiers de l'exécution de la loi ; = 2° parce qu'il est bien plus sûr que le *forum* de chaque tribunal de première instance sera fréquenté par les citoyens de son arrondissement, qu'il n'est sûr que celui des tribunaux d'appel le sera le même jour par les plaideurs de tout son territoire.

D'ailleurs, le ministre, puisqu'il paraît que l'envoi sera fait dans tous les tribunaux par lui-même, sera sans doute assertioré de la publication par tout, ou de la négligence d'y satisfaire.

Peut-être vaudrait-il mieux, pour la plus prompte exécution, et pour simplifier la correspondance du ministre, charger, comme autrefois, le commissaire des tribunaux d'appel, de l'envoi des lois à ceux des tribunaux d'arrondissement, qui seraient tenus de lui certifier la publication, qu'à son tour il certifierait pour tous au ministre : ce serait d'ailleurs le seul moyen d'instruire les tribunaux d'appel, aussitôt qu'ils doivent l'être, du jour où a dû commencer l'exécution des lois dans leurs arrondissemens.

Art. 3. L'envoi sera fait, sans doute, au commissaire : il fallait donc dire *que la publication serait requise et ordonnée à peine de forfaiture respective.*

Il serait plus convenable de supposer la fidélité du magistrat que de prévoir sa forfaiture ; ce qui n'empêcherait pas de l'en punir, s'il s'y exposait.

Art. 4. Cet article suppose, ce qui n'est pas démontré, qu'il peut y avoir des lois qu'il soit inutile aux juges de connaître, en ce qu'elles ne feront jamais la matière ou les motifs directs ou indirects de leurs jugemens.

TITRE IV. — *Des effets de la loi.*

Art. 9. Tout ce qui est contraire à la loi, soit qu'elle ordonne ou qu'elle défende, devrait être nul; sans cela c'est une loi désarmée, qui dégnère en simple conseil.

TITRE V. — *De l'application et de l'interprétation des lois.*

Art. 10. Il n'y a point de lois odieuses, ou considérées commes telles; on doit les regarder toutes comme justes, tant qu'elles sont en vigueur.

Mais des lois s'appliquent à des cas odieux ou favorables; et cependant elles ne les déterminent pas tous. C'est donc à l'équité du juge à discerner ce qui est plus ou moins susceptible de l'application de ces sortes de lois. Or, ce n'est que dans les cas douteux ou dans les cas semblables qu'on étend ce qui est favorable, ou qu'on restreint ce qui est odieux. Rien ne paraît plus raisonnable, et on ne comprend pas comment il sera possible au juge de renoncer à cette antique règle de droit si judicieuse et si belle, *Favorabilia amplianda, odiosa restringenda*. Il serait bon de dire en quoi elle est abusive, et d'en donner quelque exemple. Il vaut mieux supprimer l'article.

LIVRE PREMIER. — *Des personnes.*
TITRE PREMIER.

11-13 Art. 5. Il est donc vrai qu'il y a un droit des gens, qui fait le droit commun de chaque peuple: cette vérité est si naturelle, qu'elle s'est placée là comme d'elle-même, nonobstant ce que les auteurs du projet en ont dit dans leur discours préliminaire.

Mais qu'est-ce que ce droit civil *proprement dit*, qu'on n'a encore distingué d'aucun autre? Il semble que ces dernières expressions devraient être retranchées.

t. 1er.
fin du
c. 1er.
Art. 9 et 10. Ces articles appartiennent exclusivement au droit politique du Gouvernement, et ne paraissent pas devoir trouver place dans le Code civil, à moins qu'on ne croie devoir les publier pour que les citoyens évitent d'être

induits en erreur. Mais alors n'y a-t-il pas des distinctions et des changemens à faire?

= 1° Le privilége est personnel et non réel;

= 2° Pourquoi *la famille* et *la suite?* le caractère ne passe pas la personne de l'ambassadeur et du ministre;

= 3° Comment ne pas excepter les choses fournies pour le logement, la nourriture et l'entretien?

= 4° Qui peut avoir le privilége de violer le droit public d'un pays et d'en troubler l'ordre, sans être assujéti à ses lois?

= 5° Au moins, s'il en résultait dommage à un citoyen, le Gouvernement devrait déclarer publiquement qu'il se charge de l'indemnité: car le particulier ne doit pas souffrir du silence que lui impose en cette occurrence l'intérêt politique du Gouvernement; et le Gouvernement, chargé seul de poursuivre la réparation de l'offense qu'a reçue la société, peut seul aussi faire réparer le dommage dû au particulier.

Art. 30 et 31. Sur ces articles on se bornera à deux réflexions principales: l'une, que le mariage et la puissance paternelle sont, au moins autant qu'aucun autre acte, des actes du droit des gens primitifs: ce sont même plutôt des actes de ce que nous avons appelé plus haut *lois naturelles;* tandis que presque tous les contrats commerciaux, les baux à rente et ceux à ferme semblent plus appartenir au droit civil qu'à tout autre: d'où il résulte qu'en paraissant conserver à ceux qui sont morts civilement les droits naturel et des gens, on les en prive réellement; et qu'en voulant les priver des avantages du droit civil, on les leur conserve cependant en plus grande partie.

D'autre part, si ces hommes ainsi morts civilement ne transmettent pas à titre de succession les biens qu'ils laissent à leur décès, que deviennent donc ces biens? à quel titre leurs héritiers les prennent-ils? quels sont ces biens? sont-ce tous les biens dont ils sont saisis au temps de leur mort civile? leur succession n'est donc pas ouverte au moment de cette mort? ne seront-ce que les biens qu'ils auront pu acquérir depuis jusqu'à leur mort naturelle? comment pourra les recueillir l'enfant qui ne sera pas héritier, puisqu'il n'y aura pas de succession?

Il est facile de voir d'où procède, à cet égard, l'erreur des auteurs du projet, si on se rappelle ce qu'ils ont dit dans leur discours préliminaire (*pages* 60 *et suivantes de l'éd. in-4°*), sur le droit de succéder; et c'est ici le lieu de réfuter cette erreur importante, l'une des plus dangereuses qu'on puisse insérer dans un Code.

Ils ne doutent point que *le droit de propriété en soi ne soit une institution directe de la nature :* puis, venant au droit de succéder, ce n'est presque qu'à titre de *convenance* et d'*équité* qu'ils laissent les biens du défunt à sa famille; ils vont même jusqu'à dire « qu'à parler exactement, aucun membre de « cette famille ne peut réclamer ces biens à titre rigoureux « de propriété ; *d'où ils concluent* qu'on ne voit d'abord, sur « ces biens rendus vacans par la mort du propriétaire, d'au- « tre droit proprement dit que le droit même de l'Etat. » A la vérité, ils conviennent que ce droit *n'est ni ne peut être un droit d'hérédité;* ils en font *un simple droit d'administration et de gouvernement;* et ils terminent par dire *que l'Etat ne succède pas, et qu'il n'est établi que pour régler l'ordre des successions.*

Si les auteurs du projet eussent eu le temps de méditer ces propositions, ils en auraient aisément aperçu la fatale conséquence, et même toutes les contradictions qu'elles offrent entre elles. Car il n'y a pas de milieu : ou ce droit de succéder est une émanation directe du droit de propriété, aussi naturel par conséquent que cet autre droit l'est lui-même; ou il ne dérive que de la loi civile, qui pourra, sans injustice, le faire cesser quand elle voudra : et alors ils auraient eu tort de dire que l'Etat n'a ni ne peut avoir un droit d'hérédité, qu'il ne succède pas, qu'il n'est établi que pour régler l'ordre des successions. Si, au contraire, le droit de succéder est, comme celui de propriété, une institution directe de la nature, il ne saurait être vrai ni que l'Etat donne le droit de succéder, ni qu'il a un droit d'administration sur les biens des successions. Eh! qui ne voit qu'en effet le droit de succéder vient de cette association naturelle des pères et des enfans, ou, à défaut de ceux-ci, de l'association qui existait entre le défunt ou ses auteurs, et les auteurs des collatéraux qui lui succèdent; que la perpétuité des familles y entretient la perpétuité de la propriété ; et que, jusqu'au dernier qui la recueille, elle conserve sa première origine, et semble, pour ainsi dire, s'être toujours continuée sur la même tête, comme le dernier descendant de la famille tient à son premier auteur et s'identifie avec lui.

D'après ces idées aussi simples que certaines, il est évident que ce n'est pas la loi qui donne le droit de succéder ; car on ne donne que ce qu'on a, et, de l'aveu même des auteurs du projet, dans leur propre système, jamais le droit de succéder aux fortunes privées n'a fait partie des prérogatives attachées à la puissance publique.

TITRE II.

Art. 4. Exceptez au moins les mariages, que, sans doute, vous ne voulez pas qu'on puisse contracter par procureur. 36

Art. 6. « Témoins choisis par les déclarans. » Si l'officier ne les connaît pas, ne sera-t-il pas même nécessaire de les lui faire attester ? et si on lui suppose de faux témoins, si le déclarant lui-même est une personne supposée, où sera la garantie de l'officier contre les faussaires, et celle de la société contre l'officier ? 37

Art. 11. « Amende de cent francs. » 50

C'est une peine bien légère pour des fautes plus graves peut-être que le faux, puisqu'elles peuvent rendre impossible de le constater.

Art. 14. « Transmission par les héritiers. » 43

L'officier saisi des trois registres meurt dans le courant de l'année ; voilà ses héritiers maîtres de ces trois registres jusqu'à la nomination de son successeur : qu'est-ce qui garantit ce dépôt livré ainsi à l'imprudence, peut-être à l'infidélité des héritiers, ou même de quelques valets ou autres personnages faciles à corrompre pendant l'absence des héritiers? Ce dépôt, sur lequel repose la sûreté des familles, n'est-il donc pas assez précieux pour mériter qu'à la mort de l'officier il soit mis sous les scellés, à la diligence du juge-de-paix, ou même retiré incessamment par lui en en dressant procès-verbal ?

Mais pourquoi supposer que l'officier public peut tenir dans sa maison privée, des registres publics et aussi intéressans ? il n'en est pas ainsi des autres registres d'administration. Est-il donc dû moins d'intérêt à la société dans une partie que dans l'autre ?

45   Art. 18. « Foi des extraits conformes aux registres. »

Il faut supprimer : *conformes aux registres*, ou dire : *à moins qu'on ne prouve qu'ils ne sont point conformes aux registres;* sans cela la phrase n'aurait plus de sens. En effet, si les extraits ne font foi qu'autant qu'ils sont conformes aux registres, ce ne sont plus ces extraits qui font foi, mais les seuls registres, puisque, dans le sens de la phrase, il faudra toujours les consulter; car pour obliger à les consulter, il suffira de cet argument simple : « Il n'y a que l'extrait *conforme au registre*
« qui fasse foi suivant la loi ; or le juge ne peut savoir le
« fait que cet extrait est conforme au registre, sans connaî-
« tre le registre; donc il faut qu'il voie d'abord le registre
» pour accorder ensuite foi à l'extrait. »

46   Art. 19. Comment supposer qu'il y a eu un mariage sans qu'il y ait eu des registres ? et comment admettre la preuve du mariage par témoins ou par des papiers domestiques ? Les mœurs, le droit public s'y opposent ; jamais de telles preuves n'ont été admises que pour les naissances et les décès, parce que ni les enfans ni les morts ne se font inscrire : mais ceux

qui se marient veillent eux-mêmes à ce qu'il en soit fait un acte porté sur des registres, puisque eux et leurs témoins doivent y signer, et ne peuvent pas ignorer s'ils l'ont fait ou non.

Art. 25, 2ᵉ *alinéa*. « Et par le père, s'il est présent. »   59

Il faut ajouter, *et s'il sait signer;* car on n'entend pas, sans doute, que le défaut de signature du père fasse obstacle à la confection des doubles.

Il faut dire encore que, s'il n'est pas marié, sa déclaration doit être signée de lui, ou répétée dans une procuration faite au lieu ou le navire aborde, et remise en même temps que le double à l'officier de ce lieu. (Argument de l'article 26 ci-après.)

Art. 26. « Déclaration du père, *signée de lui*. »   av- 62

On aime à croire que ce n'est pas sans dessein qu'ici les auteurs du projet veulent que la déclaration du père soit *signée de lui;* sans quoi il serait trop facile, et trop funeste au repos des familles et au bien de l'État, de supposer à un bâtard le père qu'on voudrait : mais qu'on le fasse donc mieux sentir, et qu'on dise, dans la dernière phrase de l'article, *que la procuration qu'on ne fait que permettre est un acte nécessaire dans le cas où le père ne sait signer,* qu'on exige du moins que ce père, ignorant dans l'art d'écrire, se fasse assister dans sa déclaration devant l'officier public, par deux témoins qui garantissent et l'identité de sa personne et le fait de sa déclaration ; ce que ne feraient pas les témoins de l'acte de naissance, qui sont appelés pour certifier un autre fait, et qui ne voudraient peut-être pas certifier le fait de la déclaration du soi-disant père, ou qui même, venant là de la part de la mère, ne seraient peut-être pas assez hors de soupçon pour mériter la même confiance que des témoins spécialement appelés par le père pour le fait particulier de sa déclaration de paternité.

Art. 31 et 35. « Publication dans le lieu, etc. »   63-64

Erreur. Suivant le modèle, c'est *devant la porte* extérieure et principale de la maison commune : or, la porte du lieu n'est pas le lieu ; et ce qu'on doit faire *devant la porte du lieu* ne peut pas être fait dans le lieu : ce n'est pas non plus à la porte de la municipalité que se tiennent les séances municipales.

Même réflexion pour l'affiche qui doit être posée, non à la porte du lieu des séances, mais à la porte extérieure de la maison municipale.

Art. 68. Il est donc convenable qu'il y ait procès-verbal de l'état dans lequel ils sont remis au successeur ; car comment prouver sans cela que les altérations ont été commises pendant qu'il en était en possession ? à moins qu'on n'ajoute qu'elles sont présumées de ce temps, s'il ne prouve le contraire.

Page 22 de l'éd. in-4°. Modèle d'acte de mariage.

Ajoutez qu'on fera mention de l'état de veuvage, si les époux ou l'un d'eux s'y rencontrent, et des noms, prénoms, etc. des personnes dont ils sont veufs.

TITRE III. — *Du domicile.*

Art. 4 et 5. « Domicile (des autres individus) fixé au lieu
« de leur *établissement* principal.

« L'intention suffit pour le conserver : il faut l'intention
« et le fait pour l'acquérir ou le perdre. »

A quoi reconnaîtra-t-on le domicile ? Cette veuve a quitté le domicile de son mari, et s'est fixée, pendant six mois, dans un autre lieu ; au bout de six mois encore dans un autre ; et là comme là est son établissement principal : on voit bien le fait de l'habitation réelle, mais rien qui marque l'intention ; cependant, pour constituer le domicile, il faut, comme le disent très-bien les auteurs du projet, le fait et l'intention ; et l'intention sans le fait suffit pour le conserver jusqu'à intention contraire.

Art. 8. *Quid* des mineurs émancipés, ou des majeurs qui étudient en école publique ? Leur résidence fait-elle leur domicile? non, suivant l'art. 1ᵉʳ : pourquoi n'en pas parler, pour dire qu'ils ont le domicile de naissance?

Art. 10. Cet article, comme beaucoup d'autres, appartient exclusivement au Code judiciaire. *fin du tit. 3.*

Mais, puisqu'il est là à quoi encore reconnaîtra-t-on que cet individu n'a aucun domicile actuel? et pourquoi ne pas l'expliquer en cet endroit, où le citoyen doit trouver sa leçon et sa règle?

Quid aussi de celui dont le nouveau domicile est absolument ignoré, ou que feindra d'ignorer celui qui veut le citer? Il n'en sera pas moins vrai qu'il a un domicile actuel, et que ce n'est que celui qui n'en a pas qu'il est permis d'assigner au lieu de son dernier domicile où a celui de sa résidence; il faut donc, au moins, ajouter le mot de l'ordonnance de 1667, *connu*, et dire : « Celui qui n'a aucun domicile actuel « ou connu. »

TITRE IV. = *Des absens.*

Art. 3. « Témoins parens. » 116

Il semble, au contraire, que ce sont les parens spécialement qu'on devrait exclure, en même temps qu'il faudrait les avertir tous, autant que faire se peut, par l'affiche de l'acte de notoriété, à la porte du juge, durant quinzaine avant l'envoi en possession : car il est à remarquer que ce sont les parens eux-mêmes qui seront intéressés à cacher l'existence de ce malheureux absent ; et que, suivant l'antique proverbe, *que les absens ont toujours tort*, il y aura, le plus souvent, une ligue de famille contre lui.

Art. 9. Quels parens? sont-ce les successibles à l'époque 120 de l'absence, ou les successibles à celle de l'envoi en possession? On dit qu'ils seront envoyés en possession des biens qui appartiennent à l'absent *au jour de son départ* : on considère donc le temps du départ, et par conséquent les héritiers successibles à cette époque ; mais alors il fallait le dire. Alors, il faut dire aussi, comme l'ancienne jurisprudence, qu'après cinq ans du jour du départ ou des dernières nouvelles, l'absent est réputé mort, respectivement à ses héritiers, du jour des dernières nouvelles ou du jour de sa disparition. Alors, encore, il faut réformer l'article 6 du chapitre II, par lequel on ne présume l'époque de sa mort qu'après cent ans, sans quoi on n'entendra plus rien ni à cet article, ni aux articles subséquens.

127 Art. 13. Contradiction avec l'article 11. Puisque les parens ne sont que dépositaires, comment peuvent-ils garder? pourquoi ce dépôt, si ce n'est pour l'intérêt de l'absent et par respect pour la propriété, comme on donne un tuteur au mineur, un curateur à l'interdit, et pour être fidèle à la protection que la loi doit à tous? On tourne donc contre l'absent ce qui n'est introduit qu'en sa faveur, car, encore une fois, le dépôt est un acte essentiellement conservatoire. Si l'absent était présent, il serait maître de faire de son bien ce qu'il voudrait, or, ce qu'on fait durant son absence, on ne le fait que par la présomption de ce qu'il ferait le mieux pour son intérêt, et, au contraire, l'article dispose contre lui.

Au moins, qu'on ne fasse gagner les fruits aux parens qu'à l'époque où on leur fait gagner le fonds; sans que cependant il soit dans l'intention de la commission d'approuver cette dernière disposition, qu'elle se réserve d'examiner ci-après.

125-
128-
129 Art. 14. Cet article paraît intolérable; car, par la même raison que le parent n'est que séquestre, et ne peut gagner les fruits, il ne peut non plus gagner le fonds: mais ce qui est plus intolérable, c'est que cela s'opère par le fait de la loi. Qu'un homme se mette en possession du bien d'un autre, et en acquière la propriété par trente ans de jouissance utile, cela est dans l'ordre, parce qu'une si longue jouissance, sans plainte ni interruption, fait présumer un titre ou une convention, et parce que, d'ailleurs, il n'a dépendu que de l'ancien propriétaire d'y pourvoir, *Vigilantibus jura subveniunt ;* mais lorsque la loi vient se mettre à la place de l'absent pour

veiller elle-même à ses intérêts, il est sans exemple, et contre tous les principes, qu'elle ne s'en entremette que pour le dépouiller.

Il y a, de plus, contradiction évidente entre cet article et l'art. 11, qui dit que l'envoi en possession provisoire *n'est qu'un séquestre et un dépôt de pure administration, qui rend comptable envers l'absent, s'il reparaît.*

Art. 25. Cet article est obscur ; on aurait dû au moins, ajouter à cette réserve, *à la charge, par les représentans ou ayans-cause, de prouver l'existence.*

Mais comment concilier tout cela avec l'article 6 ? Que ne nous a-t-on dit, dans cet article 6, que la vie de l'homme n'était présumée de cent ans que par rapport au mariage ? Il paraît inexplicable qu'on nous donne cette présomption comme générale et pour tous effets, et que, dans les conséquences, on ne lui laisse aucun effet.

Art. 28. Contradiction avec l'art. 27, qui ne permet d'admettre un nouveau mariage que sur la preuve positive du décès, à moins que l'absent ne soit parvenu à sa centième année accomplie. Toujours aussi des conséquences contraires aux principes : il n'y aura pas une femme qui ne se remarie après cinq ans d'absence, en changeant de domicile; et alors que deviennent l'intérêt social, celui des mœurs et celui des enfans ?

Art. 30. L'article ne fixe point d'époque. Est-ce après cinq ans ? on doit l'induire du mot *absent*, et de la définition qu'en donne le projet. Mais quand on lit l'article suivant, on voit que par *absent* on entend aussi celui qui a disparu, et que, six mois après cette disparition, on ordonne l'assemblée de famille.

Sera-ce donc six mois après la disparition du mari, quand la mère existe ?

La femme fait-elle les fruits siens ?

Si les enfans sont majeurs au temps de l'absence, jouiront-ils aussitôt, exclusivement à la mère.

v. 28

TITRE V. — *Du mariage.*

com
du
tit. 5.

Art. 3. Si sa durée n'est que dans l'intention, pourquoi a-t-on dit que sa perpétuité était dans la volonté de la nature? L'intention est un penchant de l'ame qui la fait tendre vers un objet éloigné: ici, il s'agit d'un objet présent, d'une volonté qui doit être ferme et constante comme celle de la nature, et que la loi ne doit jamais permettre de révoquer, pas plus qu'elle ne peut révoquer les lois naturelles et fondamentales de la société. Eh! qui a dit aux auteurs du projet qu'il était toujours dans l'intention des époux que leur contrat durât jusqu'à la mort de l'un d'eux? Ce n'est pas à eux qu'il faut apprendre qu'il y a le plus souvent une grande différence entre ce qui est et ce qui doit être; qu'il y a plus d'intentions désordonnées que d'intentions droites; et puisque la raison naturelle est la source de toutes les lois positives, puisque cette raison gouverne tous les hommes, et que cependant il faut des lois pour les contraindre à se soumettre à ce gouvernement, il s'ensuit donc que les lois positives ne sont nécessaires que parce que les intentions tendent sans cesse à contrarier les lois naturelles.

Ne semble-t-il pas que, dans ce Code, où les règles d'ordre et de justice qui tendent à maintenir la société en paix, doivent toujours être en religieuse harmonie avec les principes des mœurs, on raisonne du plus saint de tous les engagemens naturels et sociaux, comme on en traite dans un roman? qu'on le fasse toujours commencer par l'amour? Principe bien dangereux pour les mœurs, et bien faux en lui-même: car si rien n'est plus commun que la passion, rien n'est plus rare que l'amour; il l'est peut-être plus que l'amitié.

Mais qu'a de commun le sentiment des époux avec celui des amans? Comment la nature, qui veut la perpétuité des mariages, se serait-elle méprise sur leur principe, en les fondant sur une passion que le temps a bientôt usée, et qui ne ferait autre chose du mariage que ce qu'est l'union des deux sexes dans les animaux ?

Comment les auteurs du projet, d'ailleurs si éclairés et si judicieux, n'ont-ils pas aperçu la contradiction choquante dans laquelle ils tombaient, en déplaçant le vœu de perpétuité, qu'ils ont d'abord sagement mis dans *la nature*, et qu'ils ne supposent plus ici que dans *l'intention* des époux ?

On ne peut rapporter cette erreur qu'à la persuasion où ils ont été qu'ils n'étaient pas libres de proscrire le divorce, et à la violence qu'ils ont faite à leur propre sentiment : car, pour lier le divorce à leurs principes, il a fallu oublier que la volonté constante de la nature y résistait, et faire dépendre le contrat, de la volonté ambulatoire des hommes, ou d'un penchant mal éclairé, soumis lui-même à un penchant contraire, qui, faisant cesser le premier contrat, devait en légitimer un autre.

Dans cette fatale illusion, ils n'ont pas vu qu'au temps où nous vivons, et plus encore, peut-être, pour les temps qui se préparent, si le Gouvernement n'y pourvoyait avec fermeté, le mariage ne serait plus désormais qu'un commerce de prostitution, où il serait d'autant plus sûr que l'idée de *perpétuité*, dans le long éloignement qu'elle présente, n'entrerait jamais dans l'intention des époux, qu'au contraire l'idée du divorce y viendrait d'une manière plus prochaine ; en sorte que l'effet naturel du divorce serait tout à la fois de rendre les mariages communément plus faciles, dans la perspective commode de pouvoir les rompre, et de les rompre ensuite avec la même facilité qu'on les aurait contractés.

Eh ! qu'on ne croie pas que c'est avoir remédié à ce danger, que d'avoir embarrassé les voies du divorce : 1° la difficulté qu'on a cru y mettre n'est qu'apparente ; 2° cette difficulté même, ne servant qu'à irriter le désir d'user de la permission, fera aisément vaincre tous les obstacles, et finira par faire une nécessité indispensable de ce qui, sans cela, n'eût été qu'une fantaisie passagère.

149   Art. 11. Jamais le consentement de la mère ne devrait suffire, bien moins encore de la mère remariée, pas même celui du père qui a convolé: car, dans ce cas de convol, ce sera presque toujours le beau-père ou la belle-mère qui disposera de ces malheureux enfans. On paraît ne s'être attaché qu'à l'importance du consentement; mais il aurait fallu voir aussi l'abus d'autorité ou le danger de la séduction, et ordonner un conseil de famille pour ce cas, comme pour celui de l'art. 12.

160   Art. 15. N'est-il pas étonnant qu'on n'assemble cette famille que pour lui faire injure? On l'appelle, on la consulte, comme formant une assemblée de protecteurs et de sages; et c'est à l'étourdi qu'on donne la préférence d'opinion.

191- à 193   Art. 40. Il faut donc effacer l'article 21, puisque cet article déclare nul, et qu'ici on ne prescrit que la réhabilitation.

av-198-et 52   Art. 47. C'est aller bien loin que d'autoriser la plainte contre les époux: on doit s'attendre que jamais, en pareil cas, il n'y aura de plainte contre l'officier sans qu'elle soit aussi dirigée contre eux; ce qui présente beaucoup d'inconvéniens et nul motif d'utilité; car il sera toujours certain, par le fait même, que le délit est personnel à l'officier, et presque jamais que les époux en soient intentionnellement coupables, à moins qu'ils n'en abusent pour désavouer leur mariage et tromper la foi publique, ou faire perdre l'état civil à leurs enfans.

Il y a lieu, au moins, à supprimer l'action d'un des deux époux contre l'autre, parce que c'est trop oublier l'honneur du mariage, et les conduire à la nécessité du divorce, si le divorce est adopté.

203   Art. 51. Il faut ajouter: *chez eux seulement;* sans quoi un enfant pourrait oser agir contre ses parens, pour les contraindre, sous prétexte d'éducation, à lui fournir les alimens et frais nécessaires hors de leur maison; ce qui serait un sujet de révolte et de scandale public.

Art. 53 et 54. Il est bon de répéter que ces articles ne concernent que les alimens dus aux père et mère par les enfans et que les enfans les doivent hors de chez eux.

Art. 56. Article déplacé, étranger à l'essence du mariage, et absolument inutile en lui-même. Ce n'est pas le sujet d'une loi, puisque c'est la conséquence et le résultat d'autres lois qu'on trouve en leur lieu.

Art. 57. Autre article inutile, parce qu'on ne traite pas, en cet endroit, de la puissance paternelle. Ce qu'on en dit là est une simple réflexion, et non une loi ; encore est-ce une réflexion tronquée, car le père a aussi cette puissance sur son bâtard, et il est d'ailleurs convenu qu'elle vient de la nature.

TITRE VII. — *De la paternité et de la filiation.*

Art. 9. Dans quel délai les intéressés pourront-ils contester la légitimité ? auront-ils six mois, comme les avait le père présent ? n'auront-ils que ce qui manquera à l'accomplissement des six mois, déduction faite de ce qui s'en est écoulé du vivant du père ? par exemple, n'auront-ils que vingt-quatre heures, s'il ne manque que cela aux six mois ? Il fallait l'expliquer.

Art. 33. Article inutile et de sens équivoque. Il est parlé plus haut de la reconnaissance du père et de la mère, comme nécessaire pour produire effet ; il est même dit que celle du père seul, non avouée par la mère, n'en produit aucun, ni à l'égard de l'un ni à l'égard de l'autre : et ici, le sens littéral de l'article ne suppose que la reconnaissance de l'un des deux, et qui cependant produit effet contre le déclarant.

TITRE VIII. — *De la puissance paternelle.*

DISPOSITION GÉNÉRALE.

Art. 1er. Définition fausse, contradictoire, dangereuse. La loi ne confirme point les droits de la nature ; elle les

exprime, elle les reconnaît, elle les protége. « Le législa-
« teur exerce moins une autorité qu'un sacerdoce. » (*Discours préliminaire*, *pag*. 6, *dernier alinéa de l'éd. in-4º.*)

Le droit de confirmer suppose puissance ; c'est le droit de donner de la stabilité à ce qui en manque, de la force à ce qui n'en a point par soi.

Or, c'est renverser les idées que de dire que la loi positive a puissance sur la loi naturelle, et que la loi naturelle n'a ni stabilité ni force. La loi positive n'est que le produit de la loi naturelle : celle-ci soumet ou doit soumettre à son autorité les gouvernemens des peuples, les actions et les volontés des hommes.

C'est ce qu'on trouve avoué dès l'entrée du Code (*livre préliminaire*), où on est forcé de dire que *la raison naturelle* est un droit existant par soi, et que le droit *est la source de toutes les lois positives*, en tant qu'il est *universel*. Or, il y a erreur à dire que le principe est confirmé par sa conséquence, et la cause par son effet.

Et il y a contradiction à mettre, à côté du principe qui commande, une puissance supérieure qui confirme : l'effet montre la cause, comme les cieux publient l'existence de Dieu. Le peintre ne confirme pas la fleur qu'il a représentée. Et puisqu'on convient que les lois positives ne sont que la copie exprimée du droit ou de la raison universelle, il y a manifestement contre-sens à dire que la loi confirme la raison, tandis qu'au contraire c'est la raison qui, de son autorité universelle et irrésistible, peut et doit confirmer la loi.

Sans doute, ici, il n'y a qu'abus de mots ; mais, si les mots doivent peindre exactement les idées, c'est surtout dans un ouvrage public, et en quelque sorte élémentaire, qui instruit et qui commande, qui est destiné à être la lumière et la règle de tous, et dont l'autorité irréfragable impose un respect religieux.

Et déjà le danger de cette fausse expression se fait bientôt sentir dans l'explication qu'on donne tout de suite de la puissance paternelle, qu'on borne au droit de *surveillance* et d'administration, et qu'on suppose donnée aux pères par la loi ; c'est là surtout qu'on voit la funeste conséquence d'un abus de mots, par un abus plus intolérable des choses.

Quoi! le père n'a qu'un droit de surveillance sur la personne de ses enfans, et il ne l'a que par la loi! la loi peut donc le lui ôter? Cette autorité, la première et le type de toutes les autres, ne serait pas une autorité existante par elle-même, une autorité de commandement et de correction, comme celle des gouvernans sur les sujets à gouverner !

Qui ne sait que la société n'est autre chose qu'un assujétissement continu des personnes à d'autres, et de celles-ci à la règle qu'elles doivent faire observer? Et puisque cette règle est l'expression des lois immuables de la nature, quelle loi plus universelle, plus impérieuse, plus indépendante de la volonté des hommes, que celle qui assujétit les enfans à leurs pères, *Filii, obedite parentibus per omnia;* que cette loi sacrée qui transmet aux pères l'autorité de Dieu lui-même, et qui est le fondement de toutes les autorités qui gouvernent sur la terre ?

Eh! comment a-t-on pu allier ces deux mots : *puissance* et *surveillance?* La puissance est-elle sans action? la surveillance est-elle autre chose qu'attention ? Le gardien surveille les fruits, et n'en dispose pas ; le concierge surveille les prisonniers ; la garde, les malades ; et ils ne leur commandent pas. Est-ce là toute la puissance du père? ce ne serait pas seulement celle du mari sur sa femme, pas même celle du maître sur ses domestiques.

Cette surveillance n'est pas celle seulement du physique des enfans ; c'est aussi et c'est principalement celle des mœurs, qui commencent à se former dès les premières habitudes de la vie. Mais le père aura beau surveiller ; si la règle n'est pas dans ses mains pour ordonner, corriger et punir, si, à chaque instant, il doit compte de sa surveillance à un autre, si sa puissance n'est que de nom, que pourrez-vous attendre des enfans qu'il n'aura pu élever? et qu'aurez-vous fait? que déplacer un droit naturel et légitime, pour créer un droit factice, funeste à la société, et désavoué universellement par la raison.

Mais alors que devient ce que l'on a dit, que *toutes les lois positives prennent leur source dans le droit naturel?*

Que devient la magistrature domestique, la plus essentielle comme la première de toutes, et dont toutes les autres ne sont que l'image?

N'a-t-on pas reconnu cette magistrature dans le discours? (*page* XLVI *de l'éd. in-*4°).

N'a-t-on pas rendu hommage à son gouvernement, qu'on appelle le *gouvernement de la famille,* et dont on a dit qu'il est le chef (*ibid*)? *Familiæ appellatione et ipse princeps familiæ continetur.*

Ainsi, pour n'avoir pas voulu dire ce qui est, en parlant de sa puissance, on a été forcé de conclure en sens contraire de ce qu'on avait déjà dit.

On a soumis l'autorité du droit naturel à celle des lois positives, qui ne font qu'en dériver, contre cette maxime de tous les temps, de tous les peuples, et de tous les codes, que le droit civil ne doit point déroger au droit naturel, *Jus civile naturali non derogat.*

On a, par un renversement inouï, mis la surveillance de la loi à la place de l'autorité naturelle du père, et cette autorité à la place de la surveillance de la loi.

Otons donc aux pères, ôtons-leur tous leurs enfans dès le berceau pour les confier à une éducation publique; ou gardons-nous de leur rien ôter de la puissance qu'ils ont naturellement sur leurs enfans.

Ou donnons des règles à tous les pères pour vêtir, loger et alimenter leurs enfans, tant en santé qu'en maladie, comme nous le faisons dans les hospices de charité, ou laissons-leur, à plus forte raison, toute la puissance qu'ils tiennent de la nature, pour éduquer aussi leurs ames, et former leurs mœurs selon leur jugement, qui vaut mieux que le nôtre, et leur tendresse, qu'une puissance plus forte que nous leur a inspirée.

Faisons des lois pour régler la puissance des tuteurs, des curateurs, qui n'en ont aucune par eux-mêmes, et ne peuvent avoir que celle que la loi civile leur donne ; n'en faisons pas pour les pères, à qui les enfans sont assujétis par un droit indélébile, par un droit qui nous assujétit nous-mêmes ; et que notre Code enfin ne soit pas le premier livre où les enfans prendront leur première leçon de désobéissance et d'indocilité.

En vain dirait-on que de fait on n'a rien retranché de la puissance légitime des pères ; c'est ce que nous examinerons après.

Mais cela fût-il vrai, il ne l'est pas moins que la règle ci-dessus, également fausse et dangereuse, reste écrite, et que cette règle empoisonnée empoisonnera les esprits et les cœurs.

Et prenez garde que le texte est qualifié *Disposition générale;* qu'ainsi c'est une véritable règle de droit qu'on a entendu faire ; rappelons-nous qu'une règle de droit n'est autre chose que la proclamation de ce qui est, *Regula est quæ rem quæ est breviter enarrat;* rappelons-nous que la chose qui est renferme essentiellement en elle et la cause qui la fait être ce qu'elle est, et les droits qui y sont attachés, *Rei appellatione et causæ et jura continentur;* et jugeons, d'après cela, du danger de laisser subsister une déclaration qui dit la chose qui est autre qu'elle n'est en effet.

Eh ! qu'était-il besoin de toutes ces nouveautés ? Ne sait-on pas qu'en droit toute règle est pernicieuse, *omnis definitio in jure civili periculosa?* ne suffit-il pas de dire ce qu'ont dit ces hommes si puissans en sagesse et en raison, ces hommes si justement vantés par les auteurs du projet : *La puis-*

sance paternelle est le droit naturel qui appartient aux pères sur leurs enfans ? puis de cette règle générale on fera découler les lois qui en sont la conséquence.

ap-378 Art. 4. Exprimer la durée de la détention, c'est trop en montrer le terme à l'enfant révolté ; il sera moins occupé de la punition que du temps auquel elle doit finir, et plus résigné à la souffrir qu'à se corriger : c'est l'effet de l'orgueil, qui endurcit jusque dans les peines dont on connaît la durée. Il vaudrait mieux ne rien exprimer à cet égard dans l'ordre, et laisser à l'officier de police d'abréger ou de prolonger la détention suivant la nature des faits, et après avoir consulté le préposé à la maison de correction, le père et même la famille, si besoin est : car si, par exemple, le fils a attenté aux jours de son père, exposera-t-on ce père à recevoir nécessairement au bout d'un an son fils devenu plus furieux par sa détention, plus avisé par le dessein de vengeance qu'il aura sans cesse médité et nourri ?

389-384-387 Art. 12. Pourquoi ne pas laisser subsister l'usage des pays nombreux, soit de droit écrit, soit coutumiers, qui donne au père, pendant la vie de l'enfant, l'usufruit de ses biens maternels et adventifs ? Le droit de Paris doit-il faire le droit de toute la France ? Il n'y a pas d'exemple qu'on se soit mal trouvé jusqu'ici de ce droit des pères dans les pays où il a lieu ; et, au contraire, il est prouvé que partout ce sont les familles de l'Etat les mieux gouvernées, et dont il a le plus à se louer. On ne saurait trop faire pour les pères, qui sont les vrais colons de la société.

Au moins qu'on conserve au père l'usufruit qui lui est acquis durant la minorité de son enfant, dans le cas où cet enfant viendrait à décéder pendant cet usufruit.

fin du tit. 9- et 1048 Art. 16. C'est trop de retrancher l'exhérédation ; c'est l'arme la plus naturelle et la seule puissante qu'on puisse laisser aux pères : elle n'est pas dangereuse ; à peine, dans une grande société, en voit-on quelques exemples dans le cours de plusieurs siècles. Ce n'est pas lorsque tous les liens ont été relâchés qu'il faut les relâcher encore : peut-être ne viendra-t-on jamais à bout de les resserrer comme il conviendrait de le faire.

Au moins serait-ce assez d'avoir dit que la disposition officieuse ne peut être faite que par acte testamentaire, sans ajouter *que la cause doit être exprimée, qu'elle doit être juste, et surtout qu'elle doit être encore subsistante au décès.* C'est tout ôter au père que de ne pas lui laisser le droit de juger souverainement des mœurs de son fils, que personne ne peut connaître mieux que lui.

C'est, de plus, offenser le public et les mœurs, que de mettre le fils aux prises avec la mémoire de son père, et encore ce fils en procès avec ses propres enfans, pour faire décider, ou au gré des juges ou à la disposition de témoins souvent suspects, de la justice du jugement porté par l'aïeul ; car si ce jugement n'est pas susceptible d'être soumis aux tribunaux, pourquoi dire qu'il doit être juste, puisqu'il sera présumé l'être de droit ? et pourquoi exiger que la cause soit exprimée, si, l'étant, elle est toujours présumée juste ? Eh ! qui mieux que ce père sait ce qui convient à sa famille ?

Mais n'est-ce pas détruire le peu de bien qu'on lui réserve de faire, que de vouloir que la cause de la disposition officieuse soit encore subsistante à l'époque du décès ? Qu'a-t-on voulu dire par là ?

Faut-il que la dissipation se soit perpétuée jusqu'au décès par des actes répétés ? ou ne faut-il pas que le fils ait déjà réparé par une bonne conduite le mal de sa mauvaise administration ? ou suffit-il qu'il ait donné, depuis un certain temps, des preuves d'ordre et de sagesse ? Depuis quel temps ? quelles preuves ? S'il a tellement dissipé qu'il n'ait plus rien, s'il ne trouve plus à emprunter, s'il n'a plus de quoi jouer ou entretenir ses débauches, sera-ce merveille qu'il ne répète plus les actes de sa dissipation, et qu'il paraisse sage par nécessité ?

S'il a été assez hypocrite pour se retenir dans son penchant ou mieux cacher ses désordres aux approches de la mort de son père, sera-t-il absous pour cela? le père aura-t-il été injuste pour avoir été plus clairvoyant et plus sage?

La dissipation est un vice du naturel ; on ne s'en corrige que par un retour efficace vers la morale (ce qui n'entre point dans les considérations de la loi civile), ou par l'impuissance absolue de jouir : et alors, ou il n'est plus temps de se disposer à l'ordre, ou tombant dans l'excès contraire, plus dangereux peut-être que la dissipation, le dissipateur devient avare jusqu'à l'abrutissement.

Mais enfin, il sera donc toujours sûr qu'une disposition officieuse engendrera toujours un procès, ne fût-ce que pour savoir si la cause subsistait au temps de la mort ; et on donnera d'autant moins de confiance à la disposition officieuse du père, que son testament sera d'une date plus éloignée de l'époque de son décès, quoiqu'il fût bien naturel de présumer qu'il n'aurait pas manqué lui-même de le révoquer aussitôt qu'il aurait reconnu l'amendement de son fils.

Ne doit-on pas plus de confiance à ce jugement du père qu'à celui du fils, qu'à celui même des juges, étrangers aux mœurs domestiques de cette famille? Et cependant, si le fils a approuvé la disposition du père en s'y soumettant, ou si elle a été confirmée par les tribunaux sur l'attaque que le fils lui aura livrée, tout est consommé et pour toujours : en vain le fils deviendra plus sage (et peut-être la possession d'une ample fortune aurait produit ce miracle) ; n'importe, il n'y aura plus de retour pour lui à la propriété ; il n'aura pas l'avantage de l'interdit pour prodigalité. D'où vient cette différence?

Dira-t-on que c'est par respect pour le jugement d'un tribunal qui aura consacré cette interdiction testamentaire? mais le jugement qui interdit le prodigue n'en mérite pas moins. Veut-on que ce soit respect pour le testament du père qui a donné lieu à ce jugement? mais alors pourquoi le soumettre à des discussions judiciaires, et incertaines autant qu'inévitables? Pour un père qui pourrait avoir ainsi disposé par méchanceté ou par prévention, cent autres l'auront fait avec sagesse, discernement et regret ; et néanmoins on assujétit le jugement de tous à la même épreuve, aux mêmes hasards, aux mêmes dangers ; et pour éviter le trop léger inconvénient d'un fils qui aura été injustement réduit par son père à l'usufruit de ce qu'il aurait dû avoir en propriété, on ouvre la porte à mille inconvéniens majeurs en police sociale et en bonne administration de Gouvernement.

Art. 18. Sans doute il doit être entendu que tous ces descendans seront morts sans enfans : il serait mieux de l'exprimer. *Ibid.*

Il conviendrait aussi que celle propriété ne fût qu'en dépôt entre les mains des enfans, du vivant du père ; cela est d'autant plus nécessaire, que ces enfans ne seront retenus par aucun frein. L'autorité d'un père dissipateur, qui n'a point de propriété à transmettre, est bien faible ; d'autre part, il y a bien peu à compter sur les soins que devra à ses enfans ce père déréglé, qui n'aura jamais assez de ses revenus pour sa dissipation ; alors les enfans, manquant de tout, ne le regarderont plus que comme un usufruitier à charge ; et ce père, à son tour, irrité de ne pouvoir dissiper davantage, ne verra que des ennemis dans ses enfans, devenus propriétaires de sa fortune malgré lui.

Dans cet état de guerre domestique, les usuriers, les faux amis, le besoin, persuaderont aisément à ces enfans de vendre leur nue propriété ; d'où il arrivera, = 1º qu'ils seront ruinés avant même d'avoir joui ; = 2º qu'ils s'abîmeront dans les débauches, par la funeste facilité d'y satisfaire ; = 3º que, contre le vœu de l'article, ils ne laisseront, à leur mort, aucune propriété que le père puisse recueillir ; en sorte que, pour avoir voulu les sauver de la dissipation de leur père, on les perdra eux-mêmes et de mœurs et de biens.

Mais, en supposant qu'au milieu de tant de sujets d'inconduite, ils soient assez sages pour ne pas consumer leur subsistance par anticipation, il faut au moins pourvoir à ce que le retour au père ne soit pas rendu illusoire par les conseils que des parens intéressés ne manqueront pas de donner aux enfans, de dénaturer leurs propriétés en les vendant pour en acheter d'autres. Il faudrait donc dire que les nouvelles propriétés demeureront subrogées de plein droit aux anciennes qui auront été vendues, jusqu'à concurrence de la valeur de celles-ci.

Ibid. Art. 19. Sans doute *ces autres créanciers* antérieurs à l'ouverture de la succession ne sont toujours que des créanciers personnels du dissipateur ; il eût été bon de l'énoncer : il ne s'agit que de dire : « Les autres créanciers *de cet enfant dissi-* « *pateur.* »

Bon que ces créanciers ne puissent saisir au préjudice de la subsistance de ce dissipateur ; mais le pourront-ils au préjudice de la subsistance de ses enfans, s'il en a ? Ne doit-on pas plus d'égards à ces enfans qu'aux usuriers qui ont prêté à leur père ? Ne paraît-il pas convenable qu'après ces mots : *ce qui peut convenablement suffire à la subsistance de l'enfant dissipateur*, on ajoute : *et à celle de ses enfans, s'il en a ?*

Dans tous les cas, on doit, en bonne règle, ordonner la publication du testament, quant à la disposition officieuse.

Ibid. Art. 20. Article à supprimer, par les réflexions qu'on a déjà faites, et parce que les mœurs et le bien public demandent qu'on réprime l'audace de cet enfant qui n'a pas craint d'emprunter sur l'espoir de la succession de son père, et la cupidité de ces infames usuriers qui ne lui ont prêté que par le désir de dévorer d'avance cette succession.

TITRE IX.—*De la minorité, de la tutelle et de l'émancipation.*

398 Art. 16. « Rédaction à corriger. Dans notre langue, la conjonction *soit* est le plus souvent copulative, et équivaut à celle-ci : *tant là que là* ; il serait mieux de dire tout simple-

ment : *ou par déclaration qui sera faite devant le juge-de-paix, ou devant un notaire, etc.* La répétition de la disjonction *ou* n'a rien de choquant, dès qu'elle est nécessaire.

Art. 17. Autre vice de rédaction, qu'on peut corriger ainsi : « Cette déclaration, si elle est faite devant le juge-de-
« paix, doit être signée, etc.; et si elle est faite devant no-
« taire, elle doit l'être, etc.; le tout à peine de nullité : et si
« le déclarant ne sait pas signer, etc. »

Art. 38. 1re *partie*. Qui est-ce qui donnera avis dans la colonie, de la mort qui occasionne la tutelle ? qui est-ce qui provoquera, dans les colonies, ce conseil de famille ?

2e *partie*. De même, comment les voisins et amis le sauront-ils en France ? qui les excitera, si ce n'est pas leur zèle, et d'où leur viendra ce zèle ? quels sont les voisins, si le mineur a divers biens, si ces biens sont à peu près d'égale importance, s'ils sont situés en différens ressorts ?

Si ces voisins n'ont pas la preuve en main du décès du parent du mineur, les admettra-t-on à provoquer une tutelle sur de simples ouï-dire ? évincera-t-on avec cela un fondé de pouvoir ?

L'article, il est vrai, a pu paraître difficile ; mais celui-ci est illusoire. Ne peut-on pas présumer que le Gouvernement établira en France un procurateur-général pour les affaires des colonies, et dans les colonies, un procurateur-général pour leurs affaires de France, et chargera les juges respectifs de donner avis à ce procurateur-général, qui le transmettrait à celui du lieu de la personne ou des biens, d'après lequel avis ce juge serait tenu d'agir d'office ?

Art. 46. « La loi dispense de la tutelle, 1º, etc. »

Pourquoi donc pas les juges ordinaires, tant de première instance que d'appel ? Il ne s'agit point de privilége, mais de justice égale où il y a égalité d'intérêt public. Les juges d'appel, surtout, sont tirés des divers départemens qui forment l'arrondissement du tribunal ; comment vouloir qu'avec une fonction publique, journalière, pénible, qui les applique sans cesse à l'audience, ou aux délibérés, ou au cabinet, ils puissent exercer une autre fonction publique, importante sans doute, mais beaucoup moins que celle qu'ils exercent déjà? Faudra-t-il qu'après avoir abandonné leurs foyers, leurs affaires, le soin de leurs propriétés, l'éducation de leurs enfans, pour servir le public, ils quittent le public pour gérer les biens des autres, ou qu'ils paient, à gros frais, un commis-tuteur, dont ils sont responsables? Les hommes nécessaires aux tribunaux ne sont pas assez communs, surtout en ce moment, pour qu'on n'eût pas à regretter ceux qu'une tutelle forcerait à renoncer au service public.

452   Art. 70. Le conseil de famille pourra être d'avis de vendre l'universalité du mobilier : or, une universalité de mobilier est comparée par les lois à un immeuble. D'ailleurs, une succession peut être toute composée de mobilier ; il convient donc d'ajouter ici ce qui est dit à l'article 84 ci-après, sur la nécessité de faire attester les affiches par le juge-de-paix.

453- et ap- 453   Art. 71. La seconde partie de cet article est inutile et dangereuse. Inutile, parce qu'elle ne se pratiquera jamais, si ce n'est quand on aura dessein de frauder ; et par cela même elle est dangereuse, car on ne la pratiquera qu'autant qu'on aura l'espoir de gagner sur des objets précieux qu'on ne voudra pas rendre. Il sera presque toujours facile d'intéresser un expert d'office, sans responsabilité et sans contradiction. Il vaut mieux que le père ou la mère demeure obligé de tout représenter, ou laisser au mineur la faculté d'allouer ou de contester le prix des objets qu'on ne représentera pas, que d'introduire une formalité qui ne peut être bonne qu'à engager dans des frais frustratoires le père ou la mère, qui s'en vengera sur le mineur.

La dernière partie ne peut subsister comme elle est. On y confond la privation de la tutelle, avec la perte de la jouissance. Certes, le père et la mère à qui la tutelle est ôtée, suivant l'article 14, n'ont plus le droit de faire vendre le mobilier des mineurs ; ce soin doit être laissé au tuteur qui leur sera subrogé. A la bonne heure qu'ils soient tenus d'administrer jusqu'à cette nouvelle nomination, parce que, dans l'intervalle, l'administration ne doit pas être suspendue ; mais il n'y a aucun péril à conserver le mobilier pendant ce peu de jours, et il y en aurait beaucoup à le laisser vendre par le père ou la mère destitués.

Art. 76. Quel article redoutable pour le mineur ! Combien de fois des intrigans qui s'entendraient avec un tuteur et avec un conseil tout composé d'étrangers, par exemple, dans la succession d'un banquier, d'un négociant de Paris, ou de toute autre grande ville où le défunt n'avait aucun parent qui connût sa fortune, viendraient à bout de persuader une répudiation funeste, qui cependant sera irrévocable !

Eh ! à propos de quoi ? On a dit, dans l'article précédent (et assez mal à propos peut-être), que le mineur ne pourrait jamais accepter que sous bénéfice d'inventaire ; en quoi on a pourvu à ses intérêts, beaucoup plus qu'à sa délicatesse, et à l'honneur qu'il doit à son parent ; mais enfin, voilà du moins son intérêt à couvert. Pourquoi, en voulant le protéger du côté de cet intérêt, lui donner moins de faveur qu'à cet autre héritier avide et cauteleux qui aura surpris sa répudiation pour le dépouiller ? ne vaudrait-il pas mieux dire, au contraire, que, par la raison de l'article précédent, aucune succession ne pourra être répudiée pour le mineur ?

Art. 77. Pourquoi cette autorisation de conseil ? L'ordonnance de 1731, l'une des plus sages et des plus réfléchies qui aient été faites sous l'ancien Gouvernement, dispense expressément de tout avis de parens, et ne demande que l'acceptation du tuteur ou du curateur, ou du père ou de la mère, ou de tout autre ascendant, même du vivant du père et de la mère. Chez les Romains, il suffisait d'une autorisation bien moins grave ; l'esclave pouvait accepter pour le mineur.

Aucune raison ne peut justifier la disposition de cet article, qui blesse évidemment les intérêts du mineur, au lieu de les protéger ; car le plus souvent il aura des donations à recevoir de parens collatéraux, au préjudice d'autres parens successibles comme lui ; jamais il ne parviendra à se faire autoriser par le conseil de famille.

On dit que la donation autorisée par le conseil aura le même effet contre le mineur que contre un majeur ; mais la simple acceptation du tuteur produit cet effet; et cet effet n'a rien de fâcheux ni pour le mineur ni pour le majeur, puisqu'ils ne sont jamais tenus au-delà de la valeur des choses données, et que le pis qui puisse leur arriver est que la libéralité soit illusoire. L'ordonnance, Ricard, la jurisprudence et les lois romaines avaient extrait sur cette matière tous les fruits de la sagesse humaine; on ne peut que s'égarer en s'en écartant.

472 Art. 101, 1ᵉʳ *alinéa. La forme ci-dessus* comprend-elle aussi la nécessité de faire apurer ce compte par le juge-de-paix, comme cela est exigé dans l'article précédent ? La forme du compte est autre chose que le jugement de ce compte rendu ; et si on ne pouvait traiter qu'après ce jugement, autant vaudrait dire qu'il n'est jamais permis de traiter, puisque l'acquiescement à un jugement ne saurait être regardé comme un traité.

ap- 419- et av- 475

Art. 102. Il paraît impossible d'admettre un article contraire à tout usage et à toute raison de droit et d'équité, qui, pour le moindre conseil sur une chose passagère et de la plus petite conséquence, rend des parens garans non-seulement de l'événement de ce conseil, mais encore de l'universelle administration du tuteur ; un article qui jèterait la désolation dans toutes les familles, le trouble dans toutes les propriétés, et qui, pour une faveur excessive accordée à l'intérêt d'un mineur, pour un danger très-éventuel, infiniment rare et fort douteux, ferait que partout où il y aurait une tutelle, les familles entières seraient regardées, dans le commerce des affaires, comme des familles pestiférées, avec lesquelles personne n'oserait former des alliances ou faire aucun autre contrat.

Mais pourquoi, d'ailleurs, les parens même qui auraient concouru à la nomination du tuteur en seraient-ils garans, sauf ce que dit Domat du cas de dol et de malversation, comme si on avait nommé un tuteur apparemment insolvable? ce serait introduire une nouveauté effrayante dans presque tous les pays coutumiers et qui, même pour le pays de droit écrit, n'a pas de fondement réel dans les lois romaines bien méditées, comme l'a fait voir l'avocat-général Talon dans son plaidoyer rapporté par Bardet, t. II, p. 582.

Art. 107. « Le mineur émancipé peut recevoir un capital « mobilier. »

L'article 109 ne permet point au mineur émancipé de s'engager au-delà d'une année de son revenu, et le 110 lui interdit la disposition de ses meubles. N'est-il pas inconséquent de lui permettre, dans celui que nous examinons, de recevoir, et par conséquent, de dissiper un capital mobilier, qui peut être bien au-dessus d'une année de son revenu ou de la valeur de ses meubles ; qui même peut composer toute sa fortune, comme il arrivera souvent parmi les gens d'art, négoce ou trafic? Sans doute, la faveur de la libération ne doit pas permettre de la rendre plus difficile vis-à-vis le mineur que vis-à-vis le majeur ; mais, sans retarder la libération du débiteur, on pourrait pourvoir autrement à l'intérêt du mineur, en ordonnant la consignation des capitaux jusqu'à emploi fait par conseil de famille.

RÉFLEXIONS GÉNÉRALES SUR LE TITRE DES MINORITÉS, TUTELLES, ETC.

Au surplus, on remarque, contre tout ce titre *des Mino-*

rités et tutelles, que les conseils de famille, et les frais qu'ils doivent occasioner, sont beaucoup trop multipliés.

On a trop considéré les familles comme riches ou aisées, peut-être parce que le travail s'est fait à Paris, et qu'on s'est trop circonscrit dans ce qu'on voit autour de soi ou dans ce qu'on a l'habitude de voir. Les paysans, les ouvriers, les artisans, les familles indigentes sont les plus nombreuses, celles où il y a communément plus d'enfans, dont les pères, exposés à plus de dangers, à plus de maladies, avec moins de secours, rendent les tutelles plus fréquentes : on ne viendra jamais à bout de distraire les parens de leurs occupations, de leur travail nécessaire, pour assister, souvent à des jours fort incommodes, souvent avec des frais de voyage qu'ils ne pourront pas fournir, à des conseils aussi fréquens ; forcés de ne calculer que par leurs besoins présens, ils s'inquièteront peu d'une responsabilité future ; et cette responsabilité même sera une pépinière de procès par lesquels on ruinera plusieurs familles pour l'intérêt le plus médiocre d'une minorité.

Si on est réduit à des voisins, ce ne sera plus que des voisins officieux ; ou ces voisins, de même classe que les parens, et aussi nécessiteux qu'eux, refuseront de venir.

Les mineurs eux-mêmes consumeront ou verront consumer une grande partie de leur fortune par des formalités établies pour mieux la leur conserver.

Ne devrait-on pas, ou statuer en général que tout se ferait sans frais ni de papier, ni de justice, ni de droit de fisc, ou l'ordonner au moins pour les fortunes médiocres, à l'arbitrage du juge-de-paix ? L'État est le premier tuteur des mineurs.

TITRE X.
CHAPITRE Ier. — Des majeurs.

488 Art. 1er. Eh ! plutôt, hâtons-nous de revenir à la règle des vingt-cinq ans ! il n'est que trop vrai, comme on l'a dit

dans le discours préliminaire, que mille causes concourent aujourd'hui à prématurer la jeunesse, et c'est une raison de plus de l'abandonner plus tard à elle-même. Qu'est, en effet, cette raison précoce, sans expérience, sans lumières, presque débile, à côté d'une volonté impétueuse, mue par des passions violentes, qui, pour nous servir encore des expressions du discours, font *que trop souvent la jeunesse tombe dans la caducité au sortir même de l'enfance.*

Que ce *ressort donné aux ames* vienne, comme le disent les auteurs du projet, de l'esprit de société et d'industrie, plus généralement répandu, ou qu'il vienne, comme on le croit plus vrai, du relâchement des mœurs et de la discipline publiques, et de l'absence de toute morale que les nouveaux disciples d'Épicure sont parvenus à ruiner, il n'en est pas moins inconcevable qu'il ait échappé aux auteurs du discours de dire que ce fatal ressort *suppléait aux leçons de l'expérience, et disposait chaque individu à porter plus tôt le poids de sa propre destinée.*

Ne sait-on pas que tout a son période marqué dans la nature; que la raison n'arrive pas un moment plus tôt, parce qu'on aura été lancé de meilleure heure dans le tourbillon social, avant même que l'esprit ait pu s'y former aucune idée, et qu'on deviendra encore moins raisonnable avant le temps, parce que de funestes habitudes de licence auront devancé le temps des passions?

Mais ce n'est pas parce qu'on n'est point encore raisonnable à vingt-un ans qu'il faut retarder l'effet de la majorité jusqu'à vingt-cinq; car, au commencement même de notre civilisation, la minorité ne s'étendait pas au-delà de vingt-un ans, c'est parce que ce premier âge, où la raison ne fait que poindre, étant environné de plus de dangers, il a besoin de plus de secours: ce qui fit bientôt sentir la nécessité d'attendre une plus grande maturité pour livrer le jeune homme à ses propres forces, et nous ne pouvons que nous préparer des regrets, en méprisant l'autorité des siècles et la sagesse de ceux qui nous ont précédés.

CHAPITRE II. — De l'interdiction.

500 Art. 18. « Commission rogatoire, etc. »

Il ne peut y avoir de *commission rogatoire d'un tribunal d'appel à un tribunal de première instance.*

503 Art. 24. Ce tiers, qui n'a rien su de cette interdiction, se trouvera-t-il jugé nécessairement et irrévocablement sans avoir été entendu? Il semble qu'on doit lui réserver ses défenses; par exemple, le droit de tierce-opposition au jugement d'interdiction; car il serait possible que l'interdit se fût entendu avec sa famille tout exprès pour annuler un acte qu'il n'aurait pu attaquer autrement.

504 Art. 25. « Après la mort d'un interdit, etc. »

Il faut ajouter, *ou d'une personne prétendue sujète à l'interdiction.*

ap-
512-
et 489

Art. 39. On a oublié qu'on ne lui faisait pas nommer de curateur lors de son émancipation, mais seulement s'il avait à plaider pour une action immobilière : il faut donc dire à l'article 106, chapitre *de l'émancipation,* qu'on doit lui donner ce curateur aussitôt qu'il est arrivé à l'âge de devenir émancipé.

fin du
ch. 2-
et
ch. 3.

ADDITION A CE CHAPITRE.

C'était ici le lieu de parler de l'interdiction pour cause de prodigalité, et cependant on n'en dit rien. Ce n'est sûrement qu'une omission; car, quoique par le droit de propriété on entende celui d'user et d'abuser, on ne pense pas que les auteurs du projet se soient laissé surprendre à cette définition, jusqu'à en conclure que la loi n'est pas intéressée aux excès du prodigue, qui, méprisant toute règle, et abusant de sa raison, corrompt les mœurs publiques, et préjudicie aux intérêts d'autrui: l'imbécille, maltraité par la nature, doit être secouru par l'humanité ; le prodigue, insultant à la raison par ses désordres, et à la société par sa mauvaise conduite, doit être contenu par la loi.

Telles sont les réflexions qui nous sont survenues, à l'examen rapide de ce premier livre du projet; nous les avons exprimées librement, comme nos lumières et notre conscience nous l'ont suggéré, persuadés que nous ne pouvions mieux honorer l'intention du Gouvernement et le travail des auteurs du projet.

Nos occupations ne nous ont pas permis d'aller plus vite ni plus loin, ni de dire tout ce que nous aurions eu à remarquer sur ce que nous avons parcouru ; comme le temps n'a sûrement pas permis aux auteurs du projet de mûrir autant qu'il aurait dû l'être un ouvrage aussi important, le plus difficile qu'on puisse confier à des hommes, et cependant confié aux hommes qui étaient les plus capables de le rendre parfait.

Fait et arrêté à la chambre du conseil, le tribunal assemblé, ce 14 fructidor an 9 de la république française, une et indivisible. A la minute ont signé REDON, *président,* BEAULATON, CATHOL, MANDET, BONARME, TIOLIER, BRANCHE, TURRAULT, FARRADESCHES-GROMONT, BARRET-DUCOUDERT, LANDOIS, COINCHON, LAFONT, *juges, et* TOUTTÉE, *substitut du commissaire du Gouvernement.*

Certifié conforme. A Riom, le 17 fructidor an 9. Signé REDON, *président, et* L. ARMAND, *commis-greffier.*

━━━●◊●━━━

N° 27. *Observations arrêtées par le tribunal d'appel séant à* ROUEN, *d'après et sur le rapport de sa commission.*

DISCOURS PRÉLIMINAIRE.

CE discours nous paraît donner, dans ses pages 9, 10

et 11 (édition in-4°), trop de latitude à l'arbitraire des juges. Il n'est pas besoin d'appeler, de provoquer, pour ainsi dire, les interprétations, les commentaires, les jurisprudences locales. Ces fléaux destructeurs de la loi, qui l'affaiblissent d'abord, qui ensuite la minent insensiblement, et qui finissent par usurper ses droits, ne reparaîtront que trop tôt. Malheur au temps où, comme par le passé, on cherchera moins ce que dit la loi que ce qu'on lui fait dire! où l'opinion d'un homme, que le temps seul aura accréditée, balancera l'autorité de la loi! où une erreur hasardée par l'un, et successivement adoptée par les autres, deviendra la vérité! où une suite de préjugés recueillis par des compilateurs aveugles ou serviles, violentera la conscience du juge, et étouffera la voix du législateur!

Il faut, nous le savons, laisser d'abord les cas imprévus à l'équité du juge; mais c'est sur ces cas imprévus seulement qu'il peut s'établir une jurisprudence : encore ne faut-il pas que cette jurisprudence varie suivant les lieux, et que la loi, comme un vieux tronc, reste oubliée au milieu de branches parasites, divergentes dans tous les sens; il faut que les décisions particulières, qui peuvent avoir l'effet de former avec le temps une jurisprudence, soient dirigées vers un résultat unique. Nous voudrions donc que dans chaque tribunal d'appel, le commissaire du Gouvernement fût tenu de transmettre au ministre de la justice tous les jugemens qui auraient pour base un principe d'équité ou de doctrine *interprétatif ou supplétif* de la loi; et qu'en cas de divergence dans les principes adoptés, le ministre fût tenu de provoquer une loi *interprétative ou supplétive*. De cette manière, les juges ne flotteraient que momentanément dans le vague de l'arbitraire; ils seraient confirmés dans leur principe de décision, si ce principe était adopté, et rappelés à la vérité, s'ils avaient erré.

Nous lisons dans le discours préliminaire, page 16, que la science du magistrat est d'*étudier l'esprit de la loi quand la lettre tue.* Il nous semble que quand la lettre de la loi tue, elle est claire, formelle et impérieuse. Or, sera-ce dans ce cas qu'il sera permis au magistrat de substituer au texte précis d'une loi qui commande avec rigueur son opinion sur l'esprit de cette loi?

L'inconvénient de laisser tant de latitude à l'arbitrage du juge tient peut-être au plan qu'on s'est formé de réunir dans le même Code la totalité de notre droit civil.

Il y a en effet dans toute législation civile deux parties différentes : la première n'est autre chose que la collection des principes du droit commun ; c'est celle qui détermine les notions générales du droit, et, surtout, l'effet des obligations, la nature et les conséquences de chaque contrat, les règles d'interprétation qui s'y rapportent, etc.

Là, le législateur ne crée point la loi, il n'est au fond qu'un jurisconsulte qui enseigne, interprète et déclare les documens de la raison universelle. La loi dans cette partie peut être, en certains cas, subordonnée aux usages, qui sont souvent le meilleur interprète des contrats et des transactions privées ; en un mot, comme cette partie des lois a ses sources dans l'équité même, il est nécessaire qu'elle puisse se plier, suivant les faits particuliers, aux exceptions que l'équité commande.

Le Code, en cette partie, sous quelque forme qu'on le produise, ne sera jamais qu'un traité plus ou moins sommaire. En présentant les principales règles et les exceptions principales, il met le juge à portée de statuer, d'après les mêmes principes, dans les cas les plus imprévus, et c'est dans cette même partie qu'il faut que le juge prononce plutôt avec l'esprit des lois, qui est toujours juste, que sur la lettre, qui quelquefois tue.

L'autre partie du droit civil forme la législation particulière et positive de chaque peuple. Elle règle les droits des pères et des enfans, ceux des époux, le mariage, le divorce, les successions, les donations, les testamens, etc.

C'est proprement chez chaque nation son droit public en matière civile.

Tous les points de départ pour la confection de cette espèce de loi doivent être pris dans la constitution d'un peuple et dans ses lois politiques.

Comme cette partie des lois appartient essentiellement à l'ordre public, il n'y peut être dérogé par aucune convention privée, par des usages, par des motifs d'équité ou par toute autre considération. Le juge, en ce regard, est strictement astreint aux termes de la loi, quand même il en résulterait des injustices particulières.

D'après cela, on peut choisir entre la confection d'un ou de plusieurs Codes; mais, dans tous les cas, il semble indispensable que les deux parties de législation civile ci-dessus désignées, aussi bien que les règles d'interprétation et d'application propres à chacun, demeurent très-séparées et très-distinctes.

Au surplus, le plan de législation, quant à la partie du droit public, nous paraît porter sur des bases solides. On a senti que, pour affermir l'ordre social, il fallait lier les citoyens entre eux par des rapports fixes d'intérêt, d'habitude et de sentimens. La stabilité des mariages, l'autorité paternelle, les droits de famille, sont les premiers anneaux de cette grande chaîne : les rédacteurs du nouveau Code ont montré, sur tous ces points, des vues et des intentions infiniment louables; nous désirerions trouver encore dans l'ensemble des dispositions relatives à ces objets si importans, un caractère plus ferme et plus prononcé.

CODE CIVIL.

OBSERVATIONS GÉNÉRALES.

Il nous paraît inutile, et peut-être il est dangereux de faire entrer le livre *du droit et des lois* dans le système du Code civil. Cela nous paraît dangereux surtout, lorsque plusieurs des principes contenus dans ce livre préliminaire, ont nécessairement l'effet d'affaiblir et énerver la force de la loi par la très-grande latitude qu'ils donnent à l'arbitrage du juge et aux usages locaux.

Il ne faudrait, ce nous semble, ni discours préliminaire ni livre du droit et des lois. Laissons à la loi toute sa force, elle ne sera encore que trop souvent éludée.

Le livre premier *des personnes*, et le livre second *des biens et des différentes modifications de la propriété*, nous paraissent bien ordonnés dans la distribution des matières.

Mais le livre III *des différentes manières d'acquérir*, laisse désirer quelques déplacemens. = 1° A la suite des contrats ou obligations en général, se trouvent la contrainte par corps, le cautionnement, les priviléges et hypothèques, et les lettres de ratification, sans doute comme moyens ou effets accessoires des conventions tendant à leur donner plus de garantie et de solidité : or, le gage et le nantissement doivent être rangés au nombre de ces moyens ou effets accessoires des conventions. Ainsi, le chapitre *du gage et nantissement* devrait naturellement être placé à la suite du cautionnement. Laissé où il se trouve dans le projet, il rompt la chaîne des idées, et est véritablement déplacé.

=2° Le mandat n'a point pour effet nécessaire d'acquérir. Il est donc hors les contrats qui constituent les différentes manières d'acquérir; il doit former le dernier chapitre du Code, comme exception au principe général à toutes les conventions, qui veut que chacun contracte pour lui-même.

LIVRE PRÉLIMINAIRE.
Du droit et des lois.

TITRE Ier.—*Définitions générales.*

Art. 4. *Les coutumes et usages* non sanctionnés par l'autorité publique ne peuvent avoir force de loi dans un bon

Gouvernement, et surtout dans un Gouvernement républicain, où la loi doit être une comme sa constitution.

Art. 7. = 1° La loi ne peut que contraindre ou réprimer la volonté de l'homme; elle ne peut donc qu'ordonner ou défendre, et voilà pourquoi (comme le porte l'article 8 du titre IV du même livre) *tout ce que la loi ne défend point est réputé licite;*

= 2° Au lieu de ces mots, *elle annonce*, ne vaudrait-il pas mieux dire : *elle établit ?* Cette expression, *elle annonce*, est sans caractère et très-insignifiante.

TITRE II. — *Division des lois.*

Art. 1er, 3e *alinéa. Les rapports de l'homme avec la loi;* ne vaudrait-il pas mieux dire : *avec l'ordre social ?*

TITRE III. — *De la publication des lois.*

Art. 4. Rien de ce qui est relatif à la publication des lois, qui n'ont leur force et leur effet que du jour de cette publication, ne doit être incertain : or, rien de plus vague et de moins précis que cet article 4, qui fait dépendre le lieu de la publication, = 1° de la nature de la loi à publier; = 2° du fait de savoir à quelle autorité appartiendront son exécution et son application. Qui jugera la loi pour en déterminer la nature et l'autorité chargée de l'exécuter ou de l'appliquer? Sera-ce le ministre? Est-il bien certain d'ailleurs qu'il soit une seule loi dont l'application n'appartienne ou ne puisse appartenir aux tribunaux? Que signifie d'ailleurs cette prétendue publication par l'autorité administrative dont les séances ne sont point publiques? Il faudrait au moins dans ce cas établir une forme de publication; car il faut que toutes les lois et réglemens, même les réglemens locaux, soient publiés réellement et efficacement pour qu'ils deviennent exécutoires, et que tous ceux qui peuvent donner lieu à des contestations judiciaires (et il en est peu qui ne soient dans ce cas), soient publiés dans les tribunaux d'appel.

TITRE IV. — *Des effets de la loi.*

Art. 1ᵉʳ. *Terminer tous les raisonnemens.* Cette idée est faible et peint mal l'effet de la loi ; il vaudrait mieux supprimer cette partie de la définition.

TITRE V. — *De l'application et de l'interprétation des lois.*

Art. 12. *Se rend coupable d'abus de pouvoir et de déni de justice.* Il nous semble qu'il ne peut y avoir là que *déni de justice* et non abus de pouvoir.

OBSERVATION GÉNÉRALE SUR LE LIVRE QUI PRÉCÈDE.

Les tribunaux ne peuvent faire aucuns réglemens, si ce n'est pour l'ordre de leurs audiences et le service des officiers ministériels, sauf l'homologation par le Gouvernement de ces réglemens de police intérieure. Ne faudrait-il pas insérer, dans le livre *du droit et des lois*, une disposition qui consacrât le principe? ou dire au moins que nul ne peut faire de réglemens, si ce n'est dans les cas prévus par le Code judiciaire?

LIVRE Iᵉʳ. — *Des personnes.*
TITRE Iᵉʳ.

Art. 5. Quel est *le droit civil proprement dit* dont jouissent en France les étrangers?

Art. 30. *De transmettre à ce titre ses biens, etc.* A quel autre titre les laisseront-ils à ceux qui doivent les recueillir? N'est-ce pas là rétablir la confiscation que rejète l'article 35, ou au moins n'y a-t-il pas contradiction entre les deux articles?

TITRE II. — *Des actes destinés à constater l'état civil.*

Art. 4. *Ou par un fondé de procuration spéciale.* Il nous semble qu'il faudrait ajouter, « dans les cas où la présence « des parties n'est pas exigée par la loi » ; car pour le mariage, par exemple, les parties ne peuvent donner leur consentement par un fondé de procuration.

43   Art. 14. Quels sont les moyens coercitifs pour faire opérer les dépôts de registres ?

55-56
57 et
ap-53
   Art. 22, 23 et 24, *auxquels il faut joindre* l'art. 70,

== 1° Ne faut-il pas distinguer les nullités essentielles qui opéreraient la nullité de l'acte, de celles qui, ne présentant que des inexactitudes dans la rédaction, n'empêcheraient point que l'acte ne fît preuve, et ne devraient donner lieu qu'à des amendes ou autres peines contre l'officier public, négligeant ou ignorant ?

== 2° Ne faut-il pas prévoir les cas où le commissaire aurait négligé de faire prononcer sur la nullité de l'acte ? où tous les témoins, qui auraient connaissance de l'acte de naissance, par exemple, seraient décédés ?

Dans le dernier cas, que ferait le commissaire pour l'exécution de l'article 70 ?

ap-62   Art. 29. == 1° Toute déclaration qui prouverait qu'un enfant est le fruit d'un inceste ou d'un adultère ne doit point être reçue.

== 2° Doit-on permettre à celui qui se dit père d'un enfant, d'indiquer dans sa déclaration celle qu'il prétend être sa mère, sans l'aveu de celle-ci, ou sans des preuves formelles résultant de l'acte de naissance même ?

83-84
86-87
   Art. 64, 65 et 66. Quels seront les moyens coercitifs pour l'exécution de ces articles ?

Si le maître du navire ne s'était point conformé au 3e alinéa, quel serait le remède ?

MODÈLE DES ACTES DE NAISSANCE.

tit. 2-
fin du
ch. 2.
   Page 21 *de l'éd. in-*4°. Ne faudrait-il point, dans l'acte de naissance, exiger la déclaration des lieux où sont nés les père et mère, *ou au moins du lieu où ils ont été mariés ?* ce qui conduirait à leur acte de mariage énonciatif du lieu de leur naissance : de cette manière, les filiations s'établiraient très-

facilement. Ne faudrait-il pas exiger la même énonciation dans les actes de décès, autant que cela serait possible, et sans que l'omission de cette énonciation puisse opérer nullité ?

TITRE III. — *Du domicile.*

Art. 10. Où assignera-t-on celui qui, n'ayant point de résidence fixe, n'aura point non plus de dernier domicile connu ? fin du tit. 3.

TITRE IV. — *Des absens.*

Art. 17, 2ᵉ alinéa. *Qu'autant qu'en réunissant le temps écoulé depuis leur majorité, il ne se trouve point un laps de trente années révolues, etc.* Ne faudrait-il point dire, pour plus de clarté : *Qu'autant qu'en réunissant le temps écoulé depuis leur majorité à celui qui s'est écoulé depuis l'envoi en possession provisoire jusqu'à la mort de l'absent, il ne se trouve point, etc. ?* 133

TITRE V. — *Du mariage.*

Art. 12. Au lieu du mot *consenti*, il faudrait dire *contracté*. ap-
Art. 15. Ne faut-il pas pourvoir au cas où il n'y aurait point de parens ? 149 160

Art. 31 et 32. = 1° *Dans le lieu où le mariage doit être célébré.... devant le juge-de-paix du lieu où le mariage doit être célébré.* 176-177

Suivant l'art. 22 du chap. II, le mariage peut-être célébré dans la commune où l'un des deux époux a son domicile. Faudra-t-il élire domicile dans les deux communes ? Et quel sera celui des deux juges-de-paix qui connaîtra de la demande en main-levée ? Il nous semble qu'il faudrait que l'élection de domicile et l'action en main-levée eussent lieu où est le domicile du futur à l'occasion duquel l'opposition aurait été formée.

= 2° Dans une matière aussi importante, ne faudrait-il point que les degrés de juridiction fussent le tribunal d'arrondissement et le tribunal d'appel, sauf *l'abréviation des délais ?*

ap-185   Art. 36. *De la continuation de la violence;* il faudrait ajouter *ou de l'erreur.*

Ibid.   Art. 37. *Même de la part de celui des époux qui a l'âge requis, etc.* Cette disposition nous paraît d'une rigueur extrême. Un homme majeur et riche épouse une enfant que sa famille pauvre sacrifie à sa cupidité ; cette enfant s'attache à l'homme qui l'a épousée librement, et cet homme aura le droit de la répudier, de la laisser malheureuse, déshonorée, et sans état !

Nous ajoutons que l'article 35 suppose que la réclamation ne peut être formée que par celui des deux époux qui a contracté mariage avant l'âge requis par la loi, puisqu'il parle de la puberté *acquise par le réclamant* de la femme qui a conçu *avant l'époque de la réclamation.*

182   Art. 38. Ne faudrait-il pas quelque peine ou amende contre l'officier public qui aurait marié des mineurs de 25 ans, sans les consentemens exigés par les articles 10, 13 et 14 du présent titre ?

194-195   Art. 42. Par suite de cet article, ne faudrait-il point une disposition qui porte qu'expédition de l'acte de célébration sera délivrée aux parties dans les vingt-quatre heures ? De cette manière l'état des citoyens serait moins à la discrétion des officiers publics.

ap-195   Art. 43. *Nonobstant la possession d'état contraire, qui ne serait point contradictoire avec celui qui oppose la nullité.* Il nous semble que le mariage n'existant point, puisque celui célébré est radicalement nul, la possession d'état, même contradictoire avec celui qui a été trompé et qui a supposé l'existence d'un mariage qui n'existait réellement point, ne peut devenir un moyen contre sa réclamation.

Voyez l'art. suivant, qui veut qu'une pareille union soit nulle, même à l'égard des enfans qui en sont issus, sans égard à la possession d'état.

Art. 65, 66, 67 et 68. Le consentement que donné le mari au commerce de sa femme n'est-il pas une autorisation suffisante pour que cette dernière siste en jugement sur les actions qui sont la suite et l'effet de ce commerce ?

Combien de cas où l'on ne peut exiger, sans les plus graves inconvéniens, que le mari autorise sa femme, et soit assigné conjointement avec elle, surtout quand il n'est pas avec elle en communauté pour son commerce !

Art. 73. Suivant notre ancien droit français, cette nullité pouvait être opposée par toutes les parties intéressées : en effet, elle tient au droit public et à l'incapacité absolue de la femme ; ce qui nous fait penser que l'ancien principe était meilleur et plus conséquent que la disposition du présent article.

Nota. L'impuissance n'est plus rangée au nombre des causes qui peuvent donner lieu au divorce. Cependant, dans ce cas, le but du mariage est manqué : un des époux est trompé aussi bien que le vœu de la nature, et il nous semble que l'incapacité naturelle de la part d'un des époux doit, plus que tout autre motif, opérer la dissolution du mariage. Nous savons que l'allégation d'un pareil motif paraît immorale, et que tel époux aimera mieux passer sa vie dans le malheur, que de soumettre à la justice une demande que l'opinion publique regardera comme honteuse.

Mais ne peut-on pas tout concilier à cet égard, en statuant que le divorce pourra être demandé pour incompatibilité d'humeur, après cinq ans du jour de la célébration du mariage, et quand les époux n'auront point eu d'enfans ?

Cette idée nous paraît digne d'être méditée.

TITRE VI. — *Du divorce.*

Art. 3. Faut-il diviser ou cumuler les termes du deuxième alinéa ?

Nous pensons que les *sévices ou mauvais traitemens* ne doivent pas toujours suffire pour prononcer le divorce, mais qu'aussi le divorce, suivant les cas, pourrait être prononcé sans qu'il y eût eu sévices. Tel homme peut se permettre des violences, et souvent les époux ne s'en aimeront pas moins après cet orage domestique ; mais, entre des âmes plus sensibles et dont les passions sont plus raffinées, une suite d'injustices et de tracasseries, le mépris, l'outrage, sont pires que des coups, et peuvent suffire. Il faut donc, sur cet objet, une rédaction plus précise.

229 Nous pensons aussi que la disposition du troisième alinéa, relatif à l'adultère de la femme, doit être réformé. = 1° Quelles seront les circonstances qui caractériseront le scandale public dont parle la loi ? le divorce n'aura-t-il lieu qu'autant que la femme sera notoirement affichée pour une prostituée publique ? = 2° quelle sera la femme assez mal adroite pour que le mari puisse avoir des preuves écrites émanées d'elle ? Quoi donc ! le mari qui pourrait établir par des témoins sûrs, joints à des écrits non suspects de l'amant lui-même, ou par un ensemble de preuves certaines, que sa femme viole tous ses devoirs, lui donne même des enfans étrangers, sera contraint de tout souffrir en silence ! La loi doit-elle proclamer en principe un tel relâchement ?

Nous pensons donc que le divorce doit être purement et simplement autorisé pour adultère ou débauche de la femme, et qu'il faudrait retrancher ces mots : *accompagné de scandale public, ou prouvé par des écrits émanés d'elle.*

267 Art. 32. Cette disposition est-elle juste dans ces deux cas déterminés par la loi : = 1° quand il s'agit d'un mari qui a abandonné sa maison, sa femme et *ses enfans* ; = 2° quand il s'agit d'un mari qui tient sa *concubine* dans la maison commune ?

270- et ap- 270
Art. 35 et 36. = 1° Il faudrait que, sur la demande de la femme, le scellé fût, dans tous les cas, apposé provisoirement, et que jamais il ne pût être levé sans inventaire, qu'après le jugement définitif.

= 2° Les contestations sur cet objet sont trop importantes

pour n'être point portées devant les tribunaux d'arrondissement et d'appel, suivant la marche ordinaire.

TITRE VII. — *De la paternité.*

Art. 8. Suffira-t-il que le désaveu extrajudiciaire soit signifié dans les huit mois après le retour, ou faudra-t-il encore que l'action qui doit suivre le désaveu soit intentée dans le même délai de huit mois ? 318

S'il suffit que le désaveu soit signifié dans les huit mois, il faut dire dans quel autre délai l'action doit être intentée, à peine de déchéance ou nullité du désaveu.

TITRE VIII. — *De la puissance paternelle.*

Art. 2. Sans doute le droit de détention n'a lieu que contre l'enfant mineur ; mais ne faudrait-il pas le dire ? 375 et suiv.

TITRE IX. — *De la minorité, tutelle, etc.*

Art. 17. Cet article est-il bien rédigé ? Ne faudrait-il pas dire : cette déclaration est, à peine de nullité, signée, *dans le premier cas, du juge-de-paix, de son greffier, et du déclarant ; dans le deuxième cas, du notaire, des deux témoins et du déclarant ?* 398

Art. 30. D'après cet article et le surplus de la loi, les parens sont libres de nommer pour tuteur le parent le plus éloigné comme le plus proche ; il semblerait juste cependant que les charges fussent proportionnées aux avantages, et que les tutelles fussent déférées comme les successions. Cette idée a suggéré l'article 24, deuxième alinéa. 415-416

On dira que le parent le plus proche peut présenter moins de garantie et de solvabilité.

Le remède à cela sera que les parens restent libres de nommer le tuteur qu'ils jugeront le plus solide : mais que celui-ci soit en droit de reporter la tutelle au parens le plus proche, sous sa propre garantie, c'est ce qu'on appelait dans quelques pays l'*action en condescente.* Cette action n'avait point lieu entre ceux qui devaient succéder également.

On dira encore que le tuteur est principalement donné à la personne, et qu'il faut qu'on puisse nommer celui qui est le plus capable de veiller à la garde et à l'éducation du mineur; mais, à cet égard, les parens pourront remédier à tout, en décidant du lieu où le mineur serait élevé, et de l'éducation qu'il y recevrait.

462 Art. 76, 2ᵉ alinéa. Ne faudrait-il point, à ces mots: *contre des curateurs, etc.*, substituer ceux-ci: *par des curateurs ou commissaires à la succession?*

466 Art. 80 et 81. *Tout partage dans lequel un mineur est intéressé, doit être fait en justice.*

=1° Maintenant que l'ancienne forme de procéder est rétablie, et que les frais de justice, qui n'étaient rien, depuis la loi de brumaire an 2, sont redevenus exorbitans, si cet article du Code est conservé, toute succession modique dans laquelle se trouvera un mineur, sera absorbée, et quelquefois au-delà, par les frais de justice.

Pourquoi cette demande en justice, cette nomination d'experts en justice, cette affirmation en justice, cette formation des lots par les experts nommés en justice, ce procès-verbal de partage et de délivrance de lots devant notaire, lorsque les lots étant soumis au conseil de famille, et d'ailleurs tirés au sort en présence du commissaire du Gouvernement ou du juge-de-paix, le tout sans frais, l'intérêt du mineur serait parfaitement conservé?

=2° Qui supportera tous les frais de justice? sera-ce le mineur seul? sera-ce la cohérie? la loi ne le dit point. Cependant cette question est importante. Si le mineur seul supporte les frais dans une infinité de cas, la succession sera nulle pour lui; si les frais sont supportés par la cohérie, malheur à qui aura une succession à partager avec des mineurs!

Tout autre partage ne peut être que provisionnel (art. 81);

c'est-à-dire qu'il faudra ou que le mineur soit ruiné par les frais de justice, ou que, pendant douze, quinze années, chaque cohéritier ne soit que possesseur précaire de sa propriété, qu'il ne pourra ni augmenter ni améliorer, etc.

Art. 114. Par qui cette nullité du mariage contracté par le tuteur avec sa pupille, etc., sera-t-elle proposée, et dans quel temps? *Voir* les articles 34, 39 et autres du titre V. tit.10-fin du ch. 3.

OBSERVATION GÉNÉRALE ET PRÉLIMINAIRE.

Si l'interdiction pour prodigalité n'est plus admise, ne faudrait-il pas au moins que la famille pût nommer un conseil à celui dont la prodigalité est extrême et notoire? tit. 11-ch. 3.

TITRE X. — *De la majorité et de l'interdiction.*

Art. 11. Cet article ne doit-il pas être rédigé ainsi: *Les faits d'imbécillité, de démence ou de fureur sont articulés par écrit*, etc.? En laissant l'article tel qu'il est, il semble qu'il n'y aurait que les faits de démence qui devraient être articulés par écrit. 493

Même observation sur l'article 25. 504

Art. 13. *Par le juge-de-paix et l'un de ses assesseurs.* D'après une loi nouvelle les juges-de-paix ne doivent plus avoir d'assesseurs. 496

LIVRE II. — *Des biens, et des différentes modifications de la propriété.*

TITRE Ier. — *De la distinction des biens.*

Art. 5. *Sont réputés immeubles, par leur destination, les animaux destinés à la culture.* 524

= 1° Résulte-t-il de là que les chevaux, les vaches, les moutons qui nantissent une ferme, ne puissent être l'objet d'une saisie mobilière? que la vente forcée de ces animaux soit assujétie à toutes les formalités prescrites pour la vente forcée des immeubles? Jamais il n'en fut ainsi.

= 2° Quels sont précisément les animaux qui doivent être considérés comme destinés à la culture, et jusqu'où cela doit-il s'étendre? Les vaches, les moutons, les porcs, les chèvres, qui ne contribuent à la culture que par les engrais qu'ils procurent, sont-ils immeubles?

= 3° Le produit en foin de la récolte d'une prairie est-il plus immeuble que le produit en blé d'une terre labourable? Les foins sont une denrée qui, comme toute autre, doit être dans le commerce des choses mobilières.

520 Art. 8. *Les récoltes pendantes par racines, et les fruits des arbres non encore recueillis, sont immeubles.* N'y aura-t-il point de distinction entre les récoltes appartenant au propriétaire et celles appartenant au fermier? Celles-ci seront-elles insaisissables jusqu'à ce qu'elles soient coupées, et qu'elles puissent être clandestinement vendues ou enlevées au préjudice du propriétaire, par le fermier débiteur? Dans certains pays, les récoltes appartenant au fermier, et qui, dans sa main, ne pouvaient être considérées comme accessoires du fonds qui ne lui appartenait point, se partageaient comme meubles dans sa succession, à quelque époque de l'année que la succession fût échue: les récoltes, d'ailleurs, s'amobilisaient à une époque déterminée, et pouvaient être saisies la veille, ce qui assurait les droits du propriétaire, et prévenait toute vente frauduleuse à son préjudice de la part de son fermier.

Cet usage avait les plus grands avantages, et mérite d'être médité.

551 Art. 17. *Jusqu'à ce qu'ils soient mis en place par l'ouvrier.* Cet article est au moins obscur. Veut-on dire jusqu'à ce qu'ils soient employés par l'ouvrier, ou seulement jusqu'à ce qu'ils soient réunis par l'ouvrier sur le chantier de construction?

TITRE II. — *De la pleine propriété.*

545 Art. 2. *Moyennant une juste indemnité.* Si la loi ne porte pas

moyennant une juste et préalable indemnité, nous retombons dans tous les abus de l'ancien régime, où l'homme provisoirement dépouillé réclamait, pendant toute sa vie, une indemnité qu'il n'obtenait jamais. Si cet article reste tel qu'il est rédigé, nous ne voyons plus de garantie pour la propriété contre les agens du Gouvernement.

Art. 19. La loi romaine, au Dig. *de acquirendo rerum dominio*, attribuait aux propriétaires voisins les îles qui se formaient dans les fleuves, disposition qui paraît plus équitable que cet article du Code, et plus digne d'une grande nation, dont le véritable intérêt n'est point d'acquérir des propriétés nouvelles par préférence aux particuliers.

Les édits et déclarations des ci-devant rois qui attribuaient au domaine les îles des fleuves et rivières navigables n'étaient que des lois bursales. Ces lois se fondaient sur le faux prétexte que ces îles étaient un accessoire du fleuve qu'on regardait comme appartenant au roi.

= 1° Le fleuve lui-même n'est point un domaine national, mais une chose publique; il appartient à la nation non à titre de propriété, mais à titre de souveraineté.

= 2° L'île n'est pas un accessoire des eaux du fleuve, mais bien du lit du fleuve, sur lequel les droits des particuliers ne sont pas méconnus, lorsque le fleuve l'abandonne.

= 3° Il ne peut guère se former une île sans que le fleuve s'élargisse aux dépens des terrains voisins; et les ravages auxquels sont exposés les propriétaires de ces terrains doivent leur faire obtenir les îles qui se forment dans le fleuve, comme une juste indemnité des risques qu'ils courent et des pertes qu'ils éprouvent.

Le principe que nous proposons ne porterait aucune atteinte à la propriété domaniale des îles que la nation possède ou sur lesquelles elle a des titres d'engagement; mais il servirait à tranquilliser les particuliers qui depuis des siècles possèdent des îles dans les fleuves comme véritables propriétaires, et que les agens du domaine ont toujours vexés, sans pourtant parvenir à les dépouiller de leurs fonds.

563 Art. 22. *Les propriétaires des fonds qu'elle a occupés;* il faut dire, les propriétaires des fonds *qu'elle vient occuper.*

TITRE III. — *De l'usufruit.*

594 Art. 18. Sans doute les arbres arrachés ou brisés par le vent ou tout autre accident *vertiront au profit du propriétaire qui sera tenu de les remplacer;* l'article semble le supposer, mais il ne le dit point, et il est essentiel qu'il le dise.

601 Art. 26. Est-il indispensable de donner caution de l'usufruit d'un immeuble, surtout lorsque l'article 39 porte que l'usufruit cesse et s'éteint par l'abus qu'on en peut faire en dégradant l'objet de l'usufruit? Cette peine rigoureuse dont sera menacé l'usufruitier ne donnera-t-elle pas au propriétaire autant et plus de garantie qu'une caution? Et comment d'ailleurs trouver une caution qui veuille garantir l'administration d'un usufruitier qui peut jouir pendant vingt, trente, quarante années?

617 Art. 39. *Par la mort civile de l'usufruitier.* La mort civile n'emportant point, d'après les nouvelles lois, la peine de confiscation, il semble que l'usufruit devrait se perpétuer jusqu'à la mort naturelle du condamné au profit de ses héritiers.

621 Art. 42. *Lorsqu'il consent à la vente de la chose dont il a l'usufruit.* Pour plus de clarté et de précision ne faudrait-il pas dire : « lorsqu'il consent à la vente, *avec transport de* « *jouissance,* de la chose dont il a l'usufruit? »

Il n'y a en effet que le consentement donné à la vente, avec transport de jouissance, qui puisse être considéré comme renonciation à l'usufruit.

En tout il faut prévoir et prévenir les surprises qui pourraient être faites ou à l'ignorance ou à la confiance.

LIVRE III.
DISPOSITIONS GÉNÉRALES.

Art. 1er. = 1° La puissance paternelle ne peut, dans aucun cas, donner des droits à la propriété des biens des enfans. Si elle doit passer quelquefois dans les mains du père, ce ne peut être que de la manière dont se transmettent ordinairement les biens, et non par l'effet de la puissance paternelle. L'article ci-dessus, qui rappelle le titre *des tutelles,* contient une erreur manifeste ; car ce titre, art. 5 et 6, n'accorde pas au père un droit de propriété, mais une simple jouissance pendant la minorité de ses enfans.

Le nombre 1er de l'article ci-dessus est à retrancher.

Art. 2. « La loi civile ne reconnaît point le droit de simple occupation.

« Les biens qui n'ont jamais eu de maître, etc. »

Détruire le droit de premier occupant, c'est anéantir en même temps l'effet de la possession annale, qui avait lieu même vis-à-vis d'un précédent propriétaire.

Ce droit important était consacré par le droit romain; et il était établi pour toute la France par l'ordonnance de 1667.

On doit s'empresser de supprimer l'article 2, comme blessant les règles du droit commun ; et de reconnaître, dans le Code, le droit de premier occupant, fondé sur une possession annale, conformément aux règles de l'ordonnance de 1667.

TITRE Ier. — *Des successions.*

Art. 3. Cette règle était consacrée par l'ancienne législation ; mais il paraît préférable de ne faire courir la mort civile que du jour de l'expiration du délai de la contumace. Cette disposition produirait des résultats beaucoup plus simples. S'il survenait au contumax des successions pendant le délai, il suffirait de dire qu'il en serait usé à son égard comme à l'égard des absens. Alors on rédigerait les articles 26, 27 et 28 d'après ce principe, et on supprimerait les articles 16, 17, 18, 19 et 20 du chap. II, dont plusieurs causeront beaucoup d'embarras dans l'exécution.

720

Art. 7. La présomption de survie déterminée par les circonstances du fait est une disposition vague, et qui offre un champ trop vaste aux contestations et à l'arbitraire. Les circonstances ne seraient à considérer qu'autant qu'elles seraient déterminantes, et elles ne peuvent être déterminantes qu'autant qu'elles procureraient la preuve du fait dont on veut acquérir la connaissance. Or, dès que l'article est conçu dans l'hypothèse de l'impossibilité de prouver le fait, il n'y a pas lieu de s'arrêter aux circonstances. Les seules présomptions qui doivent guider en pareil cas sont celles qu'on nomme *juris et de jure*, telles qu'elles sont déduites dans les articles 8, 9, 10 et 11. On propose de terminer l'article 7 par ces mots :

La présomption de survie est déterminée par la force de l'âge et du sexe, conformément aux règles suivantes.

725

Art. 15. Le nombre 4 de cet article présente une disposition qu'on ne peut asseoir sur aucune base. Les connaissances de l'art ne s'étendent point jusqu'à déterminer le nombre de jours qui s'est écoulé depuis la conception de la mère jusqu'à la naissance de l'enfant. Il est très-commun de voir des femmes se tromper elles-mêmes de vingt-cinq à trente jours sur l'époque de leur grossesse ; comment donc faire une supputation aussi exacte que celle qui est exigée ici ? Le nombre 2 de l'article en dit assez pour l'objet que le législateur doit se proposer ; le nombre 4 est à rejeter.

ap-
725-
et 25.

Art. 16, 17, 18, 19 et 20.

On renvoie, sur ces articles, à l'observation ci-dessus faite sur l'art. 3.

t. 1er-
ch. 3-

CHAPITRE III. — Sur l'ordre des successions.

La loi du 17 nivose a supprimé les distinctions résultant de la nature et de l'origine des biens ; elle a, en ligne collatérale comme en ligne directe, admis la représentation à l'infini, et établi un mode de succéder tel, qu'après une première division de l'entière succession en deux moitiés, l'une pour la ligne paternelle, l'autre pour la ligne maternelle, il faut, dans chaque ligne, faire autant de subdivisions ou refentes qu'on est obligé de remonter de degrés, pour trouver la descendance des auteurs du défunt, qui ne sont pas entre eux de la même famille.

Ce mode, emprunté des coutumes de Bretagne et d'Anjou, en successions collatérales, pouvait paraître le plus naturel, puisqu'il faisait retourner les biens du défunt, dans une juste proportion, aux différentes souches d'où ils étaient censés sortis. Il était d'ailleurs pour elles une sorte de compensation de la perte que leur faisait éprouver l'abolition des retours de propres ; mais il présentait peut-être l'inconvénient de morceler trop les propriétés, et de n'être pas très-approprié à la consistance d'un grand empire.

Le projet de Code consacre l'abolition des distinctions sur la nature et l'origine des biens, et la représentation à l'infini en ligne directe descendante; ce qui ne peut être qu'approuvé. Il admet, en ce qui concerne le droit successif des ascendans et des collatéraux, une première division de la succession en deux portions égales, l'une pour la ligne paternelle, l'autre pour la ligne maternelle. Mais, rejetant toute espèce de subdivision ou refente dans chacune de ces deux lignes, il attribue la portion entière au parent le plus proche, sans s'embarrasser si les biens de la succession viennent ou non de la branche à laquelle ce parent appartient. En conséquence si, *verbi gratiâ*, dans la ligne paternelle l'aïeul du défunt survit, il s'emparera de l'intégralité de la portion déférée à cette ligne, quoique la plus grande partie, et peut-être même la totalité des biens qui composent la succession, procèdent de l'estoc de l'aïeule. Il en sera de même de celle-ci, si c'est elle qui survit à l'aïeul. Il en sera encore de même en ligne collatérale, s'il se trouve un descendant de l'un de ces deux aïeuls, et qu'il n'y en ait pas de l'autre : ce descendant, d'après le projet de Code, s'emparera pareillement de tout au préjudice de la famille de l'autre aïeul, de laquelle cependant il sera possible que soient encore sortis tous les biens qui sont l'objet du partage.

Un pareil ordre de succéder, qui tend à dépouiller des familles entières pour en enrichir d'autres gratuitement, et à réunir, sous une seule main, des masses énormes de propriétés, n'acquerra jamais de stabilité ; car son premier effet est d'isoler les individus qui composent la famille, et de relâcher les liens qui les unissent. Il n'est pas d'ailleurs favorable à l'agriculture, en ce que l'homme qui possède une trop grande masse de biens territoriaux, au lieu de s'occuper du soin de les rendre plus productifs, en confie l'administration à un agent, qui le plus souvent les dégrade et les détériore. Il est surtout impolitique, en ce que l'intérêt de l'État n'est pas d'avoir quelques citoyens excessivement riches, et par conséquent beaucoup de pauvres, mais d'avoir le plus grand nombre possible de citoyens aisés, surtout dans la classe des propriétaires, qui est véritablement celle qui se rattache le plus à la cité.

Certes, la distinction des propres, sur laquelle était fondée l'ancienne législation, serait bien préférable au système du projet de Code, parce que du moins elle rendait à chacun ce qui lui appartenait, et donnait un cours moins resserré à la transmission héréditaire des biens territoriaux : nous n'en provoquerons cependant point le rétablissement, à cause des difficultés que produiraient les remplacemens qui en étaient la suite nécessaire. Mais nous dirons qu'il résulte sensiblement du parallèle que nous avons fait de la loi du 17 nivose avec le projet de Code, que, si cette loi a donné dans un extrême, le projet de Code est tombé dans l'autre, et qu'il est un terme moyen sur lequel on peut établir un bon système de législation, et qui est à tous égards préférable. Nous le faisons consister en ce qui suit :

= 1º En ligne directe descendante, admettre les enfans légitimes par tête, et leurs descendans à droit de représentation à l'infini et par souche, à succéder, par portion égale, à leurs ascendans, sans distinction de sexe ni de primogéniture.

═ 2° En ligne directe ascendante, et en ligne collatérale, séparer d'abord la succession en deux moitiés, l'une pour la ligne paternelle, l'autre pour la ligne maternelle du défunt.

Sur cette première division sera réglé le droit successif des père et mère du défunt, et de leurs descendans.

═ 3° Admettre, lorsqu'il ne se trouve ni père, ni mère, ni descendans d'eux, une seconde division ou refente, dans l'une ou l'autre ligne, de chaque moitié en deux autres portions égales, l'une pour la branche de l'aïeul, l'autre pour celle de l'aïeule.

═ 4° Déférer cette portion formant le quart du tout au parent le plus proche dans chacune de ces deux branches, sans préjudice du partage égal, s'il s'en trouve plusieurs au même degré, et sauf la représentation dans les cas où elle est admise.

Dans le cas où le père et la mère du défunt ne seraient pas ensemble survivans, mais seulement l'un d'eux ; comme aussi lorsqu'il n'y aurait des descendans que de l'un ou de l'autre, la refente n'aurait lieu que dans la ligne où il faudrait remonter au degré de l'aïeul et de l'aïeule pour y trouver des héritiers.

Et si au degré de l'aïeul et de l'aïeule l'un des deux se trouve seul survivant, il ne prend que la part attribuée à sa branche, qui est du quart de la succession entière ; l'autre quart appartenant aux descendans de l'autre aïeul, s'il s'en trouve, et, à leur défaut, à tout autre parent, le plus proche de la branche de cet aïeul.

═ 5° Restreindre à un seul degré la représentation en ligne collatérale ; c'est-à-dire, ne l'admettre que dans le cas seulement où il ne faut remonter que d'un degré pour se trouver, à l'égard du défunt, au même degré que le parent e plus proche.

= 6° Donner à ces bases les développemens convenables et les raccorder avec les autres dispositions du projet de Code.

Nous terminerons cette partie par remarquer que les sections III et IV, qui sont intitulées : *De la succession des descendans;* — *De la succession des ascendans*, doivent l'être : *Du droit de succéder des descendans;* — *Du droit de succéder des ascendans*, parce qu'on n'y traite pas des successions des personnes dont il s'agit, mais au contraire du droit qu'elles ont de succéder à autrui ; et que, si on adoptait l'ordre de succéder qui vient d'être développé, il faudrait, en l'art. 92, substituer au mot *ligne* le mot *branche*.

CHAPITRE IV.

Art. 55. Si on laissait subsister la rédaction de l'article 55, telle qu'elle est, il résulterait de sa première disposition que, dans l'hypothèse du décès du père de l'enfant naturel, qui ne laisserait aucuns descendans légitimes, mais seulement des ascendans, la portion de cet enfant serait, vis-à-vis de ceux-ci, du tiers de la succession du père, puisque, s'il eût été légitime, il aurait recueilli la totalité : or, cette disposition est contradictoire avec la suivante, qui porte que la portion de l'enfant naturel est du quart de la succession, lorsqu'il n'y a ni descendans légitimes, ni ascendans. Il serait au surplus inconvenant que cette portion fût plus forte vis-à-vis des ascendans du père de l'enfant naturel que vis-à-vis des collatéraux. Il est donc nécessaire de déterminer d'une manière plus précise la portion que doit avoir l'enfant naturel vis-à-vis des ascendans du père, lorsqu'ils se trouveront seuls en concurrence avec lui; et nous estimons que, sous aucun rapport, elle ne doit pas s'élever au-delà du quart.

Art. 60. L'option établie par cet article paraît avoir pour objet la conservation du patrimoine dans les familles : cette vue serait mieux remplie, si on donnait à l'héritier légitime la faculté d'offrir à l'enfant naturel sa portion légale, non-seulement en argent ou fonds, mais encore en rente constituée et remboursable toutefois et quantes.

Art. 61. Chacune des parties doit avancer les frais qu'elle est obligée de faire, soit en demandant, soit en défendant. Dans toutes les contestations, la partie qui succombe est toujours condamnée aux dépens. Le second membre de l'article 61, qui appartient d'ailleurs plus à un Code de procédure qu'à un Code civil, est ici un hors-d'œuvre qui est absolument à retrancher. *Ibid.*

SECTION II. — Sur le droit des enfans adultérins ou incestueux.

La reconnaissance des enfans adultérins ou incestueux par les père et mère, ne doit point être admise, elle donnerait lieu à des actions qui causeraient un scandale public. Une reconnaissance de ce genre est un cas rare, dans lequel le législateur doit faire céder l'impulsion de la justice à l'intérêt des mœurs. Il n'y aurait lieu à la pension viagère que lorsque la reconnaissance résulte d'un jugement rendu sur une procédure criminelle, parce qu'alors la demande de la pension n'est plus qu'un accessoire qui ne peut produire aucun effet nuisible : et encore, lorsqu'on rédigera le Code pénal, il sera bon d'examiner s'il n'est pas plus avantageux à la société de jeter un voile impénétrable sur ces sortes de délits, que de les divulguer par l'éclat d'un procès criminel. Nous pensons que cette section doit être entièrement supprimée, et remplacée par un article portant que les enfans adultérins ou incestueux n'ont aucune action de leur chef contre leurs père et mère ou leurs héritiers. 762

SECTION III. — De la succession aux biens des enfans naturels.

Art. 70 *et suivans.* Il résulte de l'article 54 que les enfans naturels ne font pas partie de la famille; d'après cela, il serait plus conséquent de n'accorder au père et à la mère, et à leurs descendans, au lieu d'un droit de succéder, qu'un 765 et 766 simple droit de retour dans le cas déterminé par l'article 70 ci-dessus transcrit. Ce droit consisterait dans la réversion de la portion légale que l'enfant naturel aurait eue par l'effet des dispositions du chapitre IV, section Iere, mais comme ce droit de retour laisserait les autres biens de l'enfant naturel vacans, nous pensons qu'il vaut mieux que les père et mère, ou leurs descendans, recueillent la totalité desdits biens, non à droit successif, mais par une attribution spéciale de la loi.

CHAPITRE V.

769-770   Art. 78. L'action en revendication d'hérédité doit être conservée contre la République comme à l'égard des particuliers ; mais la saisine qu'elle prend de la succession exige des précautions plus étendues, parce que, n'ayant de son chef aucun droit à la chose, elle ne doit être admise à s'en emparer qu'à la charge de la rendre intacte, s'il se présente en temps utile, des lignagers qui la réclament. Le délai de la réclamation est fixé à trente ans par les articles 94 et 95, il nous paraît donc essentiel de placer ici un article additionnel, portant que la République ne pourra vendre, engager ni hypothéquer les immeubles dont elle se sera fait envoyer en possession à titre de deshérence, qu'après trente années révolues, à compter du jour du décès de celui auquel ces immeubles appartenaient.

CHAPITRE VI.

781   Art. 81. Le tuteur doit être admis à accepter une succession pour son pupille, le curateur pour l'interdit, et il est nécessaire de le dire sous cet article. Il en doit être de même de la femme, avec l'autorisation de son mari : s'il la refusait, il faut du moins qu'elle ait le droit de se rendre, de son chef, héritière bénéficiaire ; comme aussi, s'il lui échoit une succession pendant l'absence de son mari ou dans l'intervalle de la demande en divorce à la prononciation, elle doit être

admise à accepter cette succession, en s'y faisant autoriser par justice.

Art. 82. Comment, et par qui se feront cet examen et cette adoption ? Sans doute par les héritiers même ; et s'ils ne sont pas d'accord entre eux, c'est aussi la majorité d'entre eux qui décidera : il faut que cela soit expliqué. Mais, s'il en est ainsi, il est donc des cas où l'on peut être héritier malgré soi ; ce qui implique contradiction avec l'article 79 ci-dessus, et n'est pas supportable : il vaut beaucoup mieux appliquer à l'espèce de l'article 82, la règle de l'article 91, ci-après, qui est que la part du renonçant accroisse à ceux de ses concurrens qui veulent se porter héritiers. 782

Art. 85. L'article 85, tel qu'il est conçu, peut faire naître beaucoup de questions sur la supposition d'intention dont il parle, et sur la distinction des actes d'administration provisoire, d'avec ceux d'administration définitive : il serait préférable de statuer que celui qui est habile à succéder peut, sur une simple pétition, se faire autoriser en justice, sans attribution de qualité d'héritier, à faire lever les scellés, et à faire tous les actes de conservation, de surveillance et d'administration, qui seront déterminés par l'ordonnance du juge. S'il mettait la main à la chose, sans s'y être fait préalablement autoriser, ou s'il excédait par ses actes les bornes de l'autorisation, il serait réputé héritier. Ce mode, qui est distinct du bénéfice d'inventaire, et qui ne l'exclut point, n'a produit que de bons effets dans les pays où jusqu'ici il a été en usage. 778-779

Si on ne se détermine pas à l'adopter, il nous semble du moins que la première partie de l'article doit être rédigée ainsi :

L'acceptation est tacite et légalement présumée, toutes les fois que l'héritier fait un acte tel, que les choses ne se retrouvent plus entières.

Art. 94. L'article aurait plus de clarté et de précision, si on disait : 789

La faculté d'accepter ou de répudier une succesion se prescrit par trente ans.

812 Art. 121. Il serait bon de définir en quoi on reconnaît une succession pour être vacante ; ce qui est facile, en disant : *Une succession est réputée vacante, lorsqu'après l'expiration des délais marqués en la 3ᵉ section de ce chapitre, il ne s'est présenté personne pour la réclamer.*

CHAPITRE VII.

826 Art. 139. Il convient d'ajouter : *à moins qu'ils ne préfèrent payer le saisissant et les opposans.*

838 Art. 153. Se reporter, à l'égard de cet article, aux observations sur l'article 80.

ap-857 Art. 173. Le sens de cet article est obscur ; on demande qu'il soit rédigé plus clairement ; et en tout cas on soumet à ceux qui rédigeront définitivement le Code civil la question de savoir si, lorsqu'un époux qui a convolé en secondes noces a donné à son second époux tout ce que la loi permettait de lui transmettre, il ne doit pas lui être interdit de faire, au préjudice de ses propres enfans, des dispositions gratuites au profit des enfans de l'époux donataire ? Cette mesure nous paraît commandée par une sage prévoyance.

854 Art. 177. Suivant la jurisprudence de plusieurs parlemens, les ventes faites par un père à son fils n'étaient valides qu'autant qu'il était présumable que le fils avait par lui même des moyens suffisans pour faire l'acquisition, et qu'il apparaissait que les deniers de la vente avaient été employés au profit du père. Sans ces deux conditions, l'acte était réputé frauduleux, et comme tel anéanti. Il serait essentiel de les rétablir ici, si on persistait à autoriser les contrats à titre onéreux entre le père et les enfans, ou tout autre héritier présomptif.

Mais l'expérience a prouvé que ces précautions étaient elles-mêmes insuffisantes pour prévenir les avantages indirects qui se pratiquaient sous le titre de vente, parce que, lorsqu'il se faisait au profit du père un emploi quelconque de deniers postérieurement au contrat, c'était le plus souvent les siens propres qu'on énonçait confidentiairement être ceux de la vente qui y servaient. De là de grands procès qui obligeaient de rechercher tous les actes de l'administration d'un père de famille, et qui faisaient naître le trouble et la désunion parmi les enfans.

Il est à désirer que ce mal soit extirpé dans sa racine, en interdisant, non pas les associations légitimes que l'intérêt du commerce réclame, mais tous les actes translatifs de propriété, quoique faits à titre onéreux, qui surpassent la quotité dont la loi permet d'avantager l'un de ses héritiers présomptifs : il n'y a d'exception à faire qu'à l'égard des actes d'abandon faits pour subvenir aux besoins d'un vieillard ou d'un homme infirme, lorsqu'ils n'excéderaient pas une juste mesure.

Art. 183. On a toujours fait une distinction entre les grosses réparations et les réparations usufruitières : dès que par l'article 178 l'héritier donataire n'est point tenu de rapporter les fruits des choses sujètes à rapport, il ne doit point lui être tenu compte des impenses occasionées par les réparations usufruitières, ni par les menues réparations qui sont une charge de la jouissance, mais seulement de celles provenant des grosses réparations. Il importe de rétablir ici cette distinction.

Art. 191. Les dispositions de cet article sont conformes au droit romain. Mais au lieu de permettre la division de la créance à l'effet que chaque cohéritier n'en réponde que dans la proportion de la part qu'il prend dans la succession, ne serait-il pas mieux de rejeter la division, et d'établir la solidarité entre tous les cohéritiers, sauf, en cas de poursuites contre un seul d'entre eux pour le tout, son recours contre chacun des autres, *pro modo emolumenti?*

Cet usage est reçu dans plusieurs Coutumes de France, et est incontestablement plus approprié au droit du créancier :

lorsqu'il fournit, à quelque titre que ce soit, un capital à celui qui en a besoin pour l'arrangement de ses affaires, il n'a qu'un seul débiteur; s'il n'est pas payé, il n'a qu'une seule action à former : pourquoi donc dénaturer son titre au point de diviser la dette, et de lui donner autant de poursuites à exercer qu'il peut se trouver de cohéritiers dans la succession de son débiteur? Est-ce pour favoriser l'ordre établi dans les successions? mais cet ordre n'est créé que pour l'intérêt des parens du défunt, et cet intérêt ne doit pas se remplir aux dépens du droit d'autrui.

Le droit romain, en cette partie, porte évidemment atteinte aux transactions sociales; mais il tend en outre à la hausse de l'intérêt de l'argent, qu'il est si essentiel à la prospérité de l'Etat de conduire toujours à la baisse. Il est en effet incontestable que dans le système du droit romain, l'homme qui aura besoin d'argent pour ses spéculations commerciales ou pour toute autre cause, s'en procurera plus difficilement, et toujours à un intérêt plus élevé, que dans le système de la solidarité, parce que, si le capitaliste voit qu'en cas de mort de son débiteur la dette soit divisible entre un grand nombre de cohéritiers, il fera entrer pour beaucoup dans le calcul des intérêts les embarras et l'incertitude du recouvrement intégral de ce qui lui serait dû. L'intérêt public se joint donc ici au respect dû aux contrats pour préférer au système du droit romain celui de l'indivision entre les cohéritiers au regard du créancier.

887-888 Art. 211 et 213. Nous commencerons par citer un passage du discours préliminaire, qui nous paraît plus applicable à cette matière qu'à celle des hypothèques pour laquelle il a été fait. *Page 57 de l'éd. in-4°.*

« On gouverne mal quand on gouverne trop. Un homme
« qui traite avec un autre homme doit être attentif et sage :
« il doit veiller à son intérêt, prendre les informations con-
« venables, et ne pas négliger ce qui est utile. L'office de
« la loi est de nous protéger contre la fraude d'autrui, mais

« non pas de nous dispenser de faire usage de notre propre
« raison..... Si l'on part de l'idée qu'il faut parer à tout le
« mal, à tous les abus dont quelques personnes sont capa-
« bles, tout est perdu. On multipliera les formes à l'infini,
« on n'accordera qu'une protection ruineuse aux citoyens,
« et le remède deviendra pire que le mal. »

Ces réflexions des auteurs du Code sont profondes, lumineuses; il semble qu'ils les aient faites exprès pour la matière qui est l'objet de cette section. Nous conviendrons cependant que la rescision pour les causes énoncées en l'article 211 est juste : il serait en effet révoltant que les citoyens restassent victimes des œuvres de la violence ou de la surprise.

L'action rescisoire pour lésion de plus du quart peut encore être bonne à maintenir, lorsque les lots ont été faits au nom d'une personne qui se trouvait sous la puissance d'autrui ; comme si un tuteur y a stipulé au nom de son pupille : c'est un moyen de prévenir des fraudes, devenues cependant assez difficiles par les précautions sur la forme du partage établies aux articles 78, 79 et 80.

Mais quand les partages se sont effectués entre majeurs, pourquoi admettrait-on la lésion du quart? Elle était consacrée par l'ancienne législation ; mais nous ne devons y recueillir que ce qui est utile à conserver. La rescision pour lésion du tiers au quart ou du quart au quint pouvait avoir quelque apparence de raison, lorsque les droits d'aînesse et de choisie des lots existaient.

Aujourd'hui qu'ils sont abolis, si les cohéritiers font des lots et se les décernent amiablement, ils deviennent pour chacun d'eux des lots de convenance, à l'égard desquels il ne doit pas y avoir lieu à la rescision pour plus ou moins value.

Si les copartageans ne consultent pas la convenance mutuelle, la seule voie maintenant légale pour la distribution des lots est le tirage au sort, qu'on peut prescrire, si on le juge à propos, de faire devant le juge-de-paix. Alors rapportez-vous-en à l'intérêt personnel de chaque lotissant ; il fera plus pour l'égalité des lots que toutes les précautions que vous voudriez prendre. L'expérience a fait connaître que dans l'ancienne législation la plupart des actions de ce genre n'étaient suggérées que par la mauvaise humeur, ou la manie de plaider. Fermez cette porte à la chicane. Si vous voulez maintenir la paix entre parens, donnez de la stabilité aux actes de famille légalement faits. Rien ne les rendrait plus incertains que de les faire dépendre du caprice ou des affections de deux experts. Nous pensons que la rescision pour lésion du quart ou de toute autre proportion de même nature ne doit pas être admise, du moins entre majeurs.

TITRE II. — *Des conventions en général.*
CHAPITRE Ier.

1117-
1119-
1120-
et ap-
1118

Art. 16, 17, 18 et 19.

Il faut effacer de l'art. 16 ces mots : *en nullité ou*, afin que cet article se trouve d'accord avec les art. 193 et 194, du projet de Code.

On propose d'ajouter à l'art. 17 (*in fine*) : *mais son incapacité ne profite pas à celui qui se serait rendu sa caution.*

On propose en outre de refondre les art. 18 et 19 en un seul, conçu en ces termes: *On ne peut en général, stipuler en son propre nom et s'engager que pour soi-même. Néanmoins, on peut se porter fort pour un tiers en promettant le fait de celui-ci.*

Et de remplacer l'art. 19 intercalé dans le précédent par celui-ci : *L'effet de cette promesse est d'obliger celui qui la fait à la place du tiers qui ne veut pas souscrire à l'engagement pris en son nom. En conséquence celui qui a fait la promesse devient passible de dommages-intérêts, lorsqu'il ne peut remplir lui-même l'obligation.*

1131-
1132

Art. 30. Il est de règle générale que dans les obligations qui ne renferment pas une cause, la promesse de payer ne suffit pas; il faut que l'acte exprime la reconnaissance de devoir. Si on veut maintenir cette règle, elle doit être placée sous l'art. 30.

CHAPITRE II.

Art. 34. Cette section devrait être intitulée : *de l'obligation de livrer*, plutôt que : *de l'obligation de donner;* car ce dernier mot se rapporte à un acte de libéralité, dont il ne peut être question ici : il est d'ailleurs improprement employé dans l'article 23, qui n'a aucun trait aux donations. Il faut donc, pour éviter la confusion dans les idées, lui substituer le mot *livrer*, et, par conséquent, rédiger l'article 34 ainsi : 1136

L'obligation de livrer emporte celle de conserver la chose jusqu'à la livraison, à peine de dommages-intérêts, à due estimation.

Art 36 et 37. Dans l'acception commune, les termes de débiteurs et de créancier s'appliquent spécialement à celui qui doit une somme pécuniaire ou une rente, et à celui à qui elle est due : or, si l'individu qui a emprunté de l'argent venait à le perdre par cas fortuit ou force majeure, sans doute l'intention n'est pas de le dispenser de le rendre; il n'y a que le dépositaire qui, en pareil cas, pourrait, suivant les circonstances, être déchargé. L'article 36 doit avoir pour objet les choses substantielles, et non l'argent, qui n'en est que le signe représentatif; alors il est à propos de substituer encore ici le mot de *vendeur* et d'*acheteur*, ou ceux de *cédant* et de *cessionnaire*, partout où se rencontrent en cette section les mots de *débiteur* et de *créancier*. 1138- et 1139- et av- 1138

Il nous reste quelques réflexions à faire sur le fond des articles 36 et 37.

D'après le texte de l'article 36, l'obligé n'est tenu de la perte de la chose par cas fortuit, que du moment qu'il est constitué en demeure de la livrer. Cette disposition fait comprendre que, quand même il y aurait, dans le contrat, **terme pour la livraison, la perte de la chose qui arriverait** dans l'intervalle du jour du contrat à celui de l'expiration du terme serait pour le compte de l'acheteur. Cependant, l'article 37 ne rend l'acheteur propriétaire de la chose, et ne la met à ses risques, que de l'instant où elle a dû être livrée, c'est-à-dire à l'époque de l'expiration du terme de la livraison ; en cet état, il y aurait donc, dans les ventes à terme, un espace de temps plus ou moins long, pendant lequel la perte causée par cas fortuit ne serait sur le compte de personne ; il faut cependant bien que quelqu'un la supporte, et, par conséquent, dire qui la supportera.

L'article 37 renferme un autre vice, en ce que, d'une part, il déclare l'obligation parfaite par le seul consentement des parties, et que, de l'autre, il ne rend celui à qui la cession est faite propriétaire et soumis aux risques, que de l'instant où elle a dû être livrée. Or, s'il est certain que l'obligation est parfaite par le seul consentement, c'est du jour du contrat qui le renferme, que la propriété de la chose est transférée, et que les risques doivent commencer à courir pour l'acheteur, quelle que soit l'époque à laquelle on soit convenu de faire la livraison.

Ainsi, nous proposons la rédaction des articles 36 et 37 comme il suit :

Art. 36. *L'obligation de livrer la chose est parfaite, par le seul consentement des parties contractantes.*

Elle rend l'acheteur propriétaire, du jour du contrat, encore bien qu'il y ait terme convenu pour la livraison; et elle met la perte causée par cas fortuit ou force majeure à ses risques, à partir du même jour, à moins que dans l'acte, il n'y ait clause contraire.

Art. 37. *Si l'obligé s'est laissé, par une interpellation judiciaire, constituer en demeure de livrer la chose, de ce moment, jusqu'à celui de la livraison, tous les risques sont pour son propre compte.*

Art. 50. Il est nécessaire d'expliquer cet article, de manière qu'on sache si, pour faire courir les intérêts, la demande doit être formée par une action, ou s'il suffit qu'elle le soit par une simple sommation, ou interpellation extrajudiciaire ; il peut encore être bon de déterminer qu'il ne peut être demandé que cinq années, comme pour les arrérages de rente.

Art. 62. On propose d'ajouter à l'article 62 la disposition suivante : 1167

3º *Lorsqu'il s'agit d'actes par lesquels le débiteur place et conserve tout ou partie de sa fortune, sous le nom d'autrui, pour la soustraire aux poursuites de ses créanciers.*

CHAPITRE III.

Art. 67. Tout acte dont l'exécution est subordonnée à des conditions contraires aux mœurs ou aux lois doit être déclaré nul. On ne voit pas sur quoi serait fondée une exception à cette règle générale en faveur des testamens ; rien n'en laisse apercevoir la raison : s'il en est une, il faut l'exprimer, ou supprimer le dernier membre de l'article. 1172

Art. 69. On a omis de décider en cet article : *quid juris*, lorsqu'elle est mixte. 1174

Art. 78. Cet article offre une équivoque qu'il est facile de faire disparaître par une simple transposition de mots, ainsi qu'il suit : 1183

La condition résolutoire, est celle qui, lorsqu'elle s'accomplit, révoque l'obligation, etc.

Art. 88. L'article nous paraîtrait mieux conçu, s'il était rédigé en ces termes : 1193-1194

Il en est de même, si l'une des choses promises vient à périr, ou ne peut plus être livrée par toute autre cause que le fait du créancier.

Si toutes deux sont péries successivement, le débiteur doit payer le prix de celle qui a péri la dernière, à moins que par l'accord le choix n'ait été déféré au créancier.

ap-
1205-
et
1285

Art. 101. Si on veut se conformer à ce que prescrit le droit commun, il faut rédiger l'article en sens inverse, et dire :

La remise de la dette faite par le créancier particulièrement à l'un des codébiteurs solidaires ne libère pas les autres; mais en ce cas il ne peut plus répéter la dette que déduction faite de la part de celui auquel il a fait la remise.

1220

Art. 112. Le premier membre de l'article est inintelligible. Si on veut dire que ce qui est divisible par la nature de l'obligation est indivisible dans l'exécution, cette règle n'est pas exacte. Toutes les obligations qui consistent dans des paiemens et livraisons partiels et successifs ou simultanés au choix du débiteur, sont très-certainement divisibles par leur nature, dans leur objet et dans leur exécution. On ne doit donc pas faire une règle générale de l'indivisibilité de l'exécution d'une obligation, qui peut être divisible entre le créancier et le débiteur. Le premier membre de l'article est au surplus très-inutile à conserver. Quant au surplus nous nous référons à nos observations sur l'article 191 du projet de Code.

ap-
1229

Art. 123. Les étoffes, les denrées, et la plupart des autres marchandises, se consument par l'usage. Le défaut de livraison peut occasioner à l'acheteur une perte bien supérieure à l'intérêt de leur prix au taux de la loi, et l'indemnité de cette perte doit être entière. On conçoit facilement la première partie de l'article, la seconde a besoin d'explication. Jusque là, il nous semble qu'on doit en retrancher ces mots : *ou d'une chose qui se consume par l'usage.*

1232

Art. 126. Au lieu de ces mots : *sauf leur recours entre eux*, il serait plus conforme au véritable sens de l'article de dire : *sauf leur recours contre celui qui a commis la contravention, ou entre eux s'il était insolvable.* Mais si on adoptait ce que nous avons dit sur la solidarité entre cohéritiers, il faudrait se borner à rayer les mots, *pour leur part et portion.*

CHAPITRE IV.

Art. 128, *onzième alinéa*. La distinction 3 de la condition résolutoire comprend deux cas très-différens qui ne doivent pas être confondus ici ; car leurs effets sont absolument contraires : l'un de ces cas, prévu par l'art. 78, est celui où une obligation est révoquée par l'accomplissement d'une condition indépendante du fait des parties ; l'autre, exprimé en l'art. 79, est celui où la condition résolutoire est sous-entendue dans l'espèce, où l'une des parties ne satisfait point de sa part à son engagement. Au premier cas, l'obligation est incontestablement éteinte ; au second, elle ne l'est pas à l'égard de celui qui a enfreint les clauses du contrat, qui étaient pour lui obligatoires. Il est donc indispensable de restreindre la disposition de l'art. 128 ci-dessus au seul cas de l'art. 78, en disant des obligations :

Elles s'éteignent encore par l'effet de la condition résolutoire, qui a été expliquée en l'art. 78 du présent titre.

Art. 130. Les principes du droit exigent qu'on ajoute à l'article une seconde exception, conçue dans les termes suivans :

Ou lorsqu'on n'a fait qu'acquitter une obligation naturelle, pour laquelle la loi n'accordait aucune action.

Art. 132. Il vaut mieux être un peu moins concis et se rendre plus clair.

Pour l'intelligence de cet article on doit dire :

Le paiement, pour être valable, doit être fait par celui qui est propriétaire de la chose donnée, à fin de libération, et capable d'aliéner, sauf les exceptions ci-après.

Art. 133. Puisqu'il ne s'agit pas dans l'article d'un corps certain, mais uniquement d'une somme d'argent, dont la mobilité est extrême, comment vérifier si le créancier l'a consommée ou non ? Il faut substituer aux derniers mots de l'article, ceux-ci, *qui l'a reçue de bonne foi.*

Art. 137. Si le débiteur a livré une autre chose à la place de celle qu'il devait, la présomption naturelle est que cela ne s'est fait que par une convention dérogatoire à la première, et dont l'accomplissement est parfait par la livraison ; alors, pour maintenir le créancier dans la possession de cette chose, de même que pour garantir le débiteur de l'action en délivrance de celle primitivement convenue, il n'est pas nécessaire de rechercher si la chose livrée a été ou non consommée. Il n'y a qu'un cas d'exception à prévoir, c'est celui où la chose substituée serait d'une valeur tellement inférieure ou supérieure à l'autre, qu'il y ait lieu de supposer le dol ou l'erreur de fait. Nous proposons la rédaction du second membre de l'article en ces termes :

Lorsque le créancier a reçu de son débiteur une chose à la place de celle qui lui était due, il n'y a pas lieu à répétition de part et d'autre, à moins qu'il ne soit établi qu'il y ait eu dol ou surprise. Néanmoins, si la chose appartenait à un tiers, il peut la réclamer, pourvu que le créancier n'en ait pas disposé avant la réclamation.

DIST. II. (SECT. 1re). — De l'imputation des paiemens.

ap-
1256

Nous proposons, pour compléter les règles sur l'imputation des paiemens, de placer, sous l'art. 149, les art. additionnels suivans :

Art. *Si un débiteur vend par le même contrat des meubles et des immeubles dont le prix soit distinct, et s'il en délègue une partie, sans désignation, à l'un de ses créanciers, l'imputation de la somme déléguée se fait d'abord sur le prix du meuble, et subsidiairement sur celui de l'immeuble.*

Art. *Dans le cas où la délégation est faite à plusieurs créanciers, dont les uns aient une hypothèque sur l'immeuble vendu, et les autres soient simplement chirographaires, l'imputation à défaut de désignation se fait pour les hypothécaires sur le prix de l'immeuble, lorsque par l'acte de délégation leur hypothèque est réservée ; et pour les chirographaires, sur le prix du meuble, sauf recours sur le résidu de chaque prix, le cas échéant.*

Art. *Si l'hypothèque n'est pas réservée, ou s'ils sont tous chirographaires, l'imputation se fait sur le prix du meuble et de l'immeuble dans la proportion de chaque créance. Il en est de même dans le cas où ils sont tous hypothécaires, soit qu'il y ait ou non réserve d'hypothèque.*

Art.   *Lorsque le prix de la vente du meuble et de l'immeuble n'est pas distinct dans le contrat, le délégataire qui y a intérêt peut requérir la ventilation, à l'effet de l'application des règles précédentes. Dans ce cas, la ventilation s'opère aux frais de celui qui la requiert.*

Art. 150 et 151. Il ne suffit pas de parler en ces articles d'offres réelles, il faut déterminer leur caractère, et par conséquent ajouter à l'article 150 une disposition portant : *Les offres ne sont réelles qu'autant qu'elles sont accompagnées d'exhibition.* 1257 1258

Art. 153. Il serait bon d'ajouter à cet article : 1261

Néanmoins les codébiteurs solidaires, et les cautions, soit qu'elles soient solidaires ou non, peuvent, pour la sûreté de leurs droits, faire défenses au dépositaire de la somme consignée, de la remettre au débiteur.

Art. 155. En cet article, au lieu des mots : *exercer contre les tiers*, on doit dire : *exercer au préjudice des tiers.* 1263

Art. 160. On propose de mettre à la suite de cet article celui-ci : 1274

La substitution d'un nouveau créancier ne produit aucun changement à la situation du débiteur principal et des cautions, lorsqu'il y a subrogation aux droits de l'ancien créancier.

Art. 165. Cette définition ne paraît pas exacte ; elle laisserait à penser qu'une délégation pourrait s'opérer sans le concours du créancier, ce qui ne doit pas être. ap- la sec. 2- 1271- 2° et 1275

Nous proposons celle-ci :

La délégation est l'acte par lequel un débiteur en constitue un autre, lequel s'oblige en sa place envers le créancier, qui l'accepte.

Art. 166. Nous proposons, sous cet article, un article additionnel, conçu en ces termes : 1276

Du moment que la délégation est parfaite par la réunion du fait du délégant, de l'obligation du délégué et de l'acceptation du créancier, celui-ci est réputé saisi de la somme qui en est l'objet au respect des créanciers du délégant.

1295 Art. 179. Cet article renferme un contre-sens; pour le détruire, il faut remplacer les mots : *que celui-ci*, par ces mots : *que le débiteur.*

1299 Art. 182. Pour l'intelligence de cet article, il y a une transposition de mots à faire comme il suit :

Celui qui a payé une dette qui était de droit éteinte par la compensation ne peut plus, au préjudice des tiers, exercer la créance dont il n'a point opéré la compensation.

SECTION VII. — De l'extinction ou de la perte de la chose due.

ch. 5- sec. 6. Les articles 36 et 37, section Ire, de même que les articles épars qui se rencontrent dans les sections suivantes, sur les pertes causées par cas fortuit ou force majeure, doivent être retirés des sections où ils se trouvent, et replacés avec les modifications dont ils sont susceptibles dans la section VII. Il est, en effet, beaucoup mieux de réunir dans un seul cadre tous les élémens de la même matière, que de les laisser disséminés dans différentes sections, où il serait très-difficile de les trouver.

Il est à désirer aussi que l'on consacre une section particulière à la matière des subrogations, qui ne paraît pas avoir été traitée dans le projet de Code. Les subrogations se distinguent en subrogations conventionnelles, légales et judiciaires. Elles présentent souvent des questions importantes : il est essentiel de tracer les règles générales qui doivent en faciliter la solution.

1270 Art. 192. Il serait préférable de rédiger la seconde disposition de l'article ainsi : *Il y a des créances à l'égard desquelles la cession judiciaire ne procure point la décharge de la contrainte par corps* ......

1305- 1313 Art. 196. On demande la suppression du second membre de cet article, en se référant à ce qui a été expliqué au titre *des successions*, chap. VII, section V, et à ce qui sera dit sous le titre *de la vente.*

CHAPITRE V.

Art. 210. La seconde disposition de l'article 210 est à retrancher, comme implicitement comprise dans la première, et d'ailleurs comme textuellement exprimée en l'article 232; mais il est nécessaire qu'on détermine ici quelle foi on doit avoir, à défaut de titre, aux copies collationnées par un officier public, en présence des parties. *Quid*, si la collation a été faite en leur absence ? feront-elles preuves ? Si elles sont anciennes, quelle ancienneté faut-il pour qu'elles soient probantes ?

Art. 228. Il est essentiel de substituer à ces mots : *à moins que sa teneur*, ceux-ci : *à moins que la substance de ce titre;* et de terminer le second membre de l'article par ces expressions : *à moins que l'intention d'y déroger ne soit clairement exprimée.*

Art. 229. La rédaction de cet article est manifestement vicieuse. D'ailleurs on ne doit pas surcharger les lois de précautions inutiles. L'intention de réparer la nullité d'un acte comporte nécessairement la volonté de lui donner l'exécution. La dernière partie de l'article est à changer. On propose de la rédiger en ces termes :

L'acte confirmatif...... Si l'acte confirmé est radicalement nul, il n'est point validé par l'acte confirmatif, à moins que celui-ci n'énonce la connaissance de la nullité du premier, avec l'intention de la réparer.

Les règles établies au précédent article sont d'ailleurs applicables aux actes confirmatifs.

Art. 232. Lors de la rédaction de l'ordonnance de 1667, où les règles de cette section ont été puisées, 100 francs, qui étaient le taux fixé par elle, représentaient une valeur plus que double de celle qu'ils représentent aujourd'hui. Si on veut suivre la même proportion, on devrait donc élever ce taux au moins à 200 francs. Mais nous pensons, qu'eu égard à la corruption actuelle des mœurs, qui augmente le danger des preuves testimoniales, il vaut mieux laisser les choses telles qu'elles étaient réglées sur ce point par l'ordonnance de 1667.

1349 Art. 241. On connaît en droit trois sortes de présomptions; *hominis, juris, juris et de jure.*

La section III ne distingue point la simple présomption légale, qui se détruit par la preuve contraire, de la présomption *juris et de jure*, contre laquelle aucune preuve n'est admise. Cette distinction doit être établie.

La définition nous paraîtrait plus exacte, si elle était rendue en ces termes :

La présomption est la conséquence que l'on tire d'un ou de plusieurs faits certains, pour arriver à la connaissance d'un fait incertain.

Il est deux sortes de présomptions, l'une légale, l'autre judiciaire.

1350 Art. 242. « La présomption légale est, etc........ »

1353 Art. 245. La première partie de l'article laisse l'esprit du juge sans guide et son opinion dans le vague : il faut lui donner un point d'appui. Nous allons tâcher de remplir ce but, en proposant une rédaction qui corresponde d'ailleurs avec celle que nous avons présentée à la place de l'article 241. Voici celle que nous croyons devoir être substituée à l'article 245 :

La présomption judiciaire est celle qui se forme dans la conscience du magistrat, par la conviction intime que des faits constans il résulte la vérité du fait sur lequel il asseoit son jugement.

Il ne doit admettre dans la combinaison des faits indicatifs, que des faits graves, précis, clairs et uniformes, et dans le cas seulement où la loi admet la preuve testimoniale, à moins que l'acte ne soit imprégné de fraude ou de dol.

Art. 248. Une partie peut, de son propre mouvement, 1356
reconnaître, soit à l'audience, soit lors de son interrogatoire
sur faits et articles, la vérité d'un fait sur lequel elle n'est
pas interrogée ; on ne doit donc pas restreindre la confession judiciaire au cas seulement où l'aveu concerne un fait
sur lequel la partie est interrogée.

Nous proposons la rédaction suivante :

*La confession judiciaire est l'aveu qu'une partie a parlé, de-
vant le juge, d'un fait dont il a donné acte; ou l'aveu fait
dans des actes de procédure signifiés.*

Art. 251. Lorsque la confession judiciaire est faite dans *Ibid.*
un acte de procédure signifié, elle est consignée par écrit ;
ainsi, il n'est pas nécessaire qu'il en ait été demandé acte
pour qu'elle soit stable. Cet acte n'est utile que pour les con-
fessions verbales qui se passent devant le juge ; mais l'article
248 ne reconnaît celles-ci valables que lorsque le juge en a
donné acte. Le nombre premier de l'article 251 est donc,
sous tous les rapports, à retrancher.

Art. 253. Cet article présente un double sens qu'il faut ap-
fixer ; car il exprime que la partie appelée pour répondre à 1357
un interrogatoire sur faits et articles ne peut exiger aucune affirmation judiciaire, tout aussi bien qu'il signifie qu'il
n'en peut être exigé d'elle. On propose de remplacer cet article par celui-ci :

*L'affirmation judiciaire, ou plutôt le serment de la partie
qui est appelée pour répondre à un interrogatoire sur faits et articles, ne peut être exigé.*

Art. 255. Cet article doit recevoir l'exception suivante : 1359

*Elle peut néanmoins être déférée à l'héritier, pour savoir s'il
n'a pas connaissance du fait ou de la dette de son auteur.*

Art. 259 et 260. L'article 259 offre encore une équivoque, 1363-
en ce que ces derniers mots: *de celle qu'il a faite*, se rappor- 1364
tent tout aussi bien au demandeur qu'au défendeur ; mais il
renferme un autre vice qui est commun à l'article suivant,
en ce que ces deux articles ne parlent que de l'affirmation

référée, tandis que les règles qu'ils contiennent doivent s'appliquer également à l'affirmation déférée. L'article 259 doit donc être supprimé, et remplacé par un autre, portant:

Lorsqu'une affirmation judiciaire a été reçue à la réquisition de l'une des parties, nul n'est recevable à en alléguer la fausseté.

Et l'article 260 doit être réformé en ces termes:

L'affirmation, soit qu'elle ait été déférée, soit qu'elle ait été référée, ne peut plus être révoquée, lorsque l'adversaire a déclaré être prêt à la faire.

1369 Art. 265. On demande si la limitation dont parle l'article en sa seconde disposition doit se faire avant, ou si, au contraire, elle ne doit se faire qu'après l'affirmation. L'un et l'autre cas présentent des inconvéniens: il paraît néanmoins plus convenable que cette réduction ait lieu avant l'affirmation; mais il faut s'expliquer sur ce point dans l'article.

TITRE III.

1377 Art. 11. Cet article est susceptible de plusieurs distinctions.

S'il s'agit d'une somme d'argent que le créancier ait reçue de bonne foi, celui qui l'a payée mal à propos, ne doit avoir que son recours contre le véritable débiteur, surtout si la réclamation ne suit pas de très-près le paiement; car c'était au payeur d'examiner avant d'agir, et non au créancier qui, ne recevant que ce qui lui est dû, peut avoir raison de croire que les choses ne se passent ainsi que par un arrangement qui lui est étranger. Il est d'ailleurs vraisemblable que, dans l'intervalle du paiement à la réclamation, s'il est de plusieurs mois, le créancier qui aura reçu de bonne foi d'un tiers le remboursement d'une créance légitime aura disposé de la somme; et alors il n'est pas juste que la faute de celui qui a payé le mette dans l'embarras pour la restitution. Il ne serait pas plus équitable d'ordonner cette restitution, si, dans l'intervalle du paiement à la réclamation, le véritable débiteur était devenu insolvable.

S'il s'agit d'un corps certain, et que le créancier l'ait également reçu de bonne foi, il faut distinguer le cas où il est encore en la possession du créancier à l'époque de la réclamation, et celui où il n'y est plus ; s'il est encore dans la main du créancier, on peut admettre qu'il soit tenu de le restituer ; s'il en a, au contraire, disposé au profit d'un tiers, il ne doit pas y avoir lieu à restitution. Ces différens points de difficulté doivent être résolus dans le Code.

Art. 20. L'exception contenue au quatrième alinéa de 1384 l'article commençant par ces mots : *la responsabilité ci-dessus*, est principalement juste pour les instituteurs et les artisans, et cependant ils n'y sont pas compris : elle ne l'est pas autant à l'égard des père et mère d'enfans mineurs ; car, s'ils ne réparent point civilement les dommages que leurs enfans auront causés, qui en répondra ? Nous ne nous attacherons pas néanmoins à la réfuter à leur respect ; mais nous la combattrons à l'égard des maîtres et des commettans.

En effet, si un propriétaire fait abattre un arbre de haut jet, et que ses préposés le fassent tomber sur le bâtiment du voisin, il est clair que, soit qu'il en ait été surveillant ou non, soit qu'il ait été présent ou absent, il doit en répondre.

Qu'un cultivateur envoie son charretier conduire une voiture de denrées à la ville, et que le charretier fasse, sans nécessité, passer sa voiture sur une pièce de terre ensemencée, le maître n'aura pu empêcher le délit ; il ne doit cependant pas moins le réparer civilement.

Qu'un cocher, allant chercher son maître, blesse quelqu'un par sa faute, le maître doit pareillement subvenir au blessé.

Et cependant, dans ces différens cas, les maîtres et commettans, d'après le sens de l'exception contenue en l'article, ne seraient nullement responsables. On pourrait citer mille autres exemples dans lesquels les maîtres et les commettans doivent être responsables ; mais c'en est assez pour faire sentir qu'ils doivent l'être dans tous les cas où il s'agit de dommages causés par leurs domestiques et préposés dans les fonctions auxquelles ils les emploient, puisque c'est le service dont ils profitent qui en est la cause ; ils doivent, d'ailleurs, s'imputer d'avoir donné leur confiance à des hommes maladroits ou imprudens.

Notre opinion est donc que, dans l'exception du quatrième alinéa, les instituteurs et les artisans doivent prendre la place des maîtres et des commettans ; et qu'à l'égard de ceux-ci ils doivent être retirés de l'article 20, et classés à la suite, dans un article séparé, portant :

Les maîtres et commettans sont généralement responsables des dommages causés par leurs domestiques et préposés, dans les fonctions auxquelles ils les ont employés.

TITRE IV. — *De la contrainte par corps.*

2060
4°
Art. 1er. 7° Cette disposition ne nous paraît pas assez étendue ; elle devrait être ainsi conçue :

7° *Pour la représentation des choses confiées à la garde des séquestres, commissaires et gardiens, non-seulement contre leurs personnes, mais encore contre tous ceux qui auraient participé avec connaissance de cause, à l'enlèvement des choses saisies ou séquestrées, sans préjudice de l'action criminelle.*

2062
Suite de l'art. 1er. 9° Cette disposition est essentielle pour les pays où l'usage est de donner les biens à cheptel ; mais elle est insuffisante pour les pays où cet usage n'est pas admis. Il arrive quelquefois, dans ceux-ci, qu'un fermier qui n'a rien à perdre enlève, avant aucune saisie, tous ses meubles, bestiaux et récoltes, qui sont, ce qu'on appelle, les namps de la ferme, pour mettre le propriétaire dans l'impossibilité de faire le recouvrement de son fermage. Cette fraude doit être prévue ; et il nous semble qu'il est à propos d'intercaler dans le nombre 9 de l'article, immédiatement avant les mots : *à moins qu'ils ne justifient,* l'addition suivante :

Et encore contre les fermiers qui enlèvent frauduleusement la majeure partie des namps de la ferme.

Art. 8. La disposition contenue en l'article 8 est trop rigoureuse ; elle n'est pas en harmonie avec les vrais principes. Il est possible que, sur l'opposition, il soit donné des moyens qui fassent absolument tomber le jugement de contrainte par corps ; pourquoi en précipiter l'exécution ? Il n'y a point d'urgence à emprisonner un homme en matière civile ; il suffit à l'intérêt du poursuivant de lui permettre d'employer ce genre de contrainte, après que la consommation des épreuves judiciaires aura garanti la nécessité de la mesure. Consacrer la disposition de l'article, ce serait même donner ouverture, contre le requérant, à une action en dommages-intérêts très-considérables, si, en définitif, le jugement de contrainte se trouvait anéanti. Il vaut mieux remplacer l'article 8 par le suivant :

2068

Le jugement qui prononce la contrainte par corps en matière civile n'est point exécutoire par provision; néanmoins, s'il a été mis à exécution avant d'être choqué d'opposition ou d'appel, il n'y a pas lieu à l'élargissement du détenu pendant la nouvelle instruction.

TITRE V. — *Du cautionnement.*

Art. 11. Il n'est pas naturel que la caution puisse être poursuivie, si la négligence que le créancier a mise à discuter les biens qui lui ont été indiqués est évidemment la cause qui l'empêche d'être payé par le principal débiteur. Il est vrai que l'article 11 renferme un tempérament qui suppose que la caution pouvait elle-même prévenir l'insolvabilité. Mais cette faculté n'est exprimée que par les mots : *ainsi qu'il sera dit ci-après.*

2024

Ces expressions sont trop vagues. Elles font naître une incertitude embarrassante, surtout quand on voit que les articles de la même section qui suivent le 11e ne se rattachent nullement à l'objet que celui-ci laisse indéterminé.

Il paraît que c'est à l'article 18, seconde section, qu'il faut recourir pour trouver le complément de l'article 11. Mais l'article 18 ne justifie pas la règle tracée en l'article que nous discutons, surtout quand on considère que l'article 9 oblige la caution à avancer au créancier les frais de la discussion du principal débiteur. Il serait, en effet, bien extraordinaire que la caution, après avoir fait cette avance au créancier, fût encore obligée de supporter l'événement de l'insolvabilité, que le défaut de poursuites aurait seul occasioné.

Nous pensons que l'article 11 doit être remplacé par celui-ci :

Le créancier qui a négligé de discuter les biens qui lui ont été indiqués perd le droit de poursuivre la caution, si cette négligence est la cause manifeste qui l'empêche de trouver, dans le principal débiteur, des ressources suffisantes pour se remplir de sa créance.

2033   Art. 19. Il ne doit point être nécessaire qu'il ait été fait des poursuites contre la caution qui a payé, pour qu'elle use de recours contre ses cofidéjusseurs. La prévoyance peut la déterminer à rembourser la créance, et même à se faire subroger aux droits du créancier. Alors rien ne doit s'opposer à ce qu'elle exerce les mêmes poursuites que lui, sous la déduction cependant, en cas d'insolvabilité du principal débiteur, de la part et portion qu'elle doit supporter elle-même en qualité de cofidéjusseur vis-à-vis des autres cautions. Le dernier membre de l'article est à retrancher.

2040-2018   Art. 25. Il arrive quelquefois, dans le cours des transactions privées, que l'un des contractans s'oblige de fournir une caution dans tel temps, sans autre explication : il est donc nécessaire de dire qu'en ce cas, comme au cas de l'art. 25, la caution doit être solvable, et domiciliée dans l'arrondissement du domicile du créancier ; et dans l'art. 25 même, au lieu de dire: *dans le lieu où elle doit être donnée*, il faut, pour plus de facilité, dire : *dans l'arrondissement du lieu où elle doit être reçue.*

Art. 3o. Il y a dans cet article une erreur manifeste ; il ne s'agit, pour la réparer, que d'en retrancher la négation, c'est-à dire, le mot *ne*.

TITRES VI ET VII. — *Sur les hypothèques.*

liv. 3-
tit 18.

Nous ne nous livrerons point à une discussion de détail sur les articles qui composent les titres VI et VII du présent Code, parce que les défectuosités que nous avons cru y apercevoir, appartiennent plus au fond, sur lequel on veut élever un nouvel édifice hypothécaire, qu'aux parties intégrantes qui le composent.

La matière des hypothèques est, sans contredit, la plus importante de toutes celles qui doivent entrer dans la composition d'un Code civil : elle intéresse la fortune mobilière et immobilière de tous les citoyens, et elle est celle à laquelle toutes les transactions sociales se rattachent.

Suivant la manière dont elle sera traitée, elle donnera la vie et le mouvement au crédit public et particulier, ou elle en sera le tombeau.

Depuis plus d'un siècle on est à la recherche de la véritable pierre de touche en cette partie. On a cru l'avoir saisie, lors de la promulgation de l'édit de 1771. Cette loi fut un fanal qui devait être reçu avec d'autant plus d'empressement, qu'on se trouvait alors dans un état complet d'obscurité.

Mais on a soutenu que, s'il garantissait de quelques mauvais pas, sa lueur pâle et décevante était loin d'éclairer sur les principaux dangers qu'avaient à courir ceux qui étaient obligés de traiter avec des hommes astucieux et de mauvaise foi.

La convention nationale fut particulièrement frappée de cette idée : en conséquence, elle produisit, à la fin de sa session, un Code hypothécaire sur d'autres bases que celles de l'édit de 1771. Quoiqu'il renfermât quelques germes féconds, il dut être mal accueilli, parce qu'il était environné de tant de formes et de difficultés d'exécution, que le bien qu'il présentait ne valait pas les peines et les frais qu'il en devait coûter pour l'obtenir.

Tous les intérêts, toutes les convenances, y étaient évidemment sacrifiés au génie de la fiscalité.

Aussi ce Code, décrété le 9 messidor an 3, fut suspendu dans son exécution, l'année suivante. Cette suspension a duré trois années, pendant lesquelles il a été soumis à l'examen de plusieurs commissions qui se sont succédées au Corps-Législatif.

Le résultat de cet examen, suivi des discussions les plus approfondies, tant au conseil des Cinq-Cents qu'à celui des Anciens, a été l'abrogation du Code du 9 messidor, et son remplacement par un autre en date du 11 brumaire an 7, qui est celui qui régit maintenant les transactions sociales.

Après qu'une matière a été aussi long-temps élaborée que celle des hypothèques, il serait inutile de chercher dans les ressources de l'imagination, les élémens d'un système neuf ; il faut se résoudre à opter entre le projet de Code civil, qui est calqué sur l'édit de 1771, et le régime établi par la loi du 11 brumaire, qui est la substance épurée du Code du 9 messidor.

Pour faire un choix éclairé, il est nécessaire de fixer le but qu'on doit se proposer dans le régime des hypothèques. Nous nous permettrons, à ce sujet, une réflexion préliminaire.

La France est agricole autant que commerçante ; les capitaux doivent y être sagement distribués entre le commerce et l'agriculture.

Le commerce attirera toujours un grand nombre de capitaux à lui, par l'appât du gain ; et bientôt il les absorberait tous, au détriment de l'agriculture, si l'infériorité du bénéfice dans les traités sur immeubles n'était compensée par la facilité et la solidité du placement.

Les traités sur immeubles renferment deux parties distinctes : les mutations de biens territoriaux, et la constitution sur hypothèque des capitaux mobiliers.

Le but à remplir dans un régime hypothécaire est donc de procurer à ce double genre de transactions, la plus grande solidité, sans en altérer l'essence, ni en embarrasser la forme.

Ce n'est qu'à cette condition qu'il se présentera un concours d'acquéreurs suffisant pour faire remonter le prix des biens territoriaux à sa véritable hauteur, et que le capitaliste consentira à verser dans les mains du propriétaire quelques parties de son actif pour le progrès et l'amélioration de l'agriculture.

Il est très-bien de dire qu'un homme qui traite avec un autre doit être attentif et sage ; qu'il doit veiller à son intérêt, prendre les informations convenables, et ne pas négliger ce qui est utile. (*Discours préliminaire, page* 57 *de l'éd. in-*4°.)

Mais on défie le plus profond législateur de bâtir aucun système hypothécaire sur un semblable texte.

Il ne suffit pas, en effet, d'apporter de la prévoyance dans la conduite de ses affaires ; il faut, du moins pour les actes les plus importans de la société, avoir encore la possibilité d'éviter d'être surpris ; et en cela l'office de la loi est bien plus de donner à notre discernement les moyens de prévenir la fraude, que de nous protéger contre elle, lorsqu'elle est consommée.

Dans le commerce, on a pour garantie le nom, l'honneur et la réputation du négociant auquel on fournit des capitaux, et surtout l'intérêt de la conservation de son crédit, qui ne lui permet pas d'abuser de la confiance qu'on lui donne.

Mais dans les traités d'immeubles, on n'a aucune de ces données ; et il est presque toujours impossible, principalement dans les grandes villes, d'en acquérir par soi-même sur la moralité et l'état de la fortune de celui avec lequel on contracte.

La loi doit donc y suppléer d'une manière efficace et prompte; car, si elle n'offre que des demi-précautions, ou si elle environne les sûretés qu'elle présente, de formes trop compliquées, elle aura manqué le but.

Ceci posé, comparons les deux systèmes sous le double rapport des actes translatifs de propriété, et du placement des capitaux mobiliers; et nous connaîtrons bientôt lequel des deux remplit le mieux son objet, et offre le plus d'avantages.

La base du projet de Code civil, en ce qui concerne les actes translatifs de propriété, est le rétablissement des lettres de ratification, que l'édit de 1771 donnait à l'acquéreur d'un immeuble la faculté de requérir, pour purger cet immeuble des hypothèques dont il pouvait être grevé.

<small>tit. 18- ch. 8- et 9.</small> La forme de l'obtention de ces lettres consiste, de la part de l'acquéreur, à déposer au greffe du tribunal de la situation des biens vendus, une expédition en forme du contrat de vente, et à dénoncer, dans les dix jours, l'acte de dépôt au vendeur, avec sommation d'élire domicile dans la commune où est le siége du tribunal.

Le greffier qui a reçu le dépôt est tenu d'afficher, dans les trois jours, sur un tableau placé dans l'auditoire, un extrait du contrat, contenant les noms et qualités du vendeur et de l'acheteur, la désignation de l'immeuble vendu, le prix et les conditions de la vente, etc. Cet extrait doit rester affiché l'espace de trois mois, pendant lesquels il ne peut être expédié à l'acquéreur des lettres de ratification. Ce délai est accordé en faveur des créanciers du vendeur, pour qu'ils aient le temps de former leurs oppositions. Ceux des créanciers qui ont des hypothèques ont la faculté d'enchérir et de surenchérir pendant les trois mois; et, à l'expiration de ce terme, le dernier enchérisseur demeure adjudicataire de plein droit.

Cependant on donne à l'acquéreur le moyen de conserver l'immeuble, en faisant, dans les dix jours, la déclaration au greffe de le retenir pour le même prix, c'est-à-dire, en le payant suivant la valeur à laquelle l'a porté la plus haute enchère, et en dénonçant, dans dix autres jours, cette déclaration au dernier enchérisseur : le tout à peine de déchéance.

Ensuite l'acquéreur, ou l'enchérisseur qui lui a succédé, se fait remettre par le greffier un certificat qui constate le dépôt du contrat, et son exposition par extrait pendant le temps prescrit. Le conservateur des hypothèques appose sur ce certificat son *visa* daté du jour qu'il lui a été remis; et dans les dix jours de la date de ce *visa*, le conservateur expédie les lettres de ratification. Elles sont remises au greffe du tribunal, qui est tenu de nommer chaque mois un juge-rapporteur des lettres de ratification, lequel est chargé de les sceller.

S'il n'y a pas d'opposition, les lettres sont scellées purement et simplement: mais dans le cas contraire, le sceau n'y est apposé qu'à la charge des oppositions, et alors viennent les formalités de la collocation ; sur quoi nous remarquerons seulement que l'acquéreur ne peut former aucune demande contre son vendeur, soit à fin de main-levée des oppositions, soit à fin d'être libéré du prix de son contrat, qu'après quarante jours, à compter du jour du sceau des lettres.

Du reste, si l'acquéreur a payé le prix de son acquisition, sans avoir eu préalablement recours aux lettres de ratification, les créanciers qui avaient des hypothèques antérieures au contrat de vente ont contre lui la voie de saisie réelle et de la vente judiciaire pour se remplir du montant de leurs créances. Mais aussi, pour dégager l'acquéreur de ce mauvais pas, on lui donne la ressource du délaissement, qui est telle, qu'au moyen qu'il abandonne la totalité de l'immeuble qu'il a acquis et du prix qu'il en a payé au vendeur, et pourvu qu'il paie en outre les frais que le délaissement occasionne, il est absolument tiré d'affaire.

tit. 18. ch. 4.
Le projet de Code civil, en ce qui touche le placement sur immeubles des capitaux mobiliers, ne fournit aucun moyen au prêteur de connaître les hypothèques dont les biens de l'acquéreur sont maculés ; mais si le prêteur ne craint pas de confier sa fortune à l'incertitude des événemens, le projet lui indique les précautions qu'il peut prendre pour que l'immeuble affecté à sa créance ne passe pas dans une autre main en exemption de son droit hypothécaire.

En ce point, le projet de Code se borne à donner au créancier la faculté de former opposition au bureau des hypothèques, à l'effet d'être colloqué suivant son rang, lors des lettres de ratification qui pourront être prises sur le contrat de vente de l'immeuble qui lui est hypothéqué, ou d'après la vente judiciaire que lui-même ou tout autre créancier hypothécaire a le droit de poursuivre.

Ces sortes d'oppositions durent cinq ans ; et sans doute l'intention des rédacteurs a été de dire qu'à cette époque elles peuvent être renouvelées.

Elles n'ont d'effet que sur les immeubles situés dans l'arrondissement du bureau où elles sont faites : il n'est point nécessaire d'y énoncer le titre ni le montant de la créance ; elles se font aux mains du conservateur, par un exploit contenant les noms et qualités du créancier et du débiteur, avec élection de domicile dans le lieu de la situation du bureau.

Le conservateur les inscrit sur un registre, et elles y restent ensevelies jusqu'à ce que la vente volontaire ou forcée de l'immeuble hypothéqué fasse connaître au créancier le sort que sa créance doit subir.

Telle est la contexture du plan tracé dans le nouveau projet de Code civil.

tit. 18.
Opposons-lui le plan de la loi du 11 brumaire an 7 ; il ne sera pas long à décrire.

La base du régime établi par cette loi, pour les mutations d'immeubles et pour la conservation des droits hypothécaires, est uniforme ; c'est la publicité des contrats translatifs de propriété, et des actes constitutifs d'hypothèque.

Chaque acquéreur fait transcrire son contrat au bureau de la situation de l'immeuble vendu ; chaque créancier fait inscrire son titre au bureau de la situation de l'immeuble affecté à sa créance.

Le conservateur des hypothèques, outre les registres de transcription et d'inscription, tient un livre de raison, à l'aide duquel il découvre à l'instant le nom et la qualité du propriétaire actuel ; il aperçoit d'un coup d'œil toutes les charges qui existent sur sa propriété ; et la publicité s'acquiert par les certificats, en due forme, qu'il délivre à toute réquisition, sous sa responsabilité, du nom du véritable propriétaire, de la situation et des charges de l'immeuble qu'il veut aliéner ou hypothéquer.

L'effet de la transcription est que, du moment qu'elle est faite, l'acquéreur devient propriétaire incommutable, sans pouvoir jamais être troublé pour causes postérieures à cette même transcription, ni, *quod notandum*, pour des causes antérieures dont la connaissance lui aurait été dérobée.

L'effet de l'inscription est d'assigner au créancier le rang invariable qu'il doit tenir, et de lui donner la certitude que, sur l'immeuble qui lui est engagé, il ne sera préféré par aucun autre créancier que celui qu'il a su *à l'avance* être inscrit antérieurement à lui.

La description du plan de la loi du 11 brumaire est faite.

Quoi ! dira-t-on, les élémens du régime établi par cette loi sont réduits à un tel point de simplicité ; leur combinaison donne des résultats aussi efficaces ; et cependant tous les jours cette loi fait naître des difficultés imprévues. Sans doute elle doit en occasioner ; c'est la suite nécessaire du passage d'un ancien ordre de choses à un nouveau, et la conséquence de l'amalgame des hypothèques d'ancienne origine avec celles de nouvelle création.

Mais le nombre des hypothèques créées sous l'empire des précédentes lois, et qui seules en ce moment causent quelque embarras, va tous les jours décroissant; elles finiront par s'éteindre. Alors le régime de la loi du 11 brumaire, dégagé de tout ce qui lui est étranger, restera tel que nous l'avons dépeint. Lorsqu'on veut poser les fondemens d'une législation durable, il ne faut pas se laisser rebuter par quelques inconvéniens passagers; c'est au choix des matériaux les plus propres à faire un ouvrage solide qu'on doit principalement s'attacher.

Il suffirait peut-être du rapprochement que nous venons de faire du système du projet de Code civil, avec celui de la loi du 11 brumaire, pour mettre chacun en état d'opter. Nous croyons néanmoins devoir entrer dans quelques développemens, pour justifier la préférence qui, sous tous les rapports, nous paraît devoir être accordée à la loi du 11 brumaire, sur le projet de Code.

Dans le système du projet de Code, il est manifeste que l'individu qui a en vue l'acquisition d'un immeuble n'a aucune voie pour connaître s'il existe des droits réels ou hypothécaires sur l'objet qui fixe ses regards; il l'achète sans savoir ce qu'il fait. On suppose qu'il ne le paiera pas sans avoir pris des lettres de ratification.

Alors elles vont le traîner de délais en délais, et le constituer dans des formalités dont la moindre omission lui fera manquer l'effet. Il sera six mois en cet état; et, s'il s'élève des questions sur quelques points, il aura à soutenir des procès qui le tiendront en échec pendant des années.

Que tout soit en règle, il aura à craindre les enchères et surenchères des créanciers opposans, qui viendront lui enlever son marché, à moins qu'il ne consente à en élever le prix à un taux auquel ses facultés ne lui permettront que très-difficilement d'atteindre; et le plus souvent il ne le pourra pas, parce que, pour se diriger dans cette conjoncture, il aura été obligé de s'abandonner aux gens de pratique, qui auront consommé la totalité ou la plus grande partie de son aisance.

Ainsi il aura réuni ses capitaux pour les convertir en immeubles ; il croira, en prenant des lettres de ratification, avoir fait une acquisition solide : point du tout ; il sera éconduit par des enchérisseurs, et il n'aura fait que des frais en pure perte. En dernière analyse, il se trouvera n'avoir rien acquis ; et il faudra qu'il se mettre à la recherche d'autres immeubles successivement, jusqu'à ce qu'il parvienne à faire purger son contrat d'hypothèques, sans être évincé par les enchérisseurs et surenchérisseurs.

Et c'est là ce qu'on nous propose de rétablir pour faciliter les transmissions d'immeubles, et garantir l'exécution des contrats.

L'acquéreur, il est vrai, s'il est dégoûté par l'insuccès d'un premier ou d'un second essai, aura du moins conservé ses capitaux ; et c'est en cela que se remarque le beau côté du Code.

Mais envisageons-le sous une autre face, et nous allons bientôt nous convaincre que l'espèce de sûreté qui est offerte à cet égard, n'est qu'un vain simulacre dont la plupart des acheteurs ne peuvent pas s'aider.

En général, le propriétaire qui vend son bien, ne s'y détermine que pour faire de son capital un emploi plus avantageux, dont il ne veut pas laisser échapper l'occasion, ou pour satisfaire à des engagemens qui le pressent. Si l'acquéreur exige la formalité préalable des lettres de ratification, le marché ne se concluera pas, parce que le vendeur n'aura pas le temps d'attendre, ou même aura un intérêt secret d'éluder cette formalité. Alors celui-ci préférera de disposer de son immeuble au profit d'un autre qui lui en donnera moins, par le défaut de sûreté. De là, la baisse du prix des immeubles, et les expropriations fréquentes des acquéreurs, avec perte de leur capital.

Mais, objectera-t-on, si l'acquéreur perd son capital, pourquoi n'employait-il pas les moyens que le Code lui donnait de le garantir? Fort bien. Mais, si ces moyens sont tels, qu'ils empêchent de traiter, ou obligent de le faire sans y avoir recours, très-certainement c'est comme s'il n'en donnait aucun. Il est donc vrai de dire que cette prétendue garantie offerte par le projet de Code n'est, dans le fait, en beaucoup de circonstances, qu'une pure illusion.

L'expérience a fait connaître que dans le temps où l'édit de 1771 était en vigueur, il faisait avorter un grand nombre de transactions immobilières, et que la plupart de celles qui se concluaient, se formaient sans que les contrats de vente fussent revêtus du sceau des lettres de ratification, à cause des obstacles résultant de la position du vendeur ou de celle de l'acheteur. Aussi rien n'était plus commun que de voir dans ces temps la ruine d'un acquéreur consommée par des évictions qui survenaient après quinze ou vingt ans de possession paisible.

Il en était de même de cet homme qui, par son travail et son économie, était parvenu à amasser un capital plus ou moins fort.

Il voulait le placer solidement, afin de se procurer une ressource certaine pour un âge plus avancé; il le constituait hypothécairement aux mains d'un particulier, qui lui offrait pour garantie une masse d'immeubles plus que suffisante, en apparence, pour en répondre. Vaine précaution : la loi ne lui avait donné aucun moyen de connaître les charges existantes sur ces immeubles; leur valeur était déjà absorbée par des hypothèques antérieures. Le moment de la déconfiture arrivait; son unique espérance lui était ravie; son capital était perdu; il avait à lutter à la fois, dans sa vieillesse, contre les infirmités et la misère.

Ce tableau n'est point chargé; on citerait mille exemples

de ce genre arrivés sous le règne de l'édit de 1771. Combien donc on a dû se féliciter de le voir anéanti, et remplacé par un régime aussi simple dans son exécution que grand dans ses résultats!

Aujourd'hui quiconque veut acheter une propriété foncière, quiconque veut constituer un capital sur immeubles, trouve, dans ce régime, tout ce qu'il peut désirer pour la sûreté de son opération.

S'agit-il de l'acquisition d'un immeuble, celui qui se la propose va consulter les registres publics : s'il ne trouve pas d'inscriptions, il traite avec confiance, et donne un plus haut prix qu'il ne ferait s'il lui restait de justes sujets d'inquiétude. Existe-t-il des charges inscrites, il offre le même prix, parce qu'il trouve les mêmes sûretés en se chargeant de payer en diminution de ce prix, à l'acquit du vendeur, le montant des inscriptions, si mieux n'aime celui-ci en procurer de sa part la main-levée.

S'agit-il de la consitution d'un capital sur immeubles, même recours aux registres publics, même solidité dans le placement. Celui qui se rendra débiteur ne surprendra plus la confiance du créancier ; car il ne pourra plus lui donner une garantie chimérique. Le capitaliste qui sera certain du recouvrement des avances qu'il fera au propriétaire, lui livrera ses fonds à un intérêt d'autant plus modique, qu'il aura plus de certitude de n'être exposé à aucun danger ; alors, le cultivateur trouvera de véritables ressources pour se livrer à l'amélioration ou au défrichement des terres, et à toutes les spéculations favorables au progrès de l'agriculture.

Outre ces heureux résultats, il en est un autre non moins essentiel pour la fortune publique; c'est qu'indépendamment de ce que le Trésor national aura à percevoir, à chaque mutation, des droits plus forts, à raison de la hausse nécessaire des biens territoriaux, ces droits se reproduiront à l'infini par la multiplicité des traités de toute espèce sur immeubles, qui naîtra de la facilité et de la solidité de ces sortes de contrats.

tit.18-
ch. 10

Quelques personnes ont paru craindre que la publicité des transactions immobilières ne fût une nouveauté dangereuse pour le crédit.

D'abord, ce n'est point une nouveauté. Chez les Romains, on plaçait dans un champ une pierre sur laquelle on gravait le nom du propriétaire, et la somme à laquelle se montaient les engagemens qui frappaient sur sa propriété.

De nos jours, en Prusse, il se tient des registres de tous les traités d'immeubles auxquels chacun a le droit de recourir avant de contracter.

Les auteurs du Code hypothécaire du 9 messidor an 3 l'avaient environné de formes qui en défiguraient le fond, et qui l'ont fait rejeter ; mais la nation sera envers eux reconnaissante, un jour, d'avoir naturalisé en France l'idée profonde de la publicité des hypothèques, qui est le type de la loi du 11 brumaire an 7.

En second lieu, ce serait une nouveauté, qu'elle ne peut être dangereuse pour le crédit.

A quelle espèce de crédit, en effet, pourrait-elle nuire ?

Ce n'est pas au crédit public ; car il est prouvé qu'elle donnera aux transactions un mouvement qui améliorera les recettes du Trésor national.

Ce n'est pas au crédit des propriétaires ; car il est incontestable que, lorsque le régime actuel sera rendu à toute sa pureté, ils trouveront à faire des emprunts avec plus de facilité et à meilleur compte qu'ils ne l'aient jamais fait.

Ce n'est pas au crédit des commerçans ; car l'effet nécessaire de ce régime étant de faire baisser l'intérêt de l'argent au regard de la propriété, cette baisse fera naturellement refluer dans le commerce un nombre de capitaux suffisant pour l'alimenter ; et même la baisse de l'intérêt de l'argent, qui s'établira en faveur de la propriété, étendra immanquablement son influence jusque sur le commerce.

Il est, en fait de crédit, une vérité que nous nous garderons bien de méconnaître : c'est que le commerce et l'industrie seraient bientôt paralysés, si le crédit du commerçant était mesuré sur la valeur de son actif au moment qu'il emprunte. La publicité du bilan de l'homme qui est dans le cours de ses opérations commerciales ferait manquer tout à coup les plus belles spéculations, les établissemens les plus utiles.

Il n'en est pas ainsi de la publicité des charges de la propriété, parce que le propriétaire n'a pas de raisons légitimes d'emprunter au-delà de ce qu'il possède, et que celui qui couvre d'emprunts jusqu'à son dernier arpent de terre est un fou qui se ruine.

Cependant il peut être utile qu'il se rencontre quelquefois de ces sortes de fous, pour mieux faire sentir aux autres tout le prix d'une économie raisonnable.

Mais la publicité des hypothèques ne contrarie pas même le propriétaire qui veut consumer tout son bien.

Il n'est qu'une seule espèce de crédit auquel elle s'oppose véritablement : c'est le crédit des fripons, qui dissimulent les engagemens qui couvrent la totalité de leurs immeubles, et qui, par une apparence de solvabilité, vont toujours empruntant avec la certitude de ne pouvoir jamais rendre.

Or, c'est ce qui caractérise particulièrement la sublimité de l'institution consacrée par la loi du 11 brumaire : et il serait superflu de se livrer à de plus longs raisonnemens pour en faire connaître tous les avantages, et démontrer qu'elle seule remplit le but qu'on doit se proposer d'atteindre dans un régime hypothécaire.

Nous nous sommes déclarés les antagonistes de cette institution, lorsqu'elle était surchargée de formes désastreuses et de conditions accablantes.

Mais depuis qu'elle est ramenée à des procédés plus simples, et que l'expérience nous a fait remarquer le bien qu'elle a déjà produit et celui qu'on a raison d'en attendre à l'avenir, nous aurions cru manquer à la confiance du Gouvernement, si nous ne nous étions pas attachés à faire ressortir la faiblesse des bases du projet de Code en cette partie, et l'excellence de celles de la loi du 11 brumaire.

Certes, nous nous plaisons à rendre hommage aux connaissances et à la sagacité des auteurs du nouveau projet de Code civil; nous avons eu souvent l'occasion de reconnaître dans leur travail l'empreinte du talent : mais nous sommes persuadés que la rapidité avec laquelle ils ont composé leur ouvrage ne leur a pas laissé le temps de comparer les deux systèmes, et de se pénétrer de la supériorité de celui qui existe en ce moment.

Pendant long-temps la précipitation a dicté nos institutions et nos lois; aujourd'hui qu'elles se forment avec plus de maturité, nous avons droit d'en attendre de meilleures. Cependant, soit précipitation, soit antipathie pour tout ce qui porte le cachet de la nouveauté, il n'est personne qui ne soit frappé de la rapidité avec laquelle on nous ramène à toutes les institutions et par conséquent à tous les abus de l'ancien régime. Parmi les exemples de ce genre, nous en citerons un, dont les fâcheux effets se renouvellent chaque jour sous nos yeux.

La loi du 3 brumaire an 2 avait aboli les formes ruineuses de l'ancienne procédure civile; elle lui en avait substitué d'autres, tellement simples, que le pauvre et le riche avaient un égal accès dans le temple de la justice. Il ne manquait peut-être à cette loi que de donner un caractère public aux hommes qui se seraient dévoués à la noble fonction de représenter et défendre les parties, et de le conférer gratuitement à ceux dont la moralité aurait été le garant de la conduite : mais on a rétabli les cautionnemens, et provisoirement par suite l'ordonnance de 1667, qui ne fut tant vantée que par ceux qui vivaient de ses abus; et provisoirement les affaires ne s'expédient plus, les procès sont redevenus interminables; et l'homme sage qui a un droit légitime à réclamer est mis dans la nécessité de l'abandonner, plutôt que d'avoir à lutter contre un plaideur opiniâtre, et de donner sa fortune à dévorer aux praticiens. Indubitablement il y a dans l'ancien ordre de choses beaucoup à recueillir ; mais aussi la révolution a produit des idées neuves, libérales, qu'il serait pénible de voir sacrifier à l'esprit de routine ou à la prévention.

On nous pardonnera, sans doute, une digression que nous ne nous sommes permise que parce que nous avons la conviction intime que les chefs de l'Etat, supérieurs à tous les éloges, préfèrent une vérité utile à une flatterie parasite, ou à un silence timide et infructueux.

Nous nous résumerons, en peu de mots, sur la matière des hypothèques.

Les formes du projet de Code sont lentes, obscures, compliquées ; celles de la loi du 11 brumaire sont simples, lumineuses, rapides.

Le fond du projet commence par mettre un acquéreur, un créancier hypothécaire, dans l'embarras, et ne lui laisse que des ressources souvent impuissantes pour l'en tirer.

Le fond de la loi du 11 brumaire donne à celui qui se propose de faire une acquisition, comme à celui qui veut placer ses capitaux sur immeubles, des moyens prompts et efficaces pour traiter sans pouvoir être jamais troublé.

L'un ouvre une large porte à la fraude ; l'autre la ferme hermétiquement.

L'un est subversif de toutes les fortunes ; l'autre les affermit.

L'un prépare la ruine et la désolation du père de famille ; l'autre lui assure la paix et la tranquillité.

L'un entrave et restreint les transactions civiles ; l'autre leur ouvre la plus vaste carrière.

L'un dessèche une des principales sources de la fortune publique ; l'autre l'alimente et la féconde.

L'un tend à maintenir la dépréciation des biens territoriaux, l'autre à en relever la valeur et à faire en même temps baisser l'intérêt de l'argent.

L'agriculture et le commerce trouvent dans celui-ci des avantages mutuels ; celui-là ne leur en présente aucun.

Non, le projet de Code ne renferme point un régime hypothécaire, puisqu'on n'y remplit pas son objet principal, qui est la garantie et la sûreté des traités sur immeubles. La loi du 11 brumaire donne les moyens d'atteindre complètement ce but ; tout se réunit donc pour déterminer la préférence en faveur de cette loi tutélaire.

Et dans quelles circonstances veut-on en provoquer l'abolition? C'est après six ans d'efforts et de sacrifices pour obtenir un meilleur mode que celui de l'édit de 1771 ; c'est lorsque toutes les transactions ont été suspendues pendant quinze mois, pour satisfaire à toutes les inscriptions et transcriptions prescrites par le nouveau régime ; c'est enfin à la veille de recueillir le fruit de tant de soins et de travaux, qu'on veut nous y faire renoncer ; et pourquoi? pour nous replonger dans le même état de fluctuation et d'incertitude où nous étions auparavant. Cela n'est pas concevable ; nous ressemblerions à cet insensé qui aurait, à grands frais, mis en valeur un terrain inculte, et qui, au moment de réaliser ses espérances, le laisserait capricieusement retomber en friche.

Mais quel serait le sort des acquisitions purgées par la transcription? les créanciers qui avaient des hypothèques générales qu'ils n'ont point fait inscrire, aux termes de la loi du 11 brumaire seraient-ils reçus à venir troubler des acquéreurs qui se sont libérés sur la foi des lois existantes? Que deviendraient les hypothèques acquises par l'inscription? Faudrait-il, pour les conserver, recourir encore à la voie des oppositions, occasioner aux créanciers de nouvelles démarches et de nouveaux frais, et suspendre itérativement le cours de toutes les transactions? Le projet de

Code ne le dit pas ; mais c'est la conséquence nécessaire du rétablissement qu'il propose de l'ancien édit ; et, dans cette nouvelle confusion des transactions civiles, que de surprises faites à la bonne foi ! que d'intérêts lésés! que de droits perdus ! Oh! sans doute, les rédacteurs du Code, moins préoccupés, reconnaîtront eux-mêmes qu'il serait inconvenant de compromettre, par une semblable versalité, la fortune des citoyens, et de mettre à une aussi dure épreuve la patience humaine.

Nous terminerons par présenter deux séries de notes relatives aux mesures que nous croyons propres à améliorer le régime établi par la loi du 11 brumaire.

1re SÉRIE.

= 1° Séparer du régime hypothécaire établi par la loi du 11 brumaire an 7, tout ce qui est relatif aux hypothèques du passé ; tit. 18.

= 2° Etablir le régime des hypothèques, dans le Code civil, sur les bases de la loi du 11 brumaire, qui sont, l'inscription des titres de créance, et la transcription des actes de propriété, telles qu'elles sont développées dans cette loi ; ch. 4- et 8.

= 3° Admettre dans ce régime les dispositions du projet de Code qui peuvent se concilier avec ces bases et présenter des vues d'utilité ;

= 4° Y insérer notamment les développemens du chapitre Ier du projet, concernant l'exercice des priviléges sur les meubles et les immeubles, avec désignation des priviléges mobiliers qui doivent s'exercer subsidiairement sur les immeubles, sans qu'il soit besoin d'inscription ; le tout préalablement combiné avec les dispositions des chapitres IV et V du titre Ier de la loi du 11 brumaire ; mais maintenir le privilége du propriétaire pour tous les fermages qui lui sont dus, sans distinguer si le bail est authentique ou non, parce que beaucoup de fermiers jouissent sans bail, et que d'ailleurs, par la notoriété du fait, la jouissance est toujours fa- ch. 2.

2102

cile à constater; et, du reste, étendre à une année le privilége des gens de service;

= 5° Donner aux femmes majeures qui sont sous puissance de mari, un moyen de conserver leurs hypothèques, en autorisant les parens les plus proches de la femme, et le ministère public, de requérir l'inscription sur les biens du mari, le cas échéant;

= 6° Déterminer que, lorsqu'il aura été convenu que les capitaux pour lesquels une hypothèque est créée, resteront déposés aux mains du notaire jusqu'après l'inscription; le notaire qui aura reçu le dépôt ne pourra le délivrer que sur la représentation du certificat du conservateur, d'avoir fait l'inscription; et qu'il sera tenu de faire mention de la date de ce certificat, dans l'acte de délivrance des deniers, qui sera fait sommairement en marge de la minute du contrat, auquel ce certificat restera joint;

= 7° Statuer que, s'il se trouve, au moment de l'inscription d'un titre de créance, des charges inscrites qui excèdent celles énoncées au certificat contenant l'état des inscriptions existantes, aux termes de l'article 51 de la loi du 11 brumaire, et qui aurait été également annexé au contrat, le créancier pourra s'opposer à la délivrance des deniers déposés chez le notaire, à l'effet de se faire autoriser à s'en ressaisir; à moins que la déclaration des hypothèques formant cet excédant, n'ait été faite dans le contrat même;

= 8° Statuer, en outre, que le même cas arrivant lors de la transcription d'un acte translatif de propriété, le paiement des sommes qui y sont stipulées ne pourra être exigé que le vendeur n'ait préalablement donné main-levée des inscriptions excédant celles énoncées au certificat des conservateurs, pareillement annexé à la minute, ou déclarées au contrat; le tout sans préjudice des clauses stipulées à l'égard des inscriptions reconnues existantes;

= 9° Placer à la suite de l'article 5 de la loi du 11 brumaire, un article portant que les inscriptions faites sur les biens d'un débiteur failli, par le syndic de la masse des créanciers, du montant de toutes les créances, reconnues par l'accord ou délibération des créanciers, dûment homologué, vaudront, pour tous les intéressés audit accord, comme si chacun d'eux avait fait une inscription individuelle ;

= 10° Ajouter une autre disposition, portant que l'hypothèque individuelle obtenue postérieurement à l'homologation de l'accord, par l'un des créanciers y dénommés, ne peut être par lui opposée à ceux avec ou au nom desquels l'accord aurait été consenti, mais seulement aux personnes qui seraient devenues créancières de leur chef depuis ladite homologation ;

= 11° Retirer à la régie de l'enregistrement, déjà trop surchargée d'attributions, l'administration du régime hypothécaire, qui est purement civile, et qui, à raison de son importance, ne doit être confiée qu'à des hommes qui en feraient leur principale affaire ; mais charger cette régie de percevoir les droits d'inscription et de transcription, en même temps qu'elle perçoit le droit d'enregistrement ; ch. 10.

= 12° Mettre les conservateurs des hypothèques à la nomination directe du Gouvernement; en maintenir un par chaque arrondissement, dans la commune où est le siége du tribunal de première instance, et en établir deux pour Paris, dont l'un aurait pour arrondissement la rive gauche, et l'autre la rive droite de la Seine. Il serait, selon nous, très-convenable de charger ces fonctionnaires de faire en même temps l'office de receveurs des consignations.

= 13° Attribuer la surveillance des conservateurs d'hypothèques au ministre de la justice, qui, pour l'ordre et la tenue des registres, l'exercerait par l'inspection qu'en feraient, de trois mois en trois mois, les commissaires du Gouvernement près de ces tribunaux.

On pourrait, si on le jugeait à propos, établir à Paris une administration centrale de trois membres, qui serait chargée de diriger les opérations des conservateurs des hypothèques ; mais on ne croit pas cette mesure nécessaire, au moyen que le ministre peut établir près de lui un bureau pour remplir cet objet, qui deviendra très-simple par la séparation de la partie fiscale du régime, d'avec la partie civile ;

== 14° Réduire, lorsque la situation des finances le permettra, à un pour cent le droit de transcription, qui est maintenant à un et demi.

Ce droit ainsi réduit, joint au droit d'enregistrement, laissera au trésor public, à chaque mutation de propriété, une perception de cinq pour cent, qui est le *maximum* qu'il soit possible de maintenir.

Lors de cette réduction, on élèverait le tarif des émolumens des conservateurs, de manière qu'ils soient certains d'y trouver une ressource suffisante pour leurs traitemens et frais de bureau.

2ᵉ SÉRIE.

== 1° Faire du titre III de la loi du 11 brumaire, concernant les hypothèques du passé, la matière d'une loi particulière, qui serait qualifiée de loi transitoire et régulatrice des anciennes hypothèques.

== 2° Donner, dans cette loi, au débiteur, la faculté de faire réduire le nombre des inscriptions qu'en vertu de l'hypothèque générale le créancier aurait formées dans plusieurs arrondissemens ; de telle sorte que, lorsqu'il serait évident que les biens situés dans un arrondissement seraient suffisans pour répondre complétement de la créance qui s'y trouve inscrite, le débiteur eût le droit de faire rayer l'inscription de la même créance qui aurait été faite dans un autre arrondissement.

== 3° Statuer que ce droit ne pourrait être exercé qu'aux deux conditions suivantes : 1° de laisser au créancier l'option de l'arrondissement sur lequel il voudrait conserver son inscription ; 2° de justifier de sa demande en réduction à ses propres frais, et de payer en outre les frais de radiation qui se feraient en conséquence.

= 4° S'il se trouvait plusieurs créanciers inscrits en vertu d'hypothèque générale, le débiteur ne pourrait faire prononcer la réduction que contradictoirement avec eux; et l'option entre ces créanciers appartiendrait à celui dont le contrat aurait la date la plus ancienne.

= 5° Dans le cas où le débiteur n'aurait pas fait réduire les inscriptions, aux termes des précédens articles, si un créancier, en vertu de son hypothèque générale, agit contre un acquéreur pour le faire exproprier, autoriser celui-ci à indiquer des biens ayant appartenu au débiteur, et dont l'aliénation est postérieure à son acquisition, pour être discutés à sa garantie, et en donnant caution des frais.

Cette mesure est nécessaire pour éviter le circuit et la multiplicité des expropriations.

= 6° Accorder à ceux qui sont obligés solidairement par un titre qui attribue au créancier une hypothèque générale sur tous les biens de chaque coobligé, le droit de se réunir, et de lui offrir en commun un immeuble libre de toute hypothèque et dont la valeur soit reconnue suffisante pour répondre du recouvrement entier de la créance en principal et frais, aux deux conditions de l'article 3 ci-dessus, et sans préjudice de l'exécution mobilière, qui appartient solidairement au créancier, contre tous et un chacun desdits coobligés.

= 7° Autoriser, en conformité des règles de la 3ᵉ section, chap. V, titre XX du projet de Code, le vendeur d'un immeuble, à faire rayer, à l'expiration des vingt années de la date du contrat passé en forme authentique, les inscriptions que l'acquéreur aurait formées sur les autres biens du vendeur, pour cause de la garantie des évictions stipulées audit contrat.

TITRE VIII. — *De la vente forcée d'immeubles.*

Nous professons la même opinion sur ce titre que sur les

titres VI et VII, qui le précèdent; il offre un dédale inextricable de formalités et de procédures, un répertoire d'élémens de chicanes et de contestations, qui est, à la vérité, dans plusieurs points, la conséquence bien naturelle du rétablissement de l'édit de 1771, mais qui n'est propre qu'à engloutir tout ou partie de la fortune et des espérances du saisi, du saisissant et de tous les créanciers. Pour se convaincre de la multiplicité des rouages employés dans ce titre, il suffit de lire avec quelque attention les cent soixante-dix-neuf articles qui le composent.

Nous n'en retracerons donc point le tableau.

Nous ne pouvons cependant nous dispenser de faire remarquer que les rédacteurs, effrayés sans doute de la complication de leur méthode, ont tracé, chapitre VIII, un mode beaucoup plus simple pour la vente des immeubles dont la valeur n'excède pas 400 francs : il eût été à désirer qu'ils l'eussent pris pour base de leur travail. Mais, par une singularité frappante, ils déclarent, article 178, que ce mode ne purge ni les priviléges ni les hypothèques; en sorte que par là, le tempérament qu'ils proposent se trouve parfaitement inutile, puisqu'il sera impossible de trouver des adjudicataires à cette condition.

Nous observerons néanmoins que dans cet amas de formes dont est composé le présent titre, on rencontre quelques règles faciles à reconnaître et bonnes à recueillir; et qu'en les combinant avec la loi du 11 brumaire sur les expropriations forcées, il est facile de faire un bon ouvrage. On se gardera bien sans doute d'y déterminer, comme en l'article 28 du projet de Code, que la saisie doit être poursuivie devant le juge du domicile du saisi : car il est possible que ce domicile soit établi à cent lieues, et plus, de la situation des fonds; et alors on conçoit facilement qu'il ne se présenterait pas d'adjudicataires. Mais on adoptera la règle générale, que la vente des immeubles saisis doit se poursuivre devant le juge du lieu où ils sont situés. On aura soin d'éviter les contradictions ; telles que celle qui existe entre l'article 3 et l'article 4, dans le cas où le débiteur a vendu les fonds hypothéqués à la dette ; et de ne jamais prendre pour règle, comme en l'article 55, le revenu présumé par le rôle des contributions, à cause de l'inégalité de leur répartition.

Nous pensons au surplus, comme les rédacteurs du projet, que cette matière doit être détachée du Code civil. La saisie réelle n'est en effet, comme la saisie mobilière, qu'un mode d'exécution, une forme de procéder, dont la véritable place est dans le Code de procédure civile.

TITRE IX. — *Donations et Testamens.*

Art. 3. Il serait bon de mettre : *le testament ou donation à cause de mort, etc.* 895

Art. 4, *dernier alinéa.* La loi qui dans bien des cas permet des dons très-considérables ou même universels, rejète toute preuve de haine, colère, suggestion et captation. Est-ce donc que tous les actes autorisés par la loi ne doivent pas être essentiellement justes et raisonnables ? Quoi ! si l'acte renferme en lui-même tous les caractères de la fureur ou de la suggestion, s'il y en a d'ailleurs des preuves écrites ou des commencemens de preuve par écrit, la justice sera obligée de fermer les yeux et les oreilles ! N'est-ce pas ouvrir la porte à toutes les passions insensées, et à tous les genres de captations et de surprise ? n'est-ce pas tout préparer pour la spoliation des héritiers légitimes ? 901-902

Art. 6. *L'instituteur, le curateur,* ne doivent-ils pas être mis dans la même classe que le tuteur ? 907

Art. 14. Ne faudrait-il pas mettre au même rang que le médecin du malade, le ministre de son culte qui l'assiste dans sa dernière maladie ? 909

Art. 115. *Et sauf, quant aux donations par testament, etc.* Il vaudrait mieux exprimer la disposition, ou indiquer les articles mêmes qui la contiennent. 902-912

Art. 16. L'article nous paraît impolitique, en tant qu'il 913- à 916 permet de donner la totalité des biens au préjudice de tous autres collatéraux *que les frères et sœurs* ou *leurs enfans au premier degré* : c'est à notre avis, trop circonscrire les droits de famille, et rendre les parens étrangers les uns aux autres.

= 1° Les liens de famille, comme on l'a si bien observé, sont les premiers anneaux où toute société se rattache : motif souverain pour leur conserver à la fois toute leur intensité et toute leur étendue.

= 2° Les parens, même dans un certain éloignement, se trouvent soumis aux charges de famille, *tutelles*, *curatelles*, etc. ; au défaut de père, mère et ascendans, ils sont appelés à la fonction importante de consentir ou de contredire les mariages des mineurs de vingt-cinq ans : il est donc essentiel d'établir entre eux des liaisons assez étroites ; sans quoi la mesure est manquée.

L'objet du présent article est d'accorder beaucoup à la liberté individuelle : mais cette liberté, dans l'état social, doit reconnaître des tempéramens et des règles. D'un côté, la liberté civile consiste à n'obéir qu'à la loi seule, non pas à une loi capricieuse et despotique, mais à une loi raisonnable et conforme à l'intérêt commun : de l'autre, les sacrifices qu'on fait à la loi, au bon ordre, aux sentimens justes et bien ordonnés, attachent plus et valent mieux que les fantaisies d'un égoïsme froid, insouciant et philosophique. Cette espèce de philosophie, si indépendante, si personnelle, si indifférente en effet au bonheur général, dessèche les ames et les isole; et par elle toute chaîne sociale est rompue.

Nous désirerions donc que, même à l'égard d'un certain nombre de collatéraux, et dans des degrés assez étendus, les droits de famille fussent protégés contre l'excès des donations.

Art. 18. L'égalité du partage entre les enfans et descendans nous semble une loi de la nature, de la justice et de la raison. L'inégalité qui viendrait de la volonté du père serait encore plus mauvaise qu'une inégalité légale. Séduction et surprise à l'égard des parens, surtout quand ils seraient vieux ; jalousies durant leur vie entre les enfans, haines et divisions après leur mort : voilà les fruits qu'elle doit produire. Elle n'est bonne, au surplus, qu'à faire des flatteurs et des hypocrites.

Nous pensons donc qu'il faut retrancher la libre disposition du quart en faveur d'un des enfans. Nous laisserions seulement subsister la faculté des *associations faites sans fraude* suivant l'article 177 du titre Ier, et l'espèce *d'abandon* dont nous avons parlé dans nos observations sur le même article, et pour le seul cas qui y est prévu.

Art. 60. Le mot *délits* paraît trop vague. Une suite caractérisée de mauvais offices, les insultes, les manœuvres pour supplanter son bienfaiteur, ne devraient-elles pas bien suffire suivant la gravité des circonstances ? Ne conviendrait-il pas de laisser, jusqu'à un certain point, les cas *d'ingratitude* à l'équité du juge ? 955

Art. 62, 63, 65, 134 et 135. *Dans l'année, à compter du jour du délit ;* ne faudrait-il pas ajouter : *ou du jour qu'il a pu être connu du donateur ;* et s'il s'agissait d'une injure faite à sa mémoire, *dans l'année du jour qu'elle aurait pu être connue de l'héritier.* 957-959-1046-et av-1047

Dans les cas des *grands crimes*, ne conviendrait-il pas d'autoriser le donateur, les héritiers et même le ministère public, à faire prononcer la révocation après le délai d'une année ? Cette prescription d'une année choque sur tout dans l'article 135 ; c'est particulièrement dans ce cas que, si l'héritier se taisait, la révocation de la donation devrait être conclue par le ministère public, et sauf l'exécution, contre cet héritier, de l'art. 22, tit. Ier, liv. III.

Art. 76. Le testateur, dans le cas de cet article, ne doit-il pas être également dispensé de la nécessité du dépôt ou de la présentation au notaire ? ch.5 - fin de s. 1re.

Art. 95. *deuxième alinéa.* Il faudrait ajouter, conformément aux principes actuellement suivis, que si le légataire se met- 1014 tait *sciemment* en possession du legs, il le perdrait : qu'est-ce en effet qu'une défense qu'aucune peine ne sanctionne ?

Art. 117. Nous ôterions cette fonction aux femmes, et surtout aux femmes séparées.

Art. 127, *deuxième alinéa.* Cet alinéa suppose une *hypothèque spéciale*, comme l'art. 103.

Art. 138, 144 et 145. Ces partages, favorables sous un point de vue, sont fort dangereux sous un autre. Ils le seront surtout si l'on conserve tout à la fois au père la faculté de disposer du quart en faveur d'un de ses enfans : alors par l'effet des partages, il pourra faire, au profit du même enfant, la donation indirecte d'un second quart, et même plus ; car suivant l'art. 144, *chaque co-partagé* ne peut se plaindre qu'autant qu'il éprouve personnellement une perte du quart ou tiers. Ceci mérite réflexion.

Art. 156. En admettant les changemens que nous avons proposés sur l'art. 16 en faveur d'un certain nombre de collatéraux, il n'y aurait rien à changer dans les termes du présent article. S'il n'y avait pas d'enfans, les époux pourraient se préférer à tout, quant à l'usufruit ; mais au regard de la propriété, les *droits de la famille*, tels qu'il faudrait les établir dans une sphère assez large, subsisteraient entièrement, vis-à-vis même de l'époux et de l'épouse : parti moyen entre deux extrêmes, et qui satisfait à toutes les considérations sages.

Nous insisterons constamment sur ces grands et importans objets, parce qu'à cet égard notre avis diffère tout-à-fait de celui des rédacteurs du Code. En réglant les droits de famille et la faculté des donations, ils se sont surtout attachés à l'intérêt des parties, et à la liberté du donateur. Notre principe fondamental est que ces matières doivent être singulièrement subordonnées à l'intérêt public. Notre seconde maxime, également prépondérante, est que la force et l'extension qu'on accorde ou qu'on refuse aux *droits de famille* ont la première influence sur la morale publique et privée, et, par conséquent, sur la stabilité de l'État même.

A l'égard des droits et donations entre *conjoints par mariage*, même différence dans nos opinions. Les rédacteurs du projet n'ont guère saisi d'autres bases que l'attachement si recommandable entre les époux, et qui, surtout, lorsqu'ils n'ont ni enfans, ni ascendans, ni frères ou sœurs, ni neveux ou nièces au premier degré, semble devoir être exclusif; mais cette mesure peut être bonne pour les parties, sans l'être également pour la société. Est-il donc fort avantageux que deux époux, oubliant leur famille entière et toute espèce d'intérêt social, puissent se rendre étrangers à tout, ne voir et n'envisager qu'eux, tout rapporter à eux seuls, et se concentrer, sans aucune réserve, dans leur propre jouissance et dans le cercle étroit de leur affection mutuelle? En leur accordant la libre disposition de *l'usufruit qui passe*, il convient donc de réserver en grande partie de la propriété pour la famille qui survit et se perpétue.

TITRE X. — *Du contrat de mariage, et des droits respectifs des époux.*

Nous commencerons par présenter sur ce titre quelques observations principales. <small>liv. 3-tit. 5.</small>

Premier objet d'observation. La liberté illimitée des conventions *matrimoniales* est posée en thèse par l'article 1er de ce titre.

De deux époux qui s'unissent, l'un sera fort riche, et l'autre n'aura et n'attendra rien : ils pourront néanmoins, suivant l'article 156, établir entre eux une *société universelle de tous leurs biens présens et à venir.*

Rien n'empêchera non plus qu'un seul des époux ne verse, dans une communauté conventionnelle, le tout ou la plupart de ses biens présens et futurs.

D'un autre côté, suivant les articles 150, 152, 158 et autres, il est permis de convenir qu'à la dissolution de la société conjugale, l'un des époux aura une part infiniment moindre que celle de l'autre, ou qu'il sera réduit à une certaine somme pour tous droits de communauté.

D'après toutes ces dispositions, l'un des époux pourra se dépouiller entièrement, lui et ses héritiers, en faveur de son conjoint : alors ce n'était pas la peine de prendre tant de précautions pour empêcher les dons excessifs entre les époux.

Croit-on donc qu'il ne fût pas très-sage et très-politique d'accoutumer plutôt les citoyens à des idées saines et modérées, qu'aux calculs raffinés d'une avidité insatiable? A quoi bon cette faculté sans bornes de faire passer les biens d'un époux à l'autre? ce n'est point par ces moyens outrés qu'on favorise les mariages, et surtout les bons mariages.

Nous ne voudrions pas que la femme mesurât sur son seul intérêt les sentimens qu'elle aurait pour son mari ; nous ne voudrions pas que le mari fût à la merci des dons de sa femme, et que, comblé de ses bienfaits, il n'eût que le choix de se tenir dans sa dépendance, ou d'être ingrat envers elle. En un mot, quel avilissement dans les mariages, s'ils n'étaient plus qu'un trafic de fortune, et si les hommes et les femmes ne cherchaient, dans leur union, qu'à se vendre ou à se tromper pour des terres ou pour des écus! Nos lois, par des dispositions indirectes et réfléchies, doivent tempérer, autant qu'elles le peuvent, cette propension à tout rendre vénal, dont l'effet naturel est d'éteindre tous les sentimens primitifs, tout instinct généreux et estimable.

Les articles 150 et 155 vont jusqu'à autoriser les époux à stipuler que la communauté entière, qui peut renfermer tous les biens, tout l'avoir de l'un et de l'autre, restera à l'un d'eux ou à celui qui survivra. Nous sommes loin de penser qu'il faille permettre ainsi de *jouer à pair ou non* les intérêts des familles. Nous sommes persuadés, au contraire, que, sans une certaine stabilité dans les *droits des familles*, il ne saurait y avoir aucune consistance dans les mœurs, et que, sans les mœurs, les lois elles-mêmes seraient vaines.

Il faut donc parer aux inconvéniens qui résulteraient d'une communauté trop étendue ; et, pour atteindre ce but, fixons séparément les objets qui doivent entrer dans la communauté, de droit ou avec des modifications, et ceux qu'il ne doit pas être permis d'y faire entrer du tout.

Le premier objet qui doit y entrer de droit ou conventionnellement avec des modifications, c'est le mobilier et tout ce qu'on comprend sous ce nom.

Nous avouerons que cet article lui-même est sujet à des abus ; car un banquier, un négociant, ou même un homme ou une femme dans tout autre état, peuvent avoir une fortune considérable en mobilier, et n'en avoir pas d'autre ; mais, quoi qu'on fasse, le mobilier sera toujours incertain et mobile ; il échappe à toute règle fixe : or, il ne faut jamais vouloir faire ce qui est contre la nature des choses.

Chacun des époux, soit qu'il ait des immeubles ou non, sera maître de se constituer en dot, par son contrat de mariage, tout ou partie de son mobilier, et de le soustraire ainsi à la société conjugale ; telle est, quant aux meubles que les époux possèdent lors du mariage, la seule restriction raisonnable.

Les jouissances et les revenus de toute espèce sont, comme on l'a très-bien senti, l'objet naturel de la communauté : il en est de même des conquêts immeubles, puisqu'ils proviennent ou des meubles que nous y avons fait entrer d'abord, ou de la collaboration ou économie commune.

Mais si les immeubles personnels de chacun des époux, soit ceux qu'ils auraient lors du mariage, soit ceux qui leur écherraient depuis par succession, peuvent aussi être versés dans la communauté, la transmission des biens d'un époux à l'autre deviendra ou peut devenir sans mesure : il faut donc décider que ces immeubles demeureront invariablement étrangers à la société conjugale ; il faut interdire et annuler toute convention qui les y ferait entrer, sauf l'exécution des donations permises par la loi.

On pourra nous objecter qu'un capitaliste qui, en se mariant, n'aura que du mobilier, ne consentira peut-être pas à le verser dans la communauté, si son épouse, dont toute la fortune serait immobilière, n'y versait pas réciproquement tout ou partie de ses immeubles. Le moyen qui resterait à ce capitaliste serait, comme nous l'avons dit, de se constituer en dot tout ou partie de ses capitaux ; et ce moyen doit être favorisé, parce qu'il tend à restreindre entre les époux les donations ou transmissions excessives.

Dans nos principes, les donations d'immeubles faites aux époux n'entreraient pas non plus dans la communauté, sauf l'exception portée par l'article 18, 2e *alinéa*.

En outre, il conviendrait de faire une disposition particulière à l'égard des successions mobilières échues pendant le mariage, et qui quelquefois seront de grande importance. On pourrait statuer que, quand elles atteindraient ou surpasseraient une valeur de 3 à 4,000 francs, elles n'entreraient que pour moitié dans la société conjugale ; et qu'à la dissolution de cette société, l'autre moitié, si elle n'avait pas été légalement remplacée, serait reprise sur l'*avoir* de la société même, ou, à défaut, sur les biens personnels du mari, s'il s'agissait d'une succession échue à la femme.

Il faudrait, par suite, que le mari fût tenu de faire inventaire de toutes les successions mobilières qui écherraient pendant le mariage, soit pour constater qu'elles excéderaient ou n'excéderaient pas la valeur de 3 à 4,000 francs, soit pour fixer le montant de la reprise. A défaut de cet inventaire, le mari, qui, comme on le verra ci-après, doit toujours répondre des fautes de sa gestion, perdrait sa répétition de moitié pour les successions qui lui seraient échues ; et quant à celles échues à la femme, elle ou ses héritiers en reprendraient moitié sur le pied de l'inventaire, ou, à défaut, sur information par commune renommée.

Ces reprises pour moitié des successions mobilières, paraîtront à bien des personnes, sujètes à beaucoup d'inconvéniens et d'embarras ; et nous ne serions pas très-éloignés nous-mêmes de nous rendre à cette objection, à cause de la difficulté d'établir des règles équitables et sûres pour la reprise d'un mobilier quelconque. Cependant, il faudra bien poser ces règles pour ceux des époux qui voudraient se réserver les successions mobilières qui pourraient leur échoir. Pourquoi alors ne pourrait-on pas les établir de plein droit, et en maxime générale ? Mais il faudrait permettre de convenir, *par exception*, et par le contrat de mariage seulement, que les successions mobilières qui écherraient aux conjoints pendant leur union appartiendraient à la communauté conjugale, et statuer qu'en conséquence le mari serait dispensé, dans ce cas, d'en faire inventaire.

Dans le plan que nous proposons, il existerait deux grandes divisions tout-à-fait distinctes par rapport aux biens des époux. Les meubles du mariage et les conquêts immeubles faits pendant sa durée tomberaient seuls dans la communauté, et suivraient seuls les règles qui la gouvernent. Les dots des époux et leurs immeubles personnels leur resteraient en *propre*, et sans qu'ils pussent se les transmettre par aucune voie, sauf les donations légales. La moitié des meubles échus par succession pendant le mariage serait conservée de droit à l'époux héritier, sans préjudice des conventions contraires qui pourraient être consenties par le contrat de mariage. Voilà les principes qu'il nous paraît nécessaire d'introduire contre les stipulations d'une communauté excessive et spoliatrice.

2ᵉ *Objet d'observation.* En séparant les biens personnels des deux époux, il faut néanmoins que l'administration du tout soit confiée au mari seul ; l'utilité commune, l'ordre moral et politique, le veulent ainsi : dès lors il faut pourvoir à ce que le mari n'abuse pas de cette administration.

L'intérêt des familles le demande ; car autrement l'avantage et le bien de l'une seraient presque toujours sacrifiés à ceux de l'autre. L'intérêt public le demande encore sous un autre point de vue : en effet, il est intéressant pour les mœurs que les femmes ne soient pas exposées à passer rapidement d'un état de richesse ou d'aisance à un état de pauvreté relative.

La justice le demande également. Puisque la femme n'administre pas, elle ne doit pas être lésée par les vices de l'administration d'autrui. Puisque le mari a seul et doit seul avoir cette administration, il est juste qu'il en souffre les inconvéniens et les risques ; il doit répondre de ses fautes et imprudences, ou sur ces biens propres, ou tout au plus sur ceux qui ont été mis en commun, sans qu'en aucun cas la propriété particulière de la femme puisse en être atteinte.

Jusqu'ici, par rapport à l'administration maritale, nous marchons sur les principes mêmes des rédacteurs du Code ; mais nous croyons leurs précautions fort insuffisantes, en tant qu'ils permettent au mari d'aliéner, d'accord avec la femme, les biens dont elle est propriétaire, sans lui ménager ultérieurement des sûretés à toute épreuve. Souvent les femmes ne consentent à ces aliénations que parce que le mari les trompe sur sa situation réelle, ou parce qu'elles s'y trouvent forcées par l'état délâbré de ses affaires : en un mot, toutes les fois que ces aliénations sont ou deviennent funestes, le détriment n'en peut être envisagé que comme une suite de la mauvaise administration du mari.

Disons plus : la plupart des femmes sont sans expérience en affaires ; elles sont presque toujours entraînées ou par leurs sensations ou leurs sentimens. S'il ne faut au mari que leur consentement pour dissiper leur fortune, elles seront infailliblement victimes des caresses, des insinuations et des surprises. Il est donc indispensable que la loi veille efficacement pour elles, et les protège dans tous les cas contre leur propre faiblesse.

Disons plus encore, c'est l'ordre social et public qui tient les femmes dans la dépendance du mari et dans l'ignorance de leurs propres intérêts ; il faut donc qu'elles trouvent dans cet ordre social et public, une garantie qui les en dédommage. C'est la loi même qui les place dans une position où leur *consentement* ne saurait être en effet ni libre ni éclairé ; il faut donc que la loi, si elle veut être juste, les mette à l'abri de tous les abus de ce *consentement* même. On verra bientôt ce qu'il conviendrait, dans notre opinion, de statuer à cet égard.

3ᵉ *Objet d'observation*. Le projet de Code n'établit aucun *don légal* entre les époux.

D'abord, il se pourrait que les pactions matrimoniales eussent exclu la communauté, ou que ses produits se trouvassent réduits à zéro, et que l'époux survivant, auquel l'autre époux n'aurait rien donné, ne possédât de son chef aucun bien propre; dans ce cas, ne serait-il pas contraire aux bienséances, à l'honneur du mariage, à l'humanité même, que cet époux survivant manquât du nécessaire, tandis que son conjoint laisserait une succession opulente, soit en immeubles, soit dans la dot qu'il se serait réservée ? Ce cas, sans doute, exige qu'on y subvienne.

Il y a plus : les liens du mariage sont si étroits, qu'il nous semble convenable de réserver dans tous les cas à l'époux survivant, une partie de l'aisance ou du bien-être qu'il aurait partagé avec le défunt.

Nous poserions donc en principe que l'époux survivant aurait, à *droit de mariage*, et sans aucune stipulation, un quart en usufruit tant sur les immeubles que sur la dot du prédécédé. Ce quart se confondrait jusqu'à concurrence avec les donations (exécutées) que son conjoint aurait pu lui faire ; en sorte que l'époux qui survivrait ne pourrait jamais avoir moins que le quart en usufruit sur les biens personnels du prémourant, et que réciproquement ce *droit de mariage* n'aurait plus d'effet aussitôt que les donations (exécutées) du prémourant atteindraient ou surpasseraient le quart en usufruit sur les mêmes biens.

On pourrait donner à ce *quart en usufruit ou droit de mariage*, l'hypothèque du contrat ou de la célébration. Les créanciers ne seraient point trompés par cette hypothèque, parce qu'elle serait prévue et soumise à l'inscription ou à la publicité légale. La propriété de ce quart formerait naturellement la légitime des enfans, si on jugeait à propos de leur en assurer une. Dans tous les cas, il serait une *planche après le naufrage* pour une famille que les malheurs ou les dissipations de son chef auraient ruinée. Il importe à la conservation des mœurs, à la tranquillité publique, au bien commun de la société, que des époux et des enfans ne tombent pas tout à coup du sein de l'abondance dans les anxiétés du plus affreux dénuement.

RESULTAT. D'après tout ce qui précède, *les biens personnels* des époux seraient conservés par la séparation des patrimoines, et par la prohibition absolue de les faire entrer dans la société conjugale.

Les biens et les droits de la femme seraient particulièrement assurés par les précautions suivantes.

Sa dot, son paraphernal, et autres reprises mobilières, se reprendraient sur les biens de la communauté; et en cas d'insuffisance, sur ceux du mari, à l'hypothèque porté par l'article 19, liv. III, tit. VI.

Le *droit de mariage*, dans le cas où il aurait lieu, se prendrait sur les immeubles personnels du mari après les reprises mobilières, mais sans être diminué par elles ; il aurait la même hypothèque que ces reprises.

Les immeubles personnels de la femme seraient aliénables du consentement des deux époux, mais sous cette *condition de droit*, qu'ils pourraient être remplacés soit sur ceux de la communauté, soit sur ceux appartenant personnellement au mari ; si tous ces biens ne suffisaient pas au remplacement, l'aliénation serait annulée.

Il serait impossible de donner à la femme, pour le remplacement de ses immeubles aliénés, la même hypothèque que pour ses reprises mobilières ; mais nous trouvons plus simple et plus expédient de ne lui donner d'autre hypothèque que celle des contrats d'aliénation même, soit pour éviter les recours et circuits d'action, soit pour ne pas troubler les précédens acquéreurs du mari. Ce sera aux acquéreurs du bien de la femme, à consulter, avant d'en faire l'achat, les sûretés que pourront lui offrir les biens du mari alors subsistans ; et il n'y a d'ailleurs aucun motif de faciliter la vente des immeubles de la femme.

La femme, tant pour le remplacement de ses immeubles vendus que pour ses reprises mobilières, ne serait point obligée d'exproprier le mari ou ses héritiers par voie de saisie réelle ; à défaut de mobilier pour la remplir, la loi lui accorderait l'envoi en possession à due estimation sur les immeubles non aliénés du mari.

Les créanciers hypothécaires du mari auraient cependant la faculté d'user de la voie d'expropriation forcée tant que l'envoi en possession de la femme n'aurait pas été prononcé et la possession prise ; mais à charge, =1° de lui cautionner qu'elle serait colloquée du capital de ses créances en exemption des frais de saisie réelle, et qu'elle en toucherait les intérêts sur les revenus jusqu'à la collocation ; = 2° en lui remboursant les frais qu'elle aurait précédemment et légitimement faits pour son envoi en possession.

Vis-à-vis des acquéreurs du mari, elle serait tenue de prendre la voie d'expropriation forcée.

La femme séparée ne pourrait aliéner ses immeubles ni du consentement du mari ni par l'autorité du juge : la raison en est décisive autant que palpable ; c'est que ces deux autorisations ne lui procureraient ni remplacement ni sûreté.

Telles sont les idées qui nous semblent prises dans la nature des choses et dans les rapports des personnes, et que nous jugeons propres à établir un juste équilibre entre tous les intérêts. Ces aperçus généraux nous dispenseront de discuter divisément la plupart des dispositions du présent titre X. Revenons aux détails sur quelques articles particuliers seulement.

CHAPITRE Ier.—Dispositions générales.

1394 Art. 4. Il serait aussi équitable que politique de réduire à presque rien les droits bursaux sur les contrats de mariage : ce sont ces droits, et non l'émolument de l'officier public, qui empêchent presque toujours de les passer devant notaire.

Si ces droits sont considérables, ils seront grevans pour le riche, et prendront le dernier sou du pauvre; et quoique la loi dise, on se passera de contrat pour les éviter; ce serait même un obstacle aux mariages. Si les droits sont très-modiques, tous les époux contracteront devant notaire; et ces contrats produiront davantage par leur multiplicité.

Au surplus, l'intérêt du fisc ne doit pas être compté, lorsqu'il s'agit du sort et de la tranquillité des familles.

Nous ne pouvons trop insister sur ce point : il serait à souhaiter qu'après avoir fixé les droits au taux le plus bas, le législateur pût s'interdire à lui-même de jamais les augmenter.

1415 Art. 26. Le moyen admis dans le troisième alinéa est dangereux et incertain; nous ne voyons pas, dans l'espèce, de motifs suffisans pour l'admettre. Si le mari n'a pas fait inventaire, lui et ses héritiers doivent être non recevables à demander la récompense.

1422 Art. 31. La rédaction en est louche et obscure : n'a-t-on pas voulu dire : « Il ne peut faire une donation entre vifs du « mobilier, quand même cette donation serait faite sans tra- « dition réelle et avec réserve d'usufruit ? »

1427 Art. 36..... *Pour tirer son mari de prison.* Elle peut s'obliger, s'il est *prisonnier de guerre*, ou *emprisonné pour crime.*

Elle ne le peut pas s'il est *en prison pour dette*, ou en vertu de la simple *contrainte par corps.*

Le peut-elle, lorsque, sur un *mandat d'amener* ou *d'arrêt*, il doit être relâché en donnant caution ?

Il appartient au Code civil de déterminer ces différens cas.

Pour l'établissement de ses enfans. Peut-elle s'obliger pour tout autre établissement que leur mariage ? le peut-elle pour chacun d'eux au-delà de sa part héréditaire ?

Art. 46. Cette règle est bonne, et doit être posée en thèse générale.

Si pourtant l'immeuble de la femme avait été vendu au tiers ou à moitié de sa valeur, il serait présumable qu'il y aurait eu un pot-de-vin déguisé.

Enfin, il y aurait de la part du mari, ou fraude, *aut lata culpa;* pourquoi n'en serait-il pas responsable ?

Art. 52, 53, 54 et 75. La loi, en ordonnant l'inventaire, suppose sans doute que le scellé sera mis sur-le-champ; mais ce scellé au moment même est si nécessaire, que la loi, à notre avis, doit le prescrire en termes formels.

Art. 51. Ce n'est pas assez de dire qu'il n'y a point de continuation de communauté ; il faut ajouter qu'elle ne peut être stipulée, et que cette stipulation serait nulle.

Art. 56, 2ᵉ *alinéa.* Quels moyens aura l'un des époux pour conserver ses droits éventuels ? S'il peut exiger caution des héritiers de l'autre époux, il faut le dire.

Art. 72. Même observation que sur l'article 82 du titre Iᵉʳ. Il faut s'en tenir aux dispositions de l'article 91 du présent titre.

Art. 75. Si les meubles ne valaient pas les frais d'un inventaire, la femme ne pourrait-elle pas s'en faire dispenser par le juge ? et quelles précautions devrait-elle prendre ?

Art. 114, 3ᵉ *alinéa.* Ces mots : *après la dissolution de la communauté*, présentent une contradiction dans les termes du même article.

Art. 130. Le moyen porté par le premier alinéa, pour suppléer à l'inventaire, est bien insuffisant.

Les termes du deuxième alinéa : *lorsqu'il y a lieu de croire* que *l'inventaire*, *etc.*, sont bien vagues, et laisseront un vaste champ à l'arbitraire.

Il vaut mieux poser des règles fixes et précises, telles que nous les avons indiquées ci-devant.

Si le mari n'a pas fait inventaire, lui et ses héritiers sont non recevables à prétendre aucune répétition.

S'il n'a pas fait inventaire des successions mobilières échues à sa femme, elle ou ses héritiers auront leur répétition sur information par commune renommée.

1515   Art. 145. Dans le deuxième alinéa, le terme *préciput* est impropre, puisqu'il ne s'agit que d'une *avant-part;* dans la confection d'un nouveau Code, on doit parler un langage universellement entendu.

TITRE XI. — *De la vente.*

1592   Art. 11. Il suffit qu'on soit convenu d'un prix *déterminable,* soit à dire d'experts, soit au dire d'une personne même qui n'est pas nommée, *arbitrio boni viri.*

ap-   Art. 19. Dans quel délai les héritiers pourront-ils *exercer*
1600
et 841 *ce droit ?*

Ibid.   Art. 20. Pourquoi ne pas donner complètement à la veuve le même droit qu'aux héritiers ? On pourrait ne le lui donner que subsidiairement, et autant que les héritiers ne voudraient pas en user.

1623   Art. 44. Cette règle ne serait bonne qu'autant que les deux fonds seraient de même nature et à peu près de même valeur, ou qu'autant que la compensation, au lieu de se faire sur les quotités, se ferait sur les valeurs mêmes.

1648   Art. 69. Le délai des actions pour les vices rédhibitoires, doit être réglé par la nature de chaque vice, et non par l'usage de chaque lieu. Pour l'intérêt du commerce, comme pour celui de la justice, il faut, à cet égard, un réglement général.

1656   Art. 77. = 1° Lors même que la résolution n'est pas convenue par le contrat de vente, elle peut toujours, faute de paiement du prix, être prononcée par le juge, en accordant un délai raisonnable : *res non fit emptoris nisi soluto pretio.* C'est d'ailleurs une règle générale pour tous les contrats synallagmatiques, que, faute d'exécution du contrat de la part d'une des parties, l'autre peut en requérir la résolution. Ces principes nous paraissent équitables et bons à conserver ;

= 2° Dans ce dernier cas de résolution, tous les jugemens qui interviennent n'étant rendus que *faute de payer*, l'acquéreur peut toujours en éviter l'effet en *payant actuellement*, tant que le vendeur n'a pas effectué sa prise de possession : il est à propos de le dire ;

= 3° Comment le juge prononcera-t-il relativement aux dommages-intérêts convenus par le pacte commissoire ? Sans doute ils devront être réduits *ad legitimum modum*, suivant la règle de l'article 49 du titre II de ce livre. Sera-t-il dû des dommages-intérêts, lorsque la vente sera résolue, sans qu'il y ait de convention à cet égard ? Il faut régler tous ces cas ;

= 4° Dans plusieurs ci-devant provinces, et notamment en Normandie, la jurisprudence était que le vendeur qui rentrait dans son fonds à faute de paiement, n'était point obligé de tenir compte des sommes qu'il avait touchées sur le prix, soit qu'il y eût ou non convention à cet égard. Désormais ces sommes devront être rapportées, si elles excèdent les dommages-intérêts légitimes ; or, il serait bon que la loi le déclarât expressément, à cause de l'influence des usages contraires.

Art. 102. Les réflexions que nous avons faites sur la section V, chapitre VII, titre II, concernant la lésion du quart dans les actes de partage, sont applicables, en partie, à la section II du présent chapitre. Nous nous y référons pour demander la suppression entière de celle-ci, qui tend à rétablir l'action en lésion ultradimidiaire dans les contrats de vente d'immeubles. Nous ne nous permettrons d'ajouter que quelques observations particulières à l'objet de cette section.

Le principe de l'égalité dans les partages entre cohéritiers, s'il n'était pas un motif, était du moins un prétexte pour faire admettre l'action en rescision pour lésion ; mais on ne voit ici ni raison ni prétexte pour la rétablir.

Quelques agens de la régie de l'enregistrement avaient imaginé qu'ils trouveraient en elle un moyen de faire cesser la dissimulation du véritable prix des contrats de vente. L'erreur était manifeste, puisqu'aujourd'hui que les retraits et clameurs sont abolis, il est impossible d'empêcher l'usage des contre-lettres, autrement que par une louable modération dans la fixation des droits du Trésor public.

Cette idée était d'ailleurs purement fiscale ; et quand on s'occupe du droit civil d'un grand peuple, le législateur doit s'élever à des considérations supérieures. Le commerce des immeubles a besoin, pour prospérer, de la même indépendance que le commerce des biens meubles et des marchandises. La loi doit déterminer la forme des contrats et les règles d'après lesquelles elle en garantira l'exécution ; mais il ne lui appartient pas de s'interposer dans le prix et les conditions qui ont été licitement et volontairement consentis entre majeurs. Pour quelques individus qui administreront mal leurs affaires, on ne doit point mettre tous les citoyens en tutelle ; pour quelques ventes d'immeubles qui peuvent, de loin en loin, se trouver faites à vil prix, on ne doit point rendre tous les contrats incertains.

La loi *Rem majoris*, dans laquelle on a puisé la rescision dont il s'agit, pouvait être bonne dans les siècles pour lesquels elle a été faite. Cependant, *Domat* enseigne que le vendeur pouvait renoncer à ce bénéfice par le contrat de vente. Un semblable tempérament devait détruire l'effet de la loi dans beaucoup de circonstances ; mais on avait estimé, avec raison, que l'intérêt de la stabilité des actes translatifs de propriété devait l'emporter sur celui de quelques particuliers auxquels il appartenait de veiller eux-mêmes à ce qui leur était utile. Que la jurisprudence ait depuis changé sur ces sortes de renonciations, peu importe : les jurisprudences passent; les principes restent toujours les mêmes.

Cette loi ne convient, au surplus, ni aux mœurs, ni au temps dans lequel nous sommes. Nous ne nous étendrons point sur le danger actuel des expertises ; il est généralement senti, et serait seul déterminant contre le rétablissement de l'action en lésion pour prétendue vileté de prix. Comment donc ne craint-on pas de le proposer, lorsqu'à ce grave inconvénient se joint celui de la variation continuelle et incalculable de la valeur des immeubles? Nous le disons avec le sentiment de la plus profonde conviction, si, dans l'état actuel des choses, l'action en lésion était rétablie, il n'est pas un acquéreur qui pût se croire véritablement en sûreté ; elle répandrait le trouble et l'inquiétude chez tous, et porterait au commerce des biens territoriaux la plus funeste atteinte.

TITRE XIII. — *Du louage.*

Art. 10. Le preneur ne peut sous-louer à un individu dont l'état exposerait la maison à un plus grand dépérissement. 1717

Art. 26. Qu'après un congé donné en la manière prescrite en l'article 21 ; on a voulu dire : *en l'article* 19. 1738-1759

Art: 41 Ajoutez : *ou s'il dessaisonne, et ne cultive pas suivant l'usage des lieux.* 1766

Art. 110. Cet article suppose, sans doute, qu'il n'y aurait ni preuve écrite ni commencement de preuve par écrit : dans ces sortes d'affaires, les circonstances du fait doivent beaucoup influer. 1781

Art. 112. Il doit y avoir des réglemens de police en cette matière, comme il y en avait autrefois. ap-1781

TITRE XIV. — *Du contrat de société.*

Art. 5. Il y a des sociétés qui se forment par la convention ; il y en a aussi qui se forment par le fait même. 1834

Le droit a reconnu cette deuxième espèce de société comme la première, *re*, *verbis*, *etc.*; et c'est avec raison.

Deux particuliers auront fait ensemble un achat dans une foire, ou bien ils auront entrepris en commun une exploitation, ou un genre de commerce, ou une affaire quelconque; faudra-t-il que l'un d'eux puisse tout garder, et s'attribuer les profits et les objets communs? Sur ces faits, et suivant les circonstances, la preuve de fait a toujours été admise, et doit l'être.

La société, en général, se prouve *entre les parties*, par les mêmes moyens que toute autre convention; on peut prendre l'affirmation de la partie ou la faire interroger sur faits et articles. S'il y a des preuves écrites, elles peuvent suppléer à l'acte de la convention sociale; s'il y a des commencemens positifs de preuve par écrit, on peut admettre la preuve vocale sur des faits précis et concluans.

Il faut, à l'égard des tiers, assujétir les sociétés (commerciales surtout) à des formes extérieures. Entre les parties mêmes, la convention de la société doit se prouver comme toute autre convention; et la société de fait, comme tout autre fait.

Art. 8. Il faudrait dire: *La loi ne reconnaît d'autre société universelle que celle des gains, etc.*

Art. 6, 14, 15, 16, 22, 23, 40, 43, 44, 45, 46, 47, 48, 49 et 50. Ces articles appartiennent aux sociétés commerciales, et doivent être renvoyés au Code du commerce.

Art. 51. Il faut réformer les derniers mots de cet article, et dire: *s'ils ne lui en ont conféré le pouvoir.*

Nous observerons, au surplus, qu'on a omis un des premiers principes qui dérivent de la nature des sociétés. Ce principe est que la société forme une personne fictive et morale, séparée des associés, et qu'en conséquence on ne peut saisir les immeubles ou les fonds de la société pour la dette personnelle d'un des associés, lorsque la société est légale et authentiquement constante ; sans préjudice, toutefois des hypothèques antérieures sur les immeubles qui auraient appartenu à l'un des associés.

TITRE XV. — *Du prêt.*

Art. 7. Souvent on n'a prêté qu'en considération du prê- 1879
teur et à lui *personnellement.* Alors ses héritiers ne peuvent continuer de jouir du prêt à usage.

Art. 8. Plusieurs articles du présent Code n'ont point suf- 1880
fisamment spécifié les degrés de surveillance ou de soin qu'impose la nature de chaque contrat ou de chaque obligation. Suivant les espèces, il faut distinguer les fautes légères, graves, très-graves, etc., *levis culpa*, *lata culpa*, *dolo proxima*, *dolus malus.* Cette matière demanderait un chapitre et des règles générales et particulières.

TITRE XVI. — *Du dépôt et du séquestre.*

Art. 12 et 13. Il nous semble qu'on ne devrait point, à 1923-
l'occasion de chaque contrat, revenir ainsi sur les preuves 1924
qui ont été déterminées par des règles générales.

On nous force de répéter ici, comme nous eussions pu le faire en plus d'un endroit, que la partie peut requérir l'interrogatoire sur faits et articles ; et que, s'il y a commencement de preuve par écrit, elle doit être admise à la preuve par témoins.

Art. 25. On a voulu dire : *par un tuteur, par un mari, ou* 1941
par un autre administrateur.

Art. 31 *et suivans.* Suffira-t-il au voyageur de prouver 1952-
qu'il est entré dans l'auberge avec tel objet qu'il aurait pu et
lui-même soustraire ensuite ? Suffira-t-il également de prou- suiv.
ver qu'il était porteur de telle somme qu'il n'aurait pas particulièrement confiée au maître ? S'il prouve qu'il a apporté une malle, en sera-t-il cru sur la valeur des objets qu'elle contenait ? La difficulté sur tous ces articles consiste à savoir comment s'établira la preuve du fait. La fin de l'ar-

ticle 35 est fort sage ; mais c'est surtout l'objet même de la preuve qu'il faudrait déterminer et restreindre ; les règles sur cette matière auraient besoin d'être perfectionnées.

TITRE XVIII.— *Du gage et du nantissement.*

liv. 3-
tit. 17.
Les mêmes règles étaient portées par les articles 8 et 9, titre VI de l'ordonnance ; elles ont spécialement lieu entre marchands, lorsqu'il y a soupçon de fraude, et surtout vis-à-vis des usuriers, ou gens faisant métier de prêteurs à gage.

2083
Art. 13. Cet article est mal rédigé ; il faut dire : *le gage est indivisible, quoique la dette soit divisible, etc.*

TITRE XIX.— *Des contrats aléatoires.*

1964
Art. 1er. La rédaction est vicieuse dans ces mots : *le risque dont elle s'est chargée ;* il faut y substituer : *le risque dont l'autre partie s'est chargée.*

CHAPITRE Ier.— Du jeu et du pari.

1965-
1966
Art. 2. Cette idée du jeu nous rappelle toutes les folies qui perdent les jeunes gens, et toutes les fourberies dont ils sont trop souvent victimes. Le sénatus-consulte macédonien attaquait les racines du mal, en annulant les obligations des fils de famille. Cette jurisprudence a paru si juste et si sage, qu'elle a été adoptée dans celles mêmes de nos provinces qui ne suivaient pas le droit romain.

Si on croit devoir généralement annuler les obligations tant soit peu importantes contractées *pour jeu,* il importe encore plus au bon ordre et aux bonnes mœurs d'annuler les obligations des fils de famille, qui, presque toujours, n'ont que cette cause ou d'autres plus honteuses encore. Nous sollicitons donc la conservation du principe établi par le sénatus-consulte macédonien, avec les modifications ou exceptions qu'il pourrait être équitable d'y faire.

ap-
1976
Art. 13. Ces réductions sont par trop arbitraires, et tout-

à-fait contraires à la nature inappréciable des risques. Comment le législateur ose-t-il entreprendre de fixer la durée de la vie humaine ?

S'il était question de spéculer en même temps sur la vie d'un grand nombre de personnes, il pourrait y avoir des calculs approximans ; mais chaque créancier, comme chaque débiteur d'une rente viagère, n'ont contracté que sur la tête d'un seul ou de quelques individus. Alors, toutes les probabilités fondées uniquement sur l'âge sont vaines et trompeuses ; il faut donc ou abolir le contrat de rente viagère, ou en laisser le prix à l'arbitrage des parties intéressées, qui peuvent seules apprécier toutes les circonstances particulières de leurs risques.

La dernière disposition de cet article porte que, s'il y a plus de deux têtes, quels qu'en soient le nombre et l'âge, la rente doit être réduite au double moins trois dixièmes. Il est évident qu'il n'y a aucune proportion entre cette règle et les précédentes, ni entre les différens cas auxquels elle-même s'applique. Le système qu'on propose pèche essentiellement par ses bases.

Art. 16. *On n'excédait le taux que de très-peu de chose...* ap-
Il vaudrait mieux fixer ce *très-peu de chose à un dixième*, 1976
par exemple.

Art. 19. Cet article, comme plusieurs autres, est fait en 1977 haine de rentes viagères qui véritablement ont des aspects défavorables. Cependant, = 1° la demande en remboursement du capital, ou le renvoi en possession des fonds, paraissent les voies naturelles ; = 2° assez souvent la rente viagère se trouvera due à un vieillard qui n'avait que ce moyen de se procurer une existence aisée et paisible. L'obligerez-vous à suivre une expropriation forcée, à vaincre tous les obstacles, et à faire tous les frais qui peuvent en être la suite, à chercher un nouvel emploi de ses fonds ? C'est lui ôter la tranquillité dont il avait voulu jouir, en se créant une rente à vie ; c'est lui faire perdre, à la fin de sa carrière, l'unique bonheur, la seule consolation de son âge. Nous opinons donc pour la disposition inverse de l'article.

Ce même article ne décide point si une convention formelle et contraire à son énoncé serait illicite et nulle.

1982. Art. 24. *Quid juris* dans le cas de l'absence du créancier de la rente viagère? Ses héritiers perdront-ils les arrérages du jour de cette absence, ou de celui des dernières nouvelles authentiques?

1083 Art. 25. Le mot *constituée* est mis au lieu du mot *viagère*.

530- et 1582 *Observation séparée.* Ici se termine la matière des contrats; et quelques-uns ont été omis.

Le bail à rentes, dont le Code ne parle point, est-il aboli définitivement et sans retour? Qu'a-t-il d'illégitime ou de vicieux dans sa nature?

Les lois nouvelles, par une sorte d'effet rétroactif, ont autorisé le remboursement des rentes inacquittables : demeure-t-il défendu d'en créer désormais de pareilles?

Si le bail à rente est aboli et prohibé, il faut le dire expressément. Il faut pareillement dire si le renvoi en possession, et les autres règles suivies jusqu'à présent, continueront ou cesseront d'avoir lieu, quant à celles de ces anciennes rentes qui n'auraient pas été remboursées.

Si le bail à rente n'est pas aboli pour l'avenir, il faut en fixer les règles et les restrictions.

liv. 3- tit.18. Le présent Code ne dit rien non plus de l'*antichrèse* ni du *contrat pignoratif.*

tit. 15. La matière des transactions, des compromis et des arbitrages, n'a pas non plus été traitée.

TITRE XX. — *De la prescription.*

ap- 2234 Art. 16. La possession annale une fois jugée, le demandeur au pétitoire doit établir sa propriété ou par titre ou par une possession suffisante pour établir la prescription; cet article détruirait cette règle.

Art. 33 *et suivans.* 1° Il faudrait traduire et consigner le principe général, *Contra non valentem agere,* etc. C'est de ce principe que découlent la plupart des règles comprises dans la section II. 2252 et suiv.

Art. 44. On ne dit rien des effets de la possession centenaire. ap-2262

Art. 59. Il est nécessaire de désigner les articles précédens dont on entend parler, afin que cet article 59 se concilie avec l'article 33. 2278

« .... Cesseront d'avoir force de loi générale ou par-
« ticulière, dans les matières qui sont l'objet du présent
« Code....... » fin du Code.

A cette occasion, nous remarquerons qu'on n'a rien dit de l'*adoption*, qui était admise par nos lois nouvelles. l. 1er tit. 8.

Observation sur le mot SUCCESSIBLE, *qu'on a souvent employé dans le projet de Code.*

Les mots *successibles* et *successibilités* semblent francisés par nos lois nouvelles; mais le sens qu'on leur donne est tout-à-fait contraire aux règles des analogies grammaticales. La terminaison en *ible* dans nos adjectifs participes désigne le passif et jamais l'actif. *Successible* devrait donc s'entendre non pas de celui qui peut succéder ; mais de celui auquel on peut succéder.

Note particulière relative à une légitime qu'on pourrait donner aux enfans.

Il existait dans notre ancien Code normand une belle institution, qui, lorsque les pères se trouvaient ruinés par des événemens quelconques, procurait aux enfans la ressource d'une légitime assurée. La propriété du tiers des immeubles qui appartenaient aux parens lors du mariage, et de ceux qui leur échéaient par la suite en ligne directe, était déférée aux enfans, s'ils voulaient renoncer au surplus de la succession : ce qu'on appelait le *tiers coutumier.* Ce *tiers coutumier* l. 1er tit. 5- fin du ch. 5.

s'ouvrait, soit par la mort naturelle du père, soit par sa mort civile, soit par sa séparation civile de sa femme ; il était inaliénable pendant le mariage, tant par le père que par les enfans ; le père en avait la jouissance pendant sa vie, à la charge de les élever et de les nourrir.

Cette disposition était principalement celle qui, parmi tant d'usages gothiques, avait mérité à notre Coutume le nom de *sage et prévoyante Coutume de Normandie* : elle avait frappé l'attention du comité de législation de l'Assemblée constituante, qui, certes, avait des lumières en législation civile ; ce comité se proposait d'en faire un point de droit commun pour toute la France.

L'art. 56, liv. Ier, tit. V, chap. IV, du projet de Code, a voulu saisir le même esprit, en défendant aux époux de disposer, à titre gratuit, de la totalité de leur bien au préjudice de leurs enfans. Qu'on daigne toutefois y réfléchir, et qu'on nous dise si cette mesure incomplète et timide va véritablement au but. Est-il à craindre, en effet, que des pères et mères se portent à priver leurs enfans de tous leurs biens pour les donner par préférence à des étrangers ? non point. N'est-il pas à craindre, au contraire, que par des dépenses folles, ou par des infortunes, ils ne précipitent leur famille dans l'abîme et dans le désespoir de l'extrême misère ! Voilà donc bien le péril réel auquel il est très-prudent de pourvoir. Nous proposons en conséquence de destiner et d'assurer pour la légitime des enfans, le quart des immeubles qu'auraient les parens à l'époque de leur mariage, et de ceux qui leur viendraient depuis par succession dans le sens de la jurisprudence normande.

Celui qui donne la vie à un enfant s'oblige à le conserver et à le nourrir ; celui qui transmet à cet enfant un état civil, doit lui transmettre une existence civile : il n'est pas, sans doute, de dette plus favorable et plus sacrée ; et comme les enfans sont le premier objet du mariage, les époux la contractent en effet à l'instant qu'ils se marient.

Ces réflexions n'ont pas besoin d'être prouvées, parce qu'elles saisissent naturellement les esprits et les cœurs droits : c'est donc aux objections qu'il faut répondre.

On objecte que l'institution dont il s'agit gênerait la liberté des pères et frustrerait leurs créanciers.

= 1° Cette liberté n'empêche pas l'effet des obligations légitimes. Quoi donc ! un père, pour son plaisir, ou pour satisfaire des fantaisies, peut contracter telle hypothèque qu'il veut; et il ne pourra pas en contracter une pour assurer une subsistance honnête à ses enfans?

= 2° Ses créanciers ne seraient pas trompés, puisque d'un côté ils ne pourraient manquer d'être prévenus d'un droit qui subsisterait dans tout le territoire français, et que de l'autre les contrats ou les célébrations de mariage auraient la plus grande publicité.

On objecte qu'il y a telles circonstances où il serait avantageux pour la fortune du père et pour le bien commun de la famille, qu'il pût librement disposer de ses immeubles. Nous répondrons que ces cas particuliers ne doivent pas s'envisager, quand il s'agit de statuer en général, et sur une institution aussi précieuse en elle-même.

On objecte qu'il vaudrait mieux obliger tous les pères à faire apprendre un métier à leurs enfans. C'est là une de ces belles théories, qui, en prenant les hommes tels qu'ils sont, s'évanouissent dans la pratique. La loi aura beau le prescrire; la plupart des pères qui possèdent des propriétés ne voudront point le faire, ou ne le feront point : il ne faut pas compter sur une précaution, lorsqu'il est certain qu'elle ne sera pas remplie.

Dans la classe ouvrière et laborieuse, le père apprendra son métier à son fils, ou lui en fera faire un autre : si le fils n'a point appris de métier, il aura des bras, et saura s'en servir. Voilà pour cette classe intéressante une *légitime* assez sûre.

Dans la classe manufacturière, commerçante, etc., qui

ne possède guère que du mobilier, les enfans auront aussi acquis quelque expérience ou quelque industrie utile : si la fortune du père est renversée, ses enfans et lui-même sauront encore se ménager quelques moyens d'existence. De plus, l'inévitable mobilité de l'argent et du mobilier ne permet pas de porter pour eux les précautions plus loin.

C'est à la seule classe des propriétaires que l'institution en question est applicable, et c'est aussi pour celle-là qu'elle est nécessaire. Que le père se trouve ruiné par ses dissipations ou des malheurs, qu'arrivera-t-il? les enfans ne sauront pas s'honorer d'un travail qu'ils seront incapables de faire; ils deviendront des vauriens et des sujets dangereux. La misère et l'abandon seront même de mauvais conseillers pour les deux époux qui, avec toutes les habitudes de la richesse ou de l'aisance, se verront privés de tout : or, c'est là ce que la loi doit prévenir pour l'intérêt des mœurs et pour la tranquillité publique.

On nous dira que nous proposons une *vieillerie* et des *idées locales*. Cette objection semblerait fort superficielle, et pourrait être aisément rétorquée. Combien de dispositions dans le projet de Code qui sont tirées de nos lois municipales! n'y remarque-t-on pas dans les titres les plus essentiels, et trop peut-être, la Coutume ou même les commentaires de Paris, rajustés et rajeunis pour servir de règles à toute la république? Au reste, il ne faut là-dessus qu'un seul mot; ce n'est point parce qu'une idée est neuve ou ancienne, parce qu'elle appartient à telle Coutume ou à telle autre, mais parce qu'elle est bonne, judicieuse et conforme à l'intérêt public, qu'elle doit être préférée.

Arrêté à Rouen, le 4 messidor an IX; signé THIEULLEN, *président;* EUDE, *vice-président;* FOUQUET, *commissaire du Gouvernement.*

Observation essentielle sur l'article 52, *chapitre III, titre VI, livre III du projet de Code civil.* — *De l'effet des hypothèques contre le tiers détenteur, etc.*

2170

Cet article 52 autorise le tiers détenteur sur lequel on saisit, à requérir la discussion (par le créancier) des autres biens qui sont encore dans la possession du principal obligé, d'où il suit qu'il ne peut exiger la discussion des biens qui, depuis son acquisition, auraient été aliénés par le débiteur.

Ce systême présente les conséquences les plus funestes.

Je suppose que l'obligé, lorsqu'il contracta la dette, possédait vingt immeubles, qu'il a depuis aliénés successivement; le créancier, si cela lui plaît, ou si le premier des immeubles vendus par son débiteur est à sa convenance, pourra faire saisir et vendre sur le tiers détenteur ce premier immeuble vendu ; ce tiers détenteur, s'il ne veut pas ou ne peut pas acquitter la dette, et si son débiteur ne possède plus aucun immeuble, ou s'il n'en possède plus à suffire pour le paiement de ladite dette, sera obligé de laisser saisir et vendre son fonds, sauf son recours sur les acquéreurs postérieurs à lui : à son tour, il pourra saisir et vendre le second acquéreur, qui fera de même saisir et vendre les fonds du troisième ; et ainsi de suite, jusqu'à ce que les immeubles desdits vingt acquéreurs aient été l'un après l'autre saisis et vendus ; et cela souvent pour une dette qui eût pu être acquittée par le prix du dernier fonds aliéné par le débiteur.

Il serait facile d'éviter ce progrès et ce circuit de saisies et de ventes, ainsi que les frais dévorans qui en résultent ; il suffirait d'autoriser le tiers détenteur saisi à exiger (à ses périls et risques, et en donnant caution) la saisie et vente des fonds vendus depuis son acquisition par l'obligé, et qui étaient hypothéqués à la dette.

Nous avions en Normandie un réglement de 1666, vulgairement connu sous le nom de *placités*, dont l'article 131 est ainsi conçu :

« Le créancier peut saisir, par décret, les immeubles
« hypothéqués à sa dette, possédés par le tiers acquéreur,
« et ne peut être obligé de faire auparavant la discussion
« des biens de son débiteur ni de ses héritiers, si mieux
« n'aime le tiers acquéreur bailler déclaration des bouts et
« côtés des héritages possédés par le débiteur ou ACQUÉ-
« REURS POSTÉRIEURS DE LUI, *pour être adjugés par décret à*
« *ses périls et fortune, et bailler caution de faire payer le saisis-*
« *sant de sa dette, en exemption des frais du décret.* »

La dernière partie de cet article est fort sage ; et il paraîtrait convenable d'insérer dans le nouveau Code une disposition équivalente.

Signé : FOUQUET, *commissaire près le tribunal d'appel.*

N° 28. *Observations du tribunal d'appel séant à*
TOULOUSE.

LIVRE PRÉLIMINAIRE.

Du droit et des lois.

TITRE III. — *De la publication des lois.*

LES lois devant être obligatoires simultanément dans toute l'étendue du ressort, il est juste de fixer un délai de dix jours, au moins, à compter de leur publication, afin qu'elles puissent être connues dans tous les arrondissemens.

Art. 3. La peine de la forfaiture n'est-elle pas trop sévère, dans le cas d'une simple négligence ?

Art. 4. Même observation que sur l'article 2.

Il convient aussi de déterminer la solennité de la publication par les autorités administratives.

TITRE IV. — *Des effets de la loi.*

Art. 1ᵉʳ. Supprimer cet article comme trop vague, et d'ailleurs inutile, d'après l'article 5 du titre V.

Art. 3. Pour prévenir l'abus qui pourrait résulter de cette disposition, ajouter qu'on ne reconnaîtra comme lois explicatives que celles portant qu'elles sont rendues en interprétation d'une autre loi.

LIVRE PREMIER.
Des personnes.

TITRE Iᵉʳ. — Chapitre ii. — *Des étrangers.*

Art. 8. Enoncer que *les actes permis aux étrangers sont ceux qui ne sont pas en opposition avec les lois françaises.*

CHAPITRE III. — De la perte des droits civils.

Art. 28. Cet article sera en contradiction avec l'article 24, si on ne lit : *du jour de l'exécution du jugement.*

Art. 30. Sur les mots : *leur contrat civil de mariage est dissous.*

L'intérêt de la femme et celui des enfans à naître exigent que cette disposition soit modifiée.

« De transmettre, à titre de succession, les biens qu'ils « laissent à leur décès. »

C'est établir, relativement à ces biens, un droit de déshérence peu différent de celui de la confiscation.

Il est digne de la générosité française que ces biens passent aux successibles, et notamment aux enfans nés depuis la mort civile, qui sont privés des autres biens..

Art. 35. Cet article fera naître des difficultés, si l'on n'ajoute que la confiscation établie par la loi sera prononcée par un jugement.

TITRE II. — *Des actes destinés à constater l'état civil.*

Art. 14 et 15. Prononcer une peine pour assurer l'exécution de ces dispositions.

556
OBSERVATIONS

Exiger que la remise soit constatée par des procès-verbaux, dont il sera tenu registre.

55 Art. 23. La vérification du sexe de l'enfant par l'officier public est une innovation qui ne présente aucune utilité.

Pourquoi n'accorderait-on pas aux témoins et au déclarant la même confiance pour le sexe que pour la filiation?

62 Art. 27. Expliquer si l'omission de la *transcription* de l'acte de reconnaissance sur le registre, et de la *mention* en marge de l'acte, emporte la nullité de la reconnaissance.

Par qui en sera fait l'envoi?

ap-62 Art. 28. Mêmes observations que sur l'article 27.

Comment effectuer les mentions prescrites, sur les deux minutes des registres, déjà déposées en exécution de l'article 14?

Ibid. Art. 29. Même observation que sur les deux articles précédens.

66 Art. 37. Cet article ne prévoit pas le cas où l'officier public est absent, empêché ou refusant.

ap-68 Art. 40. Le tribunal de première instance prononcera-t-il comme tribunal civil, ou comme tribunal correctionnel?

Une disposition générale paraît nécessaire pour fixer la compétence relativement aux amendes prononcées par le Code civil.

70-71 Art. 43. Pour lever le doute que pourrait faire naître la disposition de l'article 6, il convient d'ajouter que les témoins pourront être pris dans l'un et l'autre sexe.

Ibid. Art. 44. Il peut arriver que le nom du père, celui de la mère, le lieu ou le temps de la naissance ne soient pas connus.

Dès lors, la disposition de cet article paraît trop impérative.

75 Art. 50. Supprimer les mots *du sexe masculin;* l'article 6 du titre II y pourvoit.

ap- le ch. 3. Art. 55. Même observation que sur l'article 28, quant à la mention du jugement en marge de l'acte de mariage.

Art. 56. Assurer l'exécution de cet article par une peine contre les personnes qu'on jugera devoir faire la dénonce du décès. 77-78

Art. 58. Cet article ne prévoit que la mort des personnes du sexe masculin. 79

Substituer le mot *époux* au mot *femme.*

Art. 61. Il pourrait arriver que l'officier public du lieu le plus *prohain* fût établi dans une commune et même dans un département autre que celui où le cadavre a été trouvé. 82

Cet article contrarie, sans aucune utilité, le principe posé par l'article 56.

Supprimer les mots *le plus prochain.*

Art. 64, 65 et 66. Prononcer des peines pour assurer l'exécution de ces articles. 83-84 86-87

Art. 70. Même observation sur le dernier membre de cet article, que sur l'article 55, à l'égard des deux minutes qui auraient été déjà remises dans les dépôts publics. ap- 53

Sur le même article. Si la nullité était telle, qu'elle compromît l'authenticité de l'acte, et qu'un tiers y eût intérêt, l'effet rétroactif, à son préjudice, serait injuste.

Art. 73. Cet article confond le jugement contradictoire avec celui rendu en défaut. 99

Le délai de l'appel contre ce dernier jugement ne devrait courir que du jour de la notification.

Art. 74. Même observation, quant à la mention que sur les articles 55 et 70. 101

TITRE IV. — *Des absens.*

Art. 13. L'équité exige que les héritiers ne soient dispensés de rendre compte que des fruits perçus. 127

Art. 14. Substituer le mot *depuis* au mot *d'après.* 129

Art. 17. Il devrait en être de même à l'égard des parens collatéraux, plus proches que ceux envoyés en possession. 133

Art. 18. L'article 18 ne prévoit pas le cas où l'absent se 129 représenterait après la centième année de son âge, et néanmoins pendant la durée de l'envoi provisoire.

Il conviendrait de supprimer le mot *irrévocablement*, qui semble l'exclure.

com. sec. 3.
Art. 27. Il pourrait arriver que l'absent, revenant après la centième année de son âge, trouvât son conjoint remarié.

Le cas n'est pas prévu.

TITRE V. — *Du mariage.*

161
Art. 17. Le mot *réciproquement* est inutile à l'endroit où il est placé ; il devrait se trouver, après le second membre, à la suite des mots : *et les maris ou les femmes de leurs descendans*, ainsi qu'à la fin de l'article.

fin du c. 1er.
Art. 19. Cet article annulle indistinctement le mariage, lorsque l'un des époux ne survit pas vingt jours à la maladie dont il est atteint.

Restreindre cette disposition aux personnes qui vivaient dans le concubinage ; par ce moyen, l'article 63 devient inutile.

170-171
Art. 27. La rédaction du premier membre de cet article est vicieuse.

Au lieu de dire : *Le mariage contracté en pays étranger, etc., peut l'être, etc.*, lire : *sera valable en France*, pourvu qu'il ait été précédé des publications prescrites par l'article 25.

177-178
Art. 32. Le mariage est un acte si important, qu'on ne conçoit pas pourquoi les oppositions ne devraient pas être portées au tribunal de première instance, sauf le recours au tribunal d'appel.

C'est surtout dans les matières qui tiennent si fort à l'état des citoyens, et à l'égard des engagemens qui ont la plus grande influence sur le sort des familles, qu'il importe que l'ordre des juridictions ne soit pas interverti.

Ces considérations devraient faire admettre un délai plus long que celui de trois jours pour interjeter appel.

Art. 35. La modification contenue au § II de cet article, serait d'une dangereuse conséquence dans le cas où le mari qui réclame serait encore d'un âge éloigné de la puberté. *185*

Art. 36. La cohabitation pendant un an devrait suffire pour rendre le réclamant non-recevable, au cas de l'article 5. *ap- 185*

Art. 37. Il paraît peu convenable d'admettre la demande en nullité du mariage, à cause du défaut de puberté, de la part de celui des époux qui avait l'âge requis à l'époque de la célébration. *Ibid.*

Art. 38. Même observation sur le dernier membre de cet article que sur le § II de l'article 35. *182*

Art. 39. Même observation que sur l'article 36, et, à plus forte raison, contre les collatéraux. *187*

Sur la fin du même article, faute d'impression. Au lieu des mots *aux articles* 34 *et* 35, lire 35 *et* 36.

Art. 40. Il serait équitable de n'infliger l'amende qu'après que les époux auraient été constitués en demeure par une sommation de la part de l'officier exerçant les fonctions du ministère public. *191 à 193*

Art. 47 et 48. Si l'officier de l'état civil est mort lorsque la fraude est découverte, quel moyen restera-t-il pour légitimer les enfans? *198- et 52*

Même question dans le cas où l'un des époux, complice de la fraude, meurt pendant la procédure.

Art. 56. Le mot *solidairement* ne peut exister dans cet article; il est en contradiction avec les termes *chacun en ce qui le concerne*, qui le suivent immédiatement. *fin du ch. 5.*

Art. 58. Cet article est vague et superflu. *Ibid*

Art. 59 et 60. Il serait injuste de mettre des époux dans l'impossibilité de réparer le tort qu'ils auraient fait à l'un de leurs enfans, en ne le reconnaissant pas dans l'acte de mariage. *331*

Art. 76. Prononcer des peines contre la femme en cas de contravention à cet article. *228*

TITRE VI. — *Du divorce.*

tit. 6.

OBSERVATION GÉNÉRALE.

On a tant écrit sur le divorce, que toutes les réflexions qu'on pourrait faire à ce sujet seraient inutiles.

Les inconvéniens qu'il entraîne par rapport aux époux, et plus encore par rapport aux enfans, sont si sensibles, qu'il serait à désirer qu'on eût pu éviter de recourir à ce moyen extrême pour rompre des nœuds mal assortis.

ch. 5. Mais, soit qu'on admette, soit qu'on rejète le divorce, il semblerait juste d'autoriser les tribunaux à prononcer la séparation de corps pour un temps déterminé, lorsque les circonstances paraîtront l'exiger.

ap- 231 Art. 3. *La diffamation publique.*
Ce moyen est trop vague.

229 *L'adultère de la femme*, ajouter : *par la dissolution des mœurs notoire.* Il est souvent très-difficile de prouver l'adultère, et très-rare qu'il le soit par des écrits émanés de la femme.

244 Art. 12. Le mot *relu* semblerait imposer inutilement l'obligation d'une seconde lecture.

243 *Sur le même article.* La loi ne réserve pas au demandeur la faculté d'objecter les témoins présentés par le défendeur.

On pourrait prendre prétexte de ce silence, pour prétendre qu'elle lui est interdite.

249 Art. 14. D'après cet article, les tribunaux pourront se croire autorisés à rejeter des témoins non reprochés, ne serait-il pas à propos de limiter cette faculté ?

255 Art. 16. Même observation sur le mot *relu* que sur l'article 12.

ap- 263 Art. 24. Le renvoi aux sections 3e et 4e ci-après est fautif.

Il serait injuste d'appliquer la peine de l'amende aux auteurs des mémoires et consultations, que les parties peuvent faire imprimer à leur insu.

Sur le même article. Même observation relativement à la compétence du tribunal qui doit prononcer l'amende, que sur l'article 40 du titre II.

Art. 27. L'article serait plus clair si l'on ajoutait les mots suivans : *Si la demande n'était pas motivée sur d'autres causes.* ap-261

Art. 28. Quelque légitime que soit la cause de l'absence, la négligence de l'absent à donner de ses nouvelles pendant dix ans devrait être considérée comme un abandonnement. *Ibid.*

Ces considérations paraissent exiger que le principe posé dans cet article, et dans l'article 27 du titre IV, soit modifié.

Art. 30. Fixer le nombre de témoins qu'il sera indispensable d'appeler, et prononcer une peine en cas de refus de comparaître. *Ibid.*

Art. 32. Laisser à la prudence des juges de décider auquel des deux époux tous ou quelques-uns des enfans seront laissés provisoirement. 267

L'intérêt des mœurs et celui des enfans réclament cette modification ; et ce n'est que d'après les circonstances que l'on peut y pourvoir convenablement.

Art. 34. L'obligation de fournir des alimens doit être réciproque, lorsque le mari n'a pas des revenus suffisans, et que ceux de la femme non commune excèdent ce qui lui est nécessaire pour subvenir à ses propres besoins. 268

Art. 35. *Dont le mari est en possession.* 270

Ces expressions font douter si le scellé pourra être apposé, non-seulement sur les meubles appartenant à la femme non commune, qui se trouveraient au pouvoir du mari, mais encore sur les meubles du mari.

Art. 36. *Sa décision est purement provisoire.*

Expliquer si la décision du juge-de-paix doit être provisoirement exécutée. ap-270

Dans ce cas, il serait à craindre que le mari ne divertît les meubles et effets.

v. 36

270 — Art. 37. *Dans ses meubles personnels.* Il conviendrait de remplacer ces mots par ceux-ci : *dans ses biens.*

La garantie sur les meubles présente peu de solidité ; d'ailleurs, l'article 38 suppose que le mari peut vendre les meubles.

fin de sec. 3. — Art. 45. Faute d'impression. Au lieu des mots : *le demandeur*, lisez : *le défendeur.*

Ibid. — Art. 48. Ajouter : *et par la preuve de la dissolution de mœurs notoire, depuis la demande en divorce.*

295- à 298 — Art. 50. Assurer l'exécution de cette disposition par une peine ;

Interdire le mariage avec le complice de l'adultère qui a donné lieu au divorce ;

Permettre néanmoins aux époux divorcés de se remarier ensemble, sans observer d'intervalle.

TITRE VII. — *De la paternité et de la filiation.*

com. du c. 1er. et tit. 8. — Art. 1er. Expliquer formellement que l'adoption est abolie.

Cette disposition paraît d'autant plus nécessaire, que le dernier article du projet de Code n'abroge pas les lois émanées des assemblées nationales.

316 — Art. 7, 2e *alinéa.* Le délai de six mois paraît trop long, lorsque le mari a cohabité avec sa femme.

Ibid., 3e *alinéa.* Même observation à l'égard du délai de huit mois accordé à l'absent depuis son retour.

318 — Art. 8. Fixer le délai, à compter du désaveu, après lequel l'action en justice devra être intentée, à peine de déchéance.

317 — Art. 9. La disposition de cet article devrait être restreinte au seul cas où il serait prouvé que le mari n'a pas eu connaissance de l'accouchement de la femme et de l'existence de l'enfant.

320 — Art. 12. Il peut arriver que, quoiqu'il existe des registres en bonne forme, on ait négligé d'inscrire ou de faire inscrire l'acte de naissance d'un enfant.

On n'a pas prévu ce troisième cas ; et il serait injuste de lui refuser une action.

Art. 16. Il serait trop rigoureux d'assujétir le réclamant à prouver que celui dont il se dit le fils a pourvu, tant à son *éducation* et à son *entretien*, qu'à son *établissement*. 321

L'article semble exiger, cumulativement, la preuve de ces trois circonstances ; il convient de supprimer celle relative à son *établissement*.

Art. 22 et 23. Fixer un délai après lequel les héritiers de l'enfant seront non recevables à intenter ou à suivre l'action en réclamation de l'état de leur auteur. 329-330

Art. 28. L'article serait plus clair s'il était rédigé ainsi qu'il suit : 336

Si ayant été faite dans le cours de la maladie dont il est décédé, il n'a pas survécu vingt jours à l'acte.

Art. 30. Quels seront les droits des enfans naturels reconnus postérieurement au mariage ? 337

Pourront-ils demander des alimens ?

Auront-ils des droits sur la portion disponible des biens de leurs père et mère, soit qu'il en ait été disposé à titre gratuit, soit qu'il n'y ait pas eu de disposition ?

Art. 33. Les termes *le seul effet* semblent priver l'enfant reconnu après le mariage, de la faculté de réclamer des alimens pendant la vie de ses père et mère : ce qui serait trop rigoureux. 338

OBSERVATION GÉNÉRALE SUR CE TITRE.

Il paraît nécessaire de régler, par une loi transitoire, le sort des enfans naturels qui seraient reconnus avant la publication du Code civil, ainsi que de ceux qui, quoique non reconnus, auraient déjà réclamé ou réclameraient, sur le fondement de la loi du 12 brumaire an 2, des droits sur les biens de leurs père et mère décédés depuis la promulgation de cette loi jusqu'à celle du Code.

TITRE VIII. — *De la puissance paternelle sur la personne des enfans.*

373 — Art. 3. Cet article ne prévoit ni le cas où le mariage a été dissous par le divorce, ni ceux d'un second mariage, ou de la condamnation à une peine infamante. Il est nécessaire d'expliquer si le droit de détention pourra être exercé dans ces cas, et par qui.

379 — Art. 5. La seconde disposition paraît limitative aux écarts qui avaient déjà motivé la détention.

Au lieu des termes : *les écarts qui l'avaient motivée*, lire : *si l'enfant y donne lieu de nouveau*.

ap-381 — Art. 9. On n'a pas prévu le cas où quelques-uns des parens ne voudraient, ne pourraient ou ne sauraient signer.

389-384 — Art. 12. Expliquer qu'il s'agit des enfans non émancipés par acte ou par le mariage.

Dans les autres cas, il paraît convenable que le père conserve l'administration et la jouissance des biens de ses enfans, jusqu'à ce qu'ils aient atteint leur vingt-cinquième année.

fin du tit. 9. — Art. 15 et 17. Pour lever les doutes que pourraient faire naître ces articles, il serait à propos d'expliquer, = 1° si, dans le cas où il n'existe qu'un seul descendant à l'époque du décès du disposant, ceux qui surviendraient doivent profiter des biens compris dans la disposition, et dans quelle proportion ;

= 2° Si, indépendamment de la portion dont il peut disposer de son chef, il peut avantager quelqu'un des enfans du dissipateur, à concurrence de la quotité dont celui-ci aurait eu lui-même la libre disposition ;

= 3° L'objet de la loi ne paraît pas rempli, si la disposition officieuse ne s'applique pas à l'enfant dissipateur, qui, étant marié, n'aurait pas encore de descendans.

Ibid. — Art. 18. Si tous les descendans du dissipateur décèdent avant lui, il devrait rentrer de plein droit dans la nue propriété, tant des meubles que des immeubles ; le tout devant être conservé en nature pour l'usufruit qui lui appartient, il ne devrait pas même être permis aux descendans de vendre ni de donner au préjudice de leur père et des autres enfans qui peuvent lui survenir.

TITRE IX. — *De la minorité, de la tutelle, et de l'émancipation.*

Art. 17. Mauvaise rédaction, en ce que l'article confond la déclaration reçue par le juge-de-paix avec celle faite devant un notaire. 398

Art. 22. Il y a même raison pour déclarer aussi l'article 12 commun aux aïeules. ap-404

Art. 23. Les parens au-delà du quatrième degré n'ayant pas le droit d'assister au conseil de famille, on ne devrait pas leur imposer l'obligation de provoquer la convocation de ce conseil. 406

Art. 27. L'assemblée devrait aussi être autorisée à se proroger à court délai, dans le cas d'absence des parens au degré mentionné dans cet article, résidant hors des six myriamètres, et néanmoins dans la distance qui sera déterminée, lorsqu'il paraît utile de les convoquer. 406-à 410

Fixer la même distance à l'égard de la convention faite d'office par le juge-de-paix ; on préviendrait par-là les inconvéniens remarqués sur l'article 41.

Art. 30. Il serait dangereux de donner voix délibérative et prépondérante à un juge-de-paix non *responsable* dans une délibération qui rend les parens *responsables*, même dans le cas où ils sont en moindre nombre que les voisins et amis. 415-et 416

Si l'observation était adoptée, le conseil de famille devrait être composé en nombre impair.

Art. 34. Il serait trop rigoureux d'exclure de l'assemblée celui qui n'aurait été exclu d'une tutelle que pour simple 445 incapacité ou pour d'autres causes qui n'attaquent pas la moralité.

Si la délibération à laquelle il aurait été appelé devait être déclarée nulle de cela seul qu'il y aurait concouru, il en résulterait les inconvéniens les plus graves, surtout dans le cas où cette nullité ne serait proposée que long-temps après que la délibération aurait eu son effet, puisqu'il faudrait alors annuler aussi tous les actes passés avec le tuteur, renverser les jugemens rendus avec lui, et tout recommencer.

427-428 Art. 46. L'obligation de la résidence et les devoirs imposés aux juges des tribunaux et aux sous-préfets exigent qu'on leur applique la même dispense.

430 Art. 51. L'intérêt public et celui du mineur s'opposent à ce que le militaire en activité de service puisse être chargé d'une tutelle.

436 Art. 52. Les petits-enfans devraient être comptés à raison de leur nombre, lorsqu'ils sont à la charge de leur aïeul.

438 Art. 53. Il serait juste d'accorder le délai d'une décade au tuteur, même présent, pour proposer ses excuses.

Ce délai paraît surtout nécessaire à l'égard des personnes illettrées, et de ceux qui n'ont été représentés que par un fondé de pouvoir.

442 Art. 54. Il convient d'exclure la mère de la tutelle, lorsqu'elle n'aura pas dix-huit ans accomplis.

ap-444 Art. 56. La disposition de l'article 56 ne devrait pas être étendue au cas de la *mauvaise gestion* du père ou de la mère.

Ce motif paraît trop vague, trop léger et sans objet, puisque le père et la mère ne sont pas comptables, et surtout à l'égard du père qui est réputé capable pendant le mariage.

Ibid. Art. 57. La disposition de cet article, en ce qu'il conserve la jouissance au père ou à la mère destitués pour cause d'incapacité, fortifie l'observation sur l'article 34.

Art. 61. Les délibérations relatives à la tutelle sont trop 448
importantes pour ne pas être soumises à l'ordre naturel des juridictions.

En cas d'absence à l'époque de la notification, accorder le délai porté par l'article 53.

Art. 65. L'intérêt du mineur exige que, dans tous les cas, 450
les baux affermés soient faits aux enchères après des affiches, à moins que le patrimoine étant trop modique, le conseil de famille n'en décide autrement.

Art. 69 et 70. Il serait à propos d'autoriser expressément 452
le conseil de famille à conserver, pour l'avantage du mineur, un fonds de commerce, des instrumens ou outils précieux, que le mineur ne pourrait remplacer qu'à grands frais, s'il suivait la profession de son père.

Art. 76. Il serait injuste de n'admettre le mineur à repren- 462
dre la succession répudiée par son tuteur, que dans le cas où elle n'aurait pas été acceptée par un autre.

On doit présumer que le mineur a été lésé, de cela seul qu'un tiers aura accepté la succession.

Ce serait lui interdire la voie de la restitution dans le cas où il y a les plus puissans motifs pour la lui accorder.

Art. 84. Le juge-de-paix ne pouvant certifier l'apposition 459
des affiches, qui n'a pas eu lieu en sa présence, il convient de remplacer la formalité de *l'attestation* par celle du *visa*, dans les vingt-quatre heures des procès-verbaux de l'officier ministériel.

Art. 95. Le délai de trois mois paraît trop court pour un 456
emploi solide.

Art. 99. Il devrait y avoir réciprocité pour les intérêts. 474

Art. 100. Le recours au tribunal d'appel devrait être 471-
autorisé, lorsque le *reliquat* ou le débet excédera mille 473
francs. Ce n'est point introduire un troisième degré de juridiction, puisque l'opération du juge-de-paix ne peut être regardée que comme une liquidation et un arrêté de compte.

ap-
419-
et av-
475

Art. 102. Il ne serait pas juste que les délibérans fussent responsables de l'insolvabilité du tuteur survenue après la délibération.

QUESTION.

Les débiteurs pourront-ils rembourser valablement au tuteur les sommes capitales qu'ils doivent au mineur?

Dans le cas de l'affirmative, il est nécessaire d'indiquer les formalités qui doivent être observées, tant pour l'intérêt du mineur, que pour la sûreté du débiteur qui voudra se libérer, et du tuteur qui recevra le remboursement.

481-
482

Art. 107. *Recevoir et donner décharge d'un capital mobilier.*

Cette disposition est dangereuse, et pourrait entraîner la ruine du mineur qui n'aurait qu'une fortune mobilière.

483-
484

Art. 108. L'abus qu'on pourrait faire de cet article semble exiger qu'il soit supprimé, et qu'on ne s'écarte pas du principe d'après lequel l'obligation contractée par le mineur n'est valable qu'autant que le créancier justifie que la somme prêtée a tourné au profit de l'emprunteur.

481-
484

Art. 109. Même observation sur le second membre de cet article que sur l'article précédent.

Elle paraît d'autant plus juste, que le mineur pourrait contracter, chaque année, une obligation égale à la valeur de ses revenus, et divertir ainsi une partie de sa fortune.

Sur le troisième membre. Si ces observations sont accueillies, l'article doit être retranché.

Dans le cas contraire, il ne serait ni juste ni moral d'autoriser un mineur à frustrer le premier créancier d'une obligation légalement contractée, en ayant recours à de nouveaux emprunts.

484

Art. 110. Le second membre de cet article paraît dangereux, dans le cas où le mineur est défendeur.

Le défaut de lumières et les préventions d'un conseil de famille pourraient entraver la défense la plus légitime, et exposer le mineur à des condamnations et à des exécutions ruineuses.

Il convient aussi de régler les formes de la vente des biens des mineurs émancipés, lorsqu'elle sera reconnue nécessaire.

Art. 114. La nullité prononcée par cet article devrait être restreinte aux conventions matrimoniales et aux avantages, même postérieurs, au profit du tuteur, ou de l'enfant qu'il aura marié contre la disposition de cet article. fin du ch. 3.

OBSERVATION GÉNÉRALE.

Il est parlé des curateurs en divers articles du Code ; et il n'y en a aucun qui règle ni la forme de leur nomination, ni leurs obligations. sec. 5 du ch. 2.

TITRE X. — *De la majorité et de l'interdiction.*

Art. 2. Il conviendrait d'ajouter à la fin de cet article que nul ne pourra aliéner ni hypothéquer ses immeubles avant l'âge de vingt-cinq ans accomplis. 488.

DE L'INTERDICTION. — OBSERVATION PRÉLIMINAIRE.

Il paraît convenable d'admettre l'interdiction pour cause de prodigalité, et de régler les formes de la procédure qui devra avoir lieu, ou, du moins, de soumettre le prodigue à l'autorisation du conseil de famille pour l'aliénation ou hypothèque de ses immeubles. ch. 2.

Art. 5. Cette faculté devrait être interdite aux parens au-delà du quatrième degré. 490.

Art. 10. Il conviendrait de refuser voix délibérative aux ascendans et descendans, aux frères et à l'époux de celui qui provoque l'interdiction. 495.

Art. 12. Le commissaire du Gouvernement ne devrait être entendu qu'à la chambre du conseil. 498.

Art. 13. Modifier la disposition relative aux assesseurs, puisqu'ils n'existeront plus. 496.

503 Art. 24. Réserver aux tiers intéressés de débattre les faits dont la preuve a été administrée dans la procédure où ils n'ont pas été parties.

507 Art. 29. Il n'y a aucune raison de refuser le recours aux tribunaux d'appel, puisqu'il s'agit d'un objet indéterminé.

Les membres de la Commission, signé G. DESAZARS, *président;* MONSSINAT, SOLOMIAC, ARESSY.

LIVRE II. — *Des biens, et des différentes modifications de la propriété.*

TITRE Ier. — *De la distinction des biens.*

522 Art. 10. Expliquer si *le croît* et les animaux destinés à *l'engrais*, livrés au métayer par le propriétaire, doivent être réputés *immeubles*, ainsi que les bestiaux destinés à la *culture*.

542 Art. 29. Ajouter : *ou sections de commune.*

TITRE II. — *De la pleine propriété.*

556 Art. 15. Il serait à désirer qu'on insérât dans le Code civil les règles relatives à la largeur du marche-pied dont il est parlé dans cet article, au lieu de renvoyer aux réglemens.

560 Art. 19. Il est juste que les particuliers qui, à l'époque de la publication du Code civil, se trouveront en possession de quelques îles ou îlots formés dans les lits des rivières navigables ou flottables, soient maintenus dans leur possession (quand bien même elle ne serait pas suffisante pour opérer la prescription), si elle est fondée sur des causes légitimes.

563 Art. 22. Expliquer à qui doivent appartenir les vieux chemins abandonnés, lorsque l'on ouvre une nouvelle route.

TITRE III. — *De l'usufruit, de l'usage et de l'habitation.*

590- à 592 Art. 15, 16 et 17. Expliquer si l'usufruitier a des droits sur l'accroissement que les bois taillis ont reçu pendant son usufruit, et à quel âge les bois doivent être réputés futaies.

Art. 18. L'usufruitier doit-il également remplacer les bê- 594
tes à corne ou à laine qui périront pendant sa jouissance, soit qu'il s'agisse de l'usufruit d'un *troupeau* ou d'un *nombre déterminé de têtes de bétail*.

Art. 27. L'équité exige que la vente des denrées, celle 602
des meubles, la collocation du prix et l'adjudication des baux à ferme, lorsqu'il y aura lieu d'y procéder, ne puissent être faites qu'en présence de l'usufruitier, ou après l'avoir duement appelé.

Le bail de caution pour les immeubles ne devrait même pas être exigé indistinctement.

Art. 31. La reconstruction des gros murs de refend, le 606
rétablissement des escaliers, et autres semblables reconstructions, ne devraient pas être classés parmi les réparations *d'entretien*, ni être à la charge de l'usufruitier.

Art. 34. Expliquer quelles sont les charges qui peuvent 609
être imposées sur la propriété pendant la durée de l'usufruit, avec l'effet de restreindre les droits de l'usufruitier.

Art. 36. Il serait plus équitable et plus conforme aux prin- 612
cipes de la matière, d'autoriser le propriétaire, qui ne pourrait avancer les sommes nécessaires pour l'acquit des dettes, à vendre une partie du fonds assujéti à l'usufruit, l'usufruitier duement appelé.

Art. 37. Déclarer que, lorsque les procès intéressent tout 613
à la fois la propriété et l'usufruit, l'usufruitier devra y contribuer en proportion de son intérêt.

Art. 45. Il n'y aurait pas d'inconvénient de réserver à 624
l'usufruitier la faculté de rétablir le bâtiment à ses frais, sans espoir de restitution.

Art. 46. L'humanité semble exiger que l'usage et l'habi- 625
tation ne se perdent pas par la mort civile. Mais il paraît juste de déclarer que le droit d'habitation établi par l'un

des époux en faveur du survivant cessera par le convol de celui-ci à de secondes noces, s'il existe des enfans du premier lit.

626 **Art. 47.** Le droit d'usage est établi le plus souvent sur des objets de *première nécessité*; et en faveur d'individus placés dans la classe *indigente*.

Ce serait le rendre illusoire que d'assujétir l'usager à donner caution.

635 **Art. 56.** Il sera difficile de faire une juste application de cet article, si la quotité des fruits que l'usager a droit de prendre n'est pas clairement déterminée.

Dans la plupart des pays, ces droits se réduisent souvent à la faculté de prendre des fruits des arbres, de la poirée dans les jardins, et autres semblables dont la valeur est trop modique pour mériter une appréciation.

TITRE IV. — *Des servitudes ou services fonciers.*
CHAPITRE Ier. — Observation générale.

tit. 4. Il conviendrait de régler, dans le Code civil, tout ce qui a trait aux servitudes en général, et notamment à celles mentionnées dans ce chapitre, au lieu de renvoyer à des lois ou réglemens particuliers qui pourraient se faire attendre long-temps.

CHAPITRE II. — SECTION II. — Des servitudes établies par la loi, ou pour l'utilité des particuliers.

Même observation que sur le commencement du chapitre Ier.

654 **Art. 13.** Un seul corbeau suffira-t-il pour faire présumer la non mitoyenneté? ou bien faudra-t-il en poser dans toute la longueur du mur?

Cet éclaircissement est d'autant plus nécessaire, qu'à Toulouse, par exemple, la non-mitoyenneté n'est présumée que d'une extrémité du mur jusqu'au corbeau.

662 **Art. 21.** Il conviendrait d'ajouter que celui qui s'oppose-

rait à des ouvrages qui ne lui portent aucun préjudice serait tenu de payer les frais de l'expertise.

Art. 24. Ajouter : « ou lorsqu'il n'y a pas de levée, s'il « paraît que le fossé n'a été fait que pour l'utilité d'un « seul. »

Le fossé devrait aussi être présumé non mitoyen, lorsqu'il reçoit les eaux d'un seul des héritages qu'il sépare, et appartenir au propriétaire du fonds inférieur.

Il serait à propos de déterminer la distance qui doit être laissée entre le fossé ou la haie et l'héritage voisin.

Celle relative au fossé devrait être égale à sa profondeur.

Même observation à l'égard des arbres qui seraient plantés, et eu égard au préjudice que les différentes espèces peuvent occasioner.

Expliquer si l'on peut acquérir, par la prescription, le droit de conserver les arbres qui ne se trouvent pas à la distance requise ;

Si le voisin peut obliger le propriétaire à les émonder lorsqu'ils sont à la distance prescrite, et à quelle hauteur.

Déterminer la distance du fonds voisin à laquelle le propriétaire pourra construire un mur sur son terrain, soit dans les villes, soit à la campagne.

Art. 27. Il serait essentiel de déterminer, dans le Code civil, la distance qui doit être laissée, lorsque le voisin construit les ouvrages dont il est parlé dans cet article.

Art. 29. Définir les expressions : *à fer maillé* et *verre dormant*, et fixer la dimension des ouvertures des grilles ou des barreaux.

Toutes les Coutumes qui renferment les mêmes dispositions que cet article réservent au voisin la faculté de rendre inutiles les jours de coutume, en bâtissant contre.

Art. 33. Il y a, dans la première disposition de cet article, une faute qu'il est important de corriger.

D'après les annotateurs de la Coutume de Paris, sur l'article 202, la distance doit être comptée *de la face du dehors du mur ou pan de bois où est la vue;* c'est-à-dire, depuis le parement *extérieur*, et non depuis le parement *intérieur*.

Sur le 2e *membre*. Si ce dernier mur n'est pas mitoyen, l'intervalle devrait se compter jusqu'à son parement *extérieur*.

Si, n'étant pas mitoyen dans le principe, il l'est devenu depuis, les vues existantes devraient subsister.

Quant à celles qui pourraient être pratiquées à l'avenir, on observerait les précédentes dispositions.

Lorsque le droit des vues droites ou obliques est acquis par titre ou par possession, à quelle distance le voisin pourrait-il bâtir?

OBSERVATION GÉNÉRALE.

Il serait à désirer qu'on ajoutât à ce titre un réglement général relatif aux anciennes servitudes, dont il est si longuement traité dans le droit romain et dans les Coutumes, telles, par exemple, que les servitudes de lumière, de prospect, et autres.

Art 35. = 1° L'indemnité devra-t-elle avoir lieu dans le cas de la possession, pendant trente ans, du passage de nécessité? Il conviendrait de limiter, à cet égard, la disposition de l'article 42;

= 2° La longueur et les difficultés du chemin (comme, par exemple, s'il fallait traverser une rivière pour aboutir au fonds enclavé de tous les autres côtés) ne devraient-elles pas suffire pour établir *la nécessité* du passage sur le fonds du voisin?

= 3° Lorsque le fonds sur lequel le passage est réclamé, et le fonds enclavé, auront appartenu au même propriétaire, le passage sera-t-il dû sur la partie de ce fonds que le propriétaire a conservée?

Art. 38. Les communes ne devraient-elles pas avoir la même faculté ? 686

Art. 39. L'énumération contenue dans cet article paraît incomplète. 687

Il y a des servitudes qui ne peuvent être considérées ni comme *urbaines*, ni comme *rurales*.

Telles sont celles qui sont établies pour l'agrément de la personne, et qui sont dues par la chose à la personne.

Art. 42. Voyez la première note sur l'article 35. 691

Art. 43. Il serait plus conforme à l'équité et à l'intérêt public que les servitudes qui ne sont pas établies par la loi ne pussent s'acquérir que par titre, et qu'on eût adopté en ce point les dispositions de la Coutume de Paris, dont la sagesse est généralement reconnue. 690

La sûreté dont chacun a droit de jouir dans sa maison exige que dans tous les cas où il existe des vues sur la cour du voisin, elles soient à fer maillé et verre dormant, et à la hauteur prescrite par les réglemens.

Art. 58. Expliquer quelles sont les servitudes qu'on perd par *le non-usage*, et celles qu'on ne perd qu'à la suite *d'un acte contraire*. 707

Art. 59. Même observation que sur l'article 43. 708

LIVRE III.

DISPOSITIONS GÉNÉRALES.

Art. 1er, n° 4. Les obligations résultant d'un délit pourraient être comprises dans cette classification. 711

Art. 2. Déterminer les cas dans lesquels les biens seront regardés comme vacans, et les formalités qu'il faudra observer pour l'envoi en possession. 713

Il serait à désirer qu'on insérât dans le Code les règles relatives à la faculté de chasser et de pêcher, au mode d'acquérir la propriété des effets jetés dans la mer, et surtout à l'invention d'un trésor. 715- à 717

TITRE Ier. — *Des successions.*

ap-
719-
et
25-27

Art 3 et 4. Les dispositions de l'article 3, portant que la mort civile est encourue à l'égard du condamné par contumace, du jour *de l'exécution du jugement*, paraît en contradiction avec celle portant que les biens sont restitués à ceux de ses parens qui étaient habiles à lui succéder *à l'époque du jugement.*

Cette dernière disposition et celle de l'article 4, d'après laquelle (en cas de représentation ou d'arrestation du condamné par contumace) la mort civile n'est encourue *que du jour du jugement contradictoire*, est aussi en opposition avec celle portant que la succession n'est ouverte, d'après le même article, que du jour de *l'exécution de ce second jugement*, et dévolue aux parens du condamné habiles à lui succéder *à cette époque.* On ne conçoit pas que l'époque de *l'ouverture* de la succession puisse être autre que celle de la mort civile ; elle serait néanmoins antérieure si l'article 3 subsistait, et postérieure si l'article 4 n'était pas réformé.

Cette observation fortifie celle sur l'article 28 du titre Ier du livre Ier.

Au lieu des mots : *à l'époque du jugement*, à la fin de l'article 3, lire : *à cette époque;* c'est-à-dire, *de l'exécution;* et au lieu de ceux-ci : *du jour de ce jugement contradictoire*, de l'article 4, lire : *du jour de l'exécution du jugement.*

Ibid. Art. 6. Limiter la disposition de l'article 6 aux *fruits perçus* par les agens de la république.

av-
722

Art. 10. Fixer le sens des expressions, *d'âge à peu près égal*, et déterminer l'espace de temps, qui ne changera rien, à cet égard, à l'inégalité de l'âge.

724 Art. 13. On préviendrait des procédures dispendieuses, en étendant cette disposition aux héritiers testamentaires et aux légataires à titre universel, qui devraient être saisis, de plein droit, de la quotité disponible.

ap-
725-
et 25

Art. 18. La contradiction qui paraît exister dans les dispositions de cet article, en ce qu'il porte que les successions qui sont échues au condamné avant *l'exécution du second jugement* peuvent être réclamées par ceux de ses parens qui se trouvent être ses héritiers de droit *à l'époque du second jugement*, fortifie nos observations sur les articles 24 et 25 du titre Ier du livre Ier, et sur les articles 3 et 4 du présent titre ;

Car il implique que celui qui est mort civilement, *du jour du second jugement*, puisse recueillir et transmettre des successions échues à une époque postérieure.

Art. 20. L'humanité sollicite quelques modifications aux dispositions de cet article, en faveur des contumax qui seraient ensuite reconnus et déclarés innocens. *Ibid.*

Il serait à désirer que la disposition de cet article fût, du moins, limitée aux fruits *perçus*.

Art. 22. Ajouter : « celui qui a empêché, par violence « ou voie de fait, de faire une disposition, et celui qui a « supprimé une disposition déjà faite. » 727

Art. 23. Il y a aussi de grandes raisons pour étendre la même exception aux frères et sœurs. 728

Art. 27. La division illimitée de la succession entre les deux lignes paternelle et maternelle, établie par cet article, nécessitera des généalogies très-compliquées ; elle donnera lieu à des procès fréquens, dans le cas où un parent à un degré trop éloigné pour faire obstacle à la libre disposition de la totalité des biens, mais qui néanmoins se trouve le plus proche dans *sa ligne*, sera appelé à recueillir la succession en concours avec un autre parent plus proche, même au premier degré, mais d'une ligne différente. 732-733

Il serait plus simple et plus juste de limiter la division entre les deux lignes, aux parens qui se trouvent dans le degré qui fait obstacle à la libre disposition de la totalité des biens.

Art. 39. Sur les termes : *et par tête ou souche, lorsqu'ils reviennent par représentation*. La rédaction du second mem- 745 bre de cet article serait plus claire, si elle était ainsi conçue :

« Ils leur succèdent par égales portions, *et par tête*, lors-
« qu'ils viennent tous de leur chef ;

« Par *tête et par souche*, lorsque les uns viennent de leur
« chef, et les autres par représentation ;

« Par *souche*, lorsque tous viennent par représenta-
« tion. »

ch. 3-
fin de
sec. 3.

Art. 41. Il est injuste d'admettre les enfans du second lit, ou d'un lit ultérieur, à succéder concurremment avec les enfans d'un lit antérieur, aux biens que le père ou la mère de ceux-ci (qui a convolé à de secondes ou ultérieures noces) a recueillis de la libéralité du premier époux, père ou mère de ces mêmes enfans.

Sans doute que les auteurs du projet, ayant consacré le principe que la loi n'admet aucune différence dans la nature ou l'origine des biens pour en régler la succession, ont craint de paraître en contradiction avec ce même principe ; mais l'équité réclame une exception en faveur des enfans du premier lit, qu'on ne devrait pas priver de cette partie de biens de leur père ou mère prédécédé.

La raison politique et l'intérêt des époux la sollicitent également ; en effet, la disposition de cet article pourrait détourner les conjoints de se faire des libéralités, dans la crainte qu'une partie de leurs biens ne passât à des enfans d'un second lit, au préjudice de leurs propres enfans.

746

Art. 43. Sur le dernier *membre* de cet article. Il est injuste d'adjuger la moitié de la succession à des collatéraux, quelque éloignés qu'ils soient, au préjudice de l'ascendant, même en premier degré de l'autre ligne.

Le principe adopté par la loi du 17 nivose était plus équitable ; il convient de modifier cette disposition.

748

Art. 46. L'équité exige que la disposition de l'article 46 soit modifiée.

Il est injuste que les ascendans se voient exclus, par des

collatéraux, de rentrer même dans les biens dont ils s'étaient dépouillés en faveur de leur descendant prédécédé.

Art. 49. Supprimer le mot *germain*, qui présente une contradiction entre l'article 49 et l'article 50.

Art. 58. On devrait restreindre cette disposition à ce qui a été donné à l'enfant pour son *établissement et en majorité*, à moins que ce qui lui a été donné pendant sa minorité n'ait tourné à son profit.

Art. 66. Il pourrait arriver que la quotité des alimens accordés par cet article à l'enfant adultérin ou incestueux soit plus forte que le revenu de la portion de chacun des *enfans* légitimes, lorsque ceux-ci seront en nombre.

On préviendrait cette inégalité, en fixant les alimens de l'enfant adultérin ou incestueux, à la valeur égale au revenu de la part qu'il aurait eue, s'il n'eût été qu'enfant naturel, non adultérin ou incestueux.

Art. 73. La limitation aux descendans des frères et sœurs légitimes ou naturels, est injuste.

La république ne devrait être appelée à la succession qu'en défaut de tous les parens de l'enfant naturel, à quelque degré qu'ils soient.

Art. 78. = 1° Fixer un délai de six mois, au moins, avant lequel l'envoi en possession ne pourra avoir lieu, sauf les actes conservatoires qui pourront être faits dans l'intervalle ;

= 2° Expliquer si la république sera tenue de rendre compte des fruits au parent qui se représenterait dans un délai déterminé, et après l'envoi en possession.

= 3° Enfin, déterminer l'époque après laquelle la république pourra prescrire la propriété.

Art. 82. La disposition de cet article paraît extraordinaire ; elle donnera lieu à des procédures inutiles, et empêchera la culture des biens en prolongeant la vacance de la succession.

Il est plus naturel qu'en cas de refus de quelques-uns des

héritiers, les autres puissent accepter *à leurs périls et risques*, et que les portions de ceux qui répudient accroissent à ceux qui accepteront.

786   Art. 91. Expliquer si, dans le cas de cet accroissement, l'héritier pour partie pourra, malgré son acceptation préalable, répudier la totalité de la succession qui accroît à sa portion, par la répudiation des autres cohéritiers, et si les créanciers de la succession pourront s'opposer à la répudiation de *la totalité* en offrant de restreindre leur action proportionnellement à la quotité dont ce cohéritier était originairement tenu.

Jusqu'à présent, le cohéritier et les créanciers ont respectivement joui de ces droits dans les pays de droit écrit.

787   Art. 92. Il serait à propos de déclarer si, dans le cas de cet article, les enfans de chacun des héritiers renonçans, succéderont par têtes ou par *souches*, soit en ligne directe, soit en ligne collatérale.

La disposition qui exclut la *représentation*, et celle portant que les enfans viennent *de leur chef* remplacer ceux dont la renonciation fait vaquer le degré, jettent une obscurité qu'il importe de faire cesser.

795   Art. 101. Au lieu des mots : *du jour de la succession*, lire : *du jour de l'ouverture de la succession.*

812   Art. 121. Expliquer dans quel cas la succession sera réputée vacante, si les héritiers du premier degré ayant tous répudié, on pourra nommer un curateur à la succession vacante, sans avoir préalablement comminé les héritiers du deuxième degré d'avoir à accepter ou répudier.

821   Art. 134. Régler les formes de l'opposition.

843   Art. 157. Les termes : *par préciputs et hors part*, pourraient faire douter si ces deux expressions sont exigées cumulativement.

849   Art. 167. Sur le *deuxième membre de cet article*. Cette disposition présente l'inconvénient de rendre la propriété incertaine pendant un temps illimité.

Art. 169. Il arrive souvent qu'un père donne tant de son chef que de celui de sa femme, ou pour tous *droits paternels et maternels*, sans expliquer ce qu'il donne de son chef.

Si le donataire est obligé de rapporter toute la somme ou tout l'effet donné, il se trouvera frustré de ce qui lui avait été donné du chef maternel, tant que sa mère vivra.

Il serait donc à propos de fixer les doutes dans les cas, = 1° où le père a constitué une dot, tant pour droits paternels que maternels, après la mort de la mère, sans déterminer ce qu'il donne du chef maternel ;

= 2° Dans le cas d'une pareille constitution, lorsque le père ou la mère sont intervenus dans le contrat ;

= 3° Lorsque le père seul a constitué la dot pour droits paternels et maternels, sans que la femme, encore vivante, y soit intervenue.

Art. 186. Cette disposition paraît injuste à l'égard des créanciers, dans le cas où leur débiteur ne prendrait sa portion qu'en effets mobiliers : on peut mettre tant de précipitation dans le partage, que son intervention sera impossible.

Lui réserver la faculté d'attaquer le partage fait en fraude de ses droits.

Art. 195. Cette expression : *devient le créancier*, est vague, et fait douter si le légataire est subrogé de plein droit aux droits et hypothèques des créanciers qu'il a payés.

Art. 203. Expliquer si la dernière disposition de cet article exclut les créanciers de la faculté de se pourvoir par rescision du partage, par la voie de lésion, en exerçant les actions de leur débiteur.

Art. 206. Si l'hypothèque privilégiée doit avoir lieu, à quelque époque que l'acte privé ait été reconnu, la restriction contenue dans cet article est sans objet.

Dans le cas contraire, ce serait mal à propos que cette hypothèque serait qualifiée privilégiée.

Art. 214. On pourra abuser de la disposition de cet article, et donner à des actes de partage les apparences et les formes d'une vente de droits successifs, pour se mettre à l'abri de l'action en rescision.

TITRE II. — *Des contrats ou des obligations conventionnelles en général.*

1124 Art. 21. Ajouter : ceux qui n'ont pas l'usage de la raison, quoique non encore interdits.

1125 Art. 22. Les héritiers ou ayans-cause devraient être admis à attaquer les engagemens contractés par leurs auteurs, mineurs, interdits, ou femmes mariées, du moins lorsque le mineur est mort avant la majorité, l'interdit, dans son état d'interdiction, et la femme mariée, dans les liens du mariage ; et surtout à suivre l'action intentée par leur auteur.

Même observation, et à plus forte raison à l'égard de leurs créanciers.

1140 Art. 38. D'après la disposition de l'article 38, il peut arriver qu'un homme de mauvaise foi vende son bien, par un premier acte passé dans un pays éloigné.

Qu'il le revende ensuite, et que le deuxième acquéreur de bonne foi, qui n'a pas pu avoir connaissance de la première vente, soit exposé à être évincé pendant tout le temps requis pour la prescription.

Il serait essentiel de concilier l'intérêt du premier acquéreur, et la préférence qui est due au premier acte avec l'intérêt des tiers, et la faveur qu'il convient de donner au commerce des immeubles.

On pourrait peut-être atteindre ce but, en ne donnant au premier acte de vente l'effet de transporter la propriété sur la tête de l'acquéreur, qu'autant qu'il aurait fait afficher son contrat dans l'auditoire du tribunal de première instance *de la situation des immeubles vendus*, dans le délai, et pendant le temps qui sera déterminé, le contrat devant avoir son effet du jour de sa date, au moyen de l'accomplissement de ces formalités.

Par ce moyen, ou tout autre qu'on pourrait lui substituer, le public pourrait être instruit de la vente : on éviterait les fraudes, les immeubles se vendraient plus avantageusement et avec plus de facilité; au lieu que l'incertitude dans laquelle la disposition de cet article jettera les acquéreurs sur le sort de leur propriété, avilira les biens-fonds, et en rendra l'aliénation très-difficile.

Art. 51. Expliquer si les intérêts des fermages, baux à 1155 loyer, ou restitution des fruits, seront dus, année par année, du jour de la demande des fermages, etc., ou seulement du jour de la condamnation, ou enfin en vertu d'un jugement portant liquidation et condamnation.

Il est surtout important de lever les doutes à l'égard de la demande en restitution des fruits, qui n'est que l'accessoire et la suite de la demande en délaissement.

Art. 61. Même observation que sur l'article 22. 1166

Art. 62. Il n'y aurait pas d'inconvéniens à étendre cette 1167 disposition aux actes simulés faits en fraude des créanciers.

Art. 69. On désirerait un exemple de la condition purement 1174 potestative, dont il est parlé dans cet article.

Il y a une nuance entre les conditions qui dépendent de la nue volonté, sans être jointes à un fait, et celles qui sont simplement potestatives, et jointes à un fait qu'il est libre au débiteur d'accomplir ou non : comme, par exemple, je promets cent francs à Pierre si je vais à Paris. Il serait essentiel d'expliquer cette différence, soit pour l'admettre, soit pour la rejeter.

Art. 88. La rédaction du troisième membre de cet article 1194 serait plus claire si l'on ajoutait ce qui suit :

« Ainsi, lorsque le choix appartenait au créancier, il peut
« demander dans le premier cas, ou le prix de la chose qui
« est périe par la faute du débiteur, ou celle qui existe.

« Dans le deuxième cas, si les deux choses promises ont « péries l'une et l'autre par la faute du débiteur, le créan- « cier pourra demander le prix de celle qu'il voudra. »

1221 Art. 113. Il semble que le n° 4 de cet article confond le cas où l'une seulement des deux choses promises alternativement est indivisible, avec celui où les deux choses sont indivisibles;

Qu'il confond encore le cas où le choix appartient au débiteur avec celui auquel il appartient au créancier.

1224 Art. 127. Sous le n° 1er. Déterminer les circonstances et les marques auxquelles on pourra reconnaître *l'intention des parties*, que le paiement ne puisse se faire partiellement.

Restreindre cette disposition au cas où il a été stipulé que le paiement ne pourrait se faire que pour le total et non pour parties.

1234 Art. 128. La demande en nullité ne peut éteindre l'obligation, qu'autant qu'elle est accueillie par un jugement en dernier ressort, ou qui a acquis l'autorité de la chose jugée.

Lire : *par la déclaration de nullité*.

1235 Art. 130. Ajouter une seconde exception à l'égard du paiement volontaire d'une dette fondée sur une obligation purement naturelle, qui ne donne point d'action en justice.

1239 Art. 134. On préviendra beaucoup de difficultés, en expliquant si le débiteur pourra payer valablement entre les mains de l'huissier porteur de commission.

1242 Art. 136. Il n'est pas juste que le débiteur qui a payé son créancier, au préjudice d'une opposition ou saisie-arrêt faite en ses mains par un tiers, ne puisse pas répéter ce qu'il a payé à son créancier direct, après qu'il a été obligé de payer une seconde fois au saisir-faisant.

On devrait, du moins, expliquer s'il aura une action pour répéter de son créancier ce qu'il aura payé, *à sa libération*, au saisir-faisant, soit qu'il ait obtenu ou non la cession des droits et actions de celui-ci.

Il ne faut pas que le créancier originaire profite deux fois de la même chose ou de la somme due.

Art. 139. Ajouter : *ou après qu'il a été mis en demeure,* à moins que les détériorations n'eussent dû pareillement avoir lieu, quoique la chose eût été remise au pouvoir du créancier.

Cette disposition paraît juste, même dans le cas où la chose aurait péri, par cas fortuit, *après la demeure.*

Art. 142. La copulative *et*, insérée dans cet article, semble exiger cumulativement que celui qui paie ait *eu droit* d'obtenir et ait obtenu la cession des droits et actions du créancier.

Il serait en opposition avec l'article 143, à l'égard des codébiteurs ou cautions, puisque ce dernier article porte :
« que ceux qui sont tenus d'une même dette, *pour d'autres*
« ou *avec d'autres*, sont subrogés de plein droit aux droits et
« actions du créancier, sans qu'il soit nécessaire que cette
« cession ait été par eux requise. »

Substituer la disjonctive *ou* à la copulative *et*.

Art. 140 et 150. Sur le deuxième membre, *au domicile.* L'offre faite au domicile ne devrait être valable, lorsqu'elle n'a pas été faite en parlant à la personne, qu'autant que le débiteur aurait sommé le créancier de se trouver, à un jour fixe, dans son domicile, à l'effet d'y recevoir des offres.

Art. 151, n° 6. La disposition du n° 6 peut faire naître des difficultés, dans le cas où les contractans n'ont pas élu ou indiqué un domicile dans le lieu où le paiement doit être exécuté ; par exemple, si l'on a promis de livrer *en foire* d'une telle *ville.*

Ce cas peut se présenter fréquemment, et devrait être prévu.

Art. 176. Ajouter : *ou qui seraient susceptibles d'une prompte liquidation.*

1299   Art. 182. Cette disposition est extrêmement sévère.

1302   Art. 185. La classification de l'article 185 dans le titre *des conventions*, et l'obligation de restituer le prix, semblent indiquer que la décision contenue dans le dernier membre de l'article, concerne le débiteur d'un corps certain auquel il a été volé.

Dans ce cas, il serait injuste qu'il fût tenu indistinctement du vol ou de la perte de la chose volée, quelle qu'en fût la cause.

1315   Art. 197, *deuxième alinéa*. 1° L'article laisse à désirer ce qu'on entend par ces mots : *lorsqu'elle se trouve dans l'acte même.*

Expliquer si cette disposition doit être restreinte au seul cas où la lésion se démontre par l'acte même ; par exemple, si le mineur a fait quittance de 1,000 francs pour 900 francs.

= 2° Pour prévenir les procès et les frais que pourrait occasionner la lésion la plus modique, fixer le sens des termes *la moindre lésion*, et déterminer une quotité de la valeur de l'objet au-dessous de laquelle on ne pourra admettre l'action en restitution ;

= 3° Dans le cas où la vente des immeubles a été faite *sans formalités*, par le mineur lui-même, expliquer s'il pourra se pourvoir pendant trente ans, ou seulement dans le délai des actions rescisoires ;

Et s'il ne faut pas distinguer entre la vente *sans formalités*, consentie par le *tuteur*, et celle faite par le *mineur*.

1311   Art. 203. Expliquer si la simple *exécution* en majorité de l'acte passé en minorité aura le même effet que la *ratification*.

Il faut distinguer entre la réception du capital entier et les à-comptes, entre ceux-ci et la réception des intérêts, rentes et pensions ou autres prestations.

1326   Art. 216. L'expression *gens de la campagne* paraît trop vague.

Art. 225 et 226. Les expéditions en forme délivrées par le notaire recevant ou détenteur, devraient faire foi en justice, comme par le passé, lorsque l'original est perdu, sans qu'il fût besoin de compulsoire parties présentes ou dûment appelées.

Si ces articles subsistaient, l'état et la fortune des citoyens dépendraient des caprices des notaires, qui, en supprimant le titre original, pourraient anéantir les droits les mieux acquis.

Art. 228. Il suivrait de la première disposition de cet article, que les actes récognitifs les plus multipliés, suivis de leur exécution, ne suppléeraient pas le titre primordial.

Cette législation serait injuste, et contraire aux principes reçus jusqu'à ce jour.

SECTION II. — De la preuve testimoniale.

OBSERVATION GÉNÉRALE.

Les difficultés qui se sont élevées à l'égard du faux *énonciatif ou intellectuel*, et sur la question de savoir si la preuve en est recevable, exigeraient qu'il y fût pourvu par une disposition particulière.

Art. 259. Modifier cette disposition, dans le cas où la preuve contraire à l'affirmation se trouve établie par un écrit découvert depuis la prestation du serment, et retenu par le fait de la partie qui n'a gagné son procès qu'au moyen de l'affirmation.

TITRE III.—*Des engagemens qui se forment sans convention, ou des quasi-contrats et quasi-délits.*

Art. 15. Il est juste d'accorder les intérêts des dépenses *nécessaires et utiles* pour la conservation de la chose, à celui qui devient comptable de la restitution des fruits.

Art. 17. Les mots : *si on l'ignore*, peuvent faire douter s'ils s'appliquent à celui qui a jeté, ou à l'appartement dont la chose a été jetée.

Lire : *si on ignore de quel appartement la chose a été jetée.*

Sur le mot *solidairement.* Excepter ceux qui logent dans des appartemens qui ne donnent pas sur la rue, et ceux qui sont absens.

1385 Art. 20, *dernier membre.* L'expression *délit* est impropre, inapplicable au cas dont il s'agit, et doit être supprimée.

Le maître devrait être déchargé, en abandonnant l'animal qui a causé le dommage ; sauf le cas où on peut l'imputer à son imprudence.

TITRE IV. — *De la contrainte par corps.*

2062 Art. 1er, n° 9. Il y a même raison d'étendre cette disposition aux colons partiaires et chepteliers, à raison des bestiaux qui leur ont été confiés, quand même le bail ne contiendrait pas la stipulation de la contrainte par corps.

2063 Art. 5. La peine de la forfaiture ne peut être infligée aux tribunaux sans injustice, du moins à l'égard des juges qui auront été d'un avis contraire.

Elle ne peut recevoir son application, puisque les jugemens passent à la majorité des voix, et qu'il n'est pas fait mention *des noms des opposans.*

Cette disposition est, en outre, déplacée et injurieuse, et rappelle le régime révolutionnaire.

TITRE V. — *Du cautionnement.*

2021 Art. 7. Régler le mode d'exécution de la contrainte par corps.

TITRE VI. — *Des priviléges et hypothèques.*

ch. 2-
s. 1re. CHAPITRE Ier.—SECTION Ire.—Des priviléges sur les meubles.

OBSERVATION GÉNÉRALE.

La classification des créances privilégiées mentionnées

dans cette section n'est pas aussi méthodique qu'on pourrait le désirer.

Art. 8, n° 3. Ce privilége devrait avoir lieu *sur les fruits* appartenant aux colons partiaires, à raison des avances à eux faites pour leur nourriture, ou pour faciliter l'exploitation, sauf le privilége à raison des sommes dues pour les semences, et les frais de récolte ; 2102 1°

Et sur le prix des bestiaux et autres choses mobilières, à concurrence des avances faites pour leur conservation.

Sur le même n° 3. *Suivant les usages des lieux* : il serait à propos d'introduire des règles uniformes dans toute la France, sauf à prévoir les exceptions dans les cas extraordinaires ; par exemple, à l'égard des loyers des boutiques, pendant la durée de certaines foires.

Sur le n° 5. Il serait plus simple que le délai pour revendiquer les effets mobiliers non payés, fût le même que celui de dix jours accordés dans le n° 3 de ce même article, au propriétaire de la maison ou ferme, pour revendiquer les meubles qui garnissaient la maison ou la ferme. La différence de deux jours n'est pas importante pour l'exercice de l'action, et ne fait que compliquer les idées. =4°

Les séquestres devraient avoir le même privilége sur les fruits soumis à leur séquestration, pour les avances par eux faites pour leur perception, etc.

Art. 9. Le Code sera incomplet, si l'on n'explique pas sommairement en quoi consiste le privilége, à raison des contributions, ainsi que l'ordre dans lequel il s'exerce ; ce qui n'empêche pas qu'on ne comprenne les mêmes règles dans les lois administratives. fin de s. 1re- et 2098

Art. 10, n° 2. Expliquer si le cessionnaire pour partie du prix, venant en concours avec le vendeur lui-même, sera alloué avant, concurremment, ou après le vendeur. 2103

N° 3. Ajouter : « Pour le retour des échanges sur les im-
« meubles donnés par celui à qui le retour est dû. »

N° 4. Les architectes devraient passer avant le vendeur,

à concurrence seulement de l'augmentation que la chose a acquise par les constructions ou réparations.

2104 Art. 11. Il ne suffit pas de fixer les priviléges, il faudrait encore déterminer l'ordre dans lequel le privilége doit avoir lieu. Si les auteurs du projet ont entendu que les privilégiés doivent être alloués suivant l'ordre dans lequel ils sont classés dans le projet, la classification est injuste, et contraire aux principes suivis jusqu'à présent; par exemple, les frais de la dernière maladie, qui se trouvent placés en 8ᵉ rang, dans la 1ʳᵉ section, ont été, de tous les temps, alloués immédiatement après les frais funéraires, et devraient obtenir la 3ᵉ place dans l'ordre qu'on a suivi.

2121- Art. 19. Cet article ne parle que de la femme *commune* et
2135 de celle *séparée de biens* par son contrat de mariage.

On ne conçoit pas pourquoi il n'est pas parlé dans le projet, de l'hypothèque de la femme à raison de sa dot, de l'augment, de l'année de viduité, des habits de deuil, etc.

Cette lacune est d'autant plus extraordinaire, que le projet permet toutes sortes de stipulations dans les contrats de mariage.

Supprimer les termes *commune*, et ceux-ci : *séparée de biens*.

ap- Art. 21. La disposition de l'article 21 est extraordinaire;
2155 l'hypothèque ne devrait avoir lieu, à l'égard des mariages contractés en pays étranger, que du jour du report et de la transcription de l'acte de célébration sur le registre public du domicile de la partie, prescrits par l'article 27 du titre V du livre Iᵉʳ.

2123 Art. 29. On ne conçoit pas pourquoi l'hypothèque n'aurait lieu, à l'égard des jugemens par défaut, que du jour de la signification, comme s'il pouvait dépendre du débiteur de reculer la date de l'hypothèque, en ne se présentant pas.

ap- Art. 34. La rédaction de cet article pourrait être plus
2123 exacte; l'expression *ordonnée* paraît s'appliquer à la vente,

tandis qu'elle devrait s'appliquer au supplément, ce qui rend la disposition inintelligible.

Art. 35. Même observation que sur l'article 29.

Art. 36. Ces formalités paraissent inutiles, et sont gênantes pour les créanciers.

L'hypothèque sur les biens personnels de l'héritier devrait avoir lieu, à l'égard de l'héritier pur et simple, du jour qu'il a accepté la succession, ou fait acte d'héritier.

Art. 46. = 1° L'expression *toute contre-lettre* est impropre. Il conviendrait de la remplacer par celle-ci, *les contre-lettres*.

La disposition de cet article contrarie le principe établi par les articles 40 et 41 du même titre.

Le nouvel acte, quoique dérogatoire à un précédent, ne constitue pas moins une obligation qui doit avoir son entier effet, à compter de sa date, dès qu'elle a été passée en forme authentique.

Au surplus, les conditions exigées pour la validité de la contre-lettre passée en forme authenthique, sont trop difficiles, et peuvent être impossibles à remplir.

Il pourrait arriver que la minute du premier contrat fût adirée, que la représentation en fût refusée en cas d'absence, ou d'empêchement du notaire détenteur, ou de vacance de son office, ou bien qu'elle se trouvât au pouvoir d'un notaire de Paris, tandis que les parties seraient à Toulouse à l'époque de la nouvelle convention. La considération prise de l'adiration de la minute s'applique au registre de l'enregistrement.

La deuxième condition a l'inconvénient de livrer le sort de la contre-lettre, quoique revêtue des formalités prescrites, à la merci du tiers, déjà nanti d'une expédition du premier contrat.

Et la troisième offre celui non moins grave de subordonner la validité de la contre-lettre, au plus ou moins d'exactitude de la part du receveur de l'enregistrement.

D'après ces considérations, l'article est inutile ; il y est suffisamment pourvu par les articles 40 et 41.

OBSERVATION PARTICULIÈRE.

L'expérience a prouvé qu'il est indispensable de rapporter, sans délai, la disposition de la loi relative au timbre, qui défend d'écrire plusieurs actes sur le même papier ; et d'exiger au contraire que les actes et jugemens soient écrits de suite, et sans aucun blanc, sur des registres paraphés et numérotés. C'est le seul moyen d'empêcher qu'on ne puisse supprimer les actes.

2128 Art. 48. Ajouter : « ou du jour du jugement rendu en « France, qui les déclarerait exécutoires, ou portant hypo- « thèque. »

AUTRE OBSERVATION.

Il serait à propos de fixer l'époque à laquelle la procuration emportera hypothèque, soit en faveur du mandant, soit en faveur du mandataire, dans le cas où l'acceptation du mandat a lieu lors de la procuration, et dans celui où l'acceptation n'a lieu que postérieurement.

2180 Art. 75. On pourrait ajouter : « par la résolution du droit « de celui qui a constitué l'hypothèque, et par l'extinction « de la chose. »

Ibid. Art. 76. Expliquer si, dans le cas prévu par cet article, l'acquéreur sera subrogé aux droits du créancier qui a consenti à la vente, ou si l'hypothèque de ce créancier se trouve simplement anéantie par ce consentement tacite.

Si l'acquéreur n'était pas subrogé aux droits et hypothèques du créancier qui a consenti à la vente, il en résulterait (contre les termes de cet article) que la renonciation profiterait aux autres créanciers, et non à l'acquéreur : par exemple, supposons que l'hypothèque de ce premier créancier, qui a renoncé, absorbe toute la valeur de l'immeuble vendu ; si le bien rentrant dans la distribution, les autres créanciers peuvent faire valoir leurs hypothèques au préjudice de l'acquéreur, la renonciation tacite du créancier qui a consenti à la vente profitera aux autres créanciers.

Il paraît juste que, dans le cas de distribution, le créancier renonçant soit alloué en son rang, mais que néanmoins son allocation cède au profit de l'acquéreur. S'il en était autrement, l'acquéreur ne profiterait pas de la renonciation tacite du créancier qui a consenti à la vente.

Nota. Le projet laisse à désirer les règles relatives à la matière de la subrogation aux hypothèques, ainsi que celles concernant la cession et transport de ces mêmes droits, soit que la subrogation soit expresse, soit qu'elle soit tacite et légale. 2180

TITRE VII. — *Des lettres de ratification.*

t. 18-ch. 8 et 9.

Art. 1er. La distribution du prix de la vente, ordonnée par cet article, en faveur des créanciers privilégiés et hypothécaires, semble annoncer que la vente rend tous les capitaux exigibles. Il serait utile d'expliquer s'il doit en être de même à l'égard des capitaux des rentes constituées, et si le créancier pourra en exiger le remboursement contre l'acquéreur.

Art. 4. *Sur le dernier alinéa.* Expliquer si dans le cas de la nullité du contrat, ou de l'éviction de l'acquéreur, les créanciers qui auront obtenu leur paiement, seront tenus de rembourser ce qu'ils auront reçu.

Art. 9. Cet article sera obscur, si l'on n'explique pas quelles sont les voies de droit que le successeur à titre universel doit prendre pour acquérir sa libération, vu surtout que les articles 192 et 193 du titre *des Successions*, décident que les immeubles échus à chacun des cohéritiers, demeurent grevés, sauf le recours de chacun d'eux contre les autres cohéritiers.

Art. 10. Il doit en être de même dans le cas d'une licitation entre coassociés ou communistes.

2154   Art. 14. Le délai des oppositions est trop court ; il devrait durer autant que l'action hypothécaire, c'est-à-dire pendant dix ans.

Le renouvellement ne peut être utile qu'au fisc.

2121   Art. 15. Cette disposition est trop rigoureuse, et tiendrait le comptable et ses cautions dans un état perpétuel d'interdiction.

Elle est encore plus injuste à l'égard de l'acquéreur, qui doit être autorisé à opposer la prescription.

2134-2135   Art. 17. Désigner ceux qui seront tenus de faire opposition pour l'interdit contre son tuteur.

Art. 22. L'opposition du propriétaire devrait profiter à l'usufruitier.

Que deviendraient les intérêts de la créance échus pendant la durée de l'opposition faite par le propriétaire ?

Art. 24. Le projet ne prévoit pas les règles à suivre dans la distribution du prix de la vente, à l'égard de l'opposition, qui n'aura d'autre objet que celui de conserver une hypothèque éventuelle résultant de la garantie.

Art. 28. Indiquer le tribunal devant lequel l'action doit être intentée contre le créancier qui a fait des oppositions.

2157   Art 30. Les tuteurs et autres administrateurs n'ayant pas le pouvoir d'aliéner ne devraient être autorisés à donner le consentement à la radiation des oppositions faites au profit de ceux dont ils administrent les biens, à l'égard des créances formant des *capitaux*, qu'avec l'autorisation du conseil de famille.

2158   Art. 31. Au lieu d'exiger que celui qui requiert la radiation soit tenu de justifier de sa qualité, lorsqu'il aura signé les actes portant consentement à la main-levée, comme représentant l'opposant, l'article devrait déclarer que celui qui requiert la radiation justifiera de la qualité *de ceux qui ont consenti à la main-levée*, ou de ceux qui ont signé les actes mentionnés en l'article 30, comme représentant les opposans ou comme chargés de leurs procurations.

Pour prévenir les difficultés que pourraient faire les conservateurs, il conviendrait d'indiquer la forme en laquelle la qualité doit être justifiée, et d'énoncer s'il suffira d'exhiber ou de signifier au conservateur les actes constatant la qualité, ou s'il faudra encore les lui remettre.

Art. 32. Expliquer si l'obligation imposée par cet article de notifier le jugement *au domicile élu*, exclut la faculté de faire la signification *au vrai domicile* de l'opposant, à l'effet de faire courir utilement le délai après lequel il n'est plus permis de se pourvoir, et s'il faudra donner copie du jugement au conservateur. ap-
2160

Art. 35. Il n'y a pas de raison pour interdire à la partie la faculté d'appeler dans le délai ordinaire de trois mois. *Ibid.*

Il serait d'ailleurs extraordinaire qu'après avoir appelé du jugement, et signifié l'appel à la partie, même dans le mois, elle en fût déchue pour ne pas l'avoir notifié, dans le même délai, au conservateur.

Dans le cas où le jugement rendu en dernier ressort serait attaqué par la voie de la cassation ou de la requête civile, quel sera l'effet du jugement qui cassera, ou de celui qui entérinera la requête civile, à l'égard des droits acquis à des tiers dans l'intervalle ?

Art. 37. Il serait injuste que l'acquéreur n'eût pas, dans tous les temps, la faculté de poursuivre la radiation des oppositions inutiles.

Art. 38. Outre la mention du dépôt dans le registre à ce destiné, le greffier devrait être tenu de délivrer un récépissé du contrat.

Art. 41. On devrait, du moins, excepter le cas où il s'agit d'un corps de domaine situé dans plusieurs arrondissemens, et restreindre la disposition qui ordonne la ventilation, au cas où les immeubles situés dans divers arrondissemens sont indépendans les uns des autres ; puisque, suivant l'article 13, l'opposition faite audit cas, au bureau des hypothèques dans l'arrondissement duquel sont situés les bâti-

38.

mens d'exploitation, s'étend sur les immeubles qui en font partie, quoique situés dans un autre arrondissement.

Art. 45. On n'a pas prévu le cas où le vendeur n'élirait pas le même domicile, ou n'en élirait aucun.

Il faudrait déclarer qu'audit cas, les procédures pourront être faites contre lui, au domicile qu'il avait le jour de la vente, ou au domicile précédemment élu.

Art. 50. Lorsqu'il y a d'autres avantages stipulés par le vendeur, il est juste d'en ajouter le montant ou la valeur au prix principal, et que quotité de l'enchère soit relative à cet entier prix.

Art. 51. Il ne devrait pas y avoir lieu aux enchères, lorsque le prix est suffisant pour payer tous les créanciers opposans. Il serait bon d'expliquer si, dans le cas de la vente d'un fonds appartenant à plusieurs *par indivis*, le créancier de l'un des vendeurs pourra enchérir pour le tout ;

Si l'acquéreur pourra être contraint à délaisser le tout ;

Si, de son côté, il pourra obliger l'enchérisseur à prendre l'entier immeuble.

Art. 56. La disposition qui restreint l'enchère aux immeubles situés dans le ressort du tribunal où se poursuivent les lettres de ratification est injuste, lorsqu'il s'agit d'un seul corps de ferme dont les biens se trouvent dans divers arrondissemens ; car il y a lieu de présumer que l'acquéreur n'eût pas acheté une portion.

L'article 56 ne peut être maintenu qu'à l'égard des divers immeubles indépendans les uns des autres ; mais lorsque les immeubles, situés dans plusieurs arrondissemens, font partie d'un seul corps de domaine, il devrait suffire de prendre des lettres de ratification dans le bureau de l'arrondissement de la situation des *bâtimens d'exploitation*, puisque, d'après l'article 13 de ce titre, il suffit que l'opposition soit faite audit cas dans ce même bureau.

Art. 60. Prévoir les cas où il n'y aurait pas eu d'enchères pendant le délai prescrit. Il paraît convenable de les recevoir dans cette hypothèse, jusqu'au sceau des lettres de ratification.

Art. 61. On devrait expliquer qui profitera de la surenchère, supposé qu'elle excède ce qui est dû ;

Si l'acquéreur pourra demander une indemnité au vendeur, soit qu'il délaisse l'immeuble au dernier enchérisseur, soit qu'il fasse surenchère lui-même.

Art. 62. Il est important de fixer le délai dans lequel l'enchérisseur doit effectuer le paiement du prix de l'immeuble, et de déterminer,

= 1° Quelles sont les sommes qu'on doit regarder comme légitimement déboursées ;

= 2° Si l'acquéreur qui a commis des dégradations ou vendu des bois, etc., en devra compte à l'adjudicataire ;

= 3° Si l'adjudicataire ne payant pas dans le délai, il faudra user de saisie sur sa tête, ou faire ouvrir la folle-enchère ;

Même question à l'égard de l'acquéreur, à qui l'immeuble est adjugé ;

= 4° De quel jour l'acquéreur devra compte des fruits ;

Il paraît juste qu'il les gagne jusqu'au jour de l'adjudication ;

= 5° Si les créanciers de l'acquéreur pourront, en exerçant ses droits, user de la faculté qu'il a de retenir l'objet vendu, s'il ne veut pas le conserver lui-même ;

= 6° Si le fermier peut être évincé par l'enchérisseur (cela serait injuste) ; si, dans le cas de l'affirmative, il pourra demander des dommages, et contre qui.

Art. 73. Ajouter, à la fin de l'article : *sauf néanmoins le recours du conservateur contre le vendeur.*

Art. 82. *Sur le 2e membre.* L'acquéreur ne devrait être tenu de consigner qu'autant qu'il en serait requis par l'une des parties intéressées.

Art. 84. Même observation que sur les articles 41 et 56.

Nota. Il conviendrait de décider si l'acquéreur pourra,

après avoir déposé son contrat, renoncer aux lettres de ratification;

S'il aura encore cette faculté dans le cas où il y aurait eu des enchères;

Si, après avoir obtenu les lettres de ratification, il pourra se dispenser de payer les créanciers, en délaissant l'objet vendu.

TITRE VIII. — *De la vente forcée des immeubles.*

Art. 4. Sur la fin de cet article. Celui qui a des droits de propriété sur un immeuble n'en doit pas être dépouillé, pour avoir négligé de s'opposer avant l'adjudication.

2208 Art. 10. L'autorisation du mari à l'égard de la femme majeure et non commune est une formalité inutile et gênante, lorsqu'il ne s'agit que des biens libres de la femme.

Il conviendrait d'autoriser le juge à nommer d'office le tuteur, dans le cas où les parens refuseraient de s'assembler.

2213 Art. 11. Sur les mots : *titre exécutoire*. Il s'est élevé des doutes sur la question de savoir si la loi du 6 octobre 1791, qui autorise les notaires à délivrer les actes en forme exécutoire, est applicable à ceux passés antérieurement à cette loi. Il serait bon de faire connaître si l'on pourra saisir en vertu de ces actes.

Art. 12. Formalité inutile, et frais perdus.

Art. 21. D'après cet article, il serait à la disposition de l'avoué du saisi d'arrêter toutes les poursuites; ce qui annonce la nécessité de suppléer à son refus, de remplacer ou de supprimer la formalité du *visa*.

Art. 22. Les nullités de forme ne devraient vicier les actes postérieurs à l'acte nul, qu'autant qu'ils ne seraient pas indépendans de l'acte irrégulier, et qu'ils ne sauraient subsister sans lui : il paraît que tel est le sens de l'article ; mais il pourrait être autrement interprété.

Art. 23. « Au jour indiqué par la loi. » L'article, ainsi

qu'il est conçu, annoncerait que l'appel ne devrait pas être reçu, si la citation n'avait pas été donnée précisément au jour indiqué par la loi.

Il peut cependant arriver qu'une partie ignore la véritable distance des lieux, ou que, par d'autres motifs, elle cite à un trop court ou à un trop long délai, ce qui ne doit pas opérer la déchéance de l'appel.

On préviendrait tous les subterfuges, en déclarant que l'appel ne sera pas reçu, s'il ne contient citation devant le tribunal, pour y voir statuer, dans un délai déterminé, sauf à la partie adverse à l'anticiper s'il y a lieu.

Art. 25. Expliquer si la voie de l'opposition sera interdite au poursuivant.

Dans le cas où elle lui serait ouverte, la procédure ne devrait pas être suspendue.

Art. 31. L'omission ou la désignation inexacte des noms des colons partiaires qui exploitent les biens ne devrait pas entraîner la nullité de la saisie réelle, si ces noms n'étaient pas connus, pourvu que d'ailleurs les objets saisis fussent bien désignés, etc.

Art. 33. Substituer les *adjoints* du juge-de-paix aux *assesseurs*, qui n'existeront plus lors de la publication du Code.

Art. 34. Cet article devrait déclarer si le défaut de signification du procès-verbal de la saisie réelle au saisi, *dans les délais fixés*, opérera la nullité de la saisie.

Supprimer les dernières dispositions de l'article, depuis les mots *auquel cas*, comme tendant à multiplier, sans objet, les frais et les longueurs, et attendu que les créanciers sont dispensés, par l'article 27 de ce titre, d'énoncer le montant de leurs créances.

Art. 38 et 39. Si les dispositions de ces articles sont de rigueur, et si leur inexécution doit entraîner nullité du procès-verbal de la saisie réelle, il serait convenable d'infliger une peine au greffier, en cas de contravention ou de négligence.

Art. 40. Même observation que sur l'article 31.

Art. 41. Même observation que sur l'article 39.

Art. 43. Pareil extrait devrait être affiché aux portes des maisons d'exploitation, soit qu'elles soient habitées par des *colons partiaires*, ou par des *maîtres-valets* ou *serviteurs à gages*.

Art. 44. Expliquer si la connaissance du délit prévu par cet article doit appartenir au tribunal correctionnel ou au tribunal civil devant lequel l'instance de distribution est pendante.

Art. 50. Il n'y a pas de raison pour ne pas remplir, dans le cas de la saisie additionnelle, les formalités exigées par la section II, aussi bien que celles prescrites par la section Ire.

Art. 55. Désigner le tribunal compétent pour connaître du trouble apporté au séquestre par le débiteur saisi.

Art. 57. La voie de l'appel devrait être autorisée contre le jugement qui arrête le compte, lorsqu'il s'agit de plus de 1,000 francs, mais sans retardation des poursuites.

Il devrait aussi être permis de prendre communication du compte pendant un court délai.

Art. 60 et 61. Il y a trop de rigueur à soumettre le fermier au paiement du prix total du bail, faute par lui d'avoir négligé de faire la déclaration exigée par ces articles.

Art. 63. La faculté accordée par cet article au séquestre, de vendre les fruits pendans par les racines, sans aucune formalité de justice, peut occasioner beaucoup de fraudes.

Art. 64. La mention faite au procès-verbal d'adjudication ne paraît pas suffisante ; il serait à propos que chaque publication au bruit du tambour fût constatée par un procès-verbal particulier.

Art. 66. Dans le cas où l'obligation imposée au fermier de payer six mois d'avance n'aurait pas été mentionnée dans le cahier des charges, il suffirait qu'elle fût portée dans le procès-verbal d'adjudication.

Sur les termes : *en la manière accoutumée*. Régler la forme en laquelle la caution devra être reçue, ou s'en référer à celle qui sera réglée par le Code judiciaire. Dans tous les cas, le poursuivant et le saisi devraient y être appelés.

Art. 67. Cet article devrait prévoir le cas où l'enchère ne sera pas portée à concurrence de la moitié de la mise à prix.

Art. 69. Ajouter la restriction : *si tant la saisie dure*, surtout lorsque la saisie prend fin par le paiement que fait le débiteur saisi.

Il suffirait, dans ce cas, que le fermier judiciaire continuât l'exploitation pendant l'année commencée.

Art. 70. Il peut y avoir du danger à s'en remettre au séquestre sur la nécessité des réparations.

On ne devrait, du moins, l'autoriser à faire de réparations s'élevant à 150 francs, qu'autant que cette somme n'excéderait pas la valeur du quart des fruits du bail.

Le poursuivant et le saisi devraient encore en être prévenus par une dénonciation.

Art. 72. Cette disposition est injuste, et blesse les droits de la propriété.

Art. 89. Cette disposition est d'une injustice révoltante à l'égard du propriétaire en tout ou partie de l'immeuble saisi, qui ne serait pas débiteur.

Art. 92. Cet article ouvrira la porte à beaucoup de fraudes.

La disposition surtout qui porte qu'après la mort de l'avoué de l'opposant, les poursuites seront continuées au domicile de cet avoué, est injuste et inadmissible. En effet, les poursuites ne peuvent être faites qu'avec une personne vivante. Il est extraordinaire qu'elles puissent être signifiées à un domicile qui sera peut-être abandonné de suite après la mort de l'avoué.

Art. 93. Les dispositions de cet article sont subversives

de tout droit de propriété, et ne sauraient subsister dans le Code d'une nation civilisée.

On ne peut exiger que celui dont on saisit mal à propos la propriété soit obligé, quoiqu'il ne doive rien, de s'opposer, avant l'adjudication, à une saisie dont il est même possible qu'il ne soit pas instruit.

Il ne doit être permis, dans aucun cas, d'exproprier irrévocablement celui qui n'est pas débiteur.

La troisième disposition est encore plus injuste, en ce qu'elle refuse d'admettre l'opposition postérieure au congé d'adjuger.

Art. 94. Le tiers qui ne doit rien, et dont la chose a été injustement saisie, doit non seulement être reçu à s'opposer en tout état de cause, mais encore être admis à poursuivre la nullité de la vente, avec des dommages et intérêts, même après l'adjudication, et pendant tout le temps de la prescription.

Art. 95. L'opposition à fin d'annuler doit suspendre les poursuites de la saisie réelle.

Celle à fin de distraire devrait les suspendre à l'égard des objets dont la distraction est demandée.

Art. 96. D'après les motifs ramenés dans les précédentes observations, il est évident que le délai de quinzaine pour appeler est trop court. La signification de jugemens aussi importans devrait être faite à la personne de l'opposant, ou à son vrai domicile, notamment lorsque son avoué est décédé.

Art. 97. « *Il est passé outre à l'adjudication.* » Cette disposition, quoiqu'elle présente une moindre injustice que les précédentes, est cependant attentatoire aux droits de la propriété.

Ces droits doivent être respectés, soit qu'il s'agisse de la totalité des biens compris dans une saisie, soit que l'opposition ne frappe que sur une partie des objets saisis.

Art. 103. Cet article fait ressortir toute l'injustice des précédens.

Art. 119. L'intérêt des créanciers intermédiaires paraît s'opposer à ce que les dépens soient alloués au même rang que le capital. tit. 19.— ch. 2.

Art. 128. Les créanciers opposans devraient être reçus, dans tous les cas, à produire leurs titres jusqu'à l'adjudication, et même postérieurement, sauf à faire supporter les frais à ceux qui auraient différé de produire.

Art. 131 et 132. Le délai fixé par ces articles pour former des réclamations, et la forme en laquelle elles sont portées à l'audience, ne répondent pas à l'importance des questions qui peuvent s'élever à la suite d'un procès-verbal d'ordre.

On devrait au moins déclarer que le délai péremptoire ne s'applique qu'aux réclamations à faire devers le greffe, et réserver aux opposans la faculté d'intervenir à l'audience pour y faire juger leurs réclamations, à leurs frais, et sans espoir de répétition.

Art. 134. L'appel devrait suspendre au moins l'adjudication, lorsque la majorité des créances est contestée.

Art. 136 et 137. L'article 136 veut que le jugement qui prononce le congé d'adjuger soit rendu sans citation préalable. tit. 19-fin du c. 1ᵉʳ.

L'article 137 parle de plusieurs jugemens et suppose des citations.

Expliquer de quels jugemens l'article 137 entend parler, sans quoi ces deux articles seraient en contradiction.

Art. 146. Le jugement qui aura admis ou rejeté les moyens de nullité peut être injuste : la faculté d'en appeler, s'il est contradictoire, ou de l'attaquer par la voie de l'opposition, s'il est par défaut, ne doit pas être interdite aux parties intéressées.

Art. 149. Puisque l'article autorise le renvoi sans nouvelle affiche et sans nouvelle publication, il n'y aurait pas d'inconvénient à permettre une affiche surabondante, si les enchères sont trop modiques.

Art. 163. Le projet devrait prévoir le cas où il y a lieu à la garantie, le délai dans lequel elle devra être exercée, et expliquer si elle pourra être dirigée contre le poursuivant, contre le saisi, ou contre les créanciers qui auront reçu.

Art. 164. Si le jugement d'adjudication est injuste, si le tribunal a violé les formes prescrites par les lois ; par exemple, relativement au nombre des feux, à la quotité des enchères et autres semblables, il n'y a pas de raison pour faire exception aux règles ordinaires, et refuser aux parties intéressées la faculté de l'attaquer par la voie de l'appel ou de la cassation, lorsqu'il est en dernier ressort.

Interdire ces deux voies, c'est accorder au tribunal qui prononce l'adjudication la liberté de s'élever au-dessus de toutes les règles, de négliger les formalités les plus importantes, et de disposer arbitrairement de la fortune des citoyens.

Art. 168. D'après cet article, on pourrait déclarer la folle-enchère contre l'adjudicataire, faute de versement de la part du dépositaire entre les mains duquel l'adjudicataire aurait consigné : ce qui serait injuste.

Art. 170. Le bref délai dont il est parlé dans cet article ne devrait pas être soumis au caprice ou à l'impatience du poursuivant ; il devrait être au moins de trois jours.

Le projet ne dit pas si le jugement qui déclare la saisie valable devra être signifié au saisi, et si celui-ci pourra en appeler.

Art. 174. Cette fin de non-recevoir est trop rigoureuse, surtout à l'égard d'un défaillant.

Art. 175. Si l'on n'a fait qu'une remise, si l'on a manifestement violé d'autres formalités impérieusement ordonnées, comment pourra-t-on remédier à ces contraventions, si l'on ne peut se pourvoir ni par appel, ni par cassation ?

Art. 176. Mauvaise rédaction ; on ne voit pas à quoi se rapportent les termes : *elle peut être adjugée.*

Art. 178. Si la vente sur publications ne purge pas les priviléges et les hypothèques, on ne trouvera jamais des enchérisseurs, puisque l'adjudicataire pourrait être dépossédé dès le lendemain de l'adjudication par les créanciers non payés.

Il faudrait au moins, en établissant cette règle, permettre à l'adjudicataire de prendre des lettres de rescision, et postposer l'ordre des créanciers à l'expédition de ces lettres.

Nota. Il n'a été rien dit dans ce titre sur les saisies des fruits, les saisies-arrêts, et autres saisies mobilières.

Il n'y est pas question non plus de la préférence entre les divers créanciers saisissans : ces objets méritent qu'on leur assigne des règles particulières.

REMARQUES SUR CE TITRE.

Le grand nombre d'observations qu'on vient de faire sur ce titre indiquent assez qu'il a besoin d'être entièrement refondu, ou plutôt, qu'il doit être remplacé par un nouveau projet.

En effet, les droits de la propriété y sont entièrement méconnus ;

Les intérêts du débiteur, les droits des tiers propriétaires, ceux des créanciers y sont sacrifiés à la sûreté de l'adjudicataire ;

Les formalités y sont et trop multipliées, et trop rigoureuses ;

Il donne trop de latitude à l'attribution et au pouvoir des tribunaux de première instance, non-seulement en ce qu'ils prononceraient en dernier ressort, quelque considérable que soit l'objet de la contestation ; mais encore en ce qu'il les soustrait à la censure du tribunal de cassation, quelque importantes que soient les formalités qui pourraient avoir été violées, du moins en ce qui concerne les parties intéressées.

TITRE IX. — *Des donations entre vifs, et du testament.*

901-902 Art. 4. La preuve de la captation ou suggestion devrait aussi être admise, lorsqu'elles ont été accompagnées de dol ou de fraude.

904 Art. 5. Il n'y a point de motifs pour priver le mineur émancipé, de la faculté de donner par testament l'entière portion disponible.

905 Art. 7. La défense de donner entre vifs sans l'autorisation du mari, devrait être restreinte à la femme commune en biens.

909 Art. 14. Il n'y aurait pas d'inconvénient à faire une exception à l'égard des libéralités modiques, dont on pourrait fixer la quotité, en faveur de l'officier de santé, surtout lorsqu'il est parent du malade.

917 Art. 17. Cet article introduit une innovation qui, sans aucun motif, peut contrarier les sentimens les plus légitimes, et même les devoirs les plus sacrés.

La modicité de la portion disponible en usufruit, privera souvent un ami ou un parent de la douceur de donner une marque de son attachement ou de sa reconnaissance à un ami ou à un parent non successible auquel il peut avoir de grandes obligations.

Ces considérations font espérer qu'on permettra de disposer en usufruit d'une quotité plus forte qu'en toute propriété.

919 Art. 19. « Par préciput et hors part. »

Ces expressions pourraient faire croire qu'elles doivent être employées cumulativement.

921 Art. 22. Retrancher le mot *même* à la ligne du dernier membre de cet article.

922 Art. 23. Il serait à propos de déclarer si le rapport fictif dont il est parlé dans cet article, doit s'étendre aux donations

faites avant la publication des nouvelles lois relatives aux successions, et même aux donations faites en ligne collatérale, qui, suivant les anciennes lois, n'étaient pas sujètes à rapport.

Art. 26. S'il n'y a que des donations à cause de mort excédant la quotité disponible, il paraît naturel de croire qu'on suivra dans la réduction la règle portée par cet article, c'est-à-dire que le quart prélevé pour le légataire à titre universel, le surplus se contribue au marc le franc entre tous les légataires particuliers : il convient cependant de l'expliquer.

Art. 27. Il serait juste de ne soumettre le légataire à la restitution des fruits, que du jour de la demande en réduction.

Art. 29. L'observation sur l'article 27 s'applique, à plus forte raison, à la disposition de l'article 29.

A la fin de l'article 29, substituer les mots : *le donataire lui-même*, à ceux-ci : *le donateur lui-même*.

Art. 32. Il serait à désirer que l'époux prémourant fût autorisé à conférer à son conjoint survivant, la faculté d'élire un, ou plusieurs de leurs enfans, ou celui que le survivant jugerait le plus digne, pour recueillir la portion disponible qu'il désirerait leur laisser.

Cette disposition ne présente ni les caractères ni les inconvéniens des fidéi-commis : elle produirait des effets salutaires, en offrant une récompense à la bonne conduite des enfans, et en les excitant tous à s'en rendre dignes.

Art. 33. Cet article devrait être modifié; les établissemens publics et gens de main-morte devraient au moins être obligés d'aliéner les immeubles dans un court délai, afin de prévenir le retour des abus résultant de l'inaliénabilité des biens-fonds.

A l'égard des dons de sommes modiques ou d'effets mobiliers, la nécessité d'obtenir l'autorisation du Gouvernement paraît moins nécessaire.

911-
918   Art. 34, 35 et 36. La libéralité devrait être seulement réductible dans le cas de ces articles, à concurrence de la portion disponible.

951   Art. 44. Chacun ayant la liberté d'imposer à ses libéralités les restrictions et les conditions licites qu'il juge à propos, il paraît que le donateur devrait être autorisé à stipuler le droit de retour, même dans le cas où le donataire non descendant du donateur laisserait des descendans.

Le droit de retour devrait encore avoir lieu, *sans stipulation*, en faveur du donateur ascendant, à l'égard des dons ou libéralités par lui faites, même hors du contrat de mariage, en faveur de ses descendans morts sans postérité, sauf les droits acquis à des tiers à titre onéreux.

932   Art. 47. Il conviendrait d'ajouter à la fin du premier alinéa, que « l'acceptation de la donation doit être ex-
« presse. »

933   Art. 48. Lorsque l'acceptation est postérieure à la donation, il paraît que la procuration doit être seulement annexée à l'acte contenant l'acceptation, mais que néanmoins l'acceptation et la procuration doivent être notifiées au donateur.

934   Art. 49. La femme non commune ne devrait avoir besoin ni du consentement de son mari, ni de l'autorisation du juge pour accepter la donation faite en sa faveur.

935   Art. 50. Cette disposition devrait être restreinte au mineur non émancipé.

936   Art. 52. Régler la forme de l'acceptation du sourd et muet, et celle de la nomination du curateur qui doit lui être donné à cet effet.

939-
941   Art. 55. Fixer le délai dans lequel l'insinuation devra être faite, ainsi que ses effets, tant à l'égard des tiers acquéreurs et des créanciers, qu'à l'égard des héritiers du donateur.

940   Art. 56. On ne voit pas d'inconvénient à accorder au mineur la faculté de faire insinuer la donation faite en sa faveur.

Sur le 3ᵉ membre de cet article. La faculté accordée à la femme mariée de faire insinuer la donation, sans l'autorisation de son mari, lorsque celui-ci ne remplit pas cette obligation, prouve que l'autorisation du mari n'est qu'une vaine formalité à l'égard de la femme non commune.

Art. 57. L'article 55 veut que l'insinuation soit faite sur les registres tenus *dans les bureaux d'insinuation :* l'article 57 exige qu'elle soit faite sur les registres *hypothécaires.* [942]

Cette double dénomination peut jeter de l'incertitude dans les esprits.

Art. 58. Sur les termes : « *Une donation qui n'est pas revêtue des formalités ci-dessus est nulle.* » [ap-942]

Les expressions *ci-dessus* sont trop générales et trop vagues, et pourraient faire croire que le défaut d'insinuation opérerait la nullité de la donation, même pendant la vie du donateur ; en quoi il serait en opposition avec le dernier membre de l'article 55, avec les principes et avec les lois existantes.

Art. 59. Les motifs qui avaient fait admettre la révocation des donations par survenance d'enfans étaient pleins de sagesse et conformes au vœu de la nature. L'affection des parens pour leurs enfans étant la même dans tous les temps et dans tous les pays, la loi devrait annuler dans ce cas la donation même pour la portion disponible. [953]

Art. 60. Le refus d'alimens légalement constaté ; [955]

La diffamation publique ;

La dénonciation pour délit grave jugée calomnieuse, ou à la suite de laquelle le donateur aurait été acquitté, devraient aussi opérer la révocation pour cause d'ingratitude.

L'article 135 de ce titre admet comme une cause de révocation de la donation testamentaire, l'injure faite à la *mémoire* du donateur : l'ingratitude est encore plus formelle et plus répréhensible dans les cas ci-dessus, puisque le donateur est vivant.

Art. 68. Même observation que sur l'article 59. [960 et suiv.]

979-
976
Art. 71. L'on ne voit pas d'inconvénient à autoriser les personnes sachant lire et écrire, mais que leur faiblesse ou quelque accident empêche d'écrire leur testament, à disposer sous signature privée, en la forme prescrite par cet article, pourvu que le testament soit signé du testateur.

980-
975
Art. 73. L'assistance du témoin parent ou allié au degré prohibé d'un des donataires, ne devrait invalider que la disposition faite en faveur de celui dont le témoin est parent ou allié.

Il serait à propos de déclarer si le notaire recevant, ou du moins celui qui l'assiste, est assimilé à cet égard aux témoins.

985
Art. 84. Ajouter que le donateur signera ses dispositions, s'il sait ou peut signer ; et, en cas qu'il déclare qu'il ne sait ou ne peut le faire, qu'il en sera fait mention ;

Que ces actes seront signés par ceux qui les recevront, ainsi que par les témoins ;

Que néanmoins, dans le cas où le donateur signera, il ne sera pas nécessaire d'appeler des témoins qui sachent signer, mais, qu'audit cas, lorsque les témoins ou l'un d'eux déclareront qu'ils ne savent ou ne peuvent signer, il suffira d'en faire mention.

1012
Art. 108. Déclarer que les donataires à titre universel seront tenus des dettes et charges *au prorata de l'émolument* qu'ils retirent de la succession, et sans distinction entre les biens meubles et les immeubles.

1035-
et av.
Art. 123 et 124. Expliquer si la condition de six jours de survie sera nécessaire pour la validité de la révocation.

1038
Art. 127. Cette disposition devrait être limitée au cas où l'effet légué a été hypothéqué spécialement.

Dans le cas de l'hypothèque générale, le légataire attaqué en déclaration d'hypothèque devrait avoir son recours contre les héritiers.

1047
Art. 135. Lorsque le légataire est l'auteur ou le cou__
de la mort du donateur, le délai fixé pour l'exercice de l'ac-

tion en révocation ne devrait courir que du jour de la condamnation ; mais ceux des héritiers qui auraient négligé de dénoncer et de poursuivre l'auteur et les complices de ce crime ne devraient pas être admis à former la demande en révocation.

Il serait utile de déclarer à qui (dans ce cas) appartiendront les objets dont sera privé le légataire qui aura été condamné sur la dénonce et les poursuites de toute autre que les héritiers ou quelques-uns d'entre eux.

Art. 148. Pour prévenir des contestations sur ce qu'on doit entendre par *sommes modiques*, déterminer une quotité quelconque, mais fixe, au-dessus de laquelle le donateur ne ne pourra disposer à titre gratuit, au préjudice de l'institution, ou la donation *des biens qu'il laissera à son décès*. 1083

Art. 149. *Sur le premier membre.* Lorsque l'état mentionné dans cet article ne comprend pas certaines dettes passives, les créanciers chirographaires, dont les créances auraient été omises, pourront-ils (en cas d'insuffisance des biens à venir) recourir contre le donataire à titre universel qui s'en est tenu aux *biens présens* ? 1084-1085

Art. 161. Même observation que sur l'article 41 du titre *des Successions*, à l'égard du partage des dons que l'époux remarié a recueillis de la libéralité de son premier époux. 1098

Nota. Il serait essentiel d'expliquer, = 1° si le donataire qui a accepté une donation entre vifs, sera reçu à la répudier en tout temps, dans le cas où elle lui serait onéreuse ;

= 2° Si le donataire *des biens présens et à venir* aura la même faculté après l'option.

TITRE X. — *Du contrat de mariage.*

Art. 6. = 1° Le silence de cet article à l'égard du mineur de 21 ans, pourrait faire croire que ce mineur n'aura pas la lib— —e changer ses conventions matrimoniales, même avec le consentement des parens qui ont assisté au contrat. 1396

39.

== 2° Les termes *ceux-ci*, paraissent impropres et ne se rapporter qu'aux parens composant le conseil de famille, et non pas aux ascendans ; il y a cependant plus de raison d'exiger le consentement des ascendans que celui des collatéraux.

Leur substituer l'expression, *lorsqu'ils ont assisté au contrat et l'ont signé*.

ap-
1396-
1397 Art. 7 et 8. Expliquer si les conventions par lesquelles les époux apportent des changemens à celles contenues dans le contrat de mariage, dont il est parlé dans l'article 8, comprennent les contre-lettres dont il est parlé dans l'article 7, ou si l'on entend établir quelque différence entre ces conventions et les contre-lettres.

1398 Art. 8. Les termes *à l'égard des tiers*, sont équivoques, et peuvent faire douter si la convention est nulle, lorsqu'elle est faite *en faveur d'un tiers* ou *contre le tiers*, ou enfin, soit qu'elle soit favorable ou nuisible au tiers.

On ne devrait pas accorder la facilité de déroger aux conventions matrimoniales, sans le concours de tous ceux qui y sont intervenus.

Les précautions indiquées par cet article ne sont pas suffisantes, puisqu'il serait facile d'insérer la nouvelle convention à la suite du contrat, à l'insu des personnes intéressées.

D'après les articles 5, 6, 7 et 8, on peut déroger aux conventions matrimoniales jusqu'à la célébration.

Si elle est retardée, il deviendra souvent impossible d'insérer la nouvelle convention à la suite du contrat.

1401 Art. 14. La communauté ne devrait se composer que des meubles dont il est parlé dans le n.° 1ᵉʳ, et des fruits, revenus et intérêts échus ou perçus pendant le mariage, mentionnés dans le n° 2 de cet article, à concurrence de ce qui est nécessaire pour l'entretien de la famille.

1402 Art. 15. L'expression *appartenu* semblerait exiger que la propriété de l'immeuble eût été consolidée sur la tête de l'époux avant le mariage, tandis qu'il doit suffire qu'il *l'ait possédé* avant le mariage.

Art. 17. Le mot *consenti* est impropre ; on pourrait en induire la nécessité d'une stipulation expresse de la communauté. 1404

Art. 18. Étendre cette disposition aux libéralités, soit entre vifs, soit à cause de mort. 1405

Art. 21. Il serait juste que l'immeuble acquis par licitation restât à celui des deux conjoints qui en était originairement propriétaire par indivis, sauf la récompense. 1408

Art. 23. Déterminer d'une manière nette et précise ce qu'on entend par *dettes mobilières*; la dette devrait acquérir une date certaine, par la mort du créancier qui aurait souscrit un acte synallagmatique avec la femme. 1410

Art. 25. L'article devrait déclarer qu'il y a lieu à la récompense, dans le cas du paiement des dettes d'une succession purement immobilière, et, à plus forte raison que dans le cas de l'article 27, où la succession n'est immobilière qu'en partie. 1412

Art. 27. « Autres que ceux dépendant de la succes- « sion. » 1416

On pourrait induire de ces termes que les créanciers ne pourraient point agir sur les biens immeubles dépendans de la succession, au lieu qu'ils ont le droit de poursuivre leur paiement, tant sur la propriété que sur les jouissances de ces biens.

Art. 31. « Sans tradition *réelle, avec réserve d'usufruit.* » 1422
La rédaction serait plus claire si elle était ainsi conçue : « Sans tradition réelle ; la réserve d'usufruit ne pouvant, « dans ce cas, tenir lieu de tradition. »

Art. 33 et 34. Le principe adopté dans l'article 34 devrait s'appliquer à l'article 33. 1424-1425

Art. 38. On préviendrait beaucoup de fraudes en déclarant que les baux ne dureront que pendant trois ans, après la dissolution du mariage. 1429-1430

1436   Art. 44. Lire : « Le remploi du prix de l'immeuble ap-
« partenant au mari. »

1442   Art. 52. Il y a trop de rigueur dans la disposition qui
prive le conjoint survivant (tuteur de ses petits-enfans mineurs) de la moitié de la part qui lui revient dans le partage de la communauté, lorsqu'il néglige de faire inventaire.

Il ne devrait pas être traité avec plus de rigueur que le
père ou la mère qui tombe dans la même négligence.

1444   Art. 59. Lorsque la séparation de biens est fondée sur des
causes légitimes, on ne devrait pas obliger la femme à poursuivre, sans interruption, le paiement de ses reprises.

1450   Art. 68. Il est contradictoire que le mari, qui est garant
du défaut d'emploi, ne soit pas garant de l'*utilité de l'emploi*.

1455   Art. 74. Il y a de l'injustice à priver la femme de la faculté de se faire restituer, contre la qualité de commune,
par elle prise *avant d'avoir* fait inventaire, lorsqu'elle est
encore dans le délai, puisque ce n'est que par l'inventaire
qu'elle peut connaître s'il lui est avantageux ou nuisible de
renoncer à la communauté.

1530-   Art. 114. = 1° Il est extraordinaire que, dans le cas d'ex-
à 1532 clusion de communauté, le mari ait le droit de percevoir
les capitaux ;

= 2° Aux mots : *après la dissolution de la communauté*,
substituer ceux-ci : *dissolution du mariage*; attendu qu'on s'occupe des effets des conventions exclusives de la communauté.

Il est juste aussi que, par la séparation de biens ordonnée
en justice, le mari perde l'administration des biens propres
de la femme.

TITRE II. — *De la vente.*

1590   Art. 9. Cet article est en opposition avec les principes
posés dans l'article 8.

La circonstance qu'il a été donné des arrhes, ne peut autoriser l'une des parties à résilier le contrat sans le consen-

tement de l'autre, lorsque la promesse de vendre est parfaite et vaut vente, par le consentement réciproque des deux parties sur la chose et le prix, ainsi qu'il est porté par l'article 8.

Une pareille disposition troublerait le commerce.

Ce n'est que dans le cas où la promesse de vendre n'est pas parfaite, qu'il peut être permis à l'une des parties d'empêcher qu'elle ne s'accomplisse, en perdant les arrhes ou en les doublant.

Art. 11. Si le tiers, auquel les contractans s'en seraient rapportés, fixait le prix ou fort au-dessus ou fort au-dessous de la valeur de la chose, la partie lésée devrait être autorisée à demander une estimation par experts.

Le projet ne prévoit pas le cas où la vente aura été convenue suivant l'estimation qui sera faite par experts.

Art. 17. Excepter le cas où le vendeur se sera porté fort de faire ratifier la vente par les propriétaires.

Art. 25. Même observation que sur l'article 38 du titre II du livre III.

La tradition des immeubles ne devrait point s'opérer par l'acte, même public, *au préjudice des tiers*, lorsque le vendeur n'a pas cessé de jouir des biens ; par exemple, s'il a réservé l'usufruit, ou joui à titre de fermier, ou de colon partiaire.

Art. 26. *Sur le troisième alinéa.* La tradition des effets mobiliers, *par le seul consentement, lorsque le transport ne peut s'en faire au moment de la vente*, ne devrait pas être opposée, avec avantage, au tiers qui aurait acheté *avant la tradition effective, ou la délivrance des clefs.*

Expliquer si la tradition des meubles aura lieu par le seul consentement, lorsqu'il en a été passé un acte, quoique le transport puisse s'en faire au moment de la vente.

Art. 27. La simple souffrance ne peut valoir tradition à l'égard des créances, au préjudice d'un tiers.

Art. 35. Le vendeur ne pouvant transmettre à l'acquéreur plus de droits sur la chose vendue qu'il n'en a lui-même, le tiers, qui est copropriétaire d'une portion des fruits, à quelque titre que ce soit, doit être autorisé à les percevoir, nonobstant la vente.

1620 Art. 41. Ajouter : « avec les intérêts du supplément du « prix, si l'acquéreur a gardé l'immeuble, mais seulement « du jour de la demande. »

1630 Art. 51. Ajouter : « les frais et loyaux, coûts du con- « trat, etc. »

1634 Art. 55. Le vendeur, même de bonne foi, devrait être tenu de rembourser, ou faire rembourser, non-seulement les améliorations, mais encore toutes les réparations.

1641 et ap- Art. 62. Sur les termes : *est tenu de garantir les qualités nuisibles de la chose vendue*. Cette expression présenterait un contre-sens. On a voulu dire, sans doute : *Le vendeur est tenu de la garantie, à raison des défauts cachés de la chose vendue.*

Sur les mots: *suivant les usages des lieux*. Il n'y a pas de raison pour laisser subsister, en cette matière, des usages différens ; il convient que le Code pose des règles uniformes, et qu'il entre dans tous les détails nécessaires.

1648 Art. 69. Déterminer des délais uniformes pour tous les lieux, et les graduer suivant la nature des vices qui donnent lieu à l'action rédhibitoire.

1653 Art. 74. Excepter le cas où il a été stipulé, dans le contrat de vente, que, nonobstant le trouble, l'acheteur paiera.

1656 Art. 77. En matière de vente de marchandises, denrées et effets mobiliers, la résolution de la vente devrait avoir lieu de plein droit, et sans sommation, après l'expiration du terme convenu pour le retirement ; parce que le plus souvent, en cette matière, la fixation du terme est une condition substantielle de la vente, notamment à cause de la variation rapide du prix des marchandises et des denrées.

1672 Art. 93. *Sur le deuxième alinéa :* « Mais s'il y a eu partage « de l'hérédité, *ou* que la chose.... » Substituer la conjonctive *et* à la disjonctive *ou*, qui serait en contradiction avec les principes posés dans le premier membre de cet article.

Art. 94. Les créanciers, ayant en général la faculté d'exer- ap-1672. cer tous les droits et actions de leur débiteur pour la sûreté de ce qui leur est dû, il serait injuste de leur interdire le droit d'exercer la faculté de réméré, que leur débiteur s'est réservée.

Nota. Il serait nécessaire de s'occuper du pacte, de préférence, soit pour l'admettre, soit pour le supprimer.

Si on juge à propos de l'admettre, il convient d'expliquer s'il doit être considéré comme *réel* ou comme *personnel*, et de fixer le délai dans lequel il devra être exercé.

Dans tous les cas, il faudrait en borner l'exercice à la première mutation.

CHAPITRE VI, SECTION II. — Art..... Il serait à propos sec. 2. de déclarer si l'action en rescision, pour cause de lésion, pourra avoir lieu à l'égard des ventes faites sous la réserve d'une *pension viagère*, soit pour la totalité du prix, soit pour partie ;

Et de prévoir les cas, ou des effets mobiliers ont été vendus, conjointement avec des immeubles, à un seul et même prix, sans division, ou bien à un seul prix divisé entre les meubles et les immeubles ; ou enfin à des prix différens.

On jugeait constamment, au ci-devant parlement de Toulouse, que, dans les deux premiers cas, il n'y avait qu'une seule et même vente, et que le vendeur était obligé d'établir la lésion sur le tout.

Art. 107. Il résulterait de cet article, que l'immeuble 1686. devrait être licité, même dans le cas où l'un des cohéritiers voudrait en prendre sa portion ; ce qui serait injuste.

Art. 111. *Sur le premier membre.* Ajouter : « à moins qu'il « ne soit prouvé que le cessionnaire a connu la cession. »

Nota. On préviendrait beaucoup de contestations, si l'on réglait les effets de la clause par laquelle le cédant s'engage *à fournir* et *faire valoir*; de celle *aux périls et risques* du débiteur, et autres semblables, qui sont fréquemment insérées dans les transports des créances.

TITRE XII. — *De l'échange.*

1704   Art. 3. Pour que l'un des échangeurs puisse se refuser à livrer la chose qu'il a promise, il ne suffit pas qu'il *apprenne* que l'autre contractant n'est pas propriétaire de cette chose, comme le porte cet article, il faut encore qu'il *le prouve*.

ap- 1706   Art. 7. *Sur les termes :* « et que la soulte excède de plus « de moitié la valeur de l'immeuble cédé en échange. »

Ces expressions sembleraient exiger que la soulte fût plus forte que la valeur totale de l'immeuble cédé en échange, et encore de la moitié en sus ; par exemple, si l'immeuble vaut 1,000 fr., que la soulte se portât à plus de 1,500 fr., tandis qu'il doit suffire que, dans l'hypothèse, la soulte soit de plus de 500 francs.

Au lieu des termes : *excède de plus de moitié* la valeur de l'immeuble cédé en échange, il faudrait : *excède la moitié de la valeur de l'immeuble cédé en échange.*

TITRE XIII. — *Du louage.*

1715   Art. 8. La disposition de cet article est trop générale.

Il conviendrait d'excepter le louage des choses mobilières, telles que les chevaux, les lits, etc.

Lorsque le prix n'excède pas 150 francs, la preuve en devrait être admise.

ap- 1717   Art. 12. Il est nécessaire d'ajouter à cette disposition prohibitive, qu'en cas de contravention, le propriétaire pourra empêcher le sous-fermier de s'immiscer dans l'exploitation ; ou l'en expulser, ou demander le résiliement du bail avec dommages et intérêts, à son choix.

Ib. et 1736   Art 15 et 19. Il est inutile de s'en référer à l'usage des lieux, lorsqu'on peut établir une règle générale.

1774   Art. 21. Il sera difficile de s'en tenir à la disposition de cet article, à l'égard du bail du domaine en corps, lorsque partie des terres de ce domaine est divisée en trois lots, par exemple, et l'autre partie en deux seulement.

S'il s'agissait d'un domaine duquel dépendraient des bois taillis, le bail ne devrait pas se prolonger jusqu'à l'échéance de la première coupe. Il faudrait expliquer que la dernière disposition s'applique au seul cas où le bail frappe sur un bois indépendant de tout autre objet.

Art. 24. Il y a même raison à l'égard du bail par écrit et à l'année, sans fixation d'autre terme. 1736

Art. 25. Quel délai donnera-t-on au propriétaire après l'expiration du bail, pour agir contre le fermier, à l'effet d'empêcher la tacite réconduction ; presque partout, le fermier est obligé de sortir le même jour où le bail expire. 1738-1776

Art. 26. Même observation que sur l'article 15. Au lieu de *l'article* 21, lire *article* 19. 1738-1759

Fixer le délai après lequel le propriétaire pourra obliger le locataire à vider la maison.

Pour le surplus, même observation que sur l'article 25.

Art. 35. Le bailleur ne devrait pas supporter une diminution du prix du bail, lorsque le trouble ou les voies de fait sont la suite et l'effet de l'animosité dirigée contre le preneur. 1725

Art. 38. Le preneur devrait être condamné, non-seulement aux dommages résultant de l'abus de la chose louée, mais encore à ceux qui pourraient résulter de la diminution du prix du nouveau bail. 1729

Art. 43. Même observation sur les usages des lieux que sur les articles 15, 19 et 26. 1754

Substituer les termes *ces réparations*, aux mots *les réparations*.

Art. 50. La disposition qui rend les locataires *solidairement* responsables de l'incendie (sauf les preuves indiquées), n'est pas juste, et doit être modifiée. 1734

Toutes les autres dispositions des articles 45 et suivans

de cette section, sont applicables aux colons partiaires, ou métayers.

Les maîtres, valets, ou serviteurs à gages, devraient aussi répondre des dégradations, et de l'incendie occasionés par eux ou par leur famille.

1762 Art. 57. Même observation sur l'usage des lieux que sur les articles 15, 19, 26 et 43.

1744 Art. 58. Le locataire ou le fermier qui s'est obligé de vider, en cas de vente, ne doit pas obtenir des dommages ; car ces dommages lui tiendraient lieu de prorogation du bail, ce qui serait contraire à la convention.

1745-1748 Art. 59 et 61. Même observation que sur l'article 57.

1751 Art. 64. La fraude n'est pas à craindre dans le cas de cet article, et rien n'empêche qu'on ne suive le principe posé dans l'article 56.

1769-1770 Art. 68, 69, 70 et 71. Les règles établies dans cette section, relativement à l'indemnité due aux fermiers pour les cas fortuits, entraîneront de grandes difficultés dans la liquidation.

La jurisprudence du ci-devant parlement de Toulouse, quoique contraire aux dispositions du droit romain, avait moins d'inconvéniens ; elle n'admettait aucune compensation d'une année à l'autre, et accordait, dans l'année courante, un dédommagement relatif à la quotité des fruits péris par suite de cas fortuit.

Si l'on croit devoir maintenir les règles établies par les articles 68, 69, 70 et 71, il faudrait déterminer une quotité quelconque du prix du bail, pour indemniser le fermier de ses avances et de ses travaux.

Il importe encore de statuer sur les semences et les frais de culture, que la loi romaine déclarait perdus pour le compte du fermier.

On devrait aussi réserver au propriétaire la faculté de reprendre le bail pour l'année du cas fortuit.

1773 Art. 74. On pourrait comprendre, dans la classe des cas fortuits extraordinaires, les grêles et les gelées tellement insolites, qu'elles privent les fermiers des récoltes de plusieurs années ; par exemple, celles qui font périr les vignes, les oliviers, etc.

REMARQUES SUR LA SECTION V QUI PRÉCÈDE.

Le projet ne s'est pas occupé des règles relatives aux baux emphythéotiques et à la locatairie perpétuelle.

Ces contrats sont cependant très-avantageux à l'Etat en général, et surtout à la classe laborieuse et indigente.

En multipliant le nombre des propriétaires, ils doivent nécessairement favoriser les progrès de la culture et la population ; attacher et rendre utiles à la patrie des hommes, dont plusieurs auraient pu lui devenir nuisibles.

CHAPITRE II.— Du bail à cheptel.

Art. 87. On ne voit point d'injustice dans la convention par laquelle le bailleur se réserverait de prélever, à la fin du bail, quelque chose de plus que le cheptel qu'il a fourni. 1811

Art. 91. Cette disposition serait applicable au propriétaire de la métairie à l'égard du cheptel par lui baillé au colon partiaire, puisque toutes les règles du cheptel simple sont rendues communes, par l'article 108, au cheptel donné au colon partiaire, et qu'on ne trouve point d'exception, à cet égard, dans la distinction 2 de cette section. ap- 1812

Il serait injuste que le propriétaire ne pût revendiquer le cheptel placé dans sa métairie, parce qu'il n'aurait pas fait opposition à la vente qui en aurait été faite, à son insu, d'autorité de justice ; il semble que le créancier du colon devrait, du moins, notifier la saisie au propriétaire de la métairie.

Dans tous les cas, celui-ci devrait être autorisé à revendiquer ses bestiaux, en rendant le prix.

Art. 99. On ne voit rien d'illicite dans la convention par laquelle le bailleur *à cheptel à moitié* réserverait une portion 1819 du lait, du fumier, ou quelques journées de travail des bestiaux par lui baillés à ce titre. L'exception en faveur du bailleur propriétaire s'applique aussi au cas où la métairie est cultivée par des maîtres-valets ou cultivateurs à gages, comme il arrive souvent dans les départemens méridionaux.

1830 — Art. 108. Même observation que sur l'article 91.

CHAPITRE III. — *Du louage d'ouvrage et d'industrie.*

ap-1781 — Art. 114. Pour éviter les contestations sur l'évaluation de ce que le domestique *pourrait vraisemblablement* gagner ailleurs, fixer *la quotité* du salaire qui devra lui être payé à titre d'indemnité, en ayant égard à la saison où il est renvoyé.

Ibid. — Art. 115. Même observation, à l'égard du maître, que sur l'article 114.

Ibid. — Art. 116. Cette disposition doit être modifiée à l'égard des artistes, qui, quoique à la journée, doivent travailler suivant les règles de l'art qu'ils exercent.

1783 et ap-1785 — Art. 118 et 120. Les voituriers devraient répondre pareillement de ce qui a été remis à eux ou à leurs préposés, sur la route et pendant le voyage, quoique les effets n'aient pas été inscrits sur les registres.

1791 — Art. 127. Cette disposition serait injuste à l'égard du maître, et nuisible à l'ouvrier; il arrive souvent que le premier est obligé de faire des avances à l'ouvrier, sans que l'ouvrage soit reçu, ni même commencé. D'ailleurs, la réception est un fait dont la preuve est admissible et facile.

1793 — Art. 129. Cet article a aussi besoin d'être modifié, notamment lorsque les augmentations ont eu lieu en présence du propriétaire.

TITRE XIV. — *Du contrat de société.*

ap-1833 — Art. 4. Lire : *se faire restituer.*
1834 — Art. 5. Excepter les sociétés anonymes et autres sem-

blables, et le cas où il y a commencement de preuve par écrit.

Art. 14. La définition portée dans cet article n'est pas exacte. Il arrive souvent que le commerce se fait sous *la raison d'un seul*, et même sous une ancienne raison. fin du ch. 2.

Il y a des sociétés en noms collectifs, dont le commerce ne se fait pas *au nom de tous* les associés ; il n'est pas même de l'essence de la société que la chose se pratique ainsi ; il suffit que le commerce se fasse *au profit de tous*.

Art. 35. S'il y a urgente nécessité, l'un des administrateurs doit pouvoir agir sans l'autre, lorsque celui-ci se trouve malade, ou empêché par toute autre cause légitime. 1858

Art. 49. Sur les termes : « à moins que, par *le genre de* « *l'obligation*, il ne paraisse qu'elle ne concernait pas les af- « faires de la société. » av-1862

Cette disposition est trop vague, et pourrait entraver le commerce. Le tiers porteur de l'obligation n'est pas obligé de s'informer si elle intéresse, ou non, les affaires de la société. Les associés doivent s'imputer d'avoir donné leur confiance à des personnes qui ne la méritaient pas.

Restreindre cette disposition au seul cas où il résulte de *l'acte d'obligation lui-même* qu'elle ne concerne pas les affaires de la société : comme, par exemple, si l'associé à un commerce *particulier*, exprimait, dans l'obligation, que les sommes empruntées doivent servir à payer les droits successifs de ses frères, et autres cas semblables, et signait *et compagnie*.

Art. 56. La prorogation de la société devrait résulter de la continuation du commerce, sans contradiction, et avec le concours des mêmes associés. 1866

Art. 57. Cet article paraît inutile. 1867

Art. 68. Expliquer si l'action en rescision aura lieu à raison du partage qui n'aurait pour objet que *des marchandises, des dettes actives, ou des effets mobiliers* ; 1872

Ou seulement à raison du partage des *immeubles* ; ou enfin

à l'égard de celui qui comprendrait en même temps des immeubles et des marchandises, ou des effets mobiliers.

TITRE XV. — *Du prêt.*
CHAPITRE Ier. — Du prêt à usage ou commodat.

1882 Art. 10. Il y a trop de rigueur dans le premier membre de cet article, portant que l'emprunteur est tenu de la perte de la chose prêtée, arrivée par un cas fortuit, dont l'emprunteur aurait pu *la garantir, en y employant* la sienne propre.

1885 Art. 13. Excepter le cas où l'emprunteur a fait des réparations nécessaires, autres que celles dont il est tenu.

CHAPITRE II. — Du prêt de consommation.

1898 Art. 24. Il n'est pas juste que le prêteur soit tenu, *en général*, et dans tous les cas, des défauts de la chose prêtée; l'emprunteur devra seulement rendre des choses de la même qualité.

Au lieu des termes: *le prêteur est tenu des défauts*, il faudrait substituer ceux-ci: *supporte les défauts*.

TITRE XVI. — *Du dépôt et du séquestre.*

1923 Art. 12. Excepter le cas où il y a commencement de preuve par écrit.

1936 Art. 21. La rédaction de cet article serait plus claire si, au lieu de dire: « il ne doit aucun intérêt de l'argent qu'il « n'a *pas pu* employer à son usage, » elle était ainsi « conçue:

Il ne doit aucun intérêt de l'argent, à moins qu'il ne l'ait employé à son usage.

1941 Art. 25. Substituer les expressions: *si le dépôt a été fait par un tuteur*, à celles-ci: *si le dépôt a été fait à un tuteur.*

ap- Art. 35. Le juge ne doit pas être moins circonspect dans
1954 l'admission de l'affirmation du voyageur.

TITRE XVII.— *Du mandat.*

Art. 10. Expliquer qu'il s'agit du mandataire général. 1988

Art. 13. « A les dédommager des frais de la procura-ap-
« tion. » 1989

Cette expression ne fait pas connaître toutes les obligations du mandant : on y suppléerait par celle-ci : *à les dédommager des frais exposés pour l'exécution du mandat.*

Chapitre III. — Il serait à propos de prévoir le cas où deux ou plusieurs mandataires ont été constitués par la même procuration, sans qu'il soit dit s'ils agiraient conjointement ou séparément ;

Savoir si l'un pourra agir sans l'autre dans les affaires importantes ; et si, dans le cas où ils ont pouvoir d'agir conjointement, et que l'un vient à mourir, le survivant pourra continuer lui seul.

Art. 35. Ajouter : « par la faillite du mandataire, et par 2003
« sa condamnation à des peines infamantes, etc., etc. »

Art. 37. Excepter le cas où ceux *avec lesquels* le mandant 2005 avait donné pouvoir de traiter, auront connu la révocation.

Il serait à désirer qu'on pût trouver un moyen d'arrêter l'effet de la mauvaise foi d'un mandataire qui voudrait abuser d'une procuration générale, après que la révocation lui aurait été notifiée.

TITRE XIX. — *Des contrats aléatoires.*

Art. 1er. Cette définition est inexacte. On ne peut pas con- 1964 cevoir que la partie qui s'engage à donner ou à faire quelque chose ne reçoive, en équivalant de ce qu'elle donne, que *le risque dont elle s'est chargée*, puisqu'elle ne s'engage que pour *se décharger des risques.*

Sur le même article 1er, quoique les contrats d'assurance et de prêt à grosse aventure appartiennent au commerce maritime, il est bon d'insérer dans le Code civil les règles qui les concernent.

CHAPITRE Ier. — Du jeu et du pari.

1965-
1966

Art. 2. La somme de 24 francs est trop forte pour beaucoup de classes de citoyens, qui devraient s'occuper plus utilement.

Nota. Quoique l'observation suivante paraisse étrangère au travail confié à la commission, on a pensé qu'elle pourrait produire des effets salutaires.

Le Gouvernement ignore que les maisons de jeu se multiplient dans ces contrées, au détriment des mœurs, et au grand scandale des bons citoyens.

On ne peut calculer les ravages que ces funestes établissemens ont déjà faits, le grand nombre de familles dont ils ont dévoré la fortune, les vols et les crimes de toute espèce auxquels ils donnent lieu journellement.

Il suffit de faire connaître ce désordre aux magistrats suprêmes, dont le gouvernement sage et paternel a déjà proscrit tant d'abus, et promet à la France tous les genres de prospérité, pour être persuadé qu'ils s'empresseront de faire fermer tous ces repaires de l'immoralité et de l'escroquerie.

CHAPITRE II. — Du contrat de rente viagère.

com.
du
ch. 2.

Art. 4. On devrait ajouter à cet article, que ceux qui n'ont pas la capacité d'*aliéner* ne peuvent point créer des rentes viagères.

1969-
1970

Art. 6. Les termes *en ce dernier cas*, pourraient faire croire que la création d'une rente viagère, conformément à l'article 5, est affranchie de toutes les formalités ordinaires, lorsqu'elle est établie par contrat.

Ils sont d'ailleurs inutiles, puisqu'il y a des formes établies pour les donations entre vifs et les testateurs.

1973

Art 9. Il convient d'expliquer si cette donation sera irrévocable, quoique le tiers ne l'ait pas *acceptée*, et s'il faudra la regarder comme une simple destination.

Art. 10 et 11. Sur qui retomberont les frais du contrat, dans les cas prévus par cet article ? 1974-1975

Art. 13. Expliquer si la rente sera exempte de retenue, dans le cas où les parties ne s'en sont pas expliquées. ap- 1976

Art. 16. Substituer le *taux légal*, au *taux ordinaire*. *Ibid.*

Sur les termes : « *ou n'excède le taux que de très-peu de chose.* » Déterminer la quotité de cet excédant.

Art. 17. Si les arrérages perçus par le défunt, excèdent le taux *légal*, les héritiers de celui-ci seront-ils obligés de restituer le montant de ce qui a été reçu *au-dessus du taux légal* ? *Ibid.*

Art. 21. Il paraît qu'il s'agit, dans cet article, des arrérages d'une rente viagère, *établie sur la tête d'un tiers*, dans le cas prévu par l'article 7 ; mais il faut l'expliquer. ap- 1979- et 588

Art. 24. Ajouter à la fin de l'article, « la rente ne s'éteint « pas non plus par la mort civile du tiers, sur la tête duquel « elle aurait été constituée. » 1982

Art. 25. Le sens de cet article exige qu'on substitue l'expression *rente viagère*, aux mots *rente constituée*. 1983

TITRE XX. — *De la prescription.*

Art. 7. Cette disposition fortifie nos observations à l'égard des droits que doivent avoir les créanciers, d'exercer les actions de leurs débiteurs. 2225

Art. 20. Sur les termes : *soit par une cause venant d'un tiers.* Cette disposition est trop vague ; il en résulterait que l'engagiste, le dépositaire, etc., en se faisant consentir, par un tiers, la vente de la chose engagée ou déposée, pourraient intervertir leur possession contre le vrai propriétaire. 2238

Nota. Il serait utile d'insérer, dans le Code, les règles des corrélatifs, et de déclarer que, lorsque l'une des parties demande l'exécution d'un titre, elle doit se soumettre à l'exécuter de son côté, et qu'elle ne peut pas opposer la prescription. Par exemple, si je paie une redevance pour un droit d'usage, celui qui me l'a concédé ne peut opposer la prescription tant que je paie la redevance.

2243 Art. 25. Il devrait y avoir interruption naturelle en faveur du propriétaire, lorsqu'il a fait des actes possessoires avant l'accomplissement de la prescription, quelque peu de temps qu'ils aient duré, sauf le cas de violence ou de voie de fait.

2245 Art. 27. Il convient d'exiger que la citation au bureau de paix, soit donnée au délai fixé par la loi, afin qu'on ne puisse pas abuser de la disposition de cet article.

2254-2256 Art. 35. La rédaction de cet article serait plus claire, s'il était ainsi conçu : « La prescription court contre la « femme mariée, même à l'égard des biens dont le mari a « l'administration, encore qu'elle ne soit point séparée par « contrat de mariage, ou en justice. »

ap-2256 Art. 37. Déterminer les règles relatives aux absens pour le service de la république.

2257 Art. 38. Les articles 32 et 38 établissent une distinction entre la caution, et le garant de la solvabilité du débiteur d'une rente perpétuelle.

Entend-on parler, dans l'article 38, du cédant, qui garantit au cessionnaire la solvabilité du débiteur cédé, ou d'un tiers qui garantit la solvabilité du débiteur de la rente?

Il paraît que l'article 38 doit s'appliquer seulement au créancier qui cède la rente, avec promesse de garantir ; et c'est ce qu'il faudra expliquer.

2259 Art. 40. Cette disposition est trop dure ; il est juste que l'héritier ait le temps de prendre connaissance des affaires de la succession.

La prescription ne devrait donc pas s'accomplir contre l'héritier pendant le délai de trois mois accordé pour faire inventaire, et de quarante jours pour délibérer, puisqu'il ne peut agir sans connaître les titres.

2265 Art. 46. Il ne devrait y avoir aucune distinction relativement à la durée de la prescription dont il est parlé dans cet article, entre les personnes qui habitent le territoire continental européen de la république, mais seulement à l'égard de ceux qui habitent les colonies. En effet, il est extraordinaire que le temps requis pour prescrire soit double à l'égard des personnes qui ne sont pas domiciliées dans le même ressort, quoique leurs habitations ne soient éloignées que d'un myriamètre, par exemple, et qu'il ne soit que de la moitié à l'égard de ceux qui sont éloignés l'un de l'autre de vingt myriamètres, sous prétexte qu'ils résideraient dans le ressort du même tribunal d'appel.

Il vaudrait mieux fixer la durée de la prescription à vingt ans, sans distinction entre les personnes domiciliées dans le territoire continental de la république.

Art. 47. Cet article paraît inutile et sans objet.

2266

SUR LA DISPOSITION GÉNÉRALE QUI TERMINE LE PROJET DE CODE CIVIL.

fin du Code.

Les lois civiles ne cesseraient pas d'être incohérentes, l'objet du projet ne serait pas rempli, si l'on n'abroge pareillement et explicitement les lois émanées des diverses assemblées législatives, dans les matières qui sont l'objet du Code civil.

Sur les derniers termes : « conformément à ce qui est expliqué dans le livre préliminaire. »

Cette disposition ferait naître une foule de difficultés.

RÉSOMPTION.

Rien n'est plus difficile que de faire de bonnes lois. Un Code civil uniforme pour toute la France est une de ces conceptions hardies qui ne peuvent se réaliser que sous un Gouvernement assez puissant pour vaincre tous les préjugés et surmonter tous les obstacles, lorsqu'il s'agit de faire le bien.

Le *projet*, tel qu'il est présenté, honore ses auteurs. Il était impossible de mieux faire en aussi peu de temps : la plupart des définitions qu'il contient sont exactes; les matières y sont distribuées avec méthode : on y a réuni, en un petit espace, un grand nombre de principes féconds en conséquences.

Les beautés qu'on y admire s'aperçoivent au premier coup-d'œil. Il faut du temps et de la réflexion pour en démêler les défauts; et ce n'est pas la tâche la moins pénible à remplir que celle d'être obligé de critiquer ce qu'on voudrait trouver parfait.

Les défauts que ce projet renferme sont néanmoins trop essentiels pour pouvoir être passés sous silence.

<small>l. 1er- tit. 19.</small> En général, l'on n'y donne pas assez d'étendue à la puissance paternelle, que les peuples les plus sages ont toujours regardée comme la sauve-garde des mœurs, et la source la plus pure des vertus sociales; on veut rendre les enfans indépendans à l'âge où ils ont le plus de besoin d'être contenus. Il est rare qu'à *vingt-un ans* la raison ait acquis la maturité nécessaire pour pouvoir résister à la violence des passions, qui sont alors dans toute leur force.

<small>Ibid. tit. 6- et liv. 3- tit. 5.</small> Au lieu de proscrire le divorce, dont l'expérience n'a que trop fait connaître les inconvéniens et les dangers (surtout par rapport aux enfans), on a cherché seulement à le rendre moins fréquent; et bien loin d'avoir atteint ce but, l'on n'a pas senti que rien ne pouvait contribuer plus efficacement à multiplier les divorces, que de vouloir introduire la *communauté légale* dans des lieux où elle a toujours été inconnue, et de mettre les femmes dans une dépendance à laquelle il leur sera difficile de s'accoutumer, relativement à l'administration des biens qu'elles n'ont pas entendu se constituer en dot.

<small>liv. 3- tit. 1- et 2</small> En limitant la faculté de disposer en ligne collatérale, l'on a contrarié, sans aucun motif solide, le vœu le plus naturel à l'homme laborieux et sensible, qui, après avoir été lui-même l'artisan de sa fortune, ne désire rien tant que de pouvoir la transmettre librement aux personnes qu'il chérit.

Par cette gêne, on n'a fait qu'ouvrir la porte à une infinité de fraudes, qu'on ne manquera pas de mettre en usage pour éluder une loi si dure.

On n'a pas fait attention que si les testamens et les autres dispositions à cause de mort ont leur fondement dans le droit civil, les donations entre vifs sont par elles-mêmes l'exercice le plus légitime du droit sacré de propriété. On a circonscrit dans les mêmes bornes deux genres de dispositions qui se ressemblent si peu dans leur essence et dans leurs effets.

Le nouveau systême relatif aux hypothèques et aux saisies réelles est encore plus vicieux, et tirerait aux plus dangereuses conséquences; le plan en est mauvais dans son ensemble et dans tous ses détails. liv. 3-
tit. 18.

Les définitions et règles concernant les servitudes (sources si fréquentes de procès) ne sont pas suffisamment développées. liv. 2-
tit. 4.

Il y a sur toutes les autres matières un grand nombre d'articles qui exigent des modifications et des changemens que nous avons indiqués.

Il ne restera ensuite qu'à pourvoir, par une loi transitoire, à une infinité de cas qui entraveraient inévitablement la marche des tribunaux, s'ils n'étaient pas prévus.

Il semble enfin que les auteurs du projet, en reconnaissant combien il est nécessaire de modifier les lois qui ont proscrit en masse (sans aucune utilité pour l'agriculture) les rentes et redevances foncières, stipulées avec mélange de féodalité, aient craint néanmoins d'aborder cette question, quoique ce soit dans le Code civil que doivent être tracés les principes d'après lesquels on peut aisément faire disparaître toutes les traces d'une odieuse féodalité, en conservant des droits qu'on ne peut supprimer sans injustice.

Tel est le résultat de nos observations; elles nous ont été dictées par le désir de répondre à la confiance du Gouvernement, et de contribuer de tout notre pouvoir à la perfection d'un si grand ouvrage : la France l'attend avec la plus vive impatience, comme le plus beau monument qui puisse être élevé à la gloire du jeune héros auquel elle doit son repos et son bonheur.

Les commissaires du tribunal d'appel séant à Toulouse, pour les observations sur le projet de Code civil, MONSSINAT, SOLOMIAC, ARESSY.

FIN DU CINQUIÈME VOLUME,

3e ET DERNIER DES OBSERVATIONS D'APPEL.

www.ingramcontent.com/pod-product-compliance
Lightning Source LLC
Chambersburg PA
CBHW051318230426
43668CB00010B/1069